JN300079

ECONOMICS

スティグリッツ
ミクロ経済学 第４版

ジョセフ・E・スティグリッツ／カール・E・ウォルシュ──［著］

藪下史郎／秋山太郎／蟻川靖浩／大阿久博／木立 力／宮田 亮／清野一治──［訳］

MICRO
ECONOMICS
[Fourth Edition]
Joseph E. Stiglitz / Carl E. Walsh

東洋経済新報社

Original Title
ECONOMICS, 4th edition
by Joseph E. Stiglitz and Carl E. Walsh

Copyright ©2006, 2002, 1997, 1993 by W.W. Norton & Company, Inc.
All rights reserved.
Japanese translation rights arranged
with W.W. Norton & Company, Inc.
through Japan UNI Agency, Inc., Tokyo.

To the readers of this Fourth Edition of my book —

The global financial crisis that began in the U.S. in 2007 is the most significant economic event in seventy five years. It has required rethinking economics. I have tried to present here the basic lessons of this crisis for economic theory and economic policy.

Jeff E. Shiy

訳者はしがき

　J・E・スティグリッツ著『経済学』初版が刊行されたのは1993年であり，ほぼ20年前である（日本語版は1994年から1995年にかけて翻訳刊行された）．その後，1997年に第2版（日本語版は1999年から2001年に），2002年に第3版（日本語版は2005年から2007年に），そして2006年に第4版と改訂されてきた．本書は，複雑に絡みあう現代経済を系統的に理解するための経済学原理の教科書を必要としていた時代の要請に応えようとするものであった．初版刊行後，世界の各国経済はあらゆる面で急速に変化し，新しい経済問題および現象が次から次へと現れてきた．また経済学においても，新しい理論や考え方が数多く登場・発展し，それらが分析対象とする範囲も広がっていった．本書の改訂は，こうした現実の経済と経済学の変化に応えるものであったが，一貫して本書『経済学』は，伝統的な経済学のように市場メカニズムを重視しつつも，市場の不完全性と限界を明確に認識した経済学であり，ミクロ経済学とマクロ経済学を統一的に展開した「新しい経済学」である．特に，スティグリッツ教授がその発展に貢献してきた「情報の経済学」からの分析を多く取り入れ，さまざまな問題に応用している．

　また『経済学』（第4版）が刊行された2006年以降，世界経済は多くの危機に直面してきた．たとえば，2008年には世界大恐慌の再来かと思われるような金融経済危機に襲われた．アメリカでのサブプライムローン問題に端を発した金融機関の破綻は，瞬く間に世界各国に伝播することによって，世界的な金融危機に発展し，すべての先進国に大きな経済的衝撃を与えることになった．こうした金融危機に加えて近年，全世界は地球規模での食糧危機・エネルギー危機や地球温暖化という深刻な地球環境問題で苦しんでいる．これらは，世界的不況と複雑に絡みあってわれわれの身近な問題となっている．さらには，日

■ 訳者はしがき

本の経済社会に大きな課題を負わせることになった2011年3月11日に発生した東日本大震災は，原子力発電がエネルギー対策また地球温暖化問題に対する有力な解決策という幻想を打ち砕き，原子力発電に伴うリスクとコストを再認識させることになった．それとともに，大地震によって引き起こされた大災害がたんなる自然災害ではなく，制度また組織上の欠陥と密接に結びついた人的災害であり，複合的な危機であることを知らしめた．

スティグリッツ教授は，1943年にインディアナ州ゲイリー市で生まれた．アーマスト大学を卒業後マサチューセッツ工科大学（MIT）大学院に進み，ノーベル経済学賞を受賞したポール・サミュエルソン教授，ロバート・ソロー教授らの下で学んだ．当時MITで中心的であった新古典派経済学に満足できず，イギリスのケンブリッジ大学に留学し，新古典派経済学を超える経済学を構築しようとしてきた．教授はMITで博士号を取得した後，1967年にイェール大学に着任し教鞭をとった．そしてプリンストン大学，スタンフォード大学，MIT，イギリスのオックスフォード大学，現在のコロンビア大学と，世界の名門大学で教鞭をとってきた．

スティグリッツ教授の研究対象は，ミクロ経済学とマクロ経済学の理論のみならず，財政，金融，国際経済，経済発展など広範な応用分野に及んでいる．そして2001年には「非対称情報下の市場に関する研究」によって，カリフォルニア大学バークレー校のジョージ・アカロフ教授，スタンフォード大学のマイケル・スペンス教授とともに，ノーベル経済学賞を受賞した．

教授は，大学のみならずアメリカ政府や世界銀行でも活躍してきた．1993年クリントン政権の発足とともに大統領経済諮問委員会（CEA）委員そして委員長（閣僚メンバー）としてアメリカの経済政策の決定に加わってきた．また1997年1月から2000年1月までは，世界銀行の上級副総裁兼チーフエコノミストを務め，世界規模の経済問題の解決とそのための政策提言を積極的に行った．また2001年夏からはニューヨークのコロンビア大学に移り，以前にもまして世界を飛び回り，講演・調査・研究に活躍している．こうした経験はこの第4版『経済学』の随所に生き生きと反映されている．

教授は，研究・教育の合間には，ラテンアメリカ・アジア・アフリカ・東欧諸国など，発展途上国や経済体制の異なる世界各地を訪れるとともに，アメリカ経済とは大きく異なった，さまざまな経済・制度にも大きな関心を示してき

た．また，経済発展やアメリカ国内の経済格差や不公正にかかわる諸問題を指摘し，金融業界や財務省・国際機関を批判する政治的発言を積極的に行ってきた．たとえば，2011年1月チュニジアに始まった抗議デモはエジプト，スペインと世界の各地に広がり，11月にはアメリカでも失業問題や経済格差に抗議する若者のデモがウォール街を取り囲むことになった．こうしたプロテストは，全米のみならず世界各地に広がるというグローバル化現象をみせてきたが，スティグリッツ教授のこれまでの主張に呼応した行動であり，教授も若者のデモに対して深い理解を示している．

本書は，スティグリッツ教授がこれまで教鞭をとってきた大学で，経済学を学ぼうとする初心者を対象に多年にわたって行ってきた授業内容をもとにしたものである．教授の授業は，たんに経済学の原理を教えるだけではなく，いかに現実の経済に興味を持たせるかに深く配慮し，また学生の興味や好奇心を刺激する，快活なものである．こうした講義内容を再現している原著は大部であるため，日本語版『スティグリッツ 経済学』では『入門経済学』『ミクロ経済学』『マクロ経済学』の3冊に分割している．日本の経済学教育の現状にあわせて，『入門経済学』は経済学専攻の学生だけでなく大学1年生全般を対象とした教科書として，また『ミクロ経済学』と『マクロ経済学』は経済学専攻の2, 3年生のための教科書と考えている．また一般社会人にとっても十分に理解できるものであり，幅広い読者の関心を得られると思う．

本書の翻訳は，秋山太郎（横浜国立大学），木立力（青森公立大学），清野一治，蟻川靖浩（早稲田大学），大阿久博（武蔵野大学），宮田亮（琉球大学）の六名と共同で行ってきた．これまでと同様に何度となく編集会議を開き，内容や訳語全般について議論を重ねた．各訳者はこれらのコメントに基づき原稿を書き直す作業を行い翻訳を完成させた．

『ミクロ経済学』（第4版）の翻訳分担は次の通りである．第1章（藪下），第2章（藪下），第3章（蟻川），第4章（木立），第5章（木立），第6章（宮田），第7章（宮田），第8章（秋山），第9章（大阿久），第10章（蟻川・清野），第11章（大阿久），第12章（秋山），第13章（秋山），第14章（藪下），第15章（蟻川・清野），第16章（木立），第17章（秋山）である．また「経済学の基本用語」などの部分についてはすべて藪下が担当した．

一般に，経済学を専門とする訳者たちの用いる専門用語は，専門外の人々に

■ 訳者はしがき

はなじみが薄いものであり，また翻訳書の中には日本語として読みづらいものが少なくない．しかし『スティグリッツ 経済学』は，たんに経済学を学ぶ学生だけを対象としたものではなく，現実の経済問題に携わり経済学そのものに関心を持つ社会人にも興味を持って読めるように書かれている．そのため初版以来編集を担当した村瀬裕己氏，川島睦保氏，また第4版を担当した茅根恭子氏ら，東洋経済新報社の編集者たちはわれわれの原稿に対する厳しい批評者であった．原稿に注意深く目を通し，一般の人たちにも読みやすくなるように多くの貴重なコメントを訳者たちに与えてくれた．こうした教科書を刊行するという作業は，著者と訳者だけでできるものではなく，編集者をはじめとする多くの人々が関与する共同作業である．本書は読者には読みやすくかつ親しみやすい教科書となっていると信じているが，これは訳者と編集者との共同作業の賜物である．

最後に，本書が内容においても，そして装丁や価格においても，学生たちにとってより近づきやすいものとなっていることを期待したい．

2012年10月

藪下史郎

原著序文

　経済学を学ぶことはいつも楽しいものであった．また大学の授業の中でそれ以上に興味深くまた重要と感じられた学科をあまり思い出すことができない．今日われわれが直面する重大な経済問題としては，アメリカの巨額の貿易赤字と財政赤字，地球温暖化，資源保護派とエネルギー開発派との論争，適切な医療サービスの保証，世界の貧困撲滅，社会保障制度改革，アウトソーシング，インターネット時代における競争と規制がどうあるべきかを再考すること，「ダウンロードが可能になった」デジタル社会における著作権保護の問題など，次々と挙げることができる．これらの問題を理解するためには，経済学的洞察力が不可欠であり重要となる．

　経済理論の興味深い発展によって，何を購入するのか，何を販売するのか，どれだけ貯蓄するのか，また貯蓄からどれだけ投資に回すのか，という決定を，個人や家計また企業がどのように行うのかという問題について，経済学者は以前よりもよりよく理解できるようになった．こうした経済学の発展は，環境保護や教育機会の促進に対する政府の政策立案の仕方，またさらには情報技術の革新やわれわれが参加する市場のグローバル化によってもたらされる経済変化への政府の対処の仕方にも影響を及ぼしてきた．

　現在のように経済問題に関する情報がますます必要とされる時代は，これまでにはなかった．学生たちが個人生活で解決しなければならない経済問題や，多忙な社会人として決断をしなければならなくなる問題について注意深く考察するための手段を学んでおくことも，同様に重要である．経済学の勉強においては，トレードオフといった基本的な概念から，学生たちは個人生活，地域，州，国，さらには地球とさまざまなレベルでの問題に対する考え方を学ぶことができる．これまで経済学原理はビジネス専攻の学生の間では人気があったが，

■ 原著序文

今では多くの学生は，あらゆる人が経済学の基礎について精通する必要があるということを理解している．われわれはこれまで本書を執筆し，今回第4版の改訂を行ったが，この政治経済的関心を持つ学生への教育という重要な考えをつねに心にとめてきた．

本書第4版に際して，いくつかの基本的な点でこれまでよりも改善することができた．ここでもこれまでと同じく，**トレードオフ**，**インセンティブ**，**交換**，**情報**，**分配**という，現代経済学の五つの中心的概念については強調している．しかし経済学の研究によってつねに新しい，興味深い，かつ重要な考え方が生み出されてきており，われわれは，こうしたわくわくするような発展を入門段階の学生たちにも伝えるべきであると考えている．本書では一貫して情報経済学を最も統一的な形で提示してきたが，この第4版では行動経済学分野での新しい研究成果のいくつかを学生に紹介することにした．また教師が授業を進めるうえでの自由度が増すように，本書の構成にいくつかの変更を加えている．

■ 第4版の目標

本教科書はつねに二つの目標をめざしてきた．一つは，学生である読者にとってわかりやすく親近感があり興味深いものにすること，あえて言うならば「よい読み物」であることである．第二に，経済学分野での最新の面白い考え方を学生にためらわずに教えること，一つの研究分野としての経済学の真髄を教えることである．多くの教科書では，学生は新しいトピックスを「扱う」ことができないとの立場をとっているようである．だがわれわれは新しいトピックスについての経済学的考え方を簡単かつ明瞭に説明することができれば，それは可能だと考えている．

こうした目標を実現するために，これまでの版で追求してきた主要な目的が引き続き本書の指針となっている．それらの目的とは，学生に基本的競争モデルを明確に示すこと，政策決定機関の研究者やエコノミストたちが採用する経済分析の方法と矛盾しない，現代的な枠組みでのマクロ経済学を提示すること，教科書の構成を，教えやすくまた学生が学びやすいよう，理解しやすいものにすること，そして変化しつづける経済を理解するために重要となる経済学的な考え方を強調しつつ，現代の経済状況を反映した教科書にすることである．

■第4版の変更点：ミクロ経済学

情報，不完全市場，革新（イノベーション），そして技術の強調という，これまでの本書の特徴は新版でも受け継がれている．行動経済学についての新しい題材は，消費者選択と資本市場に関する章に取り入れている．

第4版の重要な変更点　第4版では本書の構成を簡潔にするように努めてきた．これまでの版で学生たちが長すぎると感じたり内容が多すぎると考えた章については構成をかなり変更した．いくつかの章については，別々の章に分割し，平均的に各章の長さを短くし，焦点を絞ることにした．

ミクロ経済学についての重要な変更は以下のとおりである．

● 経済学の重要な概念により焦点を当てるために，入門部門の第1部（『スティグリッツ 入門経済学』第1～2章）を短縮した．

● 完全競争下での労働市場と資本市場に関する章を分割し，別々の章で論じることにした（『スティグリッツ ミクロ経済学』第6章と第7章）．これによって，学生にとっては内容がよりわかりやすくなり，教師にとっては授業内容に何を含むべきかを決めるうえで自由度が増した．

● 不完全市場と公共政策問題についてもっと集中的に考察することができるように，第3部（『スティグリッツ 入門経済学』第6章，『スティグリッツ ミクロ経済学』第3部）を再構成した．戦略的行動が不完全競争に対する経済学的アプローチの中心になるため，戦略的行動に関する章を第3部に移動した（『スティグリッツ ミクロ経済学』第11章）．

● 「ミクロ経済学と政策課題」と題した第4部（『スティグリッツ 入門経済学』第7章，『スティグリッツ ミクロ経済学』第4部第14～16章）は，たんにいくつかの「トピックス」について論じるのではなく，公共政策というテーマにそって各章が関連するように構成されており，「公共部門」（『スティグリッツ 入門経済学』第7章），「環境の経済学」（『スティグリッツ ミクロ経済学』第14章），そして「国際貿易と貿易政策」（『スティグリッツ ミクロ経済学』第15章）からなっている．

■原著序文

■第4版の変更点：マクロ経済学

　第4版においても，マクロ経済学に対する現代的なアプローチを採用している．すなわち，連邦準備銀行や他国の中央銀行は，マネーサプライをコントロールするのではなく利子率操作によって金融政策を運営していることを前提としたアプローチである．このように金融政策をより現実的に扱うことによって，学生たちは新聞で読むさまざまな政策行動を理解し議論できるようになる．第3版で示してきた一般的アプローチは踏襲されているが，第4版では高度な内容については「トピックス」を扱う章に移し，説明を簡潔にした．

　第4版の重要な変更点　マクロ経済学の部分の重要な変更は以下のとおりである．
- マクロ経済学の最初の章（『スティグリッツ マクロ経済学』第1章）では，第3版の刊行以降の経済動向を反映するようにデータ等を新しくしている．
- 第4版では，物価指数とインフレ尺度に関する議論は一つの独立した章（『スティグリッツ マクロ経済学』第3章）で行われている．
- 「完全雇用マクロモデル」の第6部（『スティグリッツ マクロ経済学』第2部）は再構成されている．「完全雇用下の財政」（『スティグリッツ マクロ経済学』第5章）と「開放経済」（『スティグリッツ マクロ経済学』第6章）は別々の章で論じることにした．こうすることによってこれら二つの重要なトピックスが独立に扱われるため，教師が授業内容を計画するうえで選択の余地が増えるとともに，各章で新たに導入する概念の数を減らすことができる．
- 財政赤字と財政黒字は，前版では別々に扱われていたが，第4版では両方とも同じ章（『スティグリッツ マクロ経済学』第5章）で論じられている．
- 貨幣，物価，そして連邦準備銀行に関するものは第6部（『スティグリッツ マクロ経済学』第2部）最後の章（『スティグリッツ マクロ経済学』第8章）に移している．これにより完全雇用マクロモデルの部分の流れがよくなっている．すなわち，『スティグリッツ マクロ経済学』第4章で実質産出量，実質賃金，および実質利子率を決定するための基本的枠組みを提示し，第5章で政府部門を追加する．第6章ではそれを開放経済モデルに拡張し，第7章では経済成長について論じる．その次に第8章で貨幣と物価を論じるのである．

●「マクロ経済変動」を考察する第7部（『スティグリッツ マクロ経済学』第3部）は，説明を改善するために全面的な改訂を行っている．第3版の読者の多くは，総需要・インフレ関係と短期インフレ調整に関する章にあまりにも多くの内容が詰め込まれていると感じていたようである．こうした問題に対処するために，インフレと失業については第9部（『スティグリッツ マクロ経済学』第5部「新しいマクロ経済理論」）に移し詳細に議論することにした．第7部（『スティグリッツ マクロ経済学』第3部）は，「経済変動入門」（『スティグリッツ マクロ経済学』第9章）から始まり，第10章で総支出の基本的要素に触れ，そして第11章で総需要・インフレ関係の議論を展開した．
●国際経済に関する章は第8部（『スティグリッツ マクロ経済学』第4部）にまとめられており，それぞれ「国際金融システム」，「開放経済と政策」，そして「経済発展と移行経済」にあてられている．

それぞれの主題に対して経済学者が現在採用しているアプローチの方法を取り入れ，学生たちが親しみやすい教科書を執筆したいという気持ちで，こうした変更を行ってきた．

■本書の構成

本書は学生と教師の双方のためになるように構成している．まず学生のためには，ミクロ経済学の章でもマクロ経済学の章でも本書全体を通して，トレードオフ，インセンティブ，交換，情報，分配という，五つの重要な概念を用いている．これらの概念は，本書で取り扱う広範なトピックスを考えるための基礎となっており，すべてのトピックスを学生たちがつねに参照することができる重要な原理に関連づけることになる．また本書では，最初に基本的な概念についての基礎知識をしっかりと教え込むが，それだけでは止まらない．学生たちには，競争市場の基本的経済モデルとその限界が提示する多くの識見を理解させるのである．このことによって学生たちは，不完全競争，情報，成長および経済変動の研究のために現代経済学がもたらしてきた教訓を理解できるようになる．またこうした識見が，古典派経済学では説明のつかなかった経済現象を学生たちに理解させるのに大いに役立つことを示す．本書は，情報の経済学やイノベーションの経済学，また行動経済学など，現代経済学を学生たちに学

■ 原著序文

ばせることによって，彼らの身の回りの社会を理解するためには学問が重要であること，またその価値について認識させるのに役立つであろう．

本書は，伝統的なトピックスを堅実にカバーしているが，個々の教師の必要性に応じて弾力的にその構成を変更できるようになっている．ミクロ経済学の部分でもマクロ経済学の部分でも，競争市場および完全雇用マクロ経済の基本的モデルが最初に示される．そして不完全市場と経済変動を扱う部分では，それぞれ概略的な章から始まるが，そこでは後の章で詳細に論じられる基本的な制度や重要な問題に対する洞察力を学生たちに習得させることになる．こうした構成によってまた，不完全情報というようなトピックにあまり多くの時間を割きたくないと考えている教師でも，学生たちにその重要性を認識させ，かつこの重要なトピックについて経済学者が学んできた教訓について教えることができる．最後に，ミクロ経済学の部分でもマクロ経済学の部分でも終わりはトピックスの章からなり，それによって教師は授業構成に合うように本書の内容を少し調整することができるようになっている．また国際経済については，マクロ経済学の部分で新しく詳細な説明が加えられている．

■ 学習ツール

学生たちが本書で述べられている経済学原理の考えを理解し，かつその情報をよりうまく習得することができるように，われわれは以下のようなワンセットの学習ツールを開発してきた．

① **インターネットと情報革命によって作り出されたニューエコノミーに注目した，面白いコラム** グーグルからeベイ，エクスペディア，スタッブハップ，ナップスター，そしてオンライン・ポーカーまで，ニューエコノミーの出現は，われわれの生活，働き方，ショッピング，旅行などの余暇時間の使い方にまで変化をもたらしている．経済学の基本的考え方は変化していないが，そうした基本的な考えの使われ方はますます速いスピードで変化している．第4版ではこうした事実に対応するように工夫をこらしている．

◉ コラム「e-insight」では，情報技術（IT）とインターネットの新しい発展への経済学原理の応用例を示している．

❀ コラム「Internet Connection」では，有用なウェブサイトやホームページ

へのリンクを示している．

②学生の理解力を高めるためのさらなるツール

▨コラム「Thinking Like an Economist」では，トレードオフ，インセンティブ，交換，情報，分配という，本書で示されている重要な考え方をより強調している．

▨コラム「CASE IN POINT」は，各章での現実世界への応用例に焦点を当てている．

▨コラム「International Perspective」では，国際問題への応用例を示している．

また章の中にある「○○の基本原理」では，特に重要かつ注意すべきトピックスのエッセンスを簡単にまとめている．「WRAP-UP」は，各節で示された重要項目の簡単な要約である．

Economics, Fourth Edition e-Book（英語版のみ）：同じ内容を半額で

Economics, 4th edition の e-book 版は印刷版のすべての内容を半額の値段で提供している．

加えて，以下のように多くの工夫が Norton e-book にはなされており，学習と演習のための強力なツールとなっている．

●**拡大像**によって，学生たちは図や写真を細かな点まで見ることができるようになっている．

●**鮮明な本文**は，とくにスライド用に作られているため，読みやすくなっている．

●**検索機能**によって，学習や復習が容易になっている．

●**印刷機能**によって，個別のページを必要に応じて印刷できるようになっている．

●**メモ書き込み機能**によって，学生は自分自身用のメモを本文に書き込むことができるようになっている．

さらには**オンラインとクロスプラットフォーム用のソフトウエア**は，Mac でもウィンドウズでも機能するため，学生たちは自宅や大学など，インターネットに接続可能な場所ならばどこからでも Norton の e-book にアクセスする

■原著序文

ことができる．詳細な情報については Norton EBOOKS をのぞいてほしい．

■補助的パッケージ（英語版のみ）

さまざまな価値ある補助教材が，本書を用いる学生と教師には利用可能となっている．

スマートワーク・ホームワーク・マネジメント・システム（SmartWork Homework Management System） サイエンス・テクノロジー社と共同開発されたスマートワークは，革新的なオンラインでのホームワーク・マネジメント・システムである．スマートワークでは，学生からの積極的な学習を要求し，スマートな対話方式でのフィードバックを行う．教師は以下の三つの形式の宿題から選択することができる．

- 「対話方式の作図練習（Interactive Graphing Exercises）」では，学生に点や直線や曲線を描かせ，即座にその意味を理解させ，それらについての質問に答えさせる．
- 「オーディオ・グラフ（Audio Graphs）」では，スライドショーによって段階的に学生を指導し，重要な概念を示していく．学生は，オーディオで説明を聞きながら，スクリーンで経済学の数式の導き方や図の描き方を学ぶことができる．
- 「概念に関する小テスト（Conceptual Quizzes）」では，答えに対して示唆に富むフィードバックがなされる．学生は，各問いに答えた後で自分自身の答えについて再考するための質問がなされる．

教師は，スマートワークの直感的インタフェースでもって，ノートン作成の研究課題をカスタマイズするか，または自分自身で簡単に練習問題を作成することができる．新版また e-Book を購入した学生は，スマートワークに無料でアクセスすることができる．

学生用ウェブサイト このもう一つの無料のウェブサイトも学生たちに充実した復習内容を提供している．練習問題では，学生の答えに対応して，復習すべき章また節をフィードバックで答えている．学生用ウェブサイトはまた，各章の要約，キーワード，および毎日のニュースフィードを提供している．

ノートン社メディア・ライブラリー　この教師用 CD-ROM には,「インストラクターズ・マニュアル（Instructor's Manual）」の講義モジュールに対応した講義用パワーポイント・スライドと本書のすべての図表が含まれている. 新しい**レクチャー・ランチャー・オーディオ・ビジュアル・スライドショー**（lecture-launcher audio/visual slide show）では，各章の内容が不完全市場とニューエコノミーに関連している場合には，簡単なセグメントが提示されている.

ノートン社リソース・ライブラリー　ノートン社リソース・ライブラリーでは，集中オンライン・ロケーションで総合的インストラクター・リソースを提供している. ライブラリーでは教師は，WebCTe-packs や BlackBoard course cartridges のような，オンライン授業のためにすぐ利用できるワンストップ・ソリューションをダウンロードすることもできる. またはこれらの既製の授業用パッケージを教師の必要性に合うように変更することもできる. このライブラリーの特別なリソースとしては，講義用パワーポイント・スライド，本書の図表，コンピュータ用テスト・ファイルが含まれている.

スライド　教科書として採用した教師は，カラースライドをワンセット入手できる.

スタディガイド　Lawrence W. Martin（Michigan State University）が作成したスタディガイドとしては，以下のものがある.
PRINCIPLES OF MICROECONOMICS 0-393-92826-8/PAPER
PRINCIPLES OF MACROECONOMICS 0-393-92827-6/PAPER
　この革新的なスタディガイドは，復習と練習問題，そして学生たちが学んだことを応用できるように工夫された発展問題を用いて，各章の主要な考え方を強調するようにしている. 学生たちが問題の解答方法を段階的に学ぶための「ツール・キット（Tool Kit）」シリーズとともに「経済学を実践する（Doing Economics）」と呼ばれるセクションが設けられている.「ツール・キット」の後には，適切な解法を応用する例示と練習問題が示されている.

■原著序文

インストラクターズ・マニュアル　Gerald McIntyre（Occidental College）作成のインストラクターズ・マニュアルとしては，以下のものがある．
PRINCIPLES OF MICROECONOMICS 0-393-92805-5/PAPER
PRINCIPLES OF MACROECONOMICS 0-393-92821-7/PAPER

　インストラクターズ・マニュアルでは，本書の各章についての講義用アドバイス，講義モジュール，講義応用例，問題セットと解答が含まれている．広範な講義モジュールは，Gerald McIntyre が作成したパワーポイント・スライドとともに用いることができる．これらの講義ノートは，他社から提供されているものよりも広い範囲をカバーしており，初めて教える教師にとっては特に価値がある．

テスト問題ファイル　David Gillette（Truman State University）作成のテスト問題ファイルとしては，以下のものがある．
PRINCIPLES OF MICROECONOMICS 0-393-92840-3/PAPER
PRINCIPLES OF MACROECONOMICS 0-393-10727-2/PAPER

　テスト問題ファイル第4版には4000の問題が含まれており，第3版よりも15％も増やしている．さらには各章には，（e-Insightのような）コラムに関連した問題も含まれており，教師は試験にこれらを出題することによって学生にコラムも読ませるようにすることができる．

■謝辞

　第3版までに多くの人からのコメントによって本書は大いに改善することができた．特に，以下の人たちに感謝したい．

Robert T. Averitt, *Smith College*

Mohsen Bahmani-Oskoose, *University of Wisconsin, Milwaukee*

Richard Barret, *University of Montana*

H. Scott Bierman, *Carleton College*

John Payne Bigelow, *University of Missouri*

Howard Bodenhorn, *Lafayette College*

Bruce R. Bolnick, *Northeastern University*

Adhip Chaudhuri, *Georgetown University*

Michael D. Curley, *Kennesaw State College*
John Devereus, *University of Miami*
Stephen Erfle, *Dickinson College*
Rudy Fichtenbaum, *Wright State University*
Kevin Forbes, *Catholic University*
K. K. Fung, *Memphis State*
Christopher Georges, *Hamilton College*
Ronald D. Gilbert, *Texas Tech University*
Robert E. Graf, Jr., *United States Military Academy*
Glenn W. Harrison, *University of South Carolina*
Marc Hayford, *Loyola University*
Yutaka Horiba, *Tulane University*
Charles How, *University of Colorado*
Sheng Cheng Hu, *Purdue University*
Glenn Hubbard, *Columbia University*
Nancy Jianakopolos, *Colorado State University*
Allen C. Kelley, *Duke University*
Lori Kletzer, *University of California, Santa Cruz*
Michael M. Knetter, *Dartmouth College*
Kevin Lang, *Boston University*
William Lastrapes, *University of Georgia*
John Leahy, *Boston University*
Eric Leeper, *Indiana University*
Colin Linsley, *St. John Fisher College*
Stefan Lutz, *Purdue University*
Mark J. Machina, *University of California, San Diego*
Burton G. Malkiel, *Princeton University*
Lawrence Martin, *Michigan State University*
Thomas Mayer, *University of California, Davis*
Craig J. McCann, *University of South Carolina*
Henry N. McCarl, *University of Alabama, Birmingham*

John McDermott, *University of South Carolina*
Marshall H. Medoff, *University of California, Irving*
Peter Mieszkowski, *Rice University*
Myra Moore, *University of Georgia*
W. Douglas Morgan, *University of California, Santa Barbara*
John S. Murphy, *Canisius College*
Michael Nelson, *University of Akron*
William Nielson, *Texas A&M University*
Neil B. Niman, *University of New Hampshire*
David H. Papell, *University of Houston*
Douglas Pearce, *North Carolina State University*
Jerrold Peterson, *University of Minnesota, Duluth*
James E. Price, *Syracuse University*
Daniel M. Raff, *Harvard Business School*
Christina D. Romer, *University of California, Berkeley*
Richard Rosenberg, *Pennsylvania State University*
Rosemary Rossiter, *Ohio University*
David F. Ruccio, *University of Notre Dame*
Christopher J. Ruhm, *Boston University*
Suzanna A. Scotchmer, *University of California, Berkeley*
Richard Selden, *University of Virginia*
Andrei Shleifer, *Harvard University*
Nirvikar Singh, *University of California, Santa Cruz*
John L. Solow, *University of Iowa*
George Spiva, *University of Tennessee*
Mark Sproul, *University of California, Los Angeles*
Frank P. Stafford, *University of Michigan*
Raghu Sundaram, *University of Rochester*
Hal R. Varian, *University of California, Berkeley*
Franklin V. Walker, *State University of New York at Albany*
James M. Walker, *Indiana University*

Andrew Weiss, *Boston University*
Mark Wohar, *University of Nebraska, Omaha*
Gilbert R. Yochum, *Old Dominion University*
　第4版の刊行にあたって，さらに多くの人々から有益なコメントをもらったが，以下の人々に感謝したい．
John Nader, *Grand Valley State University*
Timothy A. Duy, *University of Oregon*
Richard Fox, *Madonna University*
Dale Cloninger, *University of Houston, Clear Lake*
Gavin Wright, *Stanford University*
Richard Stahnke, *Hamilton College*
Maristella Botticini, *Boston University*
Chris Niggle, *University of Redlands*
Santanu Roy, *Southern Methodist University*
Roger White, *Franklin and Marshall College*
Geoffrey Carliner, *Boston University*
Robert L. Pennington, *University of Central Florida*
Roger A. McCain, *Drexel University*
Nancy A. Jianakoplos, *Colorado State University*
Sudeshna C. Bandyopadhyay, *West Virginia University*
Jennifer Thacher, *University of New Mexico*
Alan Gummerson, *Florida International University*
Nejat Anbarci, *Florida International University*
Samuel Allen, *University of California, Davis*
Robert G. Bise, *Orange Coast College*
Sarah L. Stafford, *College of William and Mary*
Catherine Krause, *University of New Mexico*
Ariel Belasen, *Binghamton University*
Alina Luca, *Drexel University*
S. Abu Turab Rizvi, *University of Vermont*
Nivedita Mukherji, *Oakland University*

■ 原著序文

Faik A. Koray, *Louisiana State University*
Mehdi Haririan, *Bloomsburg University*
F. G. Hank Hilton, *Loyola College*
Michael Margolis, *Oberlin College*
Joseph K. Cavanaugh, *Wright State University*
Lisa Gundersen, *Iowa State University*
Eva Toth Szalvai, *Bowling Green State University*
Maya Federman, *Pitzer College*
Annie Fang Yang, *University of Minnesota, Twin Cities*
Molly Espey, *Clemson University*
Nora Underwood, *University of California, Davis*
Mary Schranz, *University of Wisconsin, Madison*
Scott Cunningham, *University of Georgia*
Ehsan Ahmed, *James Madison University*
Lee van Scyoc, *University of Wisconsin, Oshkosh*
Parker Wheatley, *Carleton College*
Daniel Rubenson, *Southern Oregon University*
Elliott Parker, *University of Nevada, Reno*
Peter Murrell, *University of Maryland*
Abdulhamid Sukar, *Cameron University*
Philip S. Heap, *James Madison University*
Erik D. Craft, *University of Richmond*
Sharmila King, *University of the Pacific*
Linus Yamane, *Pitzer College*
Cathleen Leue, *University of Oregon*
Daniel Monchuk, *University of Southern Mississippi*
Rik W. Hafer, *Southern Illinois University, Edwardsville*
Ben Young, *University of Missouri, Kansas City*

　特に Mary Schranz（University of Wisconsin, Madison）には感謝したい．彼女はマクロ経済学の部分の原稿に対して詳細かつ思慮に富む有益なコメントをくれた．彼女の洞察力あるコメントによって，最終版の原稿は大いに改善さ

れた．

　第4版での主要な変更とそれによる本書の改善は，編集者である Jack Repcheck の絶え間ない激励とアドバイス，そして情熱によるところが大きい．われわれ著者は，親しみやすさと現代的なものという目標に向かって，すなわち初めて経済学を学ぼうとする学生たちに親しみやすい方法で，最先端の経済学から得られる最新の考え方を取り込むように努力してきたが，彼はその過程でつねに批判的なコメントを返すと同時に，うまくわれわれを励ましてくれた．

　また第4版の刊行を楽しい仕事にしてくれた，Lory Frenkel, Matt Arnold, Mik Awake, Sarah Solomon, Rubina Yeh, Kelly Mitchell, Roy Tedoff, John McAusland, Alica Falk, Barbara Hults からなるノートン社のスタッフ全員に感謝したい．

　最後に Judy Walsh の貢献に特に感謝したい．彼女の経済学の知識と，彼女が進んでさまざまな考え方について議論をし，アドバイスをくれ，例示を与え，そして励ましてくれたことは，すべて第4版の改善に大いに貢献した．

■短縮コース授業のためのガイドライン

　第4版においても本書を柔軟に使用できるように工夫し，時間的制約があったり目的の違うコースにも容易に対応できるようにしている．第4部「ミクロ経済学と政策課題」（『スティグリッツ　入門経済学』第7章，『スティグリッツ　ミクロ経済学』第14〜16章）と第9部「新しいマクロ経済理論」（『スティグリッツ　ミクロ経済学』第17章，『スティグリッツ　マクロ経済学』第5部）には，各コースの最後に時間的余裕がある場合に触れるか，またはミクロ経済学とマクロ経済学の主な議論を取り込むことができる章が含まれている．第8部「グローバル・エコノミー」（『スティグリッツ　マクロ経済学』第4部）には，国際貿易，国際金融と経済発展の章が含まれており，教師が入門コースでもっと国際面を重視したいと思うならば，それらの章から選択することができるようになっている．そのほか，教師がこれらのトピックスからいくつか選択し，それらを通常のコースに含めることもできる．以下のガイドラインは，考えられるごく限られたコース例であるが，第4版がいかに使いやすくなっているかがわかるだろう．

1学期用ミクロ・マクロ経済学コース

『入門経済学』第 1～6 章,『ミクロ経済学』第 3～10 章,
『マクロ経済学』第 1～6, 9, 11～13 章

短縮ミクロ・マクロ経済学コース

『入門経済学』第 1～6 章,『ミクロ経済学』第 3～5, 8 章,
『マクロ経済学』第 1～5, 8, 9, 11, 12 章,
または『入門経済学』すべて

1学期用ミクロ経済学コース

『入門経済学』第 1～6 章,『ミクロ経済学』第 3～13 章
プラス『ミクロ経済学』第 4 部から選択した章(『入門経済学』第 7 章,『ミクロ経済学』第 14～17 章)
または『ミクロ経済学』すべて

短縮ミクロ経済学コース

『入門経済学』第 1～7 章,『ミクロ経済学』第 3～10 章
または『ミクロ経済学』第 1～10 章

1学期用マクロ経済学コース

マクロ経済学の中核的な章(『マクロ経済学』第 1～13 章)
プラス第 4 部, 5 部等から選択した章(『マクロ経済学』第 14～18 章,『ミクロ経済学』第 17 章)

短縮マクロ経済学コース

マクロ経済学の中核的な章(『マクロ経済学』第 1～9, 11～13 章)

原著序文

コース紹介

	章	入門コース	ミクロ・マクロコース		ミクロ経済学コース		マクロ経済学コース	
			1学期用	短縮	1学期用	短縮	1学期用	短縮
入門経済学	1	◎	◎	◎	◎注2	◎注2		
	2	◎	◎	◎	◎注2	◎注2		
	3	◎	◎	◎	◎注2	◎注2		
	4	◎	◎	◎	◎注2	◎注2		
	5	◎	◎	◎	◎注2	◎注2		
	6	◎	◎	◎	◎注2	◎注2		
	7	◎			○注2	◎注2		
	8	◎						
	9	◎						
	10	◎						
	11	◎						
	12	○	○	○			○	○
ミクロ経済学	1							
	2							
	3		◎	◎	◎	◎		
	4		◎	◎	◎	◎		
	5		◎	◎	◎	◎		
	6		◎		◎	◎		
	7		◎		◎	◎		
	8		◎	○	◎	◎		
	9		◎		◎	◎		
	10		◎		◎	◎		
	11				◎			
	12				◎			
	13				◎			
	14				◎			
	15				◎			
	16				◎			
	17						○	
マクロ経済学	1		◎注1	◎注1			◎	◎
	2		◎注1	◎注1			◎	◎
	3		◎注1	◎注1			◎	◎
	4		◎注1	◎注1			◎	◎
	5		◎注1	◎注1			◎	◎
	6		◎注1				◎	◎
	7						◎	◎
	8			◎注1			◎	◎
	9		◎注1	◎注1			◎	◎
	10						◎	
	11		◎注1	◎注1			◎	◎
	12		◎注1	◎注1			◎	◎
	13		◎注1				◎	◎
	14						○	
	15						○	
	16						○	
	17						○	
	18						○	

◎は必修，○は選択．
(注) 1　『入門経済学』8～11章で代用可能．
　　 2　『ミクロ経済学』1～2章で代用可能．

目次 CONTENTS

訳者はしがき
原著序文

第1部 ミクロ経済学入門 　1

第1章 需要と供給 　3

1 経済学とは何か ─ 4
  1.1 資源の希少性と市場経済 ……… 4
  1.2 三つの主要な市場 ……… 8
  1.3 科学としての経済学 ……… 8

2 経済学的な考え方 ─ 11
  2.1 基本的競争モデル ……… 11
  2.2 インセンティブと情報：価格，所有権，利潤 ……… 13
  2.3 割当て ……… 14
  2.4 機会集合とトレードオフ ……… 15
  2.5 費用 ……… 17

3 需要・供給と価格 ─ 19
  3.1 需要 ……… 19
  3.2 供給 ……… 24
  3.3 需要と供給の法則 ……… 27

4 需要・供給分析の応用 ─ 30
  4.1 需要の価格弾力性 ……… 30
  4.2 供給の価格弾力性 ……… 31

復習と練習 ……… 37

補論-日本語版　経済学における限界概念と微分演算早わかり ……… 43
  A.1 限界概念の経済的意味 ……… 43
  A.2 限界概念の幾何学的理解 ……… 43
  A.3 限界概念と微分係数 ……… 45

- A.4 微分と偏微分：多変数関数についての微分演算 ……… 46
- A.5 直線で表せる総効用曲線と限界効用 ……… 47
- A.6 一般的な総効用曲線と限界効用 ……… 49
- A.7 微分の基本公式 ……… 50
- A.8 多変数関数の微分への応用 ……… 51

第2章 不完全市場と公共部門　53

1 基本的競争モデルの拡張 ……… 54

2 不完全競争と市場構造 ……… 58
- 2.1 不完全競争の場合の価格と数量 ……… 60

3 不完全情報 ……… 61
- 3.1 情報問題 ……… 61
  - Close-Up 日本語版　食の安全と非対称情報 ……… 62
- 3.2 価格システムの機能と情報の市場 ……… 65

4 外部性 ……… 66

5 公共財 ……… 67

6 政府の役割と公共部門 ……… 70
- 6.1 市場の失敗の修正 ……… 71
- 6.2 平等と所得再分配 ……… 72
- 6.3 価値財と負の価値財 ……… 74
- 6.4 平等と効率のトレードオフ ……… 75

7 政府の失敗 ……… 75
- 7.1 インセンティブと制約 ……… 77
- 7.2 予算編成と歳出手続き ……… 78
- 7.3 情報の不完全性 ……… 78
- 7.4 集団的意思決定 ……… 79

8 公共経済学における近年の課題 ……… 80
- 8.1 財政赤字の削減 ……… 80
- 8.2 公的年金 ……… 81
- 8.3 医療 ……… 82

復習と練習 ……… 82
補論-日本語版　良い租税制度に望まれる五つの特徴 ……… 88

第2部 完全市場 91

第3章 消費の決定 93

1 消費選択の基本問題 ― 94
- 1.1 予算制約 ……… 95
- 1.2 予算制約線上の点の選択：個人の選好 ……… 98
- 1.3 所得が変化するとき，消費に何が起こるのか ……… 100
  - CASE IN POINT　BTU税（エネルギー税）の運命 ……… 104
  - Internet Connection　われわれは何を消費しているのか ……… 105

2 需要曲線の詳しい考察 ― 106
- 2.1 需要曲線の導出 ……… 108
- 2.2 所得効果と代替効果を区別することの重要性 ……… 110
  - Thinking Like an Economist　インセンティブ，所得効果，代替効果 ……… 111

3 効用と選好の表し方 ― 113
- 3.1 消費者余剰 ……… 120

4 基本モデルを超えて：どのように現実と適応させるのか ― 123
- 4.1 前提とされている仮定はどの程度現実的なものか ……… 124
- 4.2 行動経済学 ……… 125

復習と練習 ……… 129

補論A　無差別曲線と消費の決定 ……… 133
- A.1 無差別曲線と消費者の選択 ……… 133
- A.2 無差別曲線と限界代替率 ……… 137
- A.3 無差別曲線を用いた消費者の選択行動の説明 ……… 138
- A.4 無差別曲線を用いた需要曲線の導き方 ……… 140
- A.5 所得効果と代替効果 ……… 142

補論B-日本語版　消費の決定：数式による解説 ……… 145

第4章 企業と費用 149

1 利潤，費用，生産要素 ― 151
- 1.1 生産要素の一つが可変的な場合の生産 ……… 152
- 1.2 さまざまな費用と費用曲線 ……… 156

2 短期費用曲線と長期費用曲線 ― 165

- **2.1 短期費用曲線** ……… 166
- **2.2 長期費用曲線** ……… 166
  - Internet Connection　経済用語の定義 ……… 173

3 ｜ 生産要素が複数の場合の生産 ——— 173
- **3.1 費用の最小化** ……… 173
- **3.2 代替の法則** ……… 174
  - CASE IN POINT　代替の法則と地球温暖化 ……… 176

4 ｜ 範囲の経済 ——— 177

復習と練習 ……… 178

補論 A-日本語版　投入物が複数の場合の費用最小化 ……… 182
- **A.1 等量曲線** ……… 182
- **A.2 技術的限界代替率** ……… 183
- **A.3 費用最小化** ……… 185
- **A.4 等費用曲線** ……… 185
- **A.5 費用曲線の導出** ……… 187

補論 B-日本語版　平均費用と限界費用の図解 ……… 189

第5章　競争的企業　193

1 ｜ 収入 ——— 194

2 ｜ 費用 ——— 196
  - Internet Connection　企業の損益計算書 ……… 198

3 ｜ 競争的供給の基本的条件 ——— 198

4 ｜ 参入，退出と市場供給 ——— 200
- **4.1 サンクコストと退出** ……… 201
- **4.2 企業の供給曲線** ……… 204
- **4.3 市場供給曲線** ……… 205

5 ｜ 長期供給曲線と短期供給曲線 ——— 206
  - e-insight　2001年の景気後退：人員削減か操業停止か ……… 207

6 ｜ 会計上の利益と経済学的利潤 ——— 209
- **6.1 機会費用** ……… 210
- **6.2 経済的レント** ……… 211
  - CASE IN POINT　塗装業への参入と機会費用 ……… 213

7 競争的企業の理論 ──────────── 216
　復習と練習 ……… 217
　補論-日本語版　競争企業の産出量の決定 ……… 220

第6章　労働市場　　223

1 労働供給の決定 ──────────── 224
　　　Internet Connection　労働力データ ……… 225
　1.1 余暇と消費の選択 ……… 225
　　　Thinking Like an Economist　トレードオフ ……… 230
　1.2 労働力参加 ……… 231
　　　Close-Up 日本語版　日本における女性の労働力参加 ……… 234

2 企業と労働需要 ──────────── 235
　2.1 要素需要 ……… 236
　2.2 企業の要素需要から市場の要素需要を導出する ……… 240

3 労働供給，労働需要，均衡賃金 ──────────── 240
　復習と練習 ……… 242
　補論　無差別曲線と労働供給の決定 ……… 246
　　A.1 就業の決定 ……… 247

第7章　資本市場　　249

1 資本市場における供給 ──────────── 250
　1.1 家計の貯蓄に関する意思決定 ……… 251
　　　Thinking Like an Economist　資産分配と利子率 ……… 260
　　　CASE IN POINT　なぜアメリカの貯蓄率は低いのか ……… 261
　　　Internet Connection　家計貯蓄 ……… 262

2 資本市場における需要 ──────────── 263

3 行動経済学の観点からみた貯蓄 ──────────── 267

4 教育と人的資本 ──────────── 269
　4.1 教育と経済的トレードオフ ……… 271
　　　e-insight　ニューエコノミーへの資金供給 ……… 272

5 基本的な競争モデル ──────────── 273

■目次

復習と練習 …… 274
補論 A　無差別曲線と貯蓄量の決定 …… 278
　A.1　貯蓄量の決定 …… 278
　A.2　利子率の変化の効果 …… 280
補論 B　割引現在価値の計算 …… 282

第8章 競争市場の効率性　285

1　競争市場と経済的効率性　286
　1.1　消費者余剰と生産者余剰 …… 288
　　　Internet Connection　デジタルエコノミスト …… 293
　1.2　課税と効率性 …… 293

2　効率性　296
　2.1　パレート効率性 …… 296
　2.2　市場経済におけるパレート効率性の条件 …… 298
　　　Thinking Like an Economist　交換と分配 …… 301
　2.3　競争市場とパレート効率性 …… 302
　2.4　競争市場と所得分配 …… 303

3　一般均衡分析　305
　3.1　基本的競争均衡モデル …… 306
　　　Thinking Like an Economist　間接的なトレードオフと空の旅における子どもの安全 …… 309
　　　CASE IN POINT　労働市場と賃金格差の拡大 …… 310
　　　CASE IN POINT　最低賃金と一般均衡 …… 312
　3.2　一般均衡：現在市場と将来市場 …… 313
　3.3　部分均衡分析が役に立つ場合 …… 315

4　基本的モデルを超えて：市場の失敗と政府の役割　316
　　　Close-Up　日本語版　高速道路整備は CO_2 を削減するか …… 316

復習と練習 …… 318
補論-日本語版　ボックス・ダイアグラムと純粋交換経済の均衡 …… 322
　A.1　ボックス・ダイアグラム …… 322
　A.2　純粋交換経済における効率性 …… 323
　A.3　需要関数の導出 …… 326
　A.4　競争均衡 …… 330
　A.5　競争均衡の図示 …… 330
　A.6　競争均衡の効率性 …… 331

第3部 不完全市場　333

第9章 独占, 独占的競争と寡占　335

1 独占産出量　336
- 1.1 ABCセメント社の例　341
- 1.2 独占利潤　343
- 1.3 価格差別　344

2 規模の経済と自然独占　346
- ■ International Perspective　南アフリカ共和国, エイズ, 価格差別　348

3 競争の程度の評価　351
- 3.1 産業内の企業数　351
- ■ e-insight　ネットワーク外部性, ニューエコノミー, 独占力　352
- 3.2 製品差別化　354

4 独占的競争下の均衡　355

5 寡占　358
- 5.1 共謀　359
- 5.2 制限的取引慣行　365
- ■ Close-Up 日本語版　独占禁止法と再販制度　367
- 5.3 参入阻止　371
- ■ Thinking Like an Economist　トレードオフ, アメリカン航空, 略奪的価格付け　374

6 競争における不完全性の重要性　376

復習と練習　376
補論A-日本語版　買い手独占　383
補論B-日本語版　独占および不完全競争下における投入物への需要　385
補論C-日本語版　寡占市場における市場均衡　387
- C.1 クールノー競争　387
- C.2 ベルトラン競争　390
- C.3 制限的取引慣行　392

第10章 競争促進政策　395

1 独占と競争制限による弊害　396
- 1.1 産出量の制限　396

- **1.2 経営上のスラック** ……… 399
- **1.3 研究開発意欲の減退** ……… 399
- **1.4 レント・シーキング** ……… 400
- **1.5 制限された競争がもたらすその他の損失** ……… 401
  - ◎ e-insight　インターネットを使った高度な価格差別 ……… 402

2 | 自然独占に対する政策 ——— 402
- **2.1 国営化** ……… 405
- **2.2 規制** ……… 407
  - International Perspective　民営化の影 ……… 409
- **2.3 競争の促進** ……… 409
  - Close-Up 日本語版　民営化・規制緩和の経済学 ……… 411
  - CASE IN POINT　カリフォルニア州での電力規制緩和 ……… 414

3 | 反トラスト政策 ——— 415
- **3.1 市場支配力の制限** ……… 415
  - Internet Connection　アメリカ司法省と反トラスト法 ……… 417
  - Thinking Like an Economist
    マイクロソフト社独占問題におけるインセンティブと是正 ……… 418
- **3.2 市場の定義** ……… 421
- **3.3 制限的取引慣行の禁止** ……… 422
- **3.4 反トラスト法の実施** ……… 424
  - CASE IN POINT　コークとペプシの合併熱 ……… 426

復習と練習 ……… 428

第11章　戦略的行動　　433

1 | 囚人のジレンマ再考 ——— 436
- **1.1 支配戦略** ……… 437
- **1.2 ナッシュ均衡** ……… 438

2 | 一般的なゲームでの戦略的行動 ——— 442
- International Perspective　近隣窮乏化の関税政策 ……… 442
- **2.1 1人のプレーヤーのみ支配戦略を持つゲーム** ……… 444
  - Internet Connection　ゼロサム・ゲームの解法プログラム ……… 446
- **2.2 支配戦略が存在しないゲーム** ……… 446

3 | 繰り返しゲーム ——— 448
- **3.1 評判** ……… 450
- **3.2 しっぺ返し戦略** ……… 451

3.3 公的機関 ……… 452
　　CASE IN POINT　銀行パニック ……… 452

4 ｜ 逐次的ゲーム ——— 455
　　Thinking Like an Economist　情報および戦略的思考 ……… 458

5 ｜ 時間的非整合性 ——— 460
　5.1 コミットメント（約束） ……… 461
　　Close-Up 日本語版　結婚マッチング ……… 465
復習と練習 ……… 467

第12章　生産物市場と不完全情報　475

1 ｜ レモン市場と逆選択 ——— 476
　1.1 シグナリング ……… 479
　1.2 価格による質の判定 ……… 480

2 ｜ インセンティブ問題 ——— 481
　2.1 市場による解決 ……… 482
　2.2 契約による解決 ……… 483
　2.3 評判による解決 ……… 485
　2.4 医療保険の市場 ……… 486
　　CASE IN POINT　医療保険への加入 ……… 488

3 ｜ サーチ（探索）の問題 ——— 490
　　Thinking Like an Economist　インセンティブと情報の問題：住宅市場の例 ……… 491
　　e-insight　ITと仲介業者 ……… 494
　3.1 サーチと不完全競争 ……… 494
　　Internet Connection　職探し ……… 496
　3.2 サーチと労働市場 ……… 497
　3.3 サーチと情報仲介機関 ……… 497

4 ｜ 広告 ——— 498
　4.1 広告と競争 ……… 499
　4.2 広告と利潤 ……… 500

5 ｜ 不完全情報の重要性 ——— 503
　　Close-Up 日本語版　価格比較サイトは価格の分散を消滅させたか ……… 504
復習と練習 ……… 506

第13章 労働市場の不完全性　511

1 労働組合　512
- **1.1** 労働組合の歴史 ……… 513
  - Internet Connection　インターネットの労働組合サイト ……… 514
- **1.2** 経済的効果 ……… 517
- **1.3** 労働組合の限界 ……… 520

2 賃金格差　522
- **2.1** 差別 ……… 524

3 労働者の動機づけ　527
- **3.1** 出来高払い制とインセンティブ ……… 528
  - Close-Up 日本語版　日本マクドナルドの成果主義と定年制廃止 ……… 529
- **3.2** 効率賃金 ……… 531
  - CASE IN POINT　最低賃金 ……… 532
- **3.3** その他のインセンティブの付与 ……… 534
- **3.4** 福利厚生給付などによる労働者への補償 ……… 535
  - e-insight　労働市場とインターネット ……… 536

復習と練習 ……… 537

第4部 ミクロ経済学と政策課題　541

第14章 環境の経済学　543

1 負の外部性と過剰供給　544

2 環境問題への政策対応　547
- **2.1** 所有権による対応 ……… 548
  - International Perspective　地球温暖化 ……… 549
  - Thinking Like an Economist　環境と経済のトレードオフ ……… 552
- **2.2** 直接規制による対応 ……… 554
  - Close-Up 日本語版　キャンパスの喫煙規制:なぜコースの定理が応用できないのか ……… 555
- **2.3** 課税と補助金による対応 ……… 557
- **2.4** 取引可能許可証による対応 ……… 559
  - CASE IN POINT　酸性雨を減少させる ……… 560
- **2.5** さまざまなアプローチの比較 ……… 562

3 天然資源　564

    🔗 Internet Connection　全国環境経済学センター………… 565
    💿 e-insight　情報と環境………… 567
4 価値財と環境 ──────────────────────── 568
復習と練習 ………… 568

第15章 国際貿易と貿易政策　　573

1 国家間の取引 ──────────────────── 574
 1.1 生産物市場における相互依存 ………… 574
 1.2 労働市場における相互依存 ………… 576
 1.3 資本市場における相互依存 ………… 576
 1.4 多角的貿易 ………… 576

2 比較優位 ──────────────────────── 578
  🔗 Internet Connection　デイヴィッド・リカード ………… 579
 2.1 生産可能性曲線と比較優位 ………… 580
 2.2 比較優位と特化 ………… 581
 2.3 何が比較優位を決めるのか ………… 582
  💿 e-insight　インターネット時代におけるアメリカの比較優位 ………… 584

3 国際的な相互依存関係の費用 ──────────── 586
  ▨ Thinking Like an Economist　交換とグローバリゼーションに関する論争 ………… 589

4 貿易政策 ──────────────────────── 591
 4.1 通商政策 ………… 591
 4.2 関税 ………… 592
 4.3 輸入割当て ………… 594
 4.4 輸出自主規制 ………… 595
 4.5 その他の非関税障壁 ………… 595
 4.6 「公正貿易」法 ………… 596
  ▨ International Perspective　代用国とカナダ製ゴルフ・カート ………… 598

5 保護主義の政治的・経済的根拠 ──────────── 600
 5.1 企業の倒産と失業 ………… 601
 5.2 近隣窮乏化政策 ………… 602
 5.3 輸出入関連部門の賃金 ………… 603
 5.4 競争の促進 ………… 604
  ▨ Thinking Like an Economist　分配と貿易自由化 ………… 605

- 5.5 幼稚産業保護論 ……… 606
- 5.6 戦略的貿易政策 ……… 607
  - ◉e-insight　IT産業と金融サービスについての貿易自由化 ……… 608

6 国際協調 ——— 608

- 6.1 GATT と WTO ……… 609
- 6.2 WTO へ高まる抗議 ……… 610
  - CASE IN POINT　バナナ戦争 ……… 611
- 6.3 地域的な貿易ブロック ……… 613
  - Internet Connection　世界貿易機関（WTO） ……… 615

復習と練習 ……… 616

第16章 技術進歩 ——— 621

1 技術進歩と不完全競争の関係 ——— 623

- ◉e-insight　ニューエコノミーと技術革新 ……… 624
- 1.1 特許とアイデアの生産 ……… 625
  - Thinking Like an Economist　知的財産権と所得分配 ……… 627
- 1.2 短期の効率と革新のトレードオフ ……… 628
  - CASE IN POINT　イーライ・ホイットニーと綿繰り機 ……… 633
- 1.3 固定費用としての R&D ……… 634
- 1.4 経験による学習 ……… 636
- 1.5 資本市場と R&D ……… 637
- 1.6 シュンペーター的競争 ……… 638

2 公共財としての基礎研究 ——— 639

3 技術進歩を促進するための政策 ——— 642

- 3.1 補助金 ……… 642
- 3.2 保護政策 ……… 643
- 3.3 反トラスト政策の緩和 ……… 643
  - Internet Connection　産業競争力 ……… 644

4 技術進歩と経済成長 ——— 645

復習と練習 ……… 646

第17章 資産の運用 ——— 651

1 投資対象 ——— 653

- 1.1 銀行預金 ……… 653
- 1.2 住宅 ……… 653
  - Internet Connection 利子率の計算 ……… 654
- 1.3 債券 ……… 655
- 1.4 株式 ……… 656
- 1.5 投資信託 ……… 658

2 | 投資の望ましい特性 ——— 659
- 2.1 期待収益 ……… 660
  - Internet Connection インデックス・ファンド ……… 661
  - CASE IN POINT PG&Eの従業員は,投資の分散化の重要性を学んだ ……… 661
  - e-insight リスクの分散化と投資信託 ……… 663
- 2.2 リスク ……… 664
- 2.3 税制上の取扱い ……… 668
- 2.4 流動性 ……… 669
  - Close-Up 日本語版 日本における投資対象と資産運用 ……… 670

3 | 期待と資本市場 ——— 674
- Thinking Like an Economist 富の分配と資産保有 ……… 675
- 3.1 期待形成 ……… 678

4 | 効率的市場理論 ——— 679
- 4.1 効率性と株式市場 ……… 680
- 4.2 効率的市場か,ランダムなノイズか ……… 684

5 | 賢い投資戦略 ——— 685

復習と練習 ……… 688

補論-日本語版 リスクおよびリスクに対する態度 ……… 692
- A.1 リスクに対する態度 ……… 692
- A.2 リスクの尺度 ……… 693

経済学の基本用語 ……… 697

経済学の基本英語 ……… 717

索引 ……… 725

著者紹介 ……… 737

訳者紹介 ……… 738

『スティグリッツ 経済学』（第4版）全体の構成

『スティグリッツ■入門経済学』

- 第1章 │ 現代の経済学
- 第2章 │ 経済学的な考え方
- 第3章 │ 需要，供給，価格
- 第4章 │ 需要・供給分析の応用
- 第5章 │ 市場と効率性
- 第6章 │ 不完全市場入門
- 第7章 │ 公共部門
- 第8章 │ マクロ経済学と完全雇用
- 第9章 │ 経済成長
- 第10章 │ 失業とマクロ経済学
- 第11章 │ インフレーションと総需要・失業
- 第12章 │ グローバル危機：金融システム・世界経済・地球環境

『スティグリッツ■ミクロ経済学』

- 第1部 │ ミクロ経済学入門
  - 第1章 │ 需要と供給
  - 第2章 │ 不完全市場と公共部門
- 第2部 │ 完全市場
  - 第3章 │ 消費の決定
  - 第4章 │ 企業と費用
  - 第5章 │ 競争的企業

- 第6章 労働市場
- 第7章 資本市場
- 第8章 競争市場の効率性

第3部 | 不完全市場
- 第9章 独占，独占的競争と寡占
- 第10章 競争促進政策
- 第11章 戦略的行動
- 第12章 生産物市場と不完全情報
- 第13章 労働市場の不完全性

第4部 | ミクロ経済学と政策課題
- 第14章 環境の経済学
- 第15章 国際貿易と貿易政策
- 第16章 技術進歩
- 第17章 資産の運用

『スティグリッツ ■ マクロ経済学』

第1部 | マクロ経済学入門
- 第1章 マクロ経済学の課題
- 第2章 マクロ経済活動の測定
- 第3章 インフレーションとデフレーション

第2部 | 完全雇用マクロモデル
- 第4章 完全雇用モデル
- 第5章 完全雇用下の財政
- 第6章 開放経済
- 第7章 経済成長と生産性
- 第8章 貨幣、物価水準と中央銀行

第3部 | マクロ経済変動
- 第9章 | 経済変動
- 第10章 | 総支出と総所得
- 第11章 | 総需要とインフレーション
- 第12章 | 中央銀行と利子率
- 第13章 | 金融・財政政策

第4部 | グローバル・エコノミー
- 第14章 | 国際金融システム
- 第15章 | 開放マクロ経済と政府の政策
- 第16章 | 経済発展と移行経済

第5部 | 新しいマクロ経済理論
- 第17章 | インフレーションと失業
- 第18章 | マクロ経済政策論争

第 1 部 ミクロ経済学入門

Chapter 1

第1章 需要と供給

Learning Goals

1. 経済学とは何か．経済学の主要な考え方を決める主な概念とは何だろうか．
2. 市場とは何だろうか．経済を構成する主な市場とは何だろうか．
3. 経済の基本的競争モデルとは何だろうか．
4. 市場制度に代わる資源配分の方法としては何があるのだろうか．経済学で市場制度以外の方法が好まれないのはなぜだろうか．
5. 需要という概念は何を意味するのだろうか．また，なぜ需要曲線は通常右下がりなのか．価格以外では，需要量はどのような変数に依存するのだろうか．
6. 供給という概念は何を意味するのだろうか．また，なぜ供給曲線は通常右上がりなのか．価格以外では，供給量はどのような変数に依存するのだろうか．
7. 弾力性という概念は何を意味するのだろうか．また，なぜ弾力性が市場取引の結果を予測するうえで重要な役割を果たすのだろうか．
8. 消費者余剰，生産者余剰，経済的効率性とは何を意味するのだろうか．パレート効率性の条件とは何か．競争市場はどのように経済的効率性を実現するのだろうか．

■第1章■需要と供給

本章では，『スティグリッツ　入門経済学』（第4版）で学んだ経済学の基本的概念，考え方，および完全競争モデルについて復習する．これらは，本書全体を理解するうえで，また第2部の「完全市場」の分析を進めるうえで，不可欠な知識である．

1　経済学とは何か

　経済学とは，個人，企業，政府，その他さまざまな組織が，どのように選択し，そうした選択によって社会の資源がどのように使われるかを研究する学問である．選択には**トレードオフ** trade-offs が伴う．すなわち，一つのことに資源を多く使えば，他のことに使える資源は減少するのである．たとえば，1週間で娯楽に使える予算が決まっている場合には，映画のために多くのお金を支出すると，野球観戦のための予算は減少することになる．また選択を行う際には，各個人は**インセンティブ（誘因）** incentives に反応して，消費を増やしたり減らしたりする．映画の入場券が安くなれば，スポーツ観戦を減らして映画を見る回数を増やすかもしれない．個人や企業がさまざまな財やサービスを売買するときには，各自の所有するモノやお金を他の人の所有するお金やモノと**交換** exchange している．こうした交換は，各自が直面する選択の範囲を拡大することになる．また賢明な選択を行うには，**情報** information を入手し，それを利用しなければならない．そして大学に進学するか高校を卒業したら就職するかという教育に関する決定や，どのような会社に勤めるかという職業選択，どのような財やサービスを購入するかという決定は，社会の富や所得の**分配** distribution を決定することになる．以下で述べるように，このトレードオフ，インセンティブ，交換，情報，分配という五つの概念は，経済学でさまざまな問題を考える際に重要な手がかりを与えてくれる．

1.1　資源の希少性と市場経済

　われわれはつねに選択を行っている．個人ばかりでなく，企業も政府も，そして社会も選択を行う．しかし，どんな選択であっても，そこにはトレードオフが存在する．一つのものをより多く入手することは，他のものをより少なく

しか入手できないことを意味している．このトレードオフは，資源の**希少性** scarcity のためである．希少性は経済学で最もよく登場する概念である．希少性はあらゆる人々が直面する問題であり，こうした選択の問題は経済全体にもあてはまる．社会における希少資源をどのように使用するかは，多数の個人や企業，さらには政府や官僚による諸々の選択によって決定される．

要するに，「この世にフリーランチは存在しない．あるモノをより多く手に入れるには，他の何かをあきらめなければならない．希少性が意味するのは，トレードオフが厳然たる事実であるということである」．

人々は選択に直面すると，さまざまな選択肢のもたらす利点や欠点を比較検討する．もし，意思決定者が自分の直面する選択肢を体系的に比較検討するならば，経済環境の変化に対して意思決定者がどのように対応するかを予測することができる．たとえばガソリン価格が上昇すると，家計は，燃費効率のよい車を買おうという強いインセンティブを持つことになるだろう．経済学でいうインセンティブとは，特定の選択を行うことが意思決定者にとって望ましくなるような便益の増加（または費用の減少）のことである．インセンティブに影響を与える要因は数多くあるが，中でも重要なのは価格である．個人や企業の選択行動を理解するには，さまざまな行動をとろうとするインセンティブや，行動をとろうとしないインセンティブを明確にすることが必要である．

すなわち，意思決定者はインセンティブに反応するので，選択行動を理解するためにはインセンティブが重要となる．

現代経済においては，ほとんどの人々の経済生活は，他の人々の生活と関係している．彼らの間では無数の財やサービスの交換が行われている．自分で消費したいと考える財・サービスを，何もないところから自分独りで生産している人はほとんどいない．経済学から得られる知見は，自発的に交換を行う当事者の双方がともに利益を得られるということである．自発的に交換を行う当事者が2人の個人であっても，個人と企業であっても，あるいは国境を越えた個人・企業であっても，その交換は双方の当事者の経済状況を改善するのである．

経済学では，交換が行われる場所をすべて市場と呼ぶ．市場には交換が行われる状況がすべて含まれ，その交換は必ずしも伝統的な村の市場や現代の証券取引所のような場所で行われなくてもよい．ほとんどの財は，生産者から消費者に直接販売されるのではなく，まず生産者から卸売業者へ，卸売業者から小

売業者へ，そして小売業者から消費者へと販売される．こうした取引はすべて，市場または**市場経済** market economy という概念でとらえられる．市場経済では，次の四つの基本的経済問題が解決される．すなわち，(1)何がどれだけ生産されるのか，(2)どのように生産されるのか，(3)誰のために生産されるのか，(4)誰が経済的意思決定を行うのか，またどのような過程を経て行うのか，の4点である．

しかし，市場が社会にとって望ましくない結果をもたらす場合もある．たとえば，公害がひどすぎたり，富の不平等度が大きすぎたり，市場がうまく機能しなかったりすることがある．そうしたときには人々は政府に頼ろうとする．そうした混合経済では，何をどのように，誰のために生産するのかという決定は，基本的には民間部門での自由な相互関係の結果として行われるが，場合によっては政府がそうした決定を行うこともある．政府は法律の枠組みを定め，民間企業や個人はその下で活動することになる．政府は企業活動を規制したり，消費者や従業員を保護したりする．また政府は，国防や道路，通貨など，民間部門が供給しない財やサービスを供給する場合もある．さらに政府は，高齢者や経済的に苦しんでいる人々を助けるため，さまざまな福祉計画を提供している．

WRAP-UP

基本的な経済的意思決定

1. 何がどれだけ生産されるのか．
2. それらの財をどのように生産するのか．
3. それらの財は，誰のために生産されるのか．
4. 誰が経済的意思決定を行うのか，またどのような過程を経て行うのか．

政府が経済を集中化・集権化している国では，政府官僚によって，工場が何をどれだけ生産すべきかが決定され，また賃金水準も決定される．しかし，そうした国の政府も徐々に国営企業を民間部門に売却している．こうした動きを民営化と呼ぶ．

要するに，いかに資源が配分され，何が生産され，誰が何を得ているのか，を理解するためのカギとなるのが，市場で行われる財の交換である．

選択を行うためには，選択肢に関する情報が必要である．そうした情報なしには，選択肢間の費用と便益を比較検討することはできない．いろいろな意味で，情報は他の財やサービスと似ている．企業や個人は情報を購入しようとし，情報の販売を専門とする組織も発達している．しかし情報には他の財と根本的に異なる点がいくつかある．一つは，情報の売り手が情報を販売する前に買い手にその情報を見せてくれないことである．もしそれを見せてしまえば，買い手はもはやそれに対して代金を支払おうというインセンティブを持たなくなるからである．情報が他の財と異なるもう一つの点は，情報は多くの人たちが共有し，無料で利用できることである．

経済の主要な分野の中には，市場そのものの性格に影響を与えるほど情報の果たす役割がきわめて大きい分野もある．不完全な情報のために市場でインセンティブが妨げられる場合もある．すなわち，情報あるいは情報不足は，市場のあり方，さらには民間市場がどれだけ希少な経済資源の効率的使用を保証できるかということに関して，重要な役割を果たす．

WRAP-UP

五つの重要な考え方

1. トレードオフ：資源は希少であり，トレードオフは基本的に避けられない．
2. インセンティブ（誘因）：選択を行う際には，意思決定者はインセンティブに反応する．
3. 交換：人々は自発的に交換を行うことで便益を得る．そして市場経済では，交換によって効率的な資源の利用が実現される．
4. 情報：市場がどのような構造を持つか，また，どれだけうまく市場が機能するかということは，意思決定者がどのような情報を手に入れることができるかに決定的に依存する．
5. 分配：市場は，生産された財とサービスが，社会のメンバーにどのように分配されるのかを決定する．

市場経済は，どのような財をどのように生産するかだけでなく，誰のために生産するかも決定する．多くの人々は，市場による家計への財の分配方法を受け入れがたいと考えている．たとえば，市場で高い評価を得る技術を持たない人は，外部からの補助金なしには自分の子どもに食べさせることも教育を受けさせることもできないような低い所得しか得られていない．そこで政府は，所得の公平性を高めるように援助を行っている．しかし，市場の持つ分配面への影響を和らげるようなこうした手段がとられることによって，経済的なインセンティブが弱められ，効率性が損なわれるおそれがあるかもしれない．公平性への関心と効率性への関心の間で適切なバランスをとることが，現代経済の中心的な問題なのである．他の事柄と同様に，ここでもトレードオフ問題が浮上する．

1.2 三つの主要な市場

市場経済は，財やサービスを企業から購入する家計と，さまざまな生産材料（投入物）を用いて財やサービス（生産物）を生産・販売する企業との交換によって発展するが，大きく三つの主要な市場に分けられる（図1-1）．企業が自分の生産物を家計（あるいは企業）に販売する市場は，**生産物市場（財市場）** product market と呼ばれる．投入物側については，企業は生産物をつくるためには（生産物市場で購入する材料に加えて）労働と機械を組み合わせなければならない．企業は，**労働市場** labor market で労働サービスを購入し，**資本市場** capital market で投入物を購入するための資金を調達する．

経済学の用語の中には，日常使っている言葉と似ているが特別な意味を持つ用語がいくつかある．すでに指摘した「市場」に加えて「資本」などの用語もそうである．資本という言葉は，機械や建物を意味する**資本財** capital goods および資本財を購入したり企業を買収したりするための資金を意味する言葉として用いられる．一般的な使い方と異なり，経済学で資本市場という場合には，後者の資金調達のためのさまざまな市場を意味しており，また資本財市場とは資本財が売買される市場をさす．

1.3 科学としての経済学

経済学は社会科学であり，選択にかかわる経済問題を系統的に分析するもの

図1-1 ■ 三つの市場

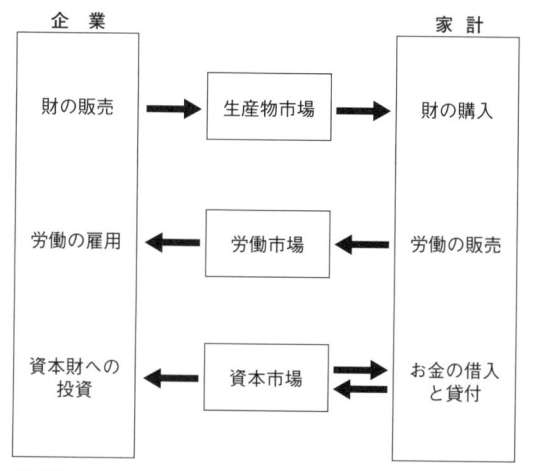

```
  企 業                        家 計
┌─────────┐                 ┌─────────┐
│ 財の販売 │──→ 生産物市場 ──→│ 財の購入 │
│          │                 │          │
│ 労働の雇用│←── 労働市場  ←──│ 労働の販売│
│          │                 │          │
│資本財への│←── 資本市場 ←──→│お金の借入│
│   投資   │                 │  と貸付  │
└─────────┘                 └─────────┘
```

経済学では，人はさまざまな肩書きを持っている．人は，生産物(財)市場では消費者になり，労働市場では労働者になり，また資本市場では借り手や貸し手になる．

WRAP-UP

三つの主要な市場

1. **生産物市場（財市場）**：企業が自ら生産した財を販売する市場．
2. **労働市場**：家計が労働サービスを売り，企業がその労働サービスを購入する市場．
3. **資本市場**：資金の借入や貸出が行われる市場．

である．分析方法には，**ミクロ経済学** microeconomics と呼ばれる分野と**マクロ経済学** macroeconomics と呼ばれる分野がある．ミクロ経済学では，経済を構成している個々の経済主体，具体的には企業，家計，個人の行動に焦点を当てる．それに対してマクロ経済学では，経済全体，とりわけ全般的な失業率，インフレ率，経済成長率，また貿易収支のような集計量の動きを見る．経済全体の動きは，経済内の無数の家計や企業の意思決定，さらに政府の決定に依存しており，ミクロ経済学とマクロ経済学は，同じ事象を二つの異なったアプローチで分析するのである．

> **WRAP-UP**
>
> ### 経済学の二つの分野
> 1. ミクロ経済学:家計と企業の意思決定に焦点を当てるとともに,特定産業の価格や生産の詳細な分析を行う.
> 2. マクロ経済学:経済全体の動きと,失業率や産出量,経済成長,物価水準,インフレーションといった集計された変数に焦点を当てる.

　選択に関する社会問題を科学的視点から分析し,経済問題を系統的に説明するためには,理論を構築し,かつそれに関するデータを検証しなければならない.**理論 theory** とは,一組の仮定(あるいは仮説)を前提とし,それから論理的に結論を導き出すことである.理論を構築する場合にはモデルが用いられるが,モデルとは,分析対象である経済問題にとって重要と考えられる要素だけに注目した模型である.こうしたモデル分析から,さまざまな経済変数がどのように関係し,どのように変化するかを理論的に推測することができる.こうした経済変数の間にはどのような系統的関係があるかが,経済学の関心事の一つである.そうした関係は**相関関係 correlation** と呼ばれる.

　こうした理論的な推測が正しいかどうかは,データを用いて検証することができる.データは,多くの財・サービスの価格や販売量,賃金,利子率などのさまざまな変数からなる.ただ,こうした変数が相互に関連しながら変動しているとしても,そのことがそれらの変数間に**因果関係 causation** があることを必ずしも意味しているわけではない.因果関係とは,一つの変数の変化が他の変数の変化を引き起こすことをいうのであり,相関関係とは区別しなければならない.すなわち,変数間に因果関係があれば,それらの間に相関関係はあるが,逆は成り立つとは限らないのである.

　経済学者が経済を叙述し,また経済の変化の仕方や,さまざまな政策の効果を予測するモデルをつくるときには,彼らの行っていることは**実証経済学 positive economics** である.また経済学者が,さまざまな政策を評価するために,費用と便益を比較検討することは,**規範経済学 normative economics** の分野に属している.政策評価においては経済学者の価値観が重要となる.政策提言はしばしば経済学者間で異なることがあるが,それは次のような点での

意見の相違による．(1)どのような経済モデルが適切であるのか，(2)かりに適切なモデルについて合意したとしても，政策効果の量的な大きさがどれくらいか，という実証経済学の面での相違と，(3)どのような経済が望ましいかという，各経済学者の持つ価値観の相違によるのである．

2 経済学的な考え方

　経済学は，さまざまな経済問題にアプローチする際の特別な考え方を提供する．まず経済の基本的モデルから始めるが，経済を構成する基本的な主体である個人，企業および政府が希少性に直面したときにどのような意思決定を行うかを理解することは，経済学的な考え方のカギとなる．

2.1 基本的競争モデル

　企業は顧客を獲得するために他の企業と競争し，またそのために，顧客に対して彼らが望む製品を可能な限り最も低い価格で提供する．消費者も互いに競争している．この**競争** competition によって，販売される商品の数は限られ，それらには相応の価格が付けられる．このような消費者，企業および市場からなるのが，**基本的競争モデル** basic competitive model である．この競争モデルは，三つの重要な仮定から成り立っている．すなわち，(1)消費者は合理的であるという仮定，(2)企業は利潤極大化を行うという仮定，そして(3)彼らが相互に影響しあう市場がきわめて競争的であるという仮定，である．この基本的競争モデルでは政府の役割を無視しているが，これは政府部門が重要ではないということを意味しているのではなく，まず政府の存在しない経済がどのように機能するかを学ぶことを目的としているためである．

　資源が希少であるということは，個人と企業に選択を強いることになる．それは，彼らがあらゆる機会において費用と便益とを比較検討しなくてはならない，すなわち**合理的選択** rational choice を行わなくてはならないということである．個人の場合には，こうした合理性の仮定は，自己の利益を追求するために選択と決定を行うことを意味している．もちろん，それぞれの人々が持っている目的と欲望は異なったものであるが，経済学ではなぜ人々の目的と欲望

が異なるのかを問うことはない．経済学者が関心を持つのは，異なった選好がもたらす結果についてである．一方，企業の場合の合理性とは，企業が利潤または株式価値を最大化するように行動（営業）するということを意味している．

　経済モデルを完成するための第三の仮定は市場に関するものである．一般的に経済学では，多数の売り手と買い手が存在し，すべての人々が同じ財を売ったり買ったりする市場を想定している．このような市場において，ある企業が現行価格よりもわずかでも高い価格を付けたならばまったく販売することができず，一方，消費者も現行価格よりもわずかでも低い価格では購入することができない．このような市場は**完全競争** perfect competition であるといわれる．完全競争下では，売り手も買い手もすべて**プライス・テイカー（価格受容者）** price taker である．それは，個々の企業や消費者は市場価格に影響を及ぼすことができないため，市場価格を受け入れなければならないことを意味している．

　基本的競争モデルでは，何が，どれだけ，どのように，また誰のために生産されるのかという経済学の基本問題に対して，市場経済が最も効率的な結果を与えることが示される．すなわち，市場経済のもたらす結果こそ，資源の浪費がまったくない状態であり，ある財をもっと生産するためには他の財の生産を減少させなければならず，また誰かの生活を改善するためには他の人の生活を悪化させざるをえない．また競争市場は財の分配も決定するが，競争市場で決まる分配は公平性の面で問題を生じさせるかもしれない．また現実の市場経済では政府による介入が繰り返されており，必ずしもこの基本的競争モデルどおりには機能していない．しかしこの基本的競争モデルは，すべてではないにしても多くの市場の動きを適切にとらえており，また現実の経済を考察するため

WRAP-UP

基本的競争モデルの構成要素

1．合理的で利己主義的な消費者．
2．合理的で利潤最大化を図る企業．
3．市場参加者がプライス・テイカー（価格受容者）的な行動をとる競争市場．

の出発点として有用であると経済学では考えられている．

2.2 インセンティブと情報：価格，所有権，利潤

　市場経済が効率的に機能するためには，企業や個人は十分な情報を持ち，かつ利用可能な情報に基づき合理的に行動するというインセンティブを持たなければならない．市場経済では，そうした情報とインセンティブは価格と利潤と所有権によってもたらされる．価格は，さまざまな財の相対的な希少性についての情報を与えてくれる．**価格システム price system** によって，その財のために最も多くのお金を支払ってもよいと考え，かつ支払い能力のある人の手に，それらの財が渡ることが保証される．またさまざまな財がどのように評価されるかについての情報は，価格によって伝えられる．

　企業は利潤を極大化しようとする動機を持つため，価格のもたらす情報に反応するが，その利潤動機が有効に働くためには，企業にとっては，少なくとも利潤の一部を留保できなければならない．また家計も，労働の対価や投資収益として受け取った所得の一部を留保できなければならない．要するに，**所有権 property rights** が付随した**私有財産 private property** がなければならないのである．この所有権には，所有者が自分の好きなように財産を使う権利と，それを売る権利の両方が含まれている．所有権のこの二つの特性によって，個人や企業には所有する財産を効率的に使おうとするインセンティブが与えられる．たとえば，自分の土地を利用する所有者は，正しい決定を行うならば利潤が得られるが，間違った決定を行えば損失を被ることになる．

　インセンティブは，市場経済に効率性をもたらすとしても，他方では分配面での不平等というコストをもたらすかもしれない．インセンティブが強く働くことによって，一部の個人の所得の割合が非常に大きくなり，経済全体での所得分配が不平等になることがある．たとえば報酬と業績を結びつけることによ

WRAP-UP

利潤動機は市場機構をどのように動かすのか

　市場経済では，価格や利潤や所有権を通じて，個人や企業にインセンティブがもたらされる．

ってインセンティブをもたらすと，成功した者がより高い所得を得ることになる．すなわちインセンティブがあるということは，ある程度は不平等をもたらすことになる．これがインセンティブ・平等のトレードオフと呼ばれるものである．

現実の社会では多くの場合に所有権が確立しているが，重要な問題の中には所有権が明確に確定していなかったり侵害されていたりするために起こったものもある．このような場合には，個人や企業は前述したようなインセンティブを持たないため，市場経済は効率的に機能しなくなる．

すなわち，適切なインセンティブを提供することは，基本的な経済問題である．現代の市場経済においては，利潤は企業に個人が望むものを生産しようとするインセンティブを与え，賃金は個人に働こうというインセンティブをもたらす．所有権もまた人々に，投資や貯蓄だけでなく，彼らの資産を最善な方法で用いようという，重要なインセンティブを与える．

2.3 割当て

価格システムは，資源を配分する一つの方法にすぎない．しかし，他の制度（システム）と比較することは，市場経済の優位性を明らかにするうえで有用である．人々がある財を提供された条件で欲しい量だけ入手できないときには，その財は「割り当てられた」という．さまざまな**割当て制度** rationing systems は，それぞれ異なった方法で，誰が社会の希少資源を手に入れるのかを決めるものである．

社会においては，その財に最も高い価格を支払ってもよいと考え，また支払うことができる人に財が供給されるのではなく，行列に並んで待つことを最もいとわない人に財が与えられることがある．これは，待ち行列による割当てと呼ばれる．待ち行列による割当ては，医療サービスを供給する方法としては，価格システムより望ましいと多くの人々に考えられている．確かに，医療サービスに最も多く支払うことができる金持ちだけが，より良い，またより多くの医療サービスを受けられることがはたして良いことかどうかは議論の余地がある．しかし一般的には，行列に並ぶ時間は資源の浪費であり，待ち行列による割当ては非効率的な資源配分方法であると考えられている．

くじ引きとは，無作為に財を配分する制度である．くじ引きも，待ち行列と

同様に，すべての人々に等しくチャンスが与えられるため公正であると考えられている．しかし希少な資源が，それに最も多く支払ってもよいと考え，かつ実際に支払うことができる（したがってその希少な資源を最も高く評価する）個人や企業に配分されないがゆえに，くじ引きもまた非効率な制度である．

　ほとんどの政府は，戦時下では配給切符による割当ての制度を用いる．すなわち，財を得るためには，市場価格を支払い，さらに配給切符を用いなければならない．こうした割当て制度が用いられる理由は，配給切符がなければ価格が高騰してしまい，貧しい人々を困窮に陥れることが予想されるからである．

2.4 機会集合とトレードオフ

　合理的な個人や企業の選択を経済学的に分析するための第一歩は，利用可能な選択肢の集まりである**機会集合** opportunity set を明確にすることである．選択を制限するものが制約であり，制約によって定められた利用可能な選択肢の集合が機会集合になる．個人の選択を制限しているのは時間とお金であり，お金で制限される場合を**予算制約** budget constraints，時間で制限される場合を**時間制約** time constraints と呼ぶ．図1-2は，個人の予算制約による機会集合の一例，また図1-3は時間制約による機会集合の一例を示したものである．

　企業や社会全体も制約に直面しており，機会集合の制約の下で選択を行わなければならない．土地，労働および他の投入量が固定的であるときに，企業または社会が生産できる財の総量は**生産可能性** production possibilities と呼ばれる．図1-4では，すべての生産が軍事支出「大砲」と非軍事支出「バター」に分けられている社会にとって選択可能な集合を示したものである．こうした生産可能な財の組合せを示した機会集合の境界線は**生産可能性曲線** production possibilities curve と呼ばれる．生産可能性曲線は，個人の直線の予算制約線とは異なり，外向きに凸な曲線となっている．これは，個人が固定的なトレードオフに直面しているのに対して，社会の場合には**収益（収穫）逓減** diminishing returns の原理からトレードオフが変化することを反映している．

　企業や経済はつねにその生産可能性曲線上にいる，と仮定する理由は何もない．経済における非効率とは，結果的に生産可能性曲線の内側の点が選択されることである．経済が生産可能性曲線の内側で活動しているかもしれない理由は数多く存在するが，誤って不適切な資源利用を行ったり，また不況期のよう

■第1章■需要と供給

に資源の何割かが未使用であったりするときに,経済は生産可能性曲線の内側での生産を強いられることになる.

図1-2 ■ ミシェルの予算制約線

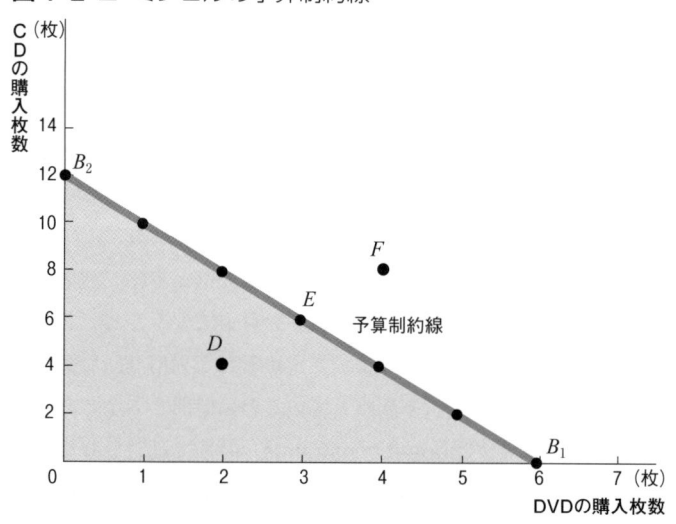

予算制約線は CD と DVD の間での個人の機会集合を規定する. B_1 点と B_2 点は極端な選択であり,そこではミシェルは一方だけを選び他は何も選ばない.彼女の実際の選択は E 点である.アミのかかった部分を選択することも可能ではあるが,予算制約線上の選択ほど魅力的ではない.

図1-3 ■ テレビ視聴と他の活動の機会集合

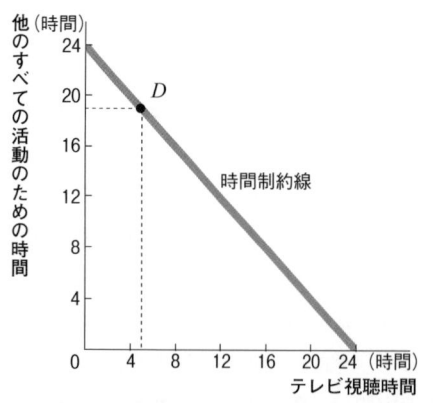

機会集合は時間制約線によって制限されている.図ではテレビを見るために費やす時間とその他の活動に費やす時間を決めるときに個人が直面するトレードオフが示されている.

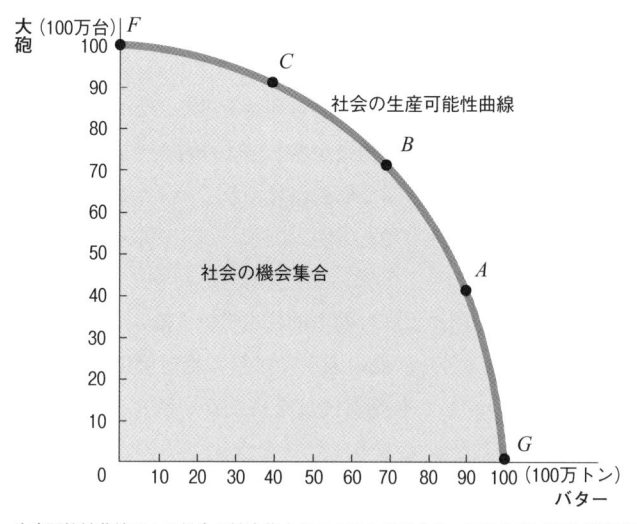

図1-4 ■ 大砲とバターのトレードオフ

生産可能性曲線により社会の機会集合を示すことができる．図の生産可能性曲線は軍事支出（大砲）と非軍事支出（バター）のトレードオフを表したものである．F 点と G 点は極端な選択を示し，そこでは経済は大砲だけ（F 点）かあるいはバターだけ（G 点）を生産する．注意すべきことは，予算制約線や時間制約線が直線であるのに対して，生産可能性曲線は収益逓減（収穫逓減）を反映して曲線になっていることである．

2.5 費用

　トレードオフ関係があると，つねに費用と便益の比較検討が伴うが，経済学では一般的に，個々人の選択を理解しようとする場合には費用（コスト）に注目する．予算制約，時間制約，および生産可能性曲線といった機会集合は，ある一つの選択を行うときの費用を，その選択によって犠牲になるもう一つの選択肢の費用で規定する．したがって経済学では機会集合におけるトレードオフの関係で費用を考える．予算制約の場合のトレードオフは2財の**相対価格 relative price** と同じになる．

　経済学では，一般の人々が用いるのとは異なった費用概念をいくつか用いる．選択の決定において，一般には自らが直接支払った金額だけを費用と考えるかもしれないが，経済学では合理的な企業や個人は，直接的な支出だけではなく，それに用いた時間などを含めた費用すべて，すなわち**機会費用 opportunity cost** を考慮に入れていると考える．すなわち機会費用とは，ある資源を一つ

の用途に使用したためにあきらめた選択肢のうちの次善の使用方法の価値で測られる．たとえば，ある財を1単位生産するために他の財の生産をどれだけ減少させなければならないか，と考えるのである．

この機会費用の概念は，国々がなぜ国際貿易から利益を得ることができるのかを理解するのに役立つ．一国内で個人や企業がさまざまな財やサービスの取引を行うのと同様に，世界経済では国家間で取引が行われている．経済的相互依存関係は当事者に便益をもたらすものであるが，国家レベルの取引にも同じようにあてはまる．

ある国は，ほとんどの財を他の国々よりも効率的に生産できるかもしれない．こうした優れた生産技術を持つことを，他の国々に対して**絶対優位 absolute advantage** を持っているという．しかし絶対優位を持たない国々でも，ある生産物については輸出を行うことができる．それを決定するのが**比較優位 comparative advantage** の原理である．この原理によれば，国家は，機会費用の小さな財，すなわち相対的に効率的に生産できる財の生産に特化することによって利益を得ることができるのである．

費用概念の中には，通常の生活では一般に費用として計算に入れられるかもしれないが，合理的な経済主体の選択では考慮されない費用もある．それは，すでに支出された回収不可能な費用であり，合理的な個人や企業は選択の決定においてそれを無視する．これは**サンクコスト sunk cost** と呼ばれる．反対に，経済学では強調されるが，一般的には馴染みの薄い費用概念として，もう1単位生産するために必要となる追加的費用，すなわち**限界費用 marginal cost** がある．合理的な個人や企業は，ある財をどれだけ消費（または生産）するかを決定するときには，その財をもう1単位消費（または生産）することから得ら

WRAP-UP

合理的選択の基本的ステップ

1．機会集合を特定する．
2．トレードオフを明確にする．
3．機会費用，サンクコストおよび限界費用を考慮に入れて，費用を正しく計算する．

れる追加的便益，すなわち**限界便益 marginal benefits** を，この限界費用と比較しながら決定しているのである．

3 需要・供給と価格

　市場経済では家計や企業などの個々の経済主体の選択の結果は，財・サービスに対する需要と供給として現れるが，その需要と供給を調整するのが価格である．したがって個々の経済主体は，この価格に基づいて行動することによって，希少な資源を効率的に利用しようとするインセンティブが与えられる．すなわち，**価格 price** とは財やサービスに対する対価であり，それぞれの希少性の尺度である．売り手と買い手は，価格を媒介として経済取引を行おうとする．価格が変化すると，売り手の供給量も買い手の需要量も影響を受ける．そうした価格の上昇または下落は，その背後にある需要・供給の作用が変化したために起こる．

3.1 需要

　需要 demand という概念は，与えられた価格（所与の価格）の下で家計や企業などの個々の経済主体が購入しようとする財やサービスの量を表したものである．ここで需要量とは，彼らが直面する予算制約の下で選択された量であり，予算制約や嗜好が変化するときには，需要量は変化する．多くの要因が予算制約や嗜好に影響を及ぼすが，その中で最も重要な要因が価格である．

　一般的に，ある財の価格が上昇すると，各個人はその需要量を減少させようとする．図1-5は，ある個人（たとえば，ロジャー）のキャンディー・バーの需要曲線を示したものである．経済学の慣例に従って，数量を横軸に，価格を縦軸にとっているが，図中の右下がりの曲線は，さまざまな価格水準において彼が選択した需要量を示している．この曲線を**需要曲線 demand curve** と呼ぶ．

　さまざまな価格の下での市場全体の需要量は，すべての個人の需要量を合計したものである．すなわち**市場需要曲線 market demand curve** は，図1-6で示されるように，個人の需要曲線を水平方向に足し合わせることによって導か

図 1-5 ■ 個別需要曲線

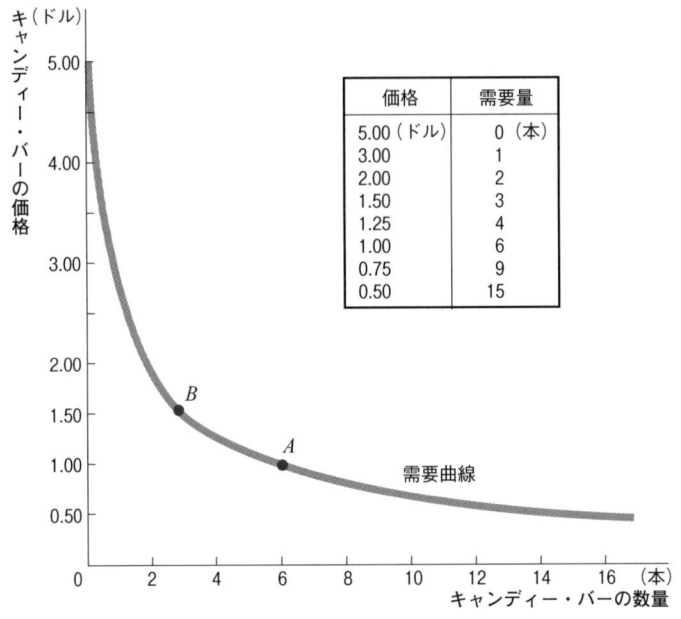

価格	需要量
5.00（ドル）	0（本）
3.00	1
2.00	2
1.50	3
1.25	4
1.00	6
0.75	9
0.50	15

この需要曲線は，ロジャーがそれぞれの価格で消費するキャンディー・バーの数量を表している．価格が上昇するにつれて需要量が減少することに注意されたい．そのために需要曲線は右下がりになっている．

図 1-6 ■ 市場需要曲線の導出

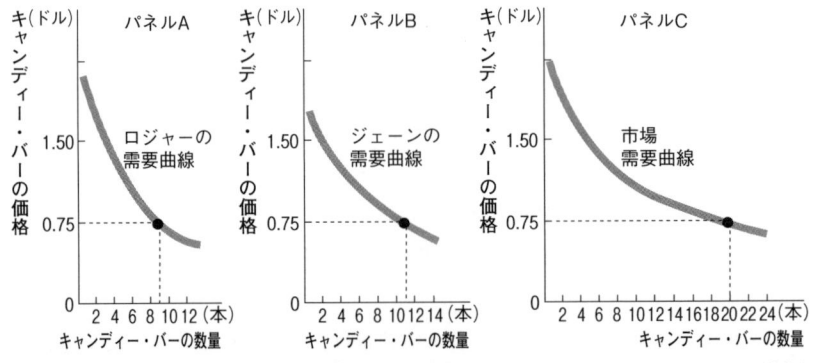

パネルA　ロジャーの需要曲線

パネルB　ジェーンの需要曲線

パネルC　市場需要曲線

市場需要曲線は，それぞれの価格における各個人の需要量を足し合わせて求められる．図は，2人の消費者しかいない場合に市場需要曲線がどのように求められるかを示したものである．実際の市場需要は，多数の消費者がいるためにもっと多くなる．

3．需要・供給と価格

WRAP-UP

需要曲線

需要曲線は，さまざまな価格における財の需要量を表す．

れる．価格が上昇すると，(1)すべての個人は需要量を減少させ，かつ(2)一部の人々がその財を購入しなくなり市場から退出するために，市場需要曲線は右下がりになる．

　需要曲線は，ある財の価格が上昇するとき，その財の需要量は減少するということを示している．ただし，これは，価格以外の他の条件が一定の場合の話である．現実の世界では，条件が変化しないなどということはない．問題とする財の価格以外のどの条件が変化しても，需要曲線はシフトする．需要曲線をシフトさせる経済的要因としては，所得の変化と他の財の価格変化とがある．所得が増加すると，人々はどの財についてももっと多く購入しようとするため，需要曲線は図1-7で示されるように右方にシフトする．反対に所得が減少すれば，一般的に個人は通常どの財についても購入量を減らそうとし，需要曲線は左方にシフトする．

図1-7 ■ 需要曲線の右方シフト

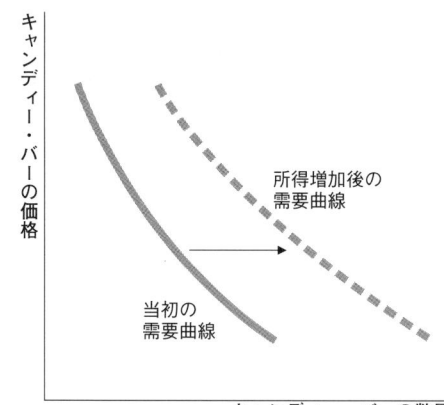

どの価格でも需要量が増えれば，図に描かれているように需要曲線は右方にシフトする．たとえば所得の増加，代替財の価格の上昇，または補完財の価格の低下により需要曲線は右方にシフトする．

図 1-8 ■ 需要曲線の左方シフト

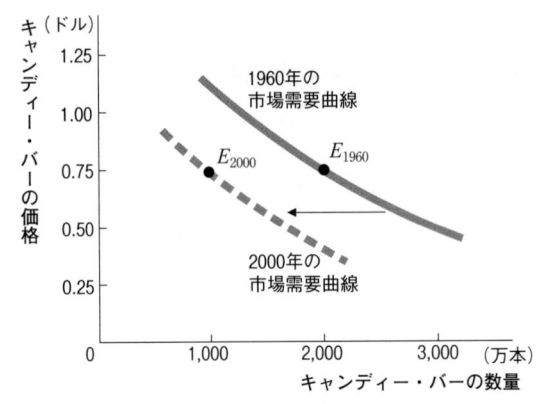

```
キャンディー・バーの価格（ドル）
1.25
1.00  1960年の市場需要曲線
0.75  E_{2000}    E_{1960}
0.50  ←
0.25  2000年の市場需要曲線
0   1,000   2,000   3,000 （万本）
キャンディー・バーの数量
```

需要曲線の左方シフトは，どのような市場価格であれ，以前よりも需要量が少なくなることを意味する．

　ある財と密接に関係した他の財の価格変化も，需要曲線をシフトさせる．他の財の価格が高くなるとき，人々が価格の高くなった他の財の代わりにある財を購入しようとする，すなわちこれらの 2 財が互いに**代替財** substitutes であるならば，他の財の価格上昇は，ある財の需要量を増加させ，需要曲線は右方にシフトすることになる．逆に，2 財の関係が，価格が上昇した他の財の需要を減少させるとともに，ある財の需要をも減少させるという**補完財** complements である場合には，他の財の価格上昇は，ある財の需要曲線を左方にシフトさせる．

　こうした所得や他の財の価格などの経済的要因以外に需要曲線をシフトさせる要因としては，生活スタイルや嗜好などの変化，また人口構成の変化による**人口統計効果** demographic effects などの非経済的要因がある．また，新しい情報の結果として需要曲線がシフトすることもある．たとえば，牛肉，酒，タバコなどの需要曲線のシフトは，それらが健康にもたらすリスクに関する情報によってもたらされた．図 1-8 は，1960 年および 2000 年におけるキャンディー・バーの仮想的な需要曲線を表したものである．より健康に注意を払うようになったアメリカ人の嗜好の変化によって，需要曲線は左方にシフトした．

　また人々は，購入しようとする財の価格が将来より上昇すると予想したならば，今のうちに買い入れようとするため，需要曲線は右方にシフトするだろう．さらには利子率や信用のアベイラビリティ（入手可能性）の変化は，財・サー

3．需要・供給と価格

図 1-9 ■ 需要曲線上の動きと需要曲線のシフト

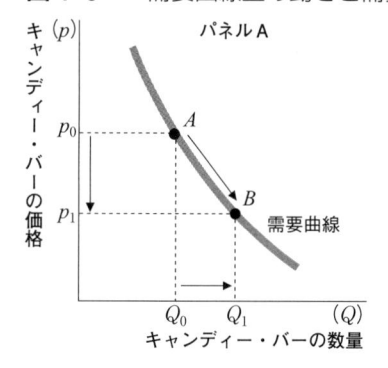

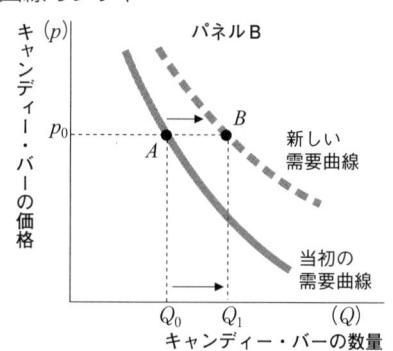

パネルAには，価格低下による需要量の増大，すなわち需要曲線上の動きが示されている．パネルBには需要曲線全体のシフトによる需要量の増大，すなわち市場価格がどのような水準であれ以前より需要量が増える場合が示されている．パネルCは，需要曲線のシフト（A 点から B 点への動き）と需要曲線上の動き（B 点から C 点への動き）が同時に起こっている場合を示したものである．

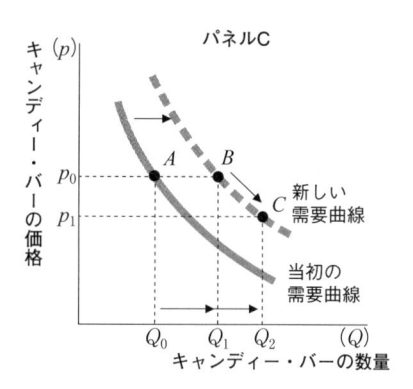

ビス購入のための資金に影響を及ぼすため，需要曲線をシフトさせることになる．

　需要量の変化に関して，需要曲線のシフトによる変化と需要曲線上の動きによる変化とを区別することが重要である．需要曲線上の動きは，所与の需要曲線の上で価格が下落したときに消費が増加することであり，需要曲線のシフトは，所与の価格の下で消費が増加することである．それぞれは図1-9のパネルAとBで示されている．しかし実際には，パネルCで示されるように両方が同時に動くことが多い．

WRAP-UP

需要曲線のシフト要因

1. 所得の変化．
2. 代替財の価格の変化．
3. 補完財の価格の変化．
4. 人口構成の変化．
5. 嗜好の変化．
6. 情報の変化．
7. 信用のアベイラビリティ（入手可能性）の変化．
8. 予想の変化．

3.2 供給

供給 supply という概念は，家計や企業がある特定の価格で販売したいと考える財・サービスの量を表したものである．供給量も，需要量と同様にさまざまな要因によって変化するが，最も重要な要因は価格である．一般的には，ある財の価格が上昇すると，それを生産する企業は供給量を増加させようとするため，その企業の**供給曲線** supply curve は，図1-10で示されるように右上がりになる．

市場全体の供給量は，この財を生産しているすべての企業の供給量の合計であるため，価格が上昇すると増加することになる．この価格と市場全体の供給量との関係は，図1-11で示されているように，個々の企業の供給曲線を水平方向に足し合わせることによって導かれる．これを**市場供給曲線** market supply curve と呼ぶ．市場供給曲線は右上がりの曲線であるが，それは価格が上

WRAP-UP

供給曲線

供給曲線は，さまざまな価格で供給される財の供給量を示す．

図 1-10 ■ 個別企業の供給曲線

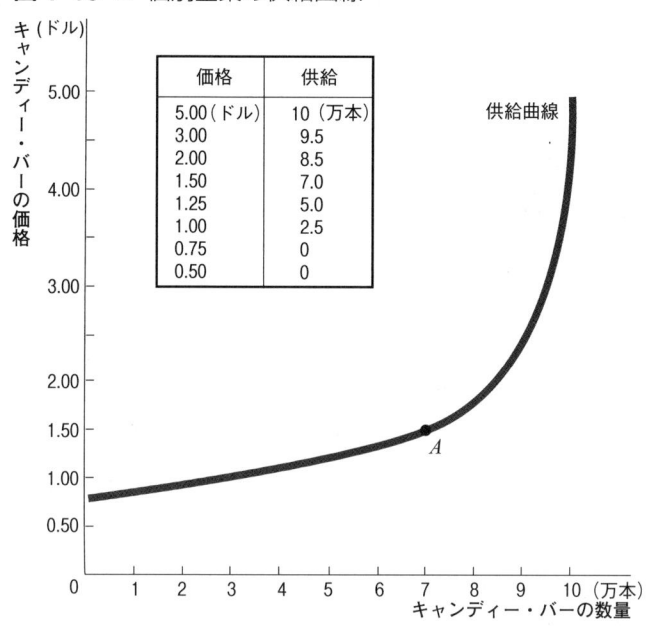

価格	供給
5.00（ドル）	10（万本）
3.00	9.5
2.00	8.5
1.50	7.0
1.25	5.0
1.00	2.5
0.75	0
0.50	0

供給曲線は，さまざまな価格に対して企業が生産しようとする数量を表している．通常，企業は価格が高いほどより多く生産しようとするので，供給曲線は右上がりになる．

図 1-11 ■ 市場供給曲線の導出

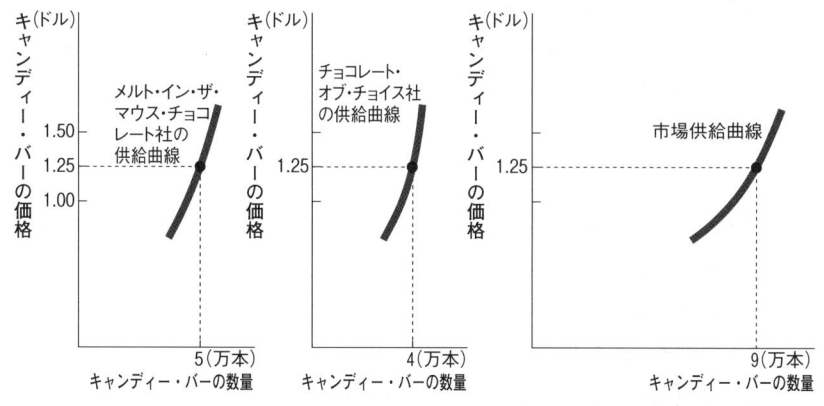

市場供給曲線は，さまざまな価格で各企業が供給しようとする数量を足し合わせて求められる．図は，生産者が2社の場合について市場供給曲線をどのように求めるかを示したものである．ただし実際の市場供給は多数の生産者がいるためにもっと多くなる．

図1-12 ■ 供給曲線の左方シフト

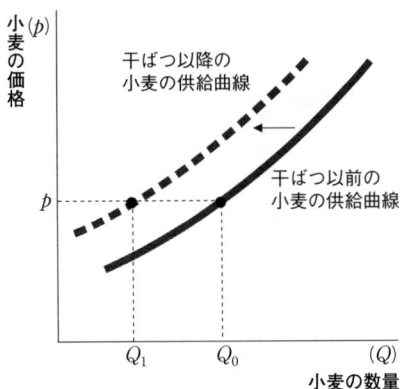

(さまざまな要因の中でも，たとえば）干ばつなどの災害が起これば，供給曲線は左方にシフトし，あらゆる価格水準で供給量は減少する．

図1-13 ■ 供給曲線の右方シフト

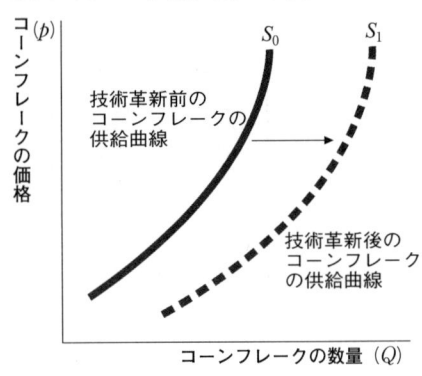

技術が改善されたり投入物の価格が低下すれば（さまざまな要因があるが），供給曲線は右方にシフトする．このときあらゆる価格水準で，供給量は以前より増大する．

昇すると，市場のすべての企業が生産を増加させると同時に，企業が新たに市場に参入し，生産を始めるためである．

　供給曲線もいくつかの要因によってシフトする．石油などの投入要素の価格上昇は生産費用を高めるため，生産者は以前よりも少ない量しか供給しなくなるだろう．投入要素価格の変化のほかにも，生産条件に影響を及ぼす技術の変化や自然条件などの変化も供給曲線をシフトさせる要因である．図1-12は，干ばつが小麦の供給曲線を左方にシフトさせるケースを示しているが，図1-13は技術革新によってコーンフレークの供給曲線が右方にシフトするケー

WRAP-UP

供給曲線のシフト要因

1. 投入要素価格の変化．
2. 技術の変化．
3. 自然条件の変化．
4. 信用のアベイラビリティ（入手可能性）の変化．
5. 予想の変化．

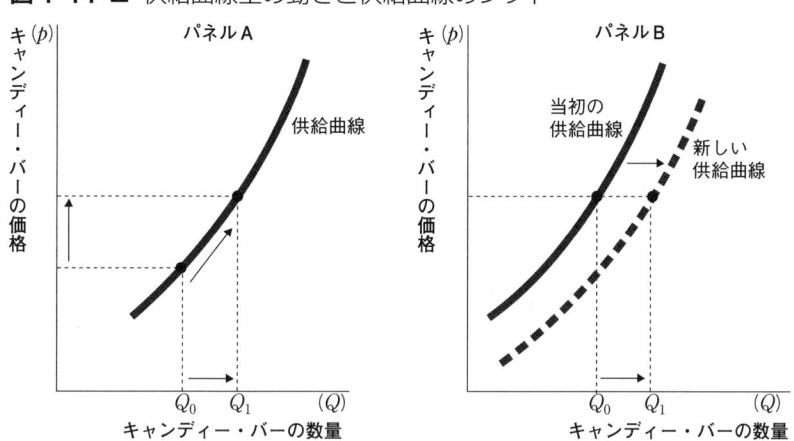

図1-14 ■ 供給曲線上の動きと供給曲線のシフト

パネルAには，価格上昇による供給量の増加，すなわち供給曲線上の動きが示されている．パネルBには，供給曲線全体がシフトすることによる供給量の増加，したがってあらゆる市場価格で，供給量が増える場合が示されている．

スを示している．

　供給量の変化についても，供給曲線上の動きと供給曲線のシフトを区別しなければならない．供給曲線上の動きは，所与の供給曲線の下で価格が上昇したときの需要量の増加を示している（図1-14のパネルA）．供給曲線のシフトは，パネルBで示されるように，所与の価格水準での供給量の変化である．

3.3 需要と供給の法則

　競争市場においては，需要と供給の二つの力が働きあって市場価格が決定される．市場で実際に取引される価格は，図1-15のように市場供給曲線と市場需要曲線との交点で与えられる．2曲線の交点では，市場需要と市場供給が等しくなっており，そのときの価格を**均衡価格 equilibrium price**，取引数量を**均衡取引数量 equilibrium quantity** と呼ぶ．**均衡 equilibrium** とは，もはや変化を引き起こす力が働かない状態のことであり，図1-15の市場需要曲線と市場供給曲線が交わっている E_0 点（均衡点）では，誰一人として価格と数量を変えようというインセンティブを持たない．言い換えれば，均衡では消費者はその価格で買いたい量を購入し，また生産者もその価格で売りたい量を販売し

図1-15 ■ 需要と供給の均衡

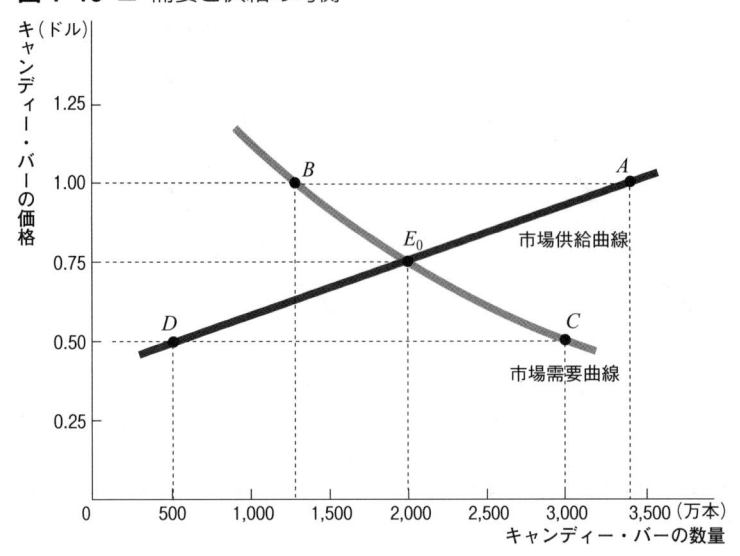

均衡は，需要曲線と供給曲線の交点，すなわち E_0 点で実現する．E_0 点を上回るどのような価格でも，供給量が需要量を上回るので，市場は均衡せず，超過供給が発生する．逆に E_0 点を下回るどのような価格でも，需要量が供給量を上回るので，市場は均衡せず，超過需要が発生する．

ており，市場での需給が一致しているのである．したがって均衡価格は**市場の需給均衡価格** market clearing price とも呼ばれる．

もし市場価格が均衡価格を上回っているならば，市場はどのように調整されるのであろうか．このような価格水準では市場全体での供給量は需要量を上回り，**超過供給** excess supply が発生する．そのとき企業は，商品が売れ残るため，価格を引き下げ販売量を増やそうとする．企業間のこうした販売競争は，すべての供給量が需要されるまで続くことになる．逆に，均衡価格よりも低い価格では**超過需要** excess demand が発生し，市場は価格を均衡水準まで上昇させるように調整される．競争的市場経済で，実際の取引価格がこのように需要と供給を一致させる均衡価格に調整されることを**需要と供給の法則** law of supply and demand と呼ぶ．

要するに，競争的市場では，価格は需要と供給の法則で決まり，需要曲線や供給曲線がシフトすると均衡価格は変化する．同様の原理は，労働市場や資本市場にもあてはまる．労働の価格は賃金であり，資本の価格は利子率である．

3. 需要・供給と価格

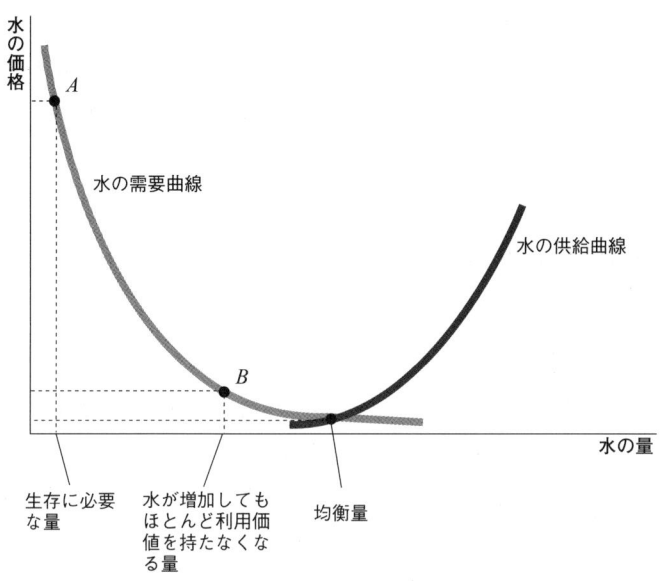

図 1-16 ■ 水の需要と供給

(縦軸：水の価格、横軸：水の量)
- 点 A：水の需要曲線上
- 点 B：水の需要曲線上
- 水の供給曲線
- 生存に必要な量
- 水が増加してもほとんど利用価値を持たなくなる量
- 均衡量

A 点が示すように，最初の少量の水に対しては人々は比較的高い価格を支払ってもよいと考えている．しかし B 点の右側では，人々はすでに多くの水を得ているので，追加的に得られる水に対してそれほど多くの対価を支払おうとしなくなる．そのために需要曲線と供給曲線の交点で決まる水の価格は，例外的な場合を除けば，きわめて低いものになる．

　経済学においては，「価格」と「価値」という言葉を区別しなければならない．ダイヤモンドのように，高い価格が付いている商品でもほとんど使用価値がない場合もある一方で，水のように人間の生存にとって不可欠なものでもほとんどタダに近いモノもある．需要と供給の法則を用いれば，このように「使用価値」と「交換価値（価格）」が大きくかけ離れているように思われる例も説明できる．図 1-16 は，水の需要曲線と供給曲線を示したものである．価格は財の限界価値，すなわちもう 1 単位追加的にその財を消費する価値に等しくなる．水の価格が安いのは水の限界価値が低いためであり，水の総価値が低いためではない．つまり，生存に必要な水の量に比較して水の供給量が多いことが，水の均衡価格を低くしているのである．

　また経済学では，財の価格とその費用を区別する必要がある．一般的に，生産費用が増えれば，その結果，価格は上昇する．競争モデルでは，均衡におい

て財の価格は限界費用（財をもう1単位生産するのに必要となる追加的費用）に等しくなる．しかし価格が費用に等しくならないケースも存在する．供給量が固定的である（土地のような）場合には，限界費用は無限大であると考えられるが，それでも土地の価格は需要と供給が等しくなるように決定されるのである．

4 需要・供給分析の応用

需要と供給の分析は，現実のさまざまな経済現象の変化がもたらす影響を予測するうえで大いに有用である．こうした予測を行うためには，価格変化に対して需要と供給がどれだけ感応的であるかが重要となる．

4.1 需要の価格弾力性

価格が上昇したときにどれだけ需要量が減少するかは，財によって異なり，それぞれの需要曲線の傾きに反映されている．それは，より厳密には**需要の価格弾力性** price elasticity of demand の大きさで示され，需要量の百分比変化率を価格の百分比変化率で割った値として定義される．

$$需要の価格弾力性 = -\frac{需要量の百分比変化率}{価格の百分比変化率}$$

一般的に価格と需要量には負の相関があり，価格の上昇（下落）が需要量の減少（増加）をもたらすため，両者の変化率の比率はマイナスの値をとるが，弾力性はその絶対値，すなわち変化率の比率に－1を掛けたものと定義することが多い．価格弾力性の大きな財ほど，価格変化に対して需要量が大きく変化し，需要曲線の傾きがゆるやかになるのに対して，価格弾力性の小さな財は需要量の変化が小さく，需要曲線の傾きは急になる．極端な場合としては，需要曲線が完全に弾力的で**弾力性が無限大** infinite elasticity のケースと，完全に非弾力的で**弾力性がゼロ** zero elasticity のケースがある．前者では価格がほんのわずか上昇しても需要量がゼロになってしまうのに対して，後者では価格変化に対して需要量がまったく変わらない．また需要の価格弾力性は，それを測ろうとする点が，需要曲線上のどこにあるかによって異なる値をとることに注

意しなければならない．

　需要の価格弾力性の大きさを決定する要因は，代替財がどれくらいあるかによるが，その代替の容易さを決める要因は，(1)消費される財の代替財との相対価格と，(2)消費スタイルを調整・変更するのに必要な時間の長さである．財の価格が低く消費量が多い場合には，代替財も多く存在するため，価格上昇は消費を代替財に向けさせ，需要の弾力性は大きくなる．逆に高い価格のときには代替財が少ない（すでに代替しやすいものは代替財に取って代わられており，代替しにくいものしか使われていない）ため，価格上昇はその財の需要をそれほど減少させず，需要の価格弾力性は小さくなる（図1-17）．また弾力性の大きさを決める第二の要因である時間は，価格水準の変化に対応して代替財を見つけ出し，消費スタイルを調整することを可能にする．短期的には消費スタイルを変えることができないとしても，長期的には可能になるため，需要の価格弾力性は長期のほうが短期よりも大きくなる（図1-18）．

4.2 供給の価格弾力性

　供給曲線は通常右上がりであるが，傾きが非常に急な場合もあれば，きわめてゆるやかな場合もある．傾きの大きさは価格変化に対する供給量の感応度を表しているが，この感応度を正確に表すために，需要の場合と同様に，**供給の価格弾力性** price elasticity of supply が定義される．それは，供給量の百分比変化率を価格の百分比変化率で割った値である．

$$供給の価格弾力性 = \frac{供給量の百分比変化率}{価格の百分比変化率}$$

　需要の価格弾力性が需要曲線上の各点で異なるように，供給の価格弾力性も供給曲線上の各点で異なる値をとる．図1-19では，価格が非常に低ければ，価格がわずかでも下落すると閉鎖する工場も出てくるため，供給量は大幅に減少する．つまり供給曲線は弾力的であり，供給の弾力性は大きくなる．逆に価格が高く，工場がフル稼働しているようなときには，価格が上昇しても供給量がほとんど変化せず，供給曲線は非弾力的であり，弾力性はゼロに近くなる．

　また需要と同様に，供給の弾力性も短期と長期では大きさが異なってくる．企業は，価格変化に対して短期には調整できないとしても長期では調整が可能になるからである．短期供給曲線が，現在すでにある機械や工場を所与とした

図 1-17 ■ 需要曲線上の価格弾力性の変化

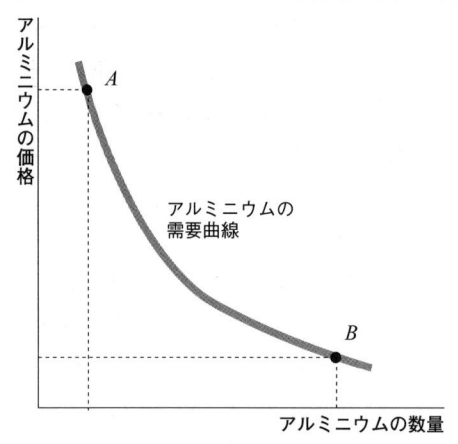

価格が高い A 点の近くでは，需要曲線の傾きは非常に急で，需要は非弾力的となる．同じ需要曲線上でも B 点の近くでは，需要曲線は水平に近くなり，需要は弾力的となる．

図 1-18 ■ 時間の長さと需要の価格弾力性

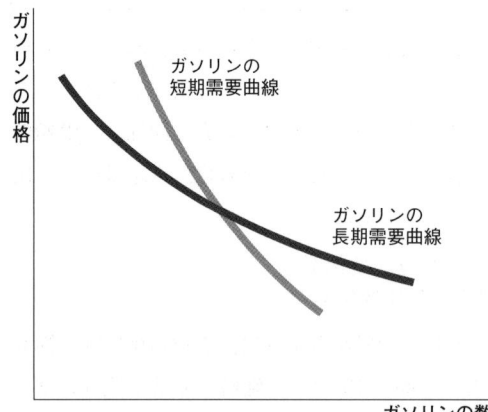

需要曲線は，価格変化に対応する時間がほとんどない短期の場合には非弾力的になり，長期の場合には弾力的になる傾向がある．

ときの供給の変化を表しているのに対して，長期供給曲線は，価格変化に対する機械や工場の調整をも前提としているため，図 1-20 で示されるように，長期の弾力性のほうが短期の弾力性よりも大きくなる．したがって供給曲線は短期では非弾力的で傾きが急であるのに対して，長期ではより弾力的になり傾き

4. 需要・供給分析の応用

図 1-19 ■ 供給曲線上の価格弾力性の変化

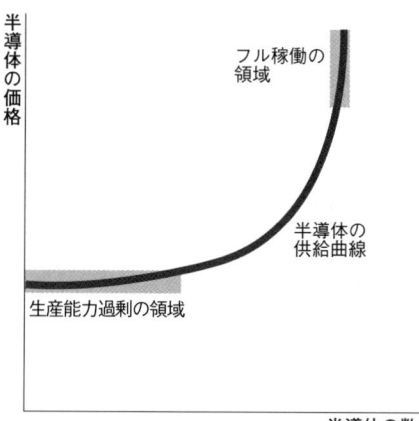

生産量が少なく，多くの機械が遊休状態にあれば，わずかな価格上昇でも生産量は大幅に増加するので，供給曲線の傾きは水平で弾力的になる．生産量が多く，すべての機械が生産能力いっぱいにフル稼働しているときには，生産量をほんのわずか増やすためにも非常に大幅な価格上昇が必要になる．このとき，供給曲線の傾きは急で非弾力的になる．

図 1-20 ■ 時間の長さと供給の価格弾力性

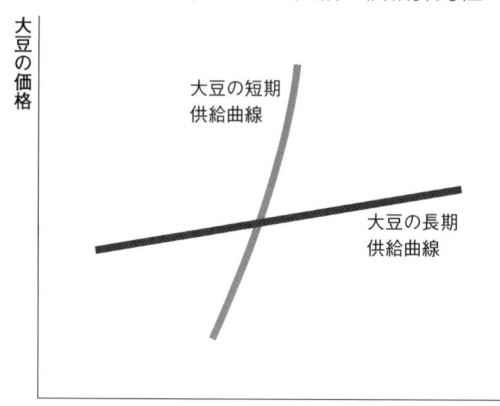

大豆のような農作物の場合に見られるように，供給曲線は短期では非弾力的だが，長期では非常に弾力的になる．

はゆるやかなものになる．ここで注意しなければならないのは，経済学では，すべての調整を行うことができる期間を表す長期と，少なくとも何らかの調整

> **WRAP-UP**
>
> **弾力性**
> 1. **需要の価格弾力性**：生産物価格の1％の変化が引き起こす需要量の百分比変化率．需要の価格弾力性が小さければ，価格が変化しても需要量にはほとんど影響がない．逆に弾力性が大きければ，価格変化は需要量に大きな影響を及ぼす．
> 2. **供給の価格弾力性**：生産物価格の1％の変化が引き起こす供給量の百分比変化率．供給の価格弾力性が小さければ，価格が変化しても供給量にはほとんど影響がない．逆に弾力性が大きければ，価格変化は供給量に大きな影響を及ぼす．

ができない期間を表す短期とを区別していることである．

　需要曲線と供給曲線のシフトは，均衡価格と均衡取引数量の変化をもたらす．弾力性は，それぞれの曲線のシフトの効果の大きさを左右する．図1-21のパネルAとBでは，供給曲線は不変であるが，需要曲線がシフトしている．このシフトの結果，均衡価格も均衡取引数量も変化している．このとき均衡価格と均衡取引数量がどれだけ変化するかは，供給曲線の価格弾力性に依存している．もし供給曲線の傾きがゆるやか，すなわち弾力的な場合には，価格の変化は小さく，取引数量の変化は大きくなる（パネルA）．逆に供給曲線の傾きが急である（非弾力的である）場合には，価格は大きく変化するが，取引数量はあまり変化しない（パネルB）．

　また図1-21のパネルCとDでは，需要曲線が不変で供給曲線がシフトしている．このとき均衡点が移動するため，均衡価格も均衡取引数量も変化する．この供給曲線のシフトが価格と取引数量に及ぼす影響は，需要の価格弾力性に依存している．もし需要曲線の傾きがゆるやか，すなわち弾力的であるならば，価格変化は小さく，取引数量の変化は大きくなる（パネルC）．逆に需要曲線の傾きが急である（非弾力的な）場合には，価格変化は大きく，取引数量の変化は小さくなる（パネルD）．

　需要曲線の弾力性も供給曲線の弾力性も，一般的に長期には弾力的になるため，こうした需要曲線・供給曲線のシフトの影響は，短期と長期とでは異なっ

4．需要・供給分析の応用

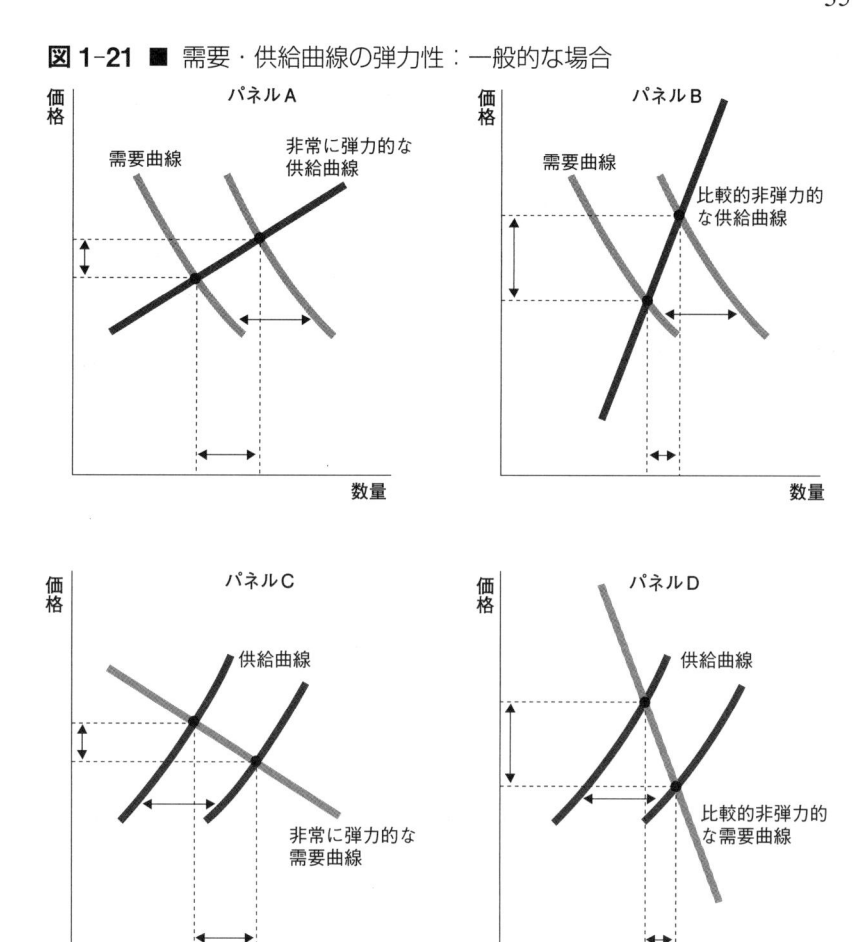

図1-21 ■ 需要・供給曲線の弾力性：一般的な場合

パネルA：需要曲線、非常に弾力的な供給曲線

パネルB：需要曲線、比較的非弾力的な供給曲線

パネルC：供給曲線、非常に弾力的な需要曲線

パネルD：供給曲線、比較的非弾力的な需要曲線

通常，パネルA，Bに示されるように，需要曲線がシフトすれば，価格と数量は両方とも変化する．ただし，供給曲線が非常に弾力的であれば，需要曲線のシフトは主に数量の変化を引き起こす（パネルA）．逆に，供給曲線が比較的非弾力的ならば，需要曲線のシフトは主に価格の変化を引き起こす（パネルB）．同様に，パネルC，Dに示されるように，供給曲線がシフトすれば，価格と数量は両方とも変化する．ただし，需要曲線が非常に弾力的であれば，供給曲線のシフトは主に数量の変化を引き起こす（パネルC）．逆に，需要曲線が比較的非弾力的ならば，供給曲線のシフトは主に価格の変化を引き起こす（パネルD）．

てくる．すなわち，短期的にはそれらのシフトの効果は価格の大きな変化をもたらすが，長期的には取引数量の大きな変化を引き起こすことになる．

　需要と供給の法則は，現代の先進諸国経済ではほとんどの場合にうまく機能

図 1-22 ■ 不足と過剰

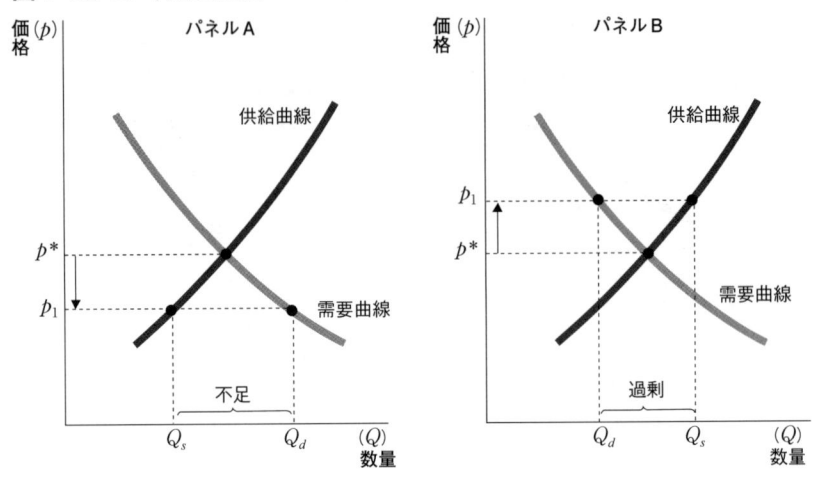

パネルA

パネルAでは，現行価格 p_1 は市場均衡価格 p^* よりも低い．この場合，需要量は供給量を上回り，モノ不足が発生する．パネルBでは，現行価格 p_1 は市場均衡価格 p^* よりも高い．この場合には，供給量が需要量を上回り，市場では過剰が発生する．すなわちモノがだぶついた状況にある．

しているので，誰もがそれを当然のことと考えている．需要が供給に等しくなるように価格が付けられているときは，経済学では**市場で需給が均衡する（一致する）** market clears という．しかし市場で需給が均衡していなければ，モノ不足や過剰が起こる．**不足** shortage とは，人々が現行価格で買いたいと思っても売り物を見つけられない状況を意味する．一方，**過剰** surplus とは，売り手が現行価格で販売したいと思っても，考えていたほどには販売できない状況を意味する．

　価格が市場均衡を達成するように調整されないときには，こうした状況が生じるが，このように均衡に向けて速やかに市場調整が行われないとき，価格が非伸縮的であるという．不足や過剰の状況も，標準的な需要曲線と供給曲線の図を用いて説明することができる．図 1-22 のパネルAのように，現行価格が市場均衡価格を下回っていると，需要が供給を上回り，不足が生じる．逆にパネルBのように，現行価格が市場均衡価格を上回っていると，供給が需要を上回り，過剰が発生することになる．

　価格は需要と供給の法則によって決まるが，そのようにして決定される価格が好ましくないと考えられる場合もあり，その場合，政府が市場に介入する．

そうした例としては，製品価格について最高価格を課す**上限価格規制** price ceilings と，最低価格を課す**下限価格規制** price floors がある．しかし政府の力がどんなに強くても，需要と供給の法則を否定することはできない．そうした政策は，不足や過剰といった問題をもたらすだけでなく，問題をさらに悪化させることがあることに注意しなければならない．

復習と練習
Review and Practice

■ 要約

1. 個人，企業および政府が望む財・サービスおよび資源は希少であるため，選択は避けられない．経済学ではそうした経済主体がどのように選択を行うかを，インセンティブに注目して研究する．また選択には情報が必要であり，不完全な情報はインセンティブを妨げるため，市場の能力に影響を与える．

2. 交換は市場で行われ，自発的交換は取引当事者双方に利益を与える．主たる市場には生産物市場（財市場），労働市場，資本市場があり，それらは相互に影響しあっている．市場経済は所得や富の分配をも決定するが，分配が公平でないときには政府の介入が望まれる．

3. 経済学の二つの主要な分野は，ミクロ経済学とマクロ経済学である．ミクロ経済学は企業，家計，そして個人の行動に注目するが，マクロ経済学は経済全体の動きに注目する．それらの経済学ではともに，経済変数間の相関関係・因果関係が理論的に推論され，かつデータによって検証されることになる．また実証経済学では，経済がどのように機能しているかを研究するのに対して，規範経済学では，さまざまな行動の望ましさを比較検討する．経済学者の意見の不一致は，実証経済学でも規範経済学でも生じる．

4. 経済の基本的競争モデルは，競争市場において相互に影響しあう合理的な個人と利潤を極大化する企業とからなる．利潤動機と私有財産は，合理的な個人や企業に対して，一生懸命かつ効率的に働くようにインセンティブを与える．インセンティブは，市場経済の効率性を高めるとしても，分配面での不平等をもたらすかもしれない．

5 機会集合は，個人や企業の利用可能な選択を示すものである．予算制約と時間制約は個人の機会集合を規定し，生産可能性曲線は企業や経済全体の機会集合を規定している．もし企業や経済全体が生産可能性曲線の内側で生産しているならば，非効率的であるといわれる．

6 経済学では，一般の人々が用いるのとは異なった費用概念をいくつか用いる．機会費用は，何らかの資源を用いることの費用であり，その資源が代替的な用途に投入されることによって得られるものの中で次善のものと等しくなる．サンクコストは，現在どのような選択がなされるとしても回収不可能な過去の支出であり，合理的な意思決定者ならば個人であれ企業であれサンクコストを無視することになる．また経済的な決定では，限界費用が限界便益と比較される．

7 個人間の取引と同じように，国家間でも貿易によって両国ともに利益を受ける．比較優位の原理によれば，各国は自国の生産費が相対的に低い財，すなわち機会費用の小さい財を輸出する．

8 個人の需要曲線は，さまざまな価格に対する需要量を示すものであり，通常右下がりとなる．市場需要曲線は，すべての個人の需要量を合計することによって導かれる．一方，企業の供給曲線は，さまざまな価格において企業が供給しようとする量を示し，通常右上がりとなる．市場供給曲線は，すべての企業の供給量を合計したものである．

9 需要と供給の法則によれば，競争市場においては均衡価格とは需要量が供給量に等しくなる価格である．市場需要曲線は，所得，他の財の価格，人口構成，嗜好，情報，信用のアベイラビリティ（入手可能性），予想などの変化によってシフトする．また市場供給曲線は，投入要素価格，技術，自然条件，信用のアベイラビリティ（入手可能性），予想などの変化によってシフトする．これらの曲線のシフトによって均衡価格と均衡取引数量がどれだけ変化するかは，需要の価格弾力性や供給の価格弾力性に依存している．

10 需要の価格弾力性と供給の価格弾力性は，それぞれその財の需要量や供給量が価格変化に対してどの程度感応的であるかを表している．それぞれの弾力性は価格水準によって異なり，また長期の需要曲線および供給曲線は短期の需要曲線や供給曲線よりも弾力的である．

11 供給曲線がシフトしたとき，需要曲線が弾力的であるほど均衡取引数量の変化は大きく，また市場均衡価格の変化は小さくなる．逆に需要曲線がシフトしたとき，供給曲線が弾力的であるほど，均衡取引数量の変化は大きく，また市場均衡価格の変化は小さくなる．

■キーワード

トレードオフ　　インセンティブ（誘因）　　交換　　情報　　分配
希少性　　市場経済　　生産物市場（財市場）　　労働市場　　資本市場
資本財　　ミクロ経済学　　マクロ経済学　　理論　　相関関係　　因果関係
実証経済学　　規範経済学　　競争　　基本的競争モデル　　合理的選択
完全競争　　プライス・テイカー（価格受容者）　　価格システム　　所有権
私有財産　　割当て制度　　機会集合　　予算制約　　時間制約
生産可能性　　生産可能性曲線　　収益（収穫）逓減　　相対価格
機会費用　　絶対優位　　比較優位　　サンクコスト　　限界費用
限界便益　　価格　　需要　　需要曲線　　市場需要曲線　　代替財
補完財　　人口統計効果　　供給　　供給曲線　　市場供給曲線　　均衡価格
均衡取引数量　　均衡　　市場の需給均衡価格　　超過供給　　超過需要
需要と供給の法則　　需要の価格弾力性　　弾力性が無限大　　弾力性がゼロ
供給の価格弾力性　　市場で需給が均衡する（一致する）　　不足　　過剰
上限価格規制　　下限価格規制

Q 復習問題

1　なぜトレードオフは避けられないのだろうか．選択を理解するのになぜインセンティブは重要なのだろうか．（ヒント：1.1 項「資源の希少性と市場経済」）

2　三つの主要な経済市場を挙げ，それぞれの市場で個人がどのように売り手また買い手として参加しているかを述べなさい．（ヒント：1.2 項「三つの主要な市場」）

3　因果関係が存在するとき，相関関係も存在するだろうか．相関関係が存在するとき，因果関係も存在するだろうか．説明しなさい．（ヒント：1.3

項「科学としての経済学」）
4 基本的競争モデルにおける重要な要素は何だろうか．（ヒント：2.1項「基本的競争モデル」）
5 待ち行列，くじ引き，および配給切符による割当て制度のそれぞれの利点と不利な点を列挙しなさい．（ヒント：2.3項「割当て」）
6 なぜ個人の需要曲線は通常，右下がりなのだろうか．また，市場需要曲線が右下がりなのはなぜだろうか．（ヒント：3.1項「需要」）
7 供給曲線を右方にシフトさせる要因を挙げなさい．（ヒント：3.2項「供給」）
8 需要の価格弾力性が1のときに，価格の引上げにより総収入はどのように変化するか．また問題となる製品の需要が非常に非弾力的な場合はどうなるか．また，弾力的な場合はどうなるか．（ヒント：『スティグリッツ 入門経済学』第4章1.1項「需要の価格弾力性と収入」）
9 需要の価格弾力性と供給の価格弾力性は，なぜ短期と長期で異なるのか．（ヒント：4節「需要・供給分析の応用」）

Q 練習問題

1 以下の要因は大学進学のインセンティブにどのような影響を及ぼすだろうか．（ヒント：1.1項「資源の希少性と市場経済」）
  (a) 大学の授業料の値上げ．
  (b) 学生ローンの金利低下．
  (c) 未熟練労働者の賃金の上昇．
  (d) 大卒者の所得の増加．
2 以下に挙げることは，生産物市場，労働市場，あるいは資本市場のどの市場の現象だろうか．（ヒント：1.2項「三つの主要な市場」）
  (a) 投資家が，どの会社に投資すべきかを決定する．
  (b) 訓練により，流れ作業に携わる労働者がより効率的になる．
  (c) 東欧経済の開放は，アメリカ製品に新しい市場を提供する．
  (d) 赤字を出している大会社が，費用削減のために，労働者に早期退職を勧める特別なインセンティブを与える制度の導入を決定する．

(e) 誕生日プレゼントをさがすために，ショッピングセンターを歩き回る．
(f) アメリカ政府が，債務返済のために財政余剰を使う．

3 大学生のキャシーは，1週間に20ドル支出するとしよう．彼女は，それを1食当たり2.5ドルの食費か，1ガロン当たり1ドルのガソリンに支出する．このときのキャシーの機会集合を描きなさい．その場合の食費とガソリンとのトレードオフはどうなるか．そして以下の(a)～(c)のように状況が変化した場合に，彼女が直面することになる新しい予算制約をそれぞれ描きなさい．（ヒント：2.4項「機会集合とトレードオフ」）
(a) 親切な親戚が，彼女に1週当たりもう10ドルの送金を始めた．
(b) 1食当たりの食費が2ドルに下がった．
(c) ガソリン価格が1ガロン当たり1.2ドルに上昇した．
　　また，それぞれの場合に，食費とガソリンのトレードオフはどのように変化するだろうか．

4 アメリカでは学部卒業後に，大学院レベルで医学部に進学することになる．その医学部進学の機会費用は，（高校から）学部生として大学に進学する機会費用よりも高くなるのはなぜだろうか．なぜ大卒の女性が子どもを産む機会費用は，高卒の女性が子どもを産む機会費用よりも高いのだろうか．（ヒント：2.5項「費用」）

5 新しい発明により，炭鉱労働者は以前の2倍の石炭を採掘できるようになったとしよう．この結果，石炭市場ならびに灯油市場の均衡価格および均衡取引数量はどのような影響を受けるだろうか．需要・供給曲線の図を描いて答えなさい．（ヒント：3.2項「供給」および3.3項「需要と供給の法則」）

6 アメリカ人の嗜好は牛肉から鶏肉へと変化してきた．この結果，牛肉，鶏肉，そして街頭のハンバーガー・スタンドの各市場で均衡価格および均衡取引数量はどのような影響を受けるだろうか．需要・供給曲線の図を描いて答えなさい．（ヒント：3.1項「需要」および3.3項「需要と供給の法則」）

7 ガソリン需要の価格弾力性が，短期では0.2，長期では0.7であるとしよう．ガソリン価格が28%上昇したとき，需要量は短期ではどれだけ変化するだろうか．また長期ではどうだろうか．（ヒント：4節「需要・供給

分析の応用」）

8　政府が，一般市民が良質な住宅を手に入れることができるようにしたいと考えているとしよう．この目的を実現するために，次のような三つの方法が考えられる．第一の方法は，すべての家賃を4分の1だけカットする法律を制定することである．第二の方法は，すべての住宅建設業者に補助金を供与することである．第三の方法は，借り主に家賃の4分の1に相当する補助金を供与することである．それぞれの政策が，短期および長期において賃貸住宅の価格と取引数量にどのような影響を及ぼすかについて検討しなさい．（ヒント：4節「需要・供給分析の応用」）

補論-日本語版

経済学における限界概念と微分演算早わかり

A.1 限界概念の経済的意味

　まず，第一に経済学で頻繁に登場する「限界○○」という概念が，何かを微小量だけ増やしたときの追加1単位当たりの○○の増加分（もしくは増加率）を表すことに注意しなければならない．「限界○○」でいう「限界」とは，"marginal"という英語である．その本来の意味は「ふちの，へりの」であるが，これが転じて「非常にわずかな」という意味も持つようになった．経済学で問題となる「限界」とはまさにこの「非常にわずかな」増加分なのである．

　たとえば，チョコレート消費の限界効用は，チョコレートの消費を微小量だけ増やしたときその追加増分1単位当たりの効用増分（または増加率）であり，チョコレート消費もしくは購入の限界費用は，チョコレートの購入量を微小量だけ増やしたときのその追加増分1単位当たりの購入費用増分（または増加率）を意味する．

A.2 限界概念の幾何学的理解

　第二に重要なのは，限界概念の幾何学的意味である．結論から先にいえば，横軸に追加されるべき変数（要するにモノ），縦軸にそれとともに増加する（もしくは減少する）変数をとって描いた曲線に引いた接線の傾きの大きさを表す．

　たとえば，1枚100円のチョコレートを購入するのに必要な総費用額を考えてみよう．この場合にはすでに購入している枚数に関係なく，チョコレートを追加的に1枚購入すると，必要な総費用額も100円増加する．したがって，チョコレートの購入に必要な限界費用は100円である．両者の関係を図示すると，図1-23のように傾きが100（円/枚）の直線となる．ここでは，チョコレートの購入量がいくらであれ，その購入量に対する総費用曲線上の点で，総費用曲線に接する直線，つまり接線は総費用曲線自身であり，したがってその傾きの大きさも100（円/枚）である．

図 1-23 ■ 総費用曲線が直線の場合

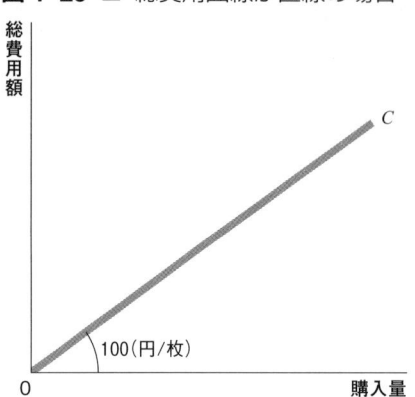

図 1-24 ■ 総費用曲線が曲線の場合

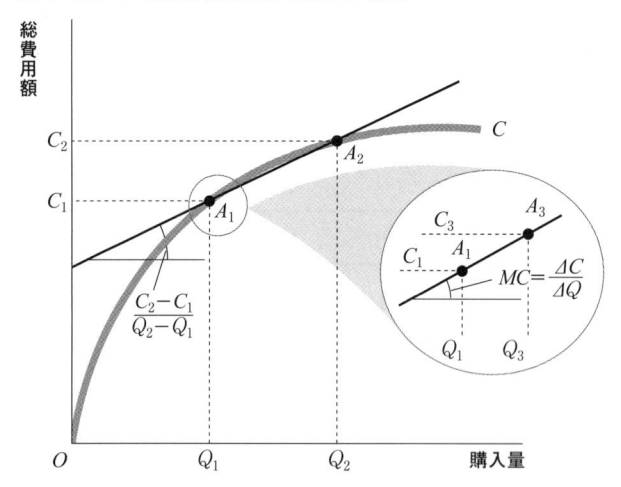

　それでは，チョコレートの購入量と総費用額との関係を表すグラフが曲線となる場合はどうだろうか．たとえば，チョコレートの購入量を増やしていくと割安になるような場合は，図1-24のような山なりの曲線 OC で表せる．

　チョコレートをすでに Q_1 単位だけ購入しているときの限界費用を求めてみよう．たとえばチョコレートの購入量を Q_2 単位まで増やせば，購入費用は C_1 から C_2 へと増加する．したがって，この場合の追加購入量1単位当たり

の購入費用増加率は A_1 点と A_2 点の2点を通る直線の傾き,つまり,

$$\frac{C_2 - C_1}{Q_2 - Q_1}$$

で測ることができる.第一の注意で述べた最も直観的な限界概念の定義(追加1単位当たりの費用増加率)に従うならば,これが限界費用になる.

しかし,この方法に従うと,同じ総費用曲線を用いても,追加購入量の取り方次第によっては,限界費用は異なってくる.そこで追加量をできるだけ小さくとり,増加後の購入量を当初の購入量 Q_1 に近づけていってみよう.十分近づけていくと肉眼では二つを区別することはできなくなってしまうが,図の A_1 点の近くを拡大してみると,丸で囲まれた部分のような状況が見られるだろう.そこで Q_3 が増加後の購入量,C_3 が増加後の購入費用を表している.当初の購入点 A_1 と新しい購入点 A_3 は,本当は山なりの曲線上にのっていても,それらを結ぶ費用曲線はあたかも直線のように見える(すなわち,直線で近似できる).つまり,非常にわずかな購入量の増加について考えるかぎり,費用は購入量の増加とともに(ほぼ)比例的に増えるわけである.このかぎりでは,つまり微小増分を問題にするかぎりでは,購入量をいくら増やすかにより,そのときの追加購入量1単位当たりの費用増加率は一定とみなすことができる.このときの費用増加率が,限界費用を表している.つまり,購入量の増加分を $\Delta Q = Q_3 - Q_1$,購入費用の増加分を $\Delta C = C_3 - C_1$ で示すと,限界費用 MC は,

$$MC = \frac{\Delta C}{\Delta Q}$$

で定義される(ここで Δ はギリシャ文字のデルタであり,変化分を表す).このように与えられる値は,図1-24の上では当初の購入点 A_1 で総費用曲線に引いた接線の傾きに等しいことに注意してほしい.

A.3 限界概念と微分係数

限界概念を理解するうえでの第三の注意は,限界概念と数学における微分との関係である.数学では与えられた曲線上の点に対する接線の傾きを求めるためには,曲線を表す関数を微分すればよい.すなわち,限界概念は微分係数を表している.

たとえば図1-24に描かれたチョコレート購入量 Q と総費用額 C との関係

を関数，$C=C(Q)$，で表してみよう．当初の購入量を Q としたときの限界費用を $MC(Q)$ で表せば，微分を用いて，

$$\frac{dC(Q)}{dQ} \text{ とか } C'(Q)$$

もしくはさらに簡略化して，

$$\frac{dC}{dQ} \text{ とか } C'$$

と表記される．ギリシャ文字の Δ が英語のアルファベットの d に相当することから，表現としてはギリシャ文字と英語のアルファベットの違いはあるものの，本質的に同じ内容を持っている．また，もう一つの表現に出てくる「′：プライム（ダッシュ）」は1回微分したことを表している．

A.4 微分と偏微分：多変数関数についての微分演算

経済学関連の文献を読みこなすためには，微分だけではなく，偏微分の概念についても理解しておく必要がある．前述のチョコレートの購入量と総費用関係では，チョコレートの購入量を原因として見たときに，それが決まれば必要になる総費用がいわば結果として決まることに注意してほしい．このとき，原因に相当する変数を**独立変数**，結果に相当する変数を**従属変数**という，そして両者の間に成り立つ因果関係，もしくは対応関係を表すのが関数である．またこれまで考えてきた例は，独立変数がただ一つのケースであり，**1変数関数**と呼ばれる．一方，多くの原因となる変数，つまり複数の独立変数が存在する場合には，問題となる関数を**多変数関数**と呼ぶ．以下，効用関数を例にとって多変数関数の場合についての限界概念の記述方法を紹介しよう．

たとえば家計が，ワインとチーズの消費から効用を得ている場合を考えてみよう．ワインの消費量 x（単位 = mℓ）とチーズの消費量 y（単位 = g），得られる効用を U（単位はどう呼んでもよい），そして効用関数を，

$$U = u(x, y)$$

で表そう．各財の消費量が増えれば効用も増えるが，たとえばワインの限界効用とは，他財の消費量を一定としてワインの消費量だけをわずかに増やしたとき，その微小増分1単位当たりの効用増加分（または増加率）を表す．

重要なのは，他財の消費量，より一般には他の独立変数（＝チーズの消費

量）の値を一定に保ちつつ，問題となる独立変数（＝ワインの消費量）だけを変化させるという点である．他財の消費量を一定に保っておけば，効用水準はワインの消費量だけに依存し，先にチョコレート購入量と総費用との関係を描いたのと同様に，ワイン消費量と効用水準の関係を図示できる．そうして得られる曲線について接線の傾きの大きさを測ってやれば，それが求めるワインの限界効用となる．

　数学的にはこれは**偏微分**という演算を施すことに相当する．「偏」の本来の英語は"partial"であり，まさに変化を問題とする独立変数だけに着目して，その「一部分」だけに微分演算をしてやることを意味する．たとえば，

$$\frac{\partial u(x, y)}{\partial x}$$

と表記する．ここで"∂"は「ラウンド・ディー」つまり「丸まったd」と呼ばれる．ちょうど，1変数関数の微分に相当する"d"の役目を果たしている．分母に出てくる"∂x"は，それ以外（つまりy）を一定にして，分子に出てくる関数$u(x, y)$を変数xだけについて（偏）微分するという演算を表していることに注意してほしい．また，上記のように分数形で表すと印刷の際にスペースをとるので，

$$u_x(x, y)$$

というように偏微分される独立変数を関数の下付添字として表す場合も多い．

A.5　直線で表せる総効用曲線と限界効用

　まずワインしか消費するモノがない場合から出発しよう．各財の消費量のそれぞれの組合せについてそれを消費することで得られる効用水準がいくらであるかを表すのが，効用関数であった．したがって，ワインの消費量をx，得られる効用水準をUとして，二つの変数を結ぶ関係を効用関数$U = u(x)$で表し，ワインの限界効用を求めてみよう．

　最も簡単なケースから始めてみよう．それはワインの消費量がいくらであっても得られる効用は変わらないというケースである．これは，

(1)　$u(x) = a$　　　（ただし，aは定数）

と表される．対応する総効用曲線を図示すると，図1-25のようなワインの消費量を測る横軸に完全に水平な直線aa'で表される．この場合には，どのよう

図 1-25 ■ ワインの効用関数

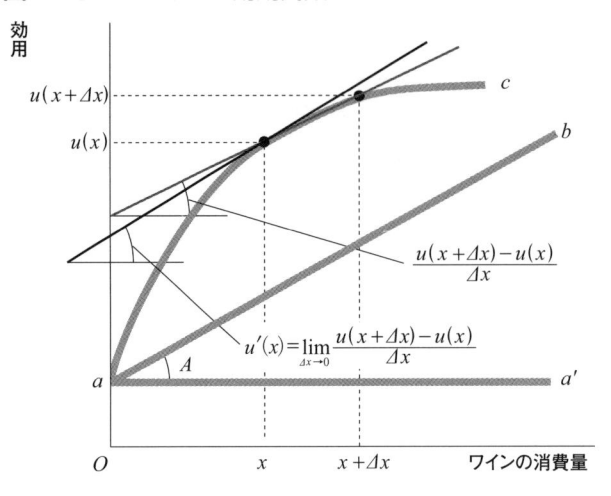

な消費量をとって総効用曲線を引いても，それは直線 aa' と一致することは明らかである．水平な直線の傾きはゼロであるので，ワインの消費量 x がいくらであってもその限界効用はゼロ，したがって微分係数についても

(1′)　$u'(x)=0$

が成り立つ．

　それではワインの消費量が増えると一定率で効用が増える場合はどうだろうか．対応する総効用曲線は図 1-25 の直線 ab のように正の傾きを持つグラフで表される．縦軸との切片が a，傾きが A なので，効用関数は次のようになる．

(2)　$u(x)=a+Ax$

　総効用曲線が直線なので，ワイン消費量がいくらであれ，それに対する接線は当初の総効用曲線 ab と一致する．その傾きは A なので，限界効用も A に等しい．すなわち，微分係数について，

(2′)　$u'(x)=A$

が成り立つ．

　(1)，(2)式のいずれの場合も，図を描けばすぐに総効用曲線に対する接線の傾き，したがって限界効用を求めることができる．

A.6 一般的な総効用曲線と限界効用

まず，当初のワイン消費量を x とすると，それから得られる効用水準は $u(x)$ である．そこでワイン消費量を Δx だけほんのわずかに増やしてみよう．すると，効用は $u(x+\Delta x)$ の水準へと増加する．ワインの限界効用は，このときの追加増分1単位当たりの効用増加率，

$$\frac{u(x+\Delta x)-u(x)}{\Delta x}$$

だった．しかし，すでに注意したように，このままではワインの限界効用の値は，ワイン消費量の増加分 Δx の大きさに依存してしまう．そこで，ワイン消費量の増加分 Δx をかぎりなくゼロに近づけていくという操作を施さなければならなかった．これは数学的には極限をとるという操作に相当する．それを式で表すと，

(3) $\quad u'(x)=\lim\limits_{\Delta x\to 0}\dfrac{u(x+\Delta x)-u(x)}{\Delta x}$

となる．ここで右辺に登場する $\lim$ は極限（limit），$\lim\limits_{\Delta x\to 0}$ は Δx をかぎりなくゼロに近づけていくという極限操作を表す．効用関数が(1)，(2)式の場合について(3)式の方法で限界効用を計算すると，次のようになる．

(1″) $\quad \dfrac{u(x+\Delta x)-u(x)}{\Delta x}=\dfrac{a-a}{\Delta x}=0$

(2″) $\quad \dfrac{u(x+\Delta x)-u(x)}{\Delta x}=\dfrac{(a+A(x+\Delta x))-(a+Ax)}{\Delta x}=\dfrac{A\Delta x}{\Delta x}=A$

いずれの場合も(3)式の右辺の値は Δx に依存せず，(1′)式や(2′)式のように確定することが確認される．

そこで，同じ方法をたとえば次のような2次関数にあてはめてみよう．

(4) $\quad u(x)=ax^2$

まず，$\dfrac{u(x+\Delta x)-u(x)}{\Delta x}$ の部分を計算すると，次式のようになる．

(5) $\quad \dfrac{u(x+\Delta x)-u(x)}{\Delta x}=\dfrac{a(x+\Delta x)^2-ax^2}{\Delta x}=\dfrac{2ax\Delta x+a(\Delta x)^2}{\Delta x}$

さらに，極限操作で Δx をゼロに近づけていくものの，実際には $\Delta x\neq 0$ であ

ることに注意して，(5)式の最右辺の分子・分母を Δx で約分すると，

(6) $\quad \dfrac{u(x+\Delta x)-u(x)}{\Delta x}=2ax+a\Delta x$

となる．ここで Δx をかぎりなくゼロに近づけるという極限操作を施すと，(6)式の右辺第2項の $a\Delta x$ もかぎりなくゼロに近づく．すなわち，本当に微小なワイン消費量の増加分を考えるかぎり，追加1単位当たりの効用増分は右辺第1項の $2ax$ だけで表せることになり，

(7) $\quad u'(x)=2ax$

が成り立つことがわかる．

A.7 微分の基本公式

2次関数ではない場合，つまり効用関数が $u(x)=ax^n$（ただし a, n は定数）という形で x の次数 n が2でない場合にも，同様の方法によって微分係数を求めることができる．すなわち，効用関数 $u(x)=ax^n$ については，

(8) $\quad u'(x)=nax^{n-1}$

が成り立つ．つまり当初の関数の x の次数を表す n を前に出して，x の次数を一つ減らしてやればよいのである．この応用としては，効用関数が次のような平方根で示される場合がある．

(9) $\quad u(x)=a\sqrt{x}$

ここで平方根の表示を指数の表記に変えると，$\sqrt{x}=x^{\frac{1}{2}}$ となるため，公式(8)をあてはめると以下になる．

(9') $\quad u'(x)=\dfrac{a}{2}x^{-\frac{1}{2}}$

すなわち，指数が負となる変数は負の符号をとって逆数にすることができ（つまり，$x^{-\frac{1}{2}}=1/x^{\frac{1}{2}}$)，その結果にもう一度 $\sqrt{x}=x^{\frac{1}{2}}$ という関係を使えば，(9')式は次のようになる．

(10) $\quad u'(x)=\dfrac{a}{2}\cdot\dfrac{1}{\sqrt{x}}$

(8)式のような形では表せない関数が登場する場合もある．たとえば対数関数 $\ln x$ や自然対数の底 e を用いた e^{ax}（ただし a は定数）といった指数関数である．これらについては結果だけを示しておこう．

$$u(x)=Ae^{ax} \quad ならば \quad u'(x)=aAe^{ax}$$

$$u(x)=A\ln x \quad ならば \quad u'(x)=\frac{A}{x}$$

A.8 多変数関数の微分への応用

効用関数の代表的な例として次式で表されるようなコブ=ダグラス型関数が挙げられる．

(11) $\quad u(x,y)=ax^{\alpha}y^{\beta} \quad$ （ただし $a,\ \alpha,\ \beta$ は正の定数）

このような多変数関数として表される効用関数について，ワインの限界効用を求めるにはどうしたらよいのだろうか．すでに A.4 節で指摘したように，他財（ここではチーズ）の消費量を一定にして微分を行う，つまりワイン消費量 x について効用関数を偏微分すればよい．チーズの消費量は一定なので，もともとある定数 a とまとめて，つまり ay^{β} の部分を改めて定数，たとえば b とみなすことができる．とすれば，効用関数の形は bx^{α} となり，先の公式(8)をあてはめることができる．このように見直したうえで偏微分してやると，ワインの限界効用，すなわち変数 x についての偏微分係数は次式のように計算できる．

(12) $\quad \dfrac{\partial u(x,y)}{\partial x}=a\alpha x^{\alpha-1}y^{\beta}$

同様にして，チーズの限界効用は，

(13) $\quad \dfrac{\partial u(x,y)}{\partial y}=a\beta x^{\alpha}y^{\beta-1}$

本書で，無差別曲線に対する接線の傾きを限界代替率，そしてそれが限界効用の比率に等しくなることを学ぶが，このように（偏）微分計算がわかればコブ=ダグラス型効用関数に限らず多くの効用関数について実際に限界代替率を計算することができるようになる．上の例では，ワインのチーズに対する限界代替率は，ワインの限界効用をチーズの限界効用で割った値に等しかったので，それは次のように表せることになる．

$$\text{ワインのチーズに対する限界代替率}=\frac{\text{ワインの限界効用}}{\text{チーズの限界効用}}=\frac{\alpha y}{\beta x}$$

この結果からもわかるように，コブ=ダグラス型効用関数の場合には，限界

代替率は各財の消費比率だけに依存するという際立った特徴があることに注意してほしい．

Chapter 2

第2章 不完全市場と公共部門

LearningGoals

1. 現実の多くの市場は，基本的競争モデルで想定されている市場経済と比べてどのような点が異なっているだろうか．
2. 不完全競争にはどのようなものがあるだろうか．またそれはどんな影響をもたらすだろうか．
3. 不完全情報は市場の効率性にどのような影響を与えるだろうか．
4. 経済学において外部性とは何だろうか．公共財にはどのようなものがあるだろうか．またそれらは市場の効率性にどのような影響をもたらすのだろうか．
5. 政府はなぜ経済に介入するのだろうか．またその三つの主な理由は何か．
6. 政府の政策が目標を達成できないことがあるのはなぜだろうか．また，政府の活動が全般的な福祉を向上させないことがあるのはなぜだろうか．
7. 近年，公共政策において論争の的になっている課題は何だろうか．
8. 「良い」税制とはどのようなものだろうか．

■第2章■ 不完全市場と公共部門

　第1章では五つの重要な概念（すなわちトレードオフ，インセンティブ，交換，情報，分配）および経済学的な考え方を述べるとともに，伝統的な経済分析アプローチである基本的競争モデルを提示した．この基本的競争モデルでは，いくつかの簡単化の仮定を置くことによって，現実の市場およびそれが果たす役割を明確にしてきた．そうしたアプローチでは，市場で価格や数量がどのように決定されるかを理解し，市場のパフォーマンスを評価することが目的であったため，現実の細かな問題を無視し，市場の本質だけに集中してきた．

　ところが，現代経済においてはこの基本的競争モデルでは説明できない市場も存在する．『スティグリッツ　入門経済学』第6章「不完全市場入門」では，いくつかの市場が基本的競争モデルとは重要な点で異なっており，そうした不完全市場では競争モデルによって説明できない経済現象が生じ，またこうした相違は政府が経済において果たす役割を説明するうえで役に立つことを示した．そして『スティグリッツ　入門経済学』第7章「公共部門」では，政府が民間経済に介入するための理由，望ましい介入の仕方，また政府そのものが直面する問題を検討してきた．

　もちろん，こうした不完全市場や公共部門の活動を分析するうえでも，第1章で学んだ五つの概念は依然として重要である．個人，企業および政府はつねにトレードオフに直面しており，またそれらの選択においてはインセンティブに注目しなければならない．ただし，競争が不完全であったり情報が不完全であったりするときのトレードオフは，基本的競争モデルにおけるトレードオフとは異なり，市場も異なった資源配分と所得分配をもたらすことになる．

　本章では，『スティグリッツ　入門経済学』のこれらの二つの章の内容，すなわち基本的競争モデルではとらえられない，不完全市場と公共部門に関する経済分析を簡単に示すことにする．これらは，本書の第3部「不完全市場」と第4部「ミクロ経済学と政策課題」を読み進めるうえで必要な知識である．

1　基本的競争モデルの拡張

　アダム・スミス（Adam Smith）によって「市場は経済効率を保証する」という見方が示されたのは，200年以上前のことであるが，それ以来，経済学者

はこの基本的競争モデルを非常に注意深く考察してきた．この基本的競争モデルにおいて前提とされている重要な仮定は次の通りである．

1．企業や個人は市場価格を所与のものとみなす．企業や個人それぞれは市場全体に比べると小さな存在であるため，彼らの決定は市場価格に影響を及ぼさない．
2．個人や企業は財の品質や入手可能性，およびあらゆる財の価格についての完全情報を持っている．
3．個人や企業の行動は，価格以外の方法で直接他の個人や企業に影響を与えることがない．
4．財は，その買い手だけが享受するものである．すなわち，私が1切れのピザを買って食べてしまったならば，あなたはそのピザを食べることができない．また自転車を購入した場合でも，あなたと私がその自転車を同時に利用することはできない．

この基本的競争モデルによって経済学者が見出してきたことはどれも，市場が経済を調和させる最も効率的な手段であるという考えを揺るがすものではなかった．

しかしその一方で，現実の経済が基本的競争モデルの想定する経済と重要な点で異なっているということも発見した．たとえば，現実には企業が価格を設定することができたり，消費者が財の品質についての完全情報を持っていなかったり，ある人の行動が直接他の人に影響を与えたり（たとえば受動喫煙など），またわれわれすべてが同時に消費できる財（たとえば国防など）が存在したりする場合である．また，市場経済で見られる多くの現象は基本的競争モデルではうまく説明することができない．たとえば，完全情報の経済では広告をする必要もないし，また広告には何の役割もない．イノベーション（革新）は現代経済においては重要であるが，競争モデルでは何の役割も果たさない．それどころか，情報が完全であると仮定されているため，研究には何の役割もなく，また誰も研究を行おうというインセンティブを持たないのである．

現実の経済が基本的競争モデルと異なっているために，市場は効率的に機能しておらず，またそれが，政府が経済に介入するための理論的根拠となるかも

しれないのである．こうした場合に政府が経済においてどのような役割を果たすかを理解するには，まず，現実の経済と基本的競争モデルで想定されている経済との相違によって，市場が機能する方法がどのように異なってくるかを理解しなければならない．それは，基本的競争モデルを拡張することで対応できるだろう．どのように基本的競争モデルを拡張するのがよいかは，まずこうした仮定を一つひとつ順番に考察していくことによって明らかになるであろう．

第一に，多くの市場は基本的競争モデルが想定するように競争的ではない．第1章で取り扱ってきた競争モデルでは，市場には非常に多くの売り手と買い手が存在するため，どの家計や企業も独自に市場の均衡価格に影響を及ぼすことがないとされてきた．基本的競争モデルは小麦や銑鉄のような生産物に焦点を当てており，それらの財は多くの異なった企業によって生産されているが，基本的にそれらは互いに完全な代替財である．この場合，もしある企業が価格を他の企業より少しでも高くしたならば，すべての顧客を失うことになる．このモデルでは，ブランド商品が登場する余地はないが，現実の消費財市場を見ると，ブランド商品のない市場を考えることは難しい．たとえば，化粧品メーカーの資生堂が化粧品の価格を上げたならば，顧客をある程度失うかもしれないが，すべての顧客を失うわけではない．資生堂の化粧品愛好者は資生堂の化粧品の価格が他社の化粧品より少々高くなったとしても，それを購入しつづけるであろう．市場価格を所与とする競争モデルでは，企業はその生産量を変えようとするとき他企業がどのように反応するかを考慮する必要がなかったが，資生堂は，生産や価格を決定するときには，ライバル企業がどのように反応するかを考慮しなければならない．現実の世界でも，多くの企業はライバル企業の行動や反応を予測するために，多大なエネルギーを使っている．

第二に，売り手にしても買い手にしても，基本的競争モデルが仮定するようにすべての情報を持っていることはほとんどなく，また企業の生産する財やサービスは同質ではない．基本的競争モデルでは，購入しようとするのが何であろうと，買い手はそれら購入物についての情報を持っており，各市場の商品はすべて同質であると考えている．また企業は，雇用しようとする労働者それぞれの生産性を知っており，また労働者が求職のために来社したときに，企業は，その労働者が支払い賃金に見合った仕事ができるかどうかを正しく知っているのである．しかし現実には，労働市場を含めた多くの市場では，参加者は取引

される商品について完全な情報を持っていない．

　第三に，基本的競争モデルでは，企業や消費者は彼らの行動によって引き起こされるすべての結果に対する責任を負っている．だが現実の経済では必ずしもそうではない．個人や企業が他の主体に直接影響を及ぼすような行動をとっても，それに対して支払いを行ったり受けたりしないときには，経済学では**外部性** externality が存在するという．その行動による結果は個人や企業にとって「外部的」であり，行動を起こした人だけがその行動の結果から損害を被るのではなく，他の人たちも損害を被るのである．外部性は，公害や地球温暖化のようなケースだけでなく，あらゆるところに見られる．これらは負の外部性であるが，正の外部性も多く存在する．たとえば，よく手入れの行き届いた庭は近隣の人たちの目を楽しませ便益を与えるため，正の外部性をもたらす．そしてこれらの外部性が存在するケースでは，価格メカニズムが不完全にしか機能しないと考えられている．

　第四に，基本的競争モデルでは，1人がある財を消費してしまうと，他の人はそれを消費することができなくなる．多くの財やサービスはこのような私的財である．しかし**公共財** public goods と呼ばれる財については，他の人も消費が可能になる．これらは極端な外部性のケースにあたる．通常，われわれはこれらを正の外部性と考えており，たとえば，すべての人々が国防の供給から便益を受けている（しかし公共財を好まない人がいるかもしれず，彼らはその影響を受けないように自らを排除することができないため，彼らにとっては，公共財は負の外部性として働くことになる）．公共財の消費（または公共サービスの享受）においては，1人の個人による消費は，他の人々の消費を削減することにはならない（つまり，消費は非競合的である）．公共財はまた非排除性という性質も持っている．すなわち，ある公共財の便益を享受しないように誰かを排除するには非常に大きな費用がかかるのである．二つの性質をほぼ100％満たしている公共財の例として国防が挙げられる．

　不完全競争，不完全情報，外部性および公共財はすべて，市場が経済効率を生み出すという役割を果たさなくなっているケースを示している．経済学ではこうした問題は**市場の失敗** market failures と呼ばれてきた．市場の失敗とは必ずしも市場が存在しないということではなく，市場が効率的な結果をもたらさないということを意味する．市場の失敗があるとき，政府が市場の失敗を修

正しく，経済効率を改善することが可能になるかもしれない．しかし市場の失敗を修正しようとする政府の政策について考えるためには，まず市場の結果が非効率となるのはなぜかを明確に理解しておかなければならない．

2 不完全競争と市場構造

　市場を分析する場合には，まず**市場構造** market structure，すなわち市場がどのように組織されているかに着目する．第1章で学んだ競争モデルの基礎を形成している市場構造は，**完全競争** perfect competition と呼ばれている．たとえば，小麦産業の場合には，非常に多くの農家（すなわち生産者）がいるので，どの農家も，需要と供給の法則によって決定される小麦価格を自分1人で変えられるとは本気では考えていない．

　しかしながら，しばしば競争は「完全」ではなく，むしろ制限されていることが多い．経済分析上，競争が制限された市場は大きく次の三つの構造に分けられる．第一のタイプの最も極端なケースは，競争がまったく存在しない市場である．すなわち，1企業だけが市場全体に供給を行っている**独占** monopoly である．読者の住んでいる地域の電力会社は，その地域の電力を独占的に供給しているかもしれない．ただし独占企業の利潤が高ければ，市場への新規企業の参入を招くと考えられているので，現行企業がその独占的地位を維持するためには，市場への新規参入を阻む何らかの参入障壁がなければならない．本書第9章「独占，独占的競争と寡占」では，こうした障壁としてどのようなものがあるかを学ぶことにする．

　第二のタイプの市場構造は，数社が市場に供給を行っているため，ある程度の競争が働いている場合であり，**寡占** oligopoly と呼ばれている．アメリカの国内三大メーカーであるゼネラル・モーターズ（GM），フォード，クライスラーとトヨタなど少数の外国メーカーで構成されている自動車産業がその一例である．寡占を特徴づける最大の性質は，企業数が少ないためにどの企業も自社の行動に対してライバル企業がどのように反応するかを慎重に考慮しなければならないことである．たとえば，GM 社が低金利自動車ローンの提供を始めたならば，他社もそれに対抗しなければならないと考えるだろう．したがって

GM社は低金利自動車ローンを始める前に，他社のそうした反応を考慮に入れておかなければならない．

第三のタイプの市場構造は，寡占よりも企業数が多いが，完全競争ほど多くはない場合であり，**独占的競争** monopolistic competition と呼ばれている．一例としてはラップトップ・コンピュータ市場があり，IBM社，HP社，東芝，ソニー，デル社などの企業がそれぞれ自社ブランドのコンピュータを生産している．各社の製品は他社製品とほんの少しだけ異なっているが非常に似ているため，かなりの競争があり，その結果利潤がゼロにまで押し下げられるかもしれない．そうはいっても，各社が供給するコンピュータは，競争を制限するくらいには互いに異なっているため，それらの企業はプライス・テイカー（価格受容者）ではない．もしある企業が価格を引き下げれば，その企業は多数の顧客を得ることができる．しかし個々のライバル企業からすると奪われる顧客数は非常に少ないため，どのライバル企業も価格引下げで対抗するという

WRAP-UP

さまざまな市場構造

1. **完全競争**：非常に多くの企業が存在する．それぞれの企業は自社のどんな行動も，市場価格に影響を及ぼせないと考えている．
2. **独占**：1社だけしか存在しない．
3. **不完全競争**：企業は複数存在する．いずれの企業も自社製品の販売量は各社の付ける価格に依存している．またそれは広告のような他の行動にもおそらく依存することになるだろう．不完全競争には次の二つの特殊なケースがある．
   (1) **寡占**：企業数はきわめて少なく，いずれの企業も，ライバル企業が自社のとる行動にどのように反応するかについて，つねに気をつけなければならない．
   (2) **独占的競争**：企業数が十分多いため，いずれの企業も，自社の価格引下げに対してライバル企業は価格引下げで対抗しようとはしないと考えている．また企業の利潤はゼロまで押し下げられるかもしれない．

■第2章■不完全市場と公共部門

ことはしない．

　寡占と独占的競争のいずれにおいてもある程度の競争は行われているが，完全競争の場合よりも競争は制限されている．こうした中間的な市場構造は**不完全競争** imperfect competition と呼ばれている．

2.1 不完全競争の場合の価格と数量

　競争が不完全な場合には，企業が少し高い価格を付けることで顧客の一部を失うが，すべてを失うわけではない．したがって企業は，価格を市場によって自分たちに与えられたものとは単純には「受け取ら」ず，自らそれぞれ価格を「設定」するプライス・メーカー（価格設定者）になる．企業は，プライス・テイカーであろうとプライス・メーカーであろうと，利潤を最大化しようとする．産出量を決定するとき，企業は産出量をもう1単位増やすことから受け取る追加的収入，すなわち**限界収入** marginal revenue を，もう1単位生産するための追加的費用，すなわち限界費用と比較する．限界収入が限界費用を上回るならば，生産を拡大することにより利潤を増やすことができる．逆に限界収入が限界費用を下回るならば，生産を縮小すると利潤を増やすことができる．その結果，企業は完全競争市場下にいようと不完全競争市場下にいようと，限界収入が限界費用と等しくなる産出水準で生産しようとする．

　完全競争に直面する企業と不完全競争に直面する企業との根本的相違は，限界収入と価格との関係にある．競争企業にとっては限界収入がちょうど価格に等しくなる．しかし不完全競争の場合には，企業は右下がりの需要曲線に直面しているため，企業は価格を変化させることによって販売量に影響を与えることができる．このとき限界収入は現行の市場価格に等しくはならない．

　販売量が変化したとき価格がどれくらい変化するかは，その企業が独占企業か，独占的競争企業か，または寡占企業かに依存している．独占企業である場合には，定義によりその企業は市場全体を支配しているため，直面する需要曲線は市場需要曲線と一致する．対照的に，ペプシコ社のような企業は，自社製品の価格を変えると販売量がどのように影響を受けるかを見きわめるためには，コカ・コーラ社のようなライバル企業が価格変化に対してどのように反応するかを知る必要がある．ただし，どちらの場合も限界収入は価格を下回っている．もっと多く販売するためには，企業は価格を下げなければならず，その企業が

それまで生産してきたすべての量から得る収入をも減少させることになる．

　利潤極大化のためには，企業は限界費用を限界収入に等しくしなければならない．しかし不完全競争のときには限界収入は価格を下回る．その結果，企業が利潤を極大化する産出水準は，限界費用もまた価格より低くなる点で与えられる．市場価格は高すぎる，つまり販売された最後の1個を生産する費用である限界費用を上回るのである．完全競争の条件の下では，価格が限界費用を上回るかぎり生産者は生産を増やそうというインセンティブを持っているため，効率的な結果がもたらされる．それに対して，不完全競争の市場では結果的に価格が高すぎ生産量が過少となるため，非効率性が生じるのである．

3 不完全情報

　完全競争モデルでは，消費者であれ，企業であれ，また政府であれ，市場参加者は完全情報を持っている，つまり売買される財についてすべての情報を持っていると仮定されたが，現実にはわれわれの持っている情報は完全情報からはほど遠いものである．そして経済学者は，そのモデルに**不完全情報** imperfect information を導入することによって，市場がどのように機能するかについて新しい洞察を得てきた．

3.1 情報問題

　基本的競争モデルでは家計や企業は十分な情報を持っていると仮定されている．そのことは，家計や企業が自らの機会集合を知っており，どのような価格で何を入手することが可能であるかを知っていることを意味している．さらに驚くべきことに，彼らはすべての財のあらゆる性質，たとえば財がどれくらい長持ちするかについても知っていると仮定されているのである．確かにいくつかの財の購入に際しては，われわれは非常に良い情報を持っており，その場合には基本的モデルの仮定は理にかなったものである．

　基本的競争モデルでは，企業もまた完全な情報を持っていると仮定されている．企業は利用可能な最善の技術を知っている．企業は，就職希望者それぞれの生産性を知っており，また各労働者がどれだけ一生懸命働いているか，彼ら

Close-Up 日本語版
食の安全と非対称情報

　最近では「食の安全」が問題になることが多い．2007年末から2008年1月に起きた中国製冷凍餃子中毒事件では餃子を食べた人が毒物中毒の症状を呈したことを記憶している読者もいるであろう．この事件は，餃子から検出されたメタミドホスがどこで混入されたかをめぐって外交問題にまで発展するとともに，多くの人の「食の安全」に対する関心を高めることになった．こうした食品に関する問題は，品質に関する不完全情報に由来したものであり，このほかにも数多く起こっている．

　たとえば，2000年にヨーロッパに端を発したBSE（牛海綿状脳症）騒動によって，日本でも牛肉の需要が減少し，畜産農家が大きな影響を受けることがあった．この事件では，畜産農家がダメージを受けただけでなく，焼き肉店が閉店に追い込まれたというニュースも流れた．こうしたBSEに対する消費者による一連の過剰反応は，牛肉の品質が問題になり，BSEに冒されている可能性がある牛の肉か，そうでない肉であるか，言い換えれば危険な肉か安全な肉かを消費者が識別できないという非対称情報に関係すると考えられる．

　どのような飼料を用いて牛を育てているかを生産者は知っているが，消費者にはわからない．消費者は，購入しようとする肉が危険な肉か安全な肉かを判断することができないため，牛肉全般に対する需要が減少したのである（ただしこの事件の場合には，BSEがどのように発生し波及したかについては当初明確でなかったため，生産者にとっても情報の不完全性があったかもしれない）．

　こうした非対称情報による問題を解決するためには政府の対応が必要となる．BSEのケースにおいても，政府がBSEに汚染されている可能性のある国産牛肉を買い上げることによって，経済的影響を緩和しようとした．しかし注意すべきは，政府といえども全知全能の神ではなく，過ちを犯す不完全な人間から構成されている組織であり，民間部門の経済主体と同様に不完全情報による問題に直面していることである．つまりこの場合には，どれがBSEに汚染されている可能性がある国産牛肉かということが，食

品会社にはわかったとしても,政府にはわからないということである.

　民間部門もそうした政策を利用し補助金を不正に獲得しようとするインセンティブを持つ.BSEに関連して起きた食品会社の偽装事件はその一例である.すなわち,BSEの恐れがあるとして,国産牛肉を政府が買い上げる政策に対して,いくつかの食品会社は,売れ残っていた牛肉や何ら関係のない在庫品や輸入牛肉を政府に買い上げさせていた.このため,国産牛肉の買上げ費用の一部は,BSE騒ぎで大きなダメージを受けている畜産農家とはまったく関係のないところに流れてしまったのである.

　このように,補助金政策などの政府による介入は,非対称情報のために政策意図が歪められることがある.政策目的どおりの介入を行うためには,政府は民間部門や市場の行動を注意深く監視しなければならない.政策目標どおり正確に政策運営を行おうとすると費用が高くなり,逆にそうした監視費用を節約すれば,政策目標が大きく歪められるのである.

　食品表示を偽装するという類似の事件は他にも発生している.政府は,米などさまざまな農産物について,それらの品質を消費者に知らせるために,種類や生産地を明示するように義務づけている.しかし自らの生産物を消費者に人気のある種類であると偽ったり,有名な産地の表示をして売り出すという事件は依然としてなくならない.消費者は,店頭で米をみただけでは,産地と種類を正しく推測することができない.したがって安価な米を生産している農家(あるいはそれを扱う流通業者)は,高価な米の産地と偽って販売しようとするインセンティブを持つ.すなわち生産者は,まさに非対称情報を利用し,自らの売上げを増加させようとするのである.

　さらに政府は,食品の安全性に対する消費者の不信感を払拭するために,牛肉や米などにトレーサビリティ・システムを一部導入している.このシステムは,IT技術を活用し,食品の生産,加工,流通等の各段階を明らかにし,商品の流れを追跡可能にするものである.それは,予期せぬ事件が発生した場合,その原因究明を容易にするとともに,食品の品質に関する信頼性のある情報を提供するという役割をも果たすことになる.

　このようにできるだけ多くの信頼できる情報を提供するための法律やシ

> ステムができたとしても，情報の不完全性は完全に解消されるわけではなく，また急速に変化し複雑化する社会においては，情報の不完全性はさらに大きくなるかもしれない．さらにはグローバル化している社会においては，中国製冷凍餃子中毒事件のように，海外も含む完全なトレーサビリティ・システムを導入することは容易ではないであろう．
> 　情報の質が経済活動にとって決定的に重要となる現代社会においては，消費者も，提供された情報が正しく信頼できるものであるかどうかを判断することで，だまされないようにしなければならない．誤った情報はすべての人を永遠にだましつづけられないとしても，一時的には一部の人はだまされ，損害を被るのである．

の仕事がどれほど適切であるかを正確に知っている．さらに企業は，投入要素をあらゆる供給可能な供給者からいくらで購入できるかを知っており，またその投入要素の性質すべてを知っている．また現在だけでなく将来起こりうるあらゆる状況の下でその財がいくらで売れるかを知っていると仮定されているのである．

　しかし一般的には，われわれはもっと不完全な情報の下で何を購入すべきかを決定しなければならない．たとえば多くの学生たちは，自分が大学教育をどれくらい楽しもうとしているのか，またそれからどれだけ便益を得ようとしているのかを明確には知らないであろう．また自分が医師になりたいのか，弁護士になりたいのか，それとも作家になりたいのかについてもよく知らないであろう．彼らは，それぞれの職業がどのようなものであるかについて，実際にそれらの職業に就いている人を観察することによって，ある程度の知識を得ることはできるが，彼らの得た情報がいくら良いものであったとしても，依然としてそれは完全な情報ではないのである．

　問題は，このように情報が不完全な状況の下での競争モデルが，われわれに誤解をもたらすことはないのかということである．すなわち，情報の不完全性を考慮に入れなければ説明されないような重要な経済現象が存在するのだろうか．消費者や企業が十分な情報を持っていると仮定したモデルは，そのもたらす重要な予測において間違っているのではないだろうか．

過去四半世紀で，経済学者はこれらの問いに対する答えが「イエス」であると，ますます確信するようになってきた．たとえば，大卒者が高卒者よりも高い所得を得ているのは，彼らが生産性を高めるようなことを大学で学んだからだけではなく，学士号が価値ある情報を雇用主にもたらしているためでもある．雇用主は，どの就職希望者が生産性の高い労働者であるかを面接だけで判断することができない．したがって彼らは，誰がより生産性の高い労働者であるかを識別するために，学士号を判断材料として利用するのである．大卒者は実際，平均的には生産性の高い労働者である．しかしこのことから，大学は学生の生産性を必ず上昇させると結論づけることはできない．大学はたんに，企業が生産性の高い学生を生産性の低い学生と区別するのを容易にしただけかもしれないのである．

3.2 価格システムの機能と情報の市場

価格システムは，いくつかの情報問題に対してすばらしい解決方法を提供してくれる．すなわち価格は，生産を調整し，また経済的希少性に関する情報を伝達するうえで重要な役割を果たしている．企業にとっては，ジョンやジュリアが何を好むのか，また彼らのトレードオフがどうなっているのかを知る必要はない．価格は生産者に，その財をもう1単位追加生産した場合の限界収入を教えてくれるものであり，企業はそれだけ知っていればよいのである．そして価格や市場は，経済のインセンティブ・システムの基礎を提供する．しかし市場がうまく処理できない情報問題もいくつか存在する．完全情報の場合には市場が非常にうまく対処できても，不完全情報の場合には市場がうまく対処できないことが多いのである．

情報には価値があるため，労働市場や資本市場が存在するのとちょうど同じように，情報の市場が存在している．事実，現在の経済はしばしば情報経済と呼ばれることがある．投資家は，株式や債券や他の投資機会に関する情報を提供するニューズレターに毎年数百万ドルも支出している．数百種類の財についての専門的情報を掲載している雑誌も販売されている．インターネットの発達は，こうしたあらゆる種類の情報の費用を削減するうえで大きな影響を与えてきた．

しかし，たとえ新しい情報技術をすべて用いたとしても，情報市場は完全な

ものからほど遠く，かつそれには十分な理由がある．最もはっきりしているのは，情報が他のどの財とも似ていないということである．すなわち，購入する情報に関する信頼性が根本的な問題として存在しているのである．もし株価予想の専門家がある株価が上昇していくということを本当に知っていたならば，顧客がその情報のためにお金を支払うとしても，なぜ彼は顧客にその情報を教えるのだろうか．なぜ彼は自ら市場に参加して，その情報を使って金持ちになろうとしないのだろうか．それとも彼の情報は実は確かなものではなく，彼のお金ではなく顧客のお金をリスクにさらさせようとしているだけではないだろうか，と読者は疑問に思うのではないだろうか．

　最も重要なことは，企業や個人がお金を支払う価値があると考える情報をすべて購入したとしても，彼らの得た情報は依然として完全からほど遠いということである．情報には，それから得る便益に比べて入手するための費用が高すぎるものもある．情報が不完全であるということは避けがたい現実であり，本書第12章「生産物市場と不完全情報」では，そのことが経済行動や市場構造に影響を及ぼす経路について検討する．

4　外部性

　競争や情報が完全であるときでも，市場がある財を過剰に供給したり，また ある財を過少に供給したりすることがある．その理由の一つとして外部性が挙げられる．個人や企業が，他の個人や企業に直接影響を及ぼすが，もたらした損害に対して支払いを行わなかったり，逆に与えた便益に対して支払いを受けないような行動をとるときに，外部性が生じる．外部性が存在するときには，企業や個人は自らの行動のもたらす結果のすべてを負担しているわけではないのである．

　負の外部性の例としては，大気汚染をもたらす工場がよく挙げられる．工場は汚染管理設備を導入しないことによって，より安価に生産を行うことができるため，便益を得ることになる．企業が汚染排出に対してお金を支払う必要がないときには，社会全体が汚染のもたらす負の費用を負担しなければならない．企業が汚染に対して何らかの支払いをしなければならないならば，たとえば浄

化技術を採用するなどして，企業は汚染排出を減少させる方法を見出そうとするだろう．政府の環境規制については本書第14章「環境の経済学」で詳しく論じるが，それらは通常，企業が自ら排出した汚染のもたらす費用を負担するように計画されている．

　外部性が存在するときには，市場による資源配分は非効率になる．これは，生産者が生産量を決定する際に「社会的費用」を考慮に入れないことから生じている．言い換えれば，競争的市場で需要と供給の法則によって決定された鉄鋼のような財の価格は，企業が実際に支払う費用である私的費用だけを反映したものである．もし企業が（汚染の費用をも含む）すべての費用を負担しなくてもよいのであれば，社会的費用を考慮に入れた場合よりも均衡価格は低くなり，また産出量も多くなる．鉄鋼のような財の生産が，煤煙や大気に及ぼす影響といった負の外部性をもたらすときには，市場における産出水準は高くなりすぎているのである．

　外部性が存在するとき市場のもたらす帰結がなぜ非効率になるのかについては，基本的競争モデルにおける市場産出量の持つ重要な性質を考えると理解できる．基本的競争モデルでは，市場価格は消費者にとっての生産物の最後の1単位の価値，すなわち限界便益に等しく，またそれは企業がその最後の1単位を生産するための費用，すなわち限界費用に等しくなっている．このことから限界的な意味で，生産される財の最後の1単位の価値はそれを生産する費用をちょうどまかなう大きさになっている．ところが外部性が存在するときには，こうした関係は成立しない．消費者が支払う価格が，その財を生産するための費用を完全には反映しない場合（負の外部性がある場合）には，消費者はその財を過剰に需要し，かつ生産も過剰になる．また消費者にとっての私的便益に加えて社会的便益が存在する場合（正の外部性がある場合）には，産出量が少なくなりすぎるのである．

5　公共財

　市場の失敗の最後の例としては，公共財が存在するときに生じるものが考えられる．純粋公共財とは，その財を追加的にもう1人に提供するための限界費

図2-1 ■ 公的に供給される財

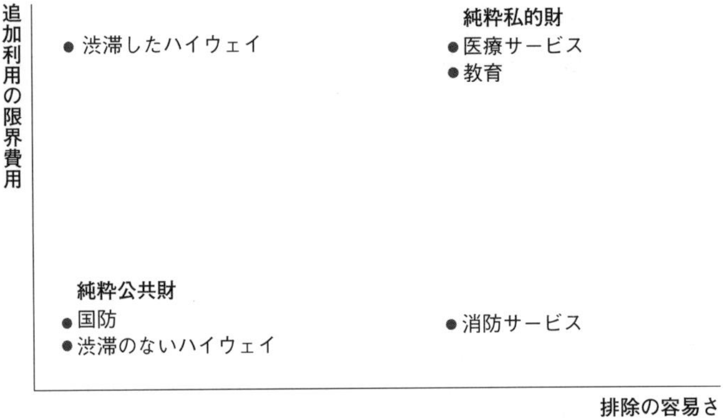

```
追
加
利      ● 渋滞したハイウェイ        純粋私的財
用                                ● 医療サービス
の                                ● 教育
限
界
費
用
            純粋公共財
            ● 国防                          ● 消防サービス
            ● 渋滞のないハイウェイ

                                                排除の容易さ
```

純粋公共財は，消費の非競合性（追加的な利用者の増加による限界費用がゼロであること）および非排除性（財を利用しようとする人を排除するための費用が非常に高いこと）という性質で特徴づけられる．公共部門で供給される財といっても，これら二つの性質をどの程度満たすかという点でみると，さまざまである．

用がちょうどゼロであり，かつ人々がその財を享受できないように排除することが不可能な財である．政府が供給する多くの公共財は，この意味では純粋公共財ではない．全国に張り巡らされた交通渋滞のないハイウェイを追加的にもう1人が利用するための費用は非常に小さいが，ゼロではない．また，そのハイウェイを利用できないように人々を排除する（すなわちハイウェイ利用に対して料金を課すこと）には，かなり費用はかかるが，不可能ではない．

　図2-1は，公的に供給される財を純粋公共財の厳密な定義と比較したものである．横軸に排除の容易さをとり，縦軸にその財を追加的にもう1人の人が利用するための（限界）費用を示している．左下隅は純粋公共財を示している．主要な公共支出の中では国防だけが純粋公共財に近いものである．もしまったく交通渋滞のないハイウェイが存在するならば，それも純粋公共財のもう一つの例となる．右上隅は（医療サービスや教育のような）純粋私的財を示しており，それらの排除費用は低く，かつその財を追加的にもう1人の人が利用するための限界費用は高くなる．

　公的に供給される財のうちの多くは，純粋公共財ではないが，公共財の持つ二つの性質のうちのどちらかをある程度は持っている．たとえば消防サービスは，排除が比較的容易である．しかし消防サービスは，追加的にもう1人の人

にサービスを提供するための限界費用が低いという意味で，公共財のようである．なぜなら消防士は，多くの時間は消火活動に従事せずに呼び出しを待っているだけである．2件以上の火事が同時に発生するというまれなケースを除き，一般的には追加的にもう1人の人を火事から守るためにはほとんど追加的費用を必要としないのである．

　誰もが容易に利用できる財（非排除性を持つ財）を利用するための限界費用が高くなる場合もある．交通渋滞のないハイウェイがいったん渋滞すると，それを利用するための費用は，急激に上昇することになる．ただしそのときの費用とは，タイヤの摩耗という費用ではなく，道路を利用する運転手が失うことになる時間という費用である．一方，道路利用に対して料金を課すことで利用を制限することもできるが，これも費用がかかりすぎる．

　教育や医療サービスのように，公的に供給される財の多くは，追加的利用者にサービスを提供すると高い費用がかかる．これらの財のほとんどは，排除も比較的容易である．事実，いくつかの国においてはこうした財・サービスの多くは民間で私的に供給されたり，また公共・民間の両部門によって供給されたりしている．この二つが公的に供給されていたとしても，その用語の厳密な定義によれば純粋公共財ではない．

　民間市場では公共財の供給は過少になる．たとえば，1人の船主が近くに灯台を設置しなければならない港を利用している場合には，彼はその灯台の建設にかかる費用と灯台があることの便益を比較することになる．しかし大規模船主が1人と多くの小規模船主がいる場合には，どの小規模船主にとっても，自分1人で灯台を建設することは利益にならないだろう．また大規模船主は，灯台を建てるかどうかを決定するに際して，自分が享受する便益だけを考慮に入れるのであり，小規模船主にとっての便益は考慮に入れない．大規模船主でも，自分が受ける便益より建設費のほうが大きければ，灯台を建設しないだろう．しかしすべての船主が得る便益を考慮すると，それらの便益は費用を上回るかもしれないのである．その場合には灯台を建設することは社会的に望ましくなる．

　このような状況では灯台を共同で建設しようとする船主の自主的組合が生まれる可能性が考えられる．しかしもし一部の小規模船主が，たとえ自分がお金を出さないとしても灯台はとにかく建設されるだろうと考えて分担金の支払い

を拒否したならば，どうなるだろうか．これは公共財に伴う**フリーライダー（ただ乗り）** free-rider 問題である．誰かがそれらの財を利用できないように排除することが難しいため，その財から便益を受ける人は，その財の支払いを回避しようとするインセンティブを持つ．このケースではあらゆる船主は，他の船主の努力に「ただ乗り」しようというインセンティブを持つ．あまりにも多くの船主がただ乗りしようと決めたならば，灯台は建設されなくなる．

6　政府の役割と公共部門

　これまでは，政府が存在しない経済モデルを前提にして，市場経済において効率的な資源配分が実現されないケースについて考察し，なぜそうなるのかの理由を明らかにしてきた．現実の経済の多くは，民間部門だけでなく公共部門もかなり大きな役割を果たしている混合経済であり，そこでは政府がさまざまな形でわれわれの生活に影響を及ぼし，かつ民間部門の経済活動に関与している．政府は，国防，教育などさまざまな公共サービスを提供するとともに，年金や社会保障などの所得移転を行っている．一方で政府は，そうした政府支出のために，国民に税を課したり，公共サービスに対する対価や保険金を徴収したりする．

　アメリカのみならず多くの国において，経済における政府の役割という論点はつねに政治論争の中心にあった．今日では医療，退職後の生活（年金問題）や教育が論点となっている．それのみならず，政府のあり方や公共部門の規模についてもつねに議論されている．公共部門には，中央政府や地方政府だけでなく，政府が直接監督する政府機関も含まれる．また公共サービスは，政府または政府機関によって直接提供される場合もあるが，政府がそのための資金だけを供給する場合もある．このように政府の形態や介入方法は国によっても時代によっても異なるが，政府の役割とその影響力は政府収入や支出の水準だけで測ることはできない．

　政府の果たしている役割としては，次のようなことが挙げられる．第一に政府は，経済社会が安定し，民間部門が効率的な経済活動を行うための法制度を提供している．すなわち，経済活動が円滑に実行されるように，所有権や取引

ルールを規定し，社会の構成メンバーにそれを遵守させるのである．立法府および行政府，また裁判所はそうしたサービスを提供している．第二に，政府には経済のマクロ的安定を維持する責任，すなわち，あるときは景気後退と不況を，またあるときは激しいインフレーションやデフレーションを未然に防ぐ責任，少なくとも最小限にとどめる責任がある．第三に，政府は競争を促進し，環境を保全し，消費者や労働者を保護する目的で規制をつくり執行してきた．これらの規制がもたらすコストの大きさがどれだけか，また規制による便益がそのコストを上回るかどうかについてはかなりの論争があるものの，規制によって大気は浄化され，水質汚染は減少し，自動車の安全性や職場の安全性が高められている，という点には疑問の余地がない．誰しもこうした政府の有用性を評価するものの，多くの人々は政府活動をまかなうために課される税金が経済の重荷になり効率性を損ねているのではないかと懸念している．

それでは，なぜ政府は経済に介入するのであろうか．その理由としては基本的に，三つのことが考えられる．第一は，前節までで論じた市場の失敗に関連しており，効率的に機能しない市場に介入することによって経済効率を改善することである．第二は，市場によってもたらされる所得分配が，必ずしも公正や公平という社会的価値に合致しないため，それを修正するために介入する．第三は，これまでの個人主義的な価値観に基づく議論とは異なり，他の社会的価値規準によって，価値財（メリット財）と呼ばれる財の消費を促進し，また負の価値財と呼ばれる財の消費を抑制するために介入するものである．以下の三つの項では，これらの理由について検討することにする．

6.1 市場の失敗の修正

前節までは，市場の失敗をもたらす要因である，不完全競争，不完全情報，外部性，公共財について論じてきたが，それらのいずれのケースにおいても市場で実現される資源配分は非効率なものであった．政府はこれらの市場の失敗に対して何らかの政策によって対応することで，資源配分を改善し効率性を高めることができるかもしれない．

不完全競争の場合には，企業が市場支配力を持つため，価格が高すぎ生産が過少となる非効率な結果をもたらすことになる．政府は，市場での競争を促進し，かつ企業による市場支配力の濫用を制限するうえで，積極的役割を果たし

てきた．**反トラスト法（独占禁止法）** antitrust laws は，独占企業を分割させたり，独占企業の形成を防いだり，また企業が競争制限的な業務を行わないようにさせることを意図したものである．本書第9章「独占，独占的競争と寡占」と第10章「競争促進政策」では，政府が独占を制限し競争を促進しようとするためのいくつかの方策について論じる．政府がどのような政策を用いるかは，不完全競争の原因と市場構造に依存している．

不完全情報から生じる生産物市場の非効率性については，本書第12章「生産物市場と不完全情報」でより詳細に論じることにする．昔から政府は，消費者などが不完全情報から不利益を被ることを懸念してきた．また労働市場での不完全情報から生じる非効率性については，第13章「労働市場の不完全性」で論じることにする．

外部性は市場の非効率をもたらすため，市場介入という政府の役割を正当化することになる．政府は，たとえば汚染水準を制限する環境規制を課したり，あるいは汚染に対して料金や罰金を課したりしてインセンティブを与えることで，負の外部性に伴う財の過剰生産を防ぐことができる．逆に，財の生産に正の外部性が伴うときには，市場の生産水準が過少になるため，政府は供給量を高めようとする．

政府介入のない民間市場では，フリーライダー問題のために，公共財は供給されないか，また供給されたとしても過少になる．しかし政府は，そうした公共財の供給によって社会をより良くすることができる．

公共財のほかにもある種の財は，市場で供給されないことがある．たとえば，かつては，労働者は失業のリスクに備えた保険に加入したかったかもしれないし，高齢者は病気のリスクに備えた保険に加入しようと考えていたかもしれない．しかし政府は，これらを社会保険という形態で提供することで大きな役割を果たしている．

6.2 平等と所得再分配

民間市場で効率的な資源配分が実現されたとしても，そこでの所得分配が不平等であり，一部の人々は，最低限の生活水準を維持する所得すら得られないこともある．市場参加者の所得は，各人の資産保有と生産性に関係がある．また一般的に，学歴が低いと賃金も低くなる．アメリカのように豊かな国でも，

ほとんどの人々はわずかの資産しか保有していない．とりわけ憂慮すべきは，低賃金の人々の多くが頼るべき資産を持っていないことである．アメリカ以上に不平等が著しい国々もあるが，多くのヨーロッパ諸国のように，不平等度の低い国もある．

不平等を懸念する理由はいくつかある．その一つは，著しい不平等がさまざまな社会問題や政治問題を引き起こし，海外からの投資を含めてその国への投資をためらわせるような社会状況をもたらしがちであるということである．東アジアとラテンアメリカはその両極の例となっている．過去30年あまり東アジア諸国は，ラテンアメリカの2倍以上の率で急成長してきたが，東アジアで平等化が進展したことがその要因の一つであると考えられている．一方，ラテンアメリカ諸国は，不平等が原因で都市の治安の悪さや政情不安定に悩まされてきた．

ほとんどの社会では社会的公正や公平性が問題となっている．社会全体の財の非常に多くの割合をごく少数の人々が手にするのは道徳的に間違っているように思われる．しかし公平性は見る者次第であることが多く，社会全体として意見が一致することは少ない．また不平等に対する受け止め方は国や時代によっても著しい違いがある．アメリカでは，勤勉さや大きな革新の結果として生じる富や不平等は，相続または独占力や政治的影響力による富や不平等よりも，社会的に受け入れられているようである．

また不平等は，最貧困層と子どもに大きな懸念材料をもたらす．機会均等の国であるはずのアメリカでさえ，貧しい家庭に生まれた子どもが人生で成功する可能性は，裕福な家庭の子どもよりもずっと少ない．良質な公教育に対して政府の支援が広く行われている理由の一つがここにある．また，政府は最貧困層に向けてもさまざまな政策を行っている．これらの政策は，最貧困層に最低水準の所得，住宅サービス，食料，医療サービスを確保することによって，基本的なセーフティ・ネットを提供している．一部の人々から税金を徴収し貧しい人々に所得を再分配するこうした政策は**移転所得政策 transfer programs** と呼ばれる．再分配の要素は教育政策など他の多くの政策にも含まれており，特に社会保険はこの要素が強い．

6.3 価値財と負の価値財

　政府介入が市場の失敗の修正や所得再分配のどちらにも関係しないケースがある．政府は，ある種の財については消費を増やしたり減らしたりするように，人々に強制したり奨励したりして，彼らに社会的価値を押しつけようとすることがある．たとえば，政府は麻薬をやめさせ，教育を奨励しようとする．このような財を**価値財（メリット財）** merit goods という．

　こうした価値財（や負の価値財）は外部性と区別する必要がある．なぜなら，誰かがマリファナを吸っても他者に害が及ばないにもかかわらず，政府はそれを違法としているからである．これらは，自分の利益になりかつ自分の福祉を増進するのは何であるかについて最善の判断ができるのは本人である，という**消費者主権** consumer sovereignty の一般原則に政府が干渉している事例である．政府はパターナリズム（温情主義，親権主義）に基づいて，すなわち父親であるかのように行動しているのである．多くの経済学者は，政府のこうした活動を未成年者だけを対象にすべきであると考えている．

WRAP-UP

経済へ政府が介入する理由

1. 市場の失敗の修正：外部性のような市場の失敗は，経済効率を改善するという目標をかかげて政府が介入する根拠となっている．
2. 公平性の追求：市場がたとえ効率的な場合でさえ，それがもたらす結果は，公平性という社会規範を満たしえないことがある．政府は所得を再分配するために介入することがある．
3. 価値財と負の価値財：政府は，（教育のような）価値財の消費を強制したり，（違法の麻薬のような）負の価値財の消費を禁じたりすることによって，人々に社会的価値を押しつけることがある．

6.4 平等と効率のトレードオフ

これまで見てきたように，政府介入の根拠には，効率性と公平性の達成および価値財の供給など，複数の目標がある．かりに政府の任務が市場の失敗に対処することだけだとしても，たとえば公害を減少させる最善の方法は何か，といった技術的な難問に直面するだろう．しかし最も困難なのは，市場の効率性の向上と平等の増進との間の*トレードオフ*に直面するという問題である．

政府が平等を高めようとする場合には，政府は，所得や資産の多い者ほど，納税額だけでなく，所得に対する税額の割合をも高くするだろう．実際に，アメリカをはじめ多くの国では，高所得者の税率が低所得者の税率よりも高い**累進税 progressive tax** がとられている．しかし課税による非効率性が生じるのは，稼いだ最後の所得に課される追加的税額である**限界税率 marginal tax rate**によるものである．限界税率が高ければ，もう１時間追加的に働いたとしてもそれから得られる税引き後の所得は低くなるため，より熱心に働こうというインセンティブは弱められる．高所得者の所得が高いのは高賃金だからであり，高賃金なのは生産性が高いからであるとするならば，累進所得税は，最も生産的な人々の労働意欲を低下させることになる．その結果，経済全体の産出量は減少し，効率性は低下することになる．

政府が深刻な平等と効率のトレードオフに直面する事例が多数ある一方で，それらが両立する事例も見られる．たとえば，低所得者に良い教育機会を提供する政策は，人的資源の有効活用を通して経済全体の効率性向上につながると同時に彼らの所得水準をも向上させるので，そうした政策は公平かつ効率的なものである．

7 政府の失敗

前節で指摘したトレードオフに加えて，政府は政策の決定およびその運営においてさまざまな問題に直面する．政府が何をなすべきかについて合意がある場合でさえ，どのようになすべきかについては意見が分かれることが多い．たとえば，環境汚染の問題を考えてみよう．政府は汚染者に課税することができ

るし，汚染者を規制することもできる．あるいは汚染を減らす行為に補助金を出すこともできる．

　政府が介入すべきか否か，また政府がどのように介入するかに関する決定は，政府は効率的か，また政府が行ったほうが有効か，に対する見方によって大きく左右される．政府の活動を正当化する主な根拠の一つは，すでに述べたように，市場の失敗の修正である．しかし，小さな政府の支持者によれば，政府は問題を修正できないばかりか，むしろ事態を悪化させることのほうが多い．また，民間部門が直面する問題のうち，たとえば情報の不完全性のような多くの問題は，公共部門においても発生している．さらに，公共部門は民間部門には存在しないようなさまざまな問題，すなわちインセンティブやコミットメント（約束），また予算制約や予算過程に関連する課題，を抱えていると批判している．

　政府が非効率か否かについては，実はどちらを支持する事例も存在している．経済の中で政府は長い間重要な役割を果たしてきたので，誰もが認める成功例も多くあるが，政府に批判的な論者は，（ゴミ収集などの）同じような経済活動をする政府部門と民間部門を比較した広く引用されるいくつかの研究に基づいて，公共部門は一般的には民間部門よりも非効率であると主張している．

　この主張には二つの重要な注意点がある．第一に，ほとんどの政府活動は，生産量の計測が難しく，個人個人の貢献の質を評価しにくく，かつ民間部門でさえインセンティブを高めるための有効なシステムを設計するのに苦労している分野で行われていることである．第二に，どこから見ても民間企業と同じくらい効率的な公企業が実際にあることである．たとえばアメリカでは，公的年金の管理費用と取引費用が保険料総額に占める割合は，私的年金保険（引退後に毎年一定額を受け取る保険）に占めるその割合よりもはるかに小さい．

　しかしながら，スラム街の劣悪な民間住宅にも匹敵する公共住宅をはじめ，膨大な支出を伴う国防事業まで，政府の失敗の印象は強烈である．また，政府が成功を収めた事業の中にも，それを疑わせる副次的効果を伴ったものもある．たとえば，州際ハイウェイ・システムは移動時間を大幅に短縮したが，多くの都市で問題となっているスプロール現象（郊外の無秩序な宅地化）をもたらした．こうした政府の失敗の要因には以下の四つがある．それは，(1)インセンティブの問題，(2)予算の問題，(3)情報の問題，(4)政治的意思決定の本質，である．

7.1 インセンティブと制約

　民間組織と異なり，政府は強制力を持っている．たとえば政府は人々に税を払わせることができるし，また州際取引に従事する事業者に対して最低賃金制度に従わせることができる．しかしこうした権力は濫用されるおそれがあるため，政府による恣意的な権力行使から市民を守るために一定の手続きが発達してきた．これらの手続きは適正手続き（デュー・プロセス）と呼ばれている．

　この適正手続きにはインセンティブ上の問題が潜在的にあるが，このことを理解するために，公務員の雇用関連規則を例に挙げてみよう．これらの規則は，公務員間の差別をなくし恣意的待遇を防ぐために設けられたものである．しかしこの規定は柔軟性に欠ける場合が多く，またこの規定のせいで，民間部門の有能で献身的に働く人々と同程度に仕事ができる有能な公務員に対して，民間部門に匹敵する給料を支払ったり，昇進を早めたりすることが困難になっている．さらに，職務能力を欠いた者や職務怠慢な公務員を降格したり解雇したりするのはいっそう困難である．このように公共部門では，効率性を極大にするような人員採用や人事管理をしようとしても，そうした能力は基本的に限られている．

　加えて，政府にとっては，拘束力を持つような長期的コミットメント（約束）を行うのが事実上難しいという問題がある．議会は以前の議会決定を覆すことができるため，拘束力があるコミットメントを行う政府の能力には限界があるのである．そうした問題は経済的に重大な結果を招く可能性がある．たとえば，政府が低インフレ率を維持する政策を達成すると公約したとしよう．しかし現在の政府は，低インフレ率を維持するというコミットメントを投資家に信じ込ませることができないかもしれない．次の選挙で何が起こるかはまったくわからないことを知っているため，投資家はインフレーションのリスクを独自で予測するのである．これが現在の政府が実行しようとする政策の有効性を妨げることになるかもしれない．

　政府の効率性を損ない，かつ広範な社会的利益に反するような決定をもたらすもう一つの要因には，民主的な政治過程に内在する政治的圧力がある．たとえば，次回選挙をめぐる議員の利害関係によるものである．有力議員の地元選挙区での雇用は創出されるが，国全体の視点からは経済的な意味がまったくな

いような利益誘導型事業，いわゆる「ポーク・バレル（pork barrel）」計画が生み出されることがあるのはこのためである．すなわち政治家は，再選可能性を高めるような事業に投資するインセンティブに加えて，選挙活動には莫大な費用がかかるため，選出された議員には選挙資金を多く寄附してくれた人の意見や要望に特別な配慮をしようとするインセンティブを持っているのである．

7.2 予算編成と歳出手続き

政府の意思決定者が直面する予算編成と歳出の制約は，民間部門とは主に三つの点で異なっている．第一は，公的な意思決定者が縛られる予算制約の厳格さである．多くの事業で損失を出せば倒産する可能性がある民間企業と違い，公企業は比較的容易に政府に財政支援を求めることができる．これはソフトな予算制約という問題である．しかしこうした赤字が続く主な原因は，政府自身が課した労働規約などにある．こうしたソフトな予算制約によって，公企業が効率的な経営を行おうというインセンティブは弱められている．経営者意識を高めるには，倒産の脅威ほど有効なものはない．

第二の相違点としては，ソフトな予算制約とは逆に作用するものであるが，予算の単年度制が挙げられる．公共部門は長期の配分を費用効率的に行わないので，短期ごとに支出の上限を課す．ただし投資にまで（年度間配分上の）柔軟性がないことが，予算の単年度制の特に重大な弊害である．

第三の相違点は，費用管理の厳格さを保証するために実施される諸手続きが効率性を下げることである．政府は浪費や汚職を防止するために詳細な経理方法，競争入札などのさまざまな調達手続きを定めてきた．しかし，これらの手続きは費用節約分以上に費用がかかることがある．その理由は，関連する役所仕事が増えるからだけではない．政府が，たとえばTシャツを購入する際にも，入札参加者にまったく同じ製品を供給する競争をさせる目的で，入札参加者が従うべき注意を記した数十ページにおよぶ書類を作成することがある．このような官僚的形式主義によって，政府への入札希望者は減少してしまうため，結果として政府が購入する財・サービスに要する費用が増加するのである．

7.3 情報の不完全性

情報の問題は民間部門にとって悩みの種であるが，政府部門にとっても同じ

である．たとえ意図が明確な政策であっても，意図しない（しかも予期しない）結果になることが多い．1950年代における州際ハイウェイ・システムの拡張は都市のスプロール現象を招き，都心部を衰退させ，（交通量増加によって）大気汚染を悪化させた．これらの影響はどれも広く議論されなかったばかりか，予想もされていなかった．また住宅の質の向上を意図した都市再開発計画は，低所得者への手頃な住宅供給を減少させる場合が多く，計画者が取り組む住宅問題を悪化させ，ホームレスを生み出すことさえあった．

7.4 集団的意思決定

　公共部門の失敗をもたらす四番目の理由は，政府の意思決定がどのようになされるかに関するものである．政府の行動には，必ずしも一貫性があるわけではない．政府の選択は一個人の選好の反映ではないことからすれば，それも当然である．たとえば，3人が三つの選択肢から選択するという単純なケースでも，多数決では明確な結論が得られないことがある．これが，200年以上前にフランス人マルキ・ド・コンドルセ（Marquis de Condorcet）が指摘した**投票のパラドックス voting paradox** と呼ばれるものである．

　ノーベル経済学賞受賞者のケネス・アロー（Kenneth Arrow）は，さらに注目すべき結果を証明した．それによると，（3分の2の多数決，加重多数決などの）あらゆる投票制度はいくつかの条件の下で，同じ類の不整合性をもたらす．この不整合性は，どのような民主的政府の意思決定過程でも避けられない性質である．整合的な選択を確実に行うための唯一の方法は，1人の人にすべての決定を委ねることである．しかしそうした制度は，選択が整合的であったとしても，独裁的であり，とても民主的とはいえない．

　政治過程がどのように機能するかを理解することは政治学の主要な課題である．一方，経済学者は，政治過程がインセンティブによってどのような影響を受けるかに注目してきた．たとえば政治家，政党，官僚それぞれのインセンティブや，またこれらの政治関係者に取り入り有利な立法がなされるように行動する特殊利益団体のインセンティブについてである．公共選択理論は，政治過程の参加者は合理的に行動すると仮定して，政治過程の結果を分析する政治経済学の一つの分野である．選挙への献金が政治家の行動ひいては政治過程の結果にどれほど影響するかについては，広く認識されており，この認識があるか

> **WRAP-UP**
>
> **政府の失敗の原因**
>
> 1. インセンティブと制約.
>   (1) 適正手続き（デュー・プロセス）
>   (2) 長期的コミットメント（約束）を行うための能力の制約
>   (3) 政治的圧力
>   利益誘導型事業（ポーク・バレル計画）
>   選挙運動をするロビイストの政治力
>   献金
> 2. 予算制約と支出制約.
>   (1) ソフトな予算制約
>   (2) 単年度予算
>   (3) 調達の硬直的なルール
> 3. 不完全情報：政府の活動によって起こる予期しない行動変化.
> 4. 集団的意思決定の問題.

らこそ，献金を規制する法律の改革が強い関心を集めるのである．

8 公共経済学における近年の課題

　アメリカ経済をはじめ，多くの資本主義国は，民間部門が中心だが政府も不可欠な役割を果たす混合経済である．したがって，政府は何を行うか，またどのように行うか，という問題は，これまでつねに議論の対象であったが，今後もそうであろう．経済における政府の役割に関する近年の主要な論争として，以下の三つの課題がある．

8.1 財政赤字の削減

　アメリカ連邦政府の財政収支は，1980年以降大きく変動してきた．1981年，レーガン大統領は大規模減税を推し進め，結果として歳出の伸びは歳入の伸び

を上回ることになり，1980年代は巨額の財政赤字が続いた．1993年に大統領に就任したクリントンは，国防費を中心とする歳出削減と，所得上位2％層を中心とする増税を行った．同時期のアメリカ経済の高成長によって1998年までに財政は黒字に転じるまでに改善した．

財政赤字の削減という課題が終わると，財政黒字分をどのように使うかが政治課題になったが，以下の三つの意見が支配的議論であった．それは，(1)黒字を債務削減に向ける，(2)大規模減税を行う，(3)公的年金，高齢者医療および低所得者層の教育改善などの社会政策に使う，である．

2001年に大統領に就任したジョージ・W・ブッシュは減税策を選択した．また同時期に景気が減速したこと，テロ対策の支出やアフガニスタンやイラク戦争のための軍事費が増大したことで，アメリカ政府は再び巨額の財政赤字に直面することになった．

8.2 公的年金

2005年，第二次ブッシュ政権の発足とともに，高齢者の退職後所得保障である公的年金制度が議論の的になった．現在のアメリカの公的年金制度は，**賦課方式 pay-as-you-go program** であり，現役の労働者による社会保障税の支払いが退職者への給付に向けられている．これに対して，**積立方式 fully funded program** の下では各世代は，退職後の生活をまかなうために，個人の支払額は就労時に設けた個人勘定で，引退時点まで投資・運用される．

1940年代後半から1960年代前半までに生まれたベビー・ブーマー世代が引退しはじめるとともに，公的年金制度は赤字に転換し，積立資金が将来枯渇することが明らかになった．その対策としてブッシュ大統領は，現役労働者に課されている社会保障税の一部を個人引退勘定に転用することを提案した．この個人引退勘定に反対する人たちの論点は，(1)労働者の支払いの平均収益率に関する非現実的仮定，(2)投資に伴うリスクの高さ，(3)現在の引退者への給付資金の減少，であった．

反対論者が代替案として提案する策としては，以下のものがある．一つの案は，年金額を物価スライドにすることである．第二の案は，受給開始年齢の引上げである．第三は，社会保障税の引上げ案である．第四は，年金額の引下げである．

公的年金問題はアメリカ政治において「近寄りがたい聖域」といわれている．しかし改革が行われない限り，年金財政の持続可能性は危うくなる．このことは日本においても同じであろう．

8.3 医療

アメリカの医療支出の対GDP比は世界のどの国よりも高くなっているが，健康指標は相対的に低いままである．また家計における医療支出は生計費一般よりも急速に上昇しつづけ，低所得者のためのメディケイドや高齢者のためのメディケアという医療保険制度の費用も増大してきた．

医療サービスは他の多くの商品といくつかの面で異なっている．たとえば，医療支出の多くは個人ではなく政府か保険会社によって支払われているため，個人は医療支出を節約しようとするインセンティブを持たない．また個人は，提供されるサービスの質について正しく判断することができない．さらに，現在では薬剤価格が高くなっていることが問題になっており，しかも3分の1程度の高齢者は薬剤費が適用される医療保険に加入していない．

これらの医療問題に対して代わりとなるシステムが取り入れられたり，対策がとられたりしているが，それらも新たな問題を生じさせている．さらなる医療制度改革に向けて，次の課題が指摘されている．すなわち，(1)無保険者数の減少，(2)医療費高騰の抑制，(3)介護老人ホーム政策の促進，(4)生活習慣・環境の改善による健康状況の向上，などである．

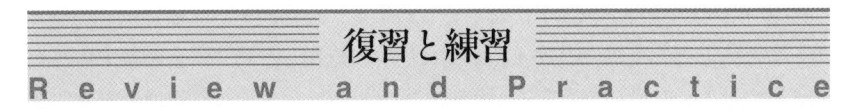

復習と練習
Review and Practice

■要約

1 一般的に民間市場は資源を効率的に配分する．しかし不完全競争，不完全情報，外部性，および公共財のケースのように，民間市場が効率的資源配分を実現しない分野がいくつか存在する．

2 経済学では市場構造を大きく四つに分類している．すなわち，完全競争，独占，寡占，独占的競争である．

3 競争が不完全である市場では，その財の生産は過少になり，またその財の

市場価格は高くなりすぎる．

4 基本的競争モデルでは，市場への参加者は売買されている財やそれらの価格について完全情報を持っていると仮定している．しかし実際には情報は不完全であることが多い．

5 個人や企業は，大気汚染や水質汚染のような負の外部性をもたらす財を過剰に生産してしまう．なぜなら彼らはそれらを生産する費用のすべてを負担してはいないからである．一方，彼らは正の外部性をもたらす財を過少に生産することになるが，それは彼らがその財からのすべての便益を享受できていないためである．

6 公共財は，もう1人追加的にその財を利用させるための費用がほとんどかからないか，またはまったくかからないが，個人にそれらの財を利用させないように排除するには非常に多くの費用がかかる財である．その例としては国防や灯台がある．公共財が無料で利用できる市場では，公共財の生産は過少になる．

7 政府は，税，政府支出および経済生活のあらゆる側面に影響する無数の規制を通じて経済に影響を及ぼし，広汎な役割を果たしている．

8 政府が経済に介入するのは，以下の三つの基本的理由のためである．(1)市場の失敗を修正することによって，経済の効率性を改善する．(2)市場の結果を変更することによって公平性という社会的価値を追求する．(3)（教育のような）価値財の消費を強制し，（不正薬物のような）負の価値財の消費を禁止することによって，その他の社会的価値を追求する．

9 政府は，経済の効率性の改善と平等の促進との間でトレードオフに直面することがある．アメリカの所得税にはこのトレードオフの例が示されている．公平性の促進のためには，貧しい者よりも豊かな者のほうが高い税率を支払う税制でなければならない．他方，こうした累進所得税は最も生産性が高い人々の勤労意欲を低下させる．

10 市場が失敗するのと同じように，経済に介入する政府の試みも失敗することがある．系統的な政府の失敗の根底には四つの重要な要因がある．インセンティブの問題，予算の問題，情報の問題，政治的意思決定の本質，である．

11 現在の公共政策に関する論争の的は，財政赤字，公的年金，および医療に

関する問題である．

■キーワード

外部性　　公共財　　市場の失敗　　市場構造　　完全競争　　独占　　寡占　　独占的競争　　不完全競争　　限界収入　　不完全情報　　フリーライダー（ただ乗り）　　反トラスト法（独占禁止法）　　移転所得政策　　価値財（メリット財）　　消費者主権　　累進税　　限界税率　　投票のパラドックス　　賦課方式　　積立方式

Q 復習問題

1. 完全競争と不完全競争の違いは何だろうか．（ヒント：1節「基本的競争モデルの拡張」および2節「不完全競争と市場構造」）

2. 経済学で独占産出量は「過少である」，または独占価格は「高すぎる」というときには，それはどういう意味だろうか．またそれはどのような基準により，何と比較しているのだろうか．（ヒント：2.1項「不完全競争の場合の価格と数量」）

3. 基本的競争モデルでは，情報はどのような役割を果たしているのだろうか．情報の市場は，小麦のような普通の財の市場とどのように異なっているのだろうか．（ヒント：3節「不完全情報」）

4. 正の外部性の例を一つ挙げなさい．また負の外部性の例も一つ挙げなさい．負の外部性を持つ財は過剰に生産されることが多いが，それはなぜだろうか．また正の外部性を持つ財は過少生産となることが多いが，それはなぜだろうか．それぞれの場合について例を用いて説明しなさい．（ヒント：4節「外部性」）

5. 政府は外部性の問題を処理するためにどのような政策を用いることができるか．（ヒント：6.1項「市場の失敗の修正」）

6. 公共財を定義する二つの特徴とは何か，例を挙げて説明しなさい．民間市場では公共財を効率的な水準まで供給できないのはなぜだろうか．（ヒント：5節「公共財」）

7　政府が市民生活にかかわる側面を，経済面とそれ以外の面からいくつか挙げなさい．（ヒント：6節「政府の役割と公共部門」）

8　政府が経済に介入する根拠を，経済の効率性，平等，価値財の役割に関連づけて説明しなさい．（ヒント：6節「政府の役割と公共部門」）

9　税と所得再分配政策はインセンティブにどのような影響を及ぼすだろうか．また社会保険はどのようにインセンティブに影響するだろうか．これらに含まれるトレードオフの例をいくつか挙げて説明しなさい．（ヒント：6節「政府の役割と公共部門」）

10　民間企業が直面する制約と公営企業が直面する制約は，どのような点で異なるか．またこれらの違いはインセンティブにどのような影響を及ぼすか．（ヒント：7.2項「予算編成と歳出手続き」）

Q 練習問題

1　大学は学生獲得のために互いに競争をし，学生のほうでも良い大学を探している．大学進学は完全競争市場であるといえるだろうか．ハーバード大学は水平の需要曲線に直面しているだろうか，それとも右下がりの需要曲線に直面しているだろうか．大学進学は完全情報という特徴を持った市場だろうか．大学について学生の持っている情報がいかに不完全であるかについて述べなさい．また入学希望学生について大学の持っている情報がいかに不完全であるかについて述べなさい．（ヒント：2節「不完全競争と市場構造」および3節「不完全情報」）

2　以下のさまざまなケースでは外部性が発生している．それぞれの場合が正の外部性か負の外部性か，または両方とも発生しているかを述べなさい．さらに市場経済では，問題の財がなぜ過剰に生産されたり過少に生産されたりするのかについて，理由を説明しなさい．（ヒント：4節「外部性」）
　(1)　研究開発（R&D）を行っている企業．
　(2)　近所の河川に廃棄物を捨てる企業．
　(3)　大きな公園の真ん中で開催されるコンサート．
　(4)　会議中にタバコを吸う人．

3　ある行動が汚染のような負の外部性をもたらすとき，その行動を完全に禁

止するのは名案だろうか，名案ではないだろうか．その理由とともに答えなさい．(ヒント：4節「外部性」．限界費用と限界便益を考慮しなさい．)

4 ハイウェイは公共財といえるだろうか．追加的にもう1人の人がハイウェイを利用することの限界費用が高くなるのはどのような状況においてか，述べなさい．また社会はこの問題をどのように処理することができるだろうか．(ヒント：5節「公共財」)

5 アメリカの多くのハイウェイではカープール・レーンといわれる相乗りや多人数乗車の自家用車専用のレーンが設けられてきている．一般的には，2人以上乗車している自動車だけがこれらのレーンを利用することができる．運転手1人しか乗っていない自動車がこのレーンを利用して捕まると，重い罰金が課される．しかし，最近(ETCなどの)新技術を用いて，カープール・レーンを利用した1人乗り自動車を識別して記録し，運転手に料金を課すことができるようになった．はたして，1人しか乗っていない自動車に料金を支払ってカープール・レーンを利用することを認めることは，経済効率を高めることになるだろうか．その理由とともに説明しなさい．(ヒント：5節「公共財」)

6 授業ではしばしば課題としてグループ研究が出されるが，その場合同じグループの人はみなその研究に対して同じ成績をもらうことになる．この場合にはフリーライダー問題が生じると考えられるが，それはなぜかを説明しなさい．(ヒント：5節「公共財」)

7 政府が果たす役割には次のものがある．すなわち，①直接の生産者としての役割，②規制を行う者としての役割，③人々に直接支給するかまたは政府内で用いるために，最終財・サービスを購入する者としての役割，④その他の役割，である．以下の各分野において政府が果たす役割を上記から選びなさい．

　(a)　教育
　(b)　郵便
　(c)　住宅
　(d)　航空
　(e)　国防

　　また，上のケースで公共的役割の一部を民間部門で肩代わりする方法は

考えられるだろうか．（ヒント：一つの分野において政府の役割が複数あることがある．6節「政府の役割と公共部門」および7節「政府の失敗」を参考にし，題意にそってまとめなさい．）

8. ある国の税制は，1万ドル以上の所得は20％の税率で課税されるという単純な構造であったとしよう．このとき，所得10万ドル以上の人はすべて，10万ドルを超えた分の所得に対して80％の税率を課すことによって，税構造の累進度を高めるという提案がなされたものとする．この提案について評価しなさい．また高額所得者の予算制約線を描きなさい．この追加的な課税は予算制約にどのような影響を及ぼすだろうか．労働のインセンティブにどう影響するだろうか．この課税によって金持ちからの税収が実際には減少する，ということが起こりうるだろうか．（ヒント：予算制約線については第6章1.1項「余暇と消費の選択」を参照．また本章6.4項「平等と効率のトレードオフ」）

9. 大統領が三つの目標のうち，どれを最重要政策課題におくべきか決めようとしている．公的年金改革 (s)，中所得層の減税 (m)，貧困層へのセーフティ・ネットの維持 (p)，の三つである．大統領は三つの別々の会議で各顧問にこの問題を提示する．大統領にはこの3分野に顧問がおり，各会議で採決すると仮定しよう．政治顧問の会議では $(m)-(s)-(p)$ の順位，経済顧問の会議では $(s)-(p)-(m)$ の順位，医療顧問の会議では $(p)-(m)-(s)$ の順位であったとする．結論はどうなるだろうか．（ヒント：7.4項「集団的意思決定」）

■第2章■不完全市場と公共部門

補論-日本語版

良い租税制度に望まれる五つの特徴

　アメリカ経済の総生産の3分の1は政府が使っている．政府がどのようにしてこの収入を得るかが重要課題になるのも当然である．税金を好む人はいないが，政府が公共財や公共サービスを提供し，また「より公正な」所得分配にするために所得を再分配するべきならば，税金は必要である．誰もが多くの公共サービスと少ない負担を望んでいるように見えるときもあるが，これは，政府が持続的に著しく効率性を向上させた場合にだけ実現可能である．

　税制の設計はつねに論争の的である．たとえば平等と効率のトレードオフのバランスをどう図るかという点に関して意見が著しく異なるのは当然であるが，良い税制に関する五つの原則には広汎な合意が見られる．

　公平性　　多くの人々が思い浮かべる良い税制の第一の基準は公平性である．しかし公平性は必ずしも容易に定義できない．公平性の定義において，経済学では二つの原則に注目する．すなわち，同等の状況または似たような状況にある人は同額かそれに近い額の税金を払うべきだという**水平的平等 horizontal equity** の原則と，裕福な人ほど多くの税金を払うべきだという**垂直的平等 vertical equity** の原則である．

　効率性　　良い税制の第二の基準は効率性である．税制は経済における資源配分の仕方をできるだけ妨げるべきではない．また税制は税収を得る際に伴う納税者の費用を最小にすべきである．非常に高い税は労働意欲や貯蓄意欲を低下させ，それによって経済の効率性を損なう．特定の財を課税対象とする税金，たとえば香水，小型船，航空券への物品税はこれらの財の購入意欲を削ぎ，経済効率を妨げる．

　税制は経済効率を改善するためや，より広い社会目的を推進するため使われることがある．たとえば，公害への課税は環境を改善させる．タバコ税は喫煙を抑え健康を増進する．このような税は，収入を増加させると同時に，全般的な効率性を向上させたり，あるいは社会目的を推進するので，「二重の配当

管理の簡素性　良い税制の第三の基準は管理の簡素さである．徴税や税制の管理は政府にとっても納税者にとっても費用がかかる．内国歳入庁（IRS, 国税庁）の運営費用のほかに，毎年，財・サービスを生産したり余暇時間を楽しむために使えたはずの数十億もの時間が納税書類を書くために費やされている．さらに納税者や内国歳入庁は，納税書類を準備し処理する形式的手続きに関して，税務ソフト，会計士や弁護士に毎年何億ドルも費やしている．最後に，脱税しにくいという意味でも，管理の簡単な税制のほうが望ましい．

柔軟性　良い税制の第四の基準は柔軟性である．経済状況の変化に対応して税率が変化することが望ましい．良い税制は税率変更が比較的容易であるべきである．

透明性　良い税制の第五の基準は透明性である．良い税制とは何に税金が使われているかを誰もが確認できるものでなければならない．透明性の原則は「公正広告」の原則に対比されるものである．納税者は公共サービスの消費者である．納税者は，自分たちが受けているどのサービスにどの税金が使われているかを知らされるべきである．

租税制度について述べたこれらの原則は，政府が行っている他の活動や制度についても同様にあてはまるだろう．

WRAP-UP

税制を評価する基準

1．公平性．
2．効率性．
3．管理の簡素性．
4．柔軟性．
5．透明性．

第2部 完全市場

Chapter 3

第3章 消費の決定

Learning Goals

1. 需要曲線はどのようにして導かれるだろうか．
2. 需要曲線が右下がりなのはなぜだろうか．
3. 需要曲線をシフトさせる要因は何だろうか．
4. 行動経済学とは何だろうか．

今日一日で，いくつの経済的意思決定をあなたは行っただろうか．学校へ行くのに自家用車でなくバスを使っただろうか．朝食に買ったのはマフィンではなくベーグルだっただろうか．朝食は家で食べずにカフェで食べただろうか．あるいは，新しい仕事を探すことを決めた人もいれば，今の仕事の勤務時間を長くすることを決めた人もいるかもしれない．また，新たに学生ローンを申し込んだり，あるいは自動車ローンを銀行に申請した人もいるかもしれない．今年の夏の旅行のための資金を取っておくことを決めた人もいるかもしれないが，その場合，そのお金を銀行に貯金するかあるいは株式市場に投資するかも決めなければならなかっただろう．

以上に挙げた消費支出，労働供給，貯蓄決定および資産選択に関する決定は，すべての人が直面する基本的な経済面での選択を表している．とりわけ本章では，消費に関する意思決定について議論する．消費の意思決定について検討することで，第1章「需要と供給」で導入し，分析に用いた需要曲線をより深く理解できる．われわれはここでは，経済学者が用いる基本的なモデルを通じて消費者が支出の意思決定をどのように行うかに主眼をおいて議論するが，さらにこうした消費支出を理解するうえで，心理学などの分野から影響を受けた新しい見方が，これまでの基本的な経済学の考え方をどのように拡張したかをあわせて検討する．

1 消費選択の基本問題

第1章「需要と供給」では，消費者が行う経済的決定の基本的な枠組みを提示した．消費者はまず機会集合を決め，自らが直面している制約の下で何が可能かを決定する．消費者が購入できるかどうかは，所得に依存して決定されることが多い．さらに利用可能な時間の長さも，消費者の選択を制約する．機会集合が定義されれば，消費者はその中で最も望ましい選択肢を選ぶ．このように，機会集合は意思決定において重要な役割を果たすので，本章では最初に，機会集合がどのように定義されるのかを復習しよう．次いで，所得と価格が変化するときに機会集合がどのように変わるのか，その結果，個人の選択はどのように変化するのかについて考察する．

1.1 予算制約

　ある個人の機会集合は，予算制約によって定義される．もし1週間当たりの税引後の収入が300ドルで，その他の所得を持っていないならば，この300ドルがその個人の予算制約になる．つまり，食料，衣類，家賃，娯楽，旅行などのすべての財への総支出は，1週間当たり300ドルを超過することはできない（個人は，お金を借り入れたり，貯蓄したり，あるいは働く時間を長くしたり短くしたりすることができるが，本章では，議論を簡単にするため，このような可能性はないものとして考える）．

　図3-1 パネルAの直線BCは，個人の予算制約の簡単な例である．この場合には，ある学生，たとえばフランは，買ってみたいと思う商品に支出することができるお金として各学期ごとに合計300ドルを持っている．図3-1では，二つの財，たとえばキャンディー・バーとCDがあると仮定している．ここ

図 3-1 ■ 個人の予算制約

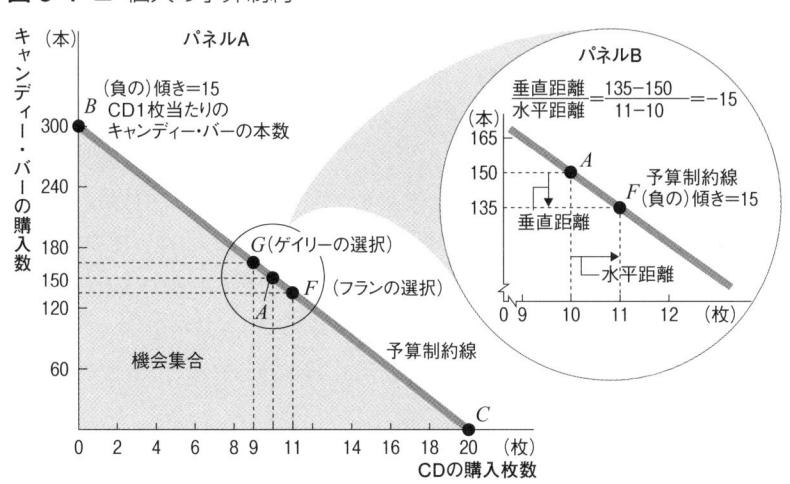

パネルAには，300ドルの所得を持つ個人が購入することのできるCD（1枚当たり15ドル）とキャンディー・バー（1本当たり1ドル）の組合せを示す予算制約が描かれている．フランはゲイリーと比べるとCDの枚数の多いF点を選択している．他方ゲイリーはフランと比べるとキャンディー・バーの本数が多いG点を選択している．パネルBは，CDを10枚から11枚に増やすとき（A点からF点への移動）のトレードオフが，15本のキャンディー・バーになることを示している．

で2財だけを用いて分析するように単純化したのは，これから学ぶ経済分析の重要なポイントに焦点を当てるためである．

ここでキャンディー・バーは1本1ドル，CDは1枚15ドルであるとしよう．フランが自分の所得のすべてをキャンディー・バーに支出するならば，彼女はキャンディー・バーを300本購入することができる（予算制約線上のB点）．逆に，彼女がすべての所得をCDに支出するならば，20枚のCDを購入することができる（予算制約線上のC点）．フランはまた，直線BC上の中間にあるどの選択肢も選ぶことができる．たとえば，（150ドルで）10枚のCDと（150ドルで）150本のキャンディー・バーを買うことができる（A点）し，あるいは（225ドルで）15枚のCDと（75ドルで）75本のキャンディー・バーを買うこともできる．つまり，予算制約線上のCDとキャンディー・バーのすべての組合せが，合計300ドルになるのである．

第1章「需要と供給」で学んだように，予算制約の図には二つの重要な特徴がある．第一に，図3-1パネルAのアミのかかった部分ならばどの点の選択も実行可能だが，直線BC上の点だけが適切な点となる．なぜならば，フランが予算制約線の内側にある組合せを選んだならば，予算のすべてを消費せずにお金を余らせてしまうからである．第二に，予算制約線に沿って見ると，もう1枚のCDを手に入れるために何本かのキャンディー・バーをあきらめなければならないとか，また逆により多くのキャンディー・バーを手に入れるためには何枚かのCDをあきらめなければならないというような，彼女が直面しているトレードオフを理解することができる．たとえば，予算制約線のF点とA点の部分を拡大したパネルBを見てみよう．フランは，A点では10枚のCDを，F点では11枚のCDを持っている．また，A点では150本のキャンディー・バーを，F点では135本のキャンディー・バーを持っている．すなわちフランは，もう1枚多くCDを手に入れるためには，15本のキャンディー・バーをあきらめなければならない．

これがフランの直面するトレードオフであり，このトレードオフは，2財の相対価格によって決定される．ある財の価格がもう一つの財の2倍であるならば，価格の高い財をもう1単位手に入れるためには，価格の低い財を2単位あきらめなければならない．もし，パネルA（あるいはB）のように，ある財の価格がもう一つの財の15倍ならば，価格の高い財をもう1単位手に入れる

ためには，価格の低い財を 15 単位あきらめなければならない．

予算制約線の**傾き slope** は，その直線がどれだけ急であるかを示すとともに，トレードオフがどのようなものであるかを示している．すなわち傾きとは，横軸に沿って右方に 1 単位（CD10 枚から 11 枚へと）動くときの縦軸に沿った変化の大きさであり，垂直距離（対応する縦軸上の変化）を水平距離（横軸上の変化）で割った値である．図 3-1 の予算制約線の傾きは，15 である．[1] 傾きは，与えられた（所与の）価格の下で，ある財をもう 1 単位多くほしいと望むならば，もう一つの財をどれだけ多くあきらめなければならないかを示している．言い換えれば，傾きはトレードオフがどのようなものであるかを示しているのである．

キャンディー・バーに対する CD の相対価格は 15 であることに注意してもらいたい．すなわち，CD 1 枚はキャンディー・バー 1 本の 15 倍の価格を持つのである．これまで予算制約線の傾きが 15 であり，トレードオフすなわちもう 1 枚 CD を手に入れるためにあきらめなければならないキャンディー・バーは 15 本であることを見てきた．相対価格，予算制約線の傾き，およびトレードオフの三つの数字が同じ 15 になることは偶然ではない．

これまで，二つの財（生産物）を例に用いてきたのは，容易に 2 次元グラフで図示することができるからである．しかし，この議論はたとえ財が何種類増えたとしても適用できる．ある所得は，1 種類の財にだけ支出することもできるし，複数の種類の財の組合せに支出することもできる．予算制約は，ある所得（金額）でどれだけの財が買えるかを定義するが，それは各財の価格に依存する．一つの財をどれほどかあきらめることによって，もう一つの財あるいはいくつかの財をより多く購入することができるようになる．

経済学では，横軸に注目している財，たとえば CD の購入枚数をとり，縦軸に「その他のすべての財」をとることもある．このように財の区分を定義すれば，CD に支出されていない残りの金額は，その他のすべての財に支出されていることになる．フランが 300 ドルを持っているとすれば，図 3-2 に示すように，より現実的な彼女の予算制約線を描くことができる．縦軸と予算制約

---

1) ここでは負の傾きは無視している．直線の傾きについてのより詳しい説明は，『スティグリッツ 入門経済学』第 2 章の補論「グラフを読む」を参照してほしい．

■ 第3章 ■ 消費の決定

図 3-2 ■ 一つの財と他のすべての財の間の予算の配分

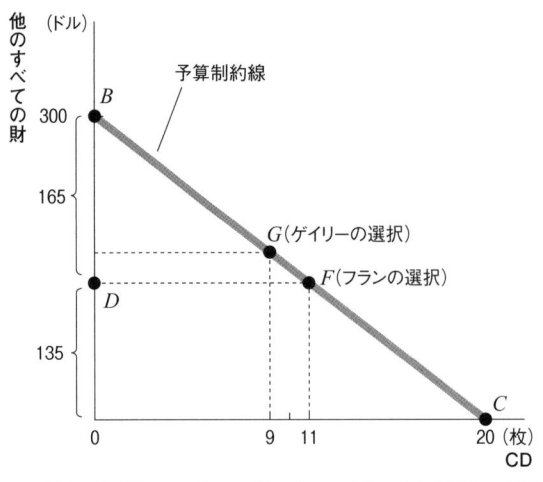

ある特定の財（図ではCD）と「他のすべての財」の間の選択は，予算制約線で示すことができる．縦軸は，購入できるいろいろな財をあたかも一つの財のように示した「他のすべての財」の大きさであり，その価値は貨幣単位（ドル）で測られる．

線が交わる B 点（ここではCDの購入枚数はゼロである）における他のすべての財への支出額は300ドルである．すなわちフランがCDを1枚も買わなければ，彼女はその他のすべての財に300ドルを支出することができる．また予算制約線は，CD20枚の点で横軸と交わる（C点）．もし彼女が所得のすべてをCDに支出し，かつCDが1枚15ドルであるならば，20枚のCDを買うことができる．もしもフランが F 点を選択するならば，165ドルで11枚のCDを買い，その他の財に対して135ドル（＝300ドル－165ドル）を支出することができる．縦軸上の $0D$ の距離はその他のすべての財に支出する金額を示しており，BD の距離はCDに支出する金額を示している．

1.2 予算制約線上の点の選択：個人の選好

消費者行動の分析は，つねに予算制約とそのトレードオフを認識することから始まる．予算制約とそのトレードオフを確定することは，誰が消費者であっても同じである．またどんな消費者も，予算制約線上のどこかを選択する．ただし，実際にどの点を選択するかは，個人の選好に依存している．フランが音

楽を聴くのが好きだとすれば図3-1のF点を選択するだろうし，一方，キャンディー・バーが大好きなゲイリーはG点を選択するだろう．

ほとんどの人々は，1種類の財しか消費しない予算制約線の端点のどちらか一方，すなわち図3-1のB点やC点を選択することはないだろう．この理由は，一つの財を多く持てば持つほど，他の財の魅力が高まるからである．たとえばCDを多く持つほど，もう1枚CDを買い足すよりも，キャンディー・バーのような他の財に魅力を感じるようになるのである．C点に近い場所では，ほとんどの人々は，もう1枚のCDにそれまでのような魅力を感じなくなると仮定しても間違いはないだろう．逆に，B点に近くなるほど，ほとんどの人々はキャンディー・バーは十分持っているので，1枚のCDのほうに魅力を感じるようになるだろう．

個人の選択は，彼女が二つの財をどのように評価するのかにより決まる．第1章「需要と供給」では，人々が決定を行うときは，限界的な費用と限界的な便益に注目すること，すなわち追加的な費用と追加的な便益を比較しながら行動することを強調した．図3-1のような場合には，予算制約線上の各点における選択とは，CDを1枚増やすかキャンディー・バーを15本増やすかという選択である．ゲイリーとフランが同じ予算制約線上の異なった点を選択する理由は，彼らの限界便益（もう1枚CDを買うことが，どれだけより好ましく感じられるか）と限界費用（15本のキャンディー・バーを買うことをあきらめることで，どれだけ損失を感じるか）が，それぞれ異なっているからである．図3-1においてゲイリーがG点を選択するのは，この点で，もう1枚CDを購入することによって得られる限界便益と，そのためにあきらめなければならない15本のキャンディー・バーの限界費用がちょうど等しくなるからである．一方，音楽を聴くことが好きなフランにとっては，ゲイリーと比べてCDのほうがより重要であり，キャンディー・バーはそれほど重要ではない．そこで彼女は，G点に比べてより多くのCDとより少ないキャンディー・バーの購入を選択し，彼女にとってのCD 1枚の限界便益とキャンディー・バー15本の限界費用が等しくなるF点まで，予算制約線に沿って交換を続けるのである．

同様の推論は，図3-2に示された予算制約についても成立する．ここでは，ゲイリーとフランは，CDとで表示された他のすべての財との間で選択をする．

ここで，もう1枚CDを買い足すかどうかを決めるときには，2人はそれぞれ，追加して購入したCDから得られる限界便益と，購入をあきらめなければならない他のすべての財の限界費用とを比較する．CDが1枚15ドルのときには，1枚のCDを購入するということは，15ドル分他の財の購入をあきらめることを意味する．ゲイリーにとって，買い足した1枚のCDから得られる限界便益がその価格である15ドルと等しくなるのは，CDを9枚購入して残りの165ドル（＝300ドル－135ドル）を他のすべての財に支出することができるG点である．一方フランは，CDをより好ましく感じているので，追加して購入する1枚のCDから得られる限界便益は，11枚のCDを購入して残りの135ドル（＝300ドル－165ドル）を他の財に支出するようになるF点で限界費用に等しくなる．このように，価格は限界便益を数量的に測定したものである．

1.3 所得が変化するとき，消費に何が起こるのか

　個人の所得が上昇するときには，消費に向けられる所得も増加する．図3-3は，所得上昇が予算制約に与える影響を示したものである．最初の予算制約線は図3-2と同じだとする．ゲイリーとフランはCDかそれ以外の財を買うのに300ドルを持っている．ここでもし，所得が450ドルに増加すれば，新しい予算制約線は右方へシフトする．このとき，ゲイリーとフランは450ドル全額をCDに使って30枚のCDを購入することもできるし，他のすべての財に450ドルを支出することもできる．CDの価格は変化していないので，新しい予算制約線の傾きは当初の予算制約線と同じである．所得水準の変化はその傾きを変化させずに予算制約線をシフトさせるのである．

　ゲイリーとフランは今度はそれぞれG'点とF'点とを選択する．支出可能額が増加しているので，ゲイリーとフランはCDと他の財を両方ともより多く購入する．これは，所得が増加すれば，人々は多くの財の購入量を少しずつ増加させるという典型的な事例である．ただし，どの財の消費量がどの程度増加するのかは，財ごとに異なるだろう．また，人によって，増加した所得の使い方は違うだろう．

　所得の増加に対してある財の消費がどれだけ変化するのかを測る尺度が，**需要の所得弾力性** income elasticity of demand である（これは，『スティグリ

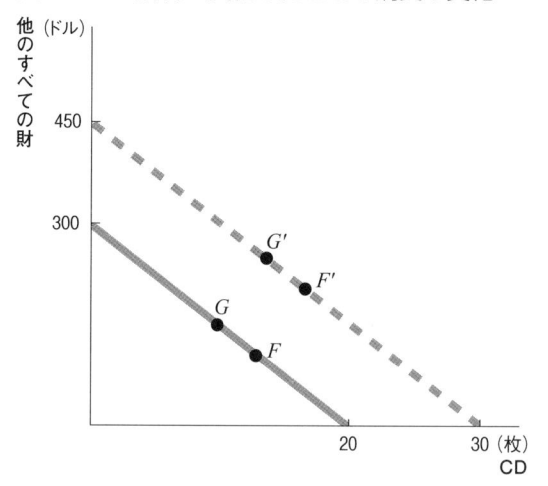

図 3-3 ■ 所得が変化したときの消費の変化

ゲイリーとフランの所得が 300 ドルから 450 ドルに増えたとき，予算制約線は右方にシフトする．CD の価格は 15 ドルのままで変化していないため，新しい予算制約線の傾きは当初の予算制約線と同じである．このとき，ゲイリーとフランはそれぞれ新しい制約線上の G' 点と F' 点を選択する．所得が増加すると，彼らはCD と他の財の両方をより多く購入する．

ッツ 入門経済学』第 4 章「需要・供給分析の応用」および本書第 1 章「需要と供給」で学んだ需要の価格弾力性と対をなす概念である）．

$$\text{需要の所得弾力性} = \frac{\text{需要量の百分比変化率}}{\text{所得の百分比変化率}}$$

需要の所得弾力性は，所得が 1 ％変化したときに需要量が何パーセント変化するのか，で定義される．もし，ある財の需要の所得弾力性が 1 より大きいならば，個人の所得が 1 ％上昇したときには，その財に対する支出額は 1 ％以上増大する．すなわち，その財に対する支出の変化の割合は所得の変化の割合よりも大きい．これに対して，ある財の需要の所得弾力性が 1 より小さいならば，定義から所得が 1 ％上昇しても，その財に対する支出の増加は 1 ％より小さい．すなわち，需要の所得弾力性が 1 より小さい財の場合には，所得の上昇に伴って，その財に消費者が支出する所得の割合は減少する．

　所得が増えれば，人々が購入しようと選択する財の種類も変化する．特に所得が増加する場合には，人々は生存のための必需財以外の財の支出を増やそうとする．たとえば，所得が上昇すれば，増加した所得の一部は，食品など必需

財の質の向上に向かうかもしれないが，それより多くのお金を，映画，高級車，旅行，さらにはその他の奢侈財にも支出するようになる．言い換えれば，必需財需要の所得弾力性は1より小さく，奢侈財需要の所得弾力性は1より大きいのである．

　ある財の消費について，所得が増加したときに減少し，所得が減少したときに増加する場合，こうした財は**下級財（劣等財）**　inferior goods と呼ばれる．これは，所得が増加するにつれて消費が増加する**正常財** normal goods とは対照的である．需要の所得弾力性の定義を用いて言い換えれば，所得弾力性が負の財が下級財であり，正の財が正常財である．たとえば仕事に行くのにバスを利用していたフランの所得が増えれば，彼女は自動車を購入しようとするかもしれない．実際に自動車を購入したら，バスの利用回数（支出）は減るだろう．つまりこの場合には，バスに乗ることは下級財なのである．

　図3-4は，アメリカにおいて所得水準の異なる標準世帯が，彼らの所得をどのように配分しているかを示したものである．図からわかるように，平均的に，アメリカの最も貧しい20％の人々は課税前所得の80％以上を住居費として支出している．他方，最も豊かな20％の人々は，課税前所得の5分の1しか住居費として支出していない．同様に，最も貧しい20％の人々が課税前所得のほぼ38％を食料費として支出しているのに対して，最も豊かな20％の人々は課税前所得の10分の1以下しか食料費として支出していない．最も貧しい20％の人々の食料費と住居費を合計すると，所得の総額を超えてしまうが，これが可能なのは政府補助金があるからである．

　図3-4に示されるような事実は，しばしば現実的にも重要性を持つ．たとえばそれは，ある種類の税が異なる集団にどのような影響を及ぼすのかを判断するうえで有効である．食料を購入する人は誰でも，食料への課税によって負担を負わされるが，図に示されるように，貧しい人々が所得のより多くの割合を食料に支出しているならば，彼らは不つりあいなほど大きな割合の税を負担していることになる．

1. 消費選択の基本問題

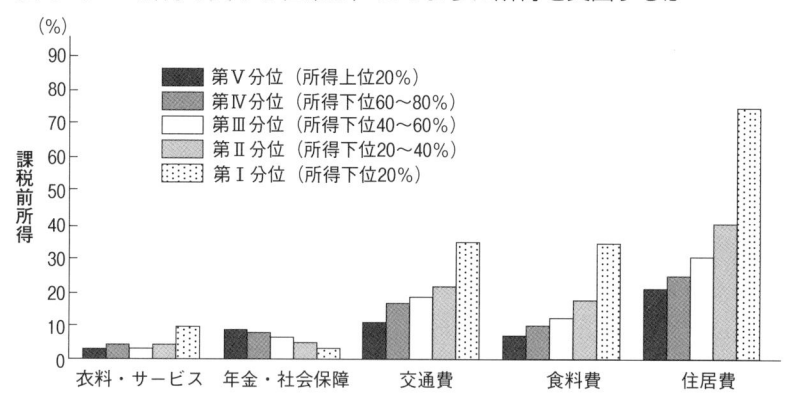

図3-4 ■ 所得の異なる世帯は、どのように所得を支出するか

(出所) U.S. Department of Labor, Bureau of Labor Statistics, *Consumer Expenditure Survey*, 2002.

貧困層は、富裕層と比べて食料や住居のような基本的必需財に支出する割合が高い。

WRAP-UP

需要の所得弾力性

1. ある財に対する需要の所得弾力性は、所得が1％増えたときに消費量が何パーセント増えるかを示している。
2. 需要の所得弾力性が1よりも大きい場合、所得の1％の増加によって、支出は1％以上増加する。
3. 需要の所得弾力性が1よりも小さい場合、所得の1％の増加による支出の増分は1％よりも少ない。
4. 正常財とは、需要の所得弾力性が正の財である。
5. 下級財とは、需要の所得弾力性が負の財である。

CASE IN POINT
BTU税（エネルギー税）の運命

　予算制約線上のどこを選択するかは消費者によって異なる．その中には，フランがゲイリーよりも音楽が好きといった，たんに嗜好の違いにすぎないものもある一方で，消費者の選択が異なる理由として，生活環境が異なるなどのもっともな理由がある場合もある．冬，寒いニューイングランド地方に住んでいるエレノアの場合，暖かいフロリダに住むジムよりもアパートの暖房費用に多く支出するだろう．モンタナ州に住んでいるエイミーの場合，最寄りの町まで200マイルも離れているので，ニューヨークに住んでいて地下鉄でオフィスまで通うトムに比べてガソリン代など車のための費用が多く必要となる．

　こうした人々の消費行動の違いを生む系統だった要因を理解することで，さまざまな財に課税するという政府の税制改革に対して地域によって明らかに異なる反応が見られることが理解できるようになる．その典型的な例が，1993年にクリントン政権が膨大な財政赤字の削減を公約として出発したときに起こった．政府内外の多くの政策アナリストが，エネルギー税の導入が望ましいと考えていた．アメリカでは，たいていのエネルギー費用が，他の先進国に比べて割安であった．エネルギー価格が安いため，アメリカ人は大量のエネルギーを使い，結果として都市の混雑や大気汚染，温室効果ガスの排出等の問題を深刻化させていた．エネルギーへの課税は，エネルギーを節約するインセンティブを人々に与えることから，環境にやさしい形で政府の収入増を実現できるのである．

　そこでクリントン政権は，イギリス熱量単位（British Thermal Unit）の意味で，代表的な熱量単位の一つであるBTUにちなんだBTU税と呼ばれるエネルギー税を提案した．政策の意図は，使用されたエネルギーを基準に課税を行うことで，すべてのエネルギーを同じように扱うというものだった．この課税案は，エネルギーを多く使う消費者から即座に反発を受けた．アメリカ北東部の住民は，1年の大半の期間で家屋の暖房が必要なため，このような税制は不公平だと主張した．

またエネルギーの大量消費者であるアルミニウム産業も，他のエネルギー集約型の産業とともに，この税制に強く反発した．

政策立案者がこれを政治的に受け入れられやすい——すなわちこの税制の議会通過の可能性を高める——ものにしようと，ガソリンへの単純エネルギー税へと縮小した結果，提案は，ガソリン税を14.1セントから20.6セントまで増加させるものへと変化した．今度は，1日の平均的な自動車走行距離が他の地域よりも長いアメリカ西部の住民が反対の準備を始めた．そこで，さらに提案するガソリン税の水準を引き下げることで，政治的決着が図られた．結局，議会を通過し，大統領が署名した税制案は，ガソリンへの課税をたった4.3セント引き上げるだけであり，増税前に比べて政府の税収を年間でほんの50億ドルしか引き上げることができなかったのである．

Internet Connection
われわれは何を消費しているのか

アメリカ労働統計局（Bureau of Labor Statistics）は定期的に家計の消費動向調査を実施している．この消費支出調査は，http://www.bls.gov/cex/ で入手することができる．(*)Consumer Expenditure Shares Tables へとリンクをたどっていけば，2010年の平均家計支出が4万8109ドルだったこと，そのうちの7.5%は家庭の食費に，5.2%は外食に，34.4%は住居費に，1.0%は公共交通機関への交通費に支出されたことがわかる．典型的なアメリカ家庭と比べて，あなたの支出傾向はどうだろうか．

（*）日本については，総務省「家計調査」http://www.stat.go.jp/data/kakei/index.htm で入手可能．

2 需要曲線の詳しい考察

　第1章「需要と供給」では，価格が上昇するときには，財の需要量は通常は減少するという，需要曲線の基本的な性質を学んだ．ここでは，需要関数がなぜそのような性質を持つのか，より詳しく検討しよう．これを検討することは，価格変化に対して，ある財は他の財よりもなぜより敏感に反応するのか，すなわち，なぜ，ある財の需要の価格弾力性は他の財よりも大きいのかを理解するのに役立つからである．

　図3-2に描かれた，フランがCDを買う場合の例を再び用いることにしよう．CDの価格が15ドルから20ドルに上昇すると，フランは新しい予算制約線に直面することになる．もし彼女がCDをまったく買わないならば，彼女が他のすべての財に支出することのできる額が300ドルであることに変わりはない．しかし，もし彼女が300ドルのすべてをCDに支出することを決めたならば，彼女は20枚ではなく15枚しかCDを購入することができなくなる．したがって，図3-5で示されるように，フランの当初の予算制約線が実線だとすると，破線が彼女の新しい予算制約線となる．

　CDの価格上昇は，一つの重要かつ明白な効果を持っている．フランは，もはや価格上昇前と同じ量のCDと他のすべての財を買いつづけることはできない．価格上昇前には，フランは11枚のCDを買っていた．もし彼女がCDの価格上昇後も同じ枚数のCDを購入するならば，彼女は価格上昇前に比べて55ドルも多くCDに支出しなければならず，他のすべての財への支出は55ドル少なくしなければならない．彼女がどのような決定を行うとしても，彼女の状態は価格上昇前よりも悪くなってしまう．この状態はあたかも，支出できる所得が減ったのと同じである．支出できる所得が減少すれば，フランは，CDを含めてそれぞれの財への支出を削減するだろう．価格上昇に対するこのような反応は，**所得効果** income effect と呼ばれる．価格上昇後にも11枚のCDを買うのに必要な金額，つまり（300ドルの所得の18％にあたる）55ドルだけ所得が増加するならば，この価格上昇による効果のうちの所得効果は相殺されることになる．[2] CD需要の所得弾力性がおよそ1であると仮定すると，

図3-5 ■ 価格上昇の効果

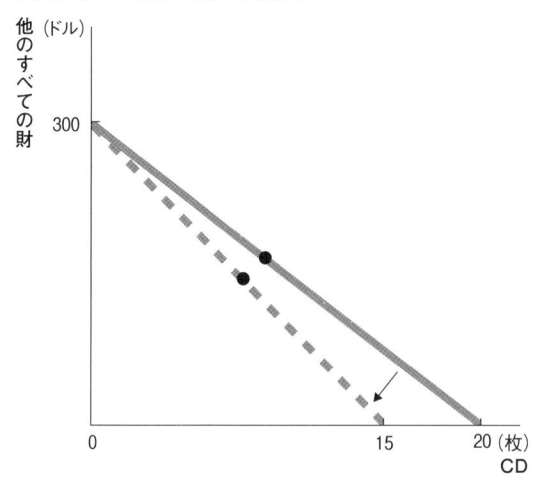

CDの価格上昇は図に見られるように予算制約線を内側に回転させる．このときフランは，何らかの財の消費を削減しなければならない．図上の二つの黒い点は，フランがCDの消費とその他の財の消費を両方とも削減することを示している．

所得が18％削減されるならば，フランはCDの需要量を18％だけ減少させる．つまり，CD購入を約2枚分減らす．CDに対する需要減のうち，このように需要量が11枚から9枚へと2枚分減少する部分が，所得効果である．

　所得効果の大きさは二つの要因に依存している．第一に，個人にとってその財がどれだけ重要なのか，すなわちその財に対する支出額が所得額に占める割合がどれだけ大きいか，ということである．第二は，その財の需要の所得弾力性がどれだけ大きいかということである．多くの場合，個人がある特定の財に支出する額が所得額全体に占める割合は小さいため，所得効果も相対的に小さなものになる．しかし，たとえば住宅のように平均的に個人所得の4分の1から3分の1を支出するような財の場合には，価格の上昇がもたらす所得効果は非常に大きなものになる．

---

2) 実際は，55ドルは少し多すぎるかもしれない．確かに，増えた55ドルでフランは以前とまったく同じだけの財を購入することもできるが，このあとすぐに説明するように，彼女が所得の再配分を選択する場合には，55ドルの所得の増加によって経済厚生は以前より増加する．

例を，フランがCDを買う場合に戻そう．価格が上がれば上がるほど，価格が上昇した財を1単位あきらめることによって得られる他の財の量は増加する．すなわち，CDを1枚あきらめることによって，より多くのキャンディー・バーや映画のチケットやDVDやセーターを手に入れることができる．このときCDの相対価格，言い換えるならばCDと他の財とのトレードオフ関係が変化するのである．価格が上がると，フランはより高価になったCDの代わりに，CDより安価な他の財で代替するようになる．このような効果を**代替効果** substitution effect と呼ぶことは自然であろう．代替効果の大きさは，フランがどれだけ容易に他の財で代替することができるかに依存している．たとえば，フランがオンラインの音楽サービスに入っており，自分のMP3プレーヤーに音楽がダウンロードできるとする．この場合，CDの価格が上がる一方でオンラインでの音楽購入価格が変わらないならば，代替効果は大きなものになるだろう．彼女は購入するCDを2枚に減らすかもしれない．しかし，もしフランがMP3プレーヤーを持っていなくて，彼女の娯楽が音楽を聴くことだけであり，しかもラジオ放送による音楽番組がいずれも彼女の好みではなかったならば，代替効果は小さいだろう．そのとき彼女は，購入するCDの枚数を8枚に減らすだけかもしれない．

2.1 需要曲線の導出

ここまで学んできたことに基づけば，需要曲線の導き方とその形状について理解することができる．すなわち，それぞれの価格水準に関して予算制約線を描き，その予算制約線上で選択される点を見つけ出せばよいのである．図3-6のパネルAには，異なる3通りのCD価格に対する予算制約線が描かれている．CD価格が10ドルなら，フランは15枚のCDを購入し，それはF_d点で示される．CD価格が15ドルなら，予算制約線が回転し，フランは11枚のCDを購入する（F点）．CD価格が30ドルなら，フランは6枚しかCDを購入しない（F_i点）．CDの価格上昇に伴って，フランは予算制約線上でだんだん少ない枚数のCDしか購入できなくなるだろう．価格が上昇するということは彼女の豊かさが失われていくことを意味しているので，価格上昇は，CDを含むすべての財の需要量を減少させる．これが所得効果である．加えて，CDの価格が他の財と比べて相対的に上昇したので，フランは，CDの代わり

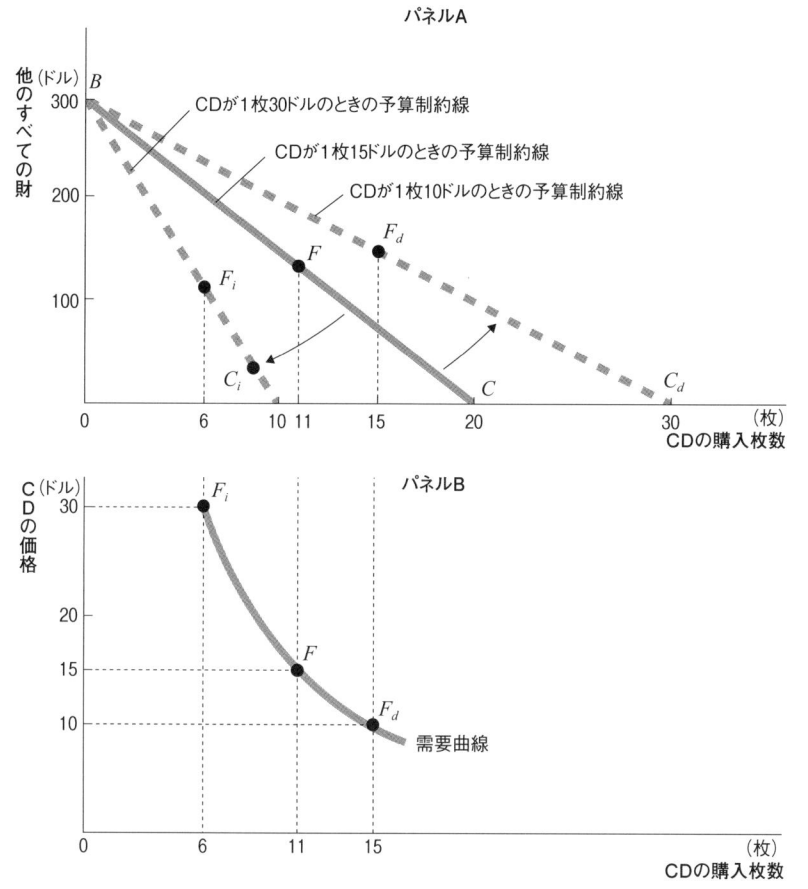

図 3-6 ■ 予算制約線のシフトを利用した需要曲線の導き方

パネルA

（縦軸：他のすべての財（ドル），横軸：CDの購入枚数（枚））

- CDが1枚30ドルのときの予算制約線
- CDが1枚15ドルのときの予算制約線
- CDが1枚10ドルのときの予算制約線

点：B(0,300), F_i, F, F_d, C_i, C(20), C_d(30)

パネルB

（縦軸：CDの価格（ドル），横軸：CDの購入枚数（枚））

点：F_i(6, 30), F(11, 15), F_d(15, 10) ― 需要曲線

パネルAでは，CDの価格が上昇すると，予算制約線は内側に回転して，フランの消費が F 点から F_i 点に変化することが示されている．同時に，このパネルAでは，CDの価格が低下すると，予算制約線は外側に回転して，フランの消費が F 点から F_d 点に変化することも示されている．パネルBは，CDの需要曲線を描いたものである．需要曲線は，価格上昇がどのように財の需要量を減少させるかを示している．

に他の財で代替しようとするだろう．これが代替効果である．

パネルBには，それぞれの価格において購入可能なCDの枚数が示されている．これは，フランのCDに対する需要曲線であり，パネルAの情報から直接導かれたものである．フランは，価格が安くなるほどCDを多く買うので，

需要曲線は右下がりとなる．パネルBで示されているケースは，価格が低下すると所得効果と代替効果の両方を通じて需要量が増加するという正常財の場合である．他方，値段の安い牛肉やバス旅行などの下級財の場合には，所得効果は代替効果とは逆の方向に働く．価格が低下すると，代替効果によって消費量が増加するが，所得効果によって消費量が減少する．そして，両方の効果を合計すると，その効果はプラスにもマイナスにもなりうるのである．しかし，一般的には，豊かになるほど下級財の消費量は減少することが多いと考えられる．

2.2 所得効果と代替効果を区別することの重要性

　価格変化における所得効果と代替効果を区別することは重要である．その理由は次の二つである．

　価格変化に対する反応を理解するため　　所得効果と代替効果を区別することは，第一に，価格変化に対する消費の反応をより深く理解するうえで役立つ．代替効果について考察してみれば，なぜある需要曲線の価格弾力性が低く，別の需要曲線の価格弾力性が高いのか，を理解することができるようになる．また，需要曲線上の各点で，なぜ価格弾力性が異なるのかを理解することもできる．第1章「需要と供給」を思い出してもらえればわかるように，個人がある財を多量に消費しているときには，その財の代替財を見つけ出すことは容易であり，ほんの少しの価格上昇でもその財の需要量を大きく減少させる．しかし，消費水準が低くなればなるほど，よりよい代替財は見つかりにくくなるだろう．

　また，ある財の価格上昇が他の財の需要に及ぼす効果についても考える必要がある．価格が変化するときにはつねに所得効果が生じる．ある財の価格上昇で所得効果が起これば，それによって他のすべての財の消費量が減少する．しかし代替効果は，代替財の消費量を増加させることになる．たとえばコカ・コーラの価格が上昇すれば，どのような価格水準であってもペプシ・コーラの需要量は増加するだろう．すなわちペプシ・コーラの需要曲線は右方にシフトする．なぜなら，ごく小さな所得効果を代替効果が上回るからである．

　課税に伴う非効率性を理解するため　　所得効果と代替効果を区別して分析

する第二の理由は，課税に伴う非効率性を識別するためである．課税の目的は，政府が財を購入できるように政府に歳入をもたらすことである．これは，購買力を家計から政府に移転することを意味する．もし政府がより多くの資源を手に入れたならば，個人はその分だけ少ない量の消費しかできなくなる．このように，いかなる課税も所得効果を持っている．

しかし，こうした効果に加えて，課税は経済活動を歪める効果も持っている．課税に伴う経済活動の歪みは代替効果によって生じる．窓税を例（『スティグリッツ 入門経済学』第4章，136ページ）に考えてみよう．それは政府歳入を増大させることを目的として導入されたが，結果的に人々が窓をふさいでしまうということになった——これは大きな資源配分上の歪みである．現代の税制に伴う歪みの多くは，上の例よりもう少し微妙なものである．航空券に対する税金や電話使用に対する税金について考えてみよう．社会の利益に反する財の消費を削減することは，租税の正当な目的になりうるだろう．しかし，飛行機に乗ることや電話をかけることは悪いことだ，と政府が考えているわけではない．いずれの租税もたんに政府歳入を増大させるために課されている．しかし，意図せざる結果ではあるが，こうした租税は，人々が飛行機に乗る回数を減らしたり電話の通話回数を減らしたりするという結果をもたらしてしまう．

Thinking Like an Economist
インセンティブ，所得効果，代替効果

経済学でインセンティブに注目するのは，選択行動がどのように行われるかを理解するためである．経済学では所得効果と代替効果の概念を用いて，価格がどのようにインセンティブに影響を及ぼし，選択行動に影響を及ぼすのかを分析できる．所得効果と代替効果を理解し，経済学的な考え方をするには，こうした概念を実際に使ってみるとよい．そこで，以下の例を考えてみよう．

2001年の冬，カリフォルニア州はエネルギー不足に見舞われた．その原因は，悪天候に加えてエンロンなどエネルギー取引を行っているトレーダーが市場を操作したためである．電力市場の部分的な規制緩和の結果，電力会社は完全自由化された市場で電力を購入し

なければならなくなる一方，消費者への販売価格には上限が設定された．ところが，電力の卸売価格が2001年に急激に上昇したために，電力会社の電力購入価格が，消費者に要求する価格を上回ってしまったのである．つまり，需要が供給を上回ったのである．

　需要が供給を上回る場合，二つの可能な解決方法がある．それは供給を増やすか需要を減らすかである．規制緩和された市場制度の下で需要が供給を上回れば，電力価格が上昇し，結果的に消費者に対して電力を節約するインセンティブを与えるはずである．電力価格の上昇は二つの経路を通じて，電力需要を減少させる．家計が購入する他の財に対して電力の相対価格が上昇すると，家計は電力を節約するインセンティブを持つ．これが代替効果である．しかし，所得効果も同様に働く．電力がより高価になると，家計の実質所得は減少する．つまり，同じだけの消費財（電力も含む）を手に入れるために，より多くの支出が必要となる．実質所得が減少することで，家計は電力を含むすべての財の支出を削減する．これが所得効果である．

　光熱費の上昇はとりわけ低所得層へより大きな影響を与えるために，政治家はエネルギー価格の上昇を望まない場合がある．しかし，その問題に対する解決手段は，価格に上限を設けることではない．価格を低く抑えることは，たんに家計に希少な資源を節約するインセンティブを失わせるだけである．今，各家計が光熱費の上昇によって平均200ドルの光熱費を追加的に支払わなければならないとしよう．このとき，各家計に200ドルを払い戻すことで，所得効果を取り除きながら代替効果によって需要が減少する効果はそのまま維持できるのである．平均すれば，家計の実質所得は減少していない．つまり，電力価格の上昇に伴う影響は，200ドルの払い戻しによって相殺されるのである．しかし，代替効果は依然として機能する．所得を支出する際には，家計は電力の相対価格が上昇しているために，電力を節約するインセンティブを持つのである．

どのような税も，所得効果を通じてある程度は消費を減少させる．加えてどのような税も，課税された財の相対価格を変化させてしまう結果，代替効果を生じさせる．資源配分上の歪みを引き起こすのは代替効果である．もし代替効果が小さいならば，経済活動の歪みも小さなものにとどまる．もし代替効果が大きければ，歪みも大きなものとなる．

WRAP-UP

所得効果と代替効果，および需要曲線の形状

1. 所得効果とは，消費者の実質所得の変化に伴う消費の変化のことである．財価格が上昇すると，もはや同じ水準の消費はできなくなり，これは実質所得が減少することを意味する．同様の理由から，財の価格が下落する場合には，実質所得は増加する．

2. 代替効果とは，財の相対価格の変化に伴う消費の変化のことである．ある財の価格が上昇すると，その財は他の財に比較して相対的に高価になるため，その財の消費量を減らして，他の財を消費しようとするインセンティブを与える．

3. 通常は，需要曲線は右下がりとなるが，その理由は以下の二つである．まず，価格が低下することで消費者が豊かになり，結果としてより多くの財を消費する（所得効果）．また，相対価格が下落すると，消費量が増加する（代替効果）．

---

3 効用と選好の表し方

ここまで，人々はある財をより多く購入することによって得られる便益と他財の購入をあきらめる費用とを比較することによって，予算制約線上の一つの点を選択する，ということについて学んできた．経済学では，こうした消費による便益を，消費する財の組合せから個人が受け取る**効用 utility** と呼ぶ．さまざまな財を組み合わせるときには，どんな人でも，ある組合せのほうが別の

組合せよりも好ましい（選好する），ということを自ら示すことができる．このことを経済学では，選好された財の集合は，選好されていない財の集合より効用が高い，という．さらに個人は予算制約の範囲内で自らの効用を最大化する財の集合を選好する，という．

　19世紀には，イギリスの哲学者ジェレミー・ベンサム（Jeremy Bentham）をはじめとする社会科学者たちは，科学の進歩によっていつの日にか，個々人の頭にそれを付けさえすれば，どれだけその人が「幸福」であるかを簡単に読み取ることができる，つまり実際に効用を計測できる機械が開発されることを夢みていた．現代の経済学者は，人々の幸福度がどれほど変化したかを計測する有効な方法はいくつかある，と考えている．

　経済学を学ぶという目的に限定するかぎり，効用を測定するには簡単な方法で十分である．すなわち，個人がある状況にいるときと，別の状況にいるときとを比較して，どちらにより多く支払ってもよいと考えているかを見ればよいのである．たとえばジョーが，バニラ・アイスクリームよりもチョコレート・アイスクリームが好きならば，彼は，バニラ・アイスクリーム1個よりもチョコレート・アイスクリーム1個の価格のほうが高くてもかまわないと思っている，と考えてよいだろう．あるいは，ダイアナがニュージャージー州よりもカリフォルニア州に住みたいと思っているならば，彼女はアメリカ西海岸に住むことにより大きな価値を認めていると推測してもかまわないだろう．

　ある人が支払ってもよいと思っている金額と，実際に支払う金額は別物であることに注意してほしい．ジョーがチョコレート・アイスクリームに支払わなければならない金額は市場価格に依存しているのに対して，彼が支払ってもよいと思っている金額は彼の選好を反映しているのである．この支払い意欲という尺度は，個人が，自らの予算制約線上で自らの所得をどのように配分するのかを決める際に用いられる効用を測るうえで，有効な尺度である．かつて19世紀の経済学者たちは，効用を比較する方法，すなわちフランがある財の組合せから得る効用と同じ組合せからゲイリーが得る効用を簡単に比較する方法がいつの日にか発明されるであろうと夢に描いていた．しかし現代では，経済学者たちは，そうした夢は，結局は白日夢に終わるだろうと考えている．

　効用の尺度として支払い意欲という基準を用いると，図3-7のパネルAのような図を描くことができる．図は，メアリーが購入するトレーナーの枚数を

3．効用と選好の表し方

図 3-7 ■ 効用と限界効用

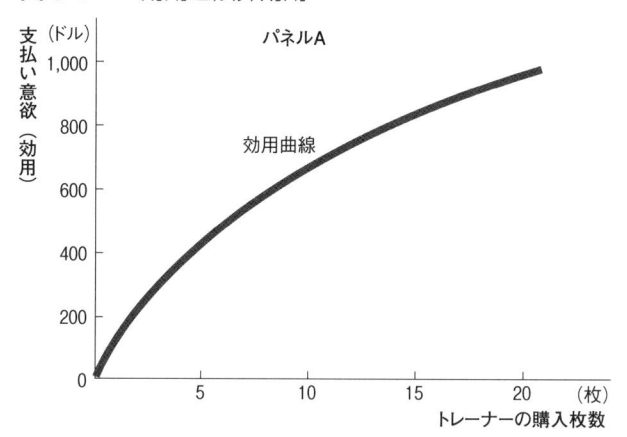

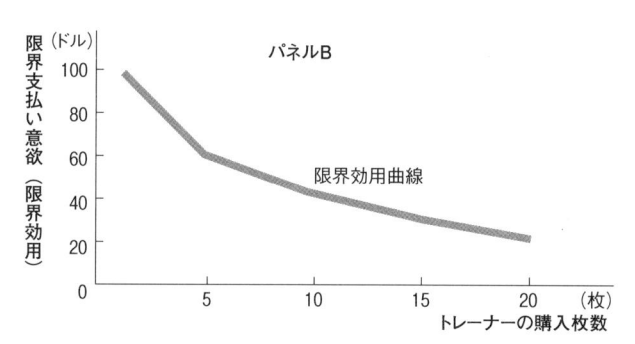

パネルA（縦軸：支払い意欲（効用）（ドル）、横軸：トレーナーの購入枚数（枚））：効用曲線

パネルB（縦軸：限界支払い意欲（限界効用）（ドル）、横軸：トレーナーの購入枚数（枚））：限界効用曲線

パネルAは，消費が増えるのに伴って効用は連続的に増加するが，その増加する割合は低下することを示している．パネルBは，限界効用をグラフによって示したものである．限界効用は消費が増えるのに伴って低下することに注意してほしい．

増加させていったときに，それから得られる効用の水準を示したものである．同じものが表3-1にも示されている．ここでは，メアリーがトレーナー5枚に対しては400ドル，6枚には456ドル，7枚には508ドルを支払ってもよいと考えていると仮定しよう．[3] すなわち，5枚のトレーナーはメアリーに400

---

[3] もし，この価格が典型的な市場価格と比較して高すぎるように思うなら，こうした価格はメアリーがトレーナーに支払ってもよいと考えている額を反映しており，メアリーがトレーナーから得られる効用を測るものであることを思い出してほしい．実際に市場価格はもっと低いだろう．

表 3-1 ■ 効用と限界効用

トレーナーの枚数	メアリーの支払い意欲（効用）		限界効用	ピザの枚数	メアリーの支払い意欲（効用）		限界効用
0	0			0	0		
		>	100			>	36
1	100			1	36		
		>	90			>	32
2	190			2	68		
		>	80			>	30
3	270			3	98		
		>	70			>	28
4	340			4	126		
		>	60			>	26
5	400			5	152		
		>	56			>	24
6	456			6	176		
		>	52			>	22
7	508			7	198		
		>	48			>	20
8	556			8	218		
		>	46			>	18
9	602			9	236		
		>	44			>	16
10	646			10	252		
		>	42			>	14
11	688			11	266		
		>	40			>	12
12	728			12	278		
		>	38			>	10
13	766			13	288		
		>	36			>	8
14	802			14	296		
		>	34				
15	836						
		>	32				
16	868						
		>	30				
17	898						
		>	28				
18	926						
		>	26				
19	952						
		>	24				
20	976						

の効用，6枚の場合には456の効用，7枚の場合には508の効用をもたらす．メアリーの支払い意欲は，トレーナーを買い足せばその分だけ効用が増大することを反映して，購入枚数の増加に伴い増加する．ここで，トレーナーが1枚買い足されることによって生じる効用の増加分，すなわちメアリーの支払い意欲の増加分として示されるのが**限界効用 marginal utility** である．表3-1の第3列の数字は，彼女が買い足したトレーナー1枚から受け取る限界効用（追加的な効用）を示している．メアリーがすでにトレーナーを5枚所有しているときには，6枚目のトレーナーは56（＝456－400）の追加的な効用，すなわち限界効用をもたらす．また彼女がすでに6枚のトレーナーを所有しているときには，7枚目のトレーナーは52（＝508－456）の限界効用しか彼女にもたらさない．図3-7のパネルBは，トレーナーを1枚ずつ買い足していくときの限界

効用を示したものである。[4]

　個人がある財をたくさん持っている場合には，財を1単位ずつ増やしていくと，その追加購入による効用の増加分はどんどん少なくなっていく．このことを，経済学では**限界効用逓減** diminishing marginal utility という．1枚目のトレーナーは彼女にとって非常に好ましく思われるだろうし（効用が高い），追加購入した何枚かのトレーナーも魅力があるだろう．しかし，追加されたトレーナーは，追加される前の1枚ほどには効用を増加させない．そしてある枚数を超えると，メアリーはトレーナーの所有量をさらに増やしたとしても，ほとんど何の喜びも得られなくなってしまうだろう．

　メアリーが所与の予算を持ち，同じ価格の二つの財，たとえばそれぞれ1枚当たり15ドルのトレーナーとピザとの間で選択をする場合には，彼女はそれぞれの財の限界効用が同一になるように選択を行うだろう．表3-1は，トレーナーとピザに関するメアリーの支払い意欲（効用）を示している．メアリーが，300ドルの予算を持っていて，20枚のトレーナーを買うがピザを買わない場合を考えてみよう．最後に買い足した20枚目のトレーナーの限界効用が24であるのに対して，最初に買う1枚目のピザの限界効用は36である．もし彼女が300ドルの予算のうちの15ドルをトレーナーからピザに振り向けるならば，トレーナーを買うのをやめたために24の効用を失うが，1枚目のピザからは36の効用を得られる．明らかに，この振り替えは彼女にとって有益である．

　今，彼女がトレーナーの購入を17枚に減少させ，ピザの購入を3枚に増加させた場合を見てみよう．17枚目のトレーナーの限界効用は30であり，3枚目のピザの限界効用もまた30である．この点で，彼女はそれ以上トレーナーからピザへの消費の振り替えをしようとは望まなくなるだろう．もし彼女がもう1枚トレーナーを買い足すならば，彼女は28の限界効用を得る代わりに，最後に買っていた3枚目のピザによって得られていた30の限界効用を失うことになるからである．つまり彼女にとっては，失う限界効用のほうが大きいのである．逆に，もし彼女がもう1枚の（4枚目にあたる）ピザを買うならば，

---

4) 限界効用は追加的な1単位の消費から得られる追加的な効用なので，その大きさはパネルAの効用曲線の傾きによって測られる．

28 の限界効用を得られる代わりに、最後の（17 枚目にあたる）トレーナーが彼女にもたらしていた 30 の限界効用を失ってしまう。この場合にも、限界効用はマイナスとなってしまう。したがって、メアリーが購入した二つの財の限界効用が同一となるとき、彼女は予算を最も上手に使ったことになるのである。

　この考え方は一般的な原則として、二つの財の価格が異なるときにもあてはまる。トレーナー 1 枚当たりの価格がピザ 1 枚当たりの価格の 2 倍であるとしよう。この場合には、トレーナーの限界効用がピザの限界効用の 2 倍を上回っているかぎり、メアリーはピザからトレーナーへと支出の振り替えをつづけるのである。このとき、彼女はもう 1 枚トレーナーを得るためには、2 枚のピザの購入をあきらめなければならず、二つの財が同一価格であったときと同様に、二つの財に支出される 1 ドル当たりの限界効用が等しくなる点まで、彼女は消費を調整しつづける。これを一般的な法則で表すと、2 財間の選択の場合、消費者は、その財の価格に限界効用が比例するようになる点を選択する、といえるだろう。すなわち、価格が他財の 2 倍である財の最後に入手した 1 個は、他財の最後に入手した 1 個の 2 倍の限界効用を生み出さなければならない。また、価格が他財の 3 倍である財の最後の 1 個は、他財の最後に入手した 1 個の 3 倍の限界効用を生み出さなければならない、……、といった具合に続くのである。

　この規則を式で表せば、

$$\frac{MU_x}{P_x} = \frac{MU_y}{P_y}$$

となる。ここで、MU_x と MU_y はそれぞれ x 財と y 財の限界効用であり、P_x と P_y はそれぞれ x 財と y 財の価格である。上式が表すように、価格に対する限界効用の比率は、すべての財の間で等しくなっていなければならない。この条件が満たされれば、メアリーの消費問題は解決される。つまり、彼女は最も満足度を高めることができる 2 財の組合せを見つけたことになる。

　トレーナーとピザの価格が同じであれば、メアリーは 17 枚のトレーナーと 3 枚のピザを買った場合が最も満足度が高いことを確認した。このとき、17 枚目のトレーナーから得られる限界効用が、3 枚目のピザから得られる限界効用と等しくなる。ここで、二つの財の価格が、ピザが 7.5 ドル、トレーナーが 15 ドルだとしよう。表 3-1 を用いると、17 枚のトレーナーと 3 枚のピザという組合せは、二つの価格が同じでない場合は、メアリーにとって最善のもの

3．効用と選好の表し方

ではないことがわかる．メアリーはトレーナーを1枚あきらめて，30の効用を失うが，それで節約した15ドルを使えばピザを2枚追加的に購入できるので，54（＝28＋26）の効用が得られる．結果的に効用は24増加する（＝54－30）ので，トレーナーを1枚あきらめてピザを購入することで，メアリーは得をする．では，もう1枚トレーナーをあきらめた場合はどうだろうか．この場合，メアリーの効用は32だけ減少することになるが，ピザをさらに2枚購入すれば46（＝24＋22）の効用が得られる．では，メアリーが14枚のトレーナーと9枚のピザを購入した場合を考えてみよう．さらにトレーナーをあきらめたことでメアリーの効用は34だけ低下するが，ピザを7枚から9枚へと，あと2枚追加できるので，38（＝20＋18）の効用を得る．つまり，この場合もメアリーは効用が増加する．ここからさらにトレーナーを減らすとどうなるだろうか．あと1枚トレーナーを減らすことで失う効用は36であり，その代わりに2枚ピザを購入して得られる効用は30（＝16＋14）にすぎない．つまり，14枚のトレーナーと9枚のピザという組合せが，メアリーにとって最も望ましいのである．14枚目のトレーナーから得られる限界効用は36であり，9枚目のピザから得る限界効用は18である．トレーナーの値段はピザの2倍なので，先の公式の通り，価格に対する限界効用の比率は等しくなる．

　今まで分析してきた例では，効用の尺度であるトレーナーに対するメアリーの支払い意欲は，彼女がどれだけ多くのピザや他の財を持っているかということには依存しないと仮定してきたが，これはむしろ，きわめてまれなケースである．実際には，トレーナーの効用（ここではトレーナーの限界効用になる）は，彼女が持っているすべての他の財の量に影響を受けるだろう．かくして，トレーナーの価格が同一であったとしても，他財の価格が変化するならば，他の財の消費量が変化するだけでなく，トレーナーの消費量も変化するだろう．同様のことは，所得が変化した場合にも起こる．

WRAP-UP

限界効用と消費者の選択

消費者は，追加的に購入した財から得る1ドル当たりの限界効用がすべて等しくなるように，所得をさまざまな財に配分する．

3.1 消費者余剰

『スティグリッツ 入門経済学』第1章「現代の経済学」では，経済学の基本的な原理として，自発的な取引により人々の満足度は高まることを学んだ．ここまで消費者選択に関する基本的な考え方を展開してきたので，需要曲線を使って経済取引から生じる利益をどう測定するかについて考察する．

あなたが缶入りソーダを買うためにお店に行く場合を考えてみよう．そのお店では，缶入りソーダを1缶当たり75セントで売っていたとしよう．もしあなたが非常にのどが渇いているなら，1.25ドルまでそのソーダに支払ってもよいと考えるかもしれない．こうした支払ってもよいと思う金額（支払い意欲）と実際に支払った金額との差額を**消費者余剰** consumer surplus という．消費者余剰を用いると，取引からどれだけの利益が得られるかを測ることができる．この例では，あなたはソーダ1缶のためには1.25ドルを支払ってもよいと考えていたかもしれないが，実際に店頭で支払った金額はそれより少ない75セントですんだのであり，その差額の50セントが消費者余剰となる．

先に，限界効用の考え方を用いてメアリーのセーターとピザの選択問題を考えた．メアリーがピザを買うことによって得られる消費者余剰は，彼女の需要曲線を使って計算できる．ここでピザ1枚が10ドルであり，メアリーはピザを13枚買うとしよう．表3-1から，13枚目のピザは，彼女に10の限界効用をもたらし，そのピザ1枚の価格は10ドルである．しかし，彼女が購入した12枚目のピザの価格も10ドルであり，その際に得られる限界効用は12である．メアリーは12枚目のピザについては，ピザ1枚に対して12ドルを支払ってもよいと考えていたので，安い買い物をしたことになる．同じことはより枚数が少ない場合にもあてはまる．彼女は，1枚目のピザに対して36ドルを支払ってもよいと考えていたし，2枚目に対しては32ドルを支払ってもよいと考えていた，……，という具合である．すなわち彼女は，13枚のピザに対して合計288ドル（＝36ドル＋32ドル＋30ドル＋28ドル＋26ドル＋24ドル＋22ドル＋20ドル＋18ドル＋16ドル＋14ドル＋12ドル＋10ドル）を支払ってもよいと思っていたのである．しかし，彼女が13枚のピザに対して支払わなければならないのは，130ドル（＝10ドル×13枚）である．彼女が支払い意欲を持っていた288ドルと，実際に支払った130ドルの差の158ドル（＝288ドル

3．効用と選好の表し方

図3-8 ■ 消費者余剰

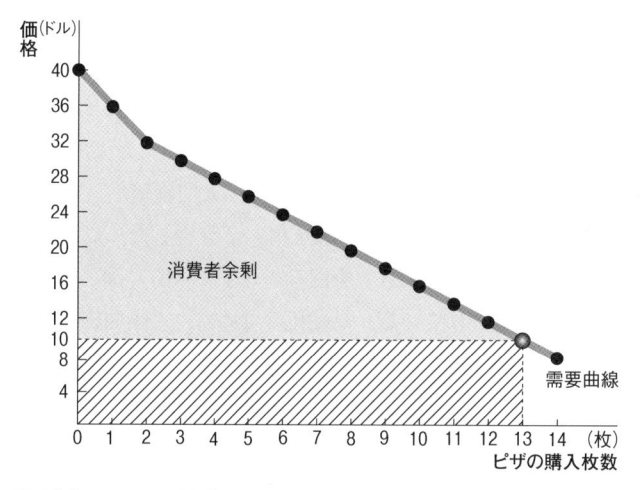

需要曲線は，ピザを1枚ずつ買い足していくときに，メアリーが1枚目，2枚目，3枚目のそれぞれのピザに対して支払ってもよいと思う金額を示している．13枚のピザに対して彼女が支払ってもよいと考えている金額の合計は，13枚目のピザまでの需要曲線の下側の面積である．実際に彼女が支払わなければならない金額は，斜線で示されている部分である．したがって，消費者余剰は両者の差，すなわち購入数量の範囲内での価格線（図の破線）と需要曲線に囲まれた薄いアミで示されている部分である．

－130ドル）が，彼女の消費者余剰である．

図3-8にはメアリーのピザに対する需要曲線が示されている．ピザの価格が36ドルである場合，彼女はピザを1枚だけ買おうとする．価格が20ドルまで下がると，彼女は8枚のピザを購入する．価格が10ドルなら彼女は13枚のピザを買う．結局のところ，13枚のピザに対してメアリーが支払ってもよいと思った金額は，縦軸と13枚目のピザの間の需要曲線の下側の部分，すなわち薄いアミのかかった部分と斜線の部分とを合わせた部分である．これは上で説明したように，1枚目のピザへの支払い意欲＋2枚目のピザへの支払い意欲，……，のように13枚目のピザまでの支払い意欲を合計したものである．メアリーが実際に支払わなければならない金額は斜線の部分，すなわち，ピザ1枚の価格×購入枚数（10ドル×13枚），である．彼女の消費者余剰はこの差額であり，実際に購入した量に対応した需要曲線の下方部分で，価格線より上の薄いアミの部分になる．

消費者が購入した財すべてに同一の価格を支払う場合，つねに消費者余剰が

発生する．需要曲線が右下がりであることは，消費者が先に購入した商品は，追加的に買い足された商品よりも消費者にとって価値が高いことを意味する．つまり，消費者は，先に購入した商品に対しては，最後に購入した商品よりももっと多くを支払ってもよいと考えていたが，実際にはその金額を支払う必要はないのである．

消費者余剰の概念を用いることで，『スティグリッツ 入門経済学』第4章「需要・供給分析の応用」で需要曲線と供給曲線を用いて分析した，農産物価格の最低価格設定の消費者への影響の大きさを測ることができる．図3-9には，小麦の需要曲線と供給曲線が示されている．単純化のために，供給曲線は垂直（非弾力的な供給）に描かれている．価格の下限規制がなければ，均衡価格は p_c となり，消費者余剰は薄いアミと濃いアミの部分の合計となる．ここで政府が価格に下限（p_f）を設けると，需要量は Q_f となる．消費者余剰は，需要曲線の下方部分のうち縦軸と購入量の間にある薄いアミの部分である．つまり，価格の下限規制は，消費者余剰を減少させる．このとき，濃いアミの部分は，価格の下限規制が消費者に与えるコストを測ったものである．

WRAP-UP

消費者余剰

消費者余剰とは，消費者が購入した財に対して支払おうとする額と，実際に支払った額の差である．その大きさは，需要曲線と価格線の間の面積で示すことができる．

消費者余剰は，財を市場で交換することによる消費者の便益を測る手段を提供する．

図 3-9 ■ 消費者余剰と下限価格規制

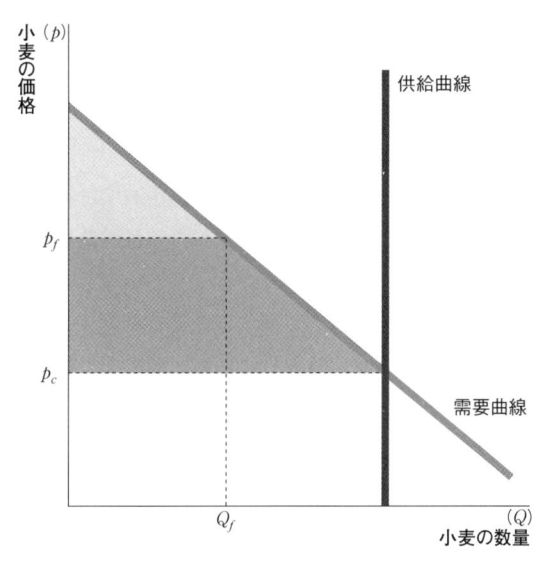

価格が p_c のとき，小麦の需要と供給は一致する．この価格では，消費者余剰は支払い意欲を示す需要曲線と市場価格 p_c にはさまれた部分であり，この図では，薄いアミと濃いアミの合計となる．ここで下限価格規制により価格が p_f となると，需要量は Q_f となり，消費者余剰は薄いアミの部分のみとなる．このとき，濃いアミの部分の面積は下限価格規制によって減少した消費者余剰の大きさを示している．

4 基本モデルを超えて：どのように現実と適応させるのか

　市場経済においては，「財は誰のために生産されるのか」という問いに答えることは簡単である．財は消費者のために生産される，のである．それゆえに消費者選択の理論は，市場経済を理解するうえできわめて重要なものである．本章で学んだ予算制約と個人の選好というモデルは，消費者選択に関する経済学の基本モデルであり，その洞察力は，本章の説明にとどまらず，はるかに広く適用できる．しかしながら，これまでこのモデルは批判も受けてきたし，過去数十年の間には消費者選択に関する別のモデルも提示されてきた．そこで以下では，基本モデルに対する四つの批判点を取り上げる．その後で行動経済学として知られるようになった新しいモデルを紹介する．

4.1 前提とされている仮定はどの程度現実的なものか

　基本モデルに対する第一の批判は，このモデルは消費者の現実の思考過程を反映していない，というものである．この批判は，ビリヤードを例にするならば，一人ひとりのプレーヤーが１打ごとに運動方程式を考えているわけではないことを理由にして，個々のボールの動きの相互作用を正確に予測する物理学での運動のモデルを批判するようなものである．問題とすべき点は，消費者選択の経済モデルが十分に信頼できる予測を行えているかどうかということであるが，その点については十二分に予測可能なものであるといえるだろう．たとえば，多くの企業は，自社製品の需要予測をするときに消費者需要を説明するモデルは有効であると考えている．経済学でも同様に，このモデルを利用してさまざまな状況下での消費者行動を予測することに成功してきたのである．しかし，ときに信頼できない予測を行うこともある．この点に関するいくつかの例は行動経済学のところで議論しよう．

　第二の批判は，個人は自分が好きなものを知っている，すなわち個人は明確に定義された選好を持っている，というモデルの仮定に対する疑問である．明確に定義された選好を消費者が持っているということは，もしも誰かに財の二つの組合せ，たとえば２枚のTシャツと３着のセーターからなる組合せと，１着のジーンズと２着のセーターからなる別の組合せとの間で選択させるとすれば，彼はすばやくどちらの組合せを好むかを答えることができる，ということを意味している．さらに，明確に定義された選好とは，彼に同じ問いを明日尋ねたとしても，また来週尋ねたとしても，同じ答えが返ってくる，ということも意味している．しかし，多くの場合には，誰かに二つの組合せのうちどちらをより好むのかを尋ねてみても，「わからないな．試させてくれ」という答えしか返ってこないであろう．しかも個人の好みや嗜好（選好）は，日ごとに変わるかもしれないし，他人の影響を受けるかもしれない．食べ物やファッションをはじめとしてわれわれの生活の中でひんぱんに変化する流行は，いったいどのように説明することができるだろうか．

　第三の批判は，個人は各財の市場価格を知っているというモデルの仮定に関するものである．現実には，人々はしばしば価格を知らないものである．バーゲン品を見つけ出せるとわかっている場合でも，そうした掘り出し物を探し出

すためには費用がかかる．1バレルの石油価格といえば，誰もが同じ値を描いて議論ができるだろう．しかしソファ1脚やコンピュータ，住宅1戸の「価格」といった場合，どのような値をわれわれは念頭に置いているのだろうか．好運にもバーゲン・セールに行き当たったならば，1脚600ドルの革張りのソファを見つけ出すことができるかもしれないが，運が悪ければ，一日中探し回っても，1脚1000ドル以下のソファを見つけることができないかもしれない．ただし実際に店に行く前にインターネットでさまざまな店の価格を調べることができるようになったので，バーゲン価格を見つけることのコストは近年低下してきており，消費者が消費財の価格を知ることも容易になってきている．

最後の第四の批判は，価格と選好は，本章で論じてきた以上に，複雑な相互作用を示すことがある，という指摘である．人々の財に対する好みはしばしば，価格に左右される．非常に高価な財は，俗物にアピールするところ大であるかもしれない．あるいは人々は，財の品質を容易に検査できないときには，価格によって品質を判断するかもしれない．一般的には，より良い（耐久性のある）製品は価格が高いことが多いので，安い商品は品質が劣り，高価な商品は高品質であると見られがちである．いずれの場合においても，需要曲線は本章で論じたものとは異なったものになるかもしれない．財の価格が低下することが，かえってその財への需要を減少させることがあるかもしれない．

基本的なモデルを拡張したり修正する必要がある財や事例があるということは，モデルが有用ではないことを意味するわけではない．多くの状況では，企業や政府が重要な決定を行う際に必要となる情報をこの基本モデルが提供しているのである．そして，うまく機能しない場合でさえも，こうしたモデルは家計行動の理解を深めるうえでの基本的な枠組みを提供してくれる．この枠組みをもとに本書第3部では，基本モデルの基礎にあるどの仮定が不適切であるかを明らかにすることで，より適切な消費モデルを探し出す．

4.2 行動経済学

近年，心理学と経済学の知見を組み合わせることで，人々の選択行動に関する新たな知見を得ようとする経済学者が増えている．この，**行動経済学 behavioral economics** と呼ばれる新しい分野に取り組んでいる経済学者は，本章で展開したような消費者選択の単純なモデルを否定する．そして，消費者の

選択に関する理論は，人々が実際の選択行動をいかに行っているかに基づいているべきであると主張する．したがって行動経済学者は，心理学者が実験室で行った実験から得た心理学上の発見に依拠する．このような行動経済学の研究の重要性を示すものとして，2002年のノーベル経済学賞は心理学者であるダニエル・カーネマン（Daniel Kahneman）にも与えられた．彼の研究は行動経済学という新しい分野に大きな影響を与えている．

　行動経済学は，われわれが本章で展開してきた消費者選択の基本モデルと整合的ではない発見を議論の出発点としている．それらのうちのいくつかについて以下で議論することで，行動経済学者がどのような点に注目しているのかを示そう．

　保有効果　　何かを所有するという単純な行為によって，人はその選好を変えることを支持する数多くの証拠が示されている．大学生を被験者とした次のような実験を考えてみよう．被験者の半分が，大学生協で6ドルで売られている大学のマグカップをもらい，さらにこのマグカップが売買されている市場に参加するとする．このとき，マグカップを持っている学生の中でマグカップを最も低く評価する学生が，マグカップを持たない学生の中でマグカップを最も高く評価する者に，そのマグカップを売りつけることが期待された．マグカップはランダムに配られていることから，約半数のマグカップが取引されると考えられた．ところが実際の実験では，ほとんど取引は行われなかった．マグカップの売り手が要求した売却価格のメディアンは5.25ドルだった一方，買い手が支払いたいと考えるメディアンの価格は2.25ドルであった．最初の時点では，被験者のマグカップに対する評価に差が出る，とは期待されていなかった．ところが，マグカップをもらったという事実によって，人々はそのマグカップをより高く評価するようになったのである．

　こうした現象を「保有効果（endowment effect）」と呼ぶ．標準的な消費者選択のモデルでは，ある財を購入するのは，その財を購入するためにあきらめなければならない金額よりも高くその財を評価する場合である．しかし，たまたま所有している財の価値を高く評価するとは考えられない．別の実験では，学生が，くじか2ドルの現金のいずれかを受け取る．そして互いにくじと現金を交換できるとする．つまり，くじを受け取った学生は2ドルと交換し，2ド

ルを受け取った学生はくじとその2ドルを交換することができる．少なくとも消費者選択に関する標準的な理論からは驚くべきことに，取引を行う学生はほとんどいなかった．くじを受け取った学生は現金よりもくじを好み，現金を受け取った学生はくじよりも現金をより好ましいと考えたのである．2つのグループは，受け取ったものがくじか現金か，という点を除けばまったく同じである．したがって，くじをたまたま受け取った学生が，現金をたまたま受け取った学生よりも，くじを高く評価すると期待される理由はない．

損失回避　標準的な消費者選択のモデルでは，個人の財に対するよく定義された選好は実際にその財を保有しているかどうかに依存しないと仮定する．保有効果は，心理学者がいうところの，「損失回避（loss aversion）」を反映しているのかもしれない．各個人は，とりわけ損失についてより大きく反応するように見受けられる．いったん学生がマグカップを受け取ると，それを手放したくなくなるのである．したがって，最初の段階でそのマグカップに対して支払おうとする価格よりも高い価格を提示しようとする．同じように，1100ドル持っている人が100ドル失った場合に受ける心理的なダメージは，900ドル持っている人が100ドル追加で見つけた場合に手にする心理的な便益よりも大きい．最終的に両者が得る金額は同じであるにもかかわらず，その情況に対する感覚は大いに異なるのである．

現状維持バイアス　損失回避と保有効果は，現状維持を好ましいと考えるバイアスを生むことにつながる．先の例では，現状あるいは参照点は最初に持っていた1100ドルなので，持っている資金が1000ドルになると気分がよくない一方，参照点が900ドルの人の場合には資金が1000ドルになると気分がよくなる．だが本章で紹介した消費者選択に関する基本モデルでは，個々の消費者の効用は消費の絶対水準に依存すると仮定された．もし参照点が重要であるとすると，効用は現在の消費量と参照点の消費量の差に依存することになる．この参照点となる水準は，最近の消費水準かもしれないし，あるいは，人々が慣れ親しんでいる特定の生活水準かもしれない．あるいは，参照点がある個人が属しているグループ（peer group）である場合，それは，「近所に負けないように見栄を張る（keeping up with the Joneses）」という慣用句で理解され

る考え方だと解釈できる．

　個人が，多くの選択肢の中で，初期設定としてたまたま提示されたものを受け入れる傾向があることは，現状維持の重要性を示している．例を示そう．多くの企業が従業員に対して，引退後に備えて税引き前所得を蓄える目的で401(k)貯蓄プランに参加するオプションを提示している．初期の設定が，自動的に参加する状態になっている場合，そのプランから脱退するために従業員は積極的な行動を起こす必要があり，結果としてたいていの従業員は401(k)プランに資金を拠出しつづけることになる．もし初期設定が，401(k)プランに参加しないというものであると，プランに参加したい従業員は手続きをとらなければならず，結果として全従業員の加入率はずっと低くなる．このように，現状維持バイアスを無視することは，重要な政策を失敗させる要因となるかもしれない．2003年にアメリカ連邦政府は，高齢者用の医療保険であるメディケアの一環として医療薬手当の制度を導入した．処方薬の割引を受けるためには，高齢者は「drug discount card」を申し込む必要がある．つまり，最初の時点では申し込まない，という状態が初期設定となっている．ハーバード大学公衆衛生大学院（Harvard School of Public Health）とカイザーファミリー財団（Kaiser Family Foundation）の調査によれば，2004年半ばの時点で，申請の資格を持つ高齢者の約10％しかdrug discount cardを申し込んでいなかった．このような結果となった要因の一つとして，現状維持バイアスの影響が考えられる．

　意味　ここに挙げた例や，その他の行動経済学者が検討してきた多くの例からは，経済学の単純な消費選択モデルでは十分ではないということがわかる．しかし，市場経済の分析において重要なことは，心理学者や行動経済学者が明らかにしてきた行動がどのように市場需要曲線に影響を与えるか，という点である．われわれは，消費者が価格変化に対してどのように反応するか，ということに関する本章で展開してきた基本的な考え方を変える必要があるのだろうか．大まかにいえば，その答えはノーである．個人はインセンティブに反応する．すなわち，財の価格が下がれば消費量は増加するし，財の価格が上がれば消費需要は減少する．ただし行動経済学の発見からわかったのは，選好は個人が現状をどう見るかに依存しており，さらに，消費者は標準的な経済モデルが

予測するほどには大きな変化を好まないかもしれない，ということである．保有効果や現状維持効果に反映されるような，変化を躊躇するという現象は，インセンティブへの反応の度合いを下げるかもしれないのである．こうした効果はまた，経済学者がしばしば観察する，個人が明らかに利益になるような取引機会をあきらめるという情況を説明する手助けになるかもしれない．

同様に行動経済学者は，貯蓄行動に関する新しい考え方も発展させてきた．それらのいくつかは，第7章「資本市場」で考察する．そこでは，家計による貯蓄の意思決定に影響を与える要因について議論する．

復習と練習
Review and Practice

■要約

1. ある財を購入するためにあきらめなければならない他財の量は，それら2財の相対価格によって決定される．また相対価格は予算制約線の傾きによって示される．
2. ある財の価格が他の財と比べて上昇するとき，価格の上昇した財の代わりにその他の財が需要されることを代替効果という．
3. ある財の価格が上昇するのに伴って，個人の購買力は削減される．このような価格上昇により「実質」所得が低下することを所得効果という．正常財の消費は所得上昇に伴って増加する．したがって，価格が上昇するときには，通常，代替効果と所得効果は価格の上昇した財の需要を減少させる．
4. 代替が容易であるときには，需要曲線は弾力的，すなわち傾きがゆるやかな曲線になり，極端な場合には水平に近くなる．代替が困難なときには，需要曲線は非弾力的，すなわち傾きが急な曲線になる．
5. 経済学ではしばしば，消費の便益を示すために，人々が財の組合せから得る効用を用いる．ある財を1単位追加的に消費するときに得られる追加的な効用をその財の限界効用という．
6. 消費者は，すべての財からの1ドル当たりの限界効用が等しくなるように所得を配分する．
7. 消費者余剰は，消費者が支払いたいと考える金額と，実際に支払う額（市

場価格）の差として定義される．

■キーワード

傾き　　需要の所得弾力性　　下級財（劣等財）　　正常財　　所得効果
代替効果　　効用　　限界効用　　限界効用逓減　　消費者余剰
行動経済学

Q 復習問題

1. 予算制約線の傾きは，縦軸と横軸にとられた二つの財の相対価格とどのように関係しているのだろうか．（ヒント：1.1 項「予算制約」）

2. 嗜好や選好が大きく異なっていても，予算制約線が同じになる理由を述べなさい．（ヒント：1.2 項「予算制約線上の点の選択：個人の選好」）

3. 下級財の需要の所得弾力性はプラスになるだろうか，マイナスになるだろうか．（ヒント：1.3 項「所得が変化するとき，消費に何が起こるのか」）

4. 正常財の価格が上昇したとき，所得効果はその財の需要量をどのように変化させるのだろうか．（ヒント：2 節「需要曲線の詳しい考察」）

5. 代替効果とは何か説明しなさい．通常，代替効果と所得効果が同じ方向に作用するのはなぜだろうか．下級財についても同じことがいえるのだろうか．（ヒント：2 節「需要曲線の詳しい考察」）

6. 代替財の入手可能性が大きいということは，需要曲線をより弾力的にするだろうか，あるいは非弾力的にするだろうか．説明しなさい（ヒント：2 節「需要曲線の詳しい考察」）

7. なぜ限界効用は逓減するのだろうか．（ヒント：3 節「効用と選好の表し方」）

8. 消費者余剰とは何か．（ヒント：3.1 項「消費者余剰」）

Q 練習問題

1. 1 学期間の娯楽予算が 200 ドルである学生を考えてみよう．予算内で，1 枚 40 ドルのコンサート・チケットか，または 1 枚 10 ドルの映画チケ

ットを買うとする．映画チケットが，5 ドル，さらに 2 ドルと値下がりしていったとしよう．映画チケットの枚数を横軸にとり，これらの三つの場合の予算制約線を図で示しなさい．この学生の映画に対する需要曲線は，$D = 10 - 1.0p$ で表されるとする．ただし D は映画チケットの枚数，p はその価格である．その需要曲線と，それぞれの価格で学生が選択する予算制約線上の点をグラフに描きなさい．（ヒント：1.1 項「予算制約」，2.1 項「需要曲線の導出」および補論 A.4「無差別曲線を用いた需要曲線の導き方」）

2 二つの正常財を選び，それらの間のトレードオフを示す予算制約線を描きなさい．さらに，所得が上昇するとき，予算制約線がどのようにシフトするかを示しなさい．最初の予算制約線上にある消費者が選択する点を一つ任意にとりなさい．次に，所得が上昇したとき消費者がとることができる選択を示す新しい予算制約線上の点を見つけなさい．（ヒント：1.3 項「所得が変化するとき，消費に何が起こるのか」および補論 A.5「所得効果と代替効果」）

3 1 年間の所得が 1 万ドルの比較的貧しい人と，6 万ドルの比較的裕福な人を比較してみよう．貧しい人は平均価格が 10 ドルのワインを年間 15 本飲むのに対して，裕福な人は平均価格 20 ドルのワインを年間 50 本飲むとする．ここでワイン 1 本当たりに 1 ドルが課税されたとすれば，貧しい人と裕福な人のどちらがより多くの税金を支払うことになるだろうか．所得に占める割合で比べるとどうだろうか．また，ワインの価格に 10% 課税するならば，どちらが多く税金を支払うことになるだろうか．所得に占める割合を比べるとどうだろうか．（ヒント：支払う税金は，ワイン 1 本当たりの税金と購入本数の積である．）

4 アメリカでは酒類に対する需要の所得弾力性は 0.62 である．所得が 2 万ドルの人と，所得が 4 万ドルの人を考えてみよう．すべての酒類が同率で課税されるとするならば，所得が 4 万ドルの人は，2 万ドルの人に比べてどれだけ高い比率で税金を支払うことになるだろうか．また，ここで得られた結果を不公平であると考える人がいるのは，なぜだろうか．（ヒント：1.3 項「所得が変化するとき，消費に何が起こるのか」）

5 次の表はサラが，音楽 CD と映画 DVD に対して支払ってもよいと考えて

いる金額を示している．CDとDVDのそれぞれについて，表の「限界効用」と書かれている列を計算して埋めなさい．今，CDの価格は10ドル，DVDの価格は30ドルとする．サラのこの二つの財のための予算が150ドルとすると，CDとDVDを何枚ずつ購入すべきだろうか．今，サラの予算が80ドルだとすると，CDとDVDは何枚ずつ購入すべきだろうか．
(ヒント：3節「効用と選好の表し方」)

CD	支払い意欲	限界効用	DVD	支払い意欲	限界効用
0	0		0	0	
1	24		1	42	
2	46		2	78	
3	66		3	108	
4	84		4	132	
5	100		5	150	
6	114		6	162	
7	126		7	168	
8	136		8	168	
9	144				
10	150				
11	154				
12	156				
13	156				

補論A

無差別曲線と消費の決定[5]

本章では,個人は自らが直面する予算制約の下で消費の決定を行っているということと,個人が最も望ましいと考えて選択する点が予算制約線上にあるということを学んだ.財の需要に対する価格変化の効果については,所得効果と代替効果という概念を用いて分析した.

消費者選択と価格変化の効果に関する分析をより厳密なものにするために,経済学では有益な分析ツールとして**無差別曲線** indifference curves という概念を用いる.無差別曲線は,個人にとって無差別な財の組合せ,すなわち個人が同じ効用水準を得る財の組合せを示している.この補論では,無差別曲線を用いて需要曲線を導く方法と,価格変化による消費の変化をより明確に代替効果と所得効果に分解する方法について説明する.

A.1 無差別曲線と消費者の選択

本章では,消費選択の問題を2段階に分けた.第1段階では,機会集合を定義し,第2段階では,機会集合内から最も選好される点を見出す.消費者は,所与の所得の下で財を消費するのであり,予算制約は消費者の機会集合を規定する.図3-10は,所得のすべてをキャンディー・バーとCDに消費するフランの予算制約線をもう一度描いたものである.本文では,フランは予算制約線上の点を選好すると述べるにとどめた.すなわち彼女は,CDのほうをより多くほしければB点を,キャンディー・バーのほうにより魅力を感じるならばA点を選ぶのである.

無差別曲線の概念は,フランが予算制約線上のどの点を選択するのかを理解するうえで有効なものである.

無差別曲線は,ある個人が同じ満足を得ることのできる財の組合せを描いたものである.図3-11の無差別曲線I_0は,フランが150本のキャンディー・バーと10枚のCDの組合せ(曲線上のA点)とちょうど同じ満足感を得られる

---

[5] この補論は独立した内容なので,補論を飛ばして読んでもかまわない.

図 3-10 ■ 予算制約

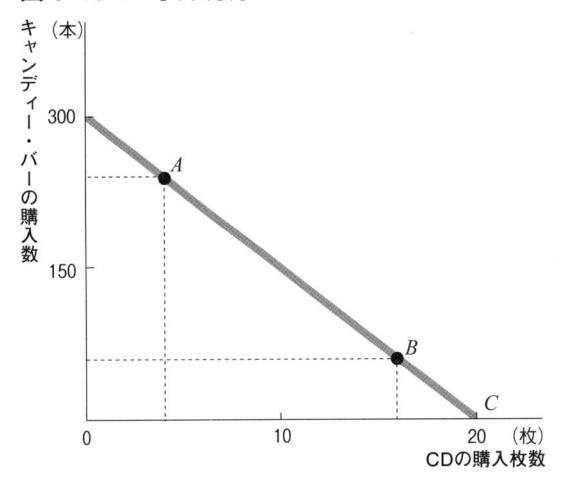

```
キャンディー・バーの購入数（本）
300 ┤
    │＼
    │ ＼A
    │  ●
150 ┤   ＼
    │    ＼
    │     ●B
    │      ＼C
  0 ┼──┬──┬──
    0  10 20 （枚）
      CDの購入枚数
```

予算制約が機会集合を定義する．フランは，予算制約上あるいはその内側であればどこでも選択できる．彼女が CD をより多くほしいと思うのであれば B 点を選択するし，キャンディー・バーをより多くほしいと思えば，A 点を選択する．

2財のすべての組合せを示したものである．たとえば，12枚のCDと130本のキャンディー・バーの組合せである B 点は，A 点に比べてキャンディー・バーは少なくなっているが，新たなCDから得られる満足感が彼女の損失を補っている．B 点と A 点が同じ無差別曲線上にあるということは，フランにとってそれらが無差別であることを意味している．つまり，彼女に B 点よりも A 点を選ぶか，逆に A 点よりも B 点を選ぶかを尋ねたならば，「どちらでもかまわない」と答えるだろう．

　無差別曲線は需要曲線とは違って，予算制約や価格とは無関係であり，たんに2財の組合せの間の選好を表しているにすぎない．それゆえに，無差別曲線上の財のさまざまな組合せを入手するための費用はそれぞれ異なっている．無差別曲線は，個人に「あなたはどちらの財の組合せをより好ましく思うか（選好するか）」を尋ねることによって，描くことができる．たとえば，10本のキャンディー・バーと2枚のCDからなる組合せと，15本のキャンディー・バーと1枚のCDからなる組合せではどちらを選好するのか．11本のキャンディー・バーと2枚のCDの組合せと15本のキャンディー・バーと1枚のCD

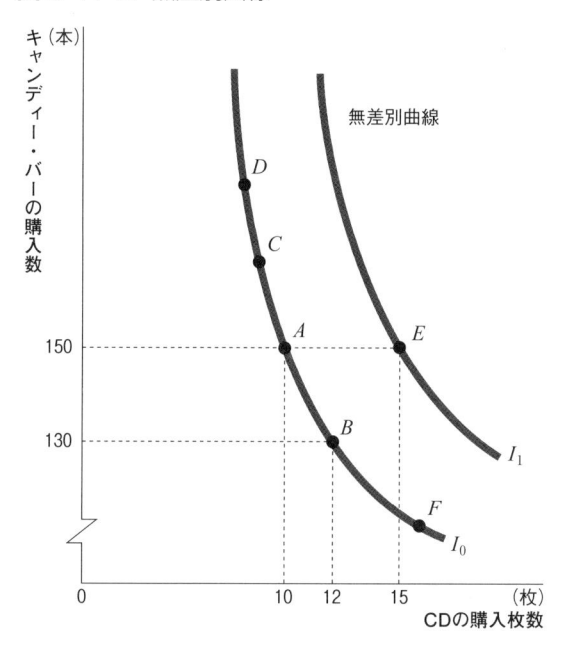

補論 A　無差別曲線と消費の決定
135

図 3-11 ■ 無差別曲線

無差別曲線は，ある個人が同じ満足を得ることのできる財の組合せを描いたものである．各点は CD とキャンディー・バーに対するフランの好みを表している．彼女は，I_0 上のすべての点，A 点，B 点，C 点，D 点，あるいは F 点において同じだけの効用を得る．

の組合せではどうか．12 本のキャンディー・バーと 2 枚の CD の組合せと 15 本のキャンディー・バーと 1 枚の CD の組合せではどうか，……，というように尋ねていくのである．そこで「二つの組合せは無差別である」と彼が答えたとき，それらの選択を示す二つの点が同じ無差別曲線の上に存在する．

　無差別曲線上を右下方に移動するということは，フランがキャンディー・バーを少なくする代わりに，より多くの CD を持つことを選んだことになる．逆に左上方に移動するということは，彼女が CD の枚数を減らし，より多くのキャンディー・バーを得ることを選んだということである．定義により，無差別曲線上の点ならば，彼女はどこでも同じように満足する．たとえば，A 点であろうと C 点であろうと，あるいはわずかの CD しか持っていないがキャンディー・バーを数多く持つ極端な D 点，逆に少ないキャンディー・バー

■ 第3章 ■ 消費の決定

図 3-12 ■ なぜ無差別曲線は交わらないのか

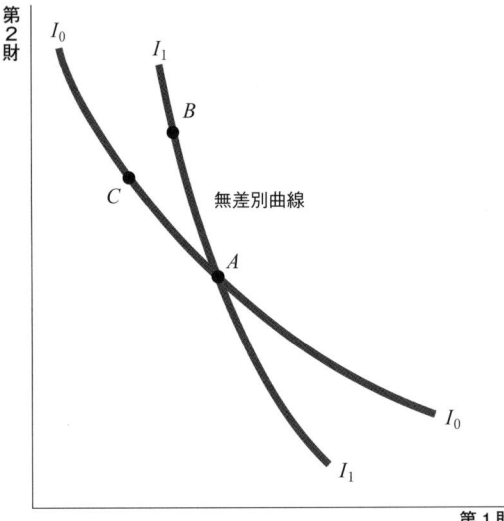

（図：第2財を縦軸、第1財を横軸に、2本の無差別曲線 I_0 と I_1 が点 A で交わっている。I_1 上に点 B、I_0 上に点 C がある。）

もし二つの無差別曲線が交差すると，論理的な矛盾が生じる．もし無差別曲線が A 点で交わるならば，フランは A 点と B 点では無差別となり，かつ A 点と C 点でも無差別である．ゆえに，B 点と C 点も無差別になる．しかし，B 点では C 点と比べていずれの財もより多く消費しているので，B 点は明らかに C 点よりも選好されなければならない．これは明らかに論理的な矛盾である．

と多数の CD を持っている F 点であろうと，どの点をフランが選んでも，彼女は同じように満足する．

　しかし，もしフランが，キャンディー・バーの本数は A 点と同じだが CD の枚数が A 点よりも多い，たとえば 150 本のキャンディー・バーと 15 枚の CD の組合せである E 点を選ぶことができるならば，「多ければ多いほど良い」という原則に従って，彼女の満足度はより大きくなるだろう．新しい無差別曲線 I_1 は，150 本のキャンディー・バーと 15 枚の CD の組合せから得られるものと同じ満足が得られる2財の組合せを示したものである．

　図 3-11 には，フランの二つの無差別曲線が示されている．多ければ多いほどよいのであるから，フランは（あるいはどんな人でも）より高い位置にある（右上方の）無差別曲線を選ぶだろう．定義により，図の中のどの点にも1本の無差別曲線が通っている．さらに定義により，図 3-12 のように無差別曲線が交わることはない．たとえば図 3-12 のようにかりに無差別曲線 I_0 と無差別

曲線 I_1 が A 点で交わるとしよう．それは，フランにとっては，A 点と無差別曲線 I_0 上のすべての点が無差別であり，また A 点と無差別曲線 I_1 上のすべての点が無差別であることを意味している．すなわち，A 点と B 点が無差別であり，A 点と C 点が無差別であるということは，B 点と C 点が無差別であるということになる．しかし B 点は明らかに C 点よりも好ましい．それゆえに，無差別曲線が交差することはないのである．

A.2 無差別曲線と限界代替率

　無差別曲線の傾きは，もう1枚の CD を手に入れるためならあきらめてもよいと考えているキャンディー・バーの本数を表すものである．この無差別曲線の傾きを経済学では，**限界代替率 marginal rate of substitution** と呼ぶ．限界代替率は，個人が，ある財を1単位多く手に入れるためには，もう一つの財をどれだけあきらめてもよいと考えているかを示している．この概念は，予算制約と相対価格によって決定される消費者が実際にあきらめなければならない量とは厳密に区別する必要がある．

　CD に対するキャンディー・バーの限界代替率が15対1であるということは，1枚の CD を手に入れるためならばキャンディー・バーを15本あきらめてもよい，とフランは考えているということである．もし彼女が12本のキャンディー・バーをあきらめるだけですむならば，彼女の満足度はより高いものになる．また，20本のキャンディー・バーをあきらめなければならないならば，彼女は，「それは多すぎる．CD 1枚には20本のキャンディー・バーをあきらめなければならないほどの値打ちはない」というだろう．もちろん，ゲイリーの CD とキャンディー・バーに対する選好はまったく異なったものだろう．たとえば彼の限界代替率は10対1であるなら，CD をもう1枚多く手に入れるためなら10本のキャンディー・バーをあきらめてもよいと考えていることになる．

　限界代替率は，本人がすでにその財をどれほど持っているかによっても，高くなったり低くなったりする．たとえば図3-11の F 点では，フランは CD はたくさん持っているが，キャンディー・バーはわずかしか持っていない．この F 点では，フランはすでにお気に入りの CD はすべて持っているので，これから買おうとする CD は，好きなものではあるかもしれないが，どうしてもほ

しい CD ではない．別のいい方をするならば，彼女はすでにたくさんの CD を持っているので，さらにもう 1 枚 CD を買い足すことはあまり重要ではない．その代わりに彼女は，むしろキャンディー・バーをもう何本かほしいと考えるだろう．すなわち，F 点における CD のキャンディー・バーに対する限界代替率は，非常に低いのである．新たに購入する CD 1 枚の代わりに 10 本のキャンディー・バーならあきらめてもよいと彼女が考えているとすれば，このときの限界代替率は 10 対 1（CD 1 枚当たりのキャンディー・バーの本数）になる．

フランが，キャンディー・バーはたくさん持っているが，CD はわずかしか持っていないとすれば，話は逆になる．この場合には，彼女は毎日のように何本もキャンディー・バーを食べているので，キャンディー・バーをもっと多く得ることができたとしても，それは彼女にとってはそれほど価値が高いものではない．しかし，彼女はまだわずかしか CD を持っていないので，手に入れたい CD はたくさんある．すなわちもう 1 枚 CD を手に入れることの限界的価値が相対的に高いのに対して，もう 1 本キャンディー・バーを手に入れるという限界的価値は相対的に低いのである．こうした状況では，フランは 1 枚の CD をあきらめなければならないならば，キャンディー・バーを 30 本は手に入れなくては満足できないことになる．この場合のフランの限界代替率は 30 対 1（CD 1 枚当たりのキャンディー・バーの本数）になる．

ある無差別曲線上を移動するとき，個人が持つ一つの財（たとえば CD）の数は多くなる．フランの例によるならば，その財（CD）の数量が増えるにつれて，代わりに彼女があきらめてもよいと考えるもう一つの財（キャンディー・バー）の数量は，だんだん減少していく．これが**限界代替率逓減 diminishing marginal rate of substitution** として知られている原則である．限界代替率逓減によって，無差別曲線の傾きは，左から右へと曲線上を移動するにつれてよりゆるやかなものになるのである．

A.3 無差別曲線を用いた消費者の選択行動の説明

定義により，個人は，所与の無差別曲線上のどの点にいるかを問題にしない．しかし，個人はできることならば，より大きな満足が得られる無差別曲線上の点を選びたいと思うだろう．彼の選択を決めるのは，彼の予算制約である．図

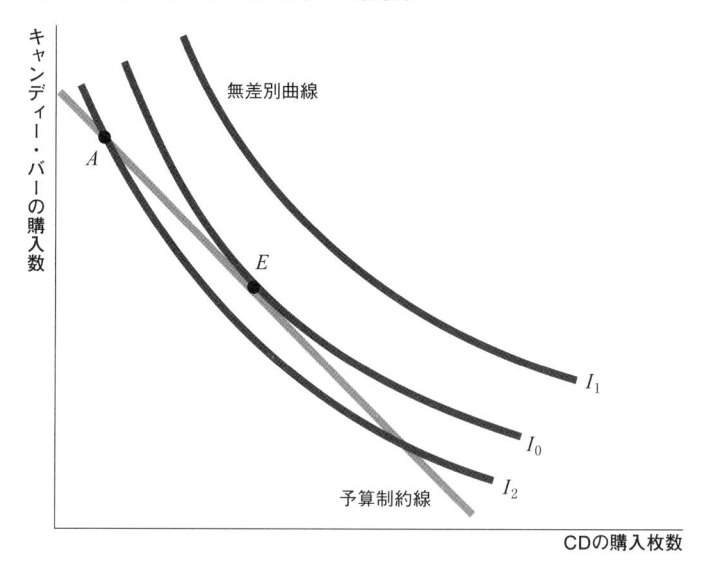

図 3-13 ■ 無差別曲線と予算制約線

個人にとって，実現可能で最大の満足が得られる無差別曲線は，予算制約線と接する無差別曲線である．図では，無差別曲線I_0がそれにあたる．図の予算制約線では，無差別曲線I_1には届かない．また，A点は予算制約線上にあるけれども，これを通る無差別曲線I_2はI_0よりも満足度が低いので，彼女はA点を選択しない．

3-13に示されるように，個人が選択することができる最も高い水準の無差別曲線は，予算制約線と接している無差別曲線である．ここでは接点Eが個人が選択すべき点である．たとえば，予算制約線上のA点を通る無差別曲線I_2が，E点を通る無差別曲線I_0よりも下側にあるということは，彼にとってはA点よりもE点のほうが好ましいということを示している．これに対して，無差別曲線I_0より上方の無差別曲線I_1を考えてみよう．無差別曲線I_1上のどの点も予算制約線より上方に位置しているので，個人が所与の所得の下で購入することのできる点は無差別曲線I_1の上にはない．

　曲線が直線に接する点では，曲線と直線は同じ傾きになる．すなわち接点においては，無差別曲線の傾きと予算制約線の傾きは等しくなる．すでに学んだように，無差別曲線の傾きは限界代替率であり，予算制約線の傾きは相対価格である．それゆえに，この2次元のグラフは，個人は限界代替率と相対価格が等しくなる点を選択するという，消費者選択の基本的な原理を示している．

■第3章■消費の決定

　この原理は理にかなったものである．CDのキャンディー・バーに対する相対価格が15であるのに対して（CD1枚が15ドルで，キャンディー・バー1本は1ドルであるとしよう），フランの限界代替率が20であるとしよう．これは，フランがCDをもう1枚多く手に入れるためならば20本のキャンディー・バーをあきらめてもよいと思っているのに，実際に彼女があきらめなければならないのは15本ですむことを意味している．このとき彼女にとっては，キャンディー・バーの購入本数を減らして，もっと多くのCDを買うほうが明らかに得になる．次に，彼女の限界代替率が10に変化したとしよう．それは10本のキャンディー・バーのためなら1枚のCDをあきらめてもよいと思っているということである．もしCDの相対価格が15のままで，1枚のCDをあきらめれば15本のキャンディー・バーを手に入れることができるならば，CDの枚数を減らしてより多くのキャンディー・バーを買うほうが，彼女の満足度は高いものになるだろう．以上のように，限界代替率が相対価格を上回るならば，フランはCDの購入枚数を増やす（キャンディー・バーの購入本数を減らす）ほうがより満足度は高くなる．逆に，限界代替率が相対価格より低いならば，彼女はCDの購入枚数を減らす（キャンディー・バーの購入本数を増やす）ほうが大きな満足が得られる．そして限界代替率が相対価格に等しくなると，彼女は購入数を増加させても減少させても満足度は変わらなくなるのである．

A.4 無差別曲線を用いた需要曲線の導き方

　無差別曲線と予算制約線を用いれば，需要曲線を導き出すことができるとともに，価格上昇時には何が起こるのかを説明することができる．ここでは，二つのステップに分けて説明しよう．

　まず最初に，たとえばCDの価格が上昇したときに予算制約線がどのように変化するのかを明らかにしよう．本文の図3-6ですでに一度示したが，ここでは無差別曲線を加えて分析しよう．図3-14のパネルAでは，CDを横軸にとり，他のすべての財を縦軸にとって予算制約線を描いている．もしフランがCDをまったく買わなければ，彼女は300ドルのすべてを他のすべての財に支出する．CD1枚の価格が15ドルならば，予算300ドルの下で彼女は20枚までCDを購入することができる．したがって，予算制約線はB点からC

補論A　無差別曲線と消費の決定
141

図 3-14 ■ 予算制約線のシフトを利用した需要曲線の導き方

パネルA

（縦軸：他のすべての財（ドル）、横軸：CDの購入枚数（枚））

- CDが1枚30ドルのときの予算制約線
- CDが1枚15ドルのときの予算制約線
- CDが1枚10ドルのときの予算制約線
- 無差別曲線

点：B (300), F_i (6, 約110), F (11, 約130), F_d (15, 約150), C_i (10), C (20), C_d (30)

パネルB

（縦軸：CDの価格（ドル）、横軸：CDの購入枚数（枚））

点：F_i (6, 30), F (11, 15), F_d (15, 10)

需要曲線

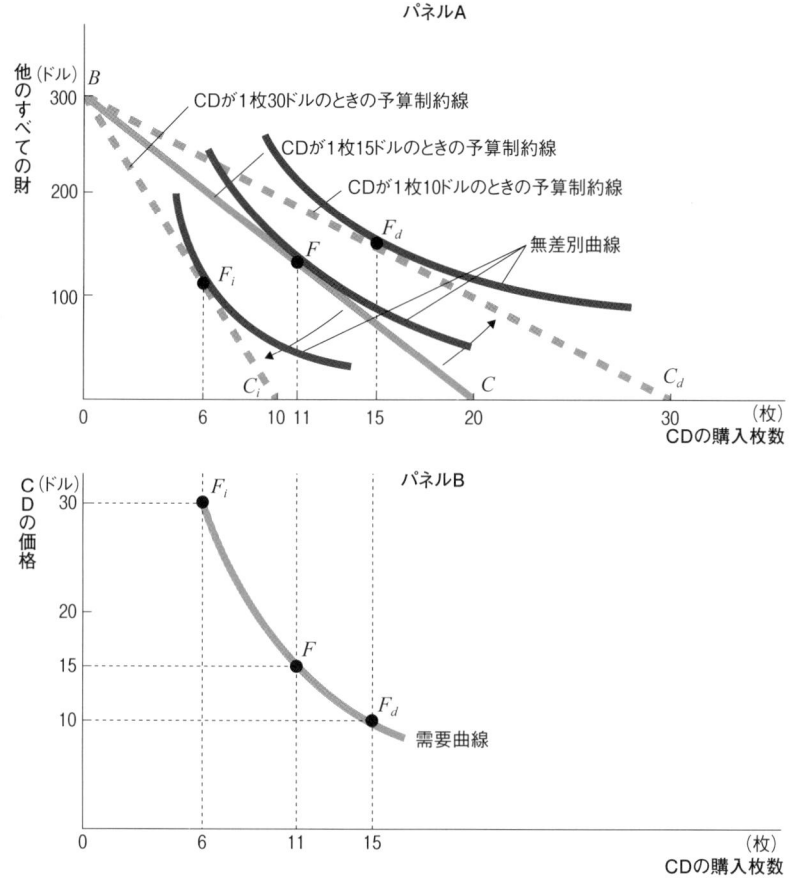

パネルAでは，CDの価格が上昇すると，予算制約線は内側に回転して，フランの消費が F 点から F_i 点に変化することが示されている．同時に，このパネルAでは，CDの価格が低下すると，予算制約線は外側に回転して，フランの消費が F 点から F_d 点に変化することも示されている．パネルBは，CDの需要曲線を描いたものである．需要曲線は，価格上昇がどのように財の需要量を減少させるかを示している．

点へと引くことができる．CDの価格が上昇すると，予算制約線は内側に回転し（BC_i），傾きは急になる．CDをまったく買わないならば，彼女が購入することができる他のすべての財の量はまったく変わらず300ドルのままである．しかし，もしフランがCDだけを買うならば，価格上昇に比例して彼女が購入することができるCDは減少する．逆にCD1枚の価格が下落すれば，

予算制約線は外側に回転し（BC_d），傾きはよりゆるやかになる．

価格変化によって予算制約線が回転すると，無差別曲線と予算制約線の接点も，F_i点，F点，F_d点へと変化する．これは，3本の予算制約線上でそれぞれ選択された点を示したものである．これを横軸で見てみれば，それぞれの価格に対応するCDの需要量となる．パネルBでは，それぞれの価格に対応したCDの需要量を結んで得られる需要曲線が描かれている．こうして導き出された需要曲線は，フランが，CDの価格が15ドルなら11枚を購入するのに対して，価格が30ドルに上昇すると6枚しか買わないことを示している．

A.5 所得効果と代替効果

無差別曲線を用いると，所得効果と代替効果を正確に定義することができる．図3-15は，CDとキャンディー・バーに関するジェレミーの無差別曲線を描いたものである．ここで，ジェレミーの最初の予算制約線は直線BC，無差別曲線はI_0であり，彼が選択するのは接点E_0である．今キャンディー・バーの価格が上昇するとしよう．このとき彼が所得のすべてをCDの購入に充てているならば，購入することができるCDの枚数は変化しないが，所得のすべてを支出して購入できるキャンディー・バーの本数は少なくなる．こうして，予算制約線の傾きはよりゆるやかになり（左下方に回転して），新しい予算制約線がB_2Cになる．ジェレミーの最初の選択は無差別曲線I_0上のE_0点であったが，価格上昇後には，より低い無差別曲線I_1上のE_1点が選ばれることになる．

価格変化は，代替効果と所得効果という二つの効果を通して，ジェレミーの選択をE_0点からE_1点へと移動させる．所得効果と代替効果がどのように作用しているのか見るためには，二つの効果を分けて考えてみることが必要である．まず第一に代替効果の働きに焦点を当ててみよう．すなわち，相対価格は変化するが，彼の満足度は変わらないとしたときに，ジェレミーの消費がどうなるかを検討する．キャンディー・バーの価格が変化する以前と同一水準の満足度を維持するということは，彼は同じ無差別曲線I_0上にとどまるということである．したがって，代替効果は無差別曲線上の移動となって現れる．キャンディー・バーの価格が上昇するにつれて，ジェレミーは無差別曲線I_0上を右下方へ移動し，より多くのCDとより少ないキャンディー・バーを購入す

補論A　無差別曲線と消費の決定

図 3-15 ■ 無差別曲線を用いた代替効果と所得効果の説明

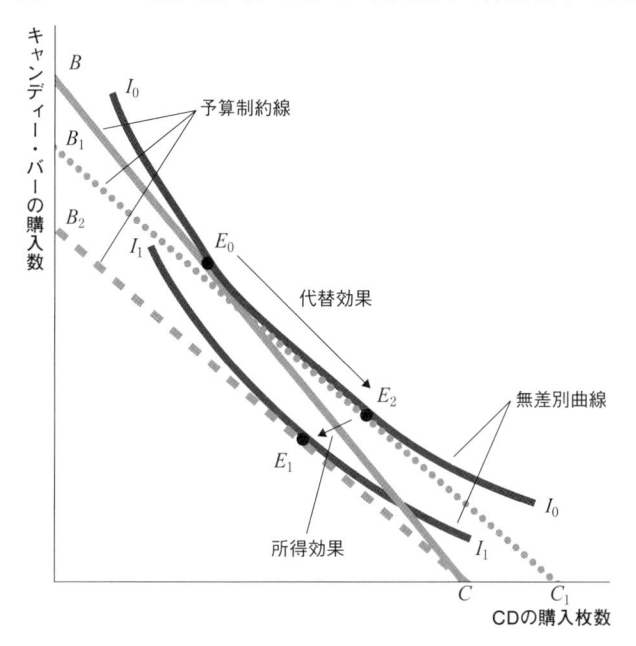

（縦軸：キャンディー・バーの購入数、横軸：CDの購入枚数。予算制約線 B, B_1, B_2、無差別曲線 I_0, I_1、均衡点 E_0, E_1, E_2、および C, C_1 が図示されている。）

キャンディー・バーの価格が上昇するとき，予算制約線は内側に回転する．ジェレミーの消費の選択が，E_0 点から E_1 点に変化することは，所得効果と代替効果に分けて説明することができる．直線 B_1C_1 は代替効果を示している．すなわち，相対価格が変化する一方で効用が以前と同じ水準に維持されるならば，個人の選択がどのように変化するかが示されている（ジェレミーは同じ無差別曲線上で選択することに注意してほしい）．代替効果は，ジェレミーの消費の選択を E_0 点から E_2 点に変化させるだけである．予算制約線の B_1C_1 から B_2C への変化は所得効果を示している．このとき相対価格は不変であるが，実質所得は変化する．所得効果によって，消費の選択点は E_2 点から E_1 点に変化する．

ることになる．図の E_0 点から E_2 点への移動が代替効果である．新しい予算制約線 B_1C_1 は新価格に対応したものであるが，ジェレミーの無差別曲線は同一であるという前提があるから，この移動は所得効果を考慮しない代替効果だけを反映したものである．

　キャンディー・バーの価格が上昇したときにジェレミーの無差別曲線を同一のまま維持するには，ジェレミーにより多くの所得が与えられなければならない．直線 B_1C_1 は，ジェレミーの無差別曲線が価格上昇前と同じだった場合の，新価格における新しい予算制約線である．この予算制約線 B_1C_1 は，相対価格は変化しているために，新しい予算制約線 B_2C と平行である．ここで，ジェ

レミーの無差別曲線を同一のものにするために置いた仮定を取り除いてみよう．すなわち（新しい水準での）相対価格を維持しながら，新しい予算制約線 B_2C と，それに対応した新しい均衡点 E_1 に達するまで所得を減少させればよいのである．所得水準だけが変化するときの E_2 点から E_1 点への移動が所得効果である．以上のように，当初の均衡点 E_0 から新しい均衡点 E_1 への移動は，E_0 点から E_2 点への移動である代替効果と，E_2 点から E_1 点への移動である所得効果に分けられるのである．

補論B-日本語版
消費の決定：数式による解説

　本章では，個人や家計が消費をどのように決定するかを検討してきた．ここではこの問題を数式を用いて説明することにしよう．ここで個人のCDの消費量をX，キャンディー・バーの消費量をYで表すが，当然，XとYは非負である．個人はこれらの2財を消費することから満足を得るが，各財をより多く消費することができれば，それだけ満足度が高まる．2財の消費量の組合せ(X, Y)と，消費者が享受する満足度，すなわち効用水準Uの関係は，次のような効用関数として表される．

　(1)　$U = U(X, Y)$

ここで，消費者の効用は財が多ければ多いほど大きくなるという仮定により，UはXとYの増加関数である．

　こうした効用水準を一定に保つ2財の消費量の組合せの軌跡が無差別曲線である．たとえば，U_1という効用水準を実現する2財の消費量の組合せは，

　　　$U_1 = U(X, Y)$

を満たす(X, Y)である．そうした組合せは無数にあるが，それらの組合せを結び合わせると無差別曲線になる．他の効用水準に対応する無差別曲線も同様に導くことができる．また，2財の消費がそれぞれΔXとΔYという微小分だけ変化したときの効用水準の変化分，すなわちΔUは，効用関数から次のように与えられる．

　　　$\Delta U = U_x \Delta X + U_y \Delta Y$

ただしU_xは，キャンディー・バーの消費量が不変であるときにCDを追加的にもう1単位需要することから得られる効用の増加率，すなわちCDの限界効用を示す．またU_yは，逆にCDの消費量が不変であるときにキャンディー・バーを追加的にもう1単位需要することから得られる効用の増加率，すなわちキャンディー・バーの限界効用である．効用水準を一定に保つ2財の変化分の比率（の絶対値），

　　　$-\left(\dfrac{\Delta Y}{\Delta X}\right)_{U:一定}$

を限界代替率と呼ぶが，それは無差別曲線の傾きに対応している．上の $\Delta U = U_x \Delta X + U_y \Delta Y$ 式で，

$$\Delta U = 0$$

と置くことにより，限界代替率は次のように示すことができる．

$$-\left(\frac{\Delta Y}{\Delta X}\right)_{U:一定} = \frac{U_x}{U_y}$$

すなわち限界代替率は，キャンディー・バーとCDの2財の限界効用の比率になる．また同じ無差別曲線上にあっても限界代替率は一定ではなく，Xの値が大きくなるとYの値は小さくなる．たとえば，図3-13において，A点を通る無差別曲線上でCDの購入数を増加させると，キャンディー・バーの購入数は減少する．このとき無差別曲線の傾きはゆるやかなものになり，限界代替率は小さくなる．すなわち，限界代替率は逓減する．

　個人は，こうした性質を持つ効用を最大化するように，消費の決定を行う．しかし消費者は予算制約に直面しているので，2財への支出は所得を超えることはできない．すなわち，個人の購入する財の価格は市場で与えられており，CDがp_x，キャンディー・バーがp_yで表される．また2財を購入するために用いることのできる所得水準がIで示され，所与であるとする．したがって，予算制約は次のように表すことができる．

(2) 　　$p_x X + p_y Y \leqq I$

ただし，2財の価格と個人の所得は所与であり，(2)式から2財の消費量の関係は，

$$Y \leqq \left(\frac{I}{p_y}\right) - \left(\frac{p_x}{p_y}\right) \cdot X$$

と書き換えることができる．したがって予算制約線は，縦軸との切片がI/p_yであり，傾きは$-p_x/p_y$となる．すなわち，CDの購入量がΔXだけ変化すると，キャンディー・バーの購入可能量は，

$$\Delta Y = -\left(\frac{p_x}{p_y}\right) \cdot \Delta X$$

だけ変化することになる．したがって予算制約線は図3-10のように右下がりの直線として示される．その直線より下側の領域の2財の組合せ(X, Y)を消費することは可能であるが，効用を最大化するためには利用可能な資金のす

べてを支出するので，個人は予算制約線上の消費を選択する．すなわち(2)式は等号で成立する．

図3-13から明らかなように，予算制約線上で効用が最大になるのは，無差別曲線と予算制約線が接する E 点である．すなわち，2財の最適な消費量は次の条件を満たさなければならない．

$$(3) \quad \frac{p_x}{p_y} = -\left(\frac{\Delta Y}{\Delta X}\right)_{U:一定}$$

この条件は，最適な消費水準においては，2財の相対価格が限界代替率に等しくなっていなければならないことを意味している．限界代替率逓減であり，無差別曲線が原点に対して凸であるため，上式(3)を満たす2財の消費量で効用水準は最大化されているのである．

2財の価格と所得水準が所与である2財の消費量の組合せ (X, Y) は，上の最適条件(3)と予算制約式(2)を満たすものとして導かれる．当然，所得水準や財の価格が変化すれば，選択される2財の消費量も変化することになる．たとえば，CDの価格 p_x が変化すると2財の消費量はともに変化するが，需要曲線は価格 p_x と選択された消費量 X との関係を示したものになる．(CDやキャンディー・バーなどの) 個々の財に対する需要は，一般的にはその財の価格のみならず他の財の価格や所得水準にも依存する．個々の財の需要量を価格や所得の関数として表したものが需要関数である．たとえば，CDの需要関数は，

$$(4) \quad X = d(p_x, p_y, I)$$

と表される．I の X に対する効果は，CDが正常財か下級財かにより異なる．正常財の場合には，その効果はプラスである．p_x の X に対する効果も，この財が正常財か下級財かに依存するが，一般的にはマイナスである（ただし例外的に価格が上昇するのに需要量が増加するようなギッフェン財の場合にはプラスとなる）．p_y の X に対する効果は2財が代替財か補完財かによるが，代替財である場合にはプラス，補完財の場合にはマイナスである．

次に応用例として，効用関数が，

$$U = X^a Y^b$$

と表される場合について考えてみよう．ただし a と b は正のパラメータである．このとき2財の限界効用はそれぞれ，

$$U_x = aX^{a-1}Y^b$$
$$U_y = bX^a Y^{b-1}$$

であり，限界代替率は，

$$-\left(\frac{\Delta Y}{\Delta X}\right)_{U:一定} = \frac{aY}{bX}$$

となる．したがって最適条件である(3)式は次のようになる．

$$\frac{p_x}{p_y} = \frac{aY}{bX}$$

これを書き換えると，

$$\frac{p_x X}{p_y Y} = \frac{a}{b}$$

となり，2財への支出額は「$a:b$」である．2財への支出額は所得Iに等しくなるため，2財の需要量はそれぞれ次のように導かれる．

　CDの需要量：

$$X = \left(\frac{a}{a+b}\right) \cdot \left(\frac{I}{p_x}\right)$$

　キャンディー・バーの需要量：

$$Y = \left(\frac{b}{a+b}\right) \cdot \left(\frac{I}{p_y}\right)$$

すなわちCDとキャンディー・バーのそれぞれの需要量は所得水準に比例的であり，またそれぞれの財自体の価格の減少関数になっている．この需要関数は(4)式とは異なり，他の財の価格には依存していないことに注意してほしい．

Chapter 4

第4章 企業と費用

Learning Goals

1. 企業が財・サービスを生産するときに直面する費用には，どのようなものがあるだろうか．
2. 平均費用と限界費用はどのような関係にあるだろうか．
3. 短期費用と長期費用はどのように異なるだろうか．
4. 複数の生産要素がある場合，企業はどのように費用を最小化するだろうか．

基本的競争モデルにおいて企業が直面する状況を考えてみよう．同一の生産物をつくっている多数の企業が他にもあり，各企業はその生産物を販売しようと互いに競いあっている．また価格差があればすぐに気がついてそれに応じた行動をとるような十分な情報を持った顧客を相手にしている．どの企業も市場全体の需要と供給の力によって決まる財の価格を受け入れざるをえない．市場価格よりも少しでも高い価格で売ろうとすれば，顧客のすべてを失うことになるからである．また，価格を下げることも意味がない．各企業は市場価格で望むだけの量を売ることができるからであり，価格を下げて売れば企業の利潤を減らすだけである．

すなわち，競争市場では，各企業はプライス・テイカー（価格受容者）である．どの企業も市場価格に影響を及ぼせるほど大きくはない．汎用のメモリーチップあるいは牛乳やアーモンドなどの農産物を生産する企業はどのような価格にするかを決める必要はなく，生産量を決めるだけでよい．市場で価格が決まるからである．

このとき，生産量を決定する主要な要因は，メモリーチップや牛乳を生産する費用である．企業の総費用は生産量，生産に用いる労働と資本の量，それら投入物の価格（賃金と利子）の影響を受ける．どのような生産量を選ぶ場合でも，企業は利潤を最大化するために生産の費用を最小にしようとする．本章では企業がどのようにして費用を最小にするか，また費用は産出水準にどのように影響を及ぼすかに焦点を当てよう．次の第5章では企業が利潤を最大にする産出水準をどのように選択するかについて示す．

ここでは「生産」や「財」という用語を用いるが，伝統的な意味での財を生産している製造業，鉱業，建設業，農業などの産業はアメリカ経済の3分の1を占めるにすぎないことを記憶にとどめておくことが重要である．残りの3分の2は，交通，教育，医療，卸・小売，金融などといった，主にサービスを生産する産業である．しかし本章で学ぶ理論は，サービスを生産している部門にも同じように適用できる．

1 利潤，費用，生産要素

　企業は，損失を出しつづければ，その事業資金を支払えなくなるので，存続すらできなくなる．企業はつねに，収益を上げつづけるよう迫られている．競争市場にある企業行動について論じるうえで，利潤最大化，すなわちできるだけ多くの収益を得るという動機，を出発点としておくことは有用である．

　利潤 profits の定義は簡単である．利潤は，企業がその生産物を販売することによって受け取る**収入** revenues から，生産物を生産するための費用を差し引いた値である．

　　　　利潤＝収入－費用

　コンピュータのメモリーチップを生産する企業が1個0.2ドルのチップを100万個販売したならば，収入は0.2ドル×100万＝20万ドル，になる．企業が受け取る収入は，販売数量と販売価格との積である．企業の費用は，財を生産するための総支出額と定義される．

　企業が財を生産するために用いるものを，投入物または生産要素と呼ぶ．それには労働，原材料，資本財などが含まれる．企業の総費用は，これらの投入物の費用を合計したものである．労働費用とは，雇用している労働者への賃金支払いと労働者を管理するために雇用している経営者への報酬を合わせたものである．原材料費は，原材料と中間財の費用からなる．中間財とは，その企業が他の企業から購入するすべての供給品である．たとえば農家にとっては種子，肥料，ガソリンが中間財であり，製鉄会社にとっては鉄鉱石，石炭，コークス，石灰石，電力などが中間財になる．資本費用は，機械の費用とビルや工場などの建造物の費用からなる．

　あらゆる企業は，自社の費用をできるだけ低く維持しようと努める．価格と産出水準を所与とすれば，その産出水準を得るための費用を最小化する方法を探し出すことによって，企業は利潤を最大化できるからである．したがって，利潤を最大化しようとする企業は，同時に費用を最小化しようとする企業である．企業はできる限りの範囲において，使用する労働，原材料，資本財の組合せをさまざまに変化させる．そして一定の品質と数量の生産物を生産するため

の費用を最小にする組合せを見つけ出すまで，企業は，その変更を続ける．

1.1 生産要素の一つが可変的な場合の生産

　企業がどのように費用最小化の方法を探し出すのかを理解する最も簡単な方法は，生産要素を二つ，すなわち一つの固定投入物（たとえば農家が所有する土地や，製造業者が所有する工場など）と一つの可変投入物（たとえば企業が雇う労働者数など）を用いて生産している企業について考えることである．ここで，産出水準の変化に伴って変化する投入物を可変投入物と呼ぶ．

　一定量の土地を持ち，労働という一つの可変投入物を用いて小麦を生産する農家という簡単な例から始めよう．農場主自身に加えて，従業者を雇うなどして労働量を増加させれば，産出量は増加する．このとき変化する生産要素（投入物）は労働量だけである．

　このとき生産に用いる投入量と産出量の関係を表すのが，**生産関数 production function** である．図4-1は，表4-1のデータに基づいて描かれた農家の

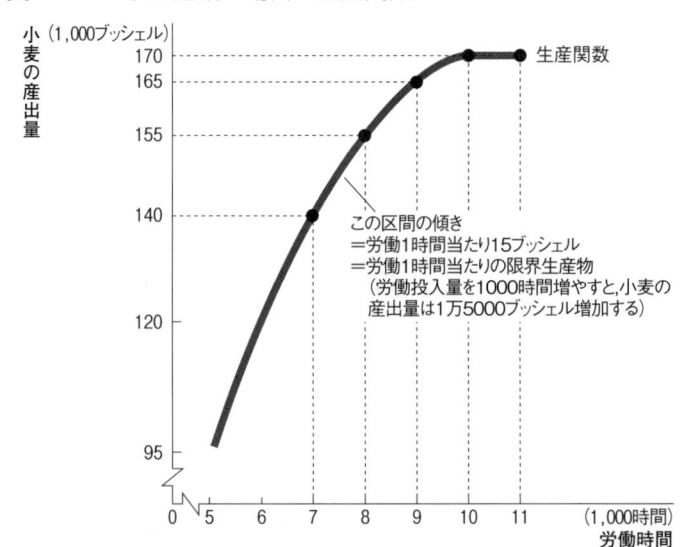

図 4-1 ■ 収益逓減の場合の生産関数

（労働の）投入量が増加すると，（小麦の）産出量も増加する．しかし労働に関して収益逓減があるので，労働の増加分に対する小麦の産出量の増加分はしだいに小さくなる．曲線の傾きは労働の限界生産物であり，労働増加に伴って傾きはゆるやかになる．

1. 利潤，費用，生産要素

表 4-1 ■ さまざまな労働投入量と小麦の産出量との関係

労働時間 （時間）	小麦の産出量 （ブッシェル）	限界生産物 （労働時間を 1000 時間追加する ことによって増加する産出量） （ブッシェル）
5,000	95,000	
6,000	120,000	> 25,000
7,000	140,000	> 20,000
8,000	155,000	> 15,000
9,000	165,000	> 10,000
10,000	170,000	> 5,000
11,000	170,000	> 0

生産関数である．生産要素（この場合には労働）1 単位の増加に対応した産出量の増加が，生産要素の**限界生産物** marginal product である．たとえば，1 年当たりの労働時間が 8000 時間から 9000 時間に増えると，産出量は 15 万 5000 ブッシェルから 16 万 5000 ブッシェルへと 1 万ブッシェル増加するとしよう．このとき追加された 1000 時間当たりの労働の限界生産物は 1 万ブッシェルとなる．限界生産物は表では右端の列に，図では生産関数の傾きとして示される．曲線の傾きとは，横軸に沿った 1 単位の増加（労働の増加）に伴う縦軸に沿った変化（生産の増加）である．

収益逓減 土地の量を固定したままで労働量を増加しつづけるこの小麦農家の場合，労働の限界生産物はしだいに小さくなる．これは第 1 章「需要と供給」ですでに見た収益（収穫）逓減の一例である．企業の生産関数の場合，収益逓減とは，追加されていく労働 1 単位が生み出す産出量の増加分がしだいに小さくなることを意味している．労働時間が 7000 時間から 8000 時間に増えたときには産出量は 1 万 5000 ブッシェル増加するが，8000 時間から 9000 時間に増えたときの産出量の増加は 1 万ブッシェルにすぎない．さらに高い水準の場合には収益逓減が非常に強く働くようになる．労働時間が 1 万時間から 1 万 1000 時間に増えたときには産出量はまったく増加しなくなる．図 4-1 において，収益逓減は労働量の増加に伴って生産関数の傾きがゆるやかになっていくことで示される．収益逓減とは，投入物の量の増加率よりも産出量の増加率

が小さくなることである．投入量が2倍になっても，産出量の増加は2倍以下にとどまる．

> **WRAP-UP**
>
> **収益逓減**
> 他の投入物が一定の場合，ある一つの投入物の量を追加していくと，限界生産物の量はしだいに少なくなる．

収益逓増　収益逓減の生産関数は最も重要なケースであるが，以下に示すように，それ以外にもさまざまなケースの生産関数がある．図4-2は，投入量（ここでは労働）が増加するとき，その増加率よりも高い率で産出量が増加する生産関数を示している．このような生産関数を持つ企業は，収益（収穫）逓増である．この図は，投入物が1種類の場合を描いたものだが，投入物の限界生産物が総産出量とともに増加していることがわかるだろう．すなわち，企業が大量生産している場合，企業が少量生産している場合よりも，労働者を1人

図 4-2 ■ 収益逓増の場合の生産関数

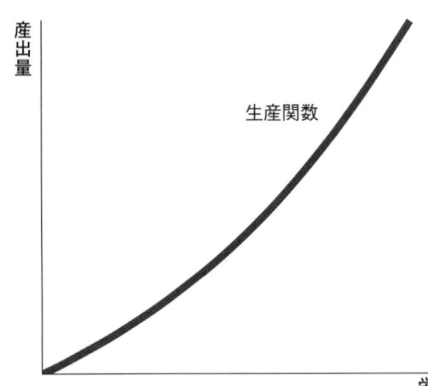

労働が増加するとき産出量も増加する．しかし労働の収益は，この図では逓増している．すなわち労働が増加しつづけるとき，産出量はより大きく増加しつづける．図に示されるように，収益逓増の場合には，労働の増加に伴って曲線の傾きはしだいに急になる．

1．利潤，費用，生産要素

追加することによる生産量の追加は大きい．

　たとえば，家庭から出るゴミを収集している企業を考えてみよう．この企業が契約している家が5軒に1軒という割合であったとしても，ある程度の費用はかかるだろう．しかしゴミ収集契約を5軒に2軒という割合に拡大できたならば，もちろん必要な労働量は増えるが，ゴミ収集のコースを短縮したり，収集作業を迅速化したりすることができるため，2倍以下の労働量で，産出量を2倍にできる．ゴミ収集作業のような一定地域内の住民に対するサービスの提供は，収益逓増がよくあてはまる例である．電話会社や電力会社もこれにあたる例である．

　収益一定　　収益逓減と収益逓増の中間には図4-3に示すような収益（収穫）一定の場合がある．このとき，投入物が追加される単位ごとの生産物の増加量は一定であり，投入量と産出量の関係は直線で表される．

　ここまで収益逓減，収益逓増，収益一定の場合を別々に説明してきたが，ほとんどの生産関数は産出水準に応じてこの3種類の収益の型が表れることを知っておくことが重要である．たとえば低い産出水準では投入量を1単位増加すると，それに比例する以上の産出増加が起こる（収益逓増）が，投入が増える

図 4-3 ■ 収益一定の場合の生産関数

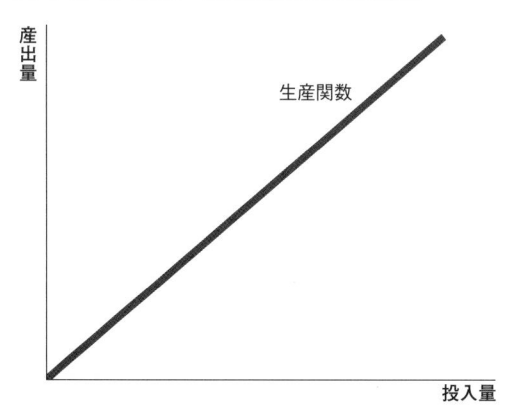

企業が生産を増加させたとき，労働の限界生産物が増加も減少もせず一定の場合である．このとき曲線の傾きは変化しない．

につれてしだいに収益逓減が始まる．農業生産において肥料を投入要素として使用するケースを考えてみるとよいだろう．こうした例は農業経済学者によって詳しく研究されている．小麦を植える大きな区画があるとしよう．1エーカー当たり5ポンドの窒素肥料を投入した場合，小麦の収穫量はきわめて低く，1エーカー当たり35ブッシェルであるとする．肥料を2倍にして1エーカー当たり10ポンド投入すると，1エーカー当たり80ブッシェルと小麦の収穫は2倍以上になる．これは収益逓増の例である．さらに肥料を2倍にして1エーカー当たり20ポンドにすると，収穫は1エーカー当たり160ブッシェルとなった．肥料の使用を10ポンドから20ポンドへと2倍にすると収穫が2倍になったのだから，これは収益一定の例であり，収益逓増だった肥料を5ポンドから10ポンドへ増加したときの収穫量の増加率よりも低い．農家が使用する肥料を1エーカー当たり40ポンドとさらに2倍にすると，収穫は1エーカー当たり200ブッシェルに増加する．この場合，収穫の増加率は2倍を下回り，肥料使用による収益逓減が始まっている．

1.2 さまざまな費用と費用曲線

　前項では，投入量と産出量の関係を表す生産関数について説明した．この生産関数が企業にとってなぜ重要かといえば，産出に対するさまざまな投入物の生産費用を決めるからである．これらの費用は，企業の利潤および企業の生産量決定の重要な要因である．

　固定費用と可変費用　　投入物の中には企業が産出水準を変えても変化しない投入物があり，これにかかる費用も変化しない．たとえば，企業は人事を管理する人材や従業員を監督する人材を雇用する必要があるだろう．このような投入にかかわる費用は，（ある程度までは）生産量が変わっても変化しない．このような費用を**固定費用 fixed costs** という．企業にとっては，生産がゼロであっても，最大限の生産活動を行っていても，同額の固定費用を支払わなくてはならない．図4-4には費用と産出量の関係が示されている．パネルAには，定義により産出水準とは無関係な固定費用が水平な直線として示されている．ここで具体例として，農機具と農場を2万5000ドルで購入して，農業を始めようとする人について考えてみよう．このとき，彼女の固定費用は2万

1. 利潤，費用，生産要素

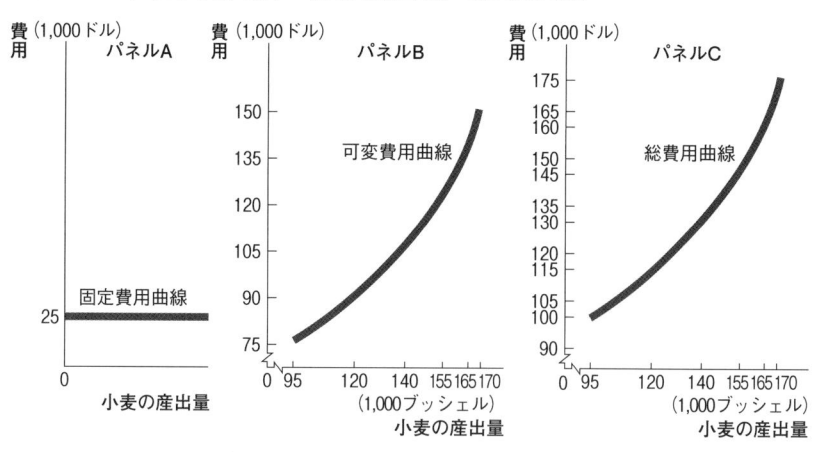

図 4-4 ■ 固定費用曲線，可変費用曲線，総費用曲線

パネルAは固定費用を表している．定義により，固定費用は産出水準と無関係に一定である．パネルBは可変費用曲線を表している．可変費用は産出水準とともに増加する．図において可変費用曲線の傾きがしだいに急になるのは，生産の増加分に対して費用の増加分がしだいに大きくなるという収益逓減を表している．パネルCは総費用曲線を表している．可変費用曲線と傾きが同じであるが，固定費用分だけ上方にシフトしている．

5000ドルである．

可変費用 variable costs は産出水準とともに変化する投入物にかかる費用である．分析対象期間において，企業が変えることができる費用はすべて可変費用である．労働費用や原材料費のような費用が，産出量の増減とともに増減するのであれば，これらは可変費用である．ここで例に挙げた農家の可変投入物が労働だけであれば，農家の可変費用は，各労働者の1時間当たりの賃金（時給）である15ドルとなる．表4-1で見た小麦の産出量に対応する可変費用が表4-2では総可変費用として示され，それを描いたのが図4-4のパネルBである．産出量が増加すると可変費用も増加し，曲線は右上がりになる．

総費用　表4-2には「総費用」という項目もある．**総費用** total costs とは，固定費用と可変費用の和と定義されるので，この列は総可変費用の列に固定費用の2万5000ドルを加えたものである．よって次の式が成り立つ．

　　　　　総費用＝総可変費用＋固定費用

これらの数値を示す総費用曲線は，図4-4のパネルCに描かれている．

表 4-2 ■ 小麦生産の費用

産出量 (ブッシェル)	労働量 (時間)	総可変費用 (ドル)	総費用 (ドル)	限界費用 (1ブッシェル 当たり・ドル)	平均費用 (1ブッシェル 当たり・ドル)	平均可変 費用 (1ブッシェル 当たり・ドル)
95,000	5,000	75,000	100,000	—	1.05	0.79
120,000	6,000	90,000	115,000	0.60	0.96	0.75
140,000	7,000	105,000	130,000	0.75	0.93	0.75
155,000	8,000	120,000	145,000	1.00	0.94	0.77
165,000	9,000	135,000	160,000	1.50	0.97	0.82
170,000	10,000	150,000	175,000	3.00	1.03	0.88

限界費用と限界費用曲線　これまで本書では，合理的な意思決定は限界費用と限界便益に関するトレードオフを比較考量することで行われる，ということを何度も確認してきた．もしアルバイトで労働時間を増やす機会が与えられているとすると，限界費用——追加の労働時間に（経済学の勉強をするなど）他にできたであろう事柄——と限界便益——ここでは追加所得——を評価する必要がある．企業の意思決定にも同じ論理があてはまる．企業は限界費用と限界便益に注目するのである．このように**限界費用 marginal cost**は最も重要な費用概念の一つであり，産出物をもう1単位追加的に生産するために必要となる費用の増加分，と定義される．

表4-2の小麦農家の例で見れば，労働の投入量を7000時間から8000時間に増加させると，小麦の産出量は14万ブッシェルから15万5000ブッシェルに増加する．したがって，追加労働1000時間当たりの労働の限界生産物は1万5000ブッシェルである．1時間当たりの賃金が15ドルとすると，産出量を1万5000ブッシェル増加させることにかかる費用は1万5000ドル（15ドル×1000時間）となる．小麦1万5000ブッシェルの増加にかかる限界費用は1万5000ドルである．1ブッシェル当たりの限界費用を求めるためには，費用（C）の変化を産出量（Q）の変化で割ればよい．

$$\frac{\Delta C}{\Delta Q} = \frac{1万5000ドル}{1万5000} = 1ブッシェル当たり1ドル$$

限界費用曲線は産出量を1単位増加するのにかかる限界費用を描いたものである．グラフを使って，総費用曲線から限界費用曲線を導出してみよう．限界

図4-5 ■ 限界費用と限界費用曲線

パネルA / **パネルB** / **パネルC**

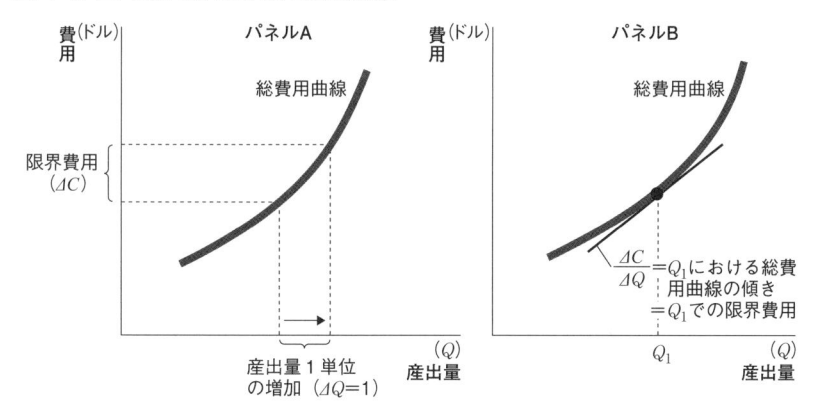

限界費用とは，パネルAに示したように産出量を1単位増加することによる総費用の変化分である．これから，限界費用とは，所与の産出水準における総費用曲線の傾き（$\Delta C/\Delta Q$）である（パネルB）．パネルCは小麦農家の例における限界費用曲線を示している．総費用曲線だけでなく限界費用曲線も右上がりになるのは，収益逓減の場合だからである．

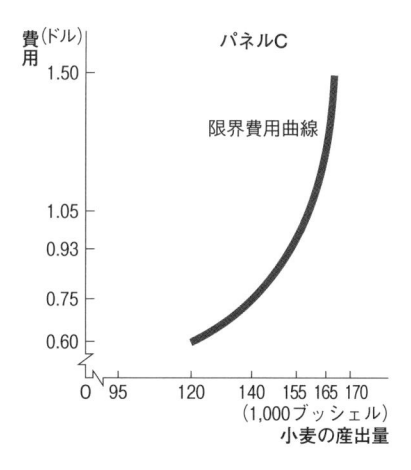

費用は，（横軸に沿った）産出量を1単位増加させるのに必要な（縦軸に沿った）総費用の変化分である．これを図示したものが図4-5のパネルAである．図4-5のパネルBはこの関係を別の方法で示したものである．総費用曲線に Q_1 点で接する接線の傾きが Q_1 点における限界費用である．つまり，限界費用曲線は各産出量における総費用曲線の傾きを表している．

図4-5のパネルCは小麦農家の例についての限界費用曲線である．限界費用曲線の傾きは，総費用曲線と同様にしだいに急になることに注目しよう．これは，産出水準が大きくなるにつれて，産出量を増加させることがしだいに困難になることを表している．これは，よく知られた限界収益逓減の法則の適用

例である．小麦農家の例において，農家は1000ブッシェルずつ産出量を増加させると想定してみよう．当初の産出水準が14万ブッシェルならば，この増加分にかかる限界費用は1000ドルである．しかし当初の産出水準が15万5000ブッシェルならば1000単位生産を増やすことによる限界費用は1500ドルになる．労働の限界収益逓減により，産出水準が高いときほど，限界費用は大きくなる．

平均費用と平均費用曲線 企業は**平均費用** average cost にも関心を持っている．これは総費用（TC）を産出量（Q）で割ったものである．

$$\text{平均費用} = \frac{\text{総費用}（TC）}{\text{産出量}（Q）}$$

平均費用曲線は，さまざまな産出水準での平均費用を示したものである．図4-6は，本章の小麦農家の例に対応する平均費用曲線を示したものである（限界費用曲線とともに描いているが，その理由は後で説明する）．（図4-4のパネルCと表4-2にある）総費用曲線をもとに，各産出水準において総費用（TC）を数量（Q）で割ることによって平均費用曲線が求められる．14万ブッシェルの小麦を生産するために7000時間の労働が必要で，賃金が1時間当たり15ドルであるから，総費用は13万ドル（10万5000ドル＋2万5000ドル）で，平均費用は1ブッシェル当たり0.93ドル（13万ドル/14万ブッシェル）である．産出量が15万5000ドルに増加すると，費用は14万5000ドルに増加するので，平均費用は1ブッシェル当たり0.94ドルになる．

典型的な平均費用曲線は図4-6のようにU字型になる．この理由を理解するためには，総費用を固定費用と可変費用に分けて考察する必要がある．生産をゼロから始めるときは，投入物にかなりの出費を要する．そしてこれらの固定費用は産出水準によって変化しない．産出量が増加すると，こうした固定費用はより多い産出量で分かち合うことになるから，産出単位当たりの平均費用の中でも固定費用による部分は下がっていく．かりに企業の費用が固定費用だけだとすれば，平均費用は産出量の増加につれて低下しつづける．

企業には可変費用もある．収益逓減が原因となって，企業の産出量はある水準を超えると追加産出単位ごとに必要な労働がしだいに多くなり，ある水準以上では産出を増やすことがほぼ不可能ということさえある．図4-1の生産関数

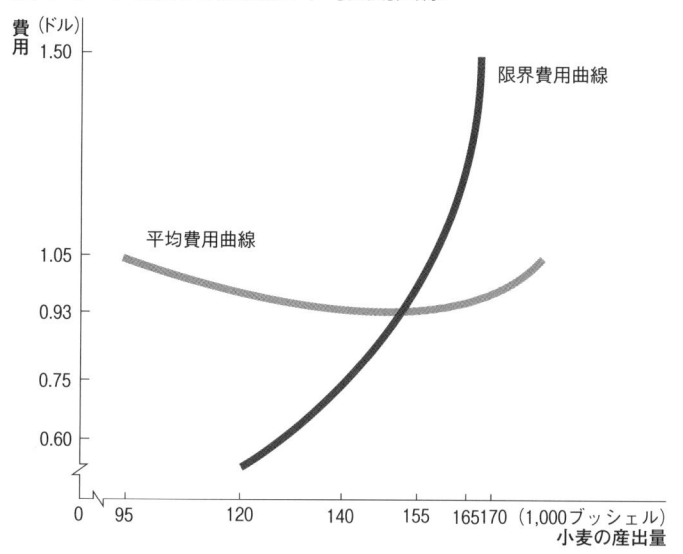

図4-6 ■ 限界費用曲線と平均費用曲線

この図は，表4-2の小麦農家の例についての限界費用曲線と平均費用曲線を示したものである．この例では投入物に関して収益逓減であったので，産出水準の増加とともに限界費用は増加し，限界費用曲線は典型的な右上がりの形になる．産出水準が増加しはじめた当初は，固定費用を大きい産出量で割ることになるので，平均費用は低下する．しかし，やがて可変投入物に関する収益逓減の影響が上回るようになり，平均費用は増加しはじめる．よって，典型的な平均費用曲線はU字型である．U字型の平均費用曲線の場合，限界費用曲線は平均費用曲線の最小点において交差する．

が産出量増加とともにゆるやかな傾きになり，また図4-4のパネルCの総費用曲線が産出量増加とともに急な傾きになるのは，このためである．

平均費用を総費用/産出量と定義したのと同様に，**平均可変費用 average variable costs** は次のように総可変費用/産出量と定義することができる．

$$平均可変費用 = \frac{総可変費用}{産出量}$$

産出量が増加するにつれて収益逓減の法則の影響が強まるので，平均可変費用は増加する．表4-2の最終列には小麦生産の平均可変費用が示されている．産出量が少ないうちは，平均固定費用の低下の影響力のほうが強く，平均（総）費用は減少する．しかし産出量がいったんある水準に達すると，平均可変費用が増大する影響力のほうが上回るので，平均総費用は増加する．このようにして，図4-6のような典型的なU字型の平均費用曲線が導かれるのである．

平均費用曲線がU字型であったとしても，平均費用を最小にする産出水準が非常に大きい場合には，実際にはそれに見合うほど多くの需要がないことがある．結果的に，その産業では，平均費用の最小点よりも低い産出水準で生産することになる．平均費用がU字型の場合に，平均費用を最小にする産出水準よりも小さい産出水準では，平均費用は低下している．このため，平均費用を最小にする産出量よりも少ない産出水準となる産業では，平均費用が低下する領域で操業することになる．ある産業が平均費用逓減である，と経済学でいうときには，あらゆる産出水準において平均費用が低下している，という意味ではなく，その産業で現在生産している産出水準において，平均費用が低下している，という意味であることが多い．

平均費用曲線と限界費用曲線の関係　　平均費用と限界費用の間には，図4-6に示されるような関係がある．限界費用曲線は，平均費用が最小になるU字の底で平均費用曲線と必ず交わる．限界費用曲線がつねに平均費用曲線の最小点で交わる理由を理解するためには，平均費用と限界費用の関係を考えてみればよい．限界費用が平均費用を下回る範囲内では，1単位の生産増加は平均費用を引き下げる．そのため，限界費用が平均費用を下回る範囲内では，平均費用曲線は必ず右下がりになる．一方，限界費用が平均費用を上回るようになると，1単位の生産増加は平均費用を引き上げる．したがって限界費用が平均費用を上回る場合には，平均費用曲線は必ず右上がりになる．

要素価格の変化と費用曲線　　これまでは，企業が使用する投入物（生産要素）の価格が固定されているとして，費用曲線を考えてきた．だが労働のような可変的投入物の価格が上昇した場合には，図4-7に示されるように，総費用曲線，平均費用曲線，限界費用曲線がすべて上方にシフトする．また小麦農家における土地の費用のような，固定費用のみが上昇する場合には，総費用曲線と平均費用曲線だけが上方にシフトする．固定費用は（定義により）産出量によって変化しないので，固定費用の変化は限界費用曲線にまったく影響を与えないのである．

例：デボラのウェブ・コンサルタントの仕事　　これまで挙げたさまざまな

1．利潤，費用，生産要素

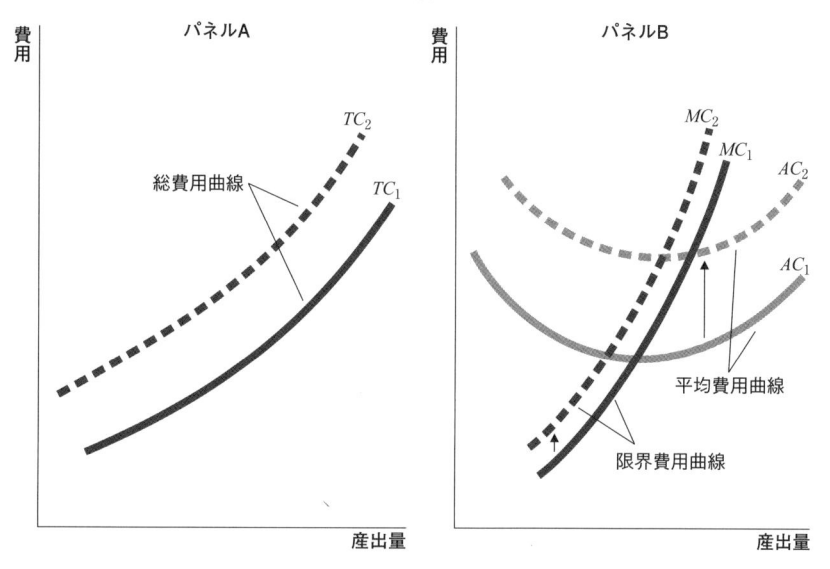

図 4-7 ■ 投入物の価格変化と費用曲線

（パネルA：総費用曲線 TC_1, TC_2／パネルB：限界費用曲線 MC_1, MC_2，平均費用曲線 AC_1, AC_2）

可変的生産要素の価格が上昇すると，総費用曲線，平均費用曲線，限界費用曲線は上方にシフトする．

費用概念を簡単な具体例によって説明し，またそれらを第 1 章「需要と供給」で紹介した機会費用の概念と関連づけることにしよう．

デボラは通学している大学のコンピュータサイエンス学部で，時給 5 ドルの指導助手のアルバイトをしている．彼女は週に合計 20 時間働いているが，受講する講義科目で良い成績を維持しながら働くには，これが最大限である．最近彼女は，教授が講義用に使うウェブ・ページの作成を手伝う仕事を始める決心をした．デボラはこの業務の 1 時間当たり料金を 20 ドルにする計画である．

開始にあたって，彼女は 125 ドルするソフトウエアを購入しなければならず，また処理速度が速いノート・パソコンを入手する必要があった．地元のコンピュータ店で必要なノート・パソコンを月 60 ドルでリースした．

表 4-3 と表 4-4 は，10 時間新しい仕事をした（そして 10 時間は指導助手の仕事を続けた）場合と 20 時間新しい仕事をした（そして指導助手の仕事を完全に辞めた）場合について，最初の週にかかる費用を整理したものである．

デボラはすでにソフトウエアを購入し，ノート・パソコンを借りているので，

■第4章■企業と費用

表 4-3 ■ ウェブ作成の仕事を10時間した場合の費用

(単位：ドル)

	固定費用	可変費用	合計
サンクコスト			
ソフトウエア	125		125
ノート・パソコンのリース	60		60
機会費用			
あきらめた所得		50	50
合計	185	50	235
収入			200
利潤			－35

表 4-4 ■ ウェブ作成の仕事を20時間した場合の費用

(単位：ドル)

	固定費用	可変費用	合計
サンクコスト			
ソフトウエア	125		125
ノート・パソコンのリース	60		60
機会費用			
あきらめた所得		100	100
合計	185	100	285
収入			400
利潤			115

　これらは固定費用と考えられる．すなわち新しい仕事に就くと決めた時間が10時間であろうと20時間であろうと，かかる費用は同じである．またたとえ彼女がウェブ作成の仕事をしないと決めても，ソフトウエアの費用とノート・パソコンの最初の1カ月のリース料はかかるので，これらはサンクコストでもある．

　可変費用には何が挙げられるだろうか．可変費用はデボラがウェブ作成の仕事をする時間数によって変化する費用である．ウェブ作成の仕事を1時間増やすごとに，指導助手の仕事は1時間少なくなる．新たな仕事1時間の機会費用

は，指導助手で得たはずの5ドルである．したがって彼女の可変費用は，指導助手をしないで失う1時間当たり5ドルの費用からなる．

以上のことからデボラの1週目の利潤を計算できる．彼女が10時間ウェブ作成をしたならば，収入は200ドル（時間当たり20ドル×10時間）であり，総費用は125ドル＋60ドル＋50ドル＝235ドルであるから，35ドルの赤字である．彼女が20時間ウェブ作成をした場合には，収入は400ドルに上昇するが，総費用は125ドル＋60ドル＋100ドル＝285ドルにしかならないので，400ドル－285ドル＝115ドルの利潤を生み出す．このように，彼女は仕事に利用可能な20時間すべてを新しい仕事に使い，指導助手の仕事を完全に辞めたほうが経済的に豊かになる．また，デボラには185ドルのサンクコストがあるので，完全に仕事を中止するよりも，10時間だけでもウェブ作成をするほうが得になることに注意しよう．新しい仕事を10時間すれば収入は200ドルになり，彼女の可変費用50ドルをまかなって余りあるからである．

WRAP-UP

費用の概念

1．固定費用：産出水準に関係なくかかる費用．
2．可変費用：産出水準に合わせて変化する費用．
3．総費用：生産のために必要なすべての費用で，固定費用＋可変費用で表される．
4．限界費用：産出を1単位増加させるために必要な費用．
5．平均費用：総費用を産出量で割ったもの．
6．平均可変費用：（総）可変費用を産出量で割ったもの．

2　短期費用曲線と長期費用曲線

ここまでは，量が固定的な投入物（その費用は産出量によって変わらない）と量が可変的な投入物（その費用は産出量によって変わる）を区別してきた．

そしてある期間では固定的な投入量や費用でも，期間が十分に長くなると産出量に応じて変化しうる，ということについては無視してきた．たとえば労働と機械という投入物の場合には，短期においては機械の供給量は固定されていると考えられる．そのためその期間に産出量を増加させるためには，労働を増加させるしかない．しかしより長期になると，機械も労働もともに調整できるようになる．短期費用曲線は，機械のストックが所与の場合の生産費用を表しているのに対して，長期費用曲線はすべての生産要素が調整できる場合の生産費用を表している．[1]

2.1 短期費用曲線

短期では，機械の数量は固定されており，増減することができる主な投入物は労働だけだと考えると，本章前半で示した可変的な生産要素が一つだけの場合の生産に関する分析が，短期費用曲線にもうまく適用できる．すなわち，短期平均費用曲線は標準的な U 字型になる．

2.2 長期費用曲線

生産設備が所与の場合の短期平均費用曲線が典型的な U 字型だとしても，長期平均費用曲線も同じ型になるとは限らない．生産の拡大に伴って，ある産出水準以上では第二の工場，さらに第三，第四の工場を建設したほうがコスト面で有利になると考えられる．図4-8 のパネル A の曲線 TC_1 は，企業が一つの工場を持っている場合の，さまざまな産出水準における総費用を示したものである．同様に，工場が二つになった場合のさまざまな産出水準における総費用曲線 TC_2 も示されている．産出量が非常に少なければ，一つの工場だけで生産したほうが安い（ TC_1 は TC_2 よりも低い）．だが，産出量が増加してくると一つの工場ですべてを生産するほうが費用がかかるようになる．つまり二つの工場を用いたほうが総費用は低くなり，ある産出量からは TC_1 は TC_2 よ

---

[1] 短期費用曲線と長期費用曲線の区別は本書第1章「需要と供給」(『スティグリッツ 入門経済学』第3章「需要，供給，価格」も参照）で示した短期供給曲線と長期供給曲線の区別に対応している．次章「競争的企業」ではこの対応関係を明らかにする．短期では，労働はすべて増減できるのに対して資本財は固定されている，と考えるのは極端にすぎる．たとえば企業にとっては，自動車を借りる場合のように，資本財のほうが変化させやすい場合もある．また企業が労働者と長期雇用契約を結んでいる場合など，短期において労働を変化させるのは困難な場合もある．

図4-8 ■ 短期費用曲線と長期費用曲線

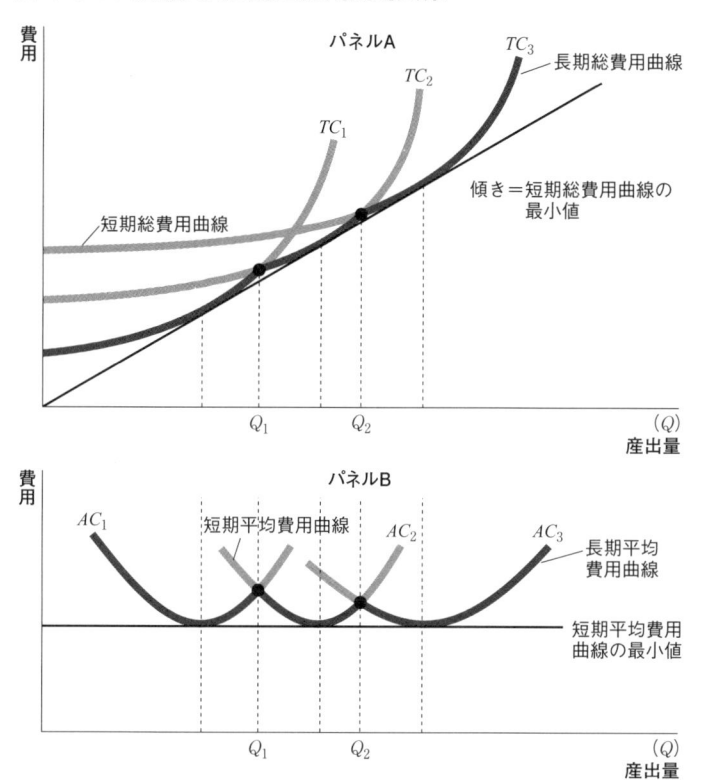

パネルA

パネルB

パネルAは，資本投入量をそれぞれ異なる水準に固定した場合の短期総費用曲線 TC_1，TC_2，TC_3 を示している．長期になると，費用最小化を行う企業はこれらのうちのどの曲線も選択できるので，長期総費用曲線は各産出水準での最小費用である3本の曲線の低い部分を結んで描かれる濃い線になる．パネルBは資本投入量をそれぞれ異なる水準に固定した場合の短期平均費用曲線 AC_1，AC_2，AC_3 を示している．長期になると，費用最小化を行う企業はこれらのうちのどの曲線も選択できるので，長期平均費用曲線は各産出水準での最小費用である3本の曲線の低い部分を結んで描かれる濃い線になる．

りも高くなる．また企業が三つの工場を建てた場合の総費用曲線は TC_3 である．それではこの企業は，いくつの工場をつくるべきだろうか．どのような産出水準においても，企業が総費用の最小化を図ろうとすることは明らかである．産出水準が Q_1 より少ないとき，一つの工場で生産したほうが総費用が低い．Q_1 と Q_2 の間では，二つの工場で生産し，Q_2 以上の生産をするならば，三つの工場で生産すると総費用は一番低くなる．したがって，この場合，企業が工

場数を調整できる長期総費用曲線は,図の三つの曲線の低い部分を結びあわせた濃い曲線となる.

同様の結果は,平均費用曲線を用いた図4-8のパネルBでも見ることができる.どのような産出水準においても企業が総費用の最小化を図るならば,各産出水準において平均費用も最小になる.パネルBもパネルAと同様に,企業が一つ,二つ,三つの工場で生産する場合のそれぞれの平均費用曲線を表したものである.企業は産出水準を計画すると,その計画した産出量において平均費用が最小となる工場数を選択する.もしQ_1以下の水準の生産を計画した場合には,平均費用曲線AC_1はAC_2をつねに下回っているから,建設する工場は一つである.またQ_1とQ_2の間の産出水準を計画した場合には,平均費用曲線AC_2はAC_1およびAC_3をつねに下回るから,二つの工場が建設される.同様に,Q_2以上の産出水準の場合には,建設される工場は三つになる.この場合の長期平均費用曲線は,図4-8のパネルBの濃い線で示されるこぶ状の曲線になる.

長期平均費用曲線でこぶが現れるのは,長期の企業は多くの選択肢があることを分析上無視して,工場を一つか二つか三つ建てるという選択肢しか考えなかったからである.企業が一つの工場を操業している場合,企業は新工場を建設する代わりに,たとえば既存工場に新しい生産ラインを追加することによって,増強する途がある.また既存工場に新しい機械を追加設置することもできる.こうした調整方法があると,図のAC_1とAC_2の間に細かく並んだ平均費用曲線群が現れる.企業が短期では固定された費用を少しずつ調整するあらゆる選択肢を分析に取り込むと,長期平均費用のこぶはしだいに小さくなり,ほとんどの事例では,無視できるほどになる.このため,長期平均費用曲線を描く場合にはふつうはこぶを無視してなめらかな曲線とするのである.

ところで,なめらかな長期平均費用曲線はどのような形になるだろうか.水平になるのか,右上がりになるのか,あるいは右下がりになるのか.この問題を考えるためには,企業がすべての投入物を同時に2倍にした場合,すなわち企業が雇用する労働者数を2倍にし,操業する工場数を2倍にした場合に平均費用に何が起こるかを考えればよい.投入物を2倍にしたときに,産出量も2倍になれば,平均費用は変化しない.より一般的には,すべての投入物を同率で増加させたときに,産出量も同率で増加するならば,平均費用は一定である.

この場合，長期平均費用曲線は水平であり，**規模に関して収益（収穫）一定** constant returns to scale である，という．この条件の下では，生産規模を変えても平均費用は一定である．多くの経済学者は，製造業では規模に関する収益一定が最も一般的であると主張している．企業はたんに，同じ工場をいくつか建設するだけで生産を拡大することができるからである．同様に，500人の学生に経済学入門を教える平均費用と250人の学生に教える平均費用は同じである．講義室をもう一つ増やし，教師をもう1人雇えばよいからだ．長期平均費用が一定の場合，産出量増加による限界費用は平均費用の値に等しくなければならない（さもなければ平均費用は変化してしまう）．したがって長期平均費用曲線と長期限界費用曲線は一致する．

　規模に関して収益一定が一般的ではあるが，他の型もありうる．すべての投入物を比例的に増加させても，産出量はそれより小さい率でしか増えない場合である．たとえば，すべての投入物を20％増加させても産出量は15％しか増加しなかったとしよう．費用が産出量よりも増加するので平均費用は上昇する．これは，**規模に関して収益（収穫）逓減** diminishing returns to scale の例である．規模に関して収益（収穫）逓減ならば，企業が生産を拡大するとき産出量よりも長期費用の増加のほうが大きいので，長期平均費用曲線は右上がりである．規模に関して収益（収穫）逓減ならば，小さいことが良いことで，大きいことは良くない．企業が成長しようとすると，工場を追加したりして管理運営が複雑化する．管理職階層の上に階層を加える必要が生じ，各階層は費用を増加させる．また企業が小規模な場合，オーナーが全労働者を監督できる．企業が成長するとオーナーは全員を監督できなくなり，監督を手伝う管理職を新たに雇うことが必要となる．企業がさらに成長すると多くの管理職を雇うようになり，オーナーは管理職を監督する管理職が必要になる．企業の産出量を2倍にするには現行の投入物を2倍にするだけではなく，管理のための新たな階層の追加が必要となり，それによって企業の意思決定は遅くなり，さらに費用がかかるようになる．多くの小さな企業は成長するにつれてこうした困難に直面し，平均費用が増加していく．急速な成長をめざす企業ほど費用を封じ込めようとして困難に陥ることが多く，多くの場合，成功しない．急速な成長の後で勢いがなくなった最近の企業としては，1990年代に一地方から全国チェーンへと成長したクリスピー・クリーム・ドーナツ社の例が挙げられる．規模に

関する収益逓減の場合には，産出量とともに長期平均費用が上昇するため，長期限界費用曲線は長期平均費用曲線を上回るようになる．

考察すべき最後の場合がある．すべての投入物を同率で増加させると，産出量がその率以上に増加する場合である．たとえばすべての投入物が20%増加したとき，産出量が25%も増加したとしよう．これは，**規模に関して収益（収穫）逓増** increasing returns to scale であり，**規模の経済** economies of scale があるともいわれる．企業規模が拡大するにつれて平均費用は低下するので，この場合，大きいことは良いこととなる．この規模に関して収益逓増は，産出量が低水準か中水準の場合に一般的に見られる．企業が一つの工場から10の工場に拡大しても，一つの管理部門で足りるだろう．さらに，工場の基本設計にかかる費用は一度かぎりである．多くの店舗を持つマクドナルド社やウォルマート社のような企業は，フロリダだろうとミネソタだろうと，ごく少種類の店舗設計しか用いていない．企業運営に伴うこれらの共通費用は，産出量の増加ほどには増加しないため，長期平均費用は図4-9のパネルAに示すように，やや右下がりの曲線となる．

しかし，ほとんどの企業では，生産規模が非常に大きくなると，規模に関する収益逓減がしだいに始まる．企業は規模を拡大させるにつれて工場を新設し，増大する経営管理の問題に直面しはじめる．管理階層の上に管理階層を追加するようになり，各階層が費用を増加させる．このため高い産出水準において長期平均費用曲線は図4-9のパネルBのように上昇しはじめる．

しかし，非常に大規模な産出量においてさえ規模に関して収益逓増となる産業もある．企業が産出を増やすと，小さい企業が用いる機械よりも大型で効率的な機械を利用できるようになる．ソフトウエア産業は規模に関する収益逓増を享受している．一度プログラムが書かれれば，保存用の空のCDと流通費用だけという，非常に小さな追加費用で生産を拡大できるからだ．高い生産水準になると，ソフトウエア開発の初期費用は，大きな産出量で分かち合うことができるため，平均費用を引き下げる．規模に関して収益逓増ならば，長期平均費用曲線と長期限界費用曲線は図4-9のパネルCのように右下がりとなる．

図 4-9 ■ さまざまな長期平均費用曲線

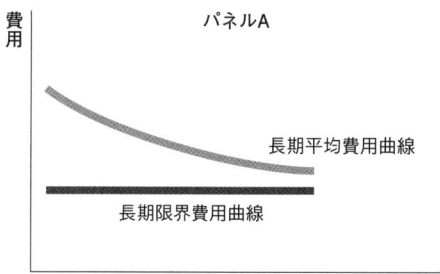

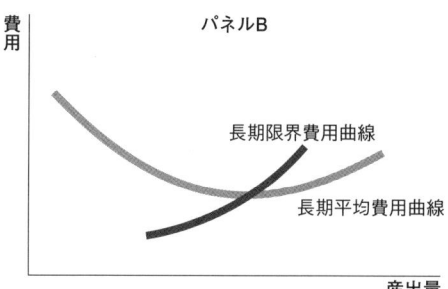

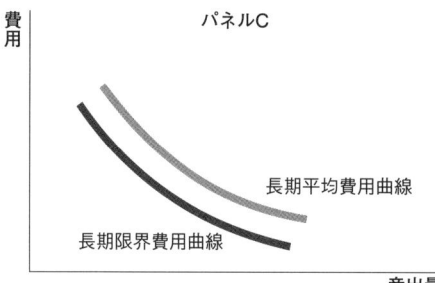

パネルA
長期平均費用曲線
長期限界費用曲線

パネルB
長期限界費用曲線
長期平均費用曲線

パネルC
長期平均費用曲線
長期限界費用曲線

パネルAは，共通費用がある場合を示している．長期平均費用曲線は右下がりになるが，産出量の増加とともに傾きはゆるやかになる．パネルBは企業規模の拡大に伴って管理のための費用が増加し，平均費用と限界費用が増加しはじめる場合である．パネルCは規模に関して収益逓増の場合であり，長期限界費用も長期平均費用も下がりつづける．

WRAP-UP

企業の費用：重要概念

1. 利潤は総収入から総費用を引いたものである．
2. 限界費用は産出量を1単位増加することによる追加費用である．高い産出水準では，収益逓減が強まるので，限界費用が上昇するのが一般的である．
3. 産出量が増加するにつれて平均固定費用は低下するが，平均可変費用はしだいに上昇する．その結果，典型的な平均総費用曲線はU字型となる．
4. 長期平均費用曲線は，短期平均費用曲線のうち最も低い部分を結んだものである．
5. 規模に関する収益（収穫）：すべての投入物の量を2倍にしたとき産出量が2倍以上になるならば規模の経済がある，という．この場合の長期平均総費用曲線は右下がりである．すべての投入物の量を2倍にしたとき産出量が2倍以下になるならば規模に関して収益（収穫）逓減である，という．この場合の長期平均総費用曲線は右上がりである．すべての投入物の量を2倍にしたとき産出量が2倍になるならば規模に関して収益（収穫）一定である．この場合の長期平均総費用曲線は水平である．

費用曲線間の関係

1. 産出水準 Q における限界費用は，産出水準 Q における総費用曲線の傾きの大きさである．
2. 限界費用が平均費用よりも小さいとき，平均費用曲線は右下がりとなる．限界費用が平均費用よりも大きいとき，平均費用曲線は右上がりとなる．その結果，限界費用曲線は，平均費用が最小である点で平均費用曲線と交わる．

Internet Connection
経済用語の定義

平均費用，限界費用，可変費用，収益逓減，規模の経済などの用語の意味を明確にしようとしても紛らわしいことがある．インベストペディアは，経済用語のオンライン辞書を提供している（http://www.investopedia.com/dictionary/）．経済用語の定義などに関する他の有益な情報源は，エコンクラスルーム・ドット・コムが運営する授業 classroom のページである（http://www.econclassroom.com/）．

3 生産要素が複数の場合の生産

一つの固定要素と一つの可変要素という二つの生産要素だけでの生産を分析したここまでの基本的な考え方は，さまざまな投入物を用いて多様な製品を生産している企業にも適用できる．基本的な違いは，多くの種類の生産要素がある場合には，同じ生産量でもさまざまな生産方法がありうるということである．したがって費用最小化のためには，さまざまな投入物の組合せの間で費用を比較することになる．

3.1 費用の最小化

ある一つの財を生産するにも，さまざまな種類の投入物を異なった量だけ用いるいくつもの生産方法があるのが普通である．たとえば表 4-5 は，自動車フレームをつくる工程を示したものであるが，自動化の程度が高くほとんど労働力を用いない工程と，自動化の程度が低く比較的多くの組立て工具を必要とする工程の，二つの方法が示されている．表には，それぞれの工程で 1 日に必要な賃金と資本の費用が計算されている．どちらの工程を選んでも，自動車フレームの生産台数は（たとえば 1 日当たり 1 万台というように）同じである．こ

表 4-5 ■ 生産の費用

投　入　物	自動化の程度が高い工程	自動化の程度が低い工程
労　　働	50 人時 × 20 ドル = 1,000 ドル	500 人時 × 20 ドル = 10,000 ドル
機　　械	5 台 × 1,000 ドル = 5,000 ドル	2 台 × 1,000 ドル = 2,000 ドル
合　　計	6,000 ドル	12,000 ドル

の単純化された例では，労働者のすべてが同質で（すなわち同じ技能を持ち），それゆえ同一の賃金を得ており，機械の費用もすべて同じであるとしている．表からわかるように，ここで決めた労働費用（1時間当たり20ドル）と機械の費用（1日当たり1000ドルのリース料）という条件の下では，自動化の程度が低い工程のほうが明らかに費用が多くかかる．

表には，二つの工程のケースだけが示されているが，一方の投入量をわずかに増やし他方の投入量をわずかに減少させる，というように連続的に生産工程を変化させながら，しかも同じ産出水準を維持するケースがありうることは明らかである．言い換えるならば，企業は，ある投入物の代わりに他の投入物を用いるという代替をスムーズに行うことができる．自動車フレーム生産を例にとると，自動化の程度がわずかずつ異なるさまざまな機械がある場合である．ただし労働量を大きく減らすことができる機械ほど，より高価になるだろう．このように，実際に企業が投資を決定しようという場合には，表に示された二つの案の間にさまざまな中間的な選択肢があるのである．

3.2 代替の法則

複数の生産要素がある場合に，費用最小化の原則から導き出される最も重要な結論は，ある投入物（たとえば労働）の価格が他の生産要素の価格に比べて上昇したときには，その相対価格の変化によって，企業は高価になった生産要素に代えて，安価になった生産要素を用いる，ということである．これは（『スティグリッツ 入門経済学』第3章「需要，供給，価格」ですでに触れた）一般的な代替の法則の一例である．

代替の法則は表4-5の数字を使って具体的に説明することができる．賃金が1時間当たり20ドルで，機械の費用が1000ドルであったとすれば，自動化の程度が高い機械を用いることによって，一定の産出量を低い費用で生産する

3．生産要素が複数の場合の生産

ことができる．しかし機械の価格が3500ドルに上昇したとしよう．すると自動化の程度が高い工程は1万8500ドルかかるのに対して，自動化の程度が低い工程の費用は1万7000ドルになる．双方の工程の費用がともに上昇するが，自動化の程度が低い工程の費用上昇のほうが小さく，この場合こちらが低い費用の生産方法になる．結果として，多くの企業は自動化の程度の高い工程から自動化の程度の低い工程に転換するだろう．このようにして，企業は価格が上昇した生産要素（この場合には機械）を減らすような代替を行うことができる．

どの投入物の価格が上昇しても，費用曲線は上方にシフトする．ただしそのシフト幅は，その投入物が当初にどれだけ使われているか，あるいは他の投入物とどれだけ代替が容易なのか，などを含むいくつかの要因に依存している．その生産工程でその投入物の使用量が多ければ，費用曲線のシフト幅は大きくなる．また投入物の価格の上昇幅が大きく，しかも他の投入物と容易に代替できないならば，代替財が容易に求められる場合に比べて，費用曲線は大きく上方にシフトする．

代替が簡単にできる場合もあれば，代替には時間がかかり困難な場合もある．石油価格が1973年に4倍，1979年には再び2倍に高騰したとき，石油使用を節約するため，企業はさまざまな方法を見つけ出した．たとえば，エネルギー源を石油から天然ガスへと転換させたり（電力会社の場合には石油から石炭に転換させた），アルミニウムやプラスチックのような軽量の素材を用いた燃費効率の良い乗用車やトラックが製造されるようになった．こうした代替は時間を要したが，着実に進行したのである．

代替の法則は，何の影響も受けることなく価格引上げができると考えている人々に警告を与えるものである．かつてアルゼンチンは，良質な染料の原料として広く用いられていた亜麻仁油に関して世界的な独占支配力を有していた．アルゼンチンは，亜麻仁油に関して競争相手はいないのだから，値上げしても誰もが買わざるをえないと考えていた．しかし実際は亜麻仁油の価格が上昇するにつれて，染料業者は同じような機能を有する他の天然油と代替することを学んだのである．

このほかにも，労働の価格（賃金）上昇に関する例が挙げられる．アメリカでは，自動車産業と鉄鋼産業の労働組合が1960年代から1970年代にかけての好況期に，組合員の賃金の大幅な引上げを要求し，企業は高い賃金を支払う

ことになった．しかし企業は同時期に生産工程の自動化（機械化）を強力に進め，労働力への依存度を低下させていった．こうした努力によって，これらの産業ではしだいに雇用の削減が始まったのである．

CASE IN POINT
代替の法則と地球温暖化

　産業革命開始以来200年の間に，大気中の二酸化炭素は莫大な増加を見せ，その濃度は上昇しつづけている．こうした二酸化炭素や関連するガス（温室効果ガスと呼ばれる）の濃度の上昇が地球温暖化を引き起こし，環境に深刻な負荷を与える可能性がある，ということがしだいに共通認識となってきた．こうした認識を受け，温室効果ガスの増加抑制に向けて取り組んだ1992年のリオ・デ・ジャネイロの合意（リオ宣言）や，続く1997年の京都議定書に，世界各国が署名し，温室効果ガス削減への国際的コミットメントが強化された．しかしこれらが効果を発揮するために，京都議定書は世界の温室効果ガスの少なくとも55%の原因となっている国々により批准される必要があった．ビル・クリントン大統領は京都議定書の目的は支持したが，上院での敗北が目に見えていたので，承認を得るための上院への法案提出を行わなかった．2001年にはジョージ・W・ブッシュ大統領が条約への反対を表明し，事実上アメリカが条約を批准しないことを保証した．2005年はじめにロシアが批准してからはしだいに効力を発揮した．議定書では2012年までに先進国の排出量の大幅な削減を義務づけている．

　経済学的な見方からすると，温室効果ガス削減問題における核心は代替の法則である．温室効果ガスの増加率を引き下げるには，エネルギー使用を低下させ，石炭のような温室効果ガスを大量に排出するエネルギー源から，排出が少ない天然ガスやまったく排出しない水力発電のようなエネルギー源へ代替する必要がある．たとえば温室効果ガスの排出量に応じて燃料に課税することによって，温室効果ガスを発生するエネルギーの費用を高めれば企業が温室効果ガスをほとんど排出しないエネルギーに代替するインセンティブを作り出すことができるだろう．

> **WRAP-UP**
>
> **代替の法則**
>
> 企業は，ある投入物の価格が上昇すると，他の投入物で代替しようとする．

4 範囲の経済

　ほとんどの企業は複数の財を生産している．どの財を，どれだけ，どのような方法によって生産するかは，企業の経営者が直面する中心課題である．複数の財の間に何の関連もないとするならば，この問題はきわめて単純なものになるが，一つの製品の生産が他の製品を生産する費用に影響を及ぼす可能性がある．

　ある生産工程で複数の生産物が生産されることがあるが，これを**結合生産物 joint products** という．製油所では，原油からガソリン，潤滑油，ディーゼル燃料を生産する．原油から精製されるガソリンが増えると，精製工程の副産物として潤滑油やディーゼル燃料の生産も増える．

　複数の種類の財を別々に生産するよりもまとめて生産したほうがその費用が安価になる場合を，**範囲の経済 economies of scope** があるという．範囲の経済の概念によって，複数の経済活動が同一企業によって行われることが多い理由がわかる．あなたが使う携帯電話会社はおそらく文字通信サービスも提供しているだろう．ピープルソフト社（今はオラクル社の一部）は，人事管理，財務，情報技術，資材調達，マーケティング，業務サービス，販売等，さまざまなビジネス用ソフトを提供している．一つの会社がこれらのソフトを同時に生産するほうが，各ソフトを別々の会社が生産するよりも費用が少なくてすむからである．

復習と練習
Review and Practice

■要約

1. 企業の生産関数は，投入物の組合せと産出量の関係を表している．いずれかの投入物を1単位増加させたときの産出量の増加は，その投入物の限界生産物である．
2. 短期限界費用曲線は一般には右上がりである．生産要素の限界収益逓減により，生産物を限界的にもう1単位生産するための投入量が増加しつづけるからである．
3. 典型的な平均費用曲線はU字型である．U字型の平均費用曲線では，限界費用曲線と平均費用曲線は平均費用曲線の最小点で交差する．
4. 経済学では，短期費用曲線と長期費用曲線を区別することが多い．短期においては，企業は資本ストックを変化させることが不可能であると仮定される．長期ではそれを変化させることが可能となる．短期平均費用曲線がU字型であっても，長期平均費用曲線はさまざまな形をとりうる．たとえば，水平であったり，右下がりのままであったり，右下がりの後に右上がりになる，などである．
5. さまざまな投入物を変化させることができる場合に，一つの投入物価格が上昇すると，投入物間の相対価格の変化によって，企業は相対的に安くなった投入物で代替するようになる．これは代替の法則の一例である．
6. 2種類の生産物を別々に生産するよりも，その二つを同時に生産したほうが安く生産できる場合には，範囲の経済が存在する．

■キーワード

利潤　　収入　　生産関数　　限界生産物　　固定費用　　可変費用
総費用　　限界費用　　平均費用　　平均可変費用
規模に関して収益(収穫)一定　　規模に関して収益(収穫)逓減
規模に関して収益(収穫)逓増(規模の経済)　　結合生産物
範囲の経済

Q 復習問題

1. 生産関数とは何だろうか．1種類の（可変）投入物を投入する場合，その投入物の増加率以下でしか産出量が増加しないのが普通であるが，それはなぜか．生産物と投入物の関係はほかにどのような形状をとりうるだろうか．これらの生産関数の形状と費用関数の形状はどのような関係にあるのだろうか．（ヒント：1.1 項「生産要素の一つが可変的な場合の生産」）

2. 総費用，平均費用，平均可変費用，限界費用，固定費用というさまざまな費用概念があるが，それぞれどんな意味だろうか．これらの費用概念の間にはどのような関係があるのだろうか．短期費用と長期費用とは何か．また，それらの間にはどのような関係があるのだろうか．（ヒント：1.2 項「さまざまな費用と費用曲線」および 2 節「短期費用曲線と長期費用曲線」）

3. 短期平均費用曲線が U 字型をとることが多いのはなぜだろうか．U 字型の平均費用曲線において，平均費用と限界費用の関係はどのようになっているか．平均費用曲線が U 字型ならば，総費用曲線はどのような形状をとるのだろうか．（ヒント：1.2 項「さまざまな費用と費用曲線」，特に「平均費用と平均費用曲線」「平均費用曲線と限界費用曲線の関係」．3 問目は U 字型となるような固定費用，限界費用のときの総費用曲線を考えなさい．）

4. 投入物の価格が上昇したとき，平均費用，限界費用，総費用はどうなるか．（ヒント：1.2 項「さまざまな費用と費用曲線」，特に「要素価格の変化と費用曲線」）

5. 企業が数種類の可変的投入物を用いており，そのうちの 1 種類の価格が上昇したとき，企業はその投入物を増やすだろうか，減らすだろうか．その理由は何だろうか．（ヒント：3.2 項「代替の法則」）

6. 規模に関して収益逓減，収益一定，収益逓増とは何だろうか．またどのような場合に起こるのだろうか．生産関数についてのそれぞれの性質と，長期平均費用曲線，長期総費用曲線の形状との間にはどのような関係があるのか．（ヒント：2.2 項「長期費用曲線」）

7 範囲の経済とは何だろうか．それは，企業が生産物を選択する際にどのような影響を持つのだろうか．（ヒント：4節「範囲の経済」）

Q 練習問題

1 トムとディックは理髪店を所有していて，店員を何人雇うか決めなければならない．理髪店の生産関数は以下の通りである．

店員の数	1日の散髪者数	限界生産物
0	0	
1	12	
2	36	
3	60	
4	72	
5	80	
6	84	

店員を1人多く雇うときの限界生産物を計算し，表の右の列を埋めなさい．労働の限界生産物はどの範囲で逓増，一定，逓減となるか．また生産関数の図を描きなさい．図を見て，どの点で労働の平均生産性が最大になるかを考えなさい．答えを導くために，各点での平均生産性を計算しなさい．（ヒント：1.1項「生産要素の一つが可変的な場合の生産」．ただし，平均生産性＝産出量／投入量である．）

2 理髪店の共通費用は1日当たり160ドルであり，店員への支払いは1日当たり80ドルである．練習問題1の情報にこの情報を付け加えて，産出量，必要労働量，総可変費用，総費用，限界費用，平均可変費用，平均費用の各項目を付け加えた表を作りなさい．1回の散髪の料金が10ドルで，この店の1日の顧客が80人であるとすると，1日当たりの利潤はいくらになるだろうか．（ヒント：1.2項「さまざまな費用と費用曲線」）

3 練習問題1と練習問題2の情報を用いて，この理髪店の総費用曲線を図に描きなさい．次に限界費用曲線，平均費用曲線，平均可変費用曲線の図を描きなさい．これらの曲線はあなたが予想したような形状になっただろうか．限界費用曲線と平均費用曲線は，あなたが予想したように平均費用曲

線の最小値の点で交差しているだろうか．（ヒント：1.2 項「さまざまな費用と費用曲線」）

4 企業は二つの方法で生産することができるとしよう．一つは固定費用が 10 ドルで限界費用が 2 ドルの場合であり，もう一つは固定費用が 20 ドルで限界費用が 1 ドルの場合である．二つの方法のそれぞれについて総費用曲線と平均費用曲線の図を描きなさい．どの産出水準で企業は固定費用の低い技術を用いるだろうか．どの産出水準で企業は固定費用の高い技術を用いるだろうか．（ヒント：限界費用が一定の場合の可変費用曲線はどのような形状かを考えなさい．図 4-4「固定費用曲線，可変費用曲線，総費用曲線」および図 4-8「短期費用曲線と長期費用曲線」）

5 表はあるピザ会社の費用のデータを示したものである．この会社の総費用，限界費用，平均総費用，平均可変費用の欄を埋めなさい．また総費用曲線のグラフを描きなさい．限界費用曲線，平均費用曲線，平均可変費用曲線のグラフを別の図に描きなさい．規模に関する収益逓増を示す産出水準はあるだろうか．規模に関する収益逓減を示す産出水準はあるだろうか．（ヒント：1.2 項「さまざまな費用と費用曲線」，図 4-1「収益逓減の場合の生産関数」，図 4-2「収益逓増の場合の生産関数」）

ピザ	固定費用	可変費用	総費用	限界費用	平均総費用	平均可変費用
0	1000 ドル					
200	1000 ドル	360 ドル				
400	1000 ドル	840 ドル				
600	1000 ドル	1440 ドル				
800	1000 ドル	2160 ドル				
1000	1000 ドル	3000 ドル				
1200	1000 ドル	3960 ドル				
1400	1000 ドル	5040 ドル				
1600	1000 ドル	6240 ドル				
1800	1000 ドル	7560 ドル				
2000	1000 ドル	9000 ドル				

補論A-日本語版

投入物が複数の場合の費用最小化

　ここでは，費用最小化という基本原理は，企業は生産に用いられる複数の投入物の組合せをどのように決定しているかを分析する際にも適用できることを示す．このためには，第3章「消費の決定」補論A「無差別曲線と消費の決定」で用いたものと類似した概念と分析方法を使う．そこでは，個々の家計がいかにして購入する財の組合せを決定しているかを分析したが，本章補論では企業の場合を分析することになる．

A.1 等量曲線

　ある一定の産出量を生産するための投入物の組合せを図示したものが**等量曲線（等産出量曲線）isoquants** である．これは等しいことを意味するギリシャ語の"iso"と数量を意味する英語の"quantity"の短縮形である"quant"を組み合わせた用語である．すなわち等量曲線は同じ産出量を生産するさまざまな投入量の組合せを図に表したものである．

　利用できる労働と資本の組合せが多数ある場合を考えてみよう．等量曲線は図4-10のパネルAのように，各技術に対応する多数の点からなり，これらの点を結ぶ線分は二つの技術の組合せを表す．この利用可能な組合せの数が非常に多い場合には，パネルBに示すように等量曲線はなめらかな曲線となる（経済学では，このようななめらかな曲線として等量曲線を表すことが多い）．

　また図4-10のパネルBに示されているように，さまざまな産出水準に対応したさまざまな等量曲線を描くことができる．図に見るように，右上方の等量曲線は高い産出量，左下方の等量曲線は低い産出量に対応している．[2]以前に学んだ生産関数と等量曲線の間には単純な関係がある．生産関数とは，投入物のさまざまな水準に対応する産出量を表したものである．一方，等量曲線は，

---

[2] 第3章補論A「無差別曲線と消費の決定」で無差別曲線について学んだ読者ならば，等量曲線と無差別曲線の類似性に気づくだろう．無差別曲線が個人に同じ満足度（同一の効用水準）をもたらす財の組合せを表しているのに対して，等量曲線は企業に同じ産出水準をもたらす財（投入物）の組合せを表している．

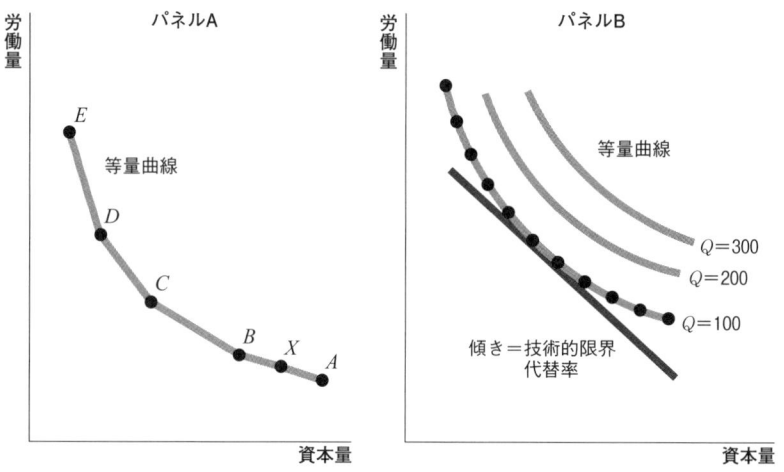

図 4-10 ■ 等量曲線と技術的限界代替率

パネルAは生産方法の選択肢が多数ある場合の等量曲線である．パネルBでは生産方法の選択肢の数がさらに増えて，等量曲線はなめらかな曲線になっている．等量曲線の傾きは，一方の投入物の1単位の減少を補うために，他方の投入物をどれだけ増加させなければならないかを示している．これが技術的限界代替率である．

ある一定の産出量を生産するための投入物の水準を表したものになる．

A.2 技術的限界代替率

　限界代替率の概念は，第3章補論Aにおいては，（効用水準を低下させないように）ある財を減らすには他の財をどれだけ増やせばよいか，というトレードオフを表すものとして導き出された．この概念は，企業がどのような技術を選択するかを分析するうえでも有用である．企業の場合の限界代替率は，個人の選好ではなく，実際の物的な事実として定義される．企業が，最終的な産出量の水準が同一になるように，ある投入物を1単位減らして他の投入物を増やすときに，その追加的に必要とされる投入量を**技術的限界代替率** marginal rate of technical substitution という．

　実例に基づいて，この概念を学んでみよう．ある企業が，使用している資本量を機械1台分減らすが，労働者を2人多く雇うことによって，同じ産出量を維持できるならば，2人の労働者が機械1台の代わりをしたことになる．この

場合の労働者と機械の技術的限界代替率は，2/1 である．図 4-10 のパネル B に示されるように，技術的限界代替率は等量曲線の傾きになる．この傾きは，同一の産出量を生産する場合，1 単位の資本の減少を補うためには，どれだけ労働を増加させる必要があるかを示している．[3]

　技術的限界代替率すなわち等量曲線の傾きは，労働量や資本量の大きさによって変化することに注意しよう．利用する機械の量が少なくなればなるほど，労働者が機械の代わりをすることがしだいに困難になっていく．技術的限界代替率が上昇するということは，等量曲線の傾きが急になっていくということである．また等量曲線を逆方向に進む，すなわち利用する機械の数が多くなると，その中の 1 台を労働者に代えることはしだいに容易になっていくだろう．すなわち機械が増加するほど，技術的限界代替率は逓減し，等量曲線の傾きはしだいにゆるやかになる．消費面において限界代替率逓減であったように，生産面においても**技術的限界代替率逓減 diminishing marginal rate of technical substitution** である．

　技術的限界代替率は，労働の限界生産物と資本の限界生産物から計算することができる．労働者を 1 人増やすと自動車フレームの生産を 1 台増やせるならば，この生産工程における追加的な労働者の限界生産物は 1 である．また，機械を 1 台追加すると，自動車フレームの生産を 1 日当たり 2 台増やせるならば，この生産工程における機械の限界生産物は 2 である．この例では，労働者を 2 人追加し機械を 1 台減らしても産出水準が変化しない．つまり技術的限界代替率は 2/1 ということになる．すなわち一般に，技術的限界代替率は限界生産物の比率に等しくなる．

　企業が機械を増やしつづけるときに技術的限界代替率が逓減する理由は，収益逓減の法則によって説明できる．機械を増やせば増やすほど，追加される機械の限界生産物は逓減する．一方，労働者の数を減少させればさせるほど，追加される労働の限界生産物は増加する．労働が限界的にますます生産性を増し，また機械が限界的にますます生産性を減らすので，機械の代わりに労働を使う

---

[3] 無差別曲線について学んだ読者は，無差別曲線の傾きが限界代替率であることを覚えているだろう．限界代替率とは，ある個人の効用水準を以前と同じ水準に（同じ無差別曲線上に）とどめたいならば，ある財の消費を 1 単位減らしたときに他の財の消費をどれだけ追加する必要があるかを示すものである．

ことがますます容易になる．

ただし，企業にとって，機械の代わりに労働者を増やすべきか，あるいは労働者の代わりに機械を増やすべきか，という問題については，技術的限界代替率の計算だけからは判断できないことに注意しよう．技術的限界代替率の数字自体は，企業にとって利用可能な技術に基づいたトレードオフの情報を示しているにすぎない．企業が，投入量の組合せを決定するためには，さまざまな投入物の市場価格も知る必要がある．

A.3 費用最小化

費用最小化に必要とされるのは，限界的な意思決定である．企業は現在用いている生産方法を知っているだけでなく，ある投入物を他の投入物に置き換えて生産方法を変更することをも考慮することができる．こうした代替によって費用が減少するかどうかを判断するには，企業は，技術的限界代替率を計算し，また，減らそうと考えている投入物の市場価格と増やそうと考えている投入物の市場価格を比較すればよい．たとえば，1台の機械に代えて2人の労働者を増やして産出量を維持できるとしよう．このとき，労働者の賃金が1年当たり1万2000ドルで，機械の1年当たりリース料が2万5000ドルならば，機械を1台減らし労働者を2人雇うことによって，企業は総費用を減らすことができる．また，労働者の賃金が1万3000ドルならば，労働者を2人減らし（2万6000ドルの節約），1台の機械を借りる（2万5000ドルの費用増加）ほうが安上がりになる．

企業が，労働者を増やし機械を減らしても，あるいは労働者を減らし機械を増やしても，費用を節約できなくなるのは，技術的限界代替率と二つの生産要素の相対価格が等しくなる場合だけである．これは，個人が自らの限界代替率と二つの財の市場価格の比率が等しくなるように選択を行うのとほぼ同じ理由である．両者間にある違いは，個人の限界代替率が個人の選好によって決定されるのに対して，企業の技術的限界代替率は技術によって決定されるということである．

A.4 等費用曲線

等費用曲線 isocost curve とは，合計した費用が同じになる複数の投入物の

図 4-11 ■ 費用最小化

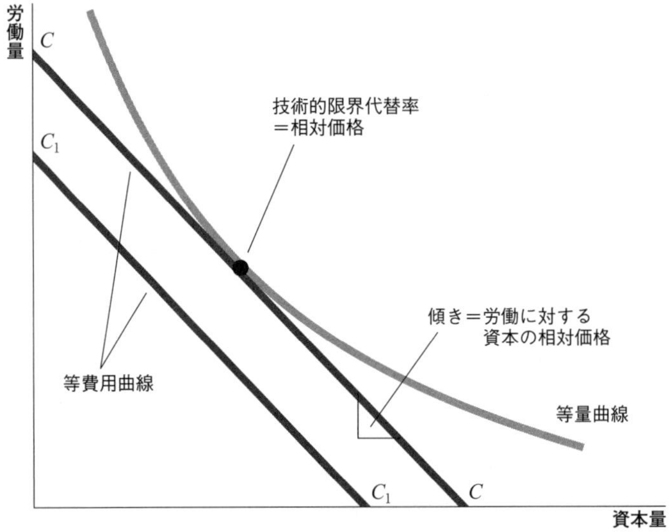
労働量
C
C_1
技術的限界代替率
＝相対価格
等費用曲線
傾き＝労働に対する
資本の相対価格
等量曲線
C_1
C
資本量

費用最小化を図る企業は所与の支出のもとで，できるだけ多くの生産をしようとする．図に示されているように，企業は所与の等費用曲線上で到達することができる右上方の等量曲線を選択する．すなわち等量曲線が等費用曲線に接する点が選ばれる．

組合せを表す曲線である．等費用曲線は，合計した費用を同じにする財の組合せを表している予算制約線と対比することができる．企業にとって，投入物の価格が固定されているならば，等費用曲線は直線になり，その傾きは相対価格である．すなわち，労働者の賃金が 1 日当たり 50 ドルであるとすると，企業は労働者を 1 人減らすことによって，機械を借りるための 1 日当たり 50 ドルという費用を捻出することができる．ここで機械を 1 日借りるために 100 ドルが必要ならば，労働投入量を 2 人分減らすことによって，機械をもう 1 台借りることができる．もちろん支出額に対応して等費用曲線は多数あり，左下方の低い位置にある等費用曲線は投入物への支出額が低いことを表している．すなわち，図 4-11 の直線 C_1C_1 のほうが直線 CC よりも費用が低い．これらの等費用曲線が平行であるのは，さまざまな所得水準に対応した予算制約線が平行であることと同じ理由である．

同一の投入物価格に直面している企業は，同じ等費用曲線を持つことに注意

しよう．その理由は，所得が同じ人は，たとえ選好が異なっていたとしても，同じ予算制約線を持つことと同様である．ところが，各企業の等量曲線は，それらがつくっている製品（産出物）と実際に利用できる技術や知識に基づいているので，企業ごとに異なっている．

等量曲線と等費用曲線によって，企業の費用最小化行動を説明することができる．たとえば，効率的で利潤極大化を図る企業ならば，あらかじめ定められた（所与の）支出によって実現できる産出量を最大にしようとするだろう．言い換えるならば，企業は，特定の一つの等費用曲線で示される支出額のもとで，できるだけ高い位置にある等量曲線で生産を実現しようとする．この最も高い位置にある等量曲線とは，等費用曲線と一点で接する曲線である．

費用最小化の問題は次のように述べることもできる．企業には目標とする産出量があり，そのための費用を最小化しようとする．この企業は，まず（目標とする産出量に対応する）一つの等量曲線を選び，その等量曲線上の無数の点のなかから，できるだけ低い等費用曲線上にある点を見つけようとする．この場合にもまた，費用最小化を図る企業は，等費用曲線と等量曲線が接する点を選択するだろう．

この接点において，等費用曲線と等量曲線の二つの曲線の傾きは等しくなる．前述したように，等量曲線の傾きは技術的限界代替率であり，等費用曲線の傾きは相対価格である．すなわち費用最小化を図る企業においては，技術的限界代替率と相対価格は等しくなければならない．

A.5 費用曲線の導出

本章においては，費用曲線は，一定の投入物価格のもとで，各産出水準を生産するための最小の費用を表している．図4-12のパネルAでは，Q_1，Q_2，Q_3という三つの異なる産出量に対応して生産費用を最小にする方法が示されている．パネルBはそれらの産出水準に対応した費用をプロットしたものである．パネルAの等量曲線に接する等費用曲線は，その産出水準に対応した費用の最小値を表している．これらのさまざまな産出水準とそれらに対応した費用の数値を図に描くと総費用曲線を導き出すことができる．総費用曲線が得られれば，すでに学んだとおり限界費用曲線（総費用曲線の傾き）と平均費用曲線（原点と総費用曲線を結んだ直線の傾き）を導き出すことができる．

図4-12 ■ 総費用曲線の導出

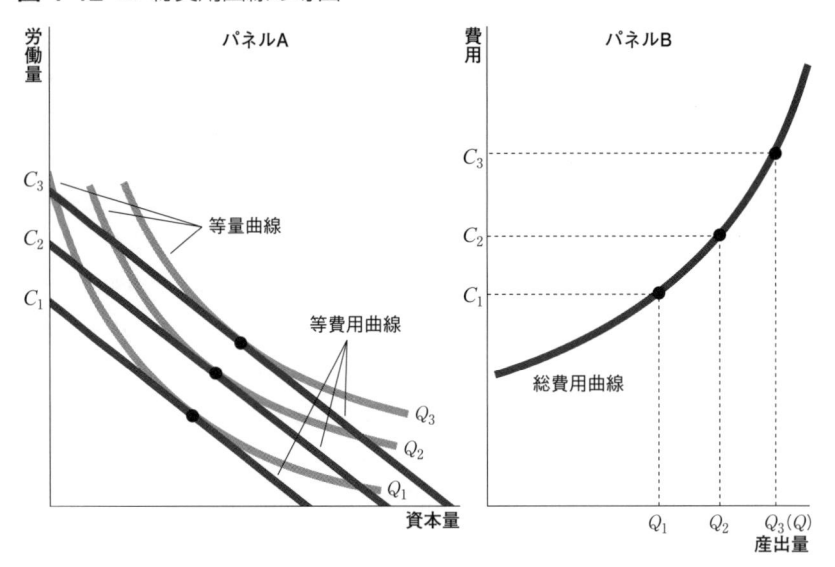

総費用曲線とは，さまざまな産出量で総費用がどれだけかかるかを示すものである．パネルAでは三つの産出水準に対応した三つの等量曲線と，それらに接する三つの等費用曲線を示している．それぞれの接点は，さまざまな産出水準に対応した費用を最小にする投入量の組合せである．パネルBは産出量Q_1, Q_2, Q_3と対応した最小費用の数値を図にプロットして，総費用曲線を導き出している．

補論B-日本語版

平均費用と限界費用の図解

　ここでは総費用関数の数値例を挙げ，平均費用曲線，平均可変費用曲線，限界費用曲線の求め方を考えてみよう．総費用を $TC(Q)$，産出量を Q として，

$$TC(Q) = Q^3 - 16Q^2 + 94Q + 162$$

の関係があるとする．また各産出量において平均費用 $AC(Q)$，平均可変費用 $AVC(Q)$，限界費用 $MC(Q)$ とする．縦軸に総費用，横軸に産出量の値をとって総費用曲線を示したものが図4-13である．

　たとえば $Q=6$ のとき，総費用は366（$=6^3-16\times6^2+94\times6+162$）である．総費用曲線上にある（6, 366）を A 点とする．$Q=6$ における平均費用は総費用÷産出量なので61（$=366\div6$）である．平均費用は図では原点と A 点を直線で結び，その直線上を横に1単位進んだときの縦方向の増加分として描かれる（この直線の傾きが61といってもよい）．

　固定費用は162であるから，$Q=6$ のときの可変費用は204（$=366-162$）である．図4-13では A 点と B 点の高さの差である．

　平均可変費用は34（$=204\div6$）で，図4-13では B 点と A 点を直線で結び，その直線上を横に1単位進んだときの縦方向の増加分として描かれる（この直線の傾きが34といってもよい）．

　$Q=6$ における限界費用は $Q=6$ においての産出増加1単位当たりの総費用の増加，

$$TC(7) - TC(6) = 379 - 366$$
$$= 13$$

であるが，これは $Q=6$ と $Q=7$ の間における増加率であることに注意しよう．微分の知識がある読者は $Q=6$ における増加率は総費用を Q で微分した式，

$$3Q^2 - 32Q + 94$$

に6を代入した値であることを知っているだろう．これは10となる．

　以上のように総費用曲線上の A 点（6, 366）について，

$AC(6) = 61$

$AVC(6) = 34$

図 4-13 ■ 総費用曲線とさまざまな費用

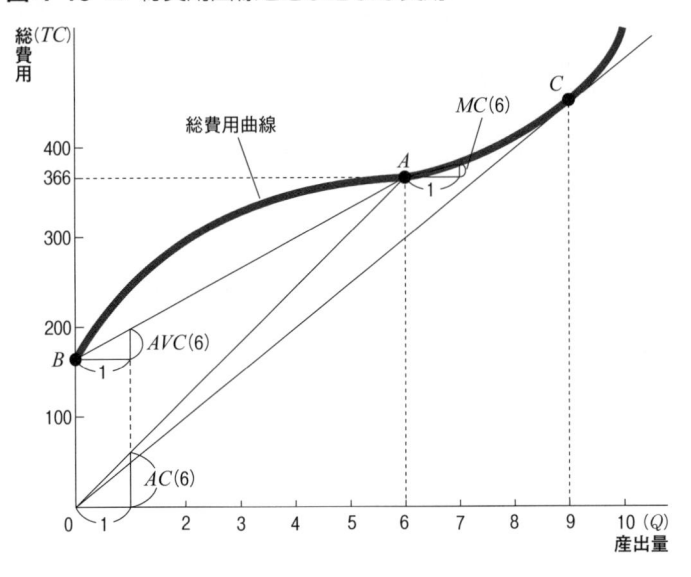

$$MC(6) = 10$$

が求められる．同じ方法で総費用曲線上のすべての点 $(Q, TC(Q))$ について，平均費用，平均可変費用，限界費用を求めたものが図4-14である．図4-13で原点0から A 点への直線は総費用曲線と"ぶつかる"が，原点0から C 点への直線は総費用曲線と接する．原点からの直線が C 点で接することは二つの意味を持っている．

(1) C 点において平均費用は最小である．
(2) C 点において平均費用と限界費用は等しい．

また B 点から総費用曲線上へ延ばした線（読者自身で描いてみなさい）は，$Q=8$ において総費用曲線と接する．このことも二つの意味を持っている．

(1) $Q=8$ において平均可変費用は最小である．
(2) $Q=8$ において平均可変費用は限界費用に等しい．

補論 B-日本語版　平均費用と限界費用の図解

図 4-14 ■ 平均費用曲線，平均可変費用曲線，限界費用曲線

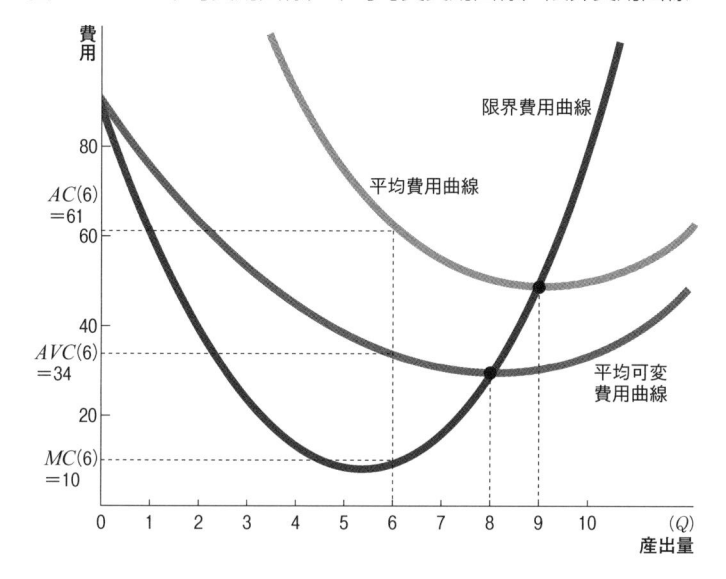

限界費用曲線

平均費用曲線

平均可変費用曲線

$AC(6)=61$

$AVC(6)=34$

$MC(6)=10$

費用

産出量 (Q)

Chapter 5

第5章 競争的企業

Learning Goals

1. 所与の価格において企業が供給する産出水準は，どのように決まるのだろうか．
2. 企業が市場に参入するかどうか，あるいは退出するかどうかは何によって決まるのだろうか．
3. 市場供給曲線はどのように導かれるのだろうか．またそれはなぜ右上がりなのか．
4. 競争によって経済学的利潤はどのようにしてゼロに向かうのだろうか．また経済学的利潤と会計上の利益はどのように異なるのか．

■ 第5章 ■ 競争的企業

　地元の農業市場における花卉（かき）の販売者であろうと，あるいは中国のメモリーチップ製造者であろうと，そしてマイクロソフト社，シティバンク，インテル社のような巨大企業であろうと，あらゆる営利企業は利潤を稼ごうとしている．競争市場において，各企業は規模が小さすぎて市場価格に影響を及ぼすことができないため，プライス・ティカー（価格受容者）である．また，各企業が購入する投入物に支払う価格も所与と考えている．こうした企業が行うべき主な意思決定は，生産量をどれだけにするかである．本章では，利潤最大化を目的としたときに，企業はどのように生産水準を決定するのかという原理について説明する．第4章では企業の費用曲線について見てきた．利潤は企業の収入と費用の差であるから，本章では企業の収入に注目しよう．収入と費用を比較することによって，所与の価格において企業が供給する産出水準を決定することができる．

　本章では非常に競争的な市場における企業について検討する．したがって，ここで展開される原理を，経済学では競争企業の理論と呼ぶこともある．

1　収入

　世界的なバイオリン・メーカーであるハイ・ストラング・バイオリン社という会社があったとしよう．同社は従業員を雇い，木材，光熱費，その他の材料を購入し，また建物や機械をリースでまかなっている．同社のバイオリンは1丁当たり4万ドルで販売されており，昨年は7丁を販売したので，粗収入は28万ドルだった．表5-1は同社の昨年分の損益計算書であるが，それによって企業の財務内容が健全かどうかを見ることができる．

　表によれば，昨年のハイ・ストラング・バイオリン社の収入は28万ドル，費用は17万5000ドルで，利潤は10万5000ドルであった．もし費用が17万5000ドルでなく，40万ドルであったならば，利潤は−12万ドルになる．これを企業は負の利潤を上げた，つまり一般的な言い方をすれば損失を出したという．

　収入と産出量との関係を示すのが図5-1の**収入曲線 revenue curve** である．ここでは横軸に産出量，縦軸に収入がとられている．バイオリン1丁の価格が

1. 収入

表 5-1 ■ ハイ・ストラング・バイオリン社の損益計算書

(単位：ドル)

収入		280,000
費用		175,000
賃金（福利厚生費を含む）	150,000	
木材その他の材料購入	15,000	
光熱費	1,000	
建物賃借料	5,000	
機械賃借料	2,000	
その他の支出	2,000	
利潤		105,000

図 5-1 ■ 収入曲線

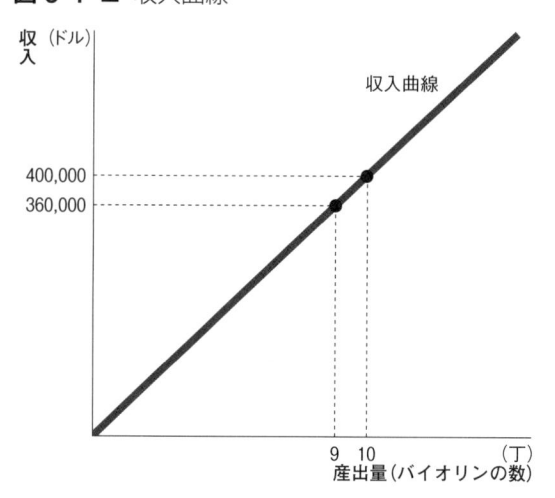

収入曲線は，企業のさまざまな産出水準における収入を示している．競争的な産業における企業にとっては，産出量が多くても価格は変化しないので，収入曲線は傾きが一定の直線である．ここの例では，バイオリン1丁を追加的に販売することによる収入増加はつねに4万ドルである．

4万ドルのときに9丁売ったならば収入は36万ドル，10丁売ったならば収入は40万ドルになる．

企業が販売を1単位増加させることによって追加的に得られる収入を**限界収入 marginal revenue** という．ここでは4万ドルが，10丁めのバイオリンを販売することにより得られる追加的な（限界的な）収入である．ここで限界収入

とバイオリンの価格が等しくなるのはけっして偶然ではなく，その企業が何単位の商品を販売していようとも，どの1単位についても同一の市場価格を受け取るという競争市場の基本的性質を反映しているのである．このように競争市場では，企業が1単位多く販売することで得られる追加的収入，すなわち限界収入は，その商品の市場価格に等しくなる．

2 費用

ハイ・ストラング・バイオリン社の費用は，産出水準の上昇に伴って増加する．総費用は表5-2の(1)列に示してあり，それを図示したものが図5-2のパネルAである．図5-2のパネルBでは対応する平均費用曲線と限界費用曲線が示されている．ハイ・ストラング・バイオリン社の平均費用曲線は，製造業で一般的に見られる典型的なU字型の曲線になっている．

ハイ・ストラング・バイオリン社は，最初のバイオリンを製作する以前に場所を借り，従業員を雇い，機械設備を購入するために，9万ドルを支出しなければならない．製作するバイオリン数の多寡にかかわらず，同社の固定費用は9万ドルである．

表 5-2 ■ ハイ・ストラング・バイオリン社における生産の費用

(単位：1,000ドル)

産出量 (丁)	(1) 総費用	(2) 平均費用	(3) 限界費用	(4) 総可変費用	(5) 平均可変費用
0	90				
1	100	100	10	10	10
2	110	55	10	20	10
3	120	40	10	30	10
4	130	32.5	10	40	10
5	140	28	10	50	10
6	150	25	10	60	10
7	175	25	25	85	12.1
8	215	26.9	40	125	15.6
9	270	30	55	180	20
10	400	40	130	310	31

図 5-2 ■ 収入と費用

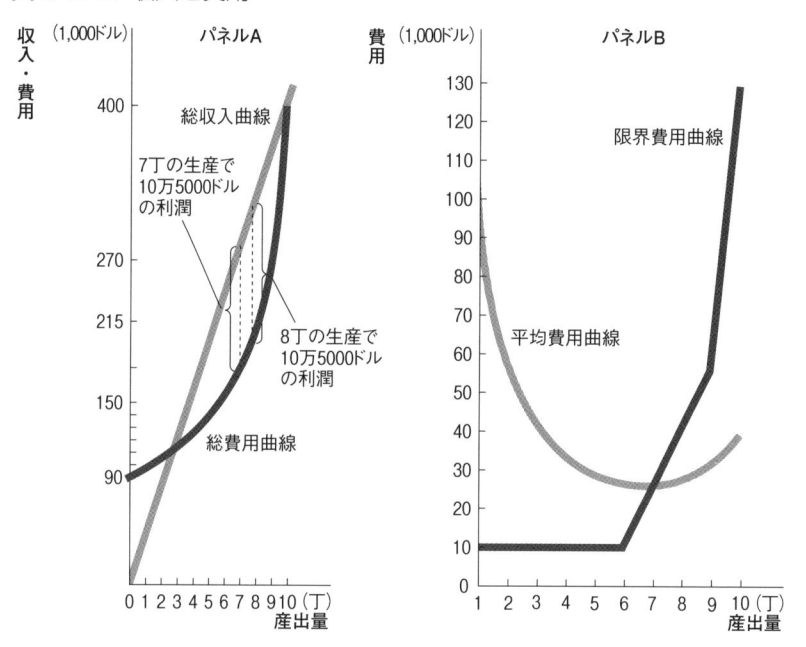

パネルA

収入・費用（1,000ドル）

- 総収入曲線
- 7丁の生産で10万5000ドルの利潤
- 8丁の生産で10万5000ドルの利潤
- 総費用曲線

縦軸：90, 150, 215, 270, 400
横軸：0 1 2 3 4 5 6 7 8 9 10（丁）産出量

パネルB

費用（1,000ドル）

- 限界費用曲線
- 平均費用曲線

縦軸：10, 20, 30, 40, 50, 60, 70, 80, 90, 100, 110, 120, 130
横軸：1 2 3 4 5 6 7 8 9 10（丁）産出量

企業の総収入曲線と総費用曲線は，パネルAのように一つの図に描くことができる．総収入が総費用を上回る産出水準では企業は利潤を得ることができる．利潤とは収入と費用の差であり，二つの曲線間の垂直距離である．この例ではバイオリン産出量が7丁か8丁で利潤は最大になる．総費用が総収入を上回る産出水準では企業は損失を出している．二つの曲線が交差するときには利潤はゼロである．パネルBに示されるハイ・ストラング・バイオリン社の限界費用曲線と平均費用曲線は，予想通りの形状になっている．限界費用は6丁まで一定で，そこから増加しはじめる．また平均費用曲線はU字型である．

　バイオリンを1丁多く製作するための追加的な費用，すなわち限界費用は表5-2の（3）列に示されている．限界費用は，必ず特定の産出量に対応している．たとえば，バイオリンの生産を1丁から2丁に増やすことによる限界費用は1万ドルである．バイオリン生産が6丁になるまでは，1丁の増産に必要な費用は1万ドルである．しかし7丁めのバイオリンを生産するための追加的費用（限界費用）は2万5000ドル（おそらく，バイオリン製作者をもう1人雇う必要があるとか，この会社が使っている特別な木材を調達できる量が限られているとか，6丁分以上の材料の入手が困難で高価である，などの理由による），8丁めの限界費用は4万ドルになる．

　産出量の増加に伴って，固定費用がより多くの産出量に分散されるので，ハ

■第5章■競争的企業

Internet Connection
企業の損益計算書

　企業は年次報告書を毎年発行し，この報告書には損益計算書が含まれている．これはインカムステートメントとも呼ばれる．多くの企業の年次報告書はウェブサイト上で公表されている．たとえばマイクロソフト社の年次報告書は同社のウェブページ http://www.microsoft.com の「企業情報：IR（投資家情報）"Company Information: Investor Relations"」で公表されている．報告書の中には基本的な財務情報とともに損益計算書がある．2011年度にマイクロソフトの総収入737億ドルのうち純利益は170億ドルであった．多くの企業の年次報告書は公式年次報告課（Public Register's Annual Report Servicies: PRARS）から入手することができる．ホームページは http://www.prars.com/ である．

イ・ストラング・バイオリン社の平均費用は当初は減少しつづける．ところが7丁を超えると，平均可変費用の増加による影響が，固定費用が分散される影響を上回るために，逆に平均費用は増加しはじめる．

3　競争的供給の基本的条件

　利潤最大化を図る企業は，産出量の決定に際しては，限界的な面に注目していると考えられる．市場に参加するときに固定費用はすでに負担してしまっているので，一般的に企業のこうした意思決定は，生産を行うか否かではなく，生産をもう1単位増やすか減らすかという決定である．競争市場に参加している企業にとって，この問題に答えることは比較的簡単である．企業は，もう1単位の生産をすることで受け取る限界収入（競争市場においては，その財の価格に等しくなる）と，それを生産するための追加的費用である限界費用を比較しさえすればよい．限界収入が限界費用を上回っている間は，企業は増産によ

3．競争的供給の基本的条件

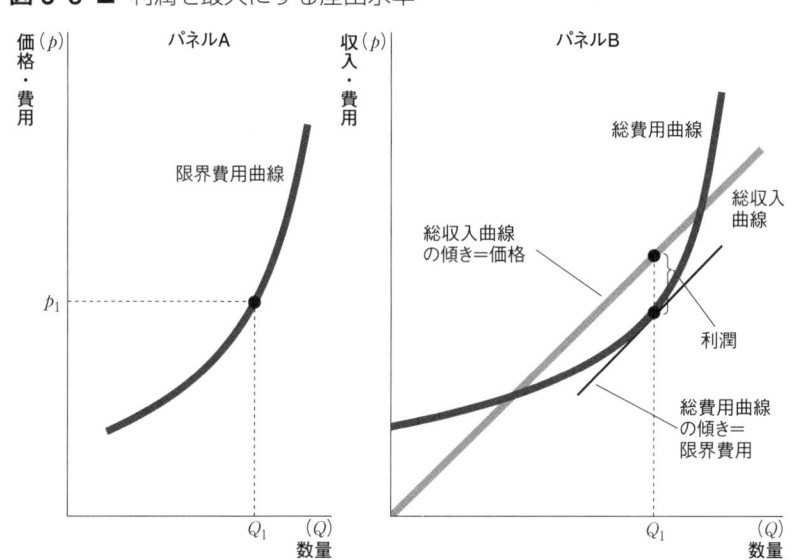

図 5-3 ■ 利潤を最大にする産出水準

競争市場において企業は，価格と限界費用が等しくなるように産出水準を決定することによって，利潤を最大にする．パネルAにおいて，価格 p_1 では利潤を最大にする産出量は Q_1 である．パネル B は総収入と総費用を示している．二つの曲線の垂直距離が最大のときに利潤は最大になり，そのとき二つの曲線は平行になる（したがって傾きは等しい）．

って利潤を増やすことができる．逆に限界収入が限界費用を下回るようになると，増産によって利潤は減少するので，企業は生産を縮小させるだろう．結局のところ，企業は，限界費用が限界収入に等しくなる産出水準まで，すなわち競争市場では限界費用が価格に等しくなる産出水準まで生産する．

図5-3は，この原理をグラフで示したものである．パネル A は企業の限界費用曲線である．競争市場において財の価格が p_1 ならば，利潤を最大化する産出量は Q_1 となる．これが価格と限界費用を等しくする産出水準である．限界費用曲線が右上がりならば，価格が上昇するに従い，企業は生産を増やすことは明らかである．

第1章「需要と供給」（詳しくは『スティグリッツ 入門経済学』第3章「需要，供給，価格」を参照）で供給曲線が右上がりの曲線であることはすでに学んだが，限界費用曲線も同様に右上がりの曲線になる．

これもけっして偶然ではない．企業の限界費用曲線はまさしく供給曲線その

ものなのである．限界費用曲線は各産出水準においてもう1単位生産を増やすときの追加費用を表している．競争企業は，もう1単位生産を増やすときの追加費用（つまり限界費用）が市場価格と等しくなる産出水準を選んで生産する．したがって，限界費用曲線から，各価格において各企業が供給しようとする量を読み取ることができる．各価格で供給しようとする量とは限界費用がその価格に等しくさせた量だからである．

パネルBの説明に移る前に，ハイ・ストラング・バイオリン社の総費用曲線と総収入曲線を示した図5-2のパネルAをもう一度見てみよう．収入と費用の差である利潤は，産出量が7丁か8丁のときに最大になることが読み取れる．バイオリンの価格が，4万ドルを少しでも下回れば利潤は7丁の生産で最大となり，4万ドルを少しでも上回れば利潤は8丁の生産で最大となる．

利潤が最大となる産出水準は，総収入曲線と総費用曲線を描いた図5-3のパネルBにおいても読み取れる．利潤とは収入と費用の差であり，図5-3のパネルBでも総収入曲線と総費用曲線の間の垂直距離として示される．利潤最大化企業は，この幅が最も広くなる産出量 Q_1 を選ぶ．産出量が Q_1 より少ないときには，価格（収入曲線の傾き）は限界費用（総費用曲線の傾き）を上回るので，増産により利潤は増加する．産出量が Q_1 点より大きいときには，価格が限界費用を下回るので，増産はむしろ利潤を減少させてしまう．

WRAP-UP

競争的企業の均衡産出量

競争市場においては，企業は価格と限界費用が等しくなる水準で生産する．

4 参入，退出と市場供給

次に市場供給曲線について考えてみよう．そのためには，個々の企業の生産に関する意思決定をもう少し詳しく理解する必要がある．まず，現在はまだ生

産を開始していない企業が，どのような条件下で固定費用を負担してその産業に参入するのかを考えてみよう．これは比較的やさしい問題であり，企業は平均費用曲線と価格を比べて決定を下すのである．価格が平均費用の最小値を上回っているならば，企業は市場に参入するほうが得である．このときには，参入した企業は財を生産する費用を上回る価格で財を販売できるため，利潤を上げることができるからである．

本の出版やレストランは参入が容易な事業である．本の生産は比較的やさしいので，本の価格が平均費用の最小値を上回っているならば新しい出版社が市場に参入する．同じように，その地区のレストランの食事の価格が平均費用の最小値を上回っているならば，新しいレストランが開店するか，レストラン・チェーンがその地区に支店を出店するだろう．

図5-4のパネルAには，U字型の平均費用曲線が示されている．その最小平均費用はc_{min}であるが，価格がc_{min}より低いならば，どのような産出水準を選んでも企業は利潤を得ることはできない．価格がc_{min}を上回れば，企業は価格（p）と限界費用が等しくなるような産出水準Q^*で生産を行う．Q^*では，限界費用は平均費用を上回っている（これは，平均費用を最小にする産出水準を上回って生産する場合には必ず成立する）．生産1単位当たりの利潤は，価格と平均費用の差である．また総利潤は1単位当たりの利潤と産出水準の積であり，図のアミのかかった部分になる．

企業によって平均費用曲線は異なっている．経営能力が優れている企業もあれば，立地が良い企業もある．それゆえに各企業の最小平均費用は互いに異なっている．価格が上昇すると，最小平均費用の高さに応じて新たに市場に参入しようとする企業が出現する．図5-4のパネルBには，三つの異なる企業の平均費用曲線が示されている．最小平均費用が小さい順にそれぞれ企業1の平均費用曲線AC_1，企業2の平均費用曲線AC_2，企業3の平均費用曲線AC_3である．このとき企業1は価格p_1，企業2は価格p_2，企業3は価格p_3でそれぞれ市場に参入することになる．

4.1 サンクコストと退出

市場への参入とは対照的な意思決定として，すでに生産している企業が市場から退出するという決定がある．サンクコストとは，たとえ企業が操業を停止

図 5-4 ■ 費用曲線，利潤，参入

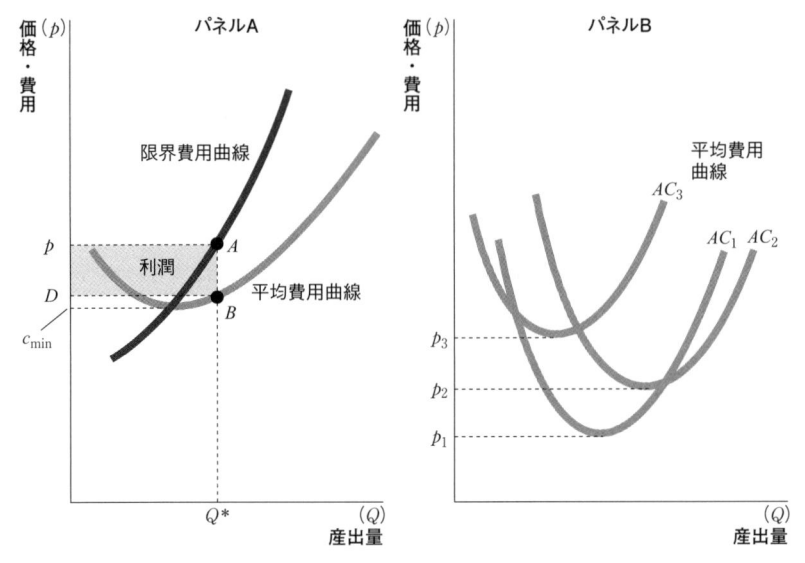

パネルAでは，価格が平均費用曲線の最小値を上回るときに利潤が生じることが示されている．利潤は，生産1単位当たりの利潤（＝価格－平均費用，すなわち AB の長さに対応する）と産出量 Q^* の積であり，図ではアミのかかった長方形 $ABDp$ で示される．パネルBには三つの異なる企業の平均費用曲線が示されている．価格 p_1 では一つの企業（平均費用曲線が AC_1 の企業）しか市場に参入しない．価格が p_2 に上昇すると平均費用曲線が AC_2 の企業が市場に参入し，さらに価格が p_3 に上昇すると平均費用曲線が AC_3 の企業が市場に参入する．

したとしても回収できない費用である．たとえばハイ・ストラング・バイオリン社がテレビで大々的に販促広告を行ったとしよう．この広告の費用はサンクコストである．生産をやめたとしても，この支出を回収する方法はない．サンクコストがないとすると，参入の意思決定と退出の意思決定は互いに対称的なものになる．企業は，平均費用が価格よりも高くなると市場から退出するだろう．しかし企業が市場から退出してもなお，回収できない費用がある場合，企業が直面する問題は生産継続と退出のどちらが得かということになる．

　単純化のために固定費用のすべてがサンクコストだとしよう．固定費用がゼロの企業の平均費用曲線は平均可変費用曲線と同じである．U字型の平均費用曲線の最低点，すなわちU字型の平均可変費用曲線の最低点を価格が下回ったならば，企業はすぐに操業を停止するだろう．しかし固定費用が存在する

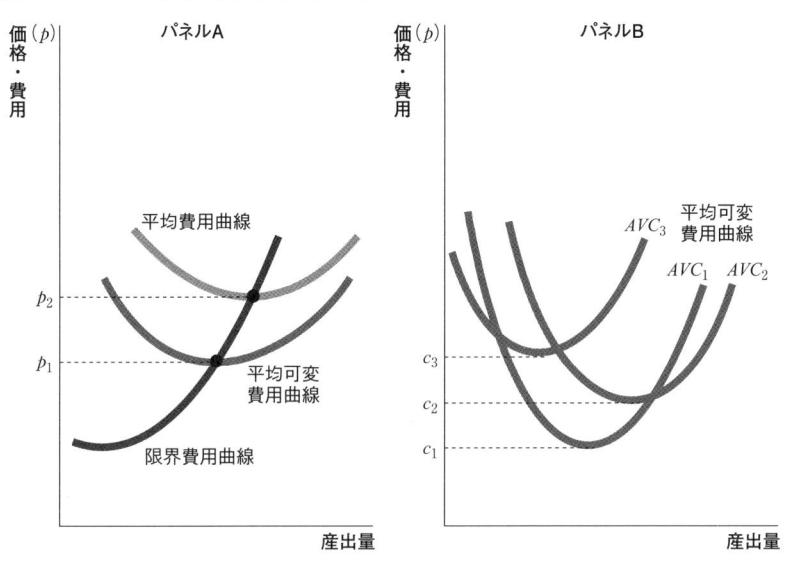

図 5-5 ■ 平均可変費用と生産の決定

パネルAは，企業の平均可変費用を示している．短期では価格が平均費用を上回っているかぎり企業は生産を行う．価格が p_1 と p_2 の間にあるときには，（価格が平均費用より低いので）損失を出しているにもかかわらず生産は継続される．パネルBでは，平均可変費用が異なる企業が，異なる価格で操業を停止することが示されている．価格が企業3の平均可変費用の最小値である c_3 を下回ると，企業3が操業を停止し，価格が c_2 よりも下がると企業2が操業を停止し，さらに価格が c_1 よりも下がると企業1が操業を停止する．

企業の意思決定はこれとは異なる．図5-5のパネルAには固定費用がある場合の平均可変費用曲線と平均費用曲線が描かれている．サンクコストがない場合と同様に，価格が平均可変費用（可変費用とは，産出水準によって変わる費用である）の最小値 p_1 を下回るときには，企業は操業を停止する．しかし価格が平均可変費用と平均費用の間にある場合には，たとえ損失があっても企業は生産を続ける．それは，操業を停止するとかえって損失が大きくなるからである．すなわち，価格が平均可変費用を上回っているかぎりは，収入の増加分が，生産を継続することによる費用の増加分を上回るからである．

同一産業に属していたとしても，平均可変費用は企業によって異なるので，市場からの退出を決定させる価格水準も企業によって異なる．図5-5のパネルBには，三つの企業のそれぞれ異なった平均可変費用曲線が示されている．これらの曲線は，ある企業の設備がその他の企業に比べてたとえば新しいといっ

図 5-6 ■ 個別企業の供給曲線

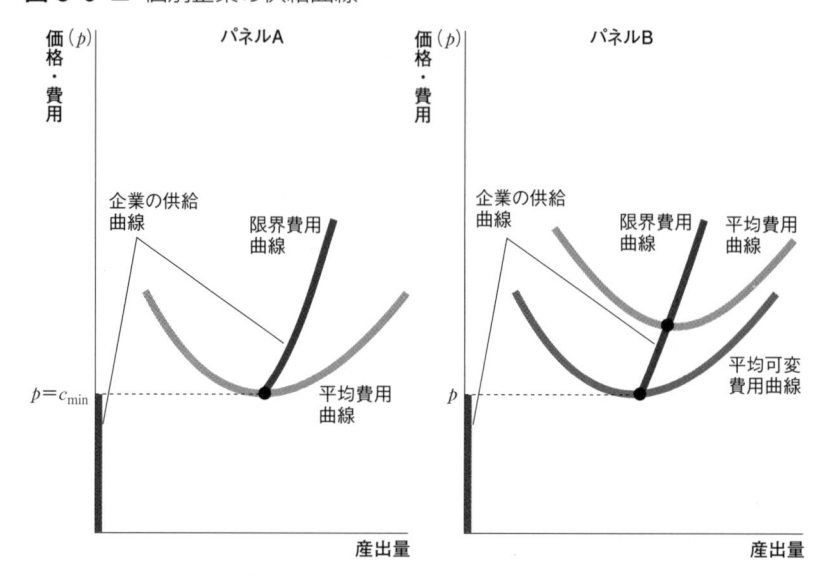

パネル A は，これから市場に参入しようと考えている企業を示している．市場価格が企業の平均費用の最小値 $p=c_{\min}$ 以下のときには供給量はゼロであり，価格がその最小値 $p=c_{\min}$ を超えると，企業の供給曲線は限界費用曲線と一致する．一方パネル B は，すでに市場に参入していて，サンクコストを負担している企業を示している．この場合，市場価格が平均可変費用の最小値を上回っているかぎり，企業は生産を継続する．

た理由などにより異なっている．価格が下落しつづけるときには，平均可変費用の最小値が高い企業から順に，その現行価格では利益が得られなくなるので操業を停止していくことになる．価格が c_3 を下回ると曲線 AVC_3 で表される企業 3 が操業を停止し，価格が c_2 を下回ると企業 2 （曲線 AVC_2）が操業を停止，価格が c_1 を下回ると企業 1 （曲線 AVC_1）が操業を停止する．

4.2 企業の供給曲線

今や，企業の供給曲線を描くことができる段階に至った．市場への参入を計画している企業については，図 5-6 のパネル A に示されるように，価格が平均費用の最小値に等しくなるまでは供給はゼロ，すなわち価格 $p=c_{\min}$ 以下のときには企業の産出量はゼロである．価格 $p=c_{\min}$ を上回ると，価格と限界費用が等しくなる点まで企業は生産するので，企業の供給曲線と限界費用曲線は一致する．一方，図 5-6 のパネル B に示されるように，市場に参入する際に

図 5-7 ■ 市場供給曲線

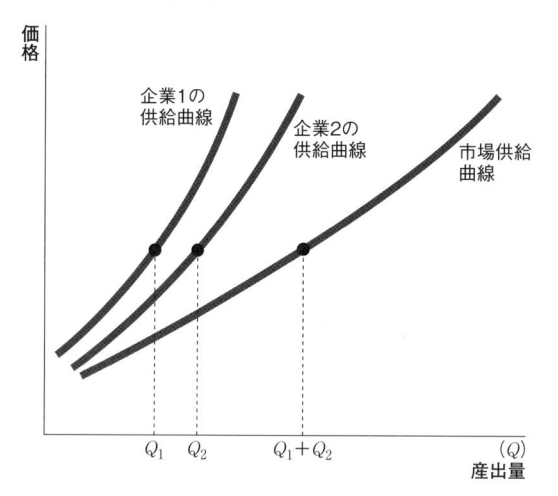

市場供給曲線は，個別企業の供給曲線を水平方向に足し合わせることによって求められる．市場価格が上昇すると，既存企業の産出量は増加し，また新規企業が市場に参入する．

サンクコストを負担した企業の場合は，価格が平均可変費用の最小値を上回る範囲内においては，企業の供給曲線は限界費用曲線に一致する．また価格が平均可変費用の最小値を下回ると，企業は市場から退出し，供給はゼロになる．

4.3 市場供給曲線

個別企業の費用曲線から，市場全体の供給曲線を導き出すことができる．第1章「需要と供給」(『スティグリッツ 入門経済学』第3章「需要，供給，価格」も参照）では，市場供給曲線は所与の価格において，各企業が進んで供給しようとする数量を合計したものである，と定義された．これを二つの企業の場合について描くと図5-7になる．より一般的にいえば，価格が上昇すると，すでに市場にいる企業（この例では企業1と企業2）にとっては産出量を増加させることが利益になり，その他の企業（すでに参入している企業よりも平均可変費用が高い企業）にとっては市場に参入することで利益が得られるようになる．高い価格では多くの企業が競争市場に参入するので，価格上昇に対する市場供給の反応は企業数が固定されている場合よりも大きい．価格低下に対しても同様に市場では二つの反応がある．低価格でも依然として生産継続が利益

になる企業も産出量を減らすことになるだろうし，より費用が高い企業は市場から退出するだろう．こうして競争市場ではどんな生産物も，可能なかぎり低い価格で，最も効率的な企業によって生産されるようになるのである．

5 長期供給曲線と短期供給曲線

第4章「企業と費用」で見たように，短期では典型的企業の平均費用曲線はU字型であり，供給曲線となるU字型の最小点を超えた産出量において限界費用曲線は右上がりである．しかし長期の限界費用曲線は短期の限界費用曲線よりも傾きが小さい．その理由は，市場条件の変化に適応するには時間がかかり，また適応にかかる時間が長いものもあるからである．短期では，労働者数を増やす，労働時間を延ばす，機械の稼働率を高める（あるいは逆にそれらを減少させる）などのことはできるが，おそらく工場や設備の規模は固定されている．一方，長期では，建物や機械を増やす（あるいは逆にそれらを売却して減らす）ことができる．すなわち図5-8のように，企業の長期供給曲線は短期供給曲線よりも弾力的（傾きがゆるやか）である．

図 5-8 ■ 企業の短期供給曲線と長期供給曲線の弾力性

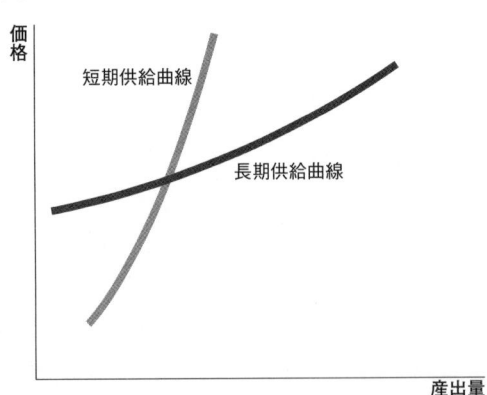

長期では企業が価格変化に対応できる機会が大きくなるので，供給曲線は長期において短期よりも弾力的になる．

市場供給曲線の場合には，企業数が固定されていないで，同様の性質がよりあてはまる．各企業が操業できる工場は一つだとしても，その産業に属する企業数が5％増えれば，その産業の産出量を5％増加させることができる．産出量を5％増加させるための追加費用は各企業の平均費用にほぼ等しいので，その産業の長期供給曲線はほぼ水平である．このような条件の下では，産出物の需要曲線が大きくシフトしても，工場数が増加したり市場への新規参入企業が増加するので，市場価格はほとんど変化することなく供給量が増加する．

e-insight
2001年の景気後退：人員削減か操業停止か

　2000年末にアメリカ経済は減速したように思われ，2001年初頭には経済の一部では実際に縮小が始まった．1990年代に創業した多くの「ドットコム」企業は特に厳しい打撃を受けていた．操業停止する企業もあれば人員を削減する企業もあった．この違いはどのように説明できるだろうか．

　特にひどい打撃を受けた部門の一つに，広告収入に多くを依存していた雑誌の出版社がある．ニューエコノミーに焦点を当てた雑誌である『インダストリー・スタンダード』誌の広告収入は60％以上も低下した．出版社は人員を削減したが，最も打撃が大きい企業でさえ操業停止には至らなかった．この理由は簡単である．これらの企業は赤字を記録したが，収入が可変費用を上回っていたのである．出版社の費用のほとんどは操業停止したら回収できないサンクコストであるから，たとえ規模を縮小しても，出版を続けたほうが得なのである．

　他方，多くのインターネット企業（「ドットコム」企業）は実際に操業を停止した．広告収入に多くを依存した企業も操業停止した．なぜなら，たとえ可変費用が低くても，収入はさらに低かったからである．これらの企業の収入は可変費用さえもまかなえなかったのであった．

図 5-9 ■ 短期の市場均衡と長期の市場均衡

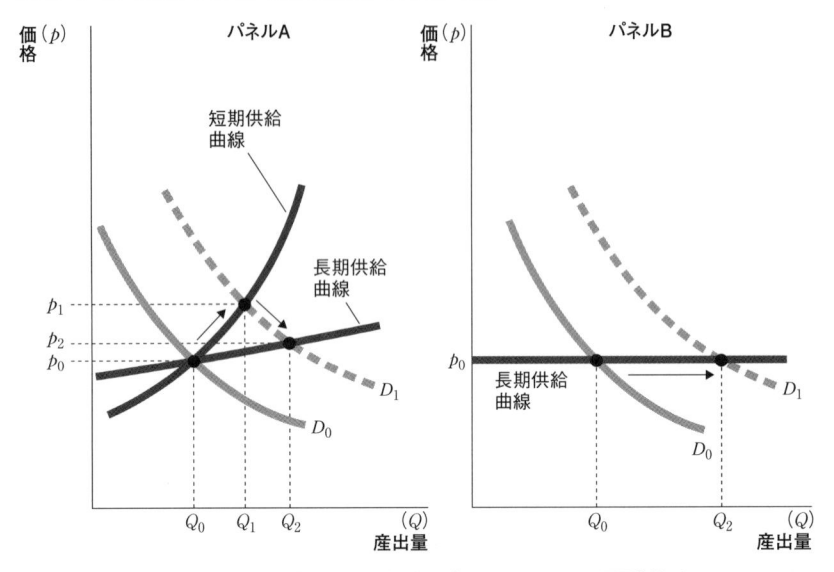

パネルAにおいて，当初は価格p_0，産出量Q_0で市場が均衡している．ここで需要曲線がD_0からD_1にシフトすると，短期においては，価格はp_1，産出量はQ_1に上昇する．しかし長期になると，供給の弾力性が大きいので，価格変化はp_2へと小幅な上昇となるが，産出量はQ_2へと大幅に増加する．またパネルBに描かれるように，長期において供給曲線が完全に弾力的な場合には，需要曲線のシフトは産出量だけを変化させ，市場価格には影響を及ぼさない．

このように市場供給曲線も，短期よりも長期においていっそう弾力的である．一方，超短期の場合には，企業は熟練労働者を増やしたり生産能力を高めることが不可能なこともある．この場合，企業の供給曲線や産業全体の供給曲線は，垂直に近くなる．短期の場合には，機械や企業数は固定されるが，労働やその他の投入物は調整できるであろう．図5-9のパネルAには短期供給曲線と長期供給曲線が描かれている．図からもわかるように，短期供給曲線の傾きは，長期供給曲線の傾きより急である．需要曲線がシフトした場合，傾きが急な短期供給曲線では，長期に比べて価格への影響は大きく，数量への影響は小さい．また長期において供給曲線が水平ならば，パネルBに示されるように需要曲線のシフトは数量にだけ影響を及ぼす．価格が平均費用の最小値にとどまっているのは，競争の結果，利潤がゼロになるまで市場への新規参入が起こるからである．

ここで「長期とはどれくらいの長さか」という問題をもう一度考えてみよう．それは産業によって異なっている．たとえば電力会社の場合，その生産能力を変化させるには数年間という長い時間を必要とする．また多くの企業の場合，建物や設備を数カ月で増強することは無理としても，1～2年あれば可能であろう．CAD/CAM（コンピュータ支援による設計・製造システム）に見られるような近年の技術進歩は，多くの企業に生産ラインをより速やかに転換することを可能にし，長期という長さを短縮させたので，過去に比べて企業の供給曲線はより弾力的になっているだろう．

WRAP-UP

短期における調整と長期における調整

1. 超短期では，企業は産出量をまったく調整できないので，価格だけが変化する．
2. 短期では，企業は雇用を増加させたり他の可変投入物を調整することができる．
3. 長期では，企業は機械を買い増すことができ，また参入や退出を決断することもできる．
4. これらの調整に要する時間の長さは産業によって異なる．

---

6 会計上の利益と経済学的利潤

本章では，利潤を求めて企業が参入と退出をどのように行うかを見てきた．このプロセスの結果，企業間競争により利潤はゼロになる．だが，これは明らかに基本的競争モデルの矛盾ではないだろうか．第4章「企業と費用」で学んだように，企業とは利潤を最大化する主体であるならば，なぜ利潤が上がらない水準まで生産することを選ぶのだろうか．さらには，競争がある場合には利潤はゼロになるという理論がある一方で，現実の経済では利潤を得ている企業があるという事実を，どのように矛盾なく説明することができるだろうか．

その答えは，経済学と会計学の利潤についての見方は二つの重要な点で異なっている，というものである．第一は，経済学では機会費用も考慮することである．第二は，経済学のレントという概念に関するものである．以下ではこの2点について見てみよう．

6.1 機会費用

　機会費用が，経済学でいうところの利潤にどのように影響しているかを見るために，まず，あるオーナー経営者が10万ドルを投資して小規模な企業を設立・経営している場合を例に考えてみよう．彼は少額の給与しか受け取っておらず，会社を経営するために毎週60時間も働いているとする．経済学に基づくならば，オーナーは，自分が会社に投資した時間と資金の機会費用を計算するべきである．彼の時間の機会費用は，週当たり60時間をその他の就業可能な仕事に振り向けたときに得ることができる賃金の最高額である．彼の投資資金の機会費用は，この会社に投資した10万ドルを他の投資に振り向けたときに得ることができる収益の最高額である．これらの合計がオーナー経営者の時間と投資資金の真の費用となる．経済学の考え方に基づいて企業の利潤を計算するならば，これらの機会費用は利潤から差し引かれるべきである．

　たとえば，会計士がわずか3％の利益しか得られないと報告している事業があり，また経済学者がその事業資金を銀行に預金すれば最低でも5％の収益が得られると指摘しているとしよう．経済学的には，この事業は利益ではなく損失を出している．会計的な利益は機会費用（ここでは預金した場合に得られる5％の収益をあきらめていること）を考慮に入れないため，経済学でいう真の利潤を上回ることが多い．

　機会費用を計算に組み込むことは，それほど簡単な作業ではない．企業の経営資源の代替的な用途は，容易に決定できるとは限らないからである．たとえば，企業をある分野に拡大するために費やされた経営者の時間は，それ以外に，コスト管理や別の分野への拡大に用いることもできたのである．また従業員専用ゴルフ場を保有している場合，その土地は別の目的のために利用することも可能であっただろう．それによって，希望者全員分のゴルフ会員権を購入する資金が捻出できたかもしれない．ここで例示したように，企業は意思決定に際して，自らの経営資源を他の用途に振り向けた場合にはどれだけの価格になる

のかをつねに考慮しなければならないのである．

　機会費用を計算するにあたって，市場データが参考になる場合が多い．たとえば重役用の広いオフィス・スペースを用意することの機会費用は，そのスペースを他の会社に貸し出したときに得られる金額になる．しかしこうした計算が難しい場合も多い．たとえば5年間は解雇できず，引退もしない副社長の機会費用はどのように測るのだろうか．

　またたとえば，企業にとって今は必要なくなったビルへの支出のように，すでに済ませた支出に関する費用はどう扱うべきだろうか．このビルの真の機会費用は，元々の購入価格（購入原価）や賃借価格（リース価格）ではなく，他の企業に賃貸した場合に得られる賃料のように，このビルを他の代替的な用途にいま利用した場合の価値である．

　基本的なポイントは，過去に済ませた支出を機会費用の中に組み入れてはならないということである．1エーカー当たり10万ドルの価値しかない土地を，100万ドルで購入してしまったコンピュータ会社を例にして考えてみよう．この企業は，新たにコンピュータ生産を開始するために，広い土地が必要な工場と狭い土地でも十分な工場のどちらかを建設しなければならないとする．この土地の機会費用は，購入価格である100万ドルと評価すべきだろうか，それとも今販売できる価格である10万ドルと評価すべきだろうか．この解答次第で，企業が土地を節約すべきかどうかが左右されることになる．経済学に基づくならば，答えは簡単である．この企業は，現在の機会費用に基づいて費用を評価すべきであり，土地購入の際に過ちを犯したという事実は，現在の意思決定においては考慮すべきではない．

　ところが，個人も企業も過去の支出にこだわりつづけて，経済的な間違いを重ねることが多い．間違った意思決定を行った当事者は，なかなかそれを過ちとは認めないだろう．その土地の正しい市場価格が1エーカー当たり10万ドルにすぎないことを明らかにすることは，土地購入時に重大な判断ミスがあったと公言するに等しく，彼の会社内での地位を危うくするからである．

6.2　経済的レント

　利潤を定義するときの経済学と会計学での第二の違いは，**経済的レント** economic rent に関するものである．経済的レントは生産された財・サービス

に対して，実際に支払われる価格と支払われるべき価格との差である．

経済的レントは，もともとは小作人が耕作地を利用するとき地主に支払う報酬（レント，地代）という意味で用いられてきたが，今日ではもっと幅広い意味で使われている．ただし土地利用を例に挙げると，その意味は理解しやすい．この語源にまつわる土地の重要な特徴は，供給が非弾力的なことである．土地に高い金額（レント）を支払っても，その供給量を増加させることができないし，逆に地主が土地から何の報酬を受け取らなかったとしても，利用できる土地の量は減少しない．このような非弾力的な性質は，他の多くの生産要素にも見ることができる．たとえば，全米プロバスケット・リーグ，マイアミ・ヒートのシャキール・オニールは，年俸が2倍になったとしても，「生産」（＝得点の回数）を増やそうとはしないだろう．こうした希少な才能に与えられる追加的な報酬もまた，経済学で定義するレントに含まれる．

映画スターやプロスポーツ選手の高額の報酬の多くは経済的レントであるが，もっと普通の給料の多くの労働者もレントを受け取っている．たとえばジムはちょうど教育学の学位を取得し，カリフォルニアの二つの学区の高校教員の就職口があったとしよう．一つは太平洋に面したサンタクルーズに，もう一つは海岸から車で40分のサンノゼにある．提示された初任給はどちらも同じである．ジムがサーフィンが好きならば，仕事の前後にサーフィンができるサンタクルーズに就職するだろう．実際，たとえサンノゼよりも少し低い給料だったとしてもサンタクルーズを選んだだろう．彼の報酬と次善の選択の価値である機会費用との差は経済的レントである．

映画スターやプロスポーツ選手の報酬の多くは経済的レントであるという主張は，機会費用の概念で説明できる．ブラッド・ピットは俳優として有名になり高給を得る以前は，リムジンの運転手やロサンゼルスのレストラン・チェーンで大きな鶏のぬいぐるみを着て生計を立てていた．彼は大学でジャーナリズムを学んだが中退した．これらのどの仕事の給料も俳優として得た報酬には遠く及ばない．彼の次善の機会の価値は低いので，彼の所得のほとんどは経済的レントなのである．NBAのナンバーワン・プレイヤーであるコービー・ブライアントの場合にも同じことがあてはまる．彼のバスケットボールでの所得に次ぐ機会の所得は，おそらく彼の所属チームであるレーカーズの報酬に比べれば些細なものだろう．経済的レントを受け取る人というのは実に幸運である．

なぜならこれらのレントは努力とは無関係だからである．レントの額は完全に需要だけで決まる．

　ある企業がその他の企業よりも効率的であったならば，その分だけ経済的レントを獲得することができる．本章ではこれまで，企業は価格が平均費用の最小値以上ならば生産することを学んだ．企業の中には，他社よりも効率的で平均費用曲線が低い企業もあるだろう．そこで，効率性が高い1社を除いたその他のすべての企業が同一の平均費用曲線を持ち，市場価格はそれらの企業の平均費用の最小値に等しくなっている場合を考えてみよう．この1社は非常に効率的で，平均費用は他社よりもはるかに低い．この会社は，自らの平均費用の最小値に等しい，より低い価格で生産し，販売できるのだが，それよりも高い市場価格で販売している．企業が市場への参入に必要な受取り分（額）を超えて受け取る分（額），すなわちこの企業の優れた生産能力に対する報酬もまたレントである．

　投入物によっては，供給が短期においては非弾力的であるが，長期においては弾力的になるものがある．ビルの使用料などがこれにあたる．短期においてビルの供給は収益に依存しないので，ビルの使用料は経済学でいうレントである．しかし長期で見れば，ビルの供給はその収益に依存することになる．すなわち投資家たちは，新しいビルへの投資の収益が他の投資の収益を上回るまで，ビルを建てようとはしない．したがって，ビル所有者が受け取る「レント」は，経済学の定義からすると，真の意味でのレントではない．

　このように，経済学において，競争により利潤がゼロになるというときには，競争均衡では操業中のあらゆる企業の限界費用が価格に等しくなる，ということに焦点を当てている．個々の企業が生産を拡大しても利潤が増加せず，またこの市場に新たに企業が参入したとしても利益が得られない状況である．つまり経済学では，限界的な意味において競争により利潤はゼロになると述べているのである．

CASE IN POINT
塗装業への参入と機会費用

　人々は重要な意思決定をするときでさえ，機会費用を考慮し忘れるこ

とが多い．次の話はそのことを具体的に示している．

家のペンキの塗り替えは，夏の仕事である．日差しが強くて日が長いし，その時期には，学校が夏休みに入っている高校生や大学生を未熟練労働者として雇い入れることもできるからである．ここでマイケルが，経済学入門コースを履修後の夏休みに，まとまったお金を得る手段としてプレスト・ペインターズという店を始めようと思い立ったとしてみよう．

開店にあたって，かなりの金額が固定費用として必要になる．マイケルは実家で営業を開始したので，店舗にはまったく費用がかからなかったものの，固定費用は下の表のようになった．

固定費用の項目	
中古のバン	5,000ドル
ペンキなどの消耗品	2,000ドル
ビラと看板	1,200ドル
名刺と見積書類	500ドル
電話設置料	300ドル
合計	9,000ドル

実際に，マイケルは商売を始め，仕事を獲得するために，顧客からの電話を受けたり，訪問セールスをしたり，場合によっては塗装費用の見積もりもした．他の塗装業者とは直接的な競争関係にあるので，仕事を獲得するために価格競争もしなければならなかった．

マイケルは，賃金相場が1時間当たり10ドルであることを知っていた．実際には，労働が，ペンキ塗装の唯一の可変費用ではなく，ペンキや刷毛を買い足すための費用もかかるのだが，話を簡単にするために，夏休み中に必要となる量のペンキや刷毛は，最初から購入してあったとしよう．したがって，ここでの可変費用は，彼がどれだけ人を雇うかに関係することになる．

この可変費用はまた，住宅塗装にかかる時間の長さにも関係し，それはマイケルが雇うことができる労働力の質に左右される．結局のところ，プレスト・ペインターズの可変費用は次の表のようになる．

塗装戸数 (戸)	従業員の労働時間 (時間)	人件費 (ドル)
5	100	1,000
10	300	3,000
15	600	6,000
20	1,000	10,000
25	1,500	15,000
30	2,100	21,000

これに基づいてマイケルは，プレスト・ペインターズの費用曲線を下表のように産出した．

塗装住宅数 (戸)	総費用 (ドル)	平均費用 (ドル)	1戸当たり限界費用 (ドル)
0	9,000		
5	10,000	2,000	200
10	12,000	1,200	400
15	15,000	1,000	600
20	19,000	950	800
25	24,000	960	1,000
30	30,000	1,000	1,200

表の限界費用と平均費用に基づくならば，平均して1戸当たり1000ドル以上の料金を徴収できるような市場の状態で，少なくとも25戸分の受注があれば，利潤を得ることができると計算される．おおよそこれがマイケルの夏休みの収支である．つまり，各戸当たり1000ドルで25戸塗装すると1000ドルの利潤を得る．

ここで彼は少し考え直してみることにした．できあがった費用のリストの中に，彼の時間の機会費用が考慮されていないことに気づいたのである．彼は住宅塗装を行う労働の相場である1時間当たり10ドルの賃金をもらっていない．しかし彼は現場で作業を切り盛りし，労働者を雇って仕事を割り振り，さらには顧客からの電話を受けたり苦情に対処したりしている．

ここでマイケルには，ウエイターの仕事を選ぶ機会もあると想定してみよう．その仕事を選べば，チップも含めて1時間当たり6ドルの報酬

が得られるので，夏休みの間，毎週40時間，全部で12週間働けば，それほどストレスやリスクを負うことなく，2880ドル稼げるはずである．自分で店を営む固定費用にこの機会費用を加えると，それまで利潤と考えていたものが一転して損失になってしまう．プレスト・ペインターズを経営することが，マイケルの機会費用をまかない，かつ自分で経営するリスクやストレスを補うことができないかぎりは，住宅塗装業に参入するよりも飲食店に勤めたほうが金銭的には得なのである．

WRAP-UP

会計上の利潤と経済学での利潤

　　会計上の利潤＝収入－費用
　　経済学での利潤＝収入－レント－経済費用（労働と資本の機会費用を含む）

---

7 競争的企業の理論

　以上で，競争的企業の理論の説明を半ばまで終えたことになる．企業にとっては，労働者に支払う賃金や資本財の費用などの，利用する投入物に対して支払う価格は所与である．このことから，企業はさまざまな産出水準にかかる費用を計算することができる．企業は販売する財から受け取る価格を所与として，利潤を最大にする産出水準，すなわち価格と限界費用が等しくなる水準を選択することができる．このことから，第1章「需要と供給」（または『スティグリッツ 入門経済学』第3章「需要，供給，価格」と第4章「需要・供給分析の応用」）で用いた供給曲線を導くことができる．価格が上昇すると操業中の各企業は産出量を増やし，また操業する企業数が増えるので，市場の産出量は増加する．このため，市場の供給曲線は右上がりになる．

　しかし企業が生産を増やすと，労働や資本の需要量も増加する．労働や資本への企業の労働需要を導くことが次の課題であり，続く二つの章で取り上げる．

復習と練習
Review and Practice

■要約

1. 収入曲線は，企業の総産出量と収入の関係を表している．競争的企業にとって，生産物をもう1単位追加的に販売して得られる限界収入は，その財の価格に等しい．

2. 企業は，競争市場において市場価格（生産物をもう1単位増加して得られる限界収入）と限界費用が等しくなるように産出量を選択する．

3. 企業は，財の市場価格が平均費用の最小値を上回っているならば，販売によって得られる収入がその財を生産するための費用を上回るので，利潤を得ることができる．この場合，企業は市場に参入する．

4. 財の市場価格が平均費用の最小値を下回り，かつサンクコストがない場合には，企業は，即座に市場から退出する．しかし財の市場価格が平均費用の最小値を下回っていても，固定費用を調整できない短期においてサンクコストがある場合には，市場価格が平均可変費用の最小値を上回っているかぎり，その企業は操業を続ける．

5. 市場に参入しようとしている企業にとって，価格が平均費用の最小値以下ならば供給量はゼロである．また価格がこの平均費用の最小値を上回ったならば，その企業の供給曲線は限界費用曲線と一致する．

6. 市場供給曲線は，その産業内に属するすべての企業の供給曲線を合計したものである．価格の上昇によって，生産を行おうとする企業数は増加し，また各企業は生産を増加させようとするので，市場供給曲線は通常は右上がりになる．

7. 経済学的利潤と会計上の利益という概念は，機会費用と経済的レントの扱い方において異なっている．

■キーワード

収入曲線　　限界収入　　経済的レント

■第5章■ 競争的企業

Q 復習問題

1. 競争市場では，利潤を最大にする産出水準はどのような方法で決められるのだろうか．また企業の供給曲線と限界費用曲線は，どのような関係にあるのだろうか．（ヒント：3節「競争的供給の基本的条件」，特に図5-3「利潤を最大にする産出水準」）

2. 企業は，市場に参入する決定をどのように行うのだろうか．また退出の決定はどのように行うのだろうか．企業の市場からの退出の決定と平均可変費用曲線の関係をあわせて説明しなさい．（ヒント：4節「参入，退出と市場供給」）

3. 長期供給曲線が短期供給曲線よりも弾力的なのはなぜか．（ヒント：5節「長期供給曲線と短期供給曲線」）

4. 会計上の利益と経済学的な利潤という概念は，どのような関係にあるのだろうか．（ヒント：6節「会計上の利益と経済学的利潤」）

Q 練習問題

1. センタービル市の住宅塗装の市場価格は1万ドルだとしよう．また，トータル・カバーアップ塗装社では，はしご，刷毛などに4000ドルの固定費用がかかり，同社の住宅塗装の可変費用は次表のようだとする．

産出量(塗装住宅戸数)	2	3	4	5	6	7	8	9	10
可変費用(1000ドル)	26	32	36	42	50	60	72	86	102

トータル・カバーアップ塗装社の総費用を計算し，収入曲線と総費用曲線を描きなさい．それらの曲線は予想通りの形状になっただろうか．またどの産出量の範囲で利潤が得られるだろうか．それぞれ論じなさい．（ヒント：2節「費用」，および3節「競争的供給の基本的条件」，特に表5-2「ハイ・ストロング・バイオリン社における生産の費用」，図5-2「収入と費用」）

2. 練習問題1のトータル・カバーアップ塗装社の限界費用，平均費用，平均

可変費用を計算して図に描きなさい．また市場価格を所与とするとき，どのような産出水準で同社の利潤は最大となるだろうか．そのときの利潤（または損失）はいくらになるだろうか．同社が正の利潤を上げられなくなるのは，市場価格がいくらになるときだろうか．また，はしごや刷毛の中古市場がないため固定費用がサンクコストになっている場合，住宅塗装の市場価格がいくらになると，同社は操業を停止するだろうか．以上の問題にそれぞれ答えなさい．（ヒント：3節「競争的供給の基本的条件」および4節「参入，退出と市場供給」）

3 最初にU字型の平均費用曲線を描きなさい．その図中において固定費用のすべてがサンクコストであるとすると，市場価格がどの水準のときに参入が起こり，また市場価格がどの水準のときに退出が起こると予想されるかを描き入れなさい．また，固定費用の半分だけがサンクコストの場合にはどうなるだろうか．それらの理由も説明しなさい．（ヒント：4節「参入，退出と市場供給」．特に4.1項「サンクコストと退出」）

4 ホセは地元企業に勤務し，年間5万ドルの収入を得ている熟練電気工である．彼が会社を辞めて自分で事業を始めようと考えているとしよう．このことを会計士に相談し，その場合の費用と収入に関して以下の表作成を手伝ってもらった．

予想年間費用（ドル）		予想年間収入（ドル）
基 本 給	20,000	75,000
事務所賃借料	12,000	
設備賃借料	18,000	
光 熱 費	2,000	
雑 費	5,000	

会計士によれば，基本給は確かに低いが，事業主としての利潤が継続的に得られることも考慮に入れて判断するようにとのことだった．経済学の観点からすると，会計士が作成した上表であらゆる費用が完全に示されているだろうか．また経済学的に見るときの，ホセの期待利潤はいくらになるだろうか．それぞれ計算しなさい．（ヒント：3節「競争的供給の基本的条件」および6.1項「機会費用」）

補論-日本語版

競争企業の産出量の決定

　第4章の補論B-日本語版「平均費用と限界費用の図解」では，総費用曲線と平均費用曲線，平均可変費用曲線，限界費用曲線との関係を式と図によって検討した．ここではその数値例を用いて，競争企業の産出量の決定を検討する．

　ある清涼飲料の生産の総費用を $TC(Q)$ 万円，産出量を Q 万本として，

$$TC(Q) = Q^3 - 16Q^2 + 94Q + 162$$

の関係があるとする．また各産出量（Q）において平均費用 $AC(Q)$，平均可変費用 $AVC(Q)$，限界費用 $MC(Q)$ とすると，

$$AC(Q) = \frac{TC(Q)}{Q}$$
$$= Q^2 - 16Q + 94 + \frac{162}{Q}$$
$$AVC(Q) = Q^2 - 16Q + 94$$
$$MC(Q) = 3Q^2 - 32Q + 94$$

であった．産出量1本当たりの市場価格が $p=74$ 円（1万本当たり74万円）とすると，

　　　総収入＝価格×産出量
　　　　　　＝$74 \times Q$ 万円

となる．総費用と総収入を縦軸に，産出量を横軸にとると，総収入は傾き74（円/本）の直線となる（図5-10）．

　　　利潤＝総収入－総費用

なので，総収入曲線と総費用曲線の垂直距離が最大となる本数10万本においてこの企業の利潤 π は最大となる．

$$\pi = 74 \times 10 - (10^3 - 16 \times 10^2 + 94 \times 10 + 162)$$
$$= 238 \text{ 万円}$$

　このとき総費用曲線の傾き，すなわち限界費用は総収入曲線の傾き（この例では74）に等しい．

　利潤を最大にする産出量を求める条件，すなわち，

　　　限界費用＝価格

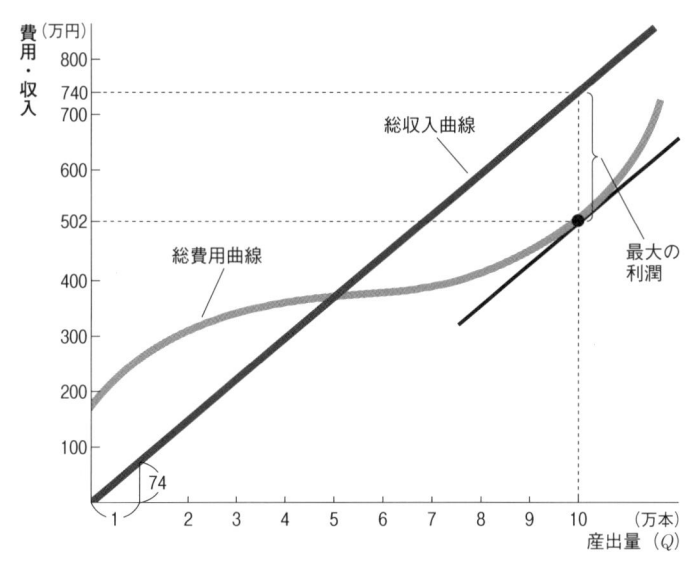

図 5-10 ■ 総収入曲線と総費用曲線

はこの例では，

$$3Q^2-32Q+94=74,$$

となり，

$$3Q^2-32Q+20=(3Q-2)(Q-10)=0$$

となるので，$Q=2/3$ または 10 となる．この関係は図5-11に示されている．ところで図5-10を見ると $Q=2/3$ においても総費用曲線の傾きは74であるが，このときには利潤が最も小さいことが観察できる．したがって利潤最大となる産出量は $Q=10$ だけである．

　一般に，限界費用 ＝ 価格，という条件だけでは利潤についての最大値以外の極値も含んでいることに注意しよう．図5-11では収入は，縦軸に価格，横軸に数量をとった $74 \times 10 = 740$ の長方形の面積である．平均費用と産出量の積は総費用である．$AC(10)=50.2$ なので総費用は502となる．収入から総費用を引いた図5-11のアミのかかった面積が利潤（$238=740-502$）である．

　利潤がゼロとなる産出量は，

$$MC(Q)=AC(Q)$$

となる Q，あるいは $AC(Q)$ を最小にする Q である．いずれの場合も，

図 5-11 ■ 利潤を最大にする産出量

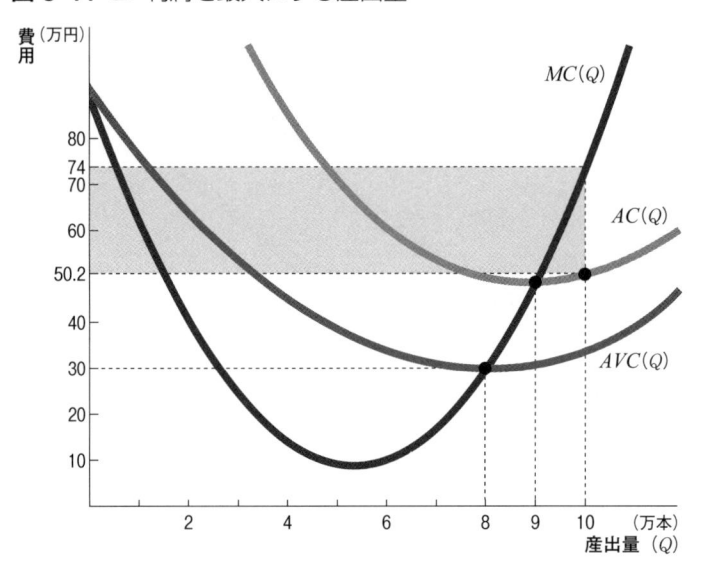

$$(Q-9)(Q^2+Q+9)=0$$

となることから，$Q=9$ である．

また $MC(9)=49$，すなわち価格が 1 本当たり 49 円が損益分岐点である．固定費用がすべてサンクコストの場合には，収入が可変費用より少なくなるまで市場価格が下がると，操業を停止する．そのような産出量は，$AVC(Q)=MC(Q)$ となる Q，あるいは $AVC(Q)$ を最小にする Q は，$Q=8$ であり，そのときの価格は $MC(8)=30$ である．

Chapter 6

第6章 労働市場

Learning Goals

1. 人々の労働時間を決定する要因は何だろうか.
2. 所得効果と代替効果は，それぞれ労働供給の意思決定にどのような影響を与えるだろうか.
3. 企業の労働需要を決定する要因は何だろうか.
4. 賃金はどのようにして，労働市場の需要と供給を等しくするのだろうか.

これまでの三つの章では，財・サービス市場における需要と供給について考察してきた．どの財を購入するか，そしてどれだけ購入するかを選択することは，家計が直面する基本的な意思決定問題の一つである．家計が支出できる金額は，二つの別々の意思決定に依存している．それは，どれだけ働くか（お金を稼ぐか）という決定と，どれだけ貯蓄するか（あるいは貯蓄を取り崩して支出するか）という決定である．働くことについての人々の意思決定によって，経済の労働供給が決まり，貯蓄についての意思決定によって，資本市場における資金供給が決まる．これらの意思決定に影響を及ぼす要因を理解することで，経済の労働市場と資本市場の供給側についての洞察が得られる．

第4章，第5章では主に財・サービスの供給に与える要因を考えた．一方で，企業は，どのくらい労働者を雇い，どれだけ機械を購入するかを決定しなければならない．企業の意思決定によって，経済全体での労働需要と資本市場における資金需要が決まる．

本章では，労働市場と労働需要，労働供給についての意思決定に注目する．家計の労働時間の決定について洞察を得るには，消費の意思決定を理解するために第3章で展開した方法が有用となるだろう．さらに，企業の労働需要の決定要因についても考察を行う．労働市場における需要サイド，供給サイドを合わせることで，競争的な市場経済で賃金がどのように決定されるかを理解することができる．続く第7章では貯蓄の意思決定と資本市場について検討する．

1 労働供給の決定

かつて，大学生の多くは学業に専念していた．学費や生活費は家族の援助や奨学金や貸付でまかなわれており，仕事を持つ者はほとんどいなかった．現在では，大学生の大多数が授業料や生活費を稼ぐために働いている．学生たちは，履修する授業を決めるだけでなく，働くかどうかも決めなくてはならない．またもし働くことにしたのであれば，1週間のうち何時間働くかを決める必要がある．多く働けば働くほど，さまざまな支払いは容易になるが，学業のための時間が失われ，卒業が遅れることもあるかもしれない．どれだけ働くか（労働をどれだけ市場に供給するか）という意思決定に影響を及ぼす要因を理解する

Internet Connection
労働力データ

アメリカ労働省労働統計局（Bureau of Labor Statistics）は，経済学者が労働供給の変遷を調べるために利用するデータを収集している．彼らのウェブサイトのアドレスは http://www.bls.gov である．日本の労働供給についてのデータは，総務省統計局のウェブサイトで見ることができる．http://www.stat.go.jp/data/roudou/index.htm

ことは，労働市場がどのように機能するかを考えるうえで重要である．

学生の雇用が増加したことは，過去半世紀に起こった多くの労働供給パターンの変化の一つにすぎない．1週間の平均労働時間は，1959年に39時間であったのが，2004年には34時間をわずかに下回るまで減少した．同時に労働力に占める女性の割合が著しく増加した．1950年には，16歳以上の女性のうちわずか34％が労働力であったが，現在その値は60％近くになっている．ここ数十年のアメリカ社会の変化の多くは，どれだけ労働を供給するかということについての人々の意思決定を反映しているのである．

1.1 余暇と消費の選択

経済学では，労働供給のパターンを理解するために，消費者行動の基本モデルを用いる．これは消費の選択について考察するために第3章「消費の決定」で用いたモデルである．どれだけ労働を供給するかを決めることは，余暇と消費（所得）の間で選択を行うことである（経済学では，余暇とは，個人が潜在的に労働することが可能な時間のうち，実際には労働しない時間を意味している）．余暇をあきらめることによって，人々は追加的な所得を受け取り，消費を増やすことができる．また，働く時間を減らし消費をいくらかあきらめることによって，人々はより多く余暇を過ごすことができる．増加した所得は必ずしもただちに消費されるわけではない．個人は，追加的に得た所得を現在支出するか，将来支出するかを決めなくてはならない．この選択については，第7

章「資本市場」で考えることにして，ここでは，個人はその所得のすべてを支出すると仮定しよう．

通常の仕事では，労働時間が固定されているように思えるが，実際には人々はさまざまな方法で供給する労働時間の長さに影響を与えることができる．多くの労働者は，フルタイムで働くかどうかについては裁量の余地を持たないかもしれないが，残業するかどうかはある程度選択することができる．そのうえ，多くの人々はアルバイト，すなわち追加的な所得をもたらす副業を持っている．（タクシーの運転のような）これらの仕事の多くは，労働時間をかなりの程度自分で決めることができる．したがって，主要な仕事についてはどれだけ働くか選択できない場合でも，労働時間を選択することは可能なのである．さらに，1週間の労働時間が仕事によって異なるという事実は，労働者が自分の望む労働時間の仕事を，ある程度自由に選べるということを意味している．最後に，経済学者は，1週間の「標準的な」労働時間に関する社会的慣習（週当たり40時間から35時間に変化しつつある）も，労働者の態度（選好）を反映して時代とともに変化する，と考えている．

ここで個人の労働と余暇の間の選択に，第3章「消費の決定」における分析を適用してみよう．図6-1は，1時間当たりの賃金が7ドルのスティーブの予算制約線を示したものである．余暇を楽しむのを1時間減らして，労働を1時間増やすごとに，スティーブの所得は7ドル増加する．すなわち，彼の消費は7ドル分増加する．この予算制約は，彼の時間的な制約からもたらされる．彼が1日のうちで労働や余暇に費やすことのできる時間は，たとえば16時間というように限りがあり，1時間余計に働くと，余暇が1時間減ってしまうのである．彼の所得は，もし彼が1時間働いたならば7ドル，2時間働いたならば14ドル，……，となる．かりに彼が余暇を楽しまず，16時間働いたならば，彼の所得は7ドル×16時間＝112ドルとなる．彼の予算制約がもたらす余暇と所得のトレードオフは，1時間当たり7ドルということになる．

スティーブは，消費者が二つの財の間で選択を行うのとまったく同様に，彼の選好に基づいて予算制約線上の点を選択する（第3章参照）．彼が E_0 点を選択したとしよう．E_0 点では，彼は10時間の余暇を過ごしており，これは利用可能な16時間のうち6時間を労働に充てていることを意味している．この場合，彼の1日の所得は42ドルである．

1．労働供給の決定

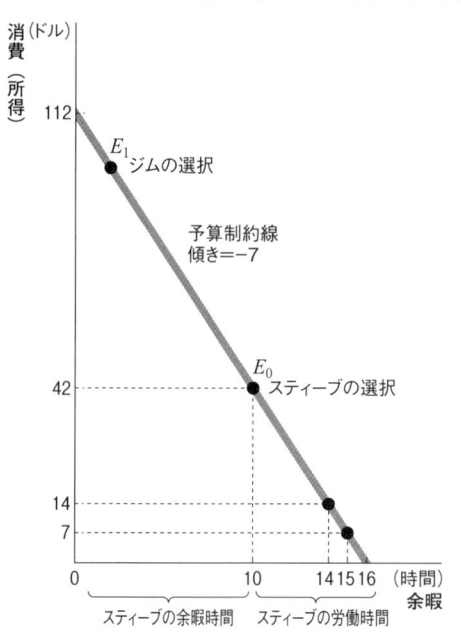

図6-1 ■ 余暇と消費（所得）の間の予算制約

（図：縦軸「消費（ドル）（所得）」、横軸「余暇（時間）」。予算制約線は傾き$=-7$で、切片112から右下へ伸びる。E_1点「ジムの選択」、E_0点「スティーブの選択」は余暇10時間・消費42ドル。横軸にスティーブの余暇時間（0〜10）とスティーブの労働時間（10〜16）。追加点：余暇14で消費14、余暇15で消費7。）

個人は，余暇と引き換えに所得（すなわち消費）を増加させる．図の予算制約では，スティーブは，E_0点を選択し，1日のうち10時間を余暇，6時間を労働に充て42ドルの賃金を得ている．

  スティーブは，追加的な1時間分の賃金で購入できるものがもたらす限界便益と，限界費用すなわち彼があきらめなければならない1時間分の余暇の価値が等しくなるように，予算制約線上の点を選択する．スティーブと彼の弟のジムとでは，限界便益と限界費用の評価が異なっている．ジムはE_1点を選択し，スティーブはE_0点を選択している．ジムは，人生において物質的な側面をより高く，余暇をより低く評価しているのである．

  E_0点では，スティーブにとって，1時間余計に働いて得るお金で購入できるコンサートのチケットや他の財の限界便益が，あきらめなければならない余暇の限界費用にちょうど等しくなっている．E_0点の左側では，スティーブの余暇はより少なくなり（そのため，余暇の限界的な価値は大きくなっている），より多くの財を持っている（そのため，追加的な財の限界的な価値は小さくなっている）．労働を減らすことの限界便益が限界費用を上回っているので，彼

は労働時間を減らし，E_0点の方向へ移動することになる．E_0点の右側の点においては，逆の議論となる．

仕事中毒のジムがE_0点の左側の点を選択する理由も，同様の議論により理解することができる．E_0点ではジムは財をより高く，余暇をより低く評価している．すなわち，より多く働くことの限界便益が限界費用を上回っているのである．E_1点では，1時間余計に働くこと（追加的な消費）の限界便益が限界費用にちょうど等しくなっている．

以上の枠組みを用いることで，さまざまな賃金に対応する労働供給量を表す労働供給曲線を導出することができる．賃金の変化は，所得効果と代替効果の両方をもたらす．賃金の上昇により人は裕福になる．裕福になると，個人はすべての財をより多く購入しようとする．余暇はそうした「財」の一つであるので，個人は労働を減らすのである．これが所得効果である．一方，賃金の上昇はトレードオフの変化をもたらす．1時間の余暇をあきらめることにより，個人はより多くの財を得ることができるようになるのである．このために，個人は労働を増やそうとする．これが代替効果である．

第3章で標準的な財について考えた際に，所得効果と代替効果は同じ方向に作用することを学んだ．財の価格の上昇は，個人が貧しくなることを意味しており，その所得効果が財の消費の減少をもたらす．さらに，個人は価格の上昇した財を他の財で代替しようとする．つまり，代替効果もその財の消費の減少をもたらすのである．しかし，労働供給については，所得効果と代替効果は反対方向に作用するので，賃金上昇の全体としての効果は不明確となる．

賃金が5％上昇した場合，働く時間を5％減らすのであれば，トータルの賃金（時間当たり賃金に労働時間をかけたもの）は変わらない．つまり，余暇の時間は増えているが，所得は同じままである．また，以前と同じ時間働いて，より多く所得を得ることもできるだろう．このように，所得効果は労働供給を減らすように作用する．しかし，余暇を追加的に1時間増やすことの機会費用は，そのためにあきらめなければならない賃金所得であるため，賃金が上昇すると余暇の機会費用も増加する．低い所得水準においては，一般に人々は，賃金が上昇した場合に労働時間を削減することを好まない．むしろより高い賃金を得る機会を利用するために労働時間を増やそうとする（賃金上昇による代替効果のほうが所得効果よりも大きい）．つまり，賃金の上昇とともに，労働供

図 6-2 ■ 労働供給曲線

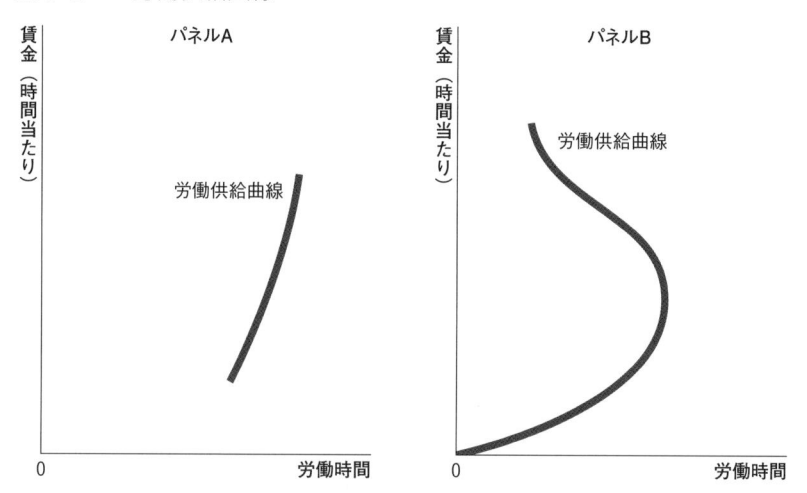

パネル A（縦軸：賃金（時間当たり）、横軸：労働時間）：労働供給曲線が右上がりで傾きが急。

パネル B（縦軸：賃金（時間当たり）、横軸：労働時間）：低賃金では右上がり、高賃金では右下がり（後方屈曲的）となる労働供給曲線。

パネル A は，代替効果が所得効果をわずかに上回る場合を示している．この場合には，賃金の上昇によって労働供給はわずかに増加する．したがって労働供給曲線の傾きは急になっている．パネル B は，低い賃金水準では，代替効果が所得効果を上回るため労働供給曲線が右上がりとなる一方，高い賃金水準では，所得効果が代替効果を上回るためその範囲で労働供給曲線が右下がりとなる場合，すなわち労働供給曲線が後方屈曲的となる場合を示している．

給は増加する．このように労働供給曲線が右上がりになる通常のケースが図 6-2 パネル A に示されている．賃金の上昇とともに，人々は余暇を減らして，より多く働くことを選択するのである．

しかし，所得がすでに十分高い場合，人々はしばしば，賃金が上昇しても，余暇を楽しむために労働を減らしたほうが良いと考える（所得効果のほうが代替効果よりも大きい）．高い賃金水準において後方屈曲的となる労働供給曲線を持つ人々の例としては，医師や歯科医師，そのほか週に 4 日しか働かない高所得の職業についている者を思い浮かべればよいだろう．このケースは図 6-2 パネル B に示されている．

所得効果と代替効果がちょうど釣り合う場合には，労働供給は賃金変化から影響を受けないことになる．実証研究では，少なくとも男性については，労働供給の弾力性，すなわち 1 ％の賃金増加によってもたらされる労働時間の増加率は，正ではあるが小さいとされている．このことが，過去 50 年間で賃金が大幅に上昇したにもかかわらず，男性の労働時間がそれほど変化しなかった理

由である．女性については，賃金の上昇によって労働供給が増加することが示されている．

ここまでは，消費財の価格が不変にとどまることを暗黙のうちに仮定して，

Thinking Like an Economist

トレードオフ

労働供給の意思決定におけるトレードオフ関係は，図6-1において予算制約線として描かれているように，余暇と消費の間のものである．より多く消費するためには，より長く働かなくてはならず，余暇をあきらめなければならなくなる．余暇をより長く楽しむことにすると，働く時間が短くなり所得が減少するので，消費を我慢しなければならなくなる．

すべてのトレードオフと同様に，このトレードオフも第1章「需要と供給」で学んだ概念である機会費用を反映したものである．ここでは，1時間多く余暇を過ごすことの機会費用は，働く時間が1時間少なくなることによってあきらめなければならない消費である．同様に，25ドル多く消費することの機会費用は，25ドル多く稼ぐためにあきらめなければならない余暇時間である．

余暇の機会費用は，我慢しなければならない消費であるので，稼ぐことのできる賃金に依存することになる．賃金が1時間当たり7ドルであれば，1時間の余暇の機会費用は7ドルであり，賃金が1時間当たり25ドルであれば，1時間の余暇の機会費用は25ドルである．つまり，低賃金の人よりも高賃金の人にとってのほうが，余暇の機会費用は高いのである．

念頭に置くべきもう一つの重要な考えは，経済的な意思決定は限界的なトレードオフによって決められるということである（第1章を参照）．より多く消費を行いたいのであれば，追加的な消費の便益を余暇の減少という（機会）費用と比較して検討しなければならない．個人の消費と余暇に対する選好に基づいて，労働者は限界便益と限界費用が等しくなる予算制約線上の点を選択するのである．

賃金変化の労働供給に与える影響について議論してきた．しかし，余暇と消費のトレードオフを評価する際に，個人はたんに消費に支出できるお金の量ではなく，そのお金で購入できる現実の財やサービスの量に関心を持っている．もし賃金とすべての消費財の価格が2倍になるならば，余暇と消費の間のトレードオフは変わらない．もしジムの賃金が，1時間当たり7ドルから14ドルに上昇し，その一方でコンパクトディスク（CD）の価格も10.5ドルから21ドルへと上昇するとしたら，ジムは1枚のCDを得るために，依然として1時間半の余暇をあきらめなければならない．労働供給の意思決定にとって重要であるのは，平均的な貨幣賃金（**名目賃金 nominal wage** と呼ばれる）を消費財価格の変化に応じて修正したものである．この修正された賃金は，**実質賃金 real wage** と呼ばれる．1980年以降，平均的な名目賃金は，6.84ドルから15.38ドルへと100%以上上昇した．しかし，われわれの購入する財の価格もまた上昇したので，実際のところ，平均的な実質賃金は過去20年間一定のままであった．

WRAP-UP

賃金の変化と労働供給

労働供給の意思決定は，実質賃金（消費財価格で調整した名目賃金）に依存する．

実質賃金が上昇すると，人々は裕福になる．この所得効果によって，人々は労働供給を減らす．代替効果はこの効果を打ち消すように作用する．すなわち，労働に対する報酬が高まるため，より長い時間働くインセンティブが生み出される．どちらの効果も他方を上回る可能性がある．したがって，実質賃金が上昇することによって，労働供給が増えることもあれば減ることもある．

1.2 労働力参加

どれだけ労働を供給するかという意思決定問題は，働くかどうか，そして働くのであればどれだけ働くか，という二つの問題に分けることができる．男性

にとって，働くかどうかという問題には伝統的に明確な答えがあった．非常に裕福でないかぎり，自分自身や家族を養うために働かなくてはならなかったのである．したがって，彼らが働かないことよりも働くことを選ぶ最低限の賃金は非常に低かった．ほとんどの男性にとっては現在でも，働くかどうかという意思決定に賃金の変化が影響することはない．賃金の変化は何時間働くかという意思決定のみに影響し，その影響でさえ小さいのである．

　働くかどうかの意思決定は，**労働力参加の決定** labor force participation decision と呼ばれている．図6-3には，個人の労働供給曲線が示されている．労働供給曲線は，さまざまな実質賃金水準の下で，個人が供給しようとする労働時間を示している．個人が労働を供給しようとする最低の賃金 W_R を，**留保賃金** reservation wage と呼ぶ．賃金が留保賃金以下である場合，個人は労働力に参加しようとしない．男性にとって，留保賃金は伝統的に非常に低かったのである．

　今日では，多くの女性も賃金を得るために働いているが，男性と違い，そのことは通例ではなかった．ほんの数十年前には，中流階級の女性は，たとえ働いていたとしても，出産とともに労働市場から退出すべきであると社会的に考

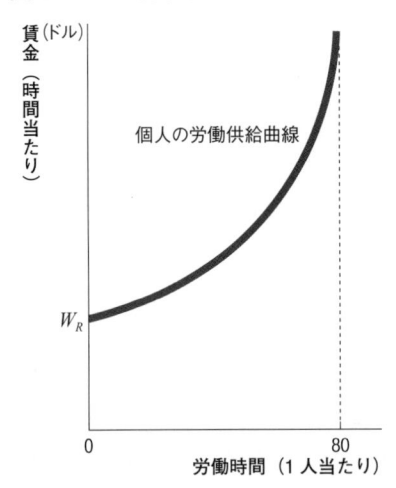

図6-3 ■ 労働力参加の決定

留保賃金 W_R は，個人が労働を供給しようとする最低限の賃金である．

えられていた．そして，母親の多くは，子どもが成長した後も，再び労働市場に参入することはなかったのである．

過去50年間の女性による労働供給の増加は，一部は労働供給曲線上の移動，一部は労働供給曲線のシフトによるものと考えることができる．女性の労働機会は過去30年間を通じて急増し，相対賃金は上昇した．つまり，働くことからの報酬が増加し，労働力に参加しないことの機会費用が同じだけ上昇したのである．すでに働いている女性にとって，こうした賃金の上昇は，男性の場合とまったく同様に，所得効果と代替効果を引き起こす．しかし，それまで労働力でなかった女性にとっては，賃金が上昇しても彼女の所得は増加しないので，所得効果は存在せず，代替効果だけが作用する．したがって，代替効果によって，より多くの女性が労働力に参加するようになる．[1] 女性の労働供給に対する賃金上昇の全体的な影響は，労働供給曲線上の移動として表される．

一方，女性の労働供給曲線のシフトも生じた．すなわち，各賃金水準における労働供給が増加したのである．労働供給曲線が右方にシフトし，図6-4に示されているように女性の労働力参加が劇的に増加したのは，以下の二つの変化による．1973年ごろを境にして，第二次世界大戦以降続いていた（実質）賃金の高い成長が止まった．それまで人々は，物質的な生活水準が向上しつづけると期待するようになっており，それが止まったとき，彼らは損失を被ったと感じたのである．この変化によって，多くの既婚女性が，家計所得の増加を維持する手段として，あるいは多くの場合減少を防ぐ手段として，パートタイムやフルタイムの仕事に就くようになったのである．

さらに，女性の役割についての女性自身や雇用主の認識が著しく変化した．女性に対する公然の差別は，1964年の連邦法によって禁止された．女性に多くのキャリアが開かれ，労働力参加がより魅力的なものとなった．ビジネス・スクールやロー・スクールなど専門職大学院への女性の入学者数が劇的に増加したことも，こうした女性の役割に対する社会の態度の変化を反映している．小さい子どもを持たない女性の多くが，労働市場に参入し，子どもを持つ女性

---

1) 経済学の定義では，労働力には仕事を持っている人だけでなく，仕事を探している人々も含まれることに注意することが重要である．さらに経済学で「労働供給」という場合，市場への労働供給，つまり賃金を得るために働くことを指していることも知る必要がある．多くの人々は職場で行うのと同じような仕事を自宅で行っているが，それらは労働供給の分析には含まれない．

図 6-4 ■ 女性の労働力参加

（出所）*Economic Report of the President,* 2003, Table B-39.

労働力参加する女性の割合は，1960年代には全体の40％未満であったが，今日では60％近くに達している．

の多くも，比較的短期間仕事を離れるだけでまた労働市場に戻るようになっている．こうした変化によって女性の労働供給曲線が右方にシフトし，賃金上昇による効果もあり，過去30年間で女性の労働供給が大幅に増加したのである．

> **Close-Up 日本語版**
> **日本における女性の労働力参加**
>
> 　本文にあるアメリカの事例と同様，日本においても女性の労働力参加は増加してきている．2010年において生産年齢の労働力率は63.1％であり過去最高となっている[*]．しかし，その増加の程度は他国と比べると低く，1970年から2000年までの増加率ではOECD加盟24カ国中最下位であった．
>
> 　その理由にはさまざまなものが考えられるが．税制や社会保障制度が挙げられることがある．日本の税制では，主婦の給与所得は一定金額まで課税対象所得から控除されることになっており，現在では年間で38万円となっている．この金額と給与所得の基礎控除65万円を合わせると，年間所得103万円までは主婦が労働を供給しても課税されないこ

とになる．また所得が130万円を超えると，配偶者の扶養からはずれ，社会保険料（健康保険，厚生年金など）の負担も生じる．

　個人が直面する余暇と消費の間の予算制約線の傾きは，税や社会保険料支払い後の時間当たり賃金である．そのため賃金水準に応じて、税率や社会保険料などが変わる状況では，予算制約線の形状は通常の直線のものとは異なり，一定の賃金水準で屈曲したりジャンプしたりするようなものとなる．このことは，人々の労働供給行動に影響を与える．たとえば，もう少し労働を供給してもよいと考える人が，税や社会保険料の負担を嫌って，労働供給を手控えたり，賃金が上昇した場合に労働供給を減らしたりすることがあるかもしれない．

　アンケート調査(**)によると，労働時間を調整したパート労働の女性のうち，理由として課税を避けることを挙げたのは67.1％（男性は60.4％）であった．また，社会保険料の負担を避けることを挙げたのは44.1％であった（男性は11.2％）．別の調査(***)では，こうした制約が緩和されれば労働供給を増やすと7割以上の女性が回答している．現在の制度によって主婦の労働供給は一定の影響を受けていると考えられる．今後少子高齢化のさらなる進展をひかえ，労働力不足が懸念されるようになっている．女性の労働力を活用するために，こうした制度の変更が議論されている．

(*)　　　平成22年版「働く女性の実情」厚生労働省．
(**)　　「女性のパートタイム労働者等に関する実態調査(平成18年)」厚生労働省．
(***)　平成9年度「国民生活選好度調査」．

2　企業と労働需要

　これまでは労働市場の供給サイドについて考えてきた．ここで需要サイドの考察に移ろう．どれだけ労働を雇用するかということに関する企業の意思決定には，どのような要因が影響しているだろうか．企業の労働雇用の意思決定について考察すると，労働市場において賃金がどのように決定されるかを，基本

的な需要と供給の法則によって示すことができる．労働は，企業が財の生産過程で用いる主要な投入財の一つである．したがって，企業の投入財への需要を決定する要因の考察から議論を始めることにしよう．

2.1 要素需要

財をどれだけ供給するか，また財の生産費用を最小にするためにどのような方法をとるかを決定する過程で，企業はさまざまな投入財をどれだけ使用するかも決定している．これは**要素需要** factor demand と呼ばれる．第4章「企業と費用」では，費用の分析を二つの場合に分けて行った．一つは，単一の可変的な投入物すなわち生産要素が存在する場合であり，いま一つは，複数の生産要素が存在する場合である．ここでも同様に議論を進めていくことにする．投入財の主要な例として労働を用いるが，どのような生産要素にも同一の原理をあてはめることができる．

生産要素が1種類しかない場合，たとえば労働だけが存在する場合には，産出量を決めることは，労働の雇用量を決めることに等しい．財の価格さえわかれば，限界費用曲線から供給量（生産量）を計算することができる．また企業が計画している生産量さえわかれば，（一定の生産量とそのために必要な労働投入を関係づけている）生産関数から，必要な労働量を知ることができる．図6-5において，価格が p_1 の場合，産出量は Q_1 であり（パネル A），その生産量に必要な労働量（要素需要）は L_1 となる（パネル B）．

要素需要を導くには，もう一つ別の方法がある．たとえば，企業が労働者を1人多く雇用する場合，企業にとっての追加的（限界的）な費用はその労働者の賃金である．労働者を雇うことの便益は，その労働者が生産した財を売却することで得られる追加的な収入である．これは，財の販売価格と生産量の増加分を掛け合わせたものに等しい．労働者による生産量の増加分は，労働の限界生産物であり，企業が最後に追加した労働者の生産量である．したがって，企業が労働者を1人増加させることによる限界便益は，企業の生産する財の価格に，労働の限界生産物を掛けたものになる．ジフィ・ルーブの支店が労働者を1人余計に雇うと，1カ月に取り扱うことができるオイル交換の回数が50回増えるとしよう．オイル交換の料金が1回25ドルであるならば，労働者を1人余計に雇うことの限界便益は25ドルに50をかけた1250ドルとなる．この

2. 企業と労働需要

図 6-5 ■ 労働需要

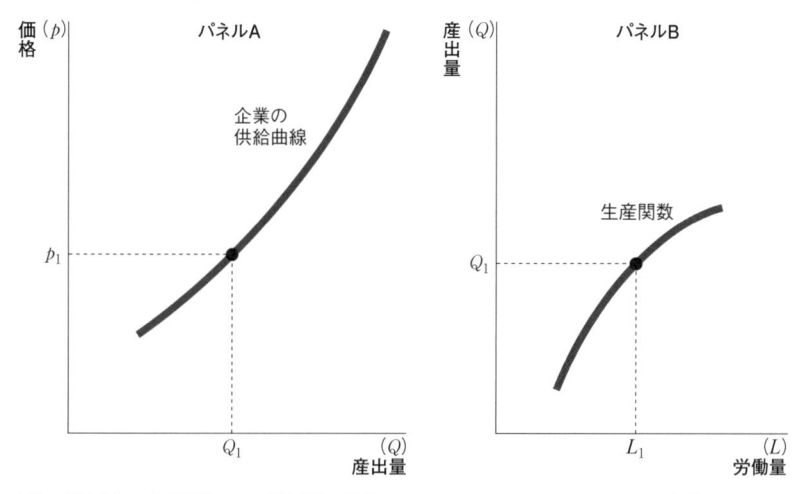

企業の供給曲線と生産関数から，労働需要を計算することができる．パネル A は，市場価格 p_1 のもとで，どのようにして企業が生産水準 Q_1 を供給曲線上から選択するかを示している．パネル B は，産出量 Q_1 には L_1 単位の労働が必要であることを示している．この場合，L_1 が労働需要となる．

金額を**労働の限界生産物の価値** value of the marginal product of labor と呼ぶ．労働の限界生産物が財単位で測られる（たとえば，1 カ月当たり 50 回のオイル交換）のに対して，限界生産物の価値は貨幣単位で測られる．

労働の限界生産物の価値が追加的な労働者を雇うための限界費用を上回るかぎり，企業は労働者を追加的に雇うことで利潤を増やすことができる．ジフィ・ルーブの例では，追加的な賃金が月 1250 ドル未満であるかぎり，オーナーは労働者を追加することで利益を得るのである．企業は，限界生産物の価値（企業にとっての限界便益）が労働の価格すなわち賃金（企業にとっての限界費用）に等しくなる水準まで労働を雇用する．

財の価格を p，労働の限界生産物を MPL，労働者の賃金を w で表すと，均衡条件を以下のように書くことができる．

労働の限界生産物の価値 $= p \times MPL = w =$ 賃金

この均衡条件から，労働需要曲線を導き出すことができる．図 6-6 は，さまざまな労働量に対応する労働の限界生産物の価値を図示したものである．労働の限界生産物は，労働量が増加するにつれて減少するので，限界生産物の価値

図 6-6 ■ 労働需要曲線

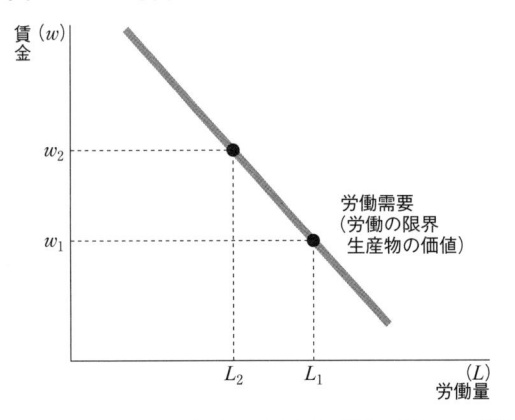

労働量の増加とともに，労働の限界生産物の価値は減少する．労働は，賃金が労働の限界生産物の価値に等しくなる水準まで雇用されるので，雇用量は賃金水準 w_1 では L_1 であり，w_2 では L_2 である．つまり，労働需要曲線は，それぞれの雇用水準における労働の限界生産物の価値を結んだものである．

もまた減少する．賃金が w_1 の場合，労働量 L_1 において労働の限界生産物の価値と賃金が等しくなる．この労働量 L_1 が，賃金が w_1 である場合の企業の労働需要である．したがって，各雇用水準における労働の限界生産物の価値を示す曲線そのものが労働需要曲線となる．

　この図を用いると，企業が生産している財の価格が上昇した場合の効果を容易に理解することができる．図 6-7 に示されるように，財の価格の上昇は各雇用水準における労働の限界生産物の価値を高め，それにより各賃金水準における労働需要は増加する．すなわち労働需要曲線は右方にシフトすることになる．

　このように，労働需要は，賃金および企業が販売する財の価格に依存する．実際には，以下で見るように，労働需要は両者の比率のみに依存する．

　労働の限界生産物の価値が賃金に等しいという均衡条件を表す上式の両辺を価格で割ることにより，以下の条件式が得られる．

$$MPL = \frac{w}{p}$$

賃金を生産される財の価格で割ったものは，**実質生産物賃金** real product wage と定義される．これは，企業が労働者に支払う報酬を，貨幣単位ではなく労働者の生産する財の単位で表したものである．つまり，企業は実質生産物賃金と労働の限界生産物が等しくなる水準まで労働者を雇用するのである．

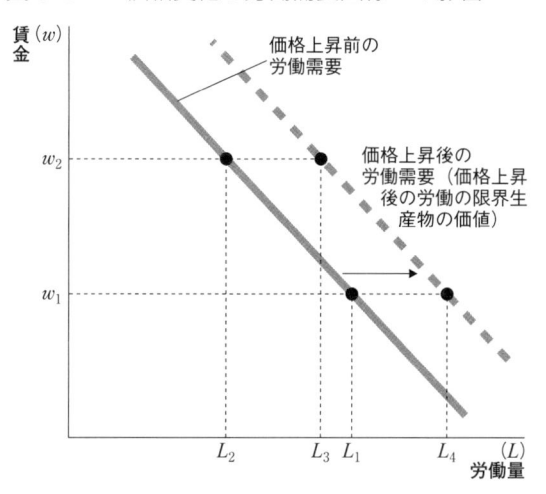

図6-7 ■ 価格変化の労働需要曲線への影響

財の価格の上昇は，労働の限界生産物の価値曲線（労働需要曲線）を右方にシフトさせるので，各賃金水準における労働需要は増加する．賃金水準 w_1 では L_1 から L_4 へ，w_2 では L_2 から L_3 へと雇用が増加することになる．

図6-8 ■ 企業の労働需要曲線と実質生産物賃金

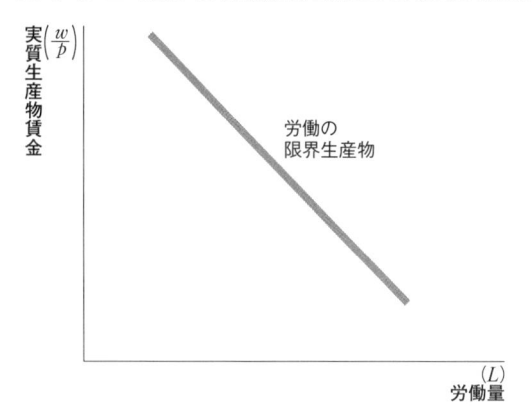

企業は，実質生産物賃金が労働の限界生産物に等しくなる水準まで労働を雇用する．実質生産物賃金が上昇すると，労働需要は減少する．

　この原理は，労働の限界生産物を描いた図6-8で説明されている．収益逓減により，労働（そして生産物）の増加とともに限界生産物は減少する．実質生

> **WRAP-UP**
>
> **要素需要**
>
> 生産要素は，その限界生産物の価値が価格に等しくなる水準まで需要される．労働の場合，労働の限界生産物が実質生産物賃金に等しくなる水準まで需要される．

産物賃金の上昇につれて，労働需要は減少することになる．

2.2 企業の要素需要から市場の要素需要を導出する

ひとたび個々の企業の労働需要曲線を導出すれば，市場全体の労働需要を導くことができる．その他の価格を一定として，個別企業の各賃金水準における労働需要を水平方向に足し合わせればよいのである．その合計が，その賃金での市場全体の労働需要である．賃金の上昇とともに，個々の企業は需要する労働量を減らすので，市場の労働需要曲線は右下がりとなる．

3 労働供給，労働需要，均衡賃金

以上では，労働供給に関する意思決定を決める要因と企業の労働需要を決める要因について議論してきた．家計は，さまざまな賃金水準の下で，市場にどれだけ労働を供給するかを決定している．代替効果が所得効果を上回る場合には，実質賃金の上昇により，労働の供給量は増加する．企業は，さまざまな賃金水準の下で，労働をどれだけ需要するかを決定している．実質賃金が高くなるほど，企業の労働需要は少なくなる．労働需要と労働供給が等しくなるような賃金水準で労働市場は均衡する．つまり労働市場が均衡している場合，労働需要は労働供給に等しくなっているのである．均衡では，現行賃金の下で仕事に就きたいと考えている労働者は，すべて職に就くことができる．また，現行賃金の下で労働者を雇い入れたいと考えている企業は，すべて望み通りに労働者を雇うことができる．

現行賃金の下で，労働需要と労働供給が等しくない場合には，賃金が調整さ

れる．現在の市場賃金の下で，家計の供給しようとする労働時間が，企業が雇用したいと考えている労働時間を上回るのであれば，仕事に就いていない労働者は，現行賃金よりも低い賃金を提示して仕事に就こうとする．競争過程により，最終的に需要と供給が再び等しくなるまで賃金は低下する．同様に，企業が現行賃金の下で供給されている以上に労働を需要する場合，希少な労働を雇用しようとする企業間の競争によって，賃金は需要と供給が等しくなるまでせり上げられることになる．

この労働市場についての基本モデルによって，労働需要曲線と労働供給曲線のシフトがもたらす結果を明確に予測することができる．まず労働供給曲線がシフトした場合を考えてみよう．総労働力が増加することによって労働供給曲線は右にシフトする．総労働力が増加する要因には，退職する老人よりも多くの若者が労働年齢に達すること，新しく移民が流入すること，そして女性の労働力参加が増加するような社会的変化が生じることなどがある．たとえば，アメリカの労働力は1970年代に急速に増加したが，これはベビー・ブーム世代が労働力となったことや，社会で働く女性が増加したことなどによるものである．労働力の増加によって，労働供給曲線は右側にシフトする．つまり，各賃金水準において，人々が供給しようとする総労働時間がより長くなるのである．その結果，実質賃金は低下する．この労働の価格の低下によって，企業は労働が以前ほど希少ではなくなったことを認識し，労働の使用を節約する必要がそれほどないと考えるようになる．企業は，より多くの仕事を創出することで，実質賃金の低下に反応する．労働供給の増加を吸収するように雇用が拡大するのである．

次に，労働需要曲線のシフトの効果について考えてみよう．技術進歩によって，労働者がより生産的になり，労働の限界生産物が高まったとしよう．各賃金水準において，企業はより多くの労働を雇用したいと考えるようになり，労働需要曲線は右方へシフトする．労働市場が再び均衡するように，実質賃金が上昇することになる．

過去数十年間，アメリカでは労働力が増加したことにより，労働供給曲線は右方にシフトしてきた．また同時に労働者の生産性の上昇により，労働需要曲線は右方にシフトしてきた．基本モデルによれば，雇用される全体の労働量は増加することになる．しかし，実質賃金は，（供給曲線が需要曲線以上にシフ

トした場合には）下落するかもしれないし，（需要曲線が供給曲線以上にシフトした場合には）上昇するかもしれない．実際には，この期間を通じて，アメリカの平均実質賃金はわずかに低下した．

復習と練習 Review and Practice

■要約

1. 時間を労働と余暇との間でどのように配分するかという意思決定は，予算制約と選好という基本的な考え方を用いて分析することができる．個人は，予算制約で定められる余暇と所得の間のトレードオフに直面している．余暇をあきらめることによって得ることができる所得（消費）は，賃金率によって決まる．

2. 労働市場では，賃金の変化による代替効果と所得効果は反対方向に作用する．賃金が上昇すると人々は裕福になり，消費を増やすのと同様に余暇をより多く享受しようとする．これが所得効果である．しかし賃金上昇によって余暇の機会費用が高くなるため，人々は労働を増やそうとする．これが代替効果である．賃金上昇の全体としての効果は，所得効果と代替効果のどちらが実際に大きいかに依存する．

3. 右上がりの労働供給曲線は，賃金上昇による代替効果が所得効果を上回る場合を示している．労働供給曲線が垂直に近くなるのは，賃金上昇による代替効果と所得効果がほとんど等しい場合である．後方屈曲型の労働供給曲線は，低い賃金水準では代替効果のほうが大きい（賃金上昇によって，労働供給が増加する）が，高い賃金水準では所得効果のほうが大きくなる（賃金上昇によって，労働供給が減少する）場合を示している．

4. 余暇と消費の選択の基本モデルは，労働力参加に関する意思決定（労働にいつ参加し，いつ退出するかという問題を含む）の分析にも用いることができる．

5. 労働需要は，企業の生産要素に対する需要からもたらされる．企業は，利潤を最大にするために，労働の限界生産物価値が賃金に等しくなる水準まで労働を用いようとする．このことは，労働の限界生産物が実質生産物賃

金に等しくなることを意味している．
6 基本的な競争モデルでは，労働市場において需要と供給が等しくなるように実質賃金が調整される．

■キーワード

名目賃金　　実質賃金　　労働力参加の決定　　留保賃金　　要素需要
労働の限界生産物の価値　　実質生産物賃金

Q 復習問題

1 個人的な選好と市場における実質賃金を所与とした場合，人々は労働時間をどのように選択するだろうか．（ヒント：1.1 項「余暇と消費の選択」）
2 賃金低下による所得効果は労働時間にどのような影響を与えるだろうか．代替効果はどのような影響を与えるだろうか．（ヒント：1.1 項「余暇と消費の選択」）
3 所得効果が代替効果を上回る場合，労働供給曲線はどのような形状になるだろうか．代替効果が所得効果を上回る場合にはどうなるだろうか．（ヒント：1.1 項「余暇と消費の選択」）
4 所与の賃金，価格水準の下で，労働者の生産性を高める技術進歩は，労働需要にどのような影響を与えるだろうか．（ヒント：2.1 項「要素需要」）
5 ある賃金水準の下で，生産物の価格上昇は，企業の労働需要にどのような影響を与えるだろうか．（ヒント：2.1 項「要素需要」）
6 労働需要曲線が右下がりになる理由を答えなさい．（2.1 項「要素需要」）

Q 練習問題

1 裕福な親戚が亡くなり，遺産として毎年 2 万ドル受け取ることのできる信託基金を相続したとしよう．あなたの余暇と消費の予算制約線がどのようにシフトするかを，図を描いて説明しなさい．所得効果と代替効果を考慮して，この遺産相続によってあなたの生涯の労働時間は増えるだろうか，それとも減るだろうか．（ヒント：1.1 項「余暇と消費の選択」）

2 多くの人々は，たとえ可能であったとしても，たとえばタクシー運転手のような副業を持つことはない．これは本業で37時間しか働かなくてもよい場合でも同様である．それはなぜだろうか．多くの副業は，本業よりも時間当たり賃金が低い．標準的な労働者の予算制約線を描き，なぜ予算制約線が労働時間が37時間のところで屈折するか説明しなさい．そして，この予算制約線の屈折によって生じることについて議論しなさい．（ヒント：1.1項「余暇と消費の選択」，補論「無差別曲線と労働供給の決定」を参照．37時間を境に労働時間を増やすことの限界便益が変化することに注意しなさい．）

3 現在の経済的条件の下で，未熟練労働者は賃金が1時間当たり6ドルの仕事に就くことができるとしよう．ここで，政府が，1週間の所得が180ドル以下の人々に対して，総所得が180ドルになるように福祉手当を支給する政策の実施を決定したとする．そのような労働者の当初の予算制約線と福祉手当がある場合の予算制約線を描きなさい．この福祉手当によって，それまで週に30時間働いていた労働者が，労働を減らすことはありうるだろうか．労働時間が30時間未満の者，30時間超の者についてはどうだろうか．また，労働時間の最初の20時間に対して1時間当たりの賃金を7ドルに引き上げる補助金を与えることによって，政府はこの負の効果を減じることができるだろうか．予算制約線を描き直して説明しなさい．（ヒント：1.1項「余暇と消費の選択」，補論「無差別曲線と労働供給の決定」．政策によって予算制約はどのように変化するだろうか．前者の政策では，労働時間が30時間以下の場合，労働時間にかかわりなく150ドルを得ることができる．後者の政策では，それに加えて予算制約の傾きが変化する．）

4 女性の実質賃金と世帯規模の間には負の関係がある．このことに対して，二つの説明が可能である．第一に，実質賃金が高い女性は小さい家庭を選択する，という説明である．なぜそうなるか理由を説明しなさい．第二に，世帯規模が大きくなると，子どもが病気になった場合に家にいることができるような，勤務形態に柔軟性のある仕事にしか就けないために，女性は低賃金を受け入れざるをえなくなる，という説明である．どのような点から，二つの説明のいずれが正しいといえるだろうか．（ヒント：1節「労

働供給の決定」)

5 大学生のジョンは,現在の賃金水準では,パートタイムの仕事に就くことは割に合わないと考えている.ここで賃金が上昇したとしよう.賃金上昇の代替効果がジョンの考えにどのような影響を与えるか説明しなさい.所得効果はジョンの意思決定に影響を及ぼすだろうか.(ヒント:1.2項「労働力参加」)

6 過去20年間で,大卒者とそうでない労働者の間の所得格差が拡大した.大卒者とそうでない労働者についての需要曲線と供給曲線を描きなさい.ここで,新しい情報通信技術が高学歴の労働者の限界生産性を高め,そうでない労働者の限界生産性に影響を与えなかったとしよう.需要,供給曲線の図を用いて,両タイプの労働者の所得格差がどのようになるかを説明しなさい.(ヒント:2.1項「要素需要」,3節「労働供給,労働需要,均衡賃金」)

7 教育機会の拡大により,大卒の労働者の供給が増え,そうでない労働者の供給が減ったとしよう.需要,供給曲線のグラフを用いて,この変化が両者の賃金格差にどのような影響を与えるか説明しなさい.(ヒント:1.2項「労働力参加」,3節「労働供給,労働需要,均衡賃金」)

補論

無差別曲線と労働供給の決定[2]

　この補論では，第3章補論A「無差別曲線と消費の決定」で消費の意思決定に適用した無差別曲線によるアプローチを用いて，労働供給の意思決定について考察する．

　図6-9はトムの余暇と消費の間の予算制約線を示している．予算制約線の傾きは賃金である．図には2本の無差別曲線も描かれており，それぞれがトムにとって無差別な余暇と消費の組合せを表している．一般的に，人は可能なかぎりより多くの消費と余暇を好むので，トムは到達することができる中で最も高い位置にある無差別曲線に移動しようとする．それは予算制約線にちょうど接する無差別曲線である．

図 6-9 ■ 無差別曲線と余暇-消費選択

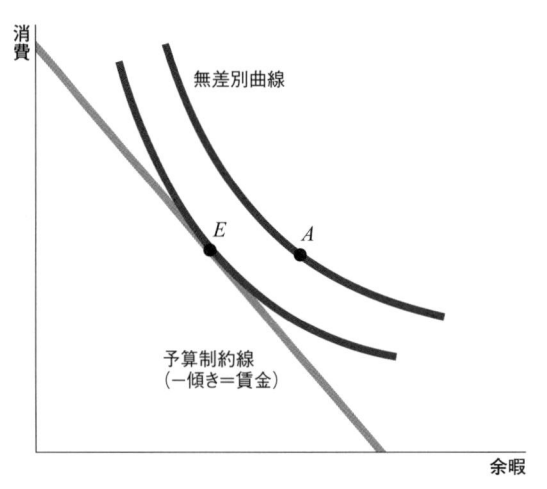

個人は，E 点で表される余暇と消費の組合せを選択する．A 点は E 点よりも望ましいが，実行は不可能である．予算制約線の内側の点は実行可能だが，より低い無差別曲線上にあるので望ましくない．

---

2) この補論を理解するには，第3章の補論A「無差別曲線と消費の決定」を読んでおく必要がある．

補論　無差別曲線と労働供給の決定

　無差別曲線の傾きは余暇と消費の間の限界代替率である．それは，1時間余計に余暇を我慢するのを補うためにトムが必要とする追加的な消費量を表している．無差別曲線と予算制約線が接する E 点では，両者は同じ傾きを持つ．つまり，この点では限界代替率が賃金に等しくなっている．

　第3章の補論Aでも学んだように，なぜトムがこの点を選択するかは簡単に理解できる．彼の賃金が20ドル（1時間当たり）であり，限界代替率が15ドル（1時間当たり）であるとしよう．もし彼が1時間余計に働けば（余暇を1時間我慢すれば），彼の消費は20ドル分増加する．しかし，我慢した余暇を補償するために彼が必要とするのは15ドル分の消費である．彼は，働くことによって，自分が必要とする以上のものを得ることができるので，明らかにより多く働くことを選ぶ．

A.1　就業の決定

　図6-10には，働くか否かの意思決定の分析にも，無差別曲線を利用できることが示されている．所得がある水準（給付決定水準）以下であれば，一定額の給付を受け取ることができる福祉制度が存在する場合の低賃金労働者の行動について考えてみよう．この給付は所得が給付決定水準に達した場合には打ち切られるとする．無差別曲線 I_0 は，福祉手当が存在しない場合の予算制約線に点 E_0 で接している．無差別曲線 I_1 は，福祉手当を受け取る場合に最も高い効用を与える無差別曲線である．

　パネルA，B，Cにあるように，三つの場合を考えることができる．パネルAは，E_0 点を通る無差別曲線 I_0 が I_1 よりも高い位置にある場合である．この場合，個人は E_0 点で働くことを選択し，福祉手当から影響を受けることはない．パネルBとCは，福祉手当の受給資格を満たすために，個人が労働時間を減らす場合である．すなわち，無差別曲線 I_1 が I_0 よりも高い位置にあるので個人は E_1 点を選択するのである．パネルBでは，個人はこれ以上働くと福祉手当を受けられなくなることを認識しており，ちょうど福祉手当を受け取ることができるように働いている．パネルCの場合には，福祉手当は所得効果しかもたらさない．福祉手当が十分に大きい金額であれば，個人はまったく働かないことを選択するかもしれない．

図 6-10 ■ 無差別曲線と福祉計画

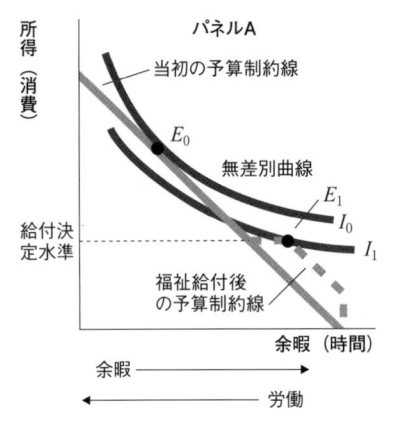

パネルA

パネルB

パネルC

パネル A は，福祉手当の有無にかかわらず，個人が働くことを選択する場合を示している．パネル B では，福祉手当が導入される以前は，個人は給付決定水準以上に働くことを選択していたが，福祉手当が利用可能になると，それに依存して労働を減らし，より高い位置にある無差別曲線に移動している．パネル C は，もともとの所得が福祉手当の給付決定水準以下であるが，福祉手当があるとさらに労働を減らす個人の場合を示している．

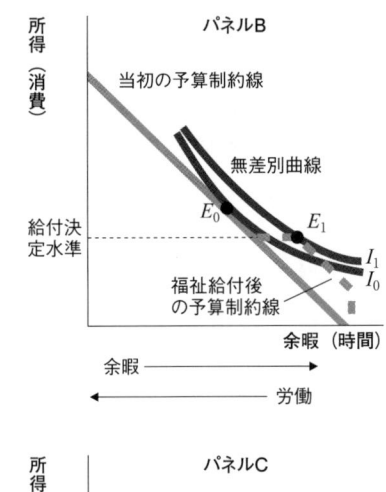

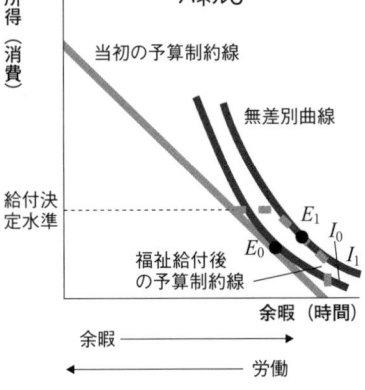

Chapter 7

第7章 資本市場

Learning Goals

1. 貯蓄と教育の意思決定を，第3章で学んだ基本ツールを用いてどのように分析できるだろうか．
2. 経済学でいう貨幣の時間価値とは何を意味しているのだろうか．
3. 所得効果と代替効果は，それぞれ貯蓄の意思決定にどのような影響を与えるだろうか．
4. 企業の資本への需要を決定する要因は何だろうか．
5. 利子率はどのようにして，資本市場の需要と供給を等しくするのだろうか．
6. 経済学では教育は人的資本をもたらす投資であると考えられている．それはなぜだろうか．

どの時点においても，その期の所得以上に支出するために，借入を行いたいと考えている個人や企業が存在する．たとえば，ジョンは初めて就職し，通勤のために自動車が必要になった．ジルは，新しい住宅を購入するためにお金を借りようとしている．また，チャドは新しいレストランをオープンするために，厨房用品，テーブル，椅子を購入しなければならない．インテル社は，新しい半導体製造工場を建てる必要がある．一方で貯蓄する人々，すなわちその時点の所得より支出が少ない人々もいる．たとえば，ジュリーは，子どもの大学進学費用や彼女自身の退職後の生活のためにお金を蓄えている．また，ビルは住宅の頭金の支払いのために貯蓄している．

家計や企業が，購入する財，生産する財，労働時間，雇用する労働量をどのようにして決定するかを説明するためにこれまでの章で展開した基本的な分析手法は，貯蓄や借入に関する意思決定の説明にも用いることができる．家計が貯蓄する，すなわち彼らが稼いだ所得よりも少なく支出する場合，彼らは所得以上に支出したいと考える人々に資金を提供しているのである．銀行にお金を預けたり，株式市場に投資したりする際に，個々の家計はお金を貸しているとは考えていないかもしれないが，行っていることはまさにそれである．新しい機械を購入したり，新しい工場やオフィスビルを建てたりしようとする企業は，家計部門の貯蓄を借り入れることになる．**資本市場 capital market**（**貸付資金市場 loanable funds market** とも呼ばれる）を通じて，新しい家を建てるため，新しい自動車を購入するため，新しい工場を建設するため，そして新しい機械を導入するために借入を行おうとする人々に，家計が貯蓄することで利用可能になる資金が移動しているのである．

1 資本市場における供給

貸付資金市場への貯蓄の供給について理解するために，家計に注目することにしよう．多くの個々の家計は借入を行っているが，集団としての家計は，通常貯蓄を行っている．しかし，つねにそうであるわけではない．1999年にアメリカの家計は，実際に貯蓄を取り崩して，彼らが稼いだ所得以上に支出を行っていた．経済における借り手として，ここでは主に企業を考えることにしよ

う．

1.1 家計の貯蓄に関する意思決定

　個人が，他の選択肢を明確に考慮したうえで，合理的な方法で自分のお金を使うという仮定は，支出や労働と同じく，貯蓄の決定にもあてはまる．貯蓄について意思決定する際に，個人はいつ支出するか，すなわちいつ消費するかを選択しているのである．もし今日の消費を減らせば，すなわち貯蓄を増やせば，明日にはより多くの消費を行うことができる．

　この意思決定の分析に予算制約線を用いてみよう．図7-1で示されるように，この場合の予算制約線は財の間の選択を示すのではなく，「第1期（労働期）」と「第2期（退職期）」という二つの期における支出の間の選択を示している．ジョーンの場合を例に考えよう．彼女は図に描かれているような生涯の予算制約線に直面している．第1期は横軸に，第2期は縦軸にとられている．彼女の

図7-1 ■ 2期間の予算制約

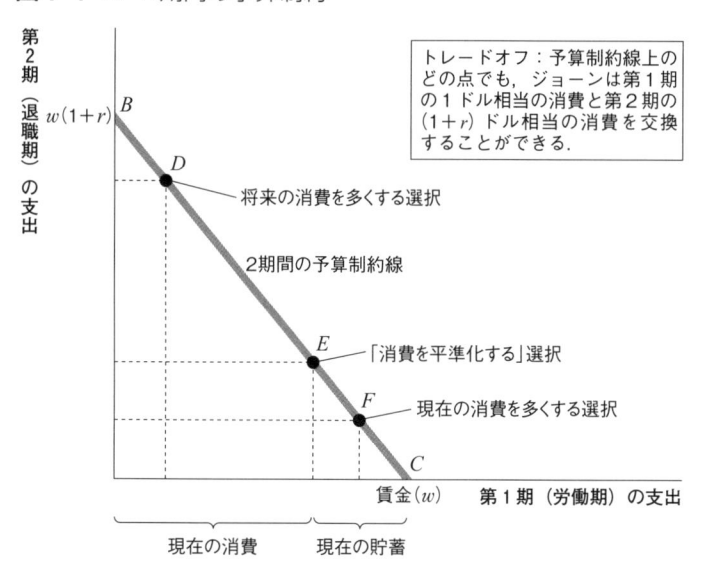

トレードオフ：予算制約線上のどの点でも，ジョーンは第1期の1ドル相当の消費と第2期の$(1+r)$ドル相当の消費を交換することができる．

縦軸：第2期（退職期）の支出，$w(1+r)$ が点B
横軸：第1期（労働期）の支出，賃金(w) が点C
点D：将来の消費を多くする選択
点E：「消費を平準化する」選択
点F：現在の消費を多くする選択
横軸の区分：現在の消費／現在の貯蓄

2期間の予算制約線BCは，現在の消費と将来の消費の実行可能な組合せを示している．第1期に支出されなかった賃金は貯蓄となり，利子をもたらす．結果として，今日消費を1ドルあきらめることにより，将来の消費は1ドル以上増加する．

第1期（労働期）の賃金はwである．よって，極端な場合として，彼女は，wのすべてを第1期に消費し，退職期に何も消費しないことが可能である（C点）．もう一方の極端な場合として，第1期に何も消費せずに所得のすべてを貯蓄し，第2期に貯蓄と受け取った利子を全部消費するということもできる（B点）．利子率をrで表すと，B点での第2期の消費は，$w(1+r)$となる．彼女のそれ以外の選択肢は，この二つの極端な例の中間の直線上にある．彼女は，この直線上で第1期と第2期の消費の組合せを選ぶことができる．これがジョーンの2期間の予算制約である．

ジョーンは消費を延期すなわち貯蓄することによって，自分が手に入れる財の総量を増やすことができる．それは貯蓄に利子が支払われるためである．一方，財の消費を楽しむのを将来に先送りしなければならないことが貯蓄の費用となる．それでは，この場合の相対価格，すなわち将来と現在の消費の間のトレードオフはどうなるだろうか．言い換えると，もし彼女が現在の消費を1単位我慢したならば，彼女は将来どれだけ余計に消費することができるだろうか．

もしジョーンが今日1ドル消費するのをやめるならば，彼女はその1ドルを銀行に預け入れ，1年後に利子を加えた金額を受け取ることができる．もし利子率が5％であれば，ジョーンが今日1ドル分の消費を我慢すれば，翌年には1.05ドル分の消費ができる．したがって（明日の消費に対する今日の消費の）相対価格は利子率に1を加えたものになる．今日1ドル余計に消費するために，ジョーンは第2期の消費を1ドル分以上あきらめなければならないので，現在の消費は将来の消費よりも高価であるといえる．現在の消費の機会費用は，あきらめた将来の消費であり，この費用は利子率に依存することになる．

ジョーンは，自分の個人的な選好に基づいて，この予算制約上の点を選択する．例として，ジョーンが労働期にほとんど消費しないD点について考えてみよう．現在，彼女はほとんど消費していないので，現在の消費のわずかな増加は高い限界価値を持つ．彼女は相対的に，将来の消費を減らして現在の消費を増やしたいと考えるだろう．もう一つの極端な場合，たとえばF点では，彼女は現在大量に消費を行っているので，将来の消費が高い限界価値を持つのに比べて，現在の追加的な消費は相対的に低い限界価値しか持たない．よって，彼女は，将来のために貯蓄したいと考えるだろう．最終的に彼女は，この二つの極端な場合の中間のE点，すなわち両期で消費がそれほど違わない点を選

択する．彼女は消費を平準化，つまり異なる二つの期において消費がほとんど同じになるように選択するのである．生涯における消費を平準化し退職後に備えることを動機として行われるこのような貯蓄は，**ライフサイクル貯蓄 life-cycle saving** と呼ばれている．図7-1 では，第1期の彼女の所得 w と消費量の差が貯蓄である．

貨幣の時間価値 貯蓄からは利子を受け取ることができるので，今日1ドル消費することの費用は，将来の1ドル分以上の消費に相当する．第1章「需要と供給」で学んだように，費用を正確に計算することは，合理的な意思決定をする際の基本的ステップの一つである．しかし，将来の消費に対する現在の消費の費用のように，異なる時点に発生する費用を比較するにはどうすればよいだろうか．もう少し特定の例を取り上げてみよう．カーステレオの価格を400ドルであると宣伝している店と，価格は425ドルであるが1年後に支払えばよいと宣伝している店があるとしよう．この二つの店をどのようにして比較できるだろうか．もしあなたが今日支出できる400ドルを持っているならば，今すぐ400ドル支払うのと1年後に425ドル支払うのとではどちらが安くつくだろうか．

この比較について考えるために，もしあなたが支払いを遅らせることができるほうの店で買うことを選んだならば，手持ちの400ドルで何ができるかを考えてみよう．あなたは銀行に預金するかもしれない．その場合，あなたは銀行にお金を貸し付けたことになる．その見返りに，銀行は**利子 interest** を支払う．もし年間利子率が5％であれば，1年後に420ドルを受け取ることになる．そのうちの20ドルは利子であり，400ドルは**元本 principal**，すなわち当初銀行に預けた金額の払い戻しである．

利子率は価格であり，他の価格と同様にトレードオフを表している．もし利子率が5％であれば，今日1ドル分の消費をあきらめることにより，貯蓄者は1年後に1.05ドル分の消費を行うことができる．このように，利子率は，現在1ドル分の消費をあきらめることによって，将来どれだけ消費を行うことができるかを表しており，それにより現在消費と将来消費の相対価格を知ることができる．

通常，利子率は正であるので，今日1ドル預金すると，将来1ドル以上受け

取ることになる．したがって今日の1ドルは将来の1ドル以上の価値を持つことになる．経済学では，このことを**貨幣の時間価値** time value of money と呼んでいる．**割引現在価値** present discounted value の概念は，まさに貨幣の時間価値をどのように測るかを示している．1年後の100ドルの割引現在価値は，1年後の100ドルのために，現在あなたが支払おうとする金額である．利子率が5％であるとしよう．もし今日銀行に95.24ドル預ければ，1年後に利子として4.76ドルを受け取ることになり，これを当初の元本と合計すると100ドルになる．したがって，利子率が5％の場合，95.24ドルが1年後の100ドルの割引現在価値となる．

1年後に受け取る金額の割引現在価値を計算するための簡単な公式がある．その金額を1＋年間利子率（しばしばrで表される）で割ればよいのである．

この公式を確かめるために，100ドルの割引現在価値を考えてみよう．この公式に従えば，割引現在価値は$100/(1+r)$ドルとなる．割引現在価値の$100/(1+r)$ドルを銀行に預金すると，1年後には，

$$\frac{100ドル}{1+r} \times (1+r) = 100ドル$$

を受け取ることになる．このことから，今日の$100/(1+r)$ドルが1年後の100ドルと同じ価値を持つという結論を確認できる．

以上より，カーステレオの購入に関する二つの選択肢を比較することができる．今日の400ドルと1年後の425ドルを比較するためには，425ドルの割引現在価値を計算する必要がある．もし利子率が5％であるならば，425ドルの割引現在価値は404.76ドルである．これは400ドルを上回っているので，今日カーステレオの代金を支払うほうがよい．

割引現在価値は利子率に依存する．もし利子率が上昇すれば，将来の金額の割引現在価値は低下する．利子率が10％に上昇した場合，1年後の425ドルの割引現在価値は，386.36ドルに低下する．この場合には，カーステレオの支払いを先延ばしするほうが安くつくことになる．400ドルを銀行に預金すれば，10％の利子を得ることができるので，1年後には440ドルを受け取ることになる．ステレオに425ドル支払った後に，今日支払った場合よりも15ドル多く手元に残ることになる．

割引現在価値の概念は重要である．なぜなら経済学における多くの意思決定

が将来に関係するものだからである．個人が車や家を買ったり，退職後に備えて貯蓄したりする場合でも，企業が工場を建てたり，投資をしたりする場合でも，意思決定を行う者は，1年後，2年後，5年後あるいは10年後といった将来に受け取るお金を評価することができなければならないのである．

WRAP-UP

割引現在価値

$$1年後の1ドルの割引現在価値 = \frac{1 ドル}{1 + 利子率}$$

インフレーションと実質利子率　すでに学んだように，利子率とは価格であり，もし今日1ドルあきらめたならば，次の期に何ドル得ることができるかを示している．しかし，お金はそれで財を購入できるかぎりにおいて価値を持つのである．物価が上昇すると，お金で買えるものは少なくなる．高級車を買うために1年後に4万ドル受け取ることができるように貯蓄しているカップルを考えてみよう．もしこれからの1年間で物価が2倍になれば，4万ドルでは大衆車しか買えなくなってしまう．このように，今日貯蓄した場合に，来年実際にどれだけものを購入できるかを知るには，利子率以外のことも考慮に入れなければならない．すなわち，一般的な価格水準がどれだけ変化するかも考慮しなければならないのである．年間で一般物価水準が上昇する率を，・イ・ン・フ・レ・率という．インフレ率が5％であれば，価格は平均で見て1年で5％上昇し，インフレ率が10％であれば，価格は10％上昇することになる．ただし，価格の中には全体のインフレ率以上に上昇するものもあれば，それほど上昇しないものや低下するものさえある．たとえば，過去20年間で，国内の多くの地域で住宅価格が非常に急激に上昇した一方で，コンピュータの価格は低下した．インフレ率は，価格が経済全体で平均的に見て，どのように変化したかを示しているのである．

人々は，もし今日1ドル分の消費をあきらめたならば，明日どれだけ消費できるようになるかを知りたいと考えるだろう．この問題に対する答えは**実質利子率** real rate of interest によって与えられる．これは，銀行の掲示や新聞の報道で目にする**名目利子率** nominal rate of interest とは異なるものである．

名目利子率は，たんに今日の1ドルと引き換えに，来年何ドル得られるかを表している．実質利子率と名目利子率の間には単純な関係がある．実質利子率は，名目利子率からインフレ率（平均物価の年間変化率）を引いたものに等しい．名目利子率が10％でインフレ率が6％の場合，実質利子率は4％となる．今日1ドル貯蓄することによって，1年後に得ることのできる財の量は4％増加するのである．

預金口座に1000ドルを預け入れることにした個人を考えよう．利子率が10％であれば，1年後に1100ドル受け取ることになる．しかしその間に物価が6％上昇すると，当初1000ドルであった財は，今や1060ドルすることになる．「購買力」の観点から見ると，追加的に支出できる額は40ドル（1100ドルと1060ドルの差額）となり，1年前に持っていた購買力よりも4％多くなったにすぎない．

WRAP-UP

実質利子率

実質利子率＝名目利子率－インフレ率

モデルによる分析：貯蓄と利子率　予算制約を用いることによって，利子率の変化がジョーンの貯蓄の意思決定に及ぼす影響を理解することができる．しかし，モデルを適用するにあたって，二つの点に注意しよう．一つは，労働供給の意思決定において考慮すべき適切な賃金が実質賃金であったように，貯蓄の意思決定において問題となる利子率は実質利子率，すなわちインフレ調整済みの利子率であるということである．もう一つは，貯蓄の意思決定の問題を2期間モデル（現在の消費と将来の消費）で単純化して考えていたということである．現実の世界では通常，人々は退職後のための貯蓄から毎年利子を受け取っている．もし25歳の時点で貯蓄を始めたならば，65歳で退職するまでの40年間，利子を受け取ることになるのである．通常，利子率は1年（あるいは月）ごとの複利で計算される．このことは，前年に支払われた利子に対する利子も毎年受け取ることを意味している．複利計算であるかどうかは，長い期間において大きな違いをもたらす．もし100ドルを利子率5％で40年間貯蓄

したならば，あなたは毎年5ドル（100ドルの5％）を利子として受け取り，40年後には元本100ドルと利子200ドル（＝40×5ドル）で，総額300ドルを手にすることになると考えるかもしれない．だが実際には，最初の年に得た利子5ドルに対する利子を39年間，2年目に得た利子に対する利子を38年間，それ以降の年の利子についても同様に利子を受け取るので，最終的に40年後に得る金額は300ドルではなく704ドルにもなる．

だがここでは，貯蓄の意思決定を理解するための重要な要素に焦点を合わせるために，引き続き現在と将来の消費を区別して，利子は一度だけかかるものと考えよう．この単純化により，現在と将来の消費の間の選択という貯蓄の意思決定の本質的な性質をとらえることができる．

利子率が上昇すると，ジョーンの予算制約は変化する．彼女の新しい予算制約線は，図7-2のパネルAの$B'C$線として示される．もし彼女が貯蓄をしていなければ，利子率の変化は彼女の消費にまったく影響を与えない．彼女は労働期に所得をすべて消費してしまい，退職後には何も残さない．しかし，彼女がそれ以外の選択を行っている場合には，利子率が高くなれば，退職後により多く消費できるようになる．

利子率の上昇は，所得効果と代替効果の両方を引き起こす．ジョーンは貯蓄をしているので，利子率が上昇すると彼女はより裕福になる．より裕福になると彼女は現在より多く消費しようとする．すなわち，彼女は貯蓄を減らそうとする．これが所得効果である．しかし，利子率が上昇することにより，貯蓄の収益すなわち消費を延期することの収益は増加する．消費を1ドル分延期することで，彼女が退職後に得る消費は以前よりも多くなるのである．現在消費することの機会費用が高くなるので，彼女は消費を減らし，貯蓄を増やそうとする．これが代替効果である．このように，代替効果と所得効果は反対方向に作用するので，正味の効果は不確定となる．どちらの効果も一方より大きくなりうる．利子率の上昇は，貯蓄を増加させるかもしれないし，減少させるかもしれないのである．

平均的に見てどうであるかというのは，実証的に難しい問題である．多くの推定では，代替効果が所得効果を上回り，実質利子率の上昇が，貯蓄率にわずかながら正の効果を持つという結果が示されている．

図7-2のパネルBは，さまざまな実質利子率に対応する貯蓄額を示す貯蓄

図7-2 ■ 貯蓄と利子率

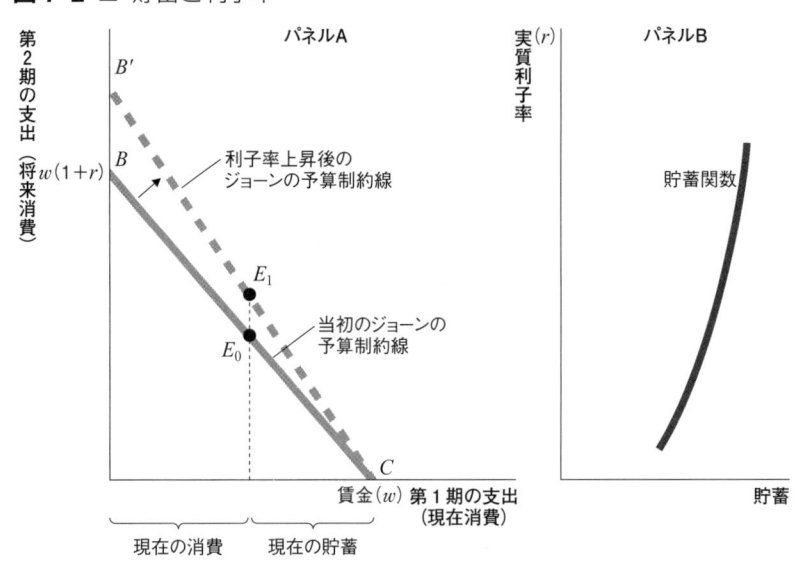

パネルA

縦軸：第2期の支出（将来消費）$w(1+r)$
横軸：賃金 (w) 第1期の支出（現在消費）

- B'、B から C への予算制約線
- 利子率上昇後のジョーンの予算制約線
- 当初のジョーンの予算制約線
- E_1、E_0
- 現在の消費／現在の貯蓄

パネルB

縦軸：実質利子率 (r)
横軸：貯蓄
貯蓄関数

利子率の上昇により，予算制約線は BC から $B'C$ へと外側に回転する．ジョーンは裕福になるので，所得効果により彼女の現在（そして将来）の消費は増大する．しかし，利子率が高くなると将来の消費が安価になるので，予算制約線の傾きの変化に伴う代替効果により，現在の貯蓄は増加する．通常の場合，代替効果のほうが所得効果よりも大きく，ジョーンは新しい予算制約線上で E_1 より左側の点を選択する．パネルBの貯蓄関数は，各実質利子率水準での貯蓄量を表している．ここでは正の傾きを持つ貯蓄関数が示されてい

関数を図示したものである．貯蓄関数は，各利子率水準における現在と将来の消費の選択を見つけることによって導出される．利子率の変化は予算制約線の回転によって表される．描かれている曲線は標準的な形状のものである．すなわち，代替効果が所得効果をわずかに上回り，実質利子率の上昇が，貯蓄のわずかな増加をもたらしている．しかし，所得効果と代替効果が釣り合う場合には，貯蓄曲線は垂直にもなりうる．また，所得効果が代替効果をわずかに上回る場合には，貯蓄関数が後方屈曲的になることさえある．

1. 資本市場における供給

WRAP-UP

貯蓄の意思決定

貯蓄の意思決定とは，いつ消費するか（たとえば今日か明日か）を決めることである．

今日と明日の消費の予算制約線の傾きは，利子率によって決まる．

貯蓄の主要な動機は，時間を通じて消費を平準化して，働いている期間と退職後の期間とで消費水準があまり変わらないようにすることである．

貯蓄に影響を与える他の要因　これまで，個人の貯蓄についての意思決定に，第3章「消費の決定」で学んだ消費者選択の分析手法をどのように用いることができるかを学んできた．二つの基本的な決定要因は，所得と利子率である．所得が増加すると，個人は退職後により多くの消費を望むようになるので，貯蓄は必ず増加する．利子率が変化した場合には，所得効果と代替効果が反対方向に作用するので，正味の効果は不確定である．

　アメリカにおける貯蓄の意思決定には，社会保障というさらに重要な要因がかかわっている．退職後に備えて人々がどれだけ貯蓄しなければならないかは，働くのをやめたときに社会保険庁からどれだけの金額を受け取ることができるかにある程度依存する．政府の政策が手厚くなると，退職後に備える貯蓄の必要性が低下する．そのため，社会保障制度はアメリカ全体の貯蓄水準を低下させる効果を持つ．退職者への毎月の社会保障給付は，現在働いている人々への課税によりまかなわれている．第二次世界大戦後に生まれたベビーブーム世代の多くの人々が退職しはじめるとともに，制度全体の財務上の健全性について多くの懸念が持ち上がっている．社会保障制度の問題とジョージ・W・ブッシュ大統領や他の人々により提案された改革については『スティグリッツ 入門経済学』第7章「公共部門」で議論した．

　過去50年間，社会保障給付が手厚くなるのと同時に，民間の貯蓄方法も拡大してきた．このことに対しては三つの説明が一般的になされている．第一に，人々の寿命が標準的な退職年齢をはるかに超えて延びたため，退職後の所得に対する必要性が，社会保障が手厚くなるよりも速く増大した．事実，制度の財

Thinking Like an Economist
資産分配と利子率

　特定の貯蓄を課税対象から控除するような，個人の受け取る利子率を高めることを目的とした政府の政策は，利子率の上昇が経済全体の総貯蓄を有意に増加させるという考えに基づいて行われている．こうした政策が総貯蓄率に与える影響については議論があるが，その分配上の影響については意見が一致している．裕福な人々は貯蓄をより多く行っているので，利子への課税が減らされる（それにより貯蓄者の受け取る実効利子率が増加する）ことによって，明らかに大きな利益を得る．その結果，所得分配の不平等度が高まるのである．2001年のConsumer Survey of Finances（家計資産調査）によれば，所得分布の上位20％に属する家計のおよそ80％が貯蓄を行っていた．そうした家庭は2001年において平均で20万ドルの所得を稼ぎ，平均で200万ドルの純資産を保有していた．対照的に，所得分布の下位20％に属する家計では30％しか貯蓄していなかった．そうした家庭の所得は平均で1万ドルであり，純資産の平均は5万2000ドルでしかなかった．

政上の負担を減らすために，労働者が社会保障給付を受けられるようになる年齢は，徐々に引き上げられている．たとえば，1937年に生まれた人は，65歳から完全な給付を受けることができるが，1967年に生まれた人は，67歳まで待たなければならない．第二に，第6章「労働市場」で学んだ通り，所得が高くなると，個人は余暇をより多く享受しようとする．早期退職はその一つのあらわれであり，それにより退職後の所得の必要性が増大したのである．最後に，さまざまな調査で明らかになっているが，若い労働者の多くは，彼らの両親や祖父母が受け取ったような社会保障給付を自分たちは受けられないのではないかという懸念を持つようになった．莫大な制度上の費用により将来の給付の削減が避けられないのであれば，若い労働者は退職後に社会保障制度ではなく，自分自身の貯蓄に頼らなければならなくなるだろう．

CASE IN POINT
なぜアメリカの貯蓄率は低いのか

1959年から1992年までの期間，アメリカの家計貯蓄率は，可処分所得（税引き後の所得）に対して平均で7.4%であった．しかし1993年以降，貯蓄率は平均で3.6%となった（図7-3）．どうしてこのようなことになったのだろうか．

経済学者は，アメリカの家計貯蓄率が低いことと低下傾向にあることの理由をいくつか挙げている．第一に，社会保障給付が，特に1970年代以降手厚くなり，個人が退職後のために貯蓄を行う必要性が低下した．第二に，あらゆる種類の買い物について借入が非常に容易になった．言い換えると，アメリカの資本市場の個人に対する貸付能力が向上したのである．第三に，アメリカ人が将来消費するよりも現在消費することを好むようになった．第四に，1980年代と1990年代を通じて，家計が投資していたアメリカの住宅や企業株式の価値が劇的に上昇した．富が増加したことを認識したため，人々は支出を増やし，貯蓄を減らしたので

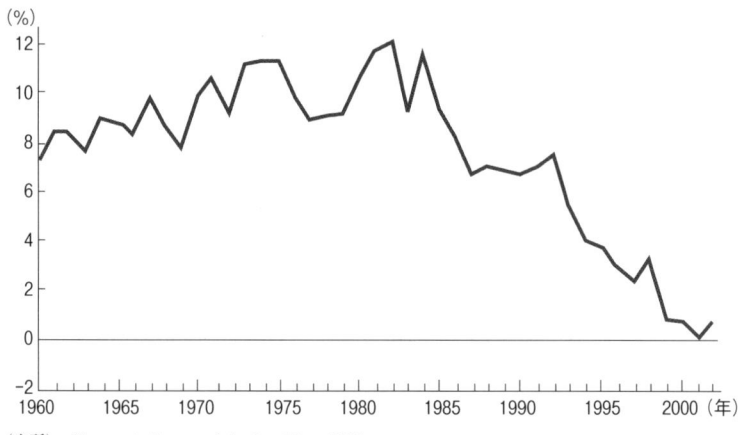

図7-3 ■ アメリカの家計貯蓄率 1960-2002年

（出所）　*Economic Report of the President,* 2005.

1990年代以降，アメリカの家計が可処分所得のうち貯蓄する割合は，それ以前の数十年と比べるとはるかに低くなっている．

ある．図7-3には，個人貯蓄率が2001年の株式市場の暴落後に上昇していることが示されている．最後に，ニューエコノミーの効果がある．新しい技術の結果として生産性が上昇したことにより，多くの人々が経済の急速な成長とそれによる将来所得の増加を確信するようになった．将来の期待所得が増加したことの所得効果が現在の消費を増やすように作用し，その結果貯蓄が減少したのである．

総貯蓄　社会におけるすべての個人の貯蓄を合計したものが**総貯蓄 aggregate saving** である．どのようなときにも，貯蓄をする人々と貯蓄を取り崩す（このことを経済学では負の貯蓄と呼ぶ）人々が同時に存在している．総貯蓄はこの二つの活動を合わせたものである．総貯蓄を総所得で割った値が総貯蓄率である．人口学的要因，特に人口成長率は，総貯蓄率の重要な決定要因である．退職者は通常，負の貯蓄を行っている．つまり（社会保障や投資からの利子収入といった彼らの主要な所得源を補完するために）預金口座から現金を引き出したり，保有している株式や債券を現金化したりする．アメリカにおいて総貯蓄率が低いことについては，重大な関心が寄せられている（これについては以下でさらに議論する）．その一部は人口の高齢化で説明できる．アメリカのように人口成長が遅い国では，高齢者の人口に占める割合が大きくなる

Internet Connection

家計貯蓄

　　FRB（連邦準備制度理事会）は3年ごとに，Survey of Consumer Finances（家計資産調査）と呼ばれる家計調査を行っており，家計貯蓄に関する豊富な情報を提供している．利用可能な最近の調査は2010年に行われたものであり，調査結果を，以下のウェブサイトで見ることができる（http://www.federalreserve.gov/econresdata/scf/scfindex.htm）．

　　なお日本では，家計貯蓄についての詳細な調査は総務省統計局が「家計調査」の中で行っており，その結果は（http://www.stat.go.jp/data/kakei/index.htm）で見ることができる．

ため,出生率が高く人口成長が速い国よりも総貯蓄率が低くなるのである.

貯蓄の形態　これまでは,議論を簡単にするために,貯蓄にかかる利子率 r は単一であると仮定してきた.実際には,個人の貯蓄方法にはさまざまなものが存在しており,それらがもたらす利子率は異なっている.たとえば,もし貯蓄したいのであれば,銀行の預金口座に預けることができる.これは利子をもたらし,連邦政府が残高10万ドルまでの預金を保護しているため安全である.1990年代における株式市場の活況により,多くの人々が自らの貯蓄の一部を株式に振り向けるようになった.株式は銀行預金よりも平均的に高い収益をもたらすが,より危険である.株式相場は,上昇することもあれば下落することもある.不動産も人々をひきつけてきた貯蓄手段であるが,これもやはり危険が伴う.本章では,家計に利用可能なさまざまな貯蓄の選択肢について議論するのではなく,資本市場の大まかな概要と貯蓄の意思決定に影響する利子率の役割に注目する.

2 資本市場における需要

　ここでの目的は,家計による貯蓄の供給と企業による貯蓄の需要が,どのように均衡をもたらすかを理解することである.これまでの項で,市場の供給サイドを扱ったので,ここでは需要サイドに移ることにしよう.資本市場の需要サイドは,**資本財** capital goods（機械,道具,建物やそのほかの生産過程で用いられる設備）を購入するための資金を家計の貯蓄から借り入れようとする企業によって決定される.したがって,企業の資本財への需要から分析を始めることにしよう.

　労働需要を導くためにこれまでに用いたものと同じ原理を適用すると,企業は,資本（資本財）をその限界生産物が価格と等しくなる水準まで需要することがわかる.資本の限界生産物とは,まさに1単位の資本を追加した場合に得られる産出量の増加分である.つまり機械をもう1台増加することによって得ることのできる産出量の増加分である.それでは,資本の価格とは何であろうか.

すぐに思いつく答えは，設備1単位の価格は，たんにそれを購入するためにかかった費用である，ということである．もし，インターネットを通じた注文を取り扱うための新しいコンピュータサーバーが2万ドルであるとすると，これがこの場合の資本の価格だろうか．答えは「ノー」である．資本の価格の計算にはこれ以外の要因が考慮されなければならない．この理由を理解するために，このコンピュータを買うかどうかを検討している操業したばかりの新規企業の意思決定について考えてみよう．問題を簡単にするため，企業設立者のアンドレアとブライアンは，このサーバーを1年後に1万2000ドルで売却することを計画しているとする．彼らはサーバーの購入費用2万ドルを銀行から借り入れることができ，銀行はこの貸付に利子を請求する．この例では，銀行が要求する利子率が5％であるとしよう．彼らにとって設備を利用することの費用はどのくらいになるだろうか．

アンドレアとブライアンは，サーバーに2万ドルを支払い，1年後にこのサーバーを1万2000ドルで売却する．しかし彼らはまた銀行に返済をしなければならない．銀行が5％の利子を要求するので，1年後，彼らは銀行に対して2万1000ドル（彼らの借りた2万ドル＋1000ドルの利子）の債務を負うことになる．サーバーを使用することの正味の費用は，2万1000ドル－1万2000ドル＝9000ドルとなる．この費用で重要なのは，アンドレアとブライアンが銀行に支払わなければならない利子である．もし利子率が10％であれば，コンピュータを使用する費用は，1万ドル（利子が2000ドルとなるため，2万ドル＋2000ドル－1万2000ドル）となるだろう．資本の使用者費用は，利子率が高くなるほど大きくなるのである．

アンドレアとブライアンが銀行から借入を行う必要がない場合でも，利子率が重要な役割を果たすことに変わりはない．彼らが，コンピュータを購入できるだけの貯蓄を持っているとしよう．コンピュータを購入するのに彼ら自身の貯蓄を用いる場合，購入に伴う機会費用が存在する．アンドレアとブライアンは，銀行に2万ドルを預けたままにしておくこともできる．もし利子率が5％ならば，彼らは1年間に利子として1000ドルを受け取ることになる．資本の費用を計算する際には，この機会費用を含めなければならないのである．したがって，彼らが銀行から借入を行うか自分たちの資金を用いるかに関係なく，利子率が5％の場合サーバーの総費用は9000ドルとなる．利子率の上昇は，

図7-4 ■ 貸付資金の需要と供給

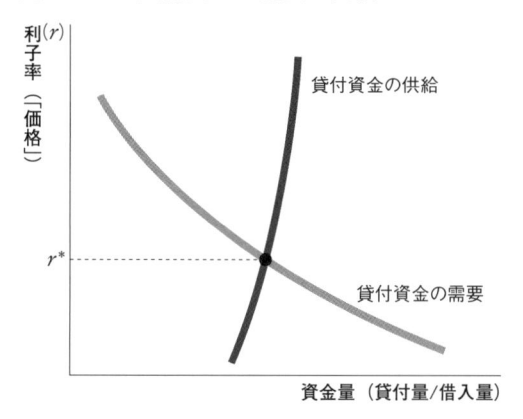

このグラフでは，数量は貸付量（別の観点からすると借入量），価格は利子率である．均衡利子率r^*で，貸付資金の需要と供給が等しくなっている．

サーバーを使用することの（機会費用を含めた）費用を高めるのである．

　この簡単な例は，資本の使用者費用が利子率の上昇とともに増加するという重要なポイントを説明している．利子率が高い場合には，企業の需要する資本は少なく，借入を行う必要もあまりない．利子率が低い場合には，企業は多くの資本を需要し，借入をより多く行う必要がある．

　図7-4は，資本市場における貸付資金に対する需要を，利子率と企業が借り入れる資金量の間の右下がりの関係として示したものである．図にはさらに，貸付資金の供給が右上がりの曲線として示されている．曲線の傾きが急であるのは，利子率の変化に伴う所得効果と代替効果が，貯蓄に対して反対方向に作用するためである．貸付資金市場，つまり資本市場では，利子率が「価格」であり，需要と供給が均衡するように調整される．図においては，均衡利子率はr^*である．

　これまでの議論から，なぜ均衡利子率が正であるかを説明することができる．もし利子率がゼロあるいは負であれば，潜在的な借り手は，潜在的な貸し手が供給しようとする以上に資金を需要するだろう．事実，利子率が負である場合には，人々が今日消費するために借入を行っても，将来返済する額はそれよりも少なくてすみ，また貯蓄者は，貯蓄したものよりも少ない金額しか将来受け取ることができなくなる．利子率が正の場合にのみ，資金に対する需要と供給

が等しくなるのである．

現代経済では通常，貸し手と借り手が，直接顔を合わせて貸借を行うことはあまりない．むしろ銀行やそれ以外の金融機関が，金融仲介機関としての役割を果たしており，貯蓄したいと考える人々から資金を集め，借入をしたいと考える人々に資金を分配している．こうした金融仲介機関は，貸付資金市場が円滑に機能するのを手助けしているのである．金融仲介機関は，彼らの提供するサービスに対して手数料を課しており，それは彼らが貯蓄者に対して支払う利子率と借り手に対して要求する利子率の差に表れている．

新しい技術と資本需要　新しいコンピュータや情報通信技術によって，財の生産方法や販売方法が変貌を遂げるなど，現代経済は大きな変化を経験している．新しい技術の発展により，企業は新しい設備に対して投資を行うようになっている．こうした変化が利子率に与える影響についても，貸付資金市場のモデルを用いて分析することができる．

図7-5では，貸付資金の需要と供給が利子率の関数として示されている．新

図7-5 ■ 新技術の影響による資本需要の増加

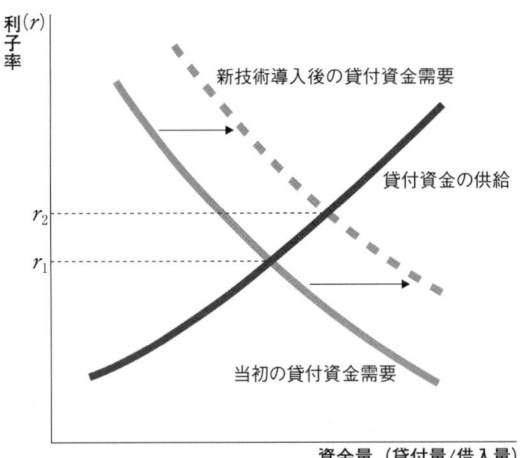

新しい技術によって企業の資本需要が増加すると，企業は新しい設備を購入するために借入をより多く行おうとするので，資金需要曲線は右方へシフトする．もし貯蓄からの資金供給が変化しなければ，均衡利子率は r_1 から r_2 へと上昇する．

しい技術は資本の限界生産物を増加させ，各利子率水準での企業の資本需要を増大させる．この追加的な資本の購入のために，企業はより多く借入を行う．各利子率水準において，資金需要曲線が右方にシフトし，均衡利子率が上昇するのである．

3 行動経済学の観点からみた貯蓄

　第3章「消費の決定」では，人間がどのように行動するかという問題に対して心理学や行動経済学の研究からもたらされた新しい知見を紹介した．これらの知見は，人々の貯蓄の意思決定について理解するのに特に有用であることがわかってきた．

　先に，貯蓄の決定において，生涯を通じて消費を平準化しようという人々の欲求が重要な役割を果たすことを議論した．経済学の標準的な貯蓄モデルでは，所得の多くなる時期に貯蓄して，退職して所得が低下した時期に消費を減らさないですむだけの資産を持つべきことが示されている．けれども，多くの事例では，退職後に人々の所得だけでなく消費も減少している．人々は退職に備えて十分な貯蓄をしていないので，消費を切り詰めざるをえないのである．貯蓄が過少となる理由について行動経済学はいくつかの興味深い視点を提示している．

　一つの理由は，たんに人々が消費を先延ばしするのに必要な自制心を欠いている，ということかもしれない．経済学における標準的な選択モデルでは，今日消費することの便益と将来より多く消費するために今日貯蓄することの便益を，合理的に比較できると仮定されている．しかし，将来利益を得られることがわかっていても，現在何かを犠牲にすることは非常に困難なものである．喫煙がその良い例である．「タバコは明日やめるのが一番よい」，という格言がある．つまり，喫煙者はタバコをやめることに関して，今日はタバコを喫って翌日は絶対にやめると（自分に）誓う誘惑に駆られるのである．もちろん次の日には，同じ誓いが繰り返され，結果として多くの人はタバコをやめることがけっしてできないのである．合理的選択に関する標準モデルで仮定される自制心を，人々は十分に持っていないようである．

自制心が欠如していると，現在の消費を減らすことはとても困難になるだろう．というのは，そのような自制による利益は，10年や20年では現れないからである．このことは，アメリカの家計による貯蓄の多くが強制貯蓄（明示的な意思決定を必要とせず毎月自動的に行われる）の形をとっている理由の説明となるかもしれない．一般的に強制貯蓄には三つのものがある．第一に，多くの労働者は自身の職場の年金に加入している．雇用主は，毎月，労働者の年金のために資金を蓄えておく．それには労働者の給料から差し引かれたものもいくらか加えられることがある．これは労働者にとっては貯蓄である．第二に，住宅を所有するアメリカ人は，借入（住宅ローン）によって住宅を購入しており，毎月住宅ローンを支払っている．この支払いの一部は借りた金額に対する利子支払いであり，残りは元本の支払いとなる．この返済により，家計の住宅に対する取り分が増加する．これもまた一般的な意味での貯蓄である．強制貯蓄の最後の例は，給与に対する所得税の源泉徴収からもたらされる．多くの人は，各納税期間に多く徴収されすぎており，毎年4月（アメリカの場合）に税の還付申請を行うと，政府から返還を受けることができる．返還された資金は，納税者がそのために貯蓄しようとは考えなかったような高額商品の購入にしばしば使われる．

　行動経済学は，人々が実際にどのように意思決定を行っているかについて，重要な洞察をもたらしてはいるが，同時に，ある意味で多くを説明しすぎるようである．自制心の欠如は，低貯蓄の説明として直観的に理にかなっている．しかし，それでは多くの国で貯蓄率が高いことをどのように説明したらよいだろうか．たとえば，多くのアジア諸国で貯蓄率は平均で所得の30～40％にもなっている．伝統的な経済学のアプローチでは，国によって貯蓄率が顕著に異なる理由を説明するために，貯蓄からの収益（国によって課税の仕組みが違うことなどによると考えられる），家庭の規模，あるいは人口の年齢構成の違いに着目するだろう．行動経済学では，それに加えて文化的要因も重要であるかもしれないと提起している．

　行動経済学の洞察が非常に役に立つ可能性がある領域としては，貯蓄水準を高めるための公共政策の立案がある．たとえば，行動経済学では，現状維持バイアス（第3章を参照）が重要視され，人々は現在の状況を変えることに抵抗すると予見している．特に，人々は自発的な決定が求められるような意思決定

に抵抗感を持つ．その結果，いくつかの選択肢が提示された場合，多くの人はどのようなものであれデフォルトのもの（彼らの側で何もしなくても自動的に選択されるもの）を単純に選択する．なぜ多くの人が，いわゆる401(k)のような退職後に備えた貯蓄のための最適な方法を利用しようとしないかについても，現状維持バイアスで説明できる．1978年，米国内国歳入庁401(k)局は，労働者が彼らの所得の一部を退職後に備えて貯蓄するための新しい貯蓄口座を創設した．その大きな利点は，課税猶予である．すなわち，401(k)への貯蓄分について労働者は所得に課税されず，またその貯蓄から生み出される利子についても，退職後に口座から引き出して現金化するまで課税されることはない．しかもその場合にはたいてい通常よりも低い税率となる．雇用主の多くは，労働者が拠出した金額の一定割合を401(k)口座に直接給付することにしており，この口座をさらに有利なものとしている．給与からの自動引き落としで401(k)プランに参加する選択肢を提示された際，どれほどの労働者がそれを選択するかは，デフォルトの選択肢が何であるかに依存する可能性がある．401(k)プランに参加するのに労働者が口座の契約のために明示的な選択をしなければならない場合には，参加が自動的で脱退するために自発的な行動が必要である場合と比べて，参加する人数は少なくなってしまう．これは現状維持バイアスの一例であり，人々の選択は，異なる選択肢それぞれの得失を合理的に評価することだけではなく，変更することへの躊躇によっても影響されるのである．貯蓄を奨励するために立案される政策は，経済学の消費者選択の基本モデルが提起するように貯蓄するインセンティブを高めるものでなければならない．しかし，政策を十分に効果的にするためには，現状維持バイアスも考慮に入れなければならないのである．

4 教育と人的資本

　われわれはなぜ大学へ通うのだろうか．多くの答えが思い浮かぶが，ここでは経済的な観点からこの問題に取り組むため，また，なぜ教育に関する選択が貯蓄の意思決定と類似しているかを理解するために，教育の費用と便益に焦点を合わせて考えることにする．

教育は，労働者の生産性を決定する最も重要な要因の一つである．学校に長く通うことは，通常，労働力への参入が遅れることを意味するが，期待される年間所得は増加する．平均的に見ると，高校を卒業した人はそうでない人よりも稼ぎが多く，大学を卒業した人は高卒の人よりも多くの報酬を受け取る．そして，大学を卒業した人は大学に通いはじめたが卒業しなかった人よりも多くの所得を得る．学生は，在学中の稼ぎは少ないが，将来高い所得を得ることを期待できるのである．さらに，余暇を我慢して学校で勤勉に勉強することによって，より優れた成績と技能を獲得し，将来高い賃金を稼ぐことができるようになる可能性がある．つまり，学生は現在の所得（あるいは余暇）と将来の所得（および消費）の間のトレードオフに直面しているのである．

大学で1年間過ごすことは，授業料，部屋代，食費など明らかな費用を伴う．しかし，それだけではなく，仕事をしていれば得られたはずの所得のような機会費用も存在する．こうした機会費用も直接的な授業料と同じように学校へ通うことの費用なのである．経済学では，企業が工場や設備に行う物的資本への投資にたとえて，教育への投資は**人的資本** human capital を生み出すという．人的資本は，正規の学校への通学，企業内訓練（OJT），そのほか，両親が子どものために，個人が自分自身のために，また雇用主が労働者のために費やす時間やお金の投資により形成される．

アメリカでは，人的資本に対して莫大な投資が行われている．実際，人的資本の累積値は物的資本のそれを上回っている．資本全体の3分の2から4分の3が人的資本なのである．この投資は私的にも，公的にも出資されている．地方政府，州政府，および連邦政府全体で，教育に対して年間およそ2500億ドルが支出されている．地方政府や州政府のレベルでは，初等・中等教育への支出が最大の支出項目であり，総支出の20％以上を占めている．

過去50年間の教育の大幅な拡大は，表7-1に示されている通りである．75歳以上の人々の30％以上は高校を卒業していないが，25～44歳の人々では，高校を卒業していない人は8人に1人だけである．同じように，大学の学部以上を卒業した割合を比べると，25～44歳の人々では，65歳以上の人々の約1.5倍となっている．

表 7-1 ■ 年齢別就学期間

(%)

年齢グループ (2003 年時点)	高卒未満の学歴の 人の割合	高卒であるが 大卒未満の割合	大卒またはそれ 以上の学歴の割合
25～34 歳	13	57	30
35～44 歳	12	59	29
45～54 歳	11	59	30
55～64 歳	15	58	27
65～74 歳	25	56	19
75 歳以上	33	52	15

(出所)『アメリカ合衆国統計要覧』2004 年(*Statistical Abstract of the United States, 2004*, www.census.gov/prod/2004pubs/04statab/educ.pdf.).

4.1 教育と経済的トレードオフ

第1章「需要と供給」で学んだ生産可能性曲線を用いると，人的資本投資に関する意思決定がどのように行われるかを説明できる．そのために，個人の生涯を「若年期」とその後の「労働期」に分けることにしよう．図7-6 は，若年期の消費と労働期の消費の関係を描いたものである．学校に通う期間を延長すると，所得が上昇することを期待できるので，若年期に消費を我慢することで，期待される将来消費は増加する．曲線は円弧状に描かれており，このことは収

図 7-6 ■ 現在と将来の消費の間のトレードオフと教育

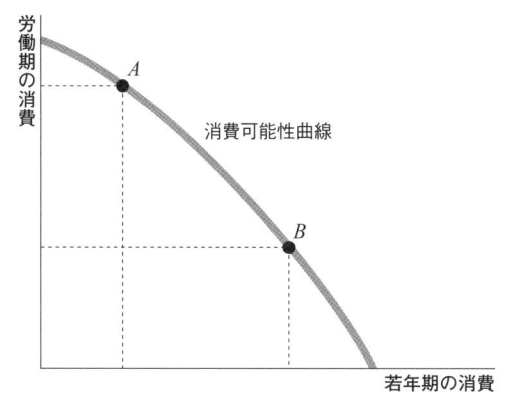

A 点は，現在の消費を減らしてより良い教育を受け，将来の消費を多くする選択を示している．B 点は，現在の消費を多くして教育をあまり受けず，将来の消費を少なくする選択を示している．

e-insight
ニューエコノミーへの資金供給

　本章では，資本市場がどのようにして貯蓄を行う家計と投資を実行する企業を結び付け，貯蓄と投資が均衡利子率で等しくなるかを学んだ．しかし，家計の貯蓄は，実際にはどのようにして企業のもとへと渡るのだろうか．銀行や投資会社のような金融仲介機関が，家計と企業の間で資金を移転する働きをしている，というのがその答えである．彼らの仕事は家計の資金が適切に投資されているかを確かめることであり，それにより家計は，投資資金と収益を受け取ることができるのである．

　銀行はおそらく最も重要な金融仲介機関であろう．19世紀には，銀行は主に企業が在庫を持つための資金を貸し付けていた．その際，在庫は担保とされた．つまり，借り手が債務不履行に陥った場合には，貸し手はその在庫を手に入れることができたのである．それから徐々に，たとえば家屋や商業不動産に融資を行うようになるなど，銀行はその貸出業務を拡大していった．このときには建物が担保とされた．過去十数年間の情報通信技術革命は，こうした伝統的な融資のあり方に対して，それまでにはなかった問題を引き起こした．今日，企業はソフトウエアや新しいアイデアに多くの投資を行っている．もしアイデアがうまくいかなければ，企業は倒

益逓減を意味している．すなわち，現在（消費を減らして）教育により多く支出することによって，将来の所得は増加するが，教育への追加的な投資がもたらす収益は，教育が増えるにしたがって小さくなっていくのである．

　A 点は，エベレットが，4年間大学に在籍し，学業に専念する場合を表している．彼は卒業まで（若年期）はほとんど所得を得られないが，その後の生涯では高い所得を得ることができる．B 点は，高校卒業後に大学に進学しない場合を表している．この点を選択した場合，エベレットは若年期には高い所得を得るが，その後の生涯では低い所得しか得られない．A 点と B 点の中間の点は，エベレットが大学を1年か2年で中退した場合を表している．

産してしまうかもしれない．しかし，その場合には担保となるものが存在せず，債権者が得ることのできる価値はほとんどないのである．

アメリカでは，金融市場がこうした状況に適応し，ベンチャー・キャピタルという新しい形態の金融機関が誕生した．通常，ベンチャー・キャピタルの資金は，高い収益を求める裕福な個人投資家や大学などの機関によって提供されている．ベンチャー・キャピタルは，ニューエコノミーにおける新しいアイデアを評価する専門技能を高めてきた．そして成功したベンチャー・キャピタルは，多くの成功した企業を見つけ出してきた．けれども，ベンチャー・キャピタルが提供するのは資本にとどまらない．通常，彼らは経営上の支援を行ったり，経営の監督において重要な役割を果たしたりしている．通常，企業の設立に十分な初期資本が提供された後，ベンチャー・キャピタルに支援されている企業は「公開される」．つまり，株式の少なくとも一部が市場で売却されるのである．ベンチャー・キャピタルが利益を得るのはこの時点である．

初期のベンチャー・キャピタルは，シリコンバレー（初期のコンピュータ開発の多くが行われたスタンフォード大学周辺の地域）に集中していたが，最近ではアメリカ国内のさまざまな地域や他分野にも進出している．

5 基本的な競争モデル

以上が基本的な競争モデルの概要である．家計は，どれだけ消費するか，どの財を消費するかということについて意思決定を行い，どれだけ労働を供給し，どれだけ貯蓄するかを決定する．競争モデルでの企業は，販売する財の見返りに受け取る価格を与えられたものと考える．また，労働者に支払う賃金や資本財の費用などを含む投入財の価格も所与と考える．これらの価格の下で，企業は利潤が最大になるように，その産出量と投入量を選択するのである．価格は，

需要と供給が等しくなるように調整される．労働市場では，賃金が需要と供給の均等をもたらす．資本市場では，利子率が「価格」であり，需要と供給が等しくなるよう調整される．

　われわれは以上で，第1章で学んだ需要曲線と供給曲線の由来とその形状をもたらす要因を学んだ．財に対する需要であれ，労働供給であれ，貯蓄の意思決定であれ，価格の変化が家計の選択に与える影響は，所得効果と代替効果を用いて分析することができる．われわれはまた，企業は生産水準を決定する際に，限界費用と価格を均等化させ，労働や資本のような生産要素に対する需要を決める際には，その限界生産物の価値を投入財の価格に一致させることも明らかにした．実質賃金の上昇は企業の労働需要を減少させる．また利子率の上昇は資本需要を減少させる．次章では，これらの結果を一つにまとめ，経済全体のモデルを説明する．

復習と練習 Review and Practice

■要約

1　利子率は資本市場（貸付資金市場とも呼ばれる）で決定される．貸付資金の供給は，所得より支出が少ない個人や企業の貯蓄からもたらされる．また需要は所得以上に支出する個人や企業からもたらされる．
2　貯蓄についての意思決定を行う際，人々は現在の消費と将来の消費の間のトレードオフに直面する．現在の消費を減らすことによって将来得ることのできる追加的な消費量は，実質利子率によって決まる．
3　将来受け取る1ドルは，今日受け取る1ドルよりも価値が低い．将来のある金額が現在どれだけ価値を持つかは，割引現在価値によって知ることができる．それは利子率が上昇すると低下する．
4　実質利子率が調整されることによって，資本市場における需要と供給が等しくなる．
5　利子率は資本を使用する費用の中でも重要なものである．利子率が上昇すると資本を使用する費用が高くなる．企業は資本財の購入を削減するので，投資のための資金需要は減少する．

6 人的資本は物的資本とまったく同じように経済的な生産性を上昇させる．それは教育，企業内訓練（OJT），そして親が子どもに対して投じる時間やお金によって形成される．

■キーワード

資本市場　　貸付資金市場　　ライフサイクル貯蓄　　利子　　元本
貨幣の時間価値　　割引現在価値　　実質利子率　　名目利子率　　総貯蓄
資本財　　人的資本

Q 復習問題

1 現在の消費の選択によって，将来の消費はどのような影響を受けるだろうか．（ヒント：1.1項「家計の貯蓄に関する意思決定」）
2 現在消費で測った将来消費の価格は何であろうか．（ヒント：1.1項「家計の貯蓄に関する意思決定」，特に「貨幣の時間価値」．将来の消費1単位のために現在の消費を何単位我慢しなければならないだろうか．）
3 利子率が上昇することによる所得効果は，現在貯蓄している人の行動にどのような影響を与えるだろうか．代替効果はどのような影響を与えるだろうか．（ヒント：1.1項「家計の貯蓄に関する意思決定」，特に「モデルによる分析：貯蓄と利子率」）
4 貯蓄に影響を及ぼす要因にはどのようなものがあるだろうか．所得と利子率以外の要因をいくつか挙げなさい．（ヒント：1.1項「家計の貯蓄に関する意思決定」，特に「貯蓄に影響を与える他の要因」，CASE IN POINT「なぜアメリカの貯蓄率は低いのか」）
5 人的資本を獲得するために，学生は時間とお金をどのように投資しているだろうか．（ヒント：4節「教育と人的資本」）

Q 練習問題

1 本章では，利子率の変化が貯蓄に及ぼす影響を中心に考えてきた．個人が借入を行っている場合，利子率の上昇による所得効果はどのように作用す

るだろうか．支払わなければならない利子率の上昇によって，借入は増えるだろうか，それとも減るだろうか．（ヒント：1.1 項「家計の貯蓄に関する意思決定」，補論 A.2 項「利子率の変化の効果」．お金を借りている人にとって，利子率の上昇による代替効果と所得効果はどのように作用するだろうか）

2. 貯蓄のライフサイクルモデルに即して考えたとき，以下の状況において家計の貯蓄が増加するか，あるいは減少するかを説明しなさい．（ヒント：1.1 項「家計の貯蓄に関する意思決定」）
   (a) 65 歳以前に退職する人が増加する．
   (b) 寿命が延びる．
   (c) より有利な企業年金を提供することを民間企業に義務づける法律が成立する．

3. 以下の変化が，人々の貯蓄行動にどのような影響を与えるか説明しなさい．（ヒント：1.1 項「家計の貯蓄に関する意思決定」，CASE IN POINT「なぜアメリカの貯蓄率は低いのか」）
   (a) 相続税の増税が行われる．
   (b) 政府の政策によって，大学生が学資ローンをより簡単に借りられるようになる．
   (c) ハリケーンや竜巻，地震などの自然災害によって被害を受けた人々に対して，政府が援助を約束する．
   (d) 子どもを持たないことにする夫婦が増加する．
   (e) ある年の経済状況が，人々の予想をはるかに超えて悪化する．

4. 経済学者は，ほとんどの財について，その価格が上昇すれば，人々はその消費量を減らすと強く確信している．しかし，利子率が上昇した場合に人々が貯蓄量を増やすかどうかについては懐疑的である．代替効果と所得効果の考え方を用いて，なぜ経済学者が前者については確信する一方，後者についてはそうではないのかを説明しなさい．（ヒント：1.1 項「家計の貯蓄に関する意思決定」，特に「モデルによる分析：貯蓄と利子率」）

5. 新しい技術によって資本の生産性が向上し，企業が資本をより多く購入するために，各利子率水準において，借入を増やそうと考えるようになったとしよう．貸付資金市場の需要曲線と供給曲線の図を用いて，均衡利子率

に生じると思われる影響を示しなさい．（ヒント：2節「資本市場における需要」，特に「新しい技術と資本需要」）

6　若い世代の家計が，社会保障に頼ることができないと考え，自分自身で退職後に備えてより多くの貯蓄をしなければならないと決意したとしよう．このことから均衡利子率はどのような影響を受けるだろうか．また，均衡における借入量は増加するだろうか，それとも減少するだろうか．（ヒント：1.1項「家計の貯蓄に関する意思決定」，特に「貯蓄に影響を与える他の要因」）

7　ジャックポットくじで1000万ドル当選した人のことを聞いたことがあるだろう．当選者は，1000万ドルを一度に現金で受け取るのではなく，20年間にわたり50万ドルずつ受け取ることが多いようである．この受け取り方法では，賞金の割引現在価値は1000万ドルをはるかに下回ってしまう．これはなぜだろうか．利子率が5％の場合の割引現在価値を計算して確かめなさい．（ヒント：1.1項「家計の貯蓄に関する意思決定」，特に「貨幣の時間価値」，補論B「割引現在価値の計算」）

8　借入を行っている個人について考えよう．名目利子率が一定のままでインフレ率が上昇したと仮定する．この場合実質利子率はどうなるだろうか．また，個人が借入を増やすと考えられる理由を挙げなさい．（ヒント：1.1項「家計の貯蓄に関する意思決定」，特に「インフレーションと実質利子率」）

補論A

無差別曲線と貯蓄量の決定

この補論では，第3章「消費の決定」と第6章「労働市場」で用いた無差別曲線によるアプローチを応用して，貯蓄の意思決定について考察する．[1]

A.1 貯蓄量の決定

貯蓄量を選択することは，生涯所得のどれだけを現在消費し，どれだけを将来消費するかを決定することである．この場合のトレードオフは，本章で学んだように，現在消費を横軸に，将来消費を縦軸にとる2期間の予算制約線で表すことができる．この予算制約線の傾きは $-(1+r)$ である．ここで r は利子率，すなわち現在の消費を1単位我慢することで将来得ることができる追加的な消費量である．

図7-7には3本の無差別曲線が描かれている．A 点を通る無差別曲線は，個人にとって A 点と無差別になるすべての現在と将来の消費の組合せを示している（つまり，個人にとっては，曲線上のどの点も A 点と比べて良くも悪くもなく，同じ満足度を得られる）．人々は，一般的に消費が少ないよりも多いことを好むので，低い位置よりも高い位置にある無差別曲線を選ぼうとする．個人が到達することのできる最も高い位置にある無差別曲線は，予算制約線に接する曲線である．ここでは，予算制約線との接点を E 点で表すことにしよう．個人は，E 点よりも明らかに A 点を通る無差別曲線上の点を好む．しかし，A 点を通る無差別曲線は予算制約線の上方にあるので，この無差別曲線上で個人が選択できる点は存在しない．また，F 点を選ぶことは可能であるが，F 点を通る無差別曲線は E 点を通る曲線よりも下方にあるので望ましくない．

第3章の補論A「無差別曲線と消費の決定」で学んだように，ある点での無差別曲線の傾きは，その点における限界代替率を表している．ここでは，それは現在の消費が1単位減少した場合に，元の効用水準を維持するために将来

---

[1] この補論の内容を理解するためには，第3章補論A「無差別曲線と消費の決定」を読んでおく必要があるだろう．

図 7-7 ■ 無差別曲線と貯蓄行動

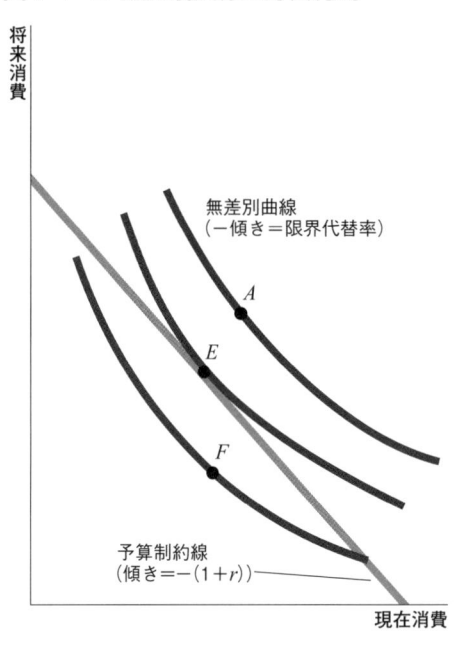

個人は，E 点で表される現在と将来の消費の組合せを選択する．A 点はより望ましいが実行可能でない．F 点は実行可能ではあるがより低い無差別曲線上にあるので望ましくない．

の消費がどれだけ増加する必要があるかを表している．接点では，無差別曲線の傾きが予算制約線の傾きに等しくなっている．つまり，E 点における限界代替率は $1+r$ である．もし個人が消費を 1 単位我慢すれば，将来 $1+r$ 単位の財を得ることができる．これはこの個人にとって現在の消費を我慢することを補うのにちょうど必要な量である．一方で，もし限界代替率が $1+r$ よりも低ければ，個人はより多く貯蓄することから利益を得る（個人にとってより多く貯蓄を行うことが割に合う）．このことを理解するために，個人の限界代替率が 1.2 であり，$1+r$ が 1.5 であると仮定してみよう．消費を 1 単位減らすことで，彼は将来 1.5 単位余計に消費できるようになる．しかし，彼は 1.2 単位得られるだけで十分と考えている．この場合，彼は貯蓄を増やすことで利益を得ることができるのである．

A.2 利子率の変化の効果

　無差別曲線と予算制約線を用いることによって，利子率上昇の効果を理解することができる．図7-8 は，若年期に働き，退職後のために貯蓄を行うマギーの場合を示している．図では，横軸に労働期（現在）の消費を，縦軸に退職後（将来）の消費をとっている．利子率の上昇によって，予算制約線は BC から B_2C へと回転する．この変化は二つの段階に分けて考えるとわかりやすい．最初の段階では，利子率が変化した場合にマギーがそれまでと同じ無差別曲線上にとどまるとしたら，何が生じるかを考える．このことは，BC から B_1C_1 への予算制約線の回転によって示される．利子率が上昇した結果，マギーは今

図 7-8 ■ 利子率上昇による所得効果と代替効果

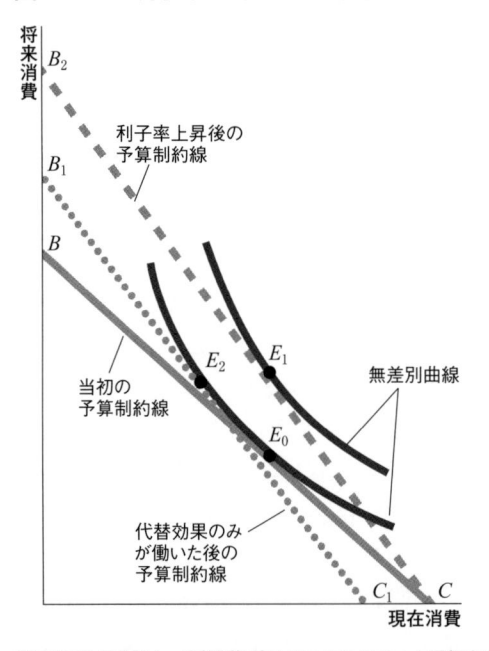

　利子率が上昇すると，予算制約線は BC から B_2C へと回転する．代替効果は，相対価格が変化した際にマギーが当初の無差別曲線上にとどまる場合に何が生じるかを示している．予算制約線が BC から B_1C_1 に回転し，現在の消費は E_0 から E_2 へと減少する．所得効果は，相対価格が不変のまま予算制約線が外側にシフトすることの結果としてもたらされる．それは B_1C_1 から B_2C へのシフトとして表され，現在の消費は E_2 から E_1 へと増加する．

日の消費を減らす，すなわち貯蓄を増やす．これが代替効果であり，図ではE_0からE_2へのシフトとして示されている．

　第二の段階では，マギーは貯蓄をしているので，利子率が上昇することによって，より裕福になることに着目する．利子率の上昇後にマギーを元の無差別曲線にとどめるためには，彼女の所得を減らしておく必要があった．利子率が上昇した後の彼女の真の予算制約線は，B_1C_1と平行なB_2Cである．利子率が等しいので，二つの予算制約線の傾きは同じである．B_1C_1からB_2Cへの移動が第2の段階である．この移動で，マギーは消費をE_2からE_1に増加させる．同一の相対価格（利子率）の下で所得が大きくなると，人々は両期の消費を増やそうとする．このことは貯蓄が減ることを意味している．このE_2からE_1への移動が，所得効果である．

　このように，代替効果は彼女の貯蓄を増加させ，所得効果は貯蓄を減少させる．よって，正味の効果は不確定である．図には貯蓄が変化しない場合が示されている．

補論B

割引現在価値の計算

本文では,1年後に受け取る1ドルの割引現在価値(PDV)を計算する方法を説明した.2年後に受け取る1ドルの割引現在価値も同じように計算することができる.それでは,たとえば今日の何ドルが,2年後の100ドルに相当するのであろうか.もし今日,PDVドルを持っていて,それを銀行に預ければ,1年後にはPDV $(1+r)$ ドル受け取ることができる.もし,それをもう1年銀行に預けたままにしておけば,2年目には1年目の終わりに銀行に預けていた総額にかかる利子,つまり $r \times $ PDV$(1+r)$ を得ることができる.よって,2年目の終わりには,

$$\text{PDV}(1+r)+[r \times \text{PDV}(1+r)]$$
$$=\text{PDV}(1+r)(1+r)$$
$$=\text{PDV}(1+r)^2$$

を保有することになる.

したがって,2年後の100ドルのPDVは100ドル/$(1+r)^2$ である.もし今日100ドル/$(1+r)^2$ を銀行に預ければ,2年後には100ドル受け取ることができるのである.この計算を行う際には,利子にかかる利子が考慮に入れられている.これを**複利** compound interest 計算という(対照的に,**単利** simple interest 計算では,それ以前に得た利子に対する利子は考慮されない).

利子率が10%であり,1年複利で計算される場合,今日の100ドルは,1年後の110ドル,2年後の121ドル(120ドルではない)と等しい価値を持つ.よって,2年後の121ドルの割引現在価値は100ドルである.表7-2は,1年後,2年後そして3年後に受け取る100ドルの割引現在価値がどのように計算されるかを示している.

以上から,数年間にわたって収益を生み出す投資計画の価値をどのように計算すればよいかがわかる.まず,各年の収益を調べ,その割引現在価値を計算する.そしてそれらを合計するのである.表7-3は,1年後に1万ドル,2年後に1万5000ドルの収益を生み出し,3年後に5万ドルで売却される予定の投資計画について,割引現在価値をどのように計算するかを示したものである.

表 7-2 ■ 100 ドルの割引現在価値

受領時	割引現在価値
1 年後	$\dfrac{1}{1+r} \times 100 = \dfrac{100}{1+r}$
2 年後	$\dfrac{1}{1+r} \times \dfrac{100}{1+r} = \dfrac{100}{(1+r)^2}$
3 年後	$\dfrac{1}{1+r} \times \dfrac{100}{(1+r)^2} = \dfrac{100}{(1+r)^3}$

表 7-3 ■ 3 年間の投資計画の割引現在価値

年次	収益	割引要素 ($r = 0.10$)	割引現在価値 ($r = 0.10$)
1	10,000 ドル	$\dfrac{1}{1.10}$	9,091 ドル
2	15,000 ドル	$\dfrac{1}{(1.10)^2} = \dfrac{1}{1.21}$	12,397 ドル
3	50,000 ドル	$\dfrac{1}{(1.10)^3} = \dfrac{1}{1.331}$	37,566 ドル
合計	75,000 ドル	—	59,054 ドル

表の第 2 列には各年の収益が示されており，第 3 列には割引要素（その年の収益の割引現在価値を得るために収益に掛け合わせる値）が示されている．この計算では，利子率を 10% と想定している．第 4 列では，各年の収益の割引現在価値を得るために，収益に割引要素が掛け合わされている．そして，表の最下行には，各年の収益の割引現在価値を合計したこの投資計画の総割引現在価値が示されている．総割引現在価値が，収益を単純に合計した数値，すなわち計画の「割り引かれていない」収益の合計よりもかなり小さくなっていることがわかる．

Chapter 8

第8章 競争市場の効率性

Learning Goals

1. 競争市場は，消費者余剰と生産者余剰をどのようにして最大にするのだろうか．
2. 競争市場はどのようにして効率性をもたらすのだろうか．
3. 課税は，経済効率性を低下させる死重的損失をどのようにして生じさせるのだろうか．
4. 効率性と許容できる所得や富の分配とを組み合わせるために，政府はどのようにして市場介入できるのだろうか．
5. 市場はどのように相互連関しているのか．一つの市場に起こった変化は，どのようにして経済の他の市場に影響を及ぼすのだろうか．

これまでの章では，生産物市場に焦点を当て，均衡価格において需要と供給が等しくなることを見た．均衡においては，消費者によって需要される財の量は企業によって供給される量に等しくなる．また，労働市場および資本市場も同じように均衡を達成することを見た．労働市場では，均衡賃金において労働需要と労働供給が等しくなる．つまり，均衡において，企業による労働の需要は家計による労働の供給に等しくなるのである．資本市場では，均衡は利子率の調整を通じて達成され，企業による借入が家計によって供給される貯蓄の量と等しくなる．三つの市場すべてが均衡となるとき，何がどれだけ生産されるのか，財は誰によってどのようにして生産されるのか，誰のためにそれらの財は生産されるのか，という経済の最も基本的な問題に対して，市場における家計と企業の相互作用によって解答が与えられることがわかる．経済のすべての市場がこのようにして均衡を達成したとき，経済学者は，経済は**一般均衡 general equilibrium** にあるという．

　市場がこの経済の基本問題に対してどのように解答を与えるのかを理解することは重要である．しかし，われわれは市場が「良い」働きをしているかどうかを評価することにも関心がある．基本的競争モデルの仮定が成り立っているとき，経済は，財やサービスすべてについて適切な量を生産しているだろうか．社会の希少な資源は効率的に使われているだろうか．基本的競争モデルにおいて市場がどのように機能するかが理解できれば，次から始まる第3部「不完全市場」において，たとえば競争が十分でないという理由などによって市場が完全には機能しない状況に対してもモデルを拡張することができる．

1 競争市場と経済的効率性

　需要と供給の力は，何が生産されるのか，どのようにして生産されるのか，そして誰が生産された財を受け取るのかを決定する．多くの人々にとって，市場に頼るということは，これらの基本的な経済問題を処理するには望ましくない方法のように思える．次のような不平をしばしば耳にすることがあるだろう．市場は結果的にある財を多く生産しすぎたり，別の財を少なくしか生産しなかったりする．市場を自由にさせておくと所得や富の不平等をもたらす．政府が

何かを行いさえすれば，社会の希少な資源をより効率的に利用できるのに……．

　経済学者は長年にわたってこの問題に関心を持ってきた．社会の希少な資源を配分するうえで，市場が良好な働きをするのは，どのような状況においてだろうか．良好な働きをしないのはどのような状況においてだろうか．経済学者は，概して，競争市場，すなわちこれまで見たような基本的競争モデルがあてはまる市場においては，社会の希少な資源を効率的に利用することができると結論している．市場に対する信頼は，アダム・スミス（Adam Smith）の1776年の名著『諸国民の富』（『国富論』）にまでさかのぼることができる．彼は労働者も生産者も自分自身やその家族のために働いており，それが経済の繁栄の基本であると主張した．

> 「人間は，仲間の助けをいつも必要としている．だが，その助けを仲間の博愛心にのみ期待しても無駄である．むしろそれよりも，もし彼が，自分に有利となるように仲間の自愛心を刺激することができ，そして彼が仲間に求めていることを彼のためにすることが仲間自身の利益にもなるのだということを仲間に示すことができるならば，そのほうがずっと目的を達しやすい．……（中略）……われわれが自分たちの食事をとることができるのは，肉屋や酒屋やパン屋の博愛心によるのではなくて，彼ら自身の利害に対する彼らの関心による．……（中略）……われわれが彼らに語るのは，われわれ自身の必要についてではなく，彼らの利益についてである．」[1]

要するに，スミスは，個人が自己の利益を追求することが最善の社会的利益をもたらすと主張したのである．彼の洞察は，人が最も一生懸命，かつ最善に経済全体の生産を促進するために働くのは，自分の努力が自分の役に立つときであるということであった．スミスは，利己心がどのようにして社会的善をもたらすかを描写する際に「見えざる手」の比喩を用いた．「人は自分の利益だけを考えて行動する．だが，こうすることによって，彼は，他の場合と同じく，

---

[1] Adam Smith, *The Wealth of Nations*, 1776, Book Ⅰ, Chapter Ⅱ（大河内一男監訳『国富論』Ⅰ，第1篇，第2章，中央公論社，pp.25-26を参考にして訳出）．

この場合にも，見えざる手に導かれて，自分では意図してもいなかった目的を促進することができる．……（中略）……社会の利益を促進しようと思い込んでいる場合よりも，自分自身の利益を追求するほうが，はるかに有効に社会の利益を増進することができる．」[2)]

　この洞察は社会科学において最も基本的なものの一つであるが，けっして明白なものではない．経済が効率的に運営されているということには，たんに個人が一生懸命働くことよりもはるかに多くのことが存在している．何を生産すべきかを，どのようにして知るのだろうか．調整されていない自分自身の利益の追求がどのようにして効率性をもたらすのだろうか．現代の経済理論の最も大きな成果の一つは，市場が効率的であるというのは，どのような意味であるのか，またどのような条件の下で市場は効率的となるのか，ということを確立したことである．

1.1 消費者余剰と生産者余剰

　競争市場がなぜ効率的なのかを理解するためには，競争市場において企業が財を販売することから得る便益を測定する必要があるだけでなく，消費者が財を購入することから得る便益をも測定する必要がある．そして，競争市場における均衡では，消費者と企業の便益を合計したものが最大となることを示す．

　競争市場のもたらす結果を評価するために，産出量 Q_c，価格 p_c において均衡している市場の需要曲線と供給曲線が示された図8-1を用いることができる．この市場へ参加することによって得られる消費者と企業の便益を測定できるだろうか．第3章「消費の決定」で，消費者余剰が消費者にとっての利益の測定値となることを学んだ．財を購入する消費者は，支払い意欲が市場価格を上回るときにしか財を購入しない．消費者が購入した n 個目の財から受け取る正味の便益は，その財に対して消費者が支払わなければならなかった額――すなわち市場価格――と需要曲線に反映されているその財に対する支払い意欲の差である．したがって，薄いアミのかかった領域が消費者余剰の総額である．

　企業もまた，市場への参加によって利益を得る．第5章「競争的企業」で学

---

2) Adam Smith, *The Wealth of Nations*, 1776, Book Ⅳ, Chapter Ⅱ（大河内一男監訳『国富論』Ⅱ，第4篇，第2章，中央公論社，p.120 を参考にして訳出）．

1. 競争市場と経済的効率性

図 8-1 ■ 競争市場均衡は消費者余剰と生産者余剰を最大化する

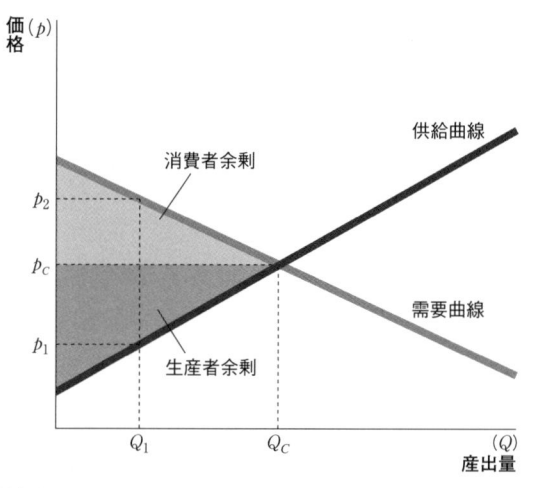

競争市場が需要と供給を等しくする価格 p_C，数量 Q_C で均衡にあるとき，消費者余剰と生産者余剰の和である総余剰は最大となる．消費者余剰は支払い意欲を示す需要曲線と市場価格に囲まれた薄いアミのかかった部分である．生産者余剰は企業の限界費用を示す供給曲線と市場価格で囲まれた濃いアミの部分である．もし産出量が Q_1 であれば，企業は追加的な 1 単位を価格 p_1 で供給できるのに対して，消費者は p_2 支払う用意がある．消費者にとっての価値が生産者にとってのコストを上回るので，生産を拡大すれば総余剰を増加することができる．Q_C を上回る産出量では限界費用が消費者の支払い意欲を上回っているため，生産を減らすことで総余剰を増加することができる．市場均衡である産出量 Q_C，価格 p_C において，消費者余剰と生産者余剰の和である総余剰は最大となる．

んだように，市場供給曲線はその財の生産の限界費用を反映している．均衡産出量 Q_C においては，最後の 1 単位を生産する限界費用は均衡価格 p_C に等しくなる．需要曲線が消費者の支払い意欲を示しているのとまったく同じように，供給曲線は企業の生産意欲を表している．市場価格が p_1 であれば，企業は Q_1 の量しか生産する意欲がない．供給曲線は，産出量の増加に伴い限界費用が増加するため，右上がりである．Q_1 の産出量において，生産の限界費用は p_1 と等しい．それゆえ，Q_1 単位目を生産する限界費用は競争均衡価格 p_C より小さい．Q_C の量を生産しているとき，企業は生産した量すべてを競争市場価格 p_C で売ることができるので，最後の（限界的な）1 単位以外のすべて（の生産物）を，生産の限界費用を上回る価格で販売していることになる．企業が販売した n 個目の財から受け取る正味の便益，すなわち利潤の大きさは，企業が受け取る額——すなわち市場価格——と，その価格ならば喜んで生産しよ

うとする価格——すなわち限界費用——の差に等しい．企業の利益の総額は**生産者余剰** producer surplus と呼ばれるが，これは供給曲線と市場価格の差であり，図の濃いアミのかかった領域である．

消費者余剰と生産者余剰の両方を合わせた総利益は，消費者余剰と生産者余剰を合計した総余剰で測ることができる．ここで，次のような重要な結果を述べることができる．競争市場における均衡価格と均衡産出量は，生産可能な中で最高水準の総余剰をもたらす．もし産出量が均衡産出量 Q_C を下回る Q_1 であれば，企業は追加的な1単位を価格 p_1 で供給する用意があるのに対して，消費者は p_2 を支払う用意がある．消費者にとっての価値が生産者にとってのコストを上回るので，生産を拡大すれば総余剰を増加することができる．反対に Q_C を上回る産出量においては，限界費用が消費者の支払い意欲を上回っており，生産を減らすことによって総余剰を増加することができる．市場均衡である産出量 Q_C，価格 p_C において，消費者余剰と生産者余剰の和は最大となる．

競争市場の基本的性質 1

家計と企業はプライス・テイカーである．

競争市場においては，多数の企業と多数の消費者が存在する．各消費者と各企業は市場の規模に比べて小さいので，各企業および各消費者は価格を所与であるものとみなす．企業は，利潤を最大化し，価格が限界費用と等しくなる産出量水準で生産を行う．家計は，合理的な選択を行い，限界支払い意欲が市場価格と等しくなる点まで購入を行う．

例：家賃統制による効率性の損失　『スティグリッツ 入門経済学』第4章「需要・供給分析の応用」では，需要・供給のモデルを用いて，家賃統制が，低い家賃や中程度の家賃のアパートの供給を減少させ，新たな住民が手頃な価格での住居を見つけることをより難しくして，賃貸住宅市場における人為的なモノ不足をつくり出すことを示した．ここで，消費者余剰と生産者余剰の概念を使って，家賃統制がどのようにして経済効率性を損なうのかを見ていこう．

図8-2のパネルAは賃貸アパートに対する需要曲線と供給曲線を示したものである．需要が供給と等しくなる均衡家賃は R^* である．この家賃において，

1. 競争市場と経済的効率性
291

図 8-2 ■ 家賃統制の効果

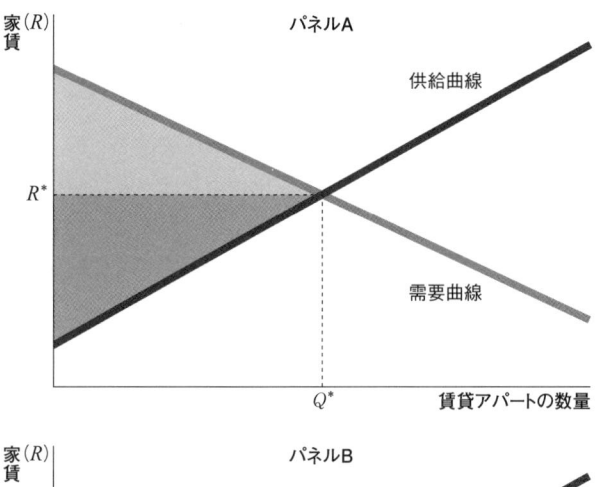

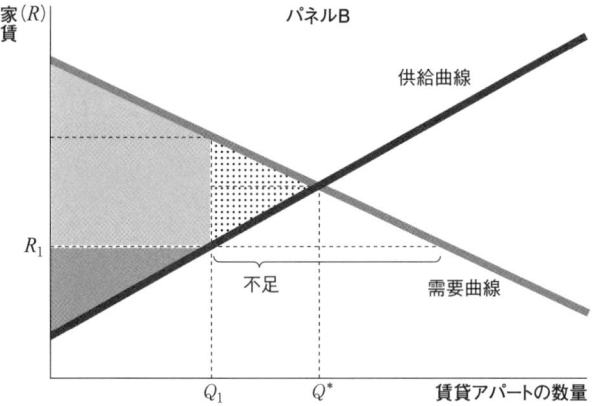

パネルA

家賃 (R)／供給曲線／R^*／需要曲線／Q^*／賃貸アパートの数量

パネルB

家賃 (R)／供給曲線／R_1／不足／需要曲線／Q_1　Q^*／賃貸アパートの数量

パネルAは賃貸アパートの需要曲線と供給曲線を示したものである．需要と供給が等しくなる均衡家賃は R^* である．均衡家賃 R^* において，借り手にとっての余剰と家主にとっての余剰の和は最大となっている．パネルAの薄いアミのかかった部分が消費者余剰，つまり借り手にとってアパートに支払ってもよい家賃の額と実際に支払わなくてはならない家賃 R^* との差である．濃いアミの部分は家主に帰属する余剰である．パネルBは家賃統制が導入されたときに何が起こるのかを示している．R_1 の家賃では需要が供給を上回り，不足が生じる．薄いアミの部分が消費者余剰，濃いアミの部分が生産者余剰であり，ドットの三角部分だけ総余剰が減少することがわかる．

借り手と家主の総余剰は最大化されている．パネル A において，薄いアミの領域は消費者余剰であり，アパートの借り手にとっての価値が，支払わなければならない実際の家賃 R^* を上回る額である．また濃いアミの領域は家主に帰属する余剰である．

パネル B は，家賃が R_1 より高くなることを禁じる法律を地方政府が課したときに，何が起こるのかを図示したものである．R_1 においては需要が供給を超過し，賃貸アパートの不足が生じる．この簡単なアパート市場の需要・供給分析を用いて，消費者余剰と生産者余剰がどうなるのかを見ることができる．パネル B の薄いアミの領域は，家賃が R_1 のときの消費者余剰に等しい．濃いアミの領域は家主の余剰である．パネル A と B を比較すれば，家賃統制の結果，総余剰は減少することがわかる．総余剰は，ドットをつけた三角形の領域だけ減少してしまう．総余剰の減少が，家賃統制によってもたらされる非効率性を示している．

　この分析はまた，家賃統制のような政策が及ぼす分配への影響をも明らかにする．もう一度パネル B を見よう．家賃の上限が R_1 であるとき，総余剰は減り，アパートの供給量も Q^* から Q_1 へと減少するため，家賃統制が課されたときに，アパートを見つけられない消費者も出てくる．家賃統制のある都市では家賃のメディアンあるいはそれ以下で借りられるアパートはほとんどなく，家賃統制のない都市では手頃な家賃のアパートを見つけやすい．家賃 R_1 でアパートを偶然見つけられた人は利益を得る．彼らは，アパートに住むためにより高い額を喜んで支払おうと考えているのに，R_1 しか支払わなくてよいのである．幸運にも家賃統制されたアパートを見つけられた人は利益を得るが，家主や借りられなかった人は損失を被っている．

　しかし長期においては，アパートの供給はより弾力的となる．家賃の低下によって，新しいアパートは建設されにくくなるし，また部屋を賃貸市場に出すことをやめる（たとえば分譲マンションにして販売する）家主も出てくるだろう．家賃統制は借りることができるアパートの量を長期ではさらに減少させ，消費者余剰はいっそう減少することになる．したがって，資源の非効率的な利用という観点で測った家賃統制のコストと家賃統制の分配への影響は，ともに長期には変化する可能性がある．一般に，分配への影響は長期においてはより小さくなるが，効率性で測ったコストは長期的にはより大きくなる．長期的には，家主は資金を別のところに投資して彼らの資本に対する正常な収益を得ることができる．こうして賃貸アパートの供給の減少によって，家賃が統制されたアパートに入りたいが，アパートを見つけられない人がますます増えていくので，家賃統制の便益は減少していく．

1. 競争市場と経済的効率性

競争市場の基本的性質 2

均衡価格の下で，消費者余剰と生産者余剰の和は最大となる．

市場での需給が均衡しているとき，企業は市場価格において利潤を最大化する量を販売し，家計は市場価格において効用を最大化する量を購入する．均衡価格において，限界費用は消費者の支払い意欲と等しくなる．均衡産出量を上回る産出量においては，1単位多く生産する限界費用が消費者の限界支払い意欲を上回る．均衡産出量を下回る産出量においては，1単位多く生産する限界費用が消費者の限界支払い意欲を下回る．競争市場の均衡価格において，消費者余剰と生産者余剰の和は最大化される．

Internet Connection
デジタルエコノミスト

デジタルエコノミストのウェブサイトでは，図を用いた消費者余剰の説明をオンラインで提供している (http://www.digitaleconomist.org/cs_4010.html)．消費者余剰をどのように計算するのかについて理解しているかどうかは，http://www.digitaleconomist.org/cs_tutorial.html で確かめることができる．

1.2 課税と効率性

経済学者は，課税が消費者と生産者に及ぼす影響を研究する際にも，需要と供給の法則を用いる．『スティグリッツ 入門経済学』第4章「需要・供給分析の応用」において，生産者に課された税金は，価格上昇という形で消費者に転嫁されるということを学んだ．そこでは，次の二つのケースを比較した．最初のケースでは，タバコ生産者に対する課税の効果を調べるために，需要と供給の法則が用いられた．タバコのように，課税される財に対する需要が非常に非弾力的であるとき，税の負担の大部分は消費者に転嫁される．第二のケースは，チェダー・チーズのような特定のチーズだけに課税するというものであった．この場合，チェダー・チーズとほとんど差がない代替財がたくさんあるので，

需要曲線は非常に弾力的である．需要が弾力的である場合，税のほとんどは生産者によって負担される．ここで消費者余剰，生産者余剰および効率性の概念を用いることで，課税の効果について新たな洞察を得ることができる．

　図8-3では，タバコの市場をパネルAに，チェダー・チーズの市場をパネルBに示している．どちらの場合でも，課税前の均衡数量はQ_0で表されている．企業によって支払われる税金は生産費用の増加として考えることができる．課税はタバコの供給曲線を税額分だけ上方にシフトさせる．タバコに対する需要曲線は比較的非弾力的なので，課税による主な影響は消費者が支払う価格の上昇となって現れる．生産者が受け取る価格は少しだけ低下し，新たな均衡における生産量も少しだけ減少する．対照的に，パネルBに示されているチェダー・チーズのように，需要曲線が比較的弾力的な場合，課税の効果は生産者が受け取る価格のより大きな下落と消費者が支払う価格の小さな上昇となって現れる．

　またこの図は，財が課税されたときに，消費者余剰がどうなるかについても示している．パネルAにおいて，薄いアミのすべての領域が課税前の消費者余剰に等しい．課税後は，消費者余剰は薄いアミの領域の中の斜線の部分でしかない．生産者余剰もまた減少する．課税前は濃いアミのすべての領域であるが，課税後は濃いアミの領域の中の斜線の部分である．タバコの需要曲線は比較的非弾力的であるので，この場合には課税の負担は主として消費者に転嫁されるという事実を反映して，消費者余剰の減少のほうが生産者余剰の減少より大きくなっている．

　消費者余剰と生産者余剰はともに減少するが，その減少のすべてが社会から失われてしまうのではない．結局のところ，政府はタバコの税金から収入を得て，その収入は政府サービスの支出に利用することができる．徴収される税収は産出量1単位当たりの税金×生産物の産出量である．消費者が支払う価格と生産者が受け取る価格の差が，生産物1単位当たりの税金に等しい．それゆえ，徴収された税金は二重枠で囲まれた領域に等しい．消費者余剰，生産者余剰および政府によって徴収された税収を足し合わせれば，この合計は課税前の総余剰より小さいことがわかる．課税の効率性の面でのコストはドットをつけられた領域となる．これは，課税による**死荷重**または**死重的損失** deadweight lossと呼ばれる．社会にとっての税のコストは，政府によって実際に徴収される税

1．競争市場と経済的効率性

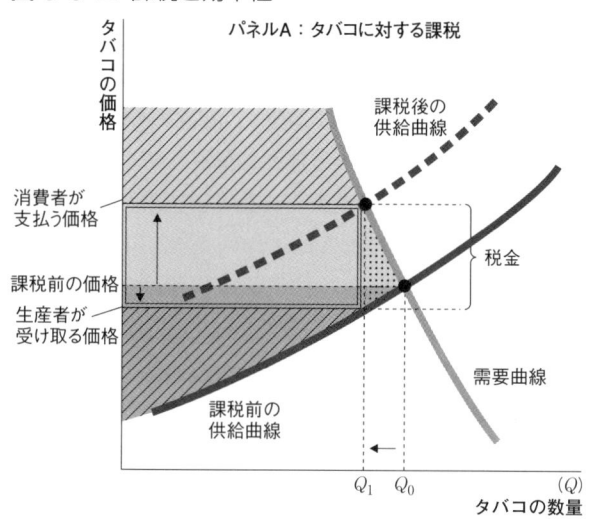

図 8-3 ■ 課税と効率性

パネルA：タバコに対する課税

（縦軸：タバコの価格、横軸：タバコの数量 (Q)）

ラベル：
- 課税後の供給曲線
- 課税前の供給曲線
- 需要曲線
- 消費者が支払う価格
- 課税前の価格
- 生産者が受け取る価格
- 税金
- Q_1, Q_0

パネルB：チェダー・チーズに対する課税

（縦軸：チェダー・チーズの価格、横軸：チェダー・チーズの数量 (Q)）

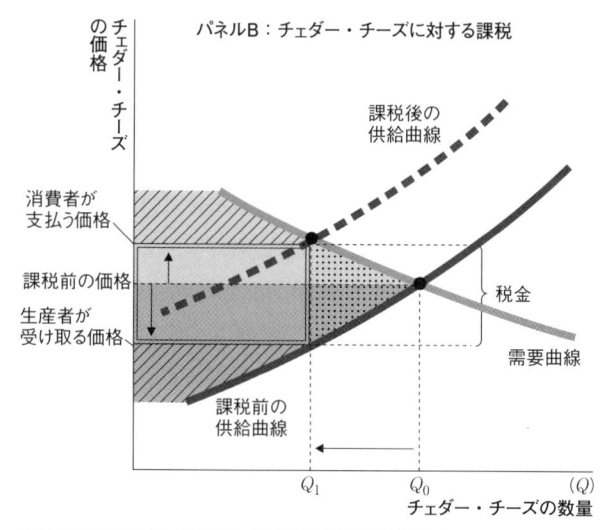

ラベル：
- 課税後の供給曲線
- 課税前の供給曲線
- 需要曲線
- 消費者が支払う価格
- 課税前の価格
- 生産者が受け取る価格
- 税金
- Q_1, Q_0

産業の産出物に対する課税は，供給曲線を税額分だけ上方へシフトさせる．パネルAは，タバコのように需要曲線が比較的非弾力的な場合について分析を行っているが，この場合，税金のほとんどは消費者が支払うことになる．消費者余剰も生産者余剰もともに減少するが，課税の負担のほとんどは消費者が担うことになる．二重枠で囲まれた領域の面積は，政府が税金によって徴収した収入に等しい．消費者余剰と生産者余剰の減少は，政府が得た収入よりも大きい．課税による死荷重，死重的損失はドットがつけられた領域である．パネルBは，需要曲線が比較的弾力的な場合について分析を行っている．税金のより大きな部分が生産者にかかり，死荷重，死重的損失はより大きくなる．

収よりも大きくなるのである．

パネルBは，需要曲線が比較的弾力的な状況を図示している．この場合，課税による死荷重（ドットがつけられた領域）はパネルAより大きい．需要曲線が弾力的な場合，消費者は価格に対してより敏感に反応するので，課税によって消費者は課税された財から代替的な財へと逃れようとする．このケースにおいて，課税は消費者の選択をより大きく「歪め」る．その結果，効率性はより大きく失われることになる．

2 効率性

消費者と企業がそれぞれ市場価格を所与のものとして行動する基本的競争モデルにおいては，需要と供給が均衡する点で，消費者と企業の利益の合計が（実現可能な中で）最大となる．これが，多くの経済学者が，基本的競争モデルは資源がどれだけよく配分されているかを評価するための重要な基準となると考えている理由である．特定の財に対する課税や，家賃統制のような政策による需要と供給の法則への干渉は効率性を損なう．これらの政策は望ましい効果（たとえば，タバコに対する課税は喫煙を減少させるなど）を持つかもしれないが，それは政策がつくり出す非効率性と比較考量されなければならない．これまで見てきたように，トレードオフが考えられなければならないのである．

基本的競争モデルの条件が満たされているならば，市場は社会の資源を配分するうえで良い働きをする．しかし，このモデルの基本的仮定が満たされない場合に，市場がどのように失敗する可能性があるのかを理解するのに役立つという理由でも，基本的競争モデルが提供する基準はまた有用なのである．第3部「不完全市場」では，市場が非効率となる原因についてその多くの要因を調べる．しかし，まず最初に，経済学で市場の効率性について話すときに経済学者は何を念頭に置いているのかについてもう少し詳しく調べる必要がある．

2.1 パレート効率性

日常のいい方では，無駄がほとんどないときに，それは効率的であるという．しかし経済学者にとっては，効率性の概念は経済における人々の幸福への関心

と関連している．他の誰かの状態を悪化させることなしには，どの1人の状態をも改善することが不可能なとき，資源配分は**パレート効率的 Pareto efficient** であるという．この呼び方は，イタリアの偉大な経済学者であり社会学者であったビルフレド・パレート（Vilfredo Pareto, 1848-1923）にちなんだものである．経済学で効率性というときには，通常はパレート効率性を意味している．ここで市場が効率的であるということは，称賛に値するものである．効率的な機械がその投入物をできるかぎり生産的に使うのと同様に，効率的な市場では，同じ投入物の水準で産出量を増加させるような方法が利用されずに残されていることはない．すなわちある1人の状態を改善することは，他の人から資源を奪い去り，その人の状態を悪化させることによってしか実現できないのである．

　資源配分がどのようにパレート効率的でなくなるかを見ることは容易である．政府がチョコレート・アイスクリームとバニラ・アイスクリームを配給する仕事を行っており，かつ政府は人々の選好にはまったく注意を払っていないと仮定しよう．ここで，ある人はチョコレート・アイスクリームが好きでバニラ・アイスクリームが嫌いであり，他の人はバニラ・アイスクリームが好きでチョコレート・アイスクリームが嫌いであるとする．この仮定の下では，何人かはチョコレート・アイスクリームが好きなのにバニラ・アイスクリームしか手に入れられない一方で，バニラ・アイスクリームが好きなのにチョコレート・アイスクリームしか手に入れられない人もいることになるだろう．明らかに，これはパレート非効率的である．しかし人々に交換が認められていれば，両方のグループの状態が改善されることになる．

　あらゆる経済的な変化は再分配でしかないという見解が一般に広まっているが，それは誤った見解である．この見解に従えば，ある人の利得は他の人から奪い取ったものでしかなくなる．たとえば家賃統制の唯一の効果は再分配となる．すなわち家主の受取りは少なくなり，彼の状態は悪化するが，同額だけ借り手の家賃は減少する（そして借り手の状態は改善する）．また一部の国の労働組合も同様の見解を持っており，賃金の上昇とは企業を所有しているかあるいは経営している人から労働者へ所得を再分配する以上の結果をもたらすことはない，と言明している．しかし，これらの見解は誤りである．なぜならば，いずれの例においても，再分配にとどまらず，それ以上の帰結を引き起こして

いるからである．家賃を賃貸アパート市場の需給均衡水準より低く維持してしまう家賃統制は，家主のポケットからお金を取り上げ，貧しい借り手のポケットへと移すだけではない．それは家主が供給したいと考えるアパートの供給量にも影響を及ぼし，その結果，非効率性をもたらす．現行市場で成立している家賃を負担できない借り手について心配するのであれば，低所得の人の家賃支払いを助成するバウチャーのような，借り手も家主もともに家賃統制よりも状態が改善するようなより良い方法が実は存在するのである．それゆえに，家賃統制の下では，経済はパレート効率的ではない．

2.2 市場経済におけるパレート効率性の条件

経済がパレート効率的であるためには，交換の効率性，生産の効率性，生産物構成の効率性の条件が満たされていなければならない．以下ではこれらの条件を順次考えてみることにしよう．それによって，なぜ基本的競争モデルがパレート効率性を達成するのかを理解することができるだろう（基本的競争モデルの基本的な要素を思い出してみよう．競争市場においては，完全な情報を持った合理的な消費者と，利潤極大化を図る合理的な企業が，競争市場において相互に影響を与えている）．

交換の効率性　　交換の効率性 exchange efficiency とは，生産されたもののすべてが効率的な方法で個々人に分配されなければならないということである．たとえば，私がチョコレート・アイスクリームが好きで，あなたがバニラ・アイスクリームが好きならば，交換の効率性は，私がチョコレート・アイスクリームを得，あなたがバニラ・アイスクリームを得ることを要求するのである．交換の効率性が存在するとき，個人の間にはさらに交換を行う余地は存在しない．

価格システムは，交換の効率性が達成されることを保証する．財をどれだけ買うかを決定する際には，人々は追加的な財1単位を買うことにより受け取る限界的な便益と，追加的な財1単位を購入するコストである価格が釣り合うようにする．したがって，価格はある個人が財から受け取る限界便益，すなわちその財の1単位の増加から個人が受け取る便益のおおよその尺度であると考えることができる．チョコレート・アイスクリームが大好きで，バニラ・アイス

クリームはそれほど好きでない人にとっては，チョコレート・アイスクリームをバニラ・アイスクリームよりもはるかに多く消費することが望ましいだろう．バニラ・アイスクリームが好きな人にとっては，その逆になる．ここで，それらの財が適切な人に行き渡ることを保証するためには，どの個人も，またどの機関も，誰がチョコレート・アイスクリームが好きで，誰がバニラ・アイスクリームが好きであるかを知る必要はまったくないことに注意しよう．実際，アイスクリーム店の店主でさえもそれぞれの個々人の選好を知る必要はない．それぞれの消費者は，自らの行動を通して，交換の効率性の達成を保証する役割を果たしているのである．

生産の効率性　経済がパレート効率的であるためにはまた，**生産に関して効率的 production efficient** でなければならない．すなわち，他の財の生産を少なくすることなしに，ある財をより多く生産することが不可能でなければならない．言い換えれば，パレート効率性は，経済が，第1章「需要と供給」で説明したように生産可能性曲線上で活動していることを必要とする．

図8-4 は，SUV（スポーツタイプ多目的車）とセダンの2財のみを生産している単純な経済の生産可能性曲線を表したものである．経済が生産可能性曲線の内側の I 点にあれば，明らかにパレート効率的ではありえない．社会はSUVとセダンの両方をより多く生産することができ，それを分配することにより，人々の状態を改善することができるからである．価格は，企業にその使用する投入物の希少性を伝えるシグナルである．どの企業にとっても同じ投入物（労働や資本など）の価格が同じであるとき，各企業はそれらの各投入物を経済的に使用するような適切な行動をとり，経済をその生産可能性曲線上で活動させようとするのである．

生産物構成の効率性　パレート効率性のための第三の条件は，**生産物構成の効率性 product-mix efficiency** が満たされていることである．すなわち，経済によって生産されている財の構成が，人々の選好を反映したものでなければならない．経済は生産可能性曲線上の消費者の選好を反映する点で生産活動を行っていなければならないのである．ここでもまた，価格システムが，この条件が満たされることを保証することになる．企業と家計はともにトレードオ

図 8-4 ■ 生産可能性曲線

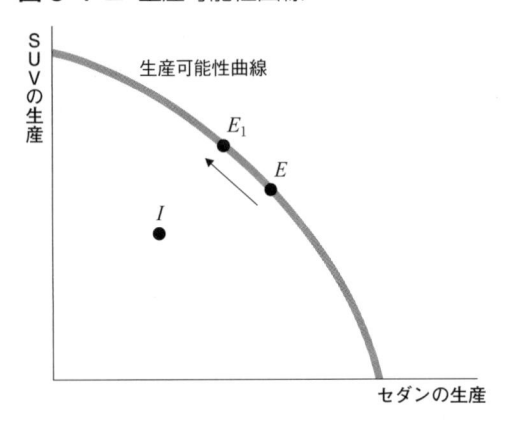

生産可能性曲線は，一方の財の産出量が所与であるときに他方の財の最大の産出量を示している．生産の効率性は，経済が生産可能性曲線上にあることを要求している．生産可能性曲線上においては，一つの財（ここではSUV）の生産を増加させる唯一の方法は，他の財（セダン）の生産を減少させることである．

フに注意を払っている．企業はSUVの生産を1単位減らせば，追加的にセダンが何台生産できるかを考えている．その結果は生産可能性曲線の傾きで与えられ，**限界変形率** marginal rate of transformation と呼ばれる．このとき企業は，SUVとセダンの2財の相対的な便益のトレードオフを比べている．同様に，家計も，SUVとセダンの相対的な費用（これも相対価格によって与えられる）を考えて，このトレードオフを所与として，セダンの消費を減少させてより多くのSUVを消費したいのか，それとも逆かを自問するのである．

選好の変化は，需要曲線と供給曲線の働きを通じて，速やかに価格の変化に反映される．次に，この変化が企業の生産の変化をもたらすのである．経済が当初においては，図8-4のE点で生産をしていたとする．ここで消費者がセダンよりも，SUVのほうがより好きになったとしよう．SUVに対する需要の増加はSUVの価格上昇を招き，それはSUVの産出量増加をもたらすだろう．同時に，セダンに対する需要の減少はセダンの価格を低下させ，それは次にセダンの産出量の減少をもたらすだろう．経済はE点から，より多くのSUVが生産され，より少しのセダンしか生産されないようなE_1点へと移動するだろう．経済で生産される財の構成は，消費者の選好の変化を反映して変化するのである．

WRAP-UP

パレート効率性のための3条件

1. **交換の効率性**：財は個人間の取引がさらに行われることによって利益が新たに生じることのないように，分配されていなければならない．
2. **生産の効率性**：経済活動は生産可能性曲線上で行われていなければならない．
3. **生産物構成の効率性**：経済は，消費者の選好を反映した構成で各財を生産しなければならない．

Thinking Like an Economist
交換と分配

　消費者余剰と生産者余剰の概念は，競争市場における交換によって売り手と買い手の双方が利益を得ることができるということを思い出させてくれる．財に対する需要曲線は，財の各単位に対する総支払い意欲を示している．消費者は，より少ない量においては追加的な1単位の財の購入に対してより大きな額を喜んで支払うのに，実際はすべて同じ価格，つまり購入する最後の単位の財の評価を反映した市場価格で購入することができる．それゆえ，消費者が購入した財の総効用は，消費者にとっての総費用を上回ることになる．同様に，供給曲線は財を1単位生産するときの限界費用を示している．市場均衡価格は，最後の1単位の生産の限界費用に等しい．企業の生産量が増えると限界費用は増加するので，企業が受け取る価格は最後の1単位以外すべての生産について限界費用よりも高い．

　消費者余剰と生産者余剰はまた，交換が分配効果を持つということも思い出させてくれる．交換から生じる利益は必ずしも平等に分配されるとは限らない．供給曲線が非弾力的であるが，需要曲線が比較的に弾力的である場合，生産者余剰は大きいが，消費者余剰は

> 小さい．供給曲線が非常に弾力的であるが，需要曲線が比較的非弾力的である場合，生産者余剰は小さいが，消費者余剰は大きい．

2.3 競争市場とパレート効率性

これまでに，経済学で市場経済は効率的である，あるいは価格システムは経済効率性をもたらすというときには，それは経済がパレート効率的であるといっているのと同じであることを学んできた．すなわち，他の誰かの状態を悪化させることなしには，どの1人の状態も改善することはできない，ということである．また，なぜ競争市場においては，パレート効率性の三つの基本条件（交換の効率性，生産の効率性，生産物構成の効率性）のすべてが達成されなければならないのかについても学んできた．

競争市場がパレート効率性を保証するという議論は，やや厳密ではないが次のように言い換えることができる．資源配分の変更は，その変更に自発的に同意する人だけにしか利益を与えることができない．しかし競争均衡においては，人々はすでに彼らが喜んで行いたいと思う交換のすべてに同意してしまっている．直面している価格が所与であるとき，誰もより多く生産しようとも少なく生産しようとも思わないし，またより多く需要しようとも少なく需要しようとも思っていない．

パレート効率性は，1人あるいは多数の人の状態を改善する方法が存在しないといっているのではない．ある人から奪い取った資源が他の人に与えられれば，明らかに，それを受け取った人の状態は改善する．たとえば，家賃統制の

競争市場の基本的性質 3

競争市場はパレート効率性を保証する．

競争市場における均衡はパレート効率的である．すなわち，他の誰かの状態を悪化させることなしには，どの1人の状態も改善することはできない．経済がパレート効率を達成するためには，交換の効率性，生産の効率性，生産物構成の効率性の条件が満たされていなければならない．

ように政府が市場に介入することは，実際にある個人，すなわち幸運にも家賃統制を受けているアパートに入居している人に利益を与えるということをすでに学んだ．しかしその過程で他の誰かの状態は悪化するのである．

2.4 競争市場と所得分配

　効率的であることは，非効率的であることよりは良いことであるが，それがすべてではない．競争均衡においては，ある人が非常に豊かになる一方で，他の人々が悲惨な貧困状態に陥ってしまうことがあるかもしれない．高く評価される技能を持っている人もいれば，持っていない人もいる．競争は結果的に，効率的だが非常に不平等な資源配分を伴う経済をもたらしてしまうかもしれないのである．

　競争経済における需要と供給の法則は，利用可能な所得がどのように分配されるのかを決定する．需要と供給の法則は，労働者がその労働に対していくら支払ってもらえるか，また投資に対して資本の所有者がどれだけ収益を得られるかを決定する．賃金と資本への収益を決定することにより，市場は所得分配を決定する．

　競争市場における所得分配がどのように決定されるかを知ることが重要であるのは，それが，一国の経済というパイがどのように分割されるかを教えてくれるからである．すなわち競争市場は，「誰のために財は生産されるのだろうか」という質問に対する答えを用意してくれる．競争市場は，経済に効率性をもたらす．すなわち他の誰かの状態を悪化させることなしにはどの1人の状態も改善することはできないという状況をつくり出す一方で，同時に（少なくともある人にとっては）道徳的に好ましいとはいいがたい所得分配をもたらしてしまうかもしれない．大邸宅に住む人々がいる一方で，かろうじて生活を営んでいる人々もいるという経済は，効率的であるかもしれないが，望ましいものであると主張することはほとんど不可能であろう．このように，競争市場に任せたときには，「誰のために財が生産されるのか」という問題に対して心情的には受け入れがたい解答がもたらされるかもしれないのである．

　こうした受け入れがたい解答は，競争市場のメカニズムが放棄されるべきであるということを意味しているわけではない．少なくとも，完全な情報を持った合理的な消費者と企業が完全競争市場において相互に影響を与えあっている

という，基本的なモデルで仮定した条件の下では，競争市場のメカニズムは放棄されるべきではない．たとえ社会全体が所得の再分配を望んだとしても，競争市場を放棄すべきではない．その代わりに，人々が所有している富を再分配し，その後は市場の機能に委ねさえすればよいのである．

もちろん，再分配は「言うは易く，行うは難し」である．そして，実際問題として，ほとんどすべての政府による再分配の方法は，市場の働きに影響を及ぼす．賃金に対する課税は労働市場に，資本に対する課税は資本市場に，贅沢品に対する課税は特定の財の市場に影響を及ぼすのである．

おそらく，政府が「富」の分配に対して最も大きく影響を与えることができるのは，教育という，誰にでも一定量の人的資本を与える方法によってである．両親の富の多寡にかかわりなく，すべての人々に無償の基礎的な教育を提供することにより，そうでなければ生じたはずの不平等を減少させることができるのである．それにもかかわらず，第2章「不完全市場と公共部門」で見たように，アメリカの不平等度は他の先進工業国に比べても高い水準である．

政府の市場への介入は，平等を推進するためであるとして正当化されることがある．これらの政府の政策はしばしば，すべての再分配は再分配以上のものではない——ある人々がより多くを得れば他の人々の得るものが少なくなるが，それ以上の影響はない——という，広く知られているが（すでに学んだように）誤った見解に基づいて行われている．しかし，家賃統制などといった，再分配を達成するために相対価格を変化させようとする政策が，所得の再分配以外の効果を持つことはすでに学んだ通りである．このような変化は経済の効率性を損なう．たとえば，家賃統制によるアパート家賃の低下がもたらす一つの帰結は，賃貸住宅に投資された資本に対する収益を低下させ，結果として経済において賃貸住宅に対する投資が小さくなりすぎ，借りられるアパートが少なくなってしまうことである．この過小投資のため，経済は非効率となるのである．

このように平等のためであるという理由から正当化される経済への介入は，慎重に取り扱う必要がある．もし競争モデルの仮定が経済において満たされているのならば，望ましい所得分配を伴う効率的な資源配分を達成するためには，政府の唯一の役割は当初の富を再分配することである．その後は市場メカニズムに頼ることができるというばかりでなく，市場への介入は経済を実際にパレ

ート効率的ではなくしてしまうかもしれないのである．

　先ほど提示した結果，すなわち競争市場はパレート効率的であるということと，所得分配がどのようなものであろうとすべてのパレート効率的な配分は市場メカニズムを通じて達成できるということは，定理である．すなわち，それらは基本的な定義と仮定（たとえば，競争的経済とは何を意味しているかとか，パレート効率性とは何を意味しているのか，という仮定）から，論理的に成立する命題である．この二つの定理は，外部性が存在しないというような，その他の仮定にもまた依存している．これらの仮定が満たされていないときには，市場経済はパレート効率的ではないかもしれず，そしてパレート効率的な配分を得るためにはより広範囲にわたる政府介入が必要となるかもしれない．後に続く章でも，このような状況を詳しく調べることになる．

　ここで二つの重要な問題が明らかになった．まず一つは，市場メカニズムへの介入を伴う再分配にはコストが伴い，それらのコストは便益と比較されねばならないという問題である．もう一つは，再分配は，市場メカニズムを無効にするのではなく，むしろそれを利用することができるという問題である．需要と供給の法則を無効にすることはできない．家賃統制のような介入は大きなコストを伴う可能性がある．それよりも，たとえば住宅に対する補助金のような別の形の介入のほうが，同じような分配に関する目的をより少ないコストで達成できるかもしれない．もし政府がコストなしに再分配を行うことが不可能であるならば，効率的な再分配の方法，すなわち可能なかぎりコストが小さな方法を探すべきである．これが公共部門の経済学または公共経済学と呼ばれている経済学の分野における一つの大きな課題である．

3　一般均衡分析

　これまでの章において，市場均衡の考え方を応用する際には，それぞれの財の市場に個別に焦点を当てて考えた．財に対する需要がその供給と等しくなるとき，財の価格が決定される．労働の需要がその供給と等しくなるとき，賃金が決定される．貯蓄に対する需要がその供給と等しくなるとき，利子率が決定される．このような，一つの市場で何が起こっているかを分析する際に，他

市場で起こっていることを無視する分析方法は，**部分均衡分析 partial equilibrium analysis** と呼ばれる．本章における家賃統制やタバコに対する課税の効率性の面でのコストを分析するときに行ったのがこの部分均衡分析である．前者の場合はアパート市場，後者の場合はタバコ市場における需要と供給に焦点を当てた．

しかし経済は相互依存関係の状況にあり，それゆえに部分均衡分析は過度に単純化されたものになってしまう．ある市場の需要と供給は，他の市場で決定される価格にも依存している．たとえばスキー板の需要は，リフトの料金，スキー靴の価格，航空券の価格にも依存する．それゆえにスキー板の均衡価格は，リフトの料金，スキー靴の価格，航空券の価格にも依存するのである．まったく同じ理由で，リフトの搭乗券やスキー靴に対する需要はスキー板の価格にも依存する．したがって，リフトの料金やスキー靴の価格はスキー板の価格に依存することになる．そこで**一般均衡分析 general equilibrium analysis** ではさらに視野を広げて，経済のさまざまな部分の相互作用と相互依存関係を考慮に入れて分析する．

3.1 基本的競争均衡モデル

経済学では，経済全体が相互に関連した無数の市場からなるとみなしている．個人と企業は，これらの異なる市場で相互に影響を与えている．たとえば，労働市場においては，労働供給は，供給したい労働量を決める家計による決定を反映している．家計が労働を供給するのは，財を購入したいからである．それゆえ，労働供給は，賃金と価格に依存している．また，他の所得の源泉にも依存している．簡単化のため，家計は収益を生む貯蓄も保有していると仮定すれば，労働供給は財市場や資本市場にも関連していることになる．

労働市場の均衡は，労働に対する需要が供給と等しくなることを必要とする．通常，労働に対する需要曲線を描くときには，生産されている財の価格 p および利子率 r が一定に保たれていると仮定し，賃金率すなわち労働の価格だけに注目する．つまり，p および r を所与として，労働に対する需要と供給が等しくなる賃金を探すのである．これが労働市場の部分均衡分析である．しかし実際にはすべての市場は関連しあっているので，労働需要は賃金だけでなく，利子率や財の価格にも依存しているのである．

この高度に単純化されたモデルにおいても,労働市場は三つの市場のうちの一つでしかない.資本市場についても考えなければならない.すでに第7章「資本市場」において,家計が貯蓄をどのように決定するかを学んだ.貯蓄は,資本の利用可能な供給を決定する.資本の供給は,一般的にはそれがもたらす収益(利子率 r)と,その他の源泉から得られる所得,とりわけ賃金に依存している.個人が貯蓄をしようと思う金額はどれくらい暮らし向きが良いと感じているかに依存しているかもしれないし,さらにどれくらい暮らし向きが良いと感じているかは,財の価格と比較した賃金率の大きさに依存している.したがって資本の供給も,賃金,利子率,および財の価格に依存していると考えられる.第7章では,企業の資本に対する需要をどのようにして導出するかを学んだ.企業の資本に対する需要もまた同様に,支払わなければならない利子率,財の販売価格,労働などのその他の投入物のコストに依存している.

資本市場の均衡は,資本に対する需要と供給が等しくなる点で成立する.ここでもまた,資本市場の部分均衡分析は,需要と供給を等しくする資本に対する収益(利子率) r に焦点を当てている.しかし,資本の需要と供給はともに賃金と財の価格にもまた依存している.

最後に,生産物市場はどうなるだろうか.第3章「消費の決定」では,家計の財に対する需要の導き方を学んだ.家計は最初にいくら支出するかを決定し,次に支出する総金額をさまざまな財にどのように配分するかを決定すると考えることができる.もちろん,1種類の消費財しか存在しない単純なモデルでは,後者の問題はもはや存在しない.この単純なモデルにおいては,財に対する需要は家計の所得によって決定されると考えることができる.そして家計の所得は,賃金と利子率に依存している.

同様に第5章「競争的企業」においては,企業が産出量をどのように決定するかを分析した.企業は,限界費用が価格と等しくなる産出量を選ぶ.そして限界費用は,賃金と利子率に依存している.生産物市場においては,財に対する需要が財の供給と等しくなる点で均衡する.単純な部分均衡分析では,財の需要と供給の決定をその財の価格 p に注目して分析したが,財の需要と供給は賃金と資本の収益にも依存していることはすでに学んだ通りである.

労働の需要が供給に等しくなるとき,労働市場は均衡であるという.また生産物(財)の需要が供給に等しくなるとき生産物市場は均衡であるといい,資

本の需要が供給に等しくなるとき資本市場は均衡であるという．これに対して，経済全体が均衡であるのは，すべての市場で同時に需給が均衡している（すべての市場において需要と供給が等しくなっている）ときのみである．賃金 w，価格 p，利子率 r において，三つの市場すべてが均衡しているとき，われわれの単純なモデルの一般均衡が成立することになる．

　この基本的な均衡モデルでは財は1種類しか存在していないが，多くの財が存在するより現実に近いケースに分析の範囲を拡大することは簡単である．さまざまな財やさまざまな投入物の間でも，同じような相互に関連する網の目が存在する．第1章「需要と供給」で説明されているように，需要曲線とは，さまざまな価格におけるある財，たとえばソーダ水の需要量を示したものである．また供給曲線は，さまざまな価格において企業が供給する財の量を示したものである．しかしソーダ水の需要曲線は，他の財の価格や個々の消費者の所得水準にも依存するものである．同様に，ソーダ水の供給曲線は，賃金率，利子率，砂糖などのさまざまな原料を含む投入物の価格にも依存している．そしてそれらの価格も，同じようにそれぞれの市場の需要と供給に依存している．経済の一般均衡には，個々の財の需要と供給を等しくし，かつ個々の投入物に対する需要と供給を等しくするような，各財および各投入物の価格を見つけることが必要となる．一般均衡では，価格，賃金，資本への収益が，財，労働，資本（および他の生産要素）の全市場の需給一致を保証するものであることが必要とされている．

WRAP-UP

基本的競争モデルの均衡

1. 労働市場の需給均衡条件：労働に対する需要は供給に等しくなければならない．
2. 資本市場の需給均衡条件：資本に対する需要は供給に等しくなければならない．
3. 財（生産物）市場の需給均衡条件：財に対する需要は供給に等しくなければならない．

Thinking Like an Economist

間接的なトレードオフと空の旅における子どもの安全

　一般均衡分析は，トレードオフがしばしば異なる市場の間で生じるという事実に注意を喚起している．ある市場でとった行動による便益は，別の市場で生じる関連したコストによって相殺されてしまうかもしれない．政策立案者が支出計画や規制のコストと便益を比較考量する際には，こうしたことを考慮しなければならない．ときには，最初の政策によって間接的に引き起こされる反響によって政策コストが発生することもある．このような間接的なトレードオフを考慮することは，航空機における子どもの安全のための規制においても重要であった．

　アメリカの多くの州においては，幼児を自動車に乗せるときには，特別に設計されたチャイルド・シートに座らせなければならないと定められている．それならば，なぜ飛行機で旅行するときにも，同じように幼児を安全席に座らせる必要がないのだろうか．明らかにそのようなチャイルド・シートがあったならば幼児の生命が救われたであろうというケースはあった．それにもかかわらず，そのような規制がもたらす潜在的な帰結と副次的効果を考量し，連邦航空局（FAA）は規制に反対した．

　便益の面については，FAA は，そのようなチャイルド・シートの設置が義務づけられることにより，10年間に1回の飛行機事故において1人の幼児の生命が救われると推定している．しかし同時に，親は（そのような規制により），子どもの分の座席に対する航空券を購入しなければならないうえに，約185ドルのチャイルド・シートを彼ら自身で購入しなければならなくなる．現状では，2歳未満の子どもは親の膝に座らせれば，親は子どもの分の航空券を購入しなくてもよい．このようなコスト増によって，現在幼児を連れて飛行機で旅行している家族のうち，20％が旅行をやめてしまうか，あるいは自動車で旅行をするようになると，FAA は推定している．

FAAの推定によれば，その結果としてもたらされる交通事故の増加により，同じ10年間に，高速道路事故による死者が9人，重傷者が59人，軽傷者が約2300人増加する．

　子どもの生命を救うことは，いくら高額であってもお金に換算することはできないと考えている人でさえ，規制が行われる市場だけではなく，その他へ及ぼす影響も見なければならないのである．航空市場以外へ及ぼす影響を同時に見れば，明らかに，乳幼児に子どものためのチャイルド・シートを義務づけることによって子どもの命を救おうとすることは，より多くの生命が失われる原因となってしまうことはほとんど確実である．

CASE IN POINT
労働市場と賃金格差の拡大

　一般均衡分析の考え方は，ある市場における変化が他の市場にどのような影響を与えるのかを理解するのに役立つ．他の市場から戻ってくる反響効果が，最初に影響があった市場にさらなる変化をもたらすこともある．その良い例が技術変化の熟練労働者と未熟練労働者の賃金への影響の分析であり，これには，一般均衡分析が必要である．

　大学教育を受けた人は，高校を卒業できなかった人に比べて平均的には高い賃金を得ている．少なくとも4年間大学教育を受けた人の賃金は，高卒の人に比べて6割ほど高くなっている．一般的に未熟練労働者は熟練労働者と同等の仕事はできないので，図8-5に図示されているように，この二つのグループの賃金は別々の労働市場で決定されると考えるとわかりやすい．パネルAは未熟練労働者の需要曲線と供給曲線を示したものであり，パネルBは熟練労働者の需要曲線と供給曲線を示したものである．熟練労働者の均衡賃金は，未熟練労働者の均衡賃金よりも高い．

　ここで，技術の変化により，熟練労働者の需要曲線がDS_1へと右方にシフトし，未熟練労働者の需要曲線がDU_1へと左方にシフトすると，

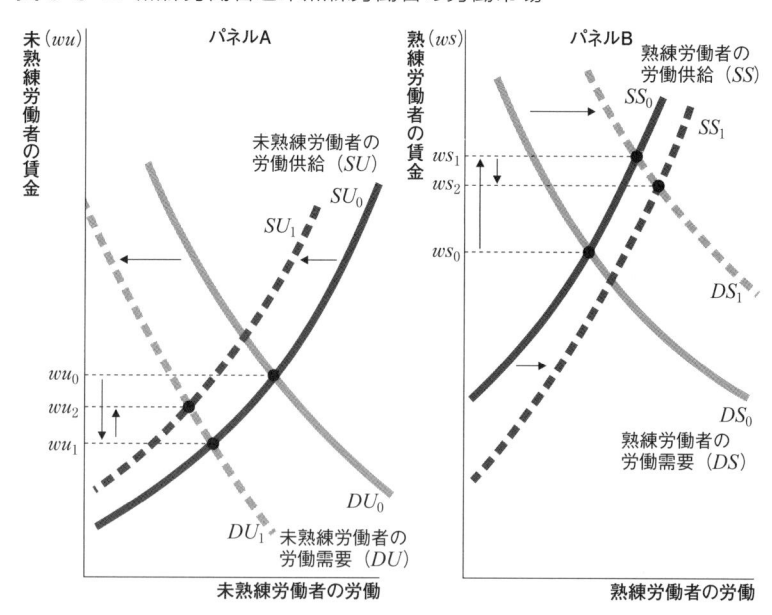

図 8-5 ■ 熟練労働者と未熟練労働者の労働市場

パネル A では，新しい先進技術が未熟練労働者の需要曲線を左方にシフトさせるので，賃金は wu_0 から wu_1 へ低下する．パネル B では，新しい先進技術が熟練労働者の需要曲線を右方にシフトさせるので，賃金は ws_0 から ws_1 に上昇する．時間がたつにつれて，このような賃金格差の増大はより多くの人々に技術を身につけるようにさせるので，未熟練労働者の供給曲線を左方にシフトさせ，彼らの賃金を wu_1 から wu_2 まで少しだけ上昇させる．一方，熟練労働者の供給曲線は右方にシフトするので，彼らの賃金は ws_1 から ws_2 まで低下する．

どうなるだろうか．未熟練労働者の賃金は wu_0 から wu_1 へ下落し，熟練労働者の賃金は ws_0 から ws_1 へと上昇する．長期においては，この賃金格差の拡大によって技能を習得しようとする人が増加し，未熟練労働者の供給曲線は左方に，熟練労働者の供給曲線は右方にシフトする．結果として，未熟練労働者の賃金は wu_1 から wu_2 へと上昇し，熟練労働者の賃金は ws_1 から ws_2 へと下落する．この長期の労働供給の反応によって，長期の賃金変動幅は短期の賃金変動幅より小さくなる．

過去数十年にわたって，大卒者と高卒者，および高卒者と中卒者の賃金格差は著しく拡大している．実際，未熟練労働者の実質賃金（生計費で調整された賃金）は大きく（30％）低下してしまった．これは需要曲

線と供給曲線の両方のシフトによるものである．その中でも大きなウエイトを占めるのは，熟練労働者に対して相対的に需要が大きく変化したことであり，その変化は主として技術進歩が原因である．

　長期的な労働供給のシフトについてはかなり確信を持って答えることできるが，それに比べると供給曲線のシフトがどの程度の速さで生じるかについてははっきり答えられない．こうした労働供給曲線のシフトが生じると同時に労働需要曲線のさらなるシフトが起これば，賃金格差はむしろ拡大するかもしれない．問題は，1960年代の水準にまで賃金格差が縮小するにはどれだけ時間がかかるかということである．当分の間は，多くの人が賃金（と所得）の不平等が一貫して拡大しつづけることについて心を悩ませるだろう．

CASE IN POINT
最低賃金と一般均衡

　1938年に公正賃金労働基準法が可決され，アメリカで最初の最低賃金制度が導入されたとき，それはアメリカという国の性格を一変させてしまう効果を持った．

　導入当初，最低賃金制度は，1時間当たり32.5セント以上の賃金を支払うことを要求していた．アメリカの南部諸州の賃金は北部に比べてはるかに低かったので，南部諸州の労働者の多くが影響を被ることになった．たとえば，織物工業労働者の中で最低賃金未満の賃金しかもらっていなかった労働者は，南部では44％に達していたが，北部では6％でしかなかった．南部のアフリカ系アメリカ人はとりわけ大きな影響を受けた．彼らの多くは職を失い，北部へと移住していった．南部で雇用を増加させるためには，生産性を上昇させなければならず，南部の州は，投資の誘致を図った．そしてそれが南部の高い成長率や高い雇用の一因となった．

　スタンフォード大学経済学部の教授であるゲイビン・ライト（Gavin Wright）は，こうした状況を次のように描写した．「最低賃金法の変遷がアフリカ系アメリカ人に対して及ぼした効果は，複雑かつ悲喜こもご

もいりまじった皮肉なものであった．解雇による失業と苦しみは厳しいものであった．しかし，低賃金の南部を廃絶することにより，連邦政府は人種差別と白人優越主義の最も堅固な砦を破壊したのである．1960年代の公民権運動は，南部の資本流入への熱望を武器として利用することができた．同様に，北部への移住によって，多くのアフリカ系アメリカ人たちの所得と教育の機会が劇的に増加することになった．しかし，その移住は同時にその他のアフリカ系アメリカ人たちを，時とともにむしろ状況が悪化していく失業率が高いゲットーへと流入させてしまうことにもなった．」

最低賃金法制定の効果を部分均衡分析によって見るだけでは，同法が労働市場に与える効果のみを見ているにすぎない．しかしアメリカ社会全体にとっては，最低賃金法制定の効果は，人種差別の撤廃や都市のゲットーの拡大にも関係したものであり，はるかに重大な影響を及ぼすものだったのである．

(出所) Gavin Wright, "The Economic Revolution in the American South," *Journal of Economic Perspectives*, Vol. 1, Summer 1987, pp. 161-178.

3.2 一般均衡：現在市場と将来市場

一般均衡の考え方はさまざまな市場の相互連関に焦点を合わせているが，それには異なる時点の市場の相互連関も含まれている．たとえば，石油のような枯渇性資源の需要および供給は，現在の石油価格に依存するだけでなく，将来における期待価格にも依存する．天然資源の限られた供給がどれだけ急速に使用されていくのかを理解するためには，将来における石油の期待価格の役割が重要である．

第7章「資本市場」で貯蓄について学んだときとまったく同じように，現在と将来の2期だけを考えることで単純化してみよう．石油の埋蔵量が10億バレルであることもわかっていると仮定する．石油は現在売ることもできるし，地下に埋蔵したまま残しておき，将来売ることもできる．石油生産者は，価格が将来低くなると予想する場合には，現在それを売りたいと思い，価格が将来

高くなると予想する場合には，現在は地下に残しておき，将来売りたいと考える．もちろん第7章で学んだように，現在の価格と将来の価格を直接比較することはできない．現在の1ドルは，投資して利子を得ることにより，将来において1ドル以上をもたらすことができるから，将来の1ドルは現在の1ドルと同じ価値を持たない．将来の価格の価値を現在の価格と比較するためには，将来の価格の割引現在価値を見る必要がある（第7章では，この値をどのように計算するのかを説明した）．もし1年後に石油の予想価格が1バレル55ドル，利子率が10%であれば，この55ドルの割引現在価値は55ドル/1.1 = 50ドルである．

さて，石油生産者が行った比較をもう一度考えてみよう．石油生産者は，現在の価格と将来価格の割引現在価値とを比較しようと考える．もし，現在の価格が将来価格の割引現在価値を上回れば，石油生産者は10億バレル全部を今日売ってしまうインセンティブを持つ．しかし，埋蔵されている石油をすべて販売しようと企てると，現在の石油価格の下落をもたらし，将来価格の割引現在価値まで引き下げられることになる．逆にもし，将来価格の割引現在価値が現在の価格より高ければ，石油生産者は石油を売らずにとっておき，将来売るインセンティブを持つ．しかし，石油が現在の市場から引き揚げられるので，現在の石油価格は，将来価格の割引現在価値に一致するところまで上昇する．このように，市場の力は，現在価格と将来の価格の割引現在価値を等しくする傾向を持つ．定義により，均衡においては，石油生産者にとって，1バレルの石油を追加的に今日売るのと，とっておいて将来売ることは無差別でなければならない．これは，現在の価格と将来価格の割引現在価値は等しくならなければならないことを教えてくれる．

現在の価格と将来価格の割引現在価値が等しくなれば，石油生産者は石油をいつ売るかについて無差別となる．では実際，今日の石油生産量はいくらになるのだろうか．この問題に答えるためには，今日の石油に対する需要曲線と，将来の石油に対する需要曲線を知る必要がある．均衡において，現在の価格と将来価格の割引現在価値とが等しいときに，今日の需要量と将来の需要量の和は10億バレルの総埋蔵量に等しくなければならない．

ここで，新たな技術開発や，より効率的に燃料を消費する車の開発などの要因によって，石油価格がどのような影響を受けるのかを理解することができる．

これらの開発が，将来の石油需要を減少させると想定しよう．将来の石油需要曲線は左方へシフトするため，将来の石油価格は低下する．将来価格の割引現在価値が低下する場合，石油生産者が今日売りたいと思う石油の量は増加する．現在のこの石油供給の増加は，現在の石油価格を低下させる．現在の石油価格は，将来価格の割引現在価値に等しくなり，かつ将来と現在を合わせた総需要が10億バレルの埋蔵量と等しくなるまで下落しなければならない．将来の需要の減少は現在の石油価格を低下させるので，現在の石油消費と石油生産量の増加をもたらすのである．

3.3 部分均衡分析が役に立つ場合

賃金格差の拡大と石油価格の分析の例では，一般均衡分析の重要性は明らかである．しかし，経済における他の部分（市場）からもたらされる反響効果を考慮することなく，単一の市場だけに焦点を当てて考えることができる場合はあるのだろうか．すなわち部分均衡分析が有効な場合，たとえばある種の税の変化の効果に関して，かなりの程度正確な解答を与えることができる状況はあるのだろうか．本章の最初にタバコやチェダー・チーズへの課税の分析で用いた類いの分析は，どのような場合に十分に正確なのだろうか．

たとえば，最初の課税に対する他の市場からの反響作用が無視できる程度であった場合には，そのタイプの税の変化に対しては部分均衡分析が適当である．すなわち，各個人が課税された財から需要をシフトさせるときに，その需要を他の数多くの財に少しずつシフトさせるような場合である．こうした場合には，それらの財の価格変化は非常にわずかなものにとどまり，資本や労働のような生産要素に対する総需要は無視しうるほどしか変化しない．したがってさまざまな生産要素の価格は実質的にはほとんど変化しないのである．それゆえに異なる財や投入物の価格変化はわずかなものにとどまるので，分析対象である産業の需要曲線や供給曲線にはわずかなフィードバック効果しかもたらされない．こうした状況下にあるならば，部分均衡分析を試みることによって，実際に何が起こるのかについて正解に近い答えを得ることができるのである．

タバコに対する課税の効果は，部分均衡分析がうまく適用できる例である．タバコに対する支出は所得の中ではわずかな部分を占めるにすぎないだろうから，タバコ価格が上昇したからといって，それが全般的な消費のパターンに大

きな影響を及ぼすわけではないだろう．タバコ需要量の減少（および他の財の需要の間接的な変化）は，労働の総需要にわずかな効果は持っているだろうが，この効果は無視しうるほど小さなものであり，賃金率にめだった影響を及ぼすとは考えられない．同様に，タバコ税は資本の収益に対しても実質的には影響を持たないであろう．

このように，より間接的な一般均衡的効果が識別できないほど弱いものであるため，タバコ課税の部分均衡分析が妥当であると考えることができる．

4 基本的モデルを超えて：市場の失敗と政府の役割

本章ではこれまで，基本的競争モデルを構成する各部分を結び合わせて一体化させてきた．また理想的な経済における競争均衡がどのようにして達成されるかも示してきた．現実の経済における諸条件が，基本的競争均衡モデルに非常に近いものである場合には，経済的効率性がもたらされる．そのとき政府は，市場取引を守らせるという法的枠組みを構築するという範囲以外には，ほとんど役割を持たないだろう．

では，基礎となる仮定が妥当なものでないときには，結果はどうなるのだろうか．仮定のうちでどれが一番疑わしいものだろうか．モデルの基礎となる仮定やその含意の妥当性を評価できるどのような証拠があるのだろうか．本書第3部「不完全市場」では，これらの疑問を取り扱い，そこから得られる解答に基づいて政府の役割について考えることになる．

Close-Up 日本語版
高速道路整備は CO_2 を削減するか

政策の評価には，一般均衡の考え方，特にある市場における変化が，他の市場へ影響を及ぼして生じる副次的な効果が重要である場合も多いということは，多くの経済学者や政策立案者によって認識されるようになっている．政策が行われたとき，その直接的な効果だけではなく，副次的な効果も考慮しなければ，政策効果の正しい理解を得られない場合

も多い．副次的な効果を考慮することが重要である具体的な例として，首都圏の高速道路整備のCO_2排出量に対する効果について，紹介しよう．

首都圏の郊外における環状方向の高速道路である圏央道，外環道，中央環状線の三つの高速道路（3環状）の整備は，経済的のみならず，CO_2削減という環境面からも大きな効果があると主張されている．首都圏においては，東名高速，中央道，関越道，東北道など，東京から放射方向に伸びる高速道路の整備は優先的に進んだが，郊外における環状方向の高速道路の整備は遅れている．このため，都心が目的地ではない車が，都心環状線に集中し，渋滞を引き起こしている．これが，燃料費や時間等の大きな損失をもたらしているとともに，CO_2排出量を大きく増加させている．もし3環状が開通すれば，都心を通過するだけの車が減少し，渋滞がなくなる．それにより，移動の時間が短くなり，燃料の消費が減り，自動車によるCO_2排出量も大きく減少するというのが，その理由である．[*] 国土交通省によれば，CO_2排出量削減量は1年当たり200～300万トンであり，東京都全体の面積の植林と同じ効果がある．

しかしながら，この主張には大きな問題がある．このような分析においては，出発地と目的地，移動する人数，移動回数，利用交通手段（自動車か鉄道かなど）は不変であると仮定されている．交通手段の選択も含めて，従来とまったく同じ移動が行われているときに，新たな道路建設のCO_2排出量に対する効果が分析されている．

新たな道路が建設されれば，人々が利用する交通手段が変化し，他の出発地・目的地間の移動の経路も変化する．また，道路が便利になれば，いままでは移動しなかった人が移動するようになるし，従来移動していた人の1日当たりの移動回数も増えるかもしれない．さらには，道路が建設されたことにより，長期的には，人々の居住地や企業の立地も変化し，移動の出発地や目的地が変化するだろう．すなわち，利用交通手段，発生交通量，土地利用が変化する．

3環状建設のCO_2排出量削減効果を分析するためには，家計や企業が，自身の効用や利潤を最大化するように，移動や，交通手段，さらには居住地・立地などを選択し，その結果として交通量が決定されるモデルによって分析する必要がある．そのようなモデルを用いた研究によれ

ば，交通経路のみが変化するとの仮定の下では3環状建設によってCO_2排出量は42.8万トン減少するのに対して，利用交通手段，発生交通量，土地利用を内生化した場合には，CO_2排出量は逆に18.5万トン増加することが示されている．

この分析は，政策の直接的な効果のみでなく，副次的な効果を考慮することが非常に重要であることを示している．

(＊) http://www.ktr.mlit.go.jp/honkyoku/road/3kanjo/
(出所) 山崎清・武藤慎一「開発・誘発交通を考慮した道路整備効果の分析」『運輸政策研究』11巻2号，2008，pp.14-25．

復習と練習
Review and Practice

■要約

1 基本的競争モデルの一般均衡とは，賃金，利子率，および価格が，すべての労働市場，資本市場および生産物市場において需要が供給と等しくなるような水準になるときに生じる．すなわちすべての市場で需要と供給が均衡することを指す．

2 競争均衡は消費者余剰と生産者余剰の和を最大化する．

3 基本的競争モデルの条件の下では，経済の資源配分はパレート効率的になる．すなわち，他の誰かの状態を悪化させることなしには，どの1人の状態も改善することはできない．

4 競争市場から生じる所得分配は，ある意味では非常に不平等なものになるかもしれない．しかし，基本的競争モデルの条件の下では，富の再分配によって，経済をパレート効率的であり，かつより平等な資源配分へとシフトさせることが可能である．

5 一つの市場における変化は他の市場に影響を及ぼす．たとえば課税の効果を分析するためには，すべての市場への効果を考慮に入れる一般均衡分析が有用である．しかし変化のもたらす二次的な反響作用が小さいときには，一つあるいは少数の市場に焦点を当てる部分均衡分析で十分である．

■キーワード

一般均衡　　生産者余剰　　死荷重（死重的損失）　　パレート効率的
交換の効率性　　生産の効率性　　生産物構成の効率性　　限界変形率
部分均衡分析　　一般均衡分析

Q 復習問題

1. 一般均衡にある経済は，四つの基本的な経済的問題，すなわち，(1)何がどれだけ生産されるか，(2)財はどのようにして生産されるのか，(3)財は誰のために生産されるのか，(4)誰がそれらの財の配分を決定するのか，についてどのような解答を示すのだろうか．（ヒント：3節「一般均衡分析」）

2. パレート効率性とは何を意味しているのだろうか．またパレート効率性を実現するためには，何が要求されるのだろうか．基本的競争モデルの条件が満たされていれば，経済はパレート効率的になるのだろうか．（ヒント：2.1項「パレート効率性」および2.2項「市場経済におけるパレート効率性の条件」）

3. 部分均衡分析と一般均衡分析の違いは何だろうか．またそれぞれの分析は，どのような場合に適切になるのだろうか．（ヒント：3.3項「部分均衡分析が役に立つ場合」）

4. もし経済における所得分配がかなり不平等なものであるならば，所得分配をより平等にするために，価格統制やその他の方法によって市場における価格を変化させることは必要だろうか．（ヒント：2.4項「競争市場と所得分配」）

Q 練習問題

1. 以下のそれぞれのケースについて，部分均衡分析で十分であるのか，あるいは一般均衡分析を行うことが賢明であるのかを判断し，またその理由を説明しなさい．（ヒント：他の市場への影響と元の市場への反響効果を考

えなさい．）

  (a) 酒類への課税．
  (b) 社会保障税の増税．
  (c) アメリカ中西部諸州の農業生産に対する干ばつの影響．
  (d) 原油価格の上昇．
  (e) 大手航空会社の倒産．

2 以下の問題が，なぜ交換の効率性を妨げる可能性があるのかを説明しなさい．また，それぞれの場合について，どのような追加的な取引が可能であるかを論じなさい．（ヒント：異なる買い手の直面する価格が同一でないことに注意しなさい．）

  (a) 割引で販売する座席数を制限する航空会社．
  (b) 貧しい患者からは金持ちの患者よりも安い料金しかとらない医者．
  (c) 大口購入に対して割引を行う企業．

3 鉄鋼業では，現在の産出水準および技術を所与とするとき，1万ドルの機械1台で労働者1人を代替することができると仮定しよう．一方，自動車産業では，現在の産出水準および技術が所与であるとして，1万ドルの機械1台で労働者2人を代替することができるとする．この経済は，パレート効率的だろうか．つまり，この経済は生産可能性曲線上に位置しているのだろうか．もしパレート効率的でないならば，機械と労働を産業間で移動させることによって，どのようにして両産業間の総産出量を増加させることができるのか説明しなさい．（ヒント：2.2項「市場経済におけるパレート効率性の条件」，特に「生産の効率性」）

4 貧しい人々に対して，食料，衣服および住居の購入を援助する場合を考えてみよう．第一の方法は，これらの基本的な財を購入することができるように，それらの価格に上限を設ける法律を制定することである．第二の方法は，貧しい人々がこれらの必需品を購入するときに割引となる配給切符（クーポン）を配ることである．第三の方法は，政府が貧しい人々に対して所得を分配することである．どの政策が，よりパレート効率的な結果をもたらすだろうか．また他の政策が，パレート効率的な結果をもたらさないのはなぜか．それぞれ説明しなさい．（ヒント：2.4項「競争市場と所得分配」．また実現されない取引の利益を考えなさい．）

5 賃貸アパートの供給曲線が短期において完全に非弾力的であるとしよう．このとき，均衡家賃を下回る家賃の上限を設定しても，消費者余剰と生産者余剰の和が家賃の上限規制によって減少しないことを示すことにより，何も非効率性をもたらさないことを示しなさい．次に，長期において賃貸アパートの供給がより弾力的である場合，家賃の上限規制が総余剰を減少させるのはなぜかを説明しなさい．（ヒント：1.1 項「消費者余剰と生産者余剰」を読み，需要曲線の弾力性が異なる場合に消費者・生産者余剰の変化がどうなるのかを考えなさい．）

6 家賃統制されたアパートに入居できるかどうかわからない場合，家賃統制に賛成の票を投じるのはどのようなときだろうか．家賃統制に対する熱烈な支持が，時間が経つにつれて弱まる理由は何だろうか．（ヒント：1.1 項の「例：家賃統制による効率性の損失」を読み，短期と長期における家賃統制の影響の違いについて考えなさい．短期には賃貸アパートの需要曲線は比較的に非弾力的である．さらに 2.4 項「競争市場と所得分配」も参照．）

補論-日本語版

ボックス・ダイアグラムと純粋交換経済の均衡

本章では，経済の一般均衡分析を数式を用いないで説明している．また，経済の一般均衡それ自体を図示することは行われていない．そこで，生産が存在せず，各消費者が自分の保有している財を互いに交換する単純な経済（これを純粋交換経済という）における資源配分の効率性や競争均衡を，若干の数式および図を用いて説明しておくことにする．

A.1 ボックス・ダイアグラム

経済にはA，Bの2人，X，Yの2種類の財が存在する．初期に，Aは，X財をW_X^A，Y財をW_Y^Aを保有している．同様に，初期に，BはX財をW_X^B，Y財をW_Y^Bを保有している．今考えている経済では生産が存在しない．よって，経済に存在しているX財の総量$W_X^A+W_X^B$，Y財の総量$W_Y^A+W_Y^B$を，A，B間でどのように分けるかがこの経済における資源配分の問題になる．消費者i ($i=A,B$) が得るX財およびY財の量（したがって消費量）を，それぞれX_iおよびY_iとする．資源配分が実現可能であるためには，

(1) $$\begin{aligned} X^A+X^B &= W_X^A+W_X^B \\ Y^A+Y^B &= W_Y^A+W_Y^B \end{aligned}$$

が満たされていなければならない．

実現可能であるA，Bの得る2財の量を図8-6に示してみよう．まず，横幅が$W_X^A+W_X^B$，高さが$W_Y^A+W_Y^B$である長方形を描く．すなわち，この長方形の横の辺の長さが，経済に存在するX財の総量，縦の辺の長さが経済に存在するY財の量であることになる．長方形の左下の頂点をO_A，右上の頂点をO_Bとする．O_Aを原点として，横軸に沿ってX^Aを，縦軸に沿ってY^Aを測ることにする．また，O_Bを原点として，横軸に沿って（左方に向かって）X^Bを，縦軸に沿って（下方に向かって）Y^Bを測ることにする．このようにすると，(1)式を満たすX^A，Y^A，X^BおよびY^Bは，長方形内の1点として表すことができる．たとえば，図8-6のF点は，

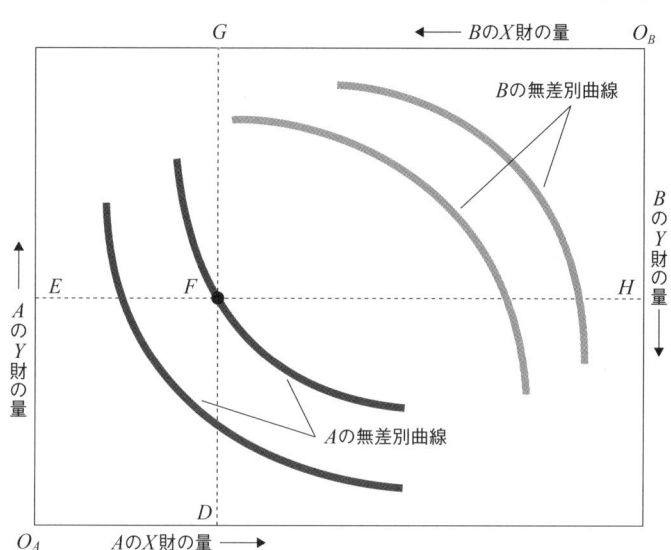

図 8-6 ■ エッジワースのボックス・ダイアグラムと 2 個人の無差別曲線

$$X^A = O_A D$$
$$Y^A = O_A E$$
$$X^B = O_B G$$
$$Y^B = O_B H$$

ということを意味している．図にはさらに，A，B 両者の無差別曲線を描き入れてある．

　A の無差別曲線は右下がり，原点である O_A に向かって凸であり，右上のものほど高い効用水準に対応している．B の無差別曲線は，B の財の量は O_A 点ではなく O_B 点を原点として測っているので右下がりとはなるが，原点である O_B に向かって凸であるので，O_A に向かっては通常とは逆に凹となっている．また，左下のものほど高い効用水準に対応していることになる．このような図を，エッジワースのボックス・ダイアグラムという．

A.2 純粋交換経済における効率性

　さて，以上の準備のもとに，資源配分の効率性の問題を考えることにしよう．この経済では生産が存在しないので，本章のパレート効率性の成立のために要

図 8-7 ■ 純粋経済における交換の効率性

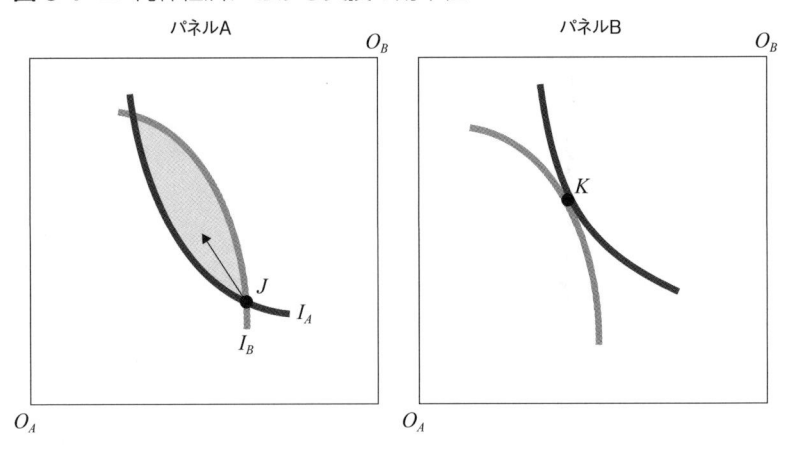

求される三つの条件のうち，交換の効率性だけが問題となる．

今，図8-7のパネルAのJ点に2人の財の量が定まったとしよう．J点を通るAの無差別曲線I_Aの右上方の領域にある点は，AにとってJ点より高い効用を与えてくれる．また，J点を通るBの無差別曲線I_Bの左下方の領域にある点は，BにとってJ点より高い効用を与えてくれる．それゆえ，I_AとI_Bによってはさまれるレンズ形の領域は，A，B両者にJ点よりも高い効用を与える．このとき，矢印のようにJ点から移動することにより，A，BともにJ点よりも高い効用を得ることができる．このように，A，B両者の無差別曲線が交差している点は，両者の効用をともに上昇させることが可能であるので，パレート効率的ではない．資源配分がパレート効率的であるためには，パネルBのK点のように両者の無差別曲線は接していなければならない．逆に両者の無差別曲線が接している点では，どちらか1人の効用水準を低下させることなく，他の人の効用水準を上昇させることは不可能であるので，パレート効率的となる．両者の無差別曲線は接しているので，A，Bの限界代替率は一致していることになる．これは，本章で学んだ交換の効率性の条件にほかならない．

A，B両者の無差別曲線が接する点は無数に存在する．すなわち，パレート効率的な資源配分は無数に存在することになる．ボックス・ダイアグラム中のA，B両者の無差別曲線が接する点をすべて集めてつくった曲線を契約曲線という．すなわち，契約曲線はパレート効率的な資源配分の点をすべて集めた集

合である（図8-8）．契約曲線上の点はすべてパレート効率的であるが，所得分配が異なっている．図8-8において，契約曲線上を右上（左下）に移動すると，B の効用が低下（上昇）し，A の効用が上昇（低下）する．契約曲線上の各点における A, B の効用の組合せを表す曲線が，図8-9に描かれているこの純粋交換経済における効用可能性曲線である（なお，効用可能性曲線は，一般的には右下がりでありさえすればよく，図8-9のように右上方へ向かって

図 8-8 ■ 契約曲線

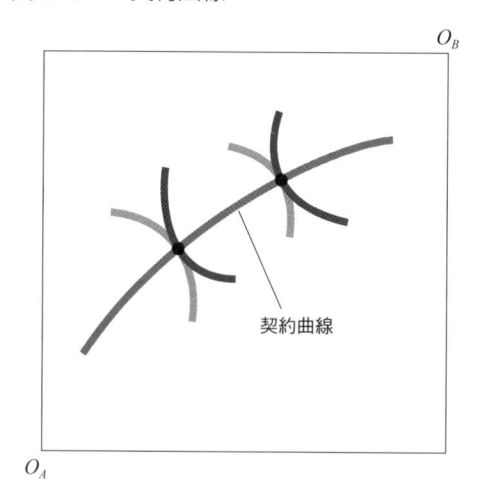

図 8-9 ■ 効用可能性曲線

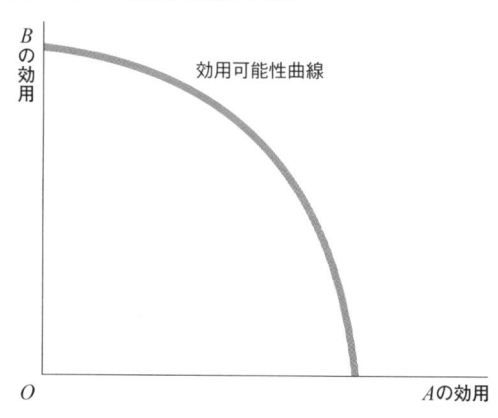

凸である必要はない）．

A.3 需要関数の導出

次に，この経済の競争均衡を考えよう．そのためには，まず各消費者の予算制約を考えなければならない．ここで，理解を容易にするために，各消費者は，その初期に保有している財をすべて市場で成立している価格で売却し，それによって得た額であらためて自分で消費する財を購入するとしよう．すると，A の所得あるいは富は $p_X W_X^A + p_Y W_Y^A$ となり，予算制約は，

(2) $\quad p_X X^A + p_Y Y^A \leq p_X W_X^A + p_Y W_Y^A$

となることがわかる（実は，自分の消費する量が保有量よりも少ない財を市場で売り，多い財を市場から購入するとしても，予算制約はまったく同じ形となる）．同様にして，B の予算制約は，

(3) $\quad p_X X^B + p_Y Y^B \leq p_X W_X^B + p_Y W_Y^B$

となる．ボックス・ダイアグラムに A，B 2人の予算制約線を描くことを考えよう．まず，通常のように予算制約線を描いてみる．A の予算制約線は (W_X^A, W_Y^A) を通る傾き $-p_X/p_Y$ の直線であり，図8-10のようになる．なお，

図 8-10 ■ A の予算制約線と無差別曲線

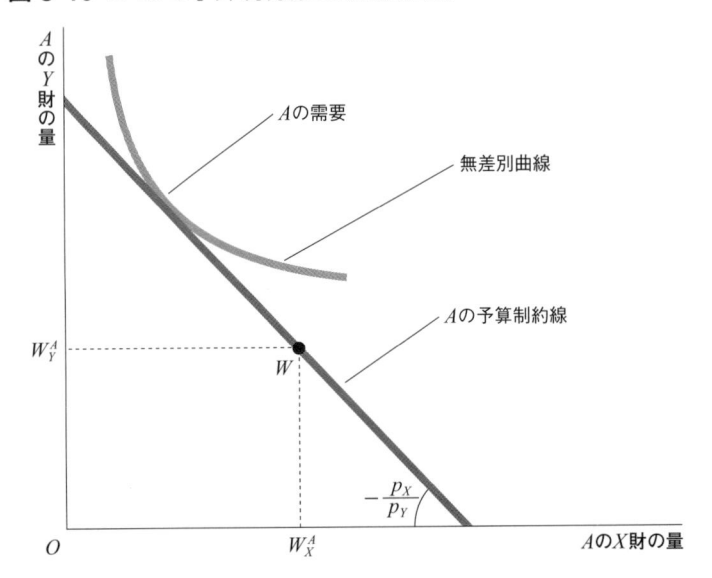

図 8-11 ■ B の予算制約線と無差別曲線

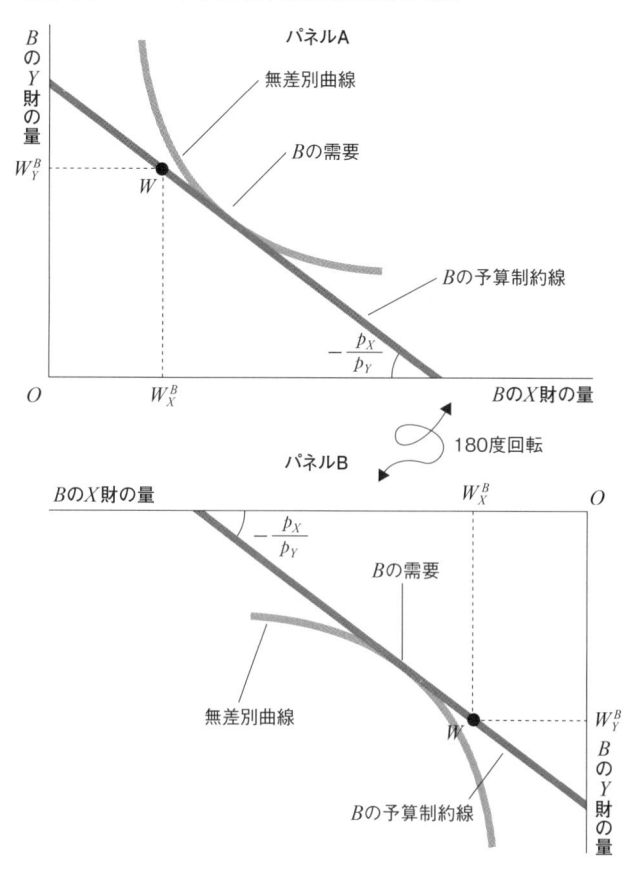

パネルA

パネルB

この図には A の無差別曲線と需要の決定が描き入れてある．B の予算制約線も通常のように描くと，(W_X^B, W_Y^B) を通る傾き $-p_X/p_Y$ の直線であり，図 8-11 のパネル A のようになる．なお，A についての場合と同様に，この図には B の無差別曲線と需要の決定が描き入れてある．ところが，ボックス・ダイアグラムにおいては，B の財の量は右上から測られている．そこで，この通常の B の予算制約線の図 8-11 のパネル A を 180 度回転させ，原点が右上に来るようにしよう．これが図 8-11 のパネル B である．図 8-11 のパネル B において，B の予算制約線の傾きは $-p_X/p_Y$ であり，図 8-10 の A の予算制

図 8-12 ■ ボックス・ダイアグラム中の予算制約線

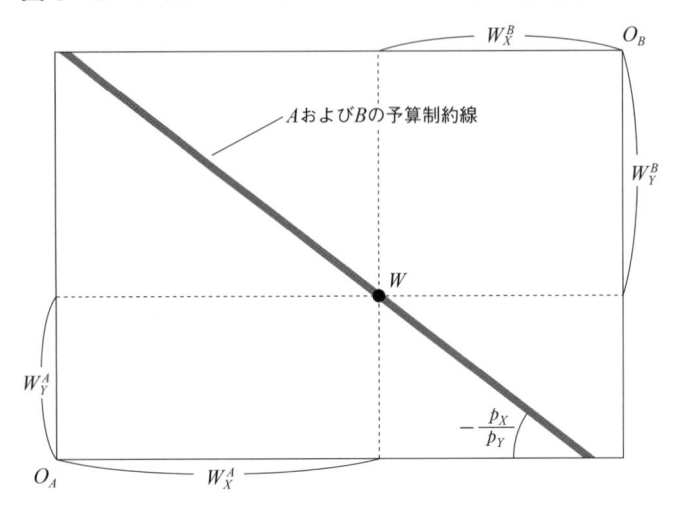

約線の傾きと同じであることに注意してほしい．

以上の準備のもとで，ボックス・ダイアグラム中に両者の予算制約線を描き入れることができる（図8-12）．W を，ボックス・ダイアグラム中の A，B の初期の保有量の点であるとする．A の予算制約線はボックス・ダイアグラム中の W を通る傾き $-p_X/p_Y$ の直線となる．

180度回転させた B の予算制約線から，原点 O_B から財の量を測ったときの B の予算制約線は W を通る傾き $-p_X/p_Y$ の直線である．すなわち，ボックス・ダイアグラムにおいて，A の予算制約線は原点 O_B から見れば B の予算制約線でもあることがわかる（図8-12）．X と Y の相対価格 p_X/p_Y が変化すると，予算制約線は初期保有の W 点を中心として回転する．p_X/p_Y が上昇すると予算制約線は時計回りに，下落すると逆時計回りに回転する．p_X，p_Y が比例的に上昇し，p_X/p_Y が不変であるときには，予算制約線は変化せず，予算集合は不変である．すなわち，予算集合は相対価格にのみ依存していることに注意が必要である．

相対価格 p_X/p_Y が与えられると，図8-10 および図8-11 に描かれているように A および B は予算制約線と無差別曲線が接する点に対応する X 財および Y 財の需要を選択する．この A および B の需要の決定をボックス・ダイアグ

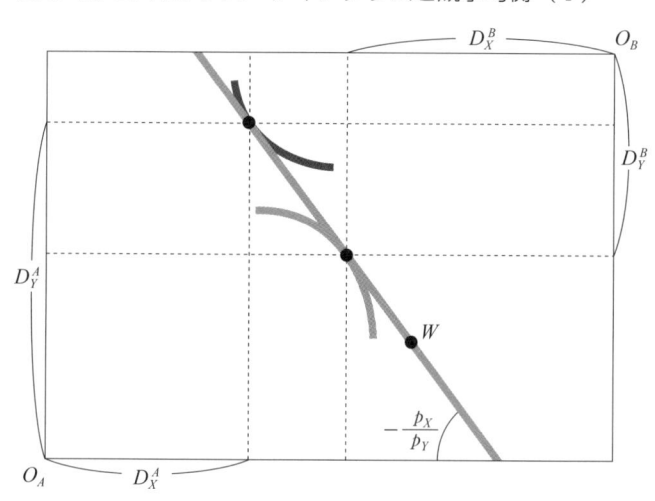

図 8-13 ■ ボックス・ダイアグラムと競争均衡（Ⅰ）

ラムに書き入れたものが図 8-13 である．

　p_X, p_Y が変化すれば予算集合が変化するので，A の X 財および Y 財に対する需要は変化する．A の X 財および Y 財に対する需要を p_X, p_Y の関数として表した需要関数を，$X^A(p_X, p_Y)$ および $Y^A(p_X, p_Y)$ とする．ここで，需要関数 $X^A(p_X, p_Y)$ および $Y^A(p_X, p_Y)$ の重要な性質について述べておく．まず，予算集合は，相対価格 p_X/p_Y を通じてしか，p_X, p_Y に依存していないことに注意すれば，需要も相対価格 p_X/p_Y にしか依存しないことがわかる．それゆえ，A の X 財への需要関数，Y 財への需要関数を，相対価格 p_X/p_Y のみの関数として，それぞれ $D_X^A(p_X/p_Y)$, $D_Y^A(p_X/p_Y)$ と書くことができることがわかる．第二に，効用最大化の点において予算制約はつねに等号で満たされるので，

(4) 　$p_X D_X^A(p_X/p_Y) + p_Y D_Y^A(p_X/p_Y) = p_X W_X^A + p_Y W_Y^A$

がつねに成立していることがわかる．

　同様に，B の X 財，Y 財に対する需要関数も，それぞれ $D_X^B(p_X/p_Y)$, $D_Y^B(p_X/p_Y)$ と書くことができ，

(5) 　$p_X D_X^B(p_X/p_Y) + p_Y D_Y^B(p_X/p_Y) = p_X W_X^B + p_Y W_Y^B$

がつねに成立している．

A.4 競争均衡

競争均衡が成立するためには，すべての市場で需給が均衡しなければならない．すなわち，

(6) $\quad D_X^A(p_X/p_Y) + D_X^B(p_X/p_Y) = W_X^A + W_X^B$

(7) $\quad D_Y^A(p_X/p_Y) + D_Y^B(p_X/p_Y) = W_Y^A + W_Y^B$

が同時に成立していなければならない．今，(4)式および(5)式を辺々足し合わせて整理すれば，市場で需給が成立しているか否かにかかわらず，つねに，

$$p_X\{D_X^A(p_X/p_Y) + D_X^B(p_X/p_Y) - W_X^A - W_X^B\}$$
$$+ p_Y\{D_Y^A(p_X/p_Y) + D_Y^B(p_X/p_Y) - W_Y^A - W_Y^B\} = 0$$

が成立していなければならないことがわかる．すなわち，超過需要に価格を掛けたものをすべての市場について総和をとれば，(経済が競争均衡にあろうとなかろうと) 恒等的に 0 となる．これを，ワルラス法則という．ワルラス法則より，X 財と Y 財という二つの市場の需給均衡条件である(6)式および(7)式のうち，どちらか一方が成立すれば，他方は自動的に成立することになる．それゆえ，需給均衡条件は(6)式あるいは(7)式のどちらか一つを考えればよくなり，一つの未知数である相対価格 p_X/p_Y を含む 1 本の(6)式あるいは(7)式の方程式の解を見つけることによって，競争均衡を求めることができる．[3]

A.5 競争均衡の図示

次に競争均衡を図示することにしよう．

競争均衡においては，

$$D_X^A(p_X/p_Y) + D_X^B(p_X/p_Y) = W_X^A + W_X^B$$

が成立していなければならない．ここで，ボックス・ダイアグラムの横幅は $W_X^A + W_X^B$，高さは $W_Y^A + W_Y^B$ であることに気をつけよう．今，図8-13 のような状況であれば，

$$D_X^A(p_X/p_Y) + D_X^B(p_X/p_Y) < W_X^A + W_X^B$$

---

[3] ワルラス法則は，生産が存在する世界でも，また財の種類が 2 より大きい場合でも一般的に成立する．一般に n 財の経済では，$n-1$ 個の市場の需給均衡条件により，ある一つの財（これをニュメレールという）で測ったすべての財の相対価格（$n-1$ 個）が決定される．

となり，この相対価格 p_X/p_Y に対して，X 財市場では超過供給が発生している（Y 財市場では超過需要が発生している）．それゆえ，超過供給である X 財の相対価格 p_X/p_Y は下落（超過需要である Y 財の相対価格は上昇）していく．その結果，図 8-14 のようになれば，需給均衡，

$$D_X^A(p_X/p_Y) + D_X^B(p_X/p_Y) = W_X^A + W_X^B$$

が成立することになる（Y 財市場の需給も一致していることに注意）．このような状態が競争均衡である．すなわち，初期保有量の点を通る直線上の同一の点で A，B 2 人の無差別曲線が接しているならば，その直線の傾き（の絶対値）が競争均衡の相対価格となり，その共通の接点が均衡における A，B の 2 財の消費量となる．

A.6 競争均衡の効率性

図 8-14 から，競争均衡においては，2 人の限界代替率は一致していることがわかる．これから，競争均衡（における A，B の財の消費の組合せ）は契約曲線上にあり，競争均衡における資源配分はパレート効率的であることがわかる．

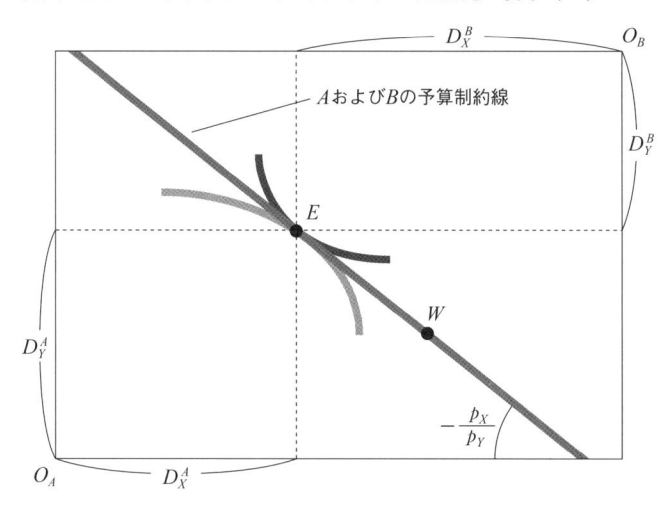

図 8-14 ■ ボックス・ダイアグラムと競争均衡（Ⅱ）

第3部 不完全市場

Chapter 9

第9章 独占，独占的競争と寡占

Learning Goals

1. なぜ独占企業は産出量を削減し，高い価格を付けるのだろうか．
2. 独占を招く経済的要因は何だろうか．
3. 経済学では市場の競争の程度をどのように測るのだろうか．
4. 独占的競争は，完全競争市場や独占市場とどう異なるのだろうか．
5. なぜ寡占企業は戦略的に考えなければならないのだろうか．
6. 参入障壁の原因は何だろうか．

第2章「不完全市場と公共部門」で議論したように，経済においては多くの市場が完全競争市場モデルではうまく描写できない．アメリカでは長年にわたり，AT&T社が唯一の長距離通話事業者であった．コダック社は写真フィルムの市場を，アルコア社はアルミニウム市場をその掌中に収めていた．クリネックスやジェローのように，特定の企業が生産物の供給を支配したために，ブランド名と製品名が同義語となった例もある．これらの企業は，単純に価格を市場から与えられたものとして行動しているのではない．これらの企業は自分たちの行動が市場価格に影響を与えることを認識している．さらに，この価格に対する影響力は，企業の生産量の決定にも影響を及ぼすだろう．

一部の産業では，ほんの一握りの企業が市場を支配し，似てはいるが同一ではない製品を生産している．たとえば（コカ・コーラ社やペプシコ社やカナダ・ドライ社などの）飲料産業や，（ナイキ社やアディダス社やリーボック社などの）スポーツシューズ産業などである．またそれ以外の産業では，それぞれ似てはいるがわずかに異なる製品を生産している多くの企業が存在する．ある1社だけが2～3％程度のわずかな価格引上げを行ったとしても，顧客数は減りこそすれ，完全競争市場のようにすべての顧客を失うということはない．逆に，2～3％価格を引き下げても，顧客は増えるだろうが，完全競争市場のように全市場を独占することはできない．

本章では，第2章で詳しく分析しなかった市場，つまり競争が制限されていたり，競争がまったく行われていない市場を考察する．本章での分析から，なぜこうした市場においては，一般的に競争的な市場よりも産出量が少なくなるのか，また競争を制限するさまざまな要因にはどのようなものがあるのかが明らかとなる．

1　独占産出量

独占をはじめとする競争が制限された状態に対して経済学者が懸念を示す主な理由は，こうした市場の下では完全競争の場合よりも企業の産出量，つまり供給量は少なくなり，価格は高くなることが観察されるためである．こうした懸念を理解するために，独占企業が顧客全員に同一の価格を提示した場合に，

産出量水準がどのように決定するかを見ていくことにしよう．

独占企業も完全競争企業と同様に，利潤を最大化しようと行動する．そのためどちらの場合でも，企業は生産を1単位増やしたときの限界収入と限界費用を比較している．産出量を決定するにあたっての基本原理は，両者とも同じである．つまり，どちらの企業も限界収入と限界費用が等しくなる水準で生産を行う．独占企業と完全競争企業の本質的な違いは，それぞれが直面する限界収入にある．競争的企業が産出量水準を決定するときには，市場価格を所与のものとして受け入れるため，水平の需要曲線に直面することになる．つまり，競争的企業は市場価格で売りたいと考える分だけ販売することができるのである．これに対して，独占企業は市場における唯一の供給者であり，直面する需要曲線は市場需要曲線である．すでに学んだように，市場需要曲線は右下がりの曲線であり，このため独占企業が販売量を増やそうとするときには，価格を引き下げなければならない．

独占企業は右下がりの需要曲線に直面するため，限界収入は市場価格と一致しない．なぜこうなるのかを理解するために，追加的に生産を1単位増加させたときに受け取る限界収入を二つの要因に分解してみよう．一つは，独占企業が追加的に増やした生産物の販売から得られる収入の増加分である．この追加収入は，ちょうど市場価格に等しい．しかし，販売量をさらに増加させるためには，独占企業は価格を引き下げなければならない．そうしなければ，追加的に生産した生産物を販売できないからである．限界収入は，追加された1単位の販売から得られる価格から，販売しようとしていたすべての生産物の価格下落による収入の減少分を差し引いたものになる．したがって，独占企業にとって，追加的に生産を1単位増加させたときに得られる限界収入は，その追加1単位の販売価格より必ず低くなる．

第5章「競争的企業」では，企業が利潤を最大にするにはどれだけ生産したらよいかを決定するために，企業の限界費用と市場価格の関係をグラフを使って示した（図5-3）．独占市場では限界収入が市場価格より低くなることがわかっており，同様なグラフを使って，独占企業がどれだけ生産したらよいかを示すことができる．

図9-1は，独占企業の需要曲線と限界収入曲線との関係を表している．もし独占企業がQ_1だけ販売したいと考えたなら，市場価格はp_1にならなければな

図 9-1 ■ 需要曲線と独占企業の限界収入曲線

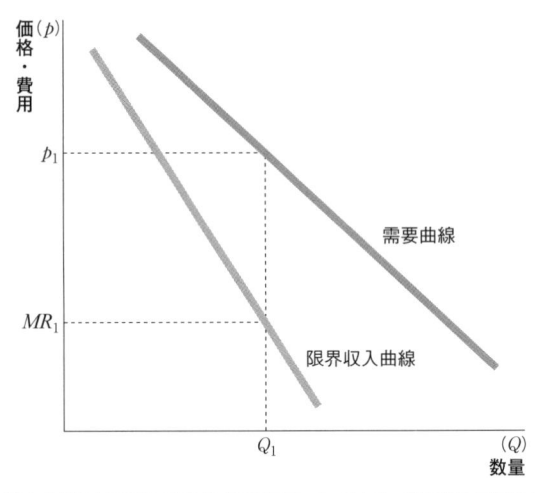

独占企業は右下がりの需要曲線に直面しているため，限界収入は価格より低くなる．追加的に 1 単位販売するためには，独占企業は販売するすべての単位について価格を引き下げなければならない．生産量が Q_1 のときの市場価格は p_1 であり，限界収入は MR_1 である．

らない．限界収入は価格よりつねに低いので，限界収入曲線は需要曲線より下方に位置する．生産量が Q_1 のとき，限界収入は MR_1 であり，これは価格 p_1 より低い水準である．

図 9-2 のパネル A は競争的企業の産出量の決定を表している．この場合には，限界収入はちょうど市場価格 p^* に等しくなり，競争的企業は，限界費用が市場価格と等しくなる Q^* の水準で生産を行う．パネル B には独占企業の産出量決定が描かれている．この場合には，限界収入はつねに価格を下回り，独占企業は，限界費用が限界収入と等しくなる産出量水準 Q_m で生産を行う．独占企業，競争的企業のいずれも，限界費用と限界収入が等しくなる水準で生産を行うことで利潤を最大化できるが，両者の違いは，独占企業の場合は，限界収入が価格より低いということである．

独占企業の場合には，限界収入が価格を下回り，限界収入は限界費用に等しくなるので，限界費用は価格より低くなる．価格は，追加的な生産物 1 単位に対して個人が支払ってもよいと考える金額，つまり追加 1 単位から消費者が得る限界便益の大きさを表している．したがって，追加 1 単位の限界便益が，そ

図9-2 ■ 限界収入と限界費用

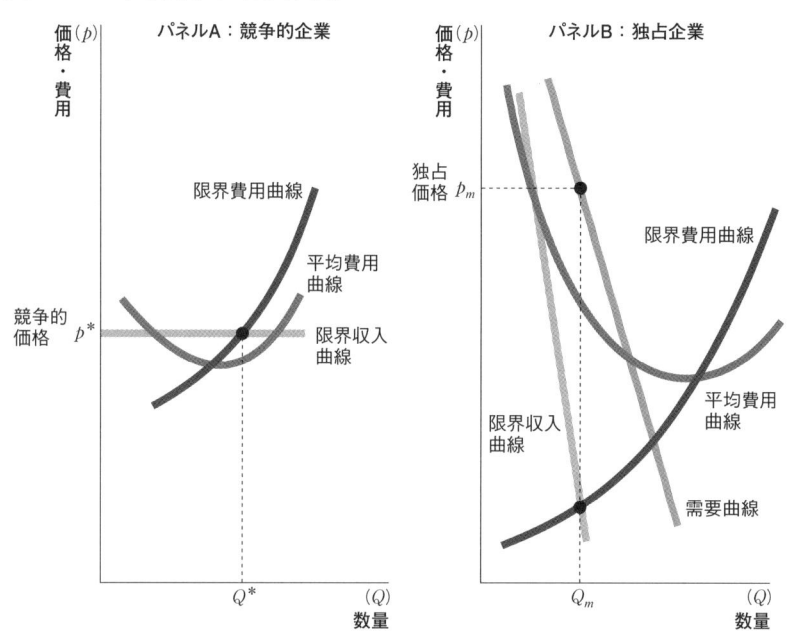

パネルA：競争的企業／パネルB：独占企業

競争的企業が産出量を1単位変化させると，ちょうど市場価格 p^* の割合で収入が増減する．企業は，利潤を最大化するため，限界費用が限界収入と等しくなる産出量を生産するが，競争的企業の場合には，限界収入は価格にも等しくなっている．パネルBには，独占企業にとっての右下がりの限界収入曲線が描かれている．独占企業も，限界費用と限界収入が等しくなる産出量を選ぶ．ただし独占企業の場合には，限界収入は価格を下回る．

の追加的生産の限界費用を上回ることになる．これが独占企業が経済的効率性を低下させる基本的な理由である．

産出量がどの程度削減されるかは，限界収入と価格の差がどの程度大きいかに依存する．限界収入と価格の差が大きいかどうかは，需要曲線の形状に依存する．需要曲線が非常に弾力的ならば（つまり需要曲線が水平に近ければ），産出量が増加しても価格はそれほど低下しない．つまり図9-3のパネルAに描かれているように，限界収入は価格に比べてそれほど小さくはならない．企業が選択する産出量 Q_m においては，限界収入と限界費用は等しくなっている．産出量 Q_m は，価格が限界費用に等しくなる競争的産出量 Q_c よりわずかに少ないだけである．他方，パネルBのように需要曲線がそれほど弾力的でない場合には，産出量が増加したときには価格は大きく低下し，追加的に増やした

図 9-3 ■ 独占企業と需要の価格弾力性

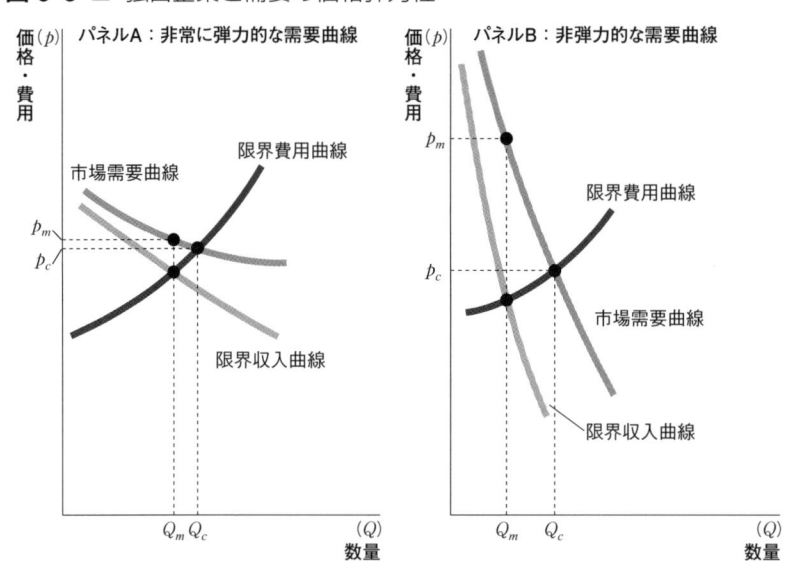

パネルA：非常に弾力的な需要曲線

パネルB：非弾力的な需要曲線

パネルAでは，独占企業は非常に弾力的な市場需要曲線に直面しているために，生産を増やしても価格はそれほど低下せず，したがって独占価格は競争価格をそれほど多くは上回らない．パネルBでは，独占企業が直面している市場需要曲線は弾力性が小さいために，生産を増やすと価格は大幅に低下し，そのために独占価格は競争価格を著しく上回る．

1単位から企業が得る収入の増加分は，その追加1単位を販売できる価格に比べてかなり少なくなる．

需要曲線の弾力性が大きくなればなるほど，限界収入と価格の乖離は小さくなっていく．これは，需要の価格弾力性と限界収入の定義を使って簡単に導くことができる．

$$\text{需要の価格弾力性} = -\frac{\text{市場需要量の変化分}}{\text{市場需要量}} \bigg/ \frac{\text{価格の変化分}}{\text{価格}}$$

$$= -\frac{\Delta Q}{Q} \bigg/ \frac{\Delta p}{p}$$

（限界収入を計算するときと同様に）数量の変化分が1のとき，つまり $\Delta Q = 1$ のときには，

$$\text{需要の価格弾力性} = -\frac{1}{Q} \bigg/ \frac{\Delta p}{p} = -\frac{p}{\Delta p \times Q}$$

となることに注意すれば，

$$限界収入 = 価格 + 価格の変化分 \times 販売量$$
$$= p + (\Delta p \times Q)$$
$$= p\left(1 + \frac{\Delta p \times Q}{p}\right)$$
$$= p\left(1 - \frac{1}{需要の価格弾力性}\right)$$

という関係式が成り立つ．したがって，もし需要の価格弾力性が2であれば限界収入は価格の1/2になり，需要の価格弾力性が10であれば限界収入は価格の9/10になる．

WRAP-UP

企業の供給量の決定

すべての企業は限界収入（生産物をもう1単位追加生産することから得られる収入）が限界費用に等しくなる産出量水準で利潤を最大化する．競争的企業の場合には，限界収入は価格に等しくなる．一方，独占企業の場合には，限界収入は価格より低くなる．

1.1 ABCセメント社の例

表9-1は，ある地域でセメントの生産を独占しているABCセメント社が直面する需要曲線の値を表にしたものである．産出量の各水準においてどれくらいの価格で販売できるかが示されている．価格を引き下げるほど，セメントの

表9-1 ■ ABCセメント社の需要曲線

(単位：ドル)

販売量 (1000立方ヤード)	価格	総収入	限界収入	総費用	限界費用
1	10,000	10,000		15,000	
2	9,000	18,000	> 8,000	17,000	> 2,000
3	8,000	24,000	> 6,000	20,000	> 3,000
4	7,000	28,000	> 4,000	24,000	> 4,000
5	6,000	30,000	> 2,000	29,000	> 5,000
6	5,000	30,000	> 0	35,000	> 6,000

販売量を増やすことができる．たとえば，その地域の建設業者は，住宅の建設材料として価格の低くなったセメントの使用量を増やし，木材や他の材料の使用量を減らそうとするのである．

議論を簡単にするために，セメントは1000立方ヤード単位で販売されるものとしよう．セメント1単位（つまり1000立方ヤード）当たりの価格が1万ドルならば企業は1単位を販売し，9000ドルならば2単位，8000ドルならば3単位販売することができる．表の第3列には，これらの各産出量に対応する総収入が示されている．総収入は，価格と販売量を掛け合わせたものである．追加的にもう1単位（1000立方ヤード単位）生産を増やすことで得られる限界収入は，たとえば販売量が3単位と2単位のときの総収入の差額，または2単位と1単位のときの総収入の差額になる．どちらの場合でも，限界収入は価格より低くなることに注意しよう．

図9-4には表9-1に基づいて需要曲線と限界収入曲線が描かれている．あらゆる産出量水準において，限界収入曲線は需要曲線の下側に位置している．また，表からわかる通り，産出量が増加すると価格が低下するだけではなく，限

図9-4 ■ 需要と限界収入

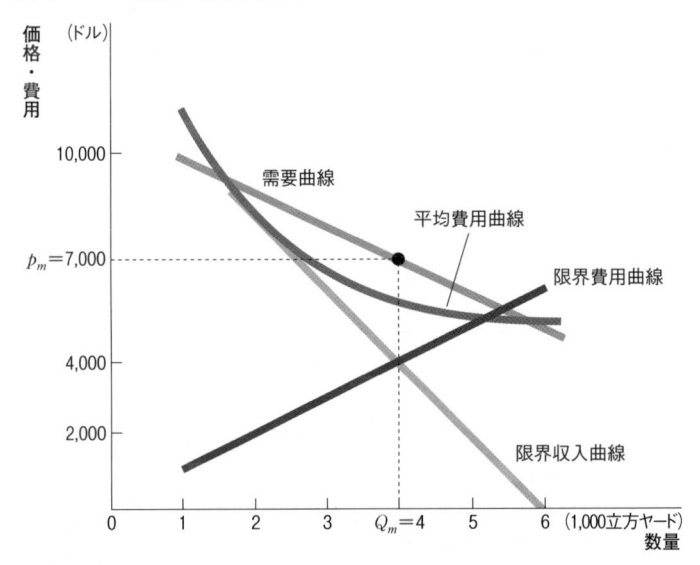

どんな産出量水準においても，限界収入曲線は需要曲線の下側に位置する．

界収入も減少する．

　限界収入が限界費用に等しくなる産出量水準，つまり利潤最大化をめざす独占企業が選ぶ産出量水準は Q_m で示されている．ここでの例では Q_m = 4000 立方ヤードである．産出量が 3000 立方ヤードから 4000 立方ヤードに増加するとき，限界収入は 4000 ドルであり，これは限界費用と同じである．この産出量水準では，価格 p_m は（1000 立方ヤード当たり）7000 ドルとなり，限界費用の 4000 ドルを大きく上回っている．総収入は 2 万 8000 ドルで，これも総費用 2 万 4000 ドルを超えていることがわかる．[1]

1.2 独占利潤

　独占企業は，限界収入が限界費用と等しくなる産出量水準を選択することで利潤を最大化する．この独占利潤の総額は，図9-5に示されるように二つの方法で表すことができる．パネル A には，ABC セメント社の各産出量水準での（表9-1 に基づいた）総収入曲線と総費用曲線が描かれている．総収入と総費用の差額が利潤であり，これは二つの曲線の垂直方向の距離に等しい．この距離は，産出量 Q_m = 4000 立方ヤードのところで最も大きくなる．この産出量水準では，利潤が 4000 ドル（= 2 万 8000 ドル - 2 万 4000 ドル）になることがわかる．また，パネル B では，平均費用曲線を用いて利潤が計算されている．総利潤は，1 単位当たりの利潤と産出量を掛け合わせたものに等しい．産出量 1 単位当たりの利潤は，1 単位当たりの価格と平均費用の差額であり，独占利潤の総額は，$ABCD$ の領域（図のアミのかかった領域）になる．もちろん，独占利潤の総額は 4000 ドル（=（7000 ドル - 6000 ドル）× 4）になる．

　独占企業が超過利潤を得ることができるのは，競争原理が働く場合に比べて産出量を減らし，価格を引き上げることができるからである．この収益は，**純利潤 pure profit** と呼ばれる．こうした収益を得るために，独占企業は何か特別な努力や生産活動をする必要はない（実際，競争原理が働く場合に比べて産出量を減少させるだけで純利潤を得ることができる）ので，それは**独占レント**

---

[1] 本文中の例では，企業にとって 3000 立方ヤードの生産と 4000 立方ヤードの生産は無差別である．追加 1 単位の生産の限界費用が少しでも 4000 ドルを超えれば，企業は産出量を 3000 立方ヤードにする．また，逆に限界費用が 4000 ドルをわずかでも下回れば，産出量を 4000 立方ヤードにするだろう．

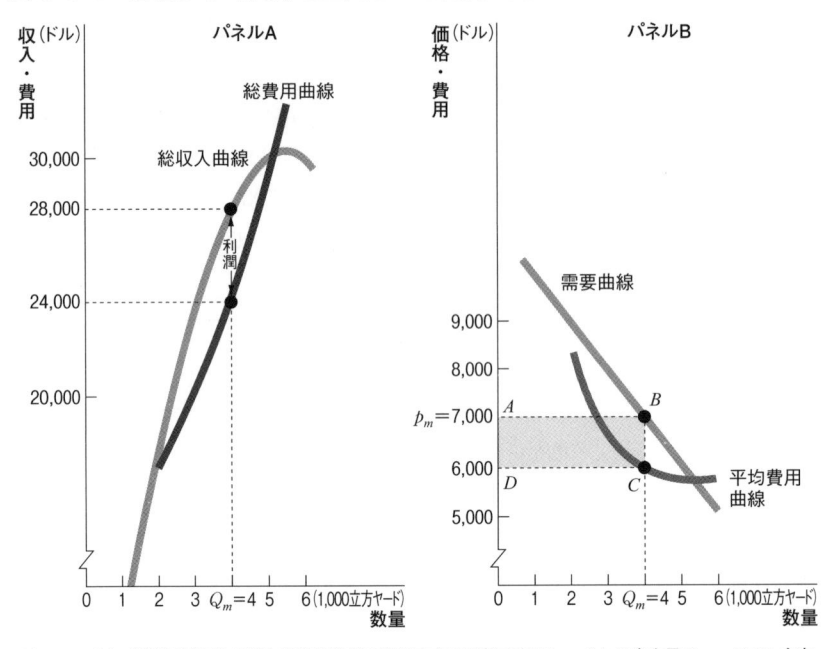

図 9-5 ■ 価格が平均費用を上回るとき利潤が発生する

パネル A では，利潤は総収入曲線と総費用曲線の垂直方向の距離で表され，それは産出量 $Q_m=4000$ 立方ヤードで最大となる．また，パネル B に描かれているように，利潤が発生するのは市場価格が平均費用を上回るときであり，そのときには企業は，(平均すれば) 販売しているすべての単位について利潤を上げている．独占利潤は $ABCD$ の面積で表され，それは 1 単位当たりの平均利潤と販売数量を掛けたものに等しい．

monopoly rents とも呼ばれる．

1.3 価格差別

　独占企業の基本的な目的は利潤を最大化することで，それは限界収入を限界費用と等しくすることで達成できるが，そのために価格は限界費用を上回ることになる．しかし，独占企業は他のさまざまな手段を講じることで，利潤をさらに増やすことができる．こうした手段の中でもとりわけ重要なのが**価格差別** price discrimination で，これは顧客あるいは市場ごとに異なる価格を付けるという方法である．

　図 9-6 は，ある独占企業がアメリカと日本においてそれぞれ限界収入が限界費用に等しくなるように行動した状況を示している．企業が直面する需要曲線

図9-6 ■ 価格差別

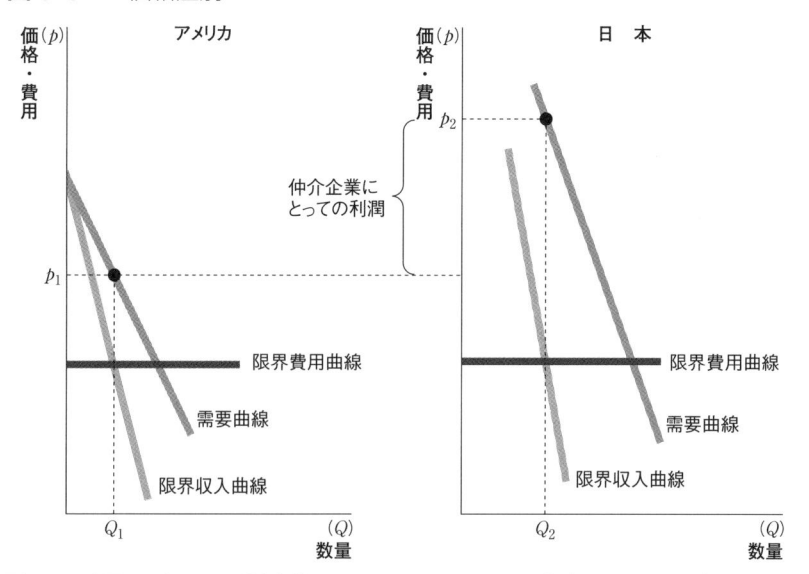

アメリカ

価格(p)・費用

p_1

限界費用曲線
需要曲線
限界収入曲線

Q_1　数量(Q)

日本

価格(p)・費用

p_2

仲介企業にとっての利潤

限界費用曲線
需要曲線
限界収入曲線

Q_2　数量(Q)

別々の国で製品を販売している独占企業は、それぞれの国で異なる需要曲線に直面する。いずれの国においても、限界収入と限界費用が等しくなる点で価格が決定されるが、その結果として、付けられる価格は両国で異なったものになる。

は国ごとに異なっている。そのため、限界費用が同じであっても、企業が同一の財に付ける価格は2国間で異なったものになる（対照的に、競争市場では価格は限界費用に等しくなるので、それぞれの市場への財の輸送費用の違いを無視すれば、需要曲線の形にかかわらず二つの市場の価格は同じになる）。2国の価格に差があるのならば、当該財を価格の低い国で購入し、価格の高い国で販売するという仲介企業が市場に参入してくることが考えられる。独占企業はそうした仲介企業の参入を阻止しようとするだろう。そのためには、たとえば多くの日本の企業が行っているように、異なるラベルを商品に貼り、本来の輸出先以外の国に対してはアフター・サービスや品質保証を与えないといった方法などが考えられる。

　一つの国内においても、もし販売する財の転売が難しく、かつもし需要の価格弾力性が高い買い手と低い買い手を区別できるなら、独占企業は価格差別を行うことができる。たとえば、電力会社の場合は、顧客は電気を転売するのは

困難であるため，顧客の電力使用量に応じて電力料金を定めることができる．もし大口顧客に対して小口顧客と同じ料金を提示したとき，大口顧客が自家発電や他の動力源に乗り換えてしまうおそれがあるなら，電力会社は大口顧客に対しては電力料金を引き下げればよい．また，ある路線を独占する航空会社は，顧客がビジネスあるいは休暇旅行のどちらの目的でチケットを購入しようとしているかはわからないかもしれない．しかし，払い戻しが可能なチケットや出発時間直前のチケットに追加料金を課すことで，ビジネス旅行と休暇旅行をうまく区別できる．ビジネス目的の人は，柔軟に対応できる払い戻し可能なチケットが必要であったり，急に出張しなければならなくなったりしがちであるが，観光客はほかにもたくさんの選択肢を持っているからだ．たとえば観光の目的地や日程を変更したり，交通手段を自動車や鉄道に変えることができるのである．こうした手法を駆使することで，独占企業は，市場で単一の価格を付ける場合よりも多くの利潤を得ることができる．また後述するように，不完全競争に直面している企業もこうした方法をとることがある．この場合も航空業が格好の例になる．1936年に制定されたロビンソン゠パットマン法（Robinson-Patman Act）では，価格差別を制限しているが，不十分な成果しか得られていないようである．

2 規模の経済と自然独占

　財を生産するための技術が原因となって，市場にはただ1社，あるいはごく少数の企業しか残らなくなるということがしばしば起こる．たとえば，一つの都市ですべての通り沿いに二つの電力会社が送電線を引き，各社が1軒おきに電気を供給するのでは非効率であろう．同様の理由で，ほとんどの地方では，砂利採取場やコンクリート工場は一つしかない．こうした状況は**自然独占** natural monopoly と呼ばれる．

　ある1社の平均費用が，市場で見込まれる販売量を超えても逓減しつづけるときには，必然的に自然独占が生じる．生産規模が拡大するのに伴い平均費用が低下するとき，第4章「企業と費用」でも触れたように，規模の経済が働いているという．図9-7では，独占企業が直面する需要曲線が平均費用曲線と交

図 9-7 ■ 自然独占

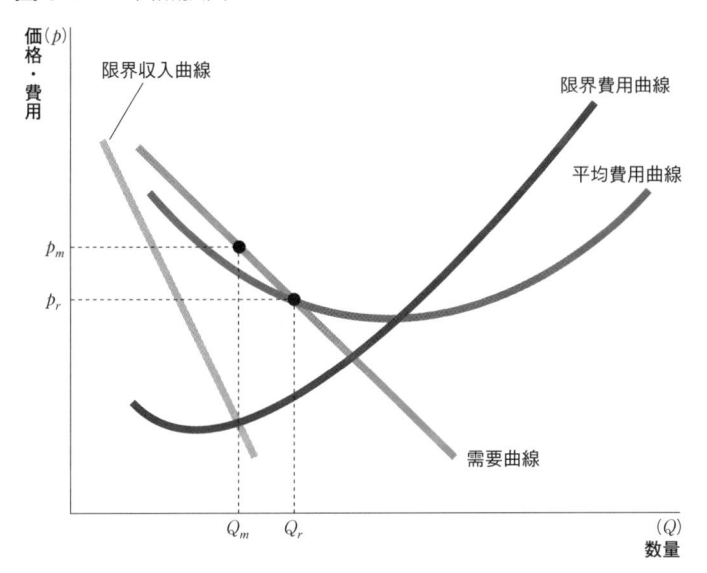

図中のラベル: 価格・費用(p)、限界収入曲線、限界費用曲線、平均費用曲線、需要曲線、p_m、p_r、Q_m、Q_r、数量(Q)

自然独占においては，平均費用曲線は市場規模で見た産出量水準では右下がりとなっている．独占企業は独占価格 p_m を付けることができる．もしこの市場がコンテスタブルであれば，滞在的競争圧力によって独占企業は平均費用を上回る価格を付けることはできなくなる．このときの均衡価格は p_r である．

わる産出量水準を超えてもなお，平均費用は低下しつづけている．産出量が十分大きくなると平均費用は上昇しはじめるかもしれないが，そうした産出量水準は実際の市場均衡として実現しそうにない．たとえば，セメント産業を営む企業はＵ字型の平均費用曲線を持っているが，その平均費用を最小にする産出量水準は非常に大きくなる．したがって，比較的規模が小さく他の都市から離れた地域では，セメント産業は自然独占となる．

当該産業に潜在的ライバル企業が新規参入してきた場合には，自然独占企業は価格の引下げを行う，ということをライバル企業が知っているために，自然独占企業はその地位を確保されている．企業規模が大きいほど平均費用は低くなるが，ほとんどの参入企業は規模が小さいため，参入企業の平均費用は一般的に既存企業よりも高くなる．したがって，独占企業は新規企業の参入をことさら恐れる必要はない．新規参入を心配する必要がないかぎり，自然独占企業は他の独占企業と同じように，限界収入が限界費用と等しくなるように活動す

る．

　市場が自然独占企業によって独占されていても，場合によっては，市場において競争が依然として行われることがありうる．唯一の供給者になるための競争があまりにも激しいため，価格は平均費用と等しい p_r まで下げられる．もし，この独占企業が p_r よりわずかでも高い価格を提示するならば，他の企業が低い価格で市場に参入してきて市場全体を獲得し，そして利益を確保することができるということになる．こうした厳しい競争が想定されるような市場はコンテスタブル市場と呼ばれる．市場がコンテスタブルであるためには，サンクコストが低い，あるいはゼロである必要がある．もしサンクコストが高ければ，既存企業は限界費用まで価格を引き下げることで，新規企業の参入を阻止することができる（これは，価格が限界費用を上回るかぎり，追加的に生産し

International Perspective
南アフリカ共和国，エイズ，価格差別

　完全に競争的で十分に機能している市場では，財が異なった価格で販売されることはありえない．低い価格でその財を購入した人が，高い価格が付けられた市場で転売すれば純利潤を得ることができるからである．しかし，市場によっては，財の転売が困難であったり，また政府が転売を禁止あるいは制限している場合がある．

　医薬品の製造に関する主な費用は，研究や実験に要する費用である．これらは固定費用であるため，製薬会社は，製造原価にかなりの額を上乗せした価格を設定することで，こうした支出をまかなおうとしている．もし製薬会社が価格差別を行えるのなら，各市場で設定される価格は，当該市場の価格弾力性に依存するだろう．しかし，転売される危険性を感じるならば，すべての市場で同一の価格が設定されるかもしれない．

　製薬会社は，エイズに対して完治はしないまでも十分に延命効果のある有効な治療薬をいくつか開発してきた．こうした薬品の治療を受けるには年間1万ドルあるいはそれ以上の費用がかかるが，発展途上国のほとんどの患者はそのような経済的余裕はない．実際の医薬品製造にかかる費用はずっと低いにもかかわらず，製薬会社は，発展途上国において医薬品の価

た財は利潤を生むからである）．こうした低価格は，しばしば価格戦争と呼ばれる競争の結果であり，またそうした価格戦争の結果，価格が限界費用に等しい水準まで下がり，実質的に平均費用より低くなってしまうことで参入企業は収益を上げられないことになる．こうした事態になったとき，たとえ市場から退出したとしても，サンクコストは回収できないことを新規参入企業は知っている（サンクコストとは，操業を停止しても回収することができない支出である）．潜在的参入企業はこうした事態をあらかじめ見込んでいて，市場への参入を思いとどまることになる．したがって，既存企業が利潤を維持しているにもかかわらず，潜在的な参入企業は市場参入を行わないのである．実際にはコンテスタブルな状況にきわめて近い市場はほとんどないということからも，サンクコストが重要であることがわかる．比較的サンクコストが低い航空業界に

格を低く設定することを，次のような二つの理由で渋ってきた．まず一つは，価格を下げることによって，発展途上国では低い利潤しか上げられないおそれがあることである．そしておそらくより重要視した二つめの理由は，転売によって自国内市場（アメリカやヨーロッパ）での利潤が低下してしまう不安があったことである．しかし，たとえば世界で最もHIV罹患率が高い国の一つである南アフリカ共和国で治療薬に高い価格を設定するのは，実際上，何百万人もの感染者に早すぎる死を宣告することになる．もちろん，それに対して南アフリカ共和国は抵抗を示した．特許料未払いの製造業者によって製造された医薬品を低価格で輸入できるようにするため，薬事法を改定したのである．製薬会社は，同法が基本的な経済的権利を侵害するとして告訴した．しかし，知的所有権は，潜在的な消費者と生産者の両者の権利を均等化するために定められるべきものであり，このケースでは利潤の損失よりもアフリカの貧困層を救うことのほうがはるかに重要であるといった抗議の声が世界中から寄せられた．2001年4月，こうした抗議は，製薬会社が南アフリカ共和国に対する訴訟を取り下げるという形で成功した．

おいてさえ――航空会社は収益が上がると期待される市場には新たに飛行機を運航させることができるし，逆に利潤が見込めない市場からは撤退することもできる――，この小さなサンクコストが参入障壁として十分に機能し，ある航空路線，特にハブ路線（たとえばダラス―フォートワース間のアメリカン航空のハブ路線）から外れた路線では利潤を維持することができる．競争（あるいは潜在的競争）に対する脅威が既存独占企業の行使できる独占力をある程度制限する可能性があるとしても，ほとんどの市場が完全に競争的ではないのとちょうど同じように，ほとんどの自然独占産業は完全にコンテスタブルにはならないのである．

　ある産業が自然独占であるかどうかは，平均費用を最小にする産出量の大きさが市場規模に比べてどのくらい大きいかに依存している．

　また市場規模は，輸送費用に大きく依存する．もし何らかの理由でセメントの輸送費用がゼロ近くまで下がれば，セメント市場は国際的に広がるだろう．その場合には，国際市場の規模は平均費用を最小にする産出量水準よりはるかに大きいので，多くの企業が互いに競争することになる．

　費用を最小にする産出量水準は，ある程度は固定費用の規模に依存する．研究費用は固定費用なので，多くの産業にとって研究活動の重要性が増せば，平均費用を最小にする産出量水準は増加することになる．また，新たな技術やビジネス協定は多くの企業の固定費用を引き下げる働きをする．企業は，今日では，給与小切手を支払うといった日常業務のために人事部を持つ必要はない．こうした業務は必要に応じて縮小することができるのである．

　時間がたてば技術も輸送費用も変化するので，自然独占企業としての企業の地位も変化していく．かつて電信・電話サービスは自然独占だった．通話内容は電話線を介して転送されていたので，電話線を2本も3本も敷くことは非効率だったからである．しかし電信・電話サービスに対する需要が拡大するにつれ，また通信衛星や携帯電話などの代替的な技術の進歩もあり，自然独占ではなくなった．その結果，今日ではほとんどの地域の消費者が，複数の電話サービス企業からサービスを選択できるようになっている．

3 競争の程度の評価

　実際の経済社会では，独占や完全競争といった極端なケースにあてはまる企業はまれである．通常，企業は何らかの程度の競争を行っている．では，ある産業においてどの程度の競争が行われているかはどうやって評価すればよいのだろうか．

　この問題に対しては，当該産業で操業する企業が価格を引き上げた場合に何が起こるかを考えるというのが一つの方法である．販売量がどのくらい減少するか，つまりその企業の製品に対する需要の価格弾力性がどの程度であるかを考えるのである．需要の価格弾力性が低いほど，価格が引き上げられたときの需要の減少量は少なくなるので，企業の持つ市場支配力は大きいと考えられる．

　企業が直面する需要曲線の価格弾力性，したがって市場支配力は，次の二つの要因の影響を受ける．第一に，その産業内の企業数であり，より一般的には少数の企業にどの程度生産が集中しているかということである．第二に，その産業内で操業する各企業の生産財がどの程度異なっているかということである．

3.1 産業内の企業数

　（繊維や靴のように）産業内の企業数が多くなれば，（家庭用冷蔵庫，グリーティング・カードや清涼飲料水のように）企業数が少ない産業に比べて，競争は激しくなる傾向がある．表9-2には，書籍や家具といったさまざまな産業について，上位4社が総産出量の何パーセントを生産しているかが示されている．その割合は **4社集中度** four-firm concentration ratio と呼ばれ，産業集中度の研究に利用される指標の一つである．自動車産業や出版産業のように4社集中度が高ければ，それら4社はかなり大きな市場支配力を持つ企業であると考えられる．家具や生花店のように4社集中度が低ければ，市場支配力は弱く，個々の企業はほぼ水平の需要曲線に直面することになる．[2]

---

2) 理論的にも実証的にも，競争の程度を評価する際に決定的に重要となる問題は，対象とする市場をどのように定義するかということである．

表9-2 ■ アメリカの産業における競争の程度

産　　業	上位4社の市場シェア（％）
自動車	85.0
書籍出版	41.8
食料雑貨店	30.9
電子ショッピングおよび通信販売	19.0
航空輸送	18.7
家具	8.1
トラック輸送	7.6
生花店	1.7

（出所）　2002 Economic Census（www.census.gov/epcd/www/concentration.html）．

e-insight
ネットワーク外部性，ニューエコノミー，独占力

　ある主体（企業や個人）が，ネットワークを構成する企業の数が増加することから利益を得るような場合には，必ずネットワーク外部性が発生する．電話は通話できる相手がいなければ利用する価値がなくなってしまう．より多くの人が電話を持つことで，電話の価値は上がることになる．

　相互に通話することができない二つの異なる通話システムがあるとしよう．どちらのネットワークと契約するか決断しなければならない新規加入者は，既存の加入者の多いほうを選ぶだろう．したがって，当初から多くの加入者を持っていた企業は，時間が経つにつれ，さらに優勢になっていく．別のシステムで参入を試みる企業が加入者を増やしていくのは困難だろう．さらには，このことが独占力の発揮を可能にし，新規参入企業が現れたり，顧客を奪われたりすることを恐れずに，生産費用をかなり上回る水準で価格を設定することができる．

　たとえば，新規参入企業のシステムが支配的企業のシステムに接続でき，新システムへの加入者が，支配的であったシステムの加入者と通話できるようにするといった制約を課すことで，政府はこう

した支配的企業が持つ独占力の濫用を制限することができる．しかし，効果的に制約を課すというのは簡単なことではない．たとえば，支配的企業は十分な回線接続を行わず，その問題の責任を新規参入企業に負わせるといったことも可能だからである．

　ネットワーク外部性の問題は，ニューエコノミーに共通の問題である．もしもっと多くの人がウィンドウズのオペレーティング・システムを利用するなら，独立のソフト開発業者はウィンドウズで利用できるアプリケーションをもっと開発するだろう．そしてアップル社のオペレーティング・システム（あるいはユニックス）を利用する人が減れば，それらで稼働するソフトを開発するインセンティブは下がるだろう．ウィンドウズ上で稼働するアプリケーション・プログラムが豊富にあり，アップル社のほうが少なければ，顧客はますますウィンドウズを採用するようになっていくだろう．実際，ウィンドウズはオペレーティング・システムの支配的企業に成長し，ユーザーの多くがウィンドウズを使っている．

　しかし，こうした市場の支配力は，たいていの場合，独占力の濫用を引き起こす．マイクロソフト社の場合も明らかにそうであった．こうした独占力の濫用はいろいろな形で行われる．もし多くの代替的なオペレーティング・システム上で同じように，あるいは同じくらい有効に稼働するプログラムをつくるコンピュータ言語が開発されれば，マイクロソフト社の市場支配力は弱くなるであろうと，ソフトウエア会社の多くは考えていた．サン・マイクロシステムズ社のJavaは，まさにこのために開発されたのである．もしこの努力が成功していれば，ネットワーク外部性は消滅していたかもしれない．しかしマイクロソフト社は，特にウィンドウズに適合するバージョンのJavaを開発することで，こうした努力が実を結ばないよう努めた．

　他のアプリケーションに対するプラット・フォームの役目を果たし，かつ複数のオペレーティング・システム上で利用可能なもう一つの技術革新がインターネット・ブラウザの老舗であるネットスケープ社のネットスケープ・ナビゲーターである．マイクロソフト社は，競合する独自のブラウザを開発するだけではなく，それを無償配布し，さら

には（コンピュータにプレ・インストールするために）ウィンドウズを購入したコンピュータ・メーカーに対して，ネットスケープをインストールしないように要請することで，ネットスケープ社を排斥しようとした（これは排他的慣行と呼ばれる）．こうしたマイクロソフト社の行動に対して，いくつかの州だけでなく司法省によっても訴訟が起こされた．その結果，マイクロソフト社は独占力の濫用に当たるいくつかの行為を取り止めることに合意した．しかし，同社はヨーロッパでもさらにいくつかの法的問題を抱えていた．EUはメディアプレイヤー市場においてマイクロソフト社が独占力を濫用している疑いがあると見て，マイクロソフト社は，ヨーロッパでは同社のメディアプレイヤー・ソフトが含まれていないウィンドウズXPのバージョンを提供しなければならなくなった．

3.2 製品差別化

競争の程度は，それぞれの企業がどの程度異なった製品を生産しているかによっても左右される．確かに，たとえば小麦やトウモロコシのような農作物のように，製品が実質的に同一とみなせる産業もある．より一般的には，不完全競争産業で生産される財は**不完全代替財** imperfect substitutes，つまりたいていの用途に同じように用いることができるという意味ではよく似ているものの，消費者の選好を反映するという意味では異なっている財である．たとえば，ケロッグ社のコーンフレークと似た販売店独自のブランド商品があっても，ほとんどの人が少々価格が高くてもケロッグ社の製品を購入する．人々が購入する財の多くは不完全代替財である．飲料でいえばコカ・コーラやペプシコーラ，販売店ブランドのコーラであり，自動車でいえばトヨタのカムリ，ホンダのアコード，フォード社のトーラス，その他の4ドアセダンであり，衣類でいえば，ランズ・エンド社やL.L.ビーン社，エディー・バウアー社である．そのほかにもコンピュータやカメラ，電話サービス，建築資材など，たくさんある．経済学ではこうした現象を**製品差別化** product differentiation という．

製品差別化は価格支配力の源泉になるので，企業は競争相手の製品とわずかでも違った製品を生産しようと，懸命に努力する．財が互いに完全代替である

ときには，誰もが最も安い価格の財を選ぼうとするだろう．あまり現実的ではないが，すべてのブランドのコーンフレークがすべての消費者にとって完全代替財であれば，どのコーンフレークも同じ価格で売られることになるだろう．対照的に，ほとんどの消費者がさまざまなブランドは不完全代替財だと考えていれば，個々の企業は右下がりの需要曲線に直面することになり，このことはそれぞれの企業がある程度の価格支配力を持つことを意味する．

4 独占的競争下の均衡

　ほとんどの産業において，制限はされていてもある程度の競争は行われている．産業内の企業数は，おそらく競争の本質を決定する最も重要な要因である．もし固定費用が，1社で市場を支配できるほど大きくはないが，2〜3社，あるいは4社で支配できる程度に大きければ，自然寡占の状態が生じる．次節で寡占について議論するが，ここでは固定費用が比較的小さい場合，つまり企業が多数存在し，利潤がゼロまで押し下げられてしまうという意味で固定費用は十分小さいが，どの財もそれを生産する企業は1社のみであるという意味では十分大きい場合について考えよう．製品は似通っているが，完全代替財ではなく，個々の企業は右下がりの需要曲線に直面している．こうした状況は独占的競争と呼ばれ，1933年にハーバード大学のエドワード・チェンバリン（Edward Chamberlin）によって初めて分析された．

　女性のドレスシューズの市場が一つの例である．スティーブ・マデン（Steve Madden），バス（Bass），ダイバース（Diverse），ナチュラライザー（Naturalizer），ブルーノ・マリ（Bruno Magli），ナインウェスト（Nine West）をはじめ，多くの生産者がいる．どの二つの企業をとってみてもまったく同じ製品を作っているということはないが，どの企業の製品も代替が可能である．各企業は右下がりの需要曲線に直面してはいるが，市場全体から見れば各社の占める割合はほんのわずかである．万年筆市場もまた別の例であり，多くの生産者が存在する（モンブラン（Montblanc），パーカー（Parker），クロス（Cross），アウロラ（Aurora），ペリカン（Pelikan）など）．各企業は他社とは異なる万年筆を製造し，右下がりの需要曲線を持つが，やはり万年筆

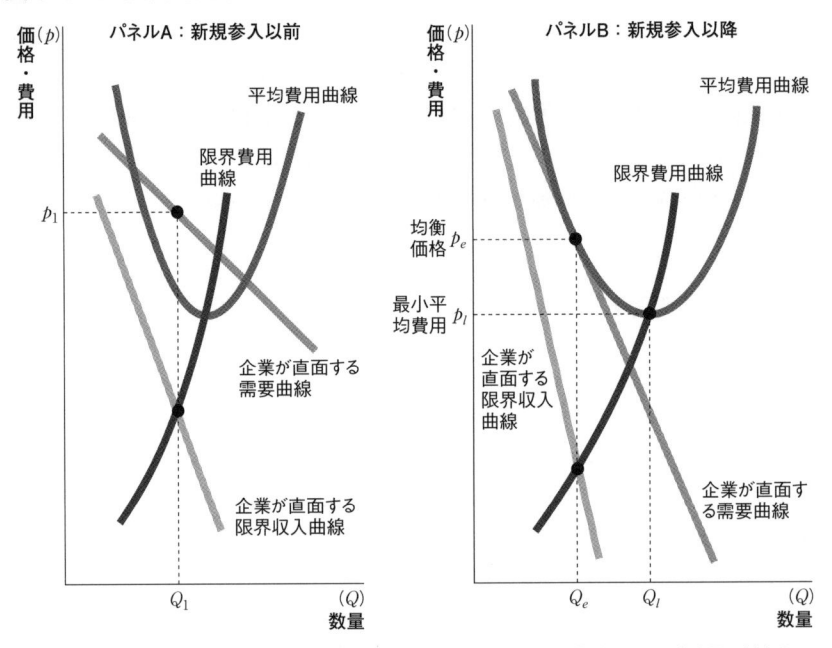

図9-8 ■ 独占的競争者の利潤最大化

パネルA：新規参入以前 / パネルB：新規参入以降

独占的競争者は，限界収入と限界費用が等しくなる産出量 Q_1 を選び，需要曲線上でその産出量に対応する価格 p_1 で販売する．パネルAに描かれているように，ここでは，販売価格が平均費用を上回っているので，独占的競争者は利潤を得ており，他の企業が市場に参入してくる．企業の参入が増えるにつれて，市場需要の中で個々の企業が得るシェアが減少するので，各企業が直面する需要曲線は左方にシフトする．参入が止まるのは，需要曲線が平均費用曲線にちょうど接するようになったときである（パネルB）．このとき，企業は Q_e だけ生産して，収支が均衡し，新規の参入・退出のインセンティブがなくなる．

市場全体から見れば占める割合は相対的に小さい．

図9-8は，こうした独占的競争市場を描いたものである．当初は，すべての企業が，たとえば p_1 という同一価格を付けていたとしよう．ある企業が単独で価格をわずかに引き下げれば，他社の顧客を少しは奪うことができる．逆に，ライバル企業よりも価格を引き上げれば，顧客を奪われてしまうだろう．各企業は自社の製品の価格や産出量を変更したとしても，他社の価格は変わらないものと考えている．そのため，各企業の直面する需要曲線は図9-8に描かれたようなものになる．

各企業は限界収入が限界費用と等しくなるように産出量を決定する．したが

って，市場均衡（p_1, Q_1）点では限界収入と限界費用は一致している．図9-8のパネルAに描かれている均衡では，価格は平均費用を上回っている．ある意味では，こうした状況は，それぞれの企業が自社のブランド名あるいは店舗の立地条件によって独占的地位にある，すなわち一種のミニ独占だと考えることもできるだろう．

しかし既存企業がこのように独占利潤を得ていれば，完全競争モデルと同様に，利潤がゼロになるまで新たな競争者には市場参入のインセンティブが働く．これが独占と独占的競争の決定的に異なる点である．いずれの場合でも，企業は右下がりの需要曲線に直面しており，限界収入が限界費用と等しくなる水準で生産をしようとする．しかし，独占的競争の場合には，参入障壁がなく，利潤が正であるかぎり参入が続き，産業全体の需要のうち個々の企業が占めるシェアは減少していく．そのため，各企業が直面する需要曲線は左方にシフトして図9-8パネルBのようになる．この需要曲線のシフトは，図の（p_e, Q_e）点のように需要曲線が平均費用曲線とちょうど接するようになるまで続く．この接点では，利潤はゼロになる．

図9-8には，企業の限界収入曲線と限界費用曲線も描かれている．すでに学んだように，企業は限界収入と限界費用が等しくなるように行動する．この条件は需要曲線が平均費用曲線と接する産出量水準で成り立っている．なぜなら，他のどの点においても，平均費用が価格を上回っているので利潤は負となってしまい，需要曲線と平均費用曲線が接する点でのみ利潤はゼロになるからである．したがって，この点が利潤を最大にする産出量になる．

独占的競争均衡には，ほかにも興味深い性質が見られる．均衡においては，価格と平均費用はともに生産のための平均費用の最小値を上回っている．つまり，価格は高く，産出量は少なくなっている．しかし，ここにはトレードオフの関係がある．すなわち，完全競争市場では，どの製品も互いに完全代替財であったが，独占的競争市場では，消費できる製品には多様性がある．人々は一般的に多様性を評価し，それを得るためには高い価格を支払ってもよいと考えるようである．したがって，財が平均費用の最小値を上回る価格で販売されているからといって，必ずしも経済が非効率であるということにはならない．

5 寡占

　寡占の状態であれば，その産業にはごく少数の企業しか存在しないため，個々の企業はライバル企業が自社の行動に対してどのように反応してくるかを考慮しなければならない．こうした事例は，航空会社，タバコ，アルミニウム，自動車をはじめとする多くの産業にあてはまる．

　寡占企業が価格を引き下げても，ライバル企業も同様の行動をとるかもしれず，何ら競争上の優位に立てないかもしれない．さらに悪いことに，ライバル企業が価格競争を挑み，価格をいっそう低下させてしまうかもしれない．また別の寡占企業は，まったく異なる行動をとるかもしれない．寡占企業は，競争相手を出し抜くのがよいか，それともライバルである他の寡占企業と手を結び，産出量を削減して産業全体の利潤を増加させ自分の分け前を増やすのがよいか，という問題につねに頭を悩ませている．

　したがって寡占市場においては，企業は戦略的に考えなくてはならない．どういった行動をとるかを決定する際に，次の四つのカギとなる問題に直面する．(1)他企業と協調するか，競争するか．企業が競争ではなく協調行動をとるとき，経済学では共謀という．(2)表立った共謀が（法律で禁じられているなどのために）不可能な場合，制限的取引慣行と呼ばれる方法，あるいはその他の手段を使って，いかにして競争の効果を減少させることができるか．(3)どうしたら参入を阻止することができるか．（寡占企業も独占企業同様，新規企業の参入によって利潤が減少するのを知っている）．(4)ライバル企業はこちらの行動に対してどう対応してくるだろうか．たとえば，価格引下げに追随してくるだろうか．以下の三つの項では，これらの問題を順番に取り上げていこう．

　寡占の問題は，競争モデルや独占的競争モデルとは異なり，また純粋独占モデルとも違うことに注意してほしい．純粋独占モデルにおいては競争が存在せず，したがってそもそも競争を制限するための行動をとる必要はないのである．また，競争モデルや独占的競争モデルにおいては，非常に多くの企業が存在するので，競争の制限を試みることは無駄なのである．

5.1 共謀

　場合によっては，寡占企業は自らの利潤を最大にするために，**共謀** collusion することがある．事実，共謀によってあたかも一つの独占企業であるかのように協調的行動をとり，実現される利潤を分けあうことができる．共謀が行われやすいことは，はるか昔に経済学の始祖であるアダム・スミス（Adam Smith）が，「同業者仲間は，楽しみや気晴らしのために集まったときでさえ，会話は決まって，社会公共に対する陰謀，すなわち値段をつり上げるためのある種の方策の話になるのがおちである」[3]と指摘した通りである．正式に共謀して事業を営む企業の集団を**カルテル** cartel と呼ぶ．たとえば，OPEC（石油輸出国機構）の目的は，共謀して産油量を制限し，原油価格を引き上げ，それによって加盟国の利潤を高めることにある．

　19世紀末のアメリカでは，多くの主要都市を結ぶ鉄道はたいてい2, 3本あり，熾烈な競争の結果，それらの鉄道会社は低い利潤しか上げられなかった．しかし，競合する鉄道会社が互いに共謀して価格を引き上げれば利潤を増やすことができることに気づくまで，たいした時間はかからなかった．

　20世紀初頭には，鉄鋼業界最大手のUSスチール社を指揮していたジャッジ・エルバート・H・ゲアリーは，鉄鋼業界の有力者たちを集めた日曜晩餐会のホストを務めながら，その場で鉄鋼価格を決定していた．1950年代にはゼネラル・エレクトリック（GE）社とウェスティングハウス社などからなるカルテルが，発電機の価格設定について共謀を行ったし，また1990年代には，政府はアメリカの穀物メジャーのADM（アーチャー・ダニエルズ・ミッドランド）社のとった価格固定戦略を暴露した．

　しかし，共謀が違法である以上，企業は共謀行動を公にすることはできない．よってカルテルのメンバーは，価格固定や産出量の制限を話し合うために一堂に会することはできず，企業は一般に，暗黙の共謀に頼らざるをえない．つまり他の企業もそうするであろうという暗黙の了解に基づいて各企業は産出量の制限を行わざるをえなくなる．価格を固定する共謀は違法であるという理由か

---

[3] Adam Smith, *The Wealth of Nations*, 1776, Book I, Chapter X, Part II（大河内一男監訳『国富論』I，第1篇，第10章第2節，中央公論社，p. 214）．

ら，法的な拘束力を持つ契約を交わして共謀することはできない．したがって，カルテルのメンバーは，自己強制力に頼るしかないのであるが，それは困難で費用もかかる．そのうえ価格が生産の限界費用を上回って高く設定されるため，各企業は裏切って産出量を増加させようという誘惑にかられる．メンバーはカルテルを破ろうとする者に協定を守らせようとするだろう．長期的に見れば「協調」（つまり共謀）による利益は一時的な損失を補うと信じているので，協定を破った者に罰則を与えるために，カルテルのメンバー企業は短期的に損失を被ることもいとわないかもしれない．たとえば，もしある企業が価格を引き下げるか産出量を増やすなどのカルテル破りをし，かつそのカルテル破りが発覚した場合，カルテルの他の企業もそれに追随する，あるいは追随する以上に価格引下げや増産を行うかもしれない．それによって，カルテル破りは，期待したほどの利益を上げることができないばかりでなく，協調的行動を維持した場合より利益が低くなってしまうといった結果に終わることになる．

　共謀を破った者への罰則を与えやすくすることによって，簡単に共謀できるさまざまな共謀促進的取引慣行がつくりだされた．たとえば，ある企業が予期せぬ在庫不足に陥ったときには他の企業の在庫を回してもらうといった協力的取決めが寡占企業各社で結ばれ，共謀を破った企業は，こうした協力的取決めから締め出されてしまうという産業もある．

　競争を促進させるように思われる政策が，実際には反対の効果をもたらすこともしばしばある．寡占産業内の複数の企業が，競争相手よりも高い価格は付けないことを表明し，実行するという「競争対抗条項」を考えよう．これは一見かなり競争的であるように思われる．しかし，ライバル企業の立場から考えるとそうではない．たとえばある販売店が原価90ドルの製品を100ドルで販売していたとしよう．このとき製品1単位当たり10ドルの利潤を得ることになる．この販売店から何人かの顧客を奪おうとしている第二の販売店が出現したとしよう．この第二販売店は，既存販売店より安い95ドルで販売してもよいと考えているとする．しかし，第二販売店は，もし自分が価格を引き下げても顧客をまったく奪えないということがわかるだろう．なぜなら，既存販売店は，同額だけ価格を引き下げることをすでに顧客に保証しているからである．さらに，第二販売店は，95ドルで販売すればするほど（100ドルで販売している）現在の顧客については損をすることに気づくだろう．つまり第二販売店

にとって値下げはまったく利益につながらないのである．このように，一見競争的と思われる取引慣行でも，実際は共謀を容易にしてしまっている場合もある．

　企業を取り巻く環境はつねに変化しており，それに合わせて産出量や価格も調整する必要がある．カルテルはこうした変化に対応していかねばならない．共謀が違法であることはこうした対応を難しくしている．また，たとえばある企業は自社の費用が他の企業より低く抑えられているので，他企業より生産量を増やしたいと考えているというような，カルテルのメンバーの利害が一致しない場合はなおさら困難である．寡占産業の利潤が最大になる完全な共謀があったとしても，いくつかの企業は生産を縮小しなければならず，それ以外の企業は逆に生産を拡大し，それによって生産を縮小した企業の利潤は実際に減少し，増産を行う企業の利潤は増加する，ということが起こりうる．原理的には，利潤を増やした企業は，利潤の減少した企業に利潤の一部を供与しても，以前より儲かることになる．しかし，こうした利益供与も違法であり，もしそうした利益供与を行うなら，気づかれないように巧妙に行わなくてはならない．こうした完全な協調はほとんど不可能であるが，ある企業が**プライス・リーダー**（**価格先導者**）となることで共謀にかかわる問題を部分的に解決している産業もある．たとえば航空産業では，アメリカン航空が長い間プライス・リーダーの役割を果たしていた．アメリカン航空が料金を上げ下げすると，他の航空会社もまったく同じ料金で追随したのである．

　ゲーム理論を使った共謀モデル　経済学では，寡占企業間の共謀を研究するために**ゲーム理論** game theory と呼ばれる数学的手法を用いる．ゲーム理論の基本的な目的は，戦略的選択を解明すること，つまり人々あるいは組織が，自分たちの行動が他の人々の行動に影響を与える状況の下で，どのように振る舞うかを理解することである．たとえば，大手の航空会社の役員たちが特定の路線の航空料金を変更するかどうかを決定するときには，ライバル企業が彼らの料金変更に対してどのように反応してくるかを考慮しなければならない．また競争相手は，どのように反応したらよいかを決定するときに，先に料金を変更した企業が今度は自分たちの行動に対してどのように反応するかを考えなければならない．これらは戦略的意思決定であり，チェス，フットボールあるい

はポーカーのようなさまざまな種類のゲームでプレーヤーが行う典型的な意思決定とちょうど同じようなものである．

ゲーム理論を使って経済学者は，ゲームのルールにより定められた手番を持つゲームのプレーヤーとして，そうした状況に置かれた参加者を観察する．ゲームの結果として各参加者が受け取る利益は利得と呼ばれ，この利得は各プレーヤーの行動に依存する．ゲームの各参加者は戦略を選択する，つまり，どのような手をとるかを決定する．各プレーヤーが複数の手番を持つ（つまり，ゲームが2回以上，または2期間以上にわたって行われる）ゲームでは，選択される手番はそれ以前の期間に何が起きたかに依存する．ゲーム理論は，ゲームに参加するどのプレーヤーも合理的であり，さらに各プレーヤーは競争相手も合理的であることを知っているという状況を前提とする．各プレーヤーは自分の利得を最大にしようと行動する．ゲーム理論の課題は，各プレーヤーがどのように行動するかを予想することであり，その行動は，ゲームのルールと利得に依存するのである．

こうしたゲームの一つの例に，**囚人のジレンマ** prisoner's dilemma と呼ばれるものがある．ある犯罪の共犯者として容疑がかけられている2人の囚人，AとBが別々の部屋に収容されているとしよう．警官がそれぞれの部屋に行き，次のように説得したとする．「いよいよ，大詰めだな．もしおまえの相棒が自白して，おまえが黙秘を続ければ，おまえは懲役5年だ．だが，もし相棒が自白しておまえも自白すれば，懲役3年ですむ．とはいっても，相棒は黙秘しつづけるかもしれん．おまえも黙秘を続ければ，こちらはおまえを懲役1年にしかできん．だが，相棒が黙秘し，おまえだけが自白すれば，おまえは3カ月でここから出られる．ということは，相棒が自白するならおまえも自白したほうが得だろうし，相棒が自白しなくとも，おまえは自白したほうが得だ．どうだい，自白しないか．」こうした取引が2人の囚人に持ちかけられているケースである．

図9-9は，こうした取引の結果を表している．たとえば左上方の枠内には囚人A，Bの2人とも自白した場合の結果が表されている．右上方の枠内には，囚人Aは自白するが，囚人Bは黙秘を続ける場合の結果が記されている．他の枠内も同様である．

2人の囚人の行動を合わせて考えると，明らかに2人にとって最善の選択は，

図 9-9 ■ 囚人のジレンマ・ゲーム

		囚人B	
		自　白	黙　秘
囚人A	自　白	Aの懲役＝3年 Bの懲役＝3年	Aの懲役＝3カ月 Bの懲役＝5年
	黙　秘	Aの懲役＝5年 Bの懲役＝3カ月	Aの懲役＝1年 Bの懲役＝1年

2人の囚人にとって最善の選択は両者がともに黙秘することであるが，個々の囚人にとってのインセンティブは自白することであるため，2人とも自白してしまう．囚人Aにとって，囚人Bが自白する場合も，あるいは黙秘を続ける場合も，自白するほうが得をすることになる．囚人Bにとっても同じである．

両者がともに黙秘して，懲役1年の刑に服することである．だが，個々の囚人の利得だけを考えると，相棒が自白するか否かにかかわらず，自白するのが最善の選択である．しかし，2人とも私利に従って自白すれば，どちらも懲役3年となり，損をすることになってしまう．囚人のジレンマは，両者がともに私利に基づき独自の行動をとるならば損をしてしまうという単純なゲームである．2人がともに得をするためには，両者が直接会って話し合い，互いに黙秘することに合意して，かつ相手が合意を破ろうとしたときには威嚇ができなければならないのである．

この囚人のジレンマのゲームは，寡占企業間の共謀の問題を分析するのに利用できる．市場が二つの企業で占められている複占の例で考えてみよう．図9-10は，両企業の行動に基づいた利潤を表しており，両企業が共謀し生産を抑制したときにはともに10億ドル，両企業がともに生産抑制を行わなかったときにはともに5億ドル，一方が生産抑制を行い，もう一方は行わなかったときには，抑制した企業は4億ドル，しなかった企業は13億ドルの利潤を得ることになる．どちらの企業にとっても，相手企業が生産を抑制するなら最適な行動は生産の拡大であり，相手企業が抑制を行わないときも生産を拡大する（つまり共謀しない）のが最適な戦略であることにすぐ気づくだろう．したがって企業は相手の行動にかかわりなく，生産を抑制するより拡大するほうを選ぶことになる．相手企業も同じ結果に到達するので，両企業はともに生産の抑制は行わないことになる．結局，両企業は生産を拡大する，つまり共謀はしな

図 9-10 ■ 囚人のジレンマと共謀の問題

		企業2	
		共謀（生産抑制）する	共謀（生産抑制）しない
企業1	共謀（生産抑制）する	企業1＝10億ドル 企業2＝10億ドル	企業1＝4億ドル 企業2＝13億ドル
	共謀（生産抑制）しない	企業1＝13億ドル 企業2＝4億ドル	企業1＝5億ドル 企業2＝5億ドル

複占の利得は囚人のジレンマで示される．両企業とも共謀する（生産抑制を行う）ことで最大の利潤を得られるが，それぞれの企業は共謀しない（生産抑制しない）ことにインセンティブを持っているため，どちらの企業も共謀しないという結果となる．

いということになる．

　ここでの重要な点は，共謀すればともに大きな利益を得られることを企業はわかっているにもかかわらず，どちらの企業も合意した戦略を破るインセンティブを持つということである．

　これまで考えてきた囚人のジレンマでは，個々のプレーヤーは意思決定を1回行うだけでゲームは完了した．しかし，これらの企業が長期間にわたって互いに影響しあう状況に置かれる場合には，互いの合意を実行しようとする別の方法が考えられるだろう．たとえば，各寡占企業が，ライバル企業が値下げをしないかぎり自分も値下げは行わないと宣言したとしよう．それでもライバル企業が共謀的取決めを破るようなことがあれば，宣言した企業は生産の拡大と価格引下げによってこれに対抗しようとするだろう．こうした戦略を「しっぺ返し」と呼ぶ（「おうむ返し」とも呼ばれる）．もしライバル企業がこの威嚇を信じるならば，とりわけ何度か実際に実行された結果として信じるようになっていたならば，ライバル企業は相手を欺くよりむしろ協力し，生産を抑制するほうが得策だと思うようになるかもしれない．現実の世界では，3～4社の大企業によって支配されているような市場の場合に，こうした単純な戦略が競争の激化を避けるうえで重要な役割を果たしている．

　こうした戦略が一般的に用いられ，成功してきたということが，経済学者を悩ませてきた．ゲーム理論の立場からすれば，こうした行動は有効ではないからである．ここでもし二つの企業が今後10年間は同一の市場で競争し，その

後産業構造を一変させてしまうような新製品が生まれることが予想されているとき，何が起こるかを考えてみよう．どちらの企業も，10年目には共謀を破ったほうが得である．なぜなら10年目の段階では，翌年には産業構造が変化し，報復を受ける可能性がなくなっているからである．では9年目には何が起こるのであろうか．この場合には，両企業とも10年目には協力しないほうが得になることはわかっている．また，いずれにせよ10年目にはどちらの企業も協力しないのであれば，将来は協力しないという脅しは完全に効力を失ってしまう．したがって，9年目にはどちらの企業にとっても，共謀協定を破り，取り決めた水準より生産量を増やしたほうが得になる．つまり共謀は9年目に崩壊するのである．こうした論理に従ってさらに時間をさかのぼって考えれば，共謀はほとんど瞬時にして崩壊する，ということになる．しかし，共謀がいつ崩壊するか明確にわからないならば，共謀がいつまでも継続していく可能性がある．共謀破りを企てる場合はいつでも，各企業は裏切ることで得られる利潤の増加分と，ライバル企業が報復に出たときに被る将来的な利潤の減少分の比較を行うだろう．その比較の結果によっては，企業は共謀を続けようとするかもしれないのである．

　共謀が生じるのは伝統的な企業間だけにとどまらない．数年前，アメリカ司法省は，単科大学（カレッジ）やいくつかのアイビー・リーグを含む大学のグループを調査した．これらの大学が学資援助金の配分について共謀しているという疑いが持たれたのである．グループ内の大学のうち一つ以上から入学を許可された学生たちには同じ奨学金を提示することが同意されていたのである．したがって，これら大学は学生の獲得競争に多くの資金を使わないことで同意していたことになり，こうした共謀で，大学の運営費用を引き下げることができた．1991年，アイビー・リーグの八つの大学は，司法省の奨学金に関する共謀排除の同意判決を受け入れた．

5.2 制限的取引慣行

　もし寡占産業内の企業が容易に集まって共謀できるならば，彼らはもちろんそうするだろう．それによって，彼らの共同利潤が増加するからである．しかしすでに見てきたように，共謀には大きな障害がある．結果として寡占企業は，利潤を増加させるために他の方法をとるようになる．その方法の一つに競争の

制限がある．

　企業は競争を制限するさまざまな**制限的取引慣行** restrictive practices を採用している．こうした取引慣行の中には，1914 年の連邦取引委員会法（Federal Trade Commission Act of 1914）により違法とされているものもある．これらの取引慣行は，これまで検討した共謀的取決めほどは企業の利潤を増やせないかもしれないが，価格引上げには有効である．企業があからさまな共謀をするよりも，消費者の被る損失が大きくなる場合もある．制限的取引慣行の多くは，生産財を販売する卸売業者と小売業者を対象にしたものである．ある企業が他社の製品を売買するときには，これら２社は「垂直的」な関係にあるという．この場合の制限的取引慣行は，垂直的取引制限と呼ばれ，同一市場内での生産者・卸売業者間で結ばれる価格固定協定といった水平的取引制限と区別される．

　垂直的取引制限の一つめの例は，テリトリー制（あるいは排他的販売区域制）と呼ばれるもので，これは生産者が卸売業者または小売業者に特定の地域に限った排他的販売権を与える措置である．その代表的なものとして，ビールや清涼飲料水の流通で採用されている制度がある．コカ・コーラ社は原料シロップをつくり，それを購入した瓶詰め業者（ボトラー）が炭酸水を加えて製品化している．コカ・コーラ社はこれらのボトラーに排他的な販売区域を設けているために，ある特定販売区域内のスーパーマーケットは１カ所のボトラーからしかコカ・コーラを仕入れることができない．ミシガン州の販売店では，ニュージャージー州のボトラーのコカ・コーラのほうが値段が安くてもそこからは購入できないのである．1979 年インディアナ州では，ビール販売についてのテリトリー制を禁止する法律を制定していたのだが，その結果，同州のビール価格は，（他の条件の相違を考慮に入れても）他の州より格段に低い水準にあったのである．

　制限的取引慣行の２番めの例は，排他的取引であり，これは生産者が自社製品を販売している業者にライバル企業の製品を販売しないように要求するものである．たとえばエクソン社系のガソリン・スタンドに行くと，テキサコ社やスノコ社ではなく必ずエクソン社で精製されたガソリンが売られている．ほとんどの精製業者も同様であるが，エクソン社は個々のガソリン・スタンドに自社ブランドのガソリンだけを販売するように要求しているのである．

制限的取引慣行の3番めの例は，抱き合わせ販売である．これは，顧客がある製品を購入する場合，必ず他の製品も一緒に購入しなければならないというものである．たとえば住宅金融会社は，住宅ローンを利用した人たちに，自社の火災保険もあわせて購入するように求める．任天堂のゲーム機は，任天堂認定のゲームでしか使うことができないように設計されている．事実上，任天堂はゲーム機とソフトウエアの抱き合わせ販売を強要していることになる．コンピュータの創生期には，IBM社のコンピュータは，プリンターなどの「周辺機器」に至るまでIBM社製品しか使えないように設計されていた．

最後の例は，再販売価格維持である．この制限的取引慣行の下では，生産者は自社の製品を扱う小売業者に「表示」価格で販売することを要求する．テリトリー制と同様に，この取引慣行は小売段階での競争圧力を抑えるために考え出されたのである．

Close-Up 日本語版
独占禁止法と再販制度

　現代社会はさまざまな財をつくり出している．それらの財は市場で取引されているが，市場をたんに交換の行われる場ととらえたのでは本質はつかめていないことになる．市場は，適正な競争が行われてその機能が発揮されるのである．この適正な競争のルールの基礎となっているのが独占禁止法である．

　一般に独占禁止法では，ある財の生産者が，卸売業者あるいは小売業者に対して，卸売価格や小売価格を指示してこれを維持させる行為は「不公正な取引方法」として禁止されている．しかし同法が適用されない分野が存在する．いわゆる「著作物再販制度」がこれである．この制度は，新聞，書籍，雑誌，音楽用CDなど6品目の著作物生産者が定価を決め，全国同一価格で販売するというもので，独占禁止法の適用が除外されている．

　諸外国における著作物再販制度の現状を見ると次のようになっている．

国名	書籍	雑誌	新聞	音楽用CD	備考
アメリカ	×	×	×	×	1975年，すべての適用除外を廃止
イギリス	×	×	×	×	1997年，書籍の適用除外を廃止
ドイツ				×	出版物は適用除外
フランス		×	×	×	1981年，書籍定価法制定
日　本					

(出所)　『規制改革に関する論点公開』行政改革推進本部規制改革委員会，2000年7月26日．

表から明らかなように，アメリカやイギリスでは再販制度はすでに認められておらず，ドイツやフランスでも部分再販（定価表示せずに自由価格で販売できる出版物），時限再販（一定期間経過後，自由価格で販売できるようにした出版物）が一般的である．また，音楽用CDについて再販制度を設けているのは日本だけである（ただし日本も音楽用CDについては時限再販を導入している）．

日本でも，この再販制度についてはかなり以前から制度見直しの議論が行われてきた（1978年秋，公正取引委員会が「出版物の再販制度を廃止の方向で検討を始める」と表明した）．公正取引委員会が2001年に消費者団体および著作権者団体に行ったアンケート調査の結果は次のようになった．

対象	再販制度維持	再販制度廃止
書籍・雑誌	99.6%	0.4%
新聞	99.5%	0.5%
音楽用CD等	94.6%	5.4%
著作物再販制度一般	92.5%	7.5%

(出所)　『著作物再販制度の取り扱いについて』公正取引委員会，2001年3月23日．

再販制度の維持を支持するほうが圧倒的多数であるが，その理由として，
(1) 文化を担う書籍等に関して，経済効率面からのみ制度を考えるのは不適当である．
(2) 再販制度を廃止すると，発行される書籍・CD等がベストセラーの期待できる作品に偏ったり，小売店の品揃えも同様になりかねない．

などが挙げられている．しかし，書籍等が言論の自由や文化を担っているのは諸外国も同様であり，日本が再販制度を維持する積極的理由はないのではないか，現在でもベストセラー作品を中心とした品揃えの書店がすでに多数存在している，といった批判がある．

逆に，再販制度廃止を支持する理由として，
(1) 多様な書籍・雑誌が発行され，市場の活性化につながる．
(2) 書店間の競争が促進され，低価格販売店や消費者ニーズに対応した魅力ある書店が増加する．

などが挙げられている．これらに対しても，小売店間で価格差が発生することで，特に地方の消費者に不利益を与えるのではないか，といった反論がなされている．

このアンケート結果などを参考に検討を進めた公正取引委員会は，「規制改革を推進し，公正かつ自由な競争を促進することが求められている今日，競争政策の観点からは同制度を廃止して著作物の流通において競争が促進されるべきである」としながらも，「国民の知る権利を阻害する可能性があるなど，文化・公共面での影響が生じるおそれ」があり，「同制度の廃止については国民的合意が形成されるに至っていない状況」である——したがって「当面同制度を存置することが相当である」という結論に至った（『著作物再販制度の取り扱いについて』2001年3月）．

制限的取引慣行の影響　　制限的取引慣行を採用する企業の言い分は，そうした取引慣行をとるのは，競争を制限するためではなく，経済効率を高めるためだというものである．彼らの主張によれば，たとえばテリトリー制は，販売業者に販売区域を「開拓する」強いインセンティブを与えるものということになる．また，排他的取引契約については，販売業者に1社の製品に販売努力を集中させるというインセンティブを生み出すものである．

こうした言い分があるにせよ，制限的取引慣行は多くの場合，経済効率性を悪化させる．たとえばビールの場合には，テリトリー制があるために，多くの販売区域に販売店を持つ大規模販売業者が，中央倉庫を設けてもっと効率的に

ビールを出荷しようと計画してもなかなか実現することはできなかった．また，経済効率性が改善するか悪化するかにかかわりなく，制限的取引慣行は競争圧力を抑制し，それによって価格が上昇してしまうかもしれない．

制限的取引慣行の中には，ライバル企業の費用を押し上げたり，ライバル企業を妨害するように働くものもある．1980年代には，数社の主要な航空会社が，コンピュータ予約システムを開発し，旅行業者に非常に低価格で販売した．このシステムの導入の主な理由が，顧客の便宜を図ることであったならば，旅客の出発希望時刻に近い航空便をすべて表示するようにシステムは設計されただろう．ところが，ちょっと手間をかけて設計すれば他社便の状況も探せるように開発できたにもかかわらず，どの航空会社のコンピュータ・システムでも，たとえばユナイテッド航空はユナイテッド航空便だけというように，自社の航空便しか表示されなかった．航空会社がこのコンピュータ・システムのおかげで利益を上げることができたのは，このシステムが顧客のニーズに最適だったからではなく，自社がライバル企業よりも有利な立場になり，競争が有効に働かなくなるようにすることができたからである．

生産者と流通業者間の排他的取引契約も，ライバル企業に痛手を負わせることでいかに自社が利益を上げられるかを示す事例である．もし既存の流通業者がそうした二番手製品の流通を請け負っていれば，費用の増加分は相対的に少なくすんだかもしれないが，こうした契約があるので，ライバル企業は，多額の費用をかけて独自の販売システムを構築しなければならなくなる．このように，排他的取引契約は，流通に費やされる資源の総量を増加させてしまうのである．

こうした取引慣行や類似の取引慣行に対する裁判所の判断には一貫性がなく，

WRAP-UP

制限的取引慣行の形態

1．テリトリー制（排他的販売区域制）．
2．排他的取引．
3．抱き合わせ販売．
4．再販売価格維持．

競争を制限するとして違法であると判断される場合もあれば，正当な取引慣行であるという主張を認めて合法であるという判断が下される場合もある．

5.3 参入阻止

　寡占企業は，競争を抑制し，それにより利潤を増やすために制限的取引慣行を採用する．競争を抑制するには，このほかにも他社が市場に参入するのを防ぐという方法があり，これは**参入阻止** entry deterrence と呼ばれている．

　企業の数が少なくなるほど一般には競争圧力は弱くなっていくので，企業数を制限するために参入阻止が行われる．本章の前半で検討したように，巨額の固定費用がかかるような場合には，市場参入に対する障壁が自然にできあがり，ある程度は競争を制限するが，参入を完全に排除できるわけではない．市場の既存企業は，戦略的障壁，つまり新規企業にとって市場参入の魅力を削ぐような行動をとることで自然障壁を補完しようとする．

　参入障壁の問題は，参入したら利益を得られるにもかかわらずなぜ新規企業は参入を行わないのかを解明しようとする独占理論や寡占理論の中心的な話題である．新規参入に対する障壁とはどのようなものだろうか．以下では，独占，寡占のそれぞれの場合での参入阻止について検討しよう．

　政府の政策が参入障壁となる場合　　初期の多くの独占事業は，政府によってつくりだされたものである．たとえば 17 世紀，イギリス政府は東インド会社にインドとの独占的貿易を許可した．最近まで，各国政府は，電力や電信・電話サービスあるいはケーブルテレビについて独占を認めてきた．しかし今日，政府が認めている独占のうち最も重要なのは特許である．特許により発明者には，一定期間（一般には 20 年間）その発明品を生産したり，または他者に生産を許可するという排他的な権利が与えられている．特許制度の根拠となっているのは，発明者にこうした権利を与えないと，新発明への経済的なインセンティブが失われてしまうことである．合衆国憲法の起草者たちも「科学と実用的技術の発展」の重要性を考慮し，新しく創設される連邦議会に特許許可に関する条文を憲法に盛り込ませるようにしたのである．

　投入物の単独所有が参入障壁となる場合　　参入障壁のもう一つの例は，原

材料をある企業が排他的に所有している場合である．たとえば，あるアルミニウム会社は必要不可欠な原材料であるボーキサイト鉱山を買い占めて，アルミニウム市場を独占しようとするかもしれない．南アフリカ共和国のデビアス社は，たった1社で，ダイヤモンドの世界供給をほぼ独占している．

情報が参入障壁となる場合　消費者が新製品の品質についてわからず，また簡単に評価することもできないようなときには，情報も参入障壁として機能する場合がある．たとえばプリンター市場は，ヒューレッド・パッカード（HP）社，エプソン社，キヤノンなどが支配しているが，それはこれらの企業のプリンターが高品質であるという評判がすでに確立しているからで，消費者に知られていない新規企業が参入するには，販売価格をかなり低く抑えなくてはならない．既存企業の生産費用と参入に対してどのように対応するかについての情報が不完全な場合も，参入障壁となりうる．潜在的な参入企業は，既存企業が販売する現行価格より低い価格で販売することができるということはわかるかもしれないが，既存企業のほうがどれだけ価格を下げてくるか（あるいはどれだけ値下げする余裕があるか）についてはわからないのである．

市場参入を阻止する市場戦略　支配的地位を確立した企業は，潜在的参入企業に対して，現在は非常に高い利潤が得られているとしても，もし新規参入が起こればそうした利潤は消え失せてしまうということを信じ込ませるような戦略をしばしばとろうとする．こうした市場戦略を**参入阻止戦略** entry-deterring practices と呼ぶが，その代表的な二つの例が，略奪的価格付けと過剰生産能力である．

　略奪的価格付けは，既存企業が意図的に新規参入企業の生産費用を下回る水準にまで価格を引き下げる戦略で，現在の新規参入を排除するだけでなく，将来の参入意欲をも挫こうとする狙いがある．既存企業もこうした戦略をとることで損失を被るのだが，参入企業が市場から撤退して再び独占価格まで価格を引き上げることができるようになれば，損失を取り戻すことができる．略奪的価格付けは，違法な商慣行であるとされている．しかし，技術や需要が変化している状況では，ある企業が実際に略奪的価格付けを行ったのか，それともたんにライバル企業に対抗するために価格を引き下げただけなのかを判定するこ

とは容易ではない（Thinking Like an Economist「トレードオフ，アメリカン航空，略奪的価格付け」を参照）．

　また企業は，現在必要とされる水準を上回る生産能力を築くこともできる．必要以上の工場・設備を建設することで（これを過剰生産能力という），それらがめったに稼働されることがなかったとしても，既存企業が熾烈な価格競争に挑む意思とその能力を持っていることを潜在的参入企業に伝えるシグナルになる．

　こうした参入阻止戦略は，参入にいくらかのサンクコストがかかるような場合には，たいてい効果的である．既存企業の限界費用が一定で，他社の参入に対しては価格を限界費用の水準にまで引き下げて対抗するような場合を考えよう．既存企業と等しい限界費用を持つ潜在的な参入企業は，たとえサンクコストが低くとも，ひとたび参入を行うと価格は限界費用の水準にまで下がり，サンクコスト分を回収できなくなることに気づくだろう．したがって，参入を思いとどまることになろう．また既存企業もこのことを知っており，大手を振って独占価格を維持することができる．

WRAP-UP

参入阻止

1. **政府の政策**：独占的販売権（特許）や参入規制（開業許可）がある．
2. **投入要素の単独所有**：原材料の全供給を単独企業が所有するとき，参入は定義的に不可能である．
3. **情報**：潜在的ライバル企業は十分な技術情報を持たなければ参入できない．消費者は，新規参入企業が生産する製品の品質について十分な情報を持っていないので，新製品に乗り替えず，そのため新規参入は妨げられる．
4. **市場戦略**：潜在的参入企業に対して，参入しても既存企業に対抗され採算がとれないことを信じ込ませることを意図した略奪的価格付けや過剰生産能力などの行動がある．

Thinking Like an Economist
トレードオフ，アメリカン航空，略奪的価格付け

　市場支配力を持つ企業は，自らが市場における唯一の，あるいは支配的な企業になることで高い利益を上げることができるとき，そうした力を維持したがるものである．そのための方法の一つは略奪者（捕食者）になることである．ライバルを餌にする捕食動物のように，略奪的企業は，競争相手を排除しようと価格引下げを行う．ある企業は，ライバル企業を市場から排除するために価格を引き下げ，その結果短期的にはいくらかの利潤が犠牲になっても，全体的に見ればより高い利潤を獲得できることに気づくだろう．

　しかし，こうした行動は違法である．たとえば1999年，アメリカ司法省は，アメリカン航空が略奪的価格付けを行ったという申立てを行った．司法省は，低料金の航空会社が新規に市場に参入すると，アメリカン航空が参入企業を市場から撤退させようと料金を大幅に引き下げるとともに発着便の数も増やすという行動をとったと繰り返し主張した．その戦略が成功するとただちに，アメリカン航空は発着便を減らし料金を引き上げたのだ．消費者は，短期的にはこの価格競争のおかげで得をしたが，長い目で見ると競争が十分行われないことで高い料金を払わされるという損失を被ることになった．裁判所にとって，価格引下げが正当な競争に相当するものなのか，それとも企業の市場参入を阻止することを意図した略奪的行動なのかを見きわめるのは，困難な仕事であった．

　こうした場合，判断の基準の一つとして通常考慮されるのは，略奪的企業が独占的地位を回復したときに取り戻すであろうと予想される利潤を，現在その企業が意図的に犠牲にしているかどうかということである．これを確かめる一つの方法は，価格と平均可変費用を比較することである．もし価格のほうが平均可変費用より低ければ，企業にとっては操業を停止したほうが得になり，明らかに利潤の最大化は行っていないことになる．

　もっと精巧な方法は，価格と限界費用を比較することである．もし価格が限界費用より低いのであれば，企業は生産を縮小するだろう．しかしながら，限界費用を算出するのは難しく，裁判所は限界費用の代わりに平均

総費用に頼らざるをえない．もし企業が生産を効率的な水準，あるいはその水準に近いところで行っていれば，平均総費用は最小化されており，限界費用は平均総費用と等しくなっているはずである（図4-6を参照してほしい）．

アメリカン航空のケースでは，生産拡大が伴った．競争市場では，限界費用曲線が上向きになっているかぎり，価格は限界費用と等しくなければならないので，低い価格は少ない産出量に対応している．しかし競争的ではない市場では略奪的価格付けが行われる．新規参入企業がアメリカン航空からいくらかの需要を奪い取ったときに，アメリカン航空が供給を増やすという対応をとったことに対して疑いが持たれた．アメリカ司法省は，アメリカン航空のとった行動を詳細に検討し，ライバル企業を排除するために利益を得る機会を意図的に放棄したと主張した．生産拡大から得る追加的な収入は，犠牲にした費用を（別の航空路線から得られる利益に相当する機会費用を含めて）下回っていた．

こうした略奪的価格付けのケースでは，裁判所は，善意の当事者を有罪にしてしまうリスクと有罪であるべき当事者を無罪にしてしまうリスクの間の困難なトレードオフに直面することになる．消費者は，略奪的価格付けが行われた当初では，価格が引き下げられることで利益を得る．裁判所は，実際には略奪的価格付けを行っていない企業を有罪と判定してしまった場合，競争の抑制につながってしまうことを恐れている．しかし，もし実際に略奪的価格付けが行われたのであれば，長期的には競争は阻害され，消費者は値段が高く発着便は少ないという状況に直面することになってしまう．アメリカ司法省が略奪的価格付けの申立てを行ったほとんどの航空路線では，実際に参入企業が撤退した後には料金は高い水準に戻ってしまい，発着便も削減されている．

裁判所は最終的にはアメリカン航空の主張を支持し，司法省による訴えを棄却した．判決理由は，アメリカン航空は平均可変費用を下回る料金は設定していないというものであった．結局，司法省はアメリカン航空が適切な費用水準以下に料金を設定したということを立証できなかったのだ．

6 競争における不完全性の重要性

マイレージ・サービス，競争相手の価格への対抗，ブランドの存在，毎年繰り返される何十億ドルもの広告支出などの現代の経済に見られる多くの特徴は，基本的競争モデルでは説明できないばかりでなく，整合性も欠いている．これらの特徴は，経済の非常に多くの部分に影響を及ぼしている競争の不完全性を反映したものである．ほとんどの経済学者は，（まったく競争のない）独占や（どの企業も市場価格にはまったく影響を及ぼすことができない）完全競争といった極端なケースは実際にはまれであり，ほとんどの市場では競争が行われているにしても不完全であると考えている．

復習と練習 Review and Practice

■要約

1 独占企業であれ，完全競争に直面している企業であれ，どちらも限界収入が限界費用に等しくなる産出量水準で生産することによって利潤を最大化する．しかし，完全競争企業の限界収入は追加された販売量1単位当たりの市場価格に等しくなり，一方，独占企業の限界収入は市場価格より低くなる．

2 独占価格は限界収入を上回るので，買い手は限界費用よりも高い価格を支払うことになる．したがって，独占の場合には，価格が限界費用に等しくなる場合よりも産出量が少なくなる．

3 不完全競争は，比較的少数の企業が市場を支配していたり，各社の製品に消費者の選好に影響を及ぼすような品質の違いがある場合に起こる．

4 固定費用が巨額で，ただ1社しか効率的な操業ができないような産業を自然独占と呼ぶ．しかし，ただ1社のみ（あるいは2, 3社）しか市場に存在しないときでさえ，潜在的な競争の脅威が十分に強く働いて，価格が平均費用の水準まで下がることもありうる．このときには独占利潤は生じず，

こうした市場はコンテスタブルであるといわれる．しかしサンクコストがある場合や，その他の参入障壁がある場合は，市場はコンテスタブルにはならず，独占利潤を維持することができる．

5 独占的競争では，参入障壁は十分に低いので，利潤がゼロになるまで参入が続く．そこでは，各企業が右下がりの需要曲線に直面する程度に企業数は少ないが，ライバル企業の反応を無視しうるほど十分に多数の企業が操業している．

6 寡占企業は，ライバル企業と共謀してより高い利潤を得るか，それとも競争して利潤を高めるかについて選択しなければならない．また，寡占企業は，自社のとる行動に対してライバル企業がどのような反応をするかについて判断しなければならない．

7 明確にかつ公然と共謀についての協定を結んでいる企業の集団をカルテルと呼ぶ．カルテル結成による利益は莫大であるが，カルテルの維持については，カルテル破りのインセンティブと自己強制力への信頼の必要性，変動する経済環境に対応する必要性から生じる協調の難しさ，などの重大な限界もある．カルテルはアメリカでは違法であるが，たとえばプライス・リーダー（価格先導者）を定めたり，どの競争相手よりも高い価格を付けないと表明・実行する「競争対抗的」価格政策を利用するなど，企業は共謀を容易にする暗黙の方法を探し出す努力を重ねてきた．

8 たとえ共謀しない場合でも，企業はテリトリー制，排他的取引，抱き合わせ販売，再販売価格維持といった取引慣行によって競争を制限しようと試みる．こうした制限的取引慣行によって，ライバル企業の費用を引き上げたり，競争力を弱めることによって利潤を増やしたりする．

■キーワード

純利潤（独占レント）　　価格差別　　自然独占　　4社集中度
不完全代替財　　製品差別化　　共謀　　カルテル　　ゲーム理論
囚人のジレンマ　　制限的取引慣行　　参入阻止　　参入阻止戦略

Q 復習問題

1. 完全競争企業の場合には価格は限界収入に等しくなるのに，独占企業の場合はなぜ価格が限界収入に等しくならないのだろうか．（ヒント：1節「独占産出量」）

2. 独占企業が利潤を最大にしようとするとき，産出量水準はどのように選ばれるのだろうか．限界収入と限界費用が等しくなる産出量水準以外では，なぜ利潤が減ってしまうのだろうか．また，独占企業は競争を恐れる必要がないのに，なぜ利潤を増やすために価格を思い通りに引き上げることができないのか．それぞれ説明しなさい．（ヒント：1節「独占産出量」）

3. 製品差別化が行われる主な原因は何だろうか．（ヒント：3.2項「製品差別化」）

4. 価格が平均費用に等しくなり，市場にただ1社しか存在しない場合でも独占レントを得られないのはどのような条件の下であろうか．（ヒント：2節「規模の経済と自然独占」）

5. 自然独占とは何だろうか．（ヒント：2節「規模の経済と自然独占」）

6. 独占的競争における市場均衡について説明しなさい．また，他企業の参入があるにもかかわらず，なぜ典型的な企業が付ける価格は最小平均費用を上回るのだろうか．（ヒント：4節「独占的競争下の均衡」）

7. 共謀の利益とは何だろうか．カルテルに属する企業がカルテルを破り，取り決められた水準を超えて生産しようとするインセンティブが働くのはなぜか．「囚人のジレンマ」とは何だろうか．また，それはカルテル破りの問題とどう関係しているのだろうか．カルテルが抱える問題には，ほかにどのようなものがあるだろうか．（ヒント：5.1項「共謀」）

8. 公然とした共謀が法律によって禁止されている場合に，企業が暗黙の共謀を行うための方法を列挙しなさい．（ヒント：5.1項「共謀」）

9. 参入障壁とは何だろうか．企業はどのように市場参入を阻止しようとするのだろうか．（ヒント：5.2項「制限的取引慣行」および5.3項「参入阻止」）

10. 制限的取引慣行の例を三つ挙げ，簡単に説明しなさい．（ヒント：5.2項

「制限的取引慣行」）

Q 練習問題

1. 産出量が十分に高い水準にあるとき，独占企業が生産・販売を増加させると収入が減ってしまうのはなぜだろうか．説明しなさい．（ヒント：1節「独占産出量」）

2. タバコが1社だけで生産され，限界費用は一定であるとしよう．ここで政府が，タバコ1箱につき10セントの税金を新たに課したとしよう．タバコに対する需要曲線が線形（つまり数量をQ，価格をp，そしてaとbを定数として需要関数が$Q=a-bp$で表される）ならば，タバコの価格上昇幅は税額よりも大きくなるだろうか，それとも小さくなるだろうか．（ヒント：1節「独占産出量」．課税により独占企業の限界費用はちょうど税額分だけ増加することに注意しなさい．）

3. 家具店は，製品差別化のためには，どのような戦略を用いればよいだろうか．（ヒント：3.2項「製品差別化」）

4. 交通量の非常に多い交差点に立地するあるガソリン・スタンドがある．周辺には，ほかにもガソリンを販売する競争相手が数多くあるものとしよう．このガソリン・スタンドが直面する需要曲線と限界費用曲線，平均費用曲線を図示しなさい．また，こうした状況で利潤を最大にするためには，どのようなルールに従ったらよいかを説明しなさい．このガソリン・スタンドがズーミンと呼ばれる新しいガソリン添加物を販売することに決め，「あなたのガソリンにぜひズーミンを」というキャンペーンを始めたとしよう．ただし，ほかのガソリン・スタンドではズーミンは販売されないものとする．このキャンペーン後のガソリン・スタンドの需要曲線を描きなさい．この場合に利潤を最大にするにはどうしたらよいかを図を用いて説明しなさい．（ヒント：1節「独占産出量」および4節「独占的競争下の均衡」）

5. 略奪的価格付けにより消費者が短期的には得をするが，長期的には損失を被ることを説明しなさい．（ヒント：5.3項「参入阻止」）

6. ある独占企業が直面する需要曲線が次の表で与えられているとする．（ヒ

価格	需要量	総収入	限界収入
55	45		
60	40		
65	35		
70	30		
75	25		
80	20		
85	15		
90	10		
95	5		
100	0		

ント：1節「独占産出量」）

(a) 総収入と限界収入の欄を埋めなさい．
(b) 需要曲線と限界収入曲線を描きなさい．
(c) もし独占企業の限界費用が75ドルならば，均衡独占価格はいくらになるか．また独占企業はどれだけ生産すればよいか．
(d) もし，この市場が完全競争市場ならば，価格と産出量はどうなるだろうか（ただし，限界費用は75ドルとする）．

7 研究情報の共有，汚染浄化費用の共同負担や供給不足回避のための助け合いといった企業間協力の協定は，企業が産出量を削減し，価格を引き上げるうえでの共謀をどのように容易にするのだろうか．（ヒント：5.1項「共謀」）

8 以下に挙げる各要因は，なぜ競争相手に対する参入阻止に役立つのだろうか．それぞれ説明しなさい．（ヒント：5.3項「参入阻止」）
  (a) 過剰生産能力の維持．
  (b) 他のいかなる競争相手よりも低い価格を付けると顧客に約束すること．
  (c) 限界収入と限界費用が等しくなる点を下回る価格で生産物を販売する．（ヒント：新規参入企業が既存企業の限界費用がいくらであるかについてよくわからないものとしよう．既存企業の限界費用が低いと判断して，新規参入企業が参入を思いとどまったとしたならば，それはなぜだろうか．現行価格が低いほど既存企業の限界費用も低いと考えられるのはなぜだろうか．）

(d) 長期契約を結ぶ顧客に対する値引き．

9 （飛行した1マイルごとにポイントが加算され，積み立てられたポイントに応じて特典が受けられる）マイレージ・サービスが航空会社間の競争を抑制するのはなぜだろうか．他の航空会社がマイレージ・サービスを導入する前に，あなたがある航空会社の経営コンサルタントとして雇われたとしよう．あなたは，マイレージ・サービスを導入するよう奨めるだろうか．また，他の航空会社がどのように対抗してくるものと推測するだろうか．それはこのマイレージ・サービスの評価に際して重要な役割を果たすだろうか．

10 任天堂は，しばしば競争相手を市場から締め出そうとしているとして告訴されてきた．問題となった取引慣行には，(a)任天堂用ゲームソフトを作成するソフトウエア業者に対して他のメーカー用ソフトの作成を禁止する，(b)品不足のときに受注への対応をわざと遅らせるなどの方法をとることで，任天堂製品の販売業者に対して競合他社製品の販売を抑制する，といったことが挙げられる．これらの取引慣行が任天堂の利潤を増やすのはなぜだろうか．（ヒント：5.2項「制限的取引慣行」）

11 A，B 2社の複占企業のそれぞれが，「高」産出量と「低」産出量のいずれかを選べるものとしよう．各企業の産出量が決まれば，それぞれの企業は次のような利潤を得るものとする．

		企業B	
		高産出量	低産出量
企業A	高産出量	企業Aの利潤＝200万ドル 企業Bの利潤＝200万ドル	企業Aの利潤＝500万ドル 企業Bの利潤＝100万ドル
	低産出量	企業Aの利潤＝100万ドル 企業Bの利潤＝500万ドル	企業Aの利潤＝400万ドル 企業Bの利潤＝400万ドル

このとき企業Bが，企業Aの選択とかかわりなく高産出量を選ぶほうがよいと考えるのはなぜだろうか．また，そのとき企業Aも，企業Bの選択とかかわりなく高産出量を選ぶほうがよいと考えるのはなぜだろうか．それぞれ説明しなさい．こうした場合には，共謀はA，B両企業にどのような役割を果たすだろうか．（ヒント：5.1項「共謀」．特に「ゲーム理

論を使った共謀モデル」および第 11 章「戦略的行動」）

補論A-日本語版

買い手独占

　どんな市場においても，売り手と買い手のいずれの側でも競争は不完全なものになりうる．本章では財の売り手間の不完全競争の問題に議論を絞ってきた．他方，市場で買い手が1人しかいないときには，その買い手は**買い手独占企業** monopsonist と呼ばれる．買い手独占は比較的まれなケースではあるが，現実に存在する．たとえば政府は，先端技術を駆使したさまざまな国防設備の市場において買い手独占企業である．

　ある種の労働市場においては，唯一の企業が買い手独占企業にきわめて近い存在になる．多くの労働市場で，少なくともある特定の技術を持った労働については，雇用主は右上がりの労働供給曲線に直面することになるかもしれないからである．たとえばUSスチール社の企業城下町であるインディアナ州ゲイリー市のように，市内に1社しか企業が存在しないような場合，加えてその町が他の町からは地理的に孤立している場合には特に，右上がりの労働供給曲線に直面すると考えられる．

　買い手独占は，独占とよく似た影響をもたらす．利潤最大化に関する原則は依然としてあてはまり，買い手独占企業は限界収入が限界費用に等しくなるような水準で生産を決定する．しかし，買い手となる企業は，購入量を増やそうとすれば，もっと高い価格を支払わなくてはならないことをよく知っている．したがって，価格差別ができないとするならば，購入量を1単位増やす際に必要な限界費用は，企業が最後に購入した1単位に支払った金額だけではなく，購入済み分に対する支払い金額の増加分を加えた金額になる．

　労働市場について，買い手独占の影響を示したのが図9-11である．すでに第6章「労働市場」で学んだように，競争市場においては，企業は，労働の限界生産物の価値（つまり，追加される労働1単位が生み出す生産物の価値）が，追加して労働者を雇用する際に必要となる限界費用である賃金に等しくなる点まで労働者が雇用される．図には，労働の限界生産物（MPL）の価値を表す曲線が描かれているが，それは雇用労働者の数が増えるにつれて逓減している．また労働供給曲線は，右上がりに描かれている．この労働供給曲線を用いれば，

図 9-11 ■ 買い手独占

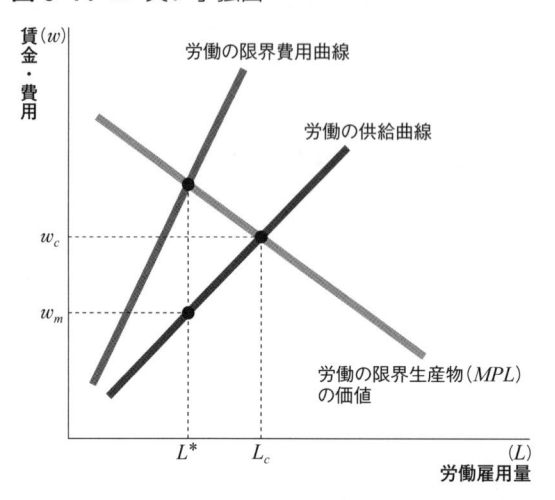

[図: 縦軸「賃金(w)・費用」, 横軸「労働雇用量 (L)」。労働の限界費用曲線, 労働の供給曲線, 労働の限界生産物(MPL)の価値曲線。L^* で w_m, L_c で w_c。]

買い手独占企業は，投入物の購入量を増やそうとすれば，その限界的に購入した単位だけでなく，それまでに購入した投入物のすべてについても高い価格を支払わなくてはならなくなる．したがって，投入物を購入するための限界費用は価格を上回る．買い手独占企業は投入物の限界費用がその限界生産物の価値に等しくなる雇用量 L^* を選び，賃金水準を w_m に設定する．一方，競争的な労働市場では，企業は w_c という賃金で L_c だけの労働者を雇用する．したがって，競争的企業の場合に比べて，買い手独占企業はより低い賃金でより少ない雇用しかしない．

企業が労働者をもう1人追加して雇用する際の限界費用，すなわち賃金にすでに雇用している全労働者に対する賃金支払い総額の増加分を加えた額を計算することができる．明らかに，労働の限界費用曲線は労働供給曲線の上方に位置する．企業は，労働の限界生産物の価値が限界費用に等しくなる L^* まで労働者を雇用する．その結果，雇用量の増大が賃金上昇を招くことを企業が無視して行動する場合よりも，雇用量は少なくなる．

補論B-日本語版
独占および不完全競争下における投入物への需要

すでに第6章「労働市場」で学んだように，競争的企業は，労働の限界生産物の価値が賃金に等しくなる点まで，労働者の雇用を増加する．同様に，他のどのような投入物についても，その限界生産物の価値が価格に等しくなる点まで購入は増加される．こうした結果を用いれば，労働（他のどのような投入物でも同じである）に関する需要曲線を導き出すことができる．

不完全競争の場合もまったく同様である．独占企業は追加的な労働力1単位が生み出す収入の増加分，すなわち経済学では限界収入生産物（MRP）と呼ばれるものが賃金に等しくなる点まで労働力を雇用する．競争的市場においては，限界収入生産物の価値は，財価格と産出量の増加分を表す限界生産物の積に等しくなる．独占の場合には，限界収入生産物（MRP）は，産出量の追加的な1単位が生み出す限界収入（MR）と限界生産物（MPP）の積，つまり $MRP = MR \times MPP$ になる．

どのくらいの労働力が雇用されるかは，図9-12の限界収入生産物曲線を用いて示すことができる．曲線が右下がりになるのは，以下の二つの理由による．第一に，産出量が増えれば限界生産物が小さくなるからであり（これは収益逓減の法則そのものである），第二に，産出量が増えれば限界収入が小さくなるからである．（賃金が w_0 であれば）企業は，限界収入生産物が賃金に等しくなる L_0 まで，労働者を雇用する．賃金が w_0 から w_1 へと上昇すれば，雇用量は L_0 から L_1 へと減少する．こうした理由から，完全競争の場合と同様に，不完全競争の場合にも労働に関する需要曲線は右下がりとなる．

図 9-12 ■ 限界収入生産物曲線

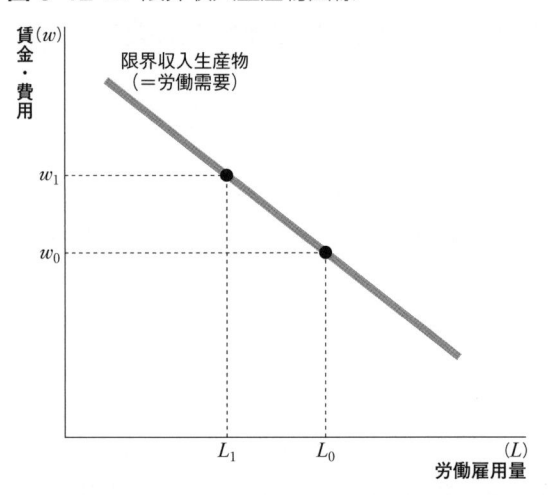

企業は，労働者を1人追加して雇用したときの限界収入生産物が限界費用に等しくなる水準で雇用量を決定する．競争的な労働市場においては，労働の限界費用は賃金に等しい．

補論C-日本語版
寡占市場における市場均衡

　寡占市場では，数多くの戦略決定をめぐって，寡占企業間で競争が繰り広げられる．寡占企業がある価格でどれくらい販売できるか，またもしその企業がある産出量水準で生産を行うと市場価格はいくらになるか，といった問題はライバル企業がどのような行動をとるかに依存してくる．したがって，寡占企業の行動は，ライバル企業がどのように反応してくるかについての信念に決定的に依存することになる．

　この補論では，寡占企業がどのように行動し，その結果どのようにして市場均衡が決まるかについてより詳しく検討する．

C.1　クールノー競争

　複占の場合を考えよう．極端なケースの一つとして，ライバル企業が産出量水準を一定に保つと信じている場合を考えてみる．このとき自社が産出量を増やせば，ライバル企業は一定の産出量を販売するために価格を引き下げるだろう．このために増産することで得られる利益は少ないものになる．こうした形の競争は1838年に最初にこれを研究したフランスの経済学者であり工学者でもあるオーグスタン・クールノー（Augustin Cournot）の名にちなんで**クールノー競争** Cournot competition と呼ばれる．

　図9-13を見よう．この場合に複占企業が直面する需要曲線は，ちょうど，市場需要曲線を他企業が生産を決定済みの産出量分だけ左方にシフトしたものになる．[4] この需要曲線を所与とすれば限界収入曲線を描くことができ，その曲線と限界費用曲線とが交わる産出水準を企業は生産する．

　通常は，クールノー競争における均衡産出量は完全競争の場合に比べて少ないが，独占の場合よりも多い水準になる．企業は，限界収入と限界費用を等しくさせることに注意してほしい．完全競争下では，限界収入はちょうど価格に等しくなる．また独占下では，限界収入は価格を下回る．それは，価格から現

---

4)　このようにして求められる需要曲線は，残余需要曲線と呼ばれる．

図 9-13 ■ 複占市場下のクールノー競争

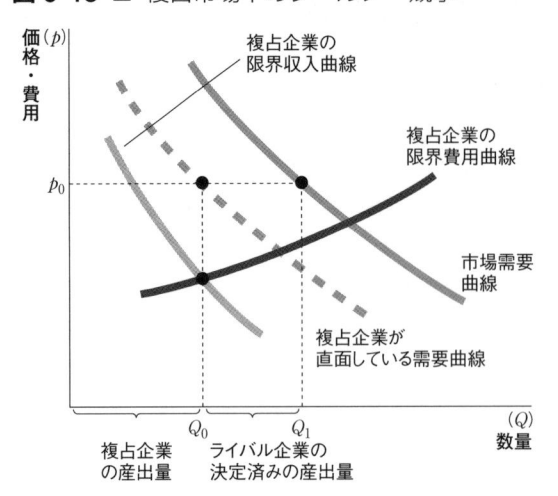

(図：価格(p)を縦軸、数量(Q)を横軸とするグラフ。複占企業の限界収入曲線、複占企業の限界費用曲線、市場需要曲線、複占企業が直面している需要曲線が描かれている。価格p_0、数量Q_0、Q_1が示されている。Q_0は複占企業の産出量、Q_0からQ_1までの距離はライバル企業の決定済みの産出量を表す。)

クールノー競争が繰り広げられている複占市場においては，個々の企業の需要曲線と市場需要曲線は平行であり，二つの曲線間の距離はライバル企業がすでに決定している産出量に等しくなる．このように需要曲線が決まれば，複占企業はいつものように，限界収入と限界費用が等しくなる水準で利潤を最大にする．

行販売量にかかわる費用を差し引いた金額，つまり価格から1単位の生産を追加することがもたらした価格低下による損失分を差し引いた金額に等しい．同様のことはクールノー競争の場合にもあてはまる．したがって，産出量は完全競争の場合に比べて少なくなる．しかし，かりに2企業が同一であれば，各企業は総産出量のちょうど半分だけを生産しているはずである．この場合には，現行販売量に関する損失は独占の場合に比べて少ないものになる．価格低下による収入の減少の一部は，クールノーの仮定の下では産出量を変えないライバル企業の負担となるからである．（すなわち，独占の場合に比べて）限界収入は価格に近くなる．このように，どのような産出水準においても限界収入は，クールノー競争下におけるほうが独占に比べて大きくなるので，均衡産出量も大きくなる．

市場均衡を描き出すためには，両企業がどのような相互依存関係にあるかを明らかにしなければならない．このために重要な分析用具が**反応関数 reaction function** である．これは他企業の産出量を所与として各企業がどれだけ生産するかを表すものである．言い方を変えると，反応関数は各企業の他企業

図 9-14 ■ 反応関数

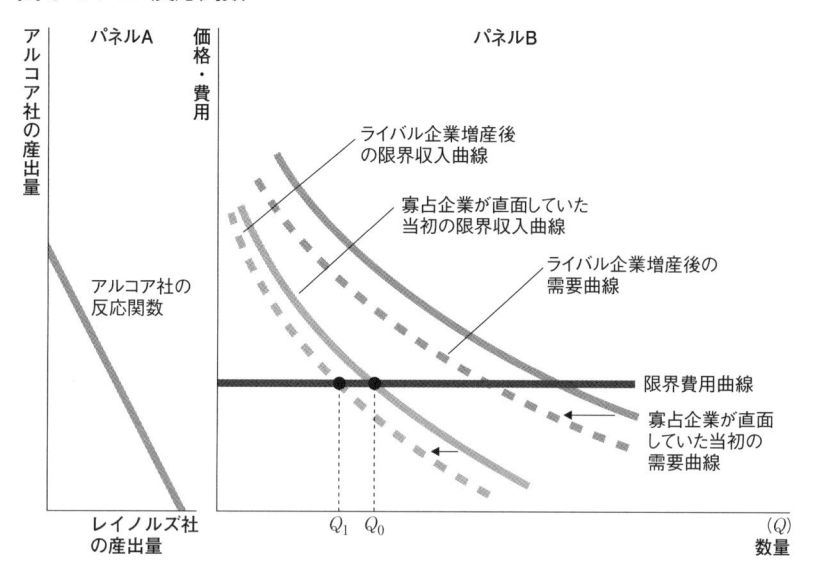

パネルA — 縦軸: アルコア社の産出量、横軸: レイノルズ社の産出量。アルコア社の反応関数が右下がりに描かれている。

パネルB — 縦軸: 価格・費用、横軸: 数量 (Q)。ライバル企業増産後の限界収入曲線、寡占企業が直面していた当初の限界収入曲線、ライバル企業増産後の需要曲線、寡占企業が直面していた当初の需要曲線、限界費用曲線が描かれている。産出量は Q_1, Q_0 で示されている。

パネル A の反応関数は，レイノルズ社の産出量に対してアルコア社が選択する産出量を表している．ここでレイノルズ社が増産すると，アルコア社が減産することに注意されたい．パネル B には，この理由が示されている．個々の企業の需要曲線は，ライバル企業が産出量を増やすときには，左方にシフトする．同時に，限界収入曲線も左方にシフトするので，その結果，産出量が減少することになる．

に対する反応を表す．アルコア社とレイノルズ社という 2 社が操業していた第二次世界大戦後のアルミニウム産業を例に考えてみよう．アルコア社の右下がりの反応関数が図 9-14 のパネル A に描かれている．

　反応関数が右下がりになる理由を理解するためには，クールノー型寡占企業がどのように産出量を決定したかを思い出す必要がある．パネル B に示されているように，企業は限界収入と限界費用を等しくしようとする．もしレイノルズ社が産出量を増やせば，どのような価格であれ，アルコア社に対する需要量は減少する．それゆえに，アルコア社が以前と同量の販売をしようとするならば，販売価格を引き下げなくてはならなくなる．図には新しい需要曲線とそれに対応する限界収入曲線が描かれているが，2 曲線ともレイノルズ社が増産する以前よりも左方にシフトしている．したがって，最適な産出量も減少する．すなわち，レイノルズ社が増産したときには，アルコア社は減産するのである．

　図 9-15 に示されるように，同様の分析はレイノルズ社にもあてはまる．反

図 9-15 ■ クールノー競争下における市場均衡

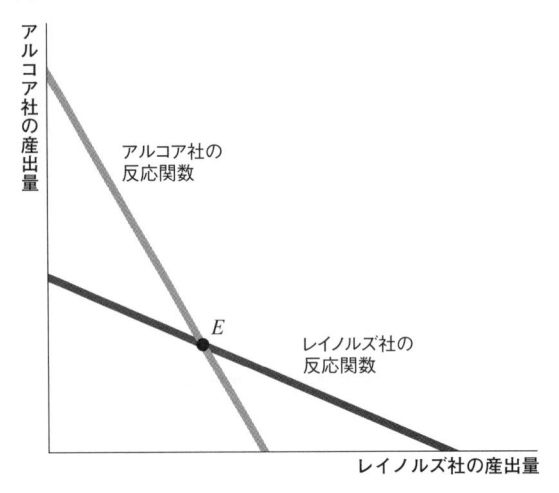

均衡は二つの反応関数の交点で表され，その点で各企業は他企業の産出量が変わらないことを信じて利潤を最大化している．この点では，どの企業も産出量を変えようとはしない．

応関数は，縦軸上に測ったアルコア社の産出量を所与として，レイノルズ社の産出量を横軸上に示している．市場均衡は，二つの反応関数の交点 E である．この E 点は，レイノルズ社の産出量を所与とした場合のアルコア社の均衡産出量を表し，かつアルコア社の産出量を所与とした場合のレイノルズ社の均衡産出量を表している．交点が均衡である理由は，各企業のライバル企業の行動についての予測を所与としたときに，いずれの企業も産出量を変更しようとはしないからである．すなわち短期においては，変化の圧力はまったく働かない．このようにライバル企業が現行産出量を変更しないという予測の下で，各企業は利潤を最大にしている．すなわち均衡価格は，アルミニウムの市場需要曲線上でアルコア社とレイノルズ社を合わせた総産出量に対応する水準となる．

C.2 ベルトラン競争

次に，ライバル企業は価格を変更せずに維持するとそれぞれの企業が信じているという場合を考えよう．この場合には，寡占企業は水平な需要曲線に直面しており，たんに価格を引き下げるだけで，ライバル企業から市場の需要をすべてを奪うことができる．こうした場合には，たとえ2企業しか存在していな

図 9-16 ■ 複占市場のベルトラン競争

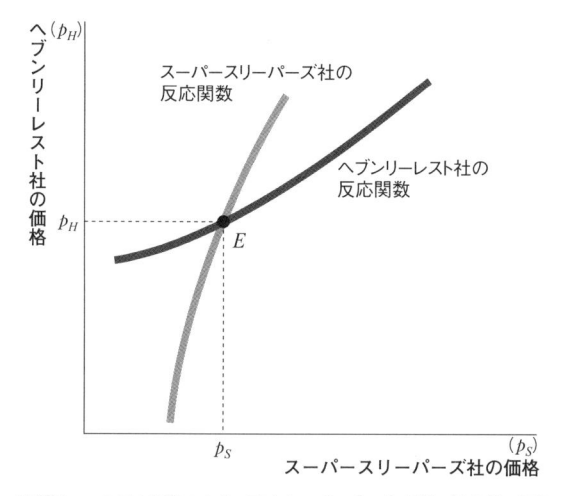

均衡は二つの反応関数の交点で表され，その点で各企業は他企業の価格が変更されないことを信じて利潤を最大化する．1社が価格を引き上げるとライバル企業にとって利潤を最大にする価格も上昇するために，反応関数の傾きは正である．

いとしても，均衡価格は競争価格になることは驚くことではない．各企業は，価格が生産の限界費用に等しくなるまでライバル企業の価格より値下げしていく．このような競争は，1883年にこうした競争形態を初めて研究したフランスの経済学者ジョセフ・ベルトラン（Joseph Bertrand）の名にちなんで**ベルトラン競争 Bertrand competition** と呼ばれる．

図9-16にはベルトラン型複占の市場均衡を表す反応関数が描かれている．ベルトラン型複占企業は，他のライバル企業の価格は一定だと想定している．以下の例では，不完全な代替財を生産する二つのマットレス会社，スーパースリーパーズ社とヘブンリーレスト社の2社からなる複占市場を考えてみよう．この場合の反応関数は，ライバル企業の価格を所与としたときの個々の企業の価格を表したものである．スーパースリーパーズ社が価格を引き上げれば，ヘブンリーレスト社も価格を引き上げるのが最適だと考える．そのため反応関数は右上がりの曲線となり，均衡はE点で示される．

各企業が直面する需要曲線は，各企業が価格を設定する（ベルトラン型）競争の場合のほうが，各企業が産出量を設定する（クールノー型）競争に比べて，

より弾力性が大きくなる．どうしてそうなのかは，2企業が生産する二つの財が完全代替財となる極端なケースを考えるとわかりやすい．この場合には，1社がライバル企業よりもほんのわずかでも低い価格を付ければ，すべての市場を手中に収めることができる．逆に，ほんのわずかでも高い価格を付ければ，すべての販売を失ってしまう．つまり，各企業は完全に水平な需要曲線に直面しているのである．その結果，たった2社しかいなくても，互いにライバル企業は価格を維持する，すなわち自社の価格変更に対して他社は価格を維持することを信じている．かつその2企業が完全代替財を生産しているのであれば，競争的市場が実現するのである．

この場合，競争のプロセスは次のように働く．ただし，両企業の限界生産費用と平均費用は一定だとしよう．価格が限界費用を上回るかぎりライバル企業は価格を変更しないと各企業は信じているので，価格をほんのわずか引き下げるのが得策になる．それによって，市場全部を奪うことができるからである．しかし，ライバル企業も同様に考えるので，さらに値引きをしてくるだろう．こうしたプロセスは，企業の利潤がゼロとなる水準へと価格が低下するまで続く．そうなると，それ以上価格を引き下げることは得策ではなくなる．

一般に，複占企業により生産される生産物は完全代替財ではなく，わずかに異なっているので，各企業は右下がりの需要曲線に直面する．そのために，均衡では価格は限界費用を上回る．そのとき，産出量は完全競争の場合に比べれば少なくなるが，クールノー型競争の場合に比べれば多くなる．

C.3 制限的取引慣行

図9-17には，両企業がともに制限的取引慣行を採用する場合に，比較がどうなるかが示されている．制限的取引慣行により，両企業の反応関数は外側にシフトする．各企業がどのような価格を付けるのであれ，競争が制限されるため，他企業の最適価格は高くなるからである．二つの反応関数が外側にシフトするため，いずれの企業の均衡価格も以前より高くなる．

図 9-17 ■ ベルトラン競争下の制限的取引慣行

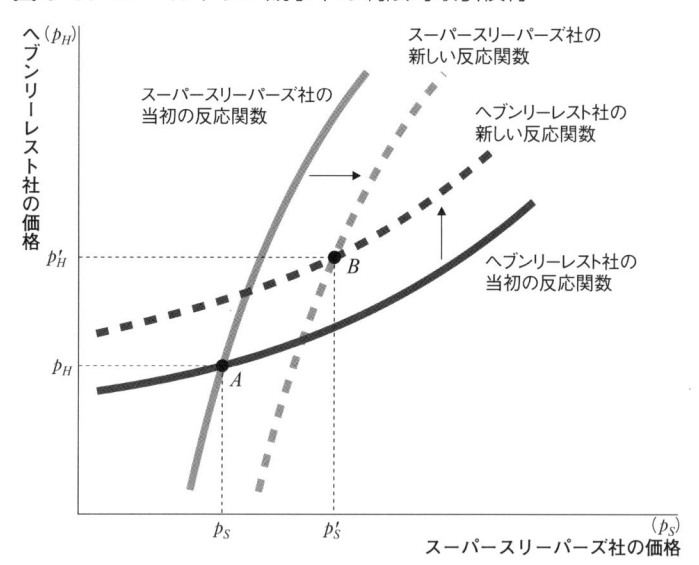

（縦軸）ヘブンリーレスト社の価格 (p_H)
（横軸）スーパースリーパーズ社の価格 (p_S)

- スーパースリーパーズ社の当初の反応関数
- スーパースリーパーズ社の新しい反応関数
- ヘブンリーレスト社の新しい反応関数
- ヘブンリーレスト社の当初の反応関数

点 A：(p_S, p_H)
点 B：(p_S', p_H')

制限的取引慣行があれば，それがない場合に比べて，両企業とも価格を高くすることができる．というのは，競争の脅威が減るからである．両企業がともに制限的取引慣行を採用すれば，反応関数から求められる均衡は A 点から B 点に移動する．

Chapter 10

第10章 競争促進政策

Learning Goals

1. 不完全競争市場で非効率が発生する原因は何だろうか.
2. これまで政府は,不完全競争が引き起こす問題に対してどのような対応をしてきたのだろうか.
3. これまで政府は,1企業が市場で支配的地位を確立することを阻止し,かつ競争を制限する取引慣行を禁止するために,反トラスト政策をどのように用いてきたのだろうか.

政府は，政治的・経済的理由に基づいて，これまで積極的に競争を促進し，過剰な市場支配力が濫用されることを制限してきた．本章では，競争制限の経済効果についてもう一度考え直すとともに，そのマイナスの影響を克服するための政策について学んでいくことにする．

1 独占と競争制限による弊害

独占や他の不完全競争によって生じる経済的非効率には，以下の四つがある．すなわち，産出量の制限，経営上のスラック，技術開発（R&D）への関心の不足，そしてレント・シーキング活動である．これらは独占企業（以下の議論では独占の場合に焦点が当てられる）において典型的な問題であるが，不完全競争市場においても同様の問題は発生する．

1.1 産出量の制限

独占企業が事業を行うのは，競争的企業と同様に利潤を稼ぐためである．そのために独占企業も，顧客が欲しがるような財やサービスを生産しようとする．しかし独占企業の場合には，競争的企業にはできない方法で利潤を稼ぐことができる．一つの方法は，第2章「不完全市場と公共部門」と第9章「独占，独占的競争と寡占」で学んだように，産出量を制限することで財の価格を引き上げることである．わかりやすくいえば，独占企業は顧客を搾取しているのである．消費者は，独占企業が供給している財の購入を選択することによって，その製品を購入しないときよりも経済状態は改善している．しかし，その産業が競争的である場合よりも消費者は高い価格を支払っているのである．

独占企業が限界収入と限界費用を等しくさせるように選ぶ産出量は，競争的産業で実現される産出量に比べて少ないものになる．競争的産業においては，1社ではなく多数の企業が操業しており，そこでは産出量は，価格と限界費用を等しくする水準に決定される．図10-1に示されるように，独占企業の産出量，すなわち独占産出量 Q_m は，競争的産出量 Q_c（すなわち，価格 p_c が限界費用に等しくなる競争的企業の産出量）よりも小さくなる．その結果，独占価格 p_m は競争価格 p_c よりもずっと高い水準になる．

1．独占と競争制限による弊害

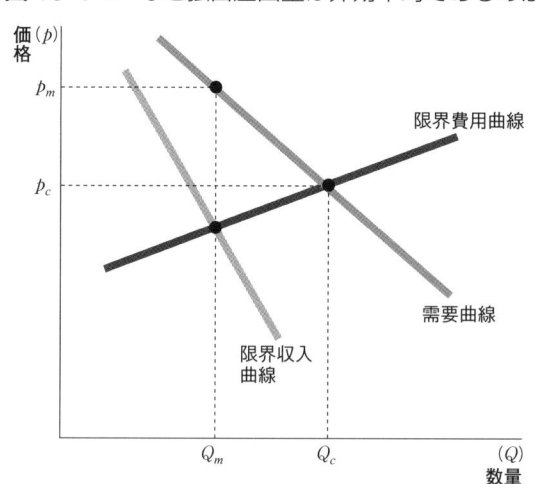

図 10-1 ■ なぜ独占産出量は非効率的であるのか

完全競争企業の場合には，価格が限界費用に等しくなる水準，すなわち産出量 Q_c が価格 p_c で生産される．独占企業の場合には，限界収入が限界費用に等しくなる水準，すなわち産出量 Q_m が価格 p_m で生産される．このとき市場価格は限界費用を上回る水準になる．

　財の価格は，個人がその追加 1 単位に支払ってもよいと考える対価である．言い換えるならば，財の価格は，購入者にとっての限界便益を表している．完全競争下では価格は限界費用に等しくなるので，均衡において財の追加的な 1 単位が個人にもたらす限界便益（価格）は，企業がそれを生産するために必要とする限界費用にちょうど等しくなる．しかし，独占企業が産出量を減らすと，追加 1 単位の限界便益，つまり個人が追加 1 単位に対して支払ってもよいと考える価格は，限界費用を上回ってしまう．

　独占企業の生産決定と，競争市場における個々の企業の生産決定を産業全体で集計した結果を比べれば，独占が社会にもたらす損失額を推計することができる．分析を単純にするために，図 10-2 では限界費用は一定で，競争価格 p_c の水準で水平になる直線で表されるものとしよう．独占企業は限界収入が限界費用に等しくなる点，つまり Q_m だけの生産をし，その産出量 Q_m に対応する需要曲線上の価格 p_m を付ける．

　ここでは 2 種類の損失が計測できる．どちらの損失も第 3 章「消費の決定」で紹介した消費者余剰の概念と関係している．すでに学んだように，右下がり

図 10-2 ■ 独占の社会的費用

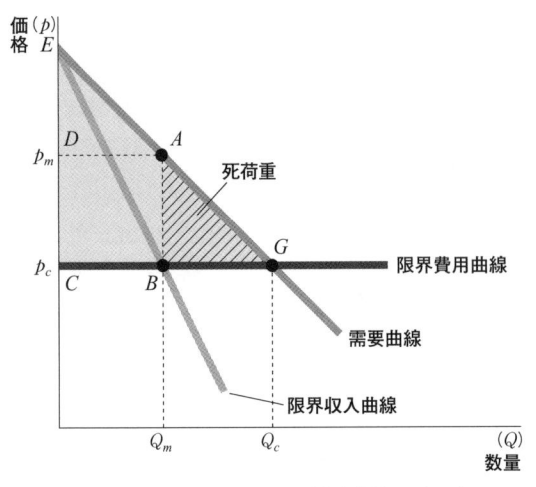

独占価格は高い水準で設定されるので,消費者余剰の一部を奪ってしまう.この損失のうち,一部分(四角形 $ABCD$)はたんに消費者から独占企業への所得再分配にすぎないが,残り(三角形 ABG)は独占の死荷重である.

の需要曲線はほとんどの消費者にとっては一種の利益を表している.すなわち,価格水準 p_c での直線と需要曲線の交点よりも左側では,人々はその財を購入するにあたって実際に支払っているよりももっと高い価格を支払ってもよいと考えている.競争市場であれば,図 10-2 において消費者余剰は,需要曲線と価格水準 p_c での直線で囲まれたアミのかかった領域全体(CEG)になる.

しかし独占企業は,この消費者余剰を減少させる.すなわち第一の損失は,独占企業が競争状態にあるときに比べて高い価格 p_m を付けることによって引き起こされる.この損失は,価格の上昇幅($p_m - p_c$)と実際の生産量(=消費量,Q_m)の積に等しく,図の四角形 $ABCD$ の面積で表される.しかし消費者が被る損失は,社会全体にとっての損失ではない.なぜならば,価格引上げが独占企業の収入増加という所得の移転を引き起こしているからである.しかし独占企業は生産も減少させてしまうことがあり,これが第二の損失である.すなわち独占企業の産出量は,競争市場であったならば生産された水準 Q_c を下回る Q_m になる.この第二の損失は,社会にとっての完全な損失であり,独占の死荷重と呼ばれる.ここで死荷重と呼ばれる理由は,消費者は Q_m の右側

で得ていた三角形 ABG に相当する余剰を失っているが，それにより独占企業が利益を得ることもないからである．

経済学者の中には，UCLA のアーノルド・ハーバーガー（Arnold Harberger）のように，独占による損失は比較的小さく，独占企業の生産価値額のわずか3％ほどしか占めていないと論じる者もいる．だが，産出量の制限による損失はもっと大きいと考えている経済学者もいる．いずれの主張が正しいかは別にしても，産出量の制限は独占が経済にもたらす非効率の原因の一つである．

1.2 経営上のスラック

第4章「企業と費用」で議論してきたように，どの企業も産出量の水準がどれくらいであるかにかかわりなく，それを生産するための費用を最小にしたいと考えている．しかし現実には，たいした競争もなく多くの利潤を稼ぎ出している企業にとっては，費用をできるだけ少なく抑えようとするインセンティブが失われてしまう傾向がある．企業が競争の圧力から免れているときに生まれるこうした効率性の欠如は，**経営上のスラック managerial slack** と呼ばれる．

競争がなければ，経営が効率的であるかどうかを判断することは難しい．たとえば，AT&T社を利用してニューヨークからシカゴへ1回電話をかける費用はいったいいくらかかるのだろうか．かつて AT&T 社が長距離通話サービスを独占していた時代でも，同社は費用は最小になっていると主張したかもしれない．しかし，いくら熟練した技術者であっても，その主張が真実であるかどうかは判定できなかったであろう．都市間通話サービスで競争が進むと，AT&T 社の株主たちは同社の費用をスプリント社，MCI 社など他のライバル企業の費用と比較できるようになり，そうした競争が各企業にできるだけ効率的な経営をめざすというインセンティブをもたらした．

1.3 研究開発意欲の減退

競争の下では，企業は新製品の開発や生産費用の削減に取り組むことだろう．対照的に独占企業は，技術進歩に意欲的には取り組まず，何もせずにじっとしていて利潤が懐に転がりこんでくるのを待とうとするかもしれない．

もちろんすべての独占企業が研究開発に取り組まないわけではない．

AT&T社の研究部門であるベル研究所は，AT&T社が電気通信サービスで実質的な独占企業であった時代からずっと，次々と重要な技術革新を生み出しつづけていた．レーザーとトランジスタは，その技術革新成果の中のほんの2例にすぎない．しかし，AT&T社の立場はきわめて特異なものであった．同社の料金は政府の規制当局により決定され，しかもその料金体系は，研究開発支出の増大を促す形で定められていたのである．こうした点を考慮すると，AT&T社の旺盛な研究開発活動は政府の規制政策がもたらした結果という以外の何物でもなかった．

　ベル研究所とは対照的に，アメリカの自動車産業と鉄鋼産業は，自分たちの技術力を過信したがゆえに，外国との競争に敗れたと批判されることが多い．第二次世界大戦終了当時までは，これらの産業は世界的にも支配的地位を確立していた．これらの産業は，長年にわたって高利潤を謳歌した後に，1970年代から1980年代にかけて外国企業に大きく市場シェアを奪われてしまった．たとえば外国の自動車・鉄鋼メーカーが1980年代にはアメリカの競合企業に比べて安い価格で販売できるようになったのは，たんに労賃が安いという理由だけではなく，彼らの技術水準が進歩し，アメリカの産業よりも効率的に生産できるようになったからである．

　最近の議論では，市場支配力を持つ企業は，市場が競争的である場合に比べて技術革新に消極的となるばかりか，自分たちの市場支配力を弱めるおそれのあるライバル企業の技術革新活動を握りつぶそうする傾向があることが指摘されるようになった．また，たとえ潜在的ライバルによる技術革新を意図的に阻止しなくても，結果的にそうしている場合もある．技術革新を生む過程で最も重要な投入物には過去の技術革新の成果も含まれるが，独占企業は，（自らの市場支配力を行使して）こうした過去の技術革新の成果を利用する「価格」を引き上げることで，将来の技術革新へのインセンティブを弱めているのである．

1.4 レント・シーキング

　独占が経済的非効率を生み出す最後の原因は，独占企業が資源を経済的に見て非生産的な方法で使いがちだという点にある．とりわけ独占企業は，他の企業の市場参入を阻止しようとするかもしれない．独占企業が得ている利潤を独占レントと呼ぶが，ある産業で独占的地位を獲得しレントを得ようとしたり，

1. 独占と競争制限による弊害

独占的地位を維持して既存のレントを継続しようとする活動を**レント・シーキング** rent seeking という．

ときには，企業が独占的地位を得るに至った理由が政府の保護によることがある．多くの発展途上国では，国内においてある財を1企業に独占的に生産することを認め，その財を海外から輸入することを禁止している．このような状況下では，その企業はロビイストを利用したり政治家に献金することを通して，競争を制限する規制措置を継続させて高利潤を維持しようとするだろう．こうした活動は社会的には資源の浪費である．（労働時間を含めた）実物資源が，財・サービスの生産のためではなく，自分に都合のよい規則を勝ちとるために用いられるからである．それゆえに政府が競争を制限しようとすれば，企業はより良い製品をつくるためではなく，レント・シーキング活動に資金を注ぎ込むことになる．このことが，人々が独占に対して憂慮する理由である．

独占的地位を獲得し，それを維持するためには，企業は独占利潤として得られる金額の範囲内までは資金を注ぎ込んでもかまわないと考えるだろう．そのために，こうしたレント・シーキング活動による資源の浪費は，産出量削減による損失をはるかに上回る可能性がある．

1.5 制限された競争がもたらすその他の損失

第9章「独占，独占的競争と寡占」で学んだように，独占状態ではないにしても，少数の企業により支配された市場のほうが，現実の経済ではしばしば見られる．独占に比べれば，これまで議論してきた非効率の程度は限られた競争のほうが小さいものである．たとえば産出量を見ても，完全競争に比べれば少ないが，独占よりは多くなるからである．第16章「技術進歩」で学ぶように，（研究開発という）新製品を生み出す競争も制限された競争の下では（独占よりも）熾烈なものになることが多い．しかし，独占市場に比べて限定された競争のほうが非効率の程度が悪化してしまうこともありうる．たとえば，不完全競争下の企業は多大な資源を費やして，新規参入を阻止し，競争の程度を抑制して価格を引き上げるような活動を行う．そうした支出は利潤を増やすかもしれないが，資源の浪費であり，消費者利益の犠牲を伴うのである．さらには，不完全競争企業はライバル企業の参入阻止のために過剰生産能力を維持する場合がある．また，企業がライバル企業に対して競争上の優位に立つためには，

e-insight
インターネットを使った高度な価格差別

　アマゾン・ドット・コム社が2000年にある市場調査を始めると，ただちに消費者保護団体から不正な行為だという痛烈な批判を浴びた．アマゾン・ドット・コム社はDVD販売に際して顧客別に異なる価格を付けていたが，こうした販売価格戦略が世の中に知れ渡ると，同社は，顧客が価格の違いにどのような反応をするかを見きわめるためにその場その場で無作為に価格を設定していたという釈明をした．だが，専門家たちはこうした説明に懐疑的であり，アマゾン・ドット・コム社が過去の購入履歴に基づく個々の顧客情報を使って価格を巧みに操作しているのではないかと危惧していた．高額商品をたくさん購入した記録を残しているより裕福な顧客には価格をより高く設定していたかもしれない．新聞の論説でもアマゾン・ドット・コム社は「不公正な」価格設定をしていると非難されたために，この市場調査は中止された．

　航空料金についても，同一の便でも購入時期次第で航空料金は違うものだということが，長い間顧客には受け入れられてきた．事前に利用を決めた旅行者には割引料金，新たに予定の入った会議への出席のために利用するビジネス客には高い料金が設定されてきた．ビジネス客の需要は価格に対して非弾力的なので，航空会社は料金を高く設定できる．だが，前もって旅行計画を立て，旅行日程を容易に調整できる人たちは価格に対してよ

自らの費用を低下させるのではなく，たとえば既存の流通施設を利用できなくすることでライバル企業の費用を引き上げることもある．また企業は，有益な情報を何も伝えない（しかし説得力のある）広告・宣伝に資金を使う場合もあるかもしれない．

2　自然独占に対する政策

　もし不完全競争が，これまでに学んできたような社会的損失を生み出すので

り敏感に反応する．つまり，彼らの需要は価格に対してより弾力的である．価格に感応的な顧客にしか料金を安くしないことで，航空会社はすべての人に同一の低料金を設定せずにより多くの座席を埋めることができるのである．

　第9章「独占，独占的競争と寡占」で学んだように，不完全競争市場では，企業は，消費者ごとに違う価格を付けるといった価格差別により利潤を増やそうとする．インターネットは，こうした販売戦略にとって新しい機会を創り出している．たとえば次のような使い方がある．週末に猛吹雪の到来が予報されていることがわかれば，週の初めに金物店のサイトへログオンして，ランタンや電池，ろうそくを追加注文しておけるだろう．ウェブサイトでは，あらかじめ組み込まれたプログラムにより注文者の郵便番号を全国天気データベースと照らし合わせてその注文が緊急のものかどうかがチェックされる．そのため，注文者が猛吹雪に遭おうとしていることがわかると，オンラインの金物小売商はその需要が価格に対して非弾力的であると判断して，必要な商品の購入・配達料金を引き上げることができることになる．

　インターネットの利用を通じてより詳細な顧客情報を得られるようになるために，不完全競争市場下の企業は価格差別の実施という新しいビジネスの可能性を手にするようになるのである．

あれば，なぜ，競争は完全でなければならない，として規制をしないのだろうか．これらの疑問に答えるためには，第2章「不完全市場と公共部門」で議論した，競争が不完全となる理由を思い返す必要がある．

　その理由としては，まず，産業内で操業する企業が1社であれば生産費用が低くなる場合がある，という点が挙げられる．すなわちこれが，自然独占のケースである．図10-3に描かれた場合を例にとれば，考えられる産出量の範囲で，限界費用は一定だが，平均費用は減少しつづけている．これは固定費用が多額である場合に見られるケースである．自然独占は政策決定者にとって取扱いが難しい問題である．図10-3に描かれているように，自然独占企業も他の

図10-3 ■ 自然独占に対する規制の問題

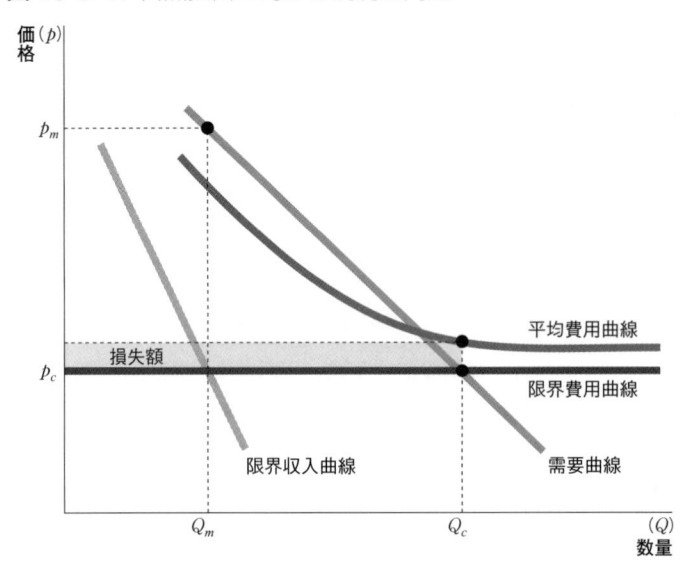

自然独占企業は,限界収入と限界費用が等しくなる産出量 Q_m,価格 p_m の水準で生産する.完全競争の場合は,価格は限界費用と等しくなり,産出量 Q_c,価格 p_c の水準で生産される.しかし完全競争の場合と同じ結果は,ここでは実現できない.というのは,それを実現しようとすれば,自然独占企業は平均費用を下回る水準で生産することになり,損失が発生してしまうからである.

企業と同様に,限界収入と限界費用が等しくなる産出量 Q_m を生産する.この産出水準に対応して p_m という価格が付けられるが,これは限界費用を上回っている.そのために,価格と限界費用が等しい完全競争の場合(図では産出量 Q_c,価格 p_c)に比べて,産出量は少なく価格は高くなる.

しかし,平均費用が減少しつづけている場合,完全競争は成立しえない.実際,この点を理解するために,完全競争では価格が限界費用に等しくなる,ということを思い出そう.そして,図10-3を見ながら,自然独占の場合に価格が限界費用まで下がると何が起こるかを考えてみる.図では限界費用が価格 p_c と一致している.そして価格 p_c において需要量は Q_c であるが,この需要量では企業の平均費用は価格よりも高い.平均費用は減少しつづける場合,限界費用は平均費用を下回りつづけることになる.そのため,価格と限界費用を等しくすることは,価格が平均費用を下回ることを意味する.もし企業がこのように平均費用を下回る価格で生産物を販売するのであれば,企業は損失を被

ってしまう．したがって，平均費用が低下している場合，価格と限界費用が一致するところで生産されると，図のアミのかかった部分に相当する金額分だけ，利潤は負となってしまうのである．損失を出しつづけるのであれば，企業は事業を続けることはできない．

販売量は増えるが売るたびに損を出す企業を考えてみよう．もちろん，一つ売るたびに損失が出る状況でさらに販売量を増やすことは，企業の状況を悪化させるだけである．そしてそのような状況を生み出すのがまさに，平均費用が逓減する企業が，価格と限界費用が一致するところで生産を行う場合なのである．

もし政府が，自然独占企業に価格と限界費用が等しくなる点で生産させようと考えるならば，この損失を埋め合わせる金額分だけ企業に補助金を供与しなければならない．そうした補助金のための資金を調達するには，税収を増やさなくてはならないが，増税は必ず他の経済的費用を生み出す．したがって，企業が価格を限界費用よりも高く設定することで生ずる歪みと，最初の歪みをなくすための補助金を得る目的で税を課すことで生ずる歪みのうち，どちらがより深刻であるのかを比較しなければならない．さらに，政府が必要な補助金額を算定するのは困難な作業になるだろう．というのも，自然独占企業の経営者や労働者は，政府からより多くの補助金を獲得するために，要求された産出量を生産するうえで彼らが「必要とする」賃金やその他の費用の見積もりを過大に申告するインセンティブを持つと考えられる．

こうした自然独占の問題を解決するには，政府には以下の三つの選択の余地がある．

2.1 国営化

電力，ガス，水道といった自然独占事業が，単純に政府により所有（公有）されている国もある．しかし，公有には問題がある．多くの場合に政府は，民間の生産者に比べて効率的ではないからである．

なぜならば，国営産業は損失が生じたとしても多くの場合政府が補助してくれるので，経営者には，積極的に費用を削減し経営を合理化しようとするインセンティブが働かない．加えて，企業の国営化（公有化）は経営への政治的圧力を生む原因となる．たとえば，政治家は自分の選挙区での雇用増大を望むた

め，政治的圧力により企業立地の選択が左右されたり，経営効率改善を目的とする人員削減計画が影響を受けることがある．また公益事業は圧力をかけられて限界費用を下回る価格でサービスを提供し，その結果発生する損失を他のサービスからの事業収入で埋め合わせるといったいわゆる**内部相互補助 cross subsidization** という措置を強いられることもある．この結果，公益事業の事業者向け料金が，一般家計向け料金よりも高くなることがある．すなわち事実上，隠れた税と隠れた補助金が存在し，一般家計を補助するために事業者が課税されているのである．こうした現象が，日常生活で最も重要な公的独占産業であるアメリカ郵政公社で起こっている．小さな田舎町に手紙を配送する料金と大都市への配送料金は，その費用に大きな違いがあるにもかかわらず，料金は同じである．この場合には，小さな田舎町は大都市からの補助金により郵便配送サービスを得ていることになる．

　生産者としての政府が，民間部門と比べてどの程度非効率であるかを正確に把握することは容易なことではない．しかし，ヨーロッパの国営電気通信会社とアメリカの民営電気通信会社を比較すると，20世紀終盤になって公営企業を民営企業に転換しようという**民営化 privatization** の動きがなぜ起こったのかという理由がわかってくる．イギリスでは電気通信サービスをはじめとするいくつかの公益事業が，日本では電気通信と鉄道が，そしてフランスでは銀行をはじめとする他の多くの公営企業（の株式）が民間に売却された．だからといって，すべての公営事業が非効率というわけではない．たとえば，カナダの二大鉄道は，一つは政府により，もう一つは民間により営業されているが，両者の間にはとりたてて効率性に差は見られない．これは，両企業間で競争圧力が働いているために，国営鉄道が民営鉄道に負けないくらい効率的な経営をすることを強いられているためかもしれない．またフランスの国有企業は，民間企業と同じくらい効率的な経営をしているように思われる．これはフランスの官僚には非常に高い名誉が与えられており，国内でも最も有能な人材を集めることができるためであると考えられる．特に公営企業と大企業がともにある程度の市場圧力や競争にさらされている場合には，政府は非効率であるという通説から考えられるほどには，両者の間の効率性に差がないのである．

2.2 規制

　国によっては，自然独占産業を民営企業のままにして規制を加えている場合もある．アメリカでは通常，こうした措置がとられてきた．たとえば，地方公益事業は民間企業のままであるが，料金は州により規制されている．また州際電話通話サービス料金と天然ガスの州際輸送料金は連邦機関により規制されている．

　規制の目的は，独占企業に十分な投資収益を確保させつつ，料金をできるかぎり低水準に抑えることにある．言い換えると，価格を平均費用に等しい水準になるようにしようとする．ただし，ここでいう平均費用には，企業の所有者が企業に投資した金額に対する「正常な報酬」が含まれている．規制が首尾よく行われていれば，自然独占企業は独占利潤をまったく得られなくなる．そのように規制がうまく行われたときの産出量と価格は，図10-4ではQ_rとp_rで示されている．

　しかし自然独占問題への対策として規制を用いることについては，従来から次のような二つの批判が行われてきた．第一は，規制により非効率が生まれがちだという批判である．非効率の原因はいくつか考えられる．規制の目的は，企業が投下した資本に対して「公正な」報酬を得られるように料金を設定することにある．だが，(こうした規制ルールの下では)企業はできるだけ高い利潤が得られるように資本をできるだけ増やそうとするので，投資が過剰に行われる傾向がある．[1] 加えて，多くの場合，その料金体系は，他の集団を補助するために，ある集団（多くの場合に事業者）に対しては特別に高い料金を課すような仕組みになっている．こうした内部相互補助の問題は，たとえ私企業ではあっても，それが規制を受けている自然独占企業の場合には，国営企業の場合と同様に問題になる．さらに，企業が費用を削減するたびに，企業の利潤になるのではなくその同等額分だけ規制価格が引き下げられるだけであれば，企業の革新へのインセンティブは弱められてしまうだろう．規制当局も，最近になってようやく，何らかの報酬が与えられなければ革新は生まれないことに気づくに至った．そのため，公益事業者が効率性を改善して利潤を増大させた場

---

1) これはアバーチ＝ジョンソン効果（Averch-Johnson effect, AJ効果）と呼ばれる．

図 10-4 ■ 自然独占と規制

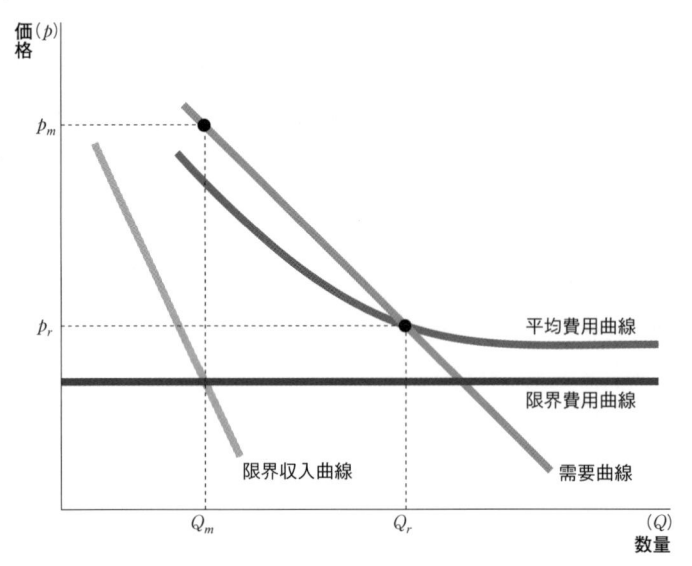

価格 (p)、p_m、p_r、限界収入曲線、平均費用曲線、限界費用曲線、需要曲線、Q_m、Q_r、数量 (Q)

政府の規制当局がめざすのは，企業が費用を回収できる範囲内で，できるだけ安い価格で，かつできるだけ供給量が多くなる点を市場需要曲線上で実現することである．このような点は，産出量 Q_r と価格 p_r の組合せであり，需要曲線と平均費用曲線の交点である．

合には，少なくとも2，3年の間は，その利潤の多くを留保できるようになったのである．

規制に対する第二の批判は，規制当局もときには公共の利益を忘れてしまうことがある，というものである．**規制の虜** regulatory capture の理論によれば，規制当局はしばしば自分たちの規制対象の陣営に引きずりこまれるのである．これは収賄と汚職という形で起こることもあるが，それよりも起こりやすいパターンは，長い間に，被規制産業の雇用者が規制官僚と個人的な親交を深める一方で，規制官僚が産業側の専門的知識と判断に頼ろうとすることを通じて起こるものである．さらに悪いことには，規制する側の政府省庁が規制される側の産業から人材を集める傾向が（必然的に）ある．それと同様に，問題となる産業に「理解」を示す規制官僚は，公務を離れた後にその産業でいい職に就けるというご褒美をもらうこともあるかもしれない．

International Perspective

民営化の影

　これまで世界中の多くの国で，政府は産業の大きな部分を所有してきたために，民営化（privatization）がそうした国々の経済に著しい影響を及ぼすことになった．民営化が進められた一つの理由は，政府が非効率だというだけでなく，政府が運営する企業は腐敗した政府にとっての所得や支援の源泉となっているということにある．

　しかし民営化そのものが腐敗の大きな原因となってしまったために，多くの国では民営化は贈収賄化（briberization）とまでいわれるようになった．政府所有の資産が市場価格を下回る低価格で売却されたために，これらの資産を運良く手に入れた人たちは大もうけができた（ロシアでは，一夜にして億万長者になる者が現れた）．そして，その民営化プロセスに影響を与えることができた人たちは十分な賄賂を獲得できたのである．

　問題は，大企業を売却するにあたって技術的に厄介な問題がたくさんあるということである．たとえば，潜在的買い手について必要となる資格審査を行わなくてはならない．はたして買い手は本当に約束した現金を工面できるだろうか．これまでの規則では大企業の売却は，ある人たちの利益にかなうように別の人たちを犠牲にする形で行われてきた．その結果，入札に成功したいわば勝者たちは，必ずしも企業を経営できる能力を持っているのではなく，むしろ政治的コネクションが最も強いか，または賄賂の額が最も多かった者であった．この事実からわかるように，民営化で約束されたはずの（効率性の向上という）利益は，多くの場合，実現しなかった．旧ソビエト連邦や東欧の多くの国々では，民営化はより効率的な企業の創出ではなく，むしろ資産の争奪となる場合のほうが多かったのである．

2.3 競争の促進

　自然独占が引き起こす難問を解決するために政府がとる最後の手段は，たと

え不完全ではあっても，競争を促進することである．この戦略の意味を理解するためには，まず問題となる産出量の範囲内で平均費用が減少しつづけるときには競争状態がなぜ存続しえないかという点について復習をしておこう．

　もし市場が二つの企業により分割されていたならば，個々の企業の平均費用は1企業だけで全市場を勝ちとっている場合に比べて高いものになる．ライバル企業よりも値引きをすることで，どちらの企業も全市場を手に入れて，しかも平均費用を引き下げることができる．同じ理由から，自然独占企業は，新規参入を恐れることなく，平均費用よりも高い価格を付けることができることを知っている．一方，その利潤をいくらかでも奪おうと参入しようとするライバル企業は，自然独占企業の生産費用は大規模生産ゆえに低く，そのためにいつでもライバル企業よりも値引きできることを知っているのである．

　このような状況であっても，ライバル企業がいつでも参入し市場全体を奪ってしまう可能性があるので，独占企業は平均費用を上回る価格を付けることはできない，と主張する経済学者もいる．このようなライバル企業の参入の脅威のために，ソフトウエア産業においてマイクロソフト社は，価格を下げることになったと主張するアナリストもいた．潜在的なライバル企業が参入しないのであれば付けるであろう価格よりも低い価格設定をすることで，マイクロソフト社は販売するソフトウエアの市場拡大を図ろうとしたというのである．人々がマイクロソフト社が販売するWordやExcelに慣れれば慣れるほど，他の新しいソフトが出てきてもそちらに移りにくくなり，結果として新規参入企業が乗り越えなければならない大きな障害をつくりあげることができるのである．同じように，ニュージーランドのような小国では，地元の独占企業が平均費用より高い価格を設定すると，外資の巨大企業が参入して市場を奪おうとするかもしれず，このような参入の脅威が独占企業の価格引き上げ能力を制約する．こうした主張に基づくならば，価格を低く抑えるために必要なのは，潜在的競争だけである．

　だが，ほとんどの経済学者は，潜在的競争の有効性についてそれほど楽観的なわけではない．（航空会社市場におけるように）現実の競争が1社か2社に限られているような市場では，潜在的競争は航空料金を低く抑えることはできなかったからである．

　1970年代後半から1980年代にかけて，世界各国の政府は，どんなに不完全

Close-Up 日本語版

民営化・規制緩和の経済学

　日本でも，1980年代頃から国鉄や電気通信事業の民営化が進められてきた．「民でできることは民に任せるべきだ」を持論とした小泉首相の下では，郵政3事業の民営化関連法案が2005年に国会で可決・成立し，2007年には日本郵政グループが発足している．こうした民営化，規制緩和は経済学的に見てどのような意味を持つのだろうか．

　本文中でも説明したように，著しい規模の経済が働く分野の産業は自然独占となり，ほうっておけば社会的に見て生産量は少なすぎ，価格は高すぎ，資源配分は非効率となってしまう．しかし，社会全体で見ると同一の生産量を複数の企業で分担するのは好ましくない．規模の経済が働くから，1企業で生産するほうが総生産費用は少なくてすむからである．このように自然独占は，価格支配力の行使による非効率性と生産面での効率性のトレードオフに直面する．

　政府が行う規制は，こうしたトレードオフを断ち切るためのものである．すなわち，参入規制により生産の経済的効率性を確保する一方で，料金規制により価格支配力を抑制しようとするものである．

　しばしば忘れられてしまいがちだが，こうした公益事業規制が必要となるのは，規制がなければ自然独占に伴う問題が発生する場合である．すなわち規制の前提として，問題となる財・サービスに対して密接な代替財を供給できる企業が他にはないという条件が成り立たなければならない．密接な代替財を供給するライバル企業が数多く存在する状況では，自然独占企業が持つ価格支配力は競争圧力により制限されるので，規制はその根拠を失う．

　では，日本で進められてきた規制緩和の波はこうした意味で適切だったといえるだろうか．エネルギー分野において電力やガスはそれぞれ長い間，公的規制の下で地域独占事業として営まれてきた．しかし，近年においてはガス事業における熱併電（コジェネ）技術の発達や製鉄会社等の自家発電技術の発達により，大口消費者への電力販売は電力会社以

外でも認められるようになった．さらに鉄道も，都市部では私鉄，地下鉄，モノレール，バスといった大量輸送手段はもちろん，自家用車の普及により旧国鉄（現JR）が提供する輸送サービスを代替するものが豊富に存在するようになってきている．つまりエネルギー分野でも鉄道分野でも，密接な代替材がないという公益事業規制の根拠は，とぼしいものであった．むしろ，こうした規制が既存企業の足枷となっていたのである．旧国鉄の経営が悪化したのは，度重なる労働争議だけでなく，このような代替的輸送サービスとの競争に直面して柔軟な対応をしようとしても規制によりそれができなかったことも大きな原因として挙げられる．旧電電公社（現NTT）の民営化も，インターネット・無線通信技術の普及を考慮すると早晩規制の経済学的根拠を失うのは確実だった．

このように，公益事業として規制される必要のある産業とは，民間部門では供給できないものの社会的には供給が望まれる財やサービス，あるいは介入なしには「自然独占」となり，さらに密接な代替財の存在しない財やサービスである．こうした条件が成り立たない産業での規制は，経済全体の効率性を大幅に低下させてしまうだろう．

従来の公益事業が提供する財・サービスに対して，密接な代替財を提供する民間企業が育ってきている．公益事業者に対して課されてきたさまざまな規制の根拠を洗い直したうえで，透明で公平な競争ルールのもとに従来の公益事業者と民間企業をいかに効果的に競争させていけばいいか．それが現在問われているといえよう．

な競争であれ，競争があったほうが規制よりも望ましいということを確信するようになり，規制緩和が始まった．規制緩和の対象は，航空会社，鉄道，トラック輸送業などのように，規模の経済が働いているにしてもその程度は限られていると考えられた産業に集中した．規模に関して収穫逓増であることが，平均費用の逓減につながっている点を思い出してほしい．したがって民営化の改革を実行した人々は，こうした規模に関して収穫逓増となっている産業において競争を促すことは，うまくいくと信じていた．また政府は，同じ産業内でも競争が働きうる分野と競争が有効には働かない分野を見きわめ，区別しようと

した．たとえば電話産業においては，長距離市外通話サービスについて複数のキャリア（通信事業者）間で激しい競争が繰り広げられていたし，電気通信機器の生産には規模の経済がほとんど働いていなかった．そのため，長距離市外通話サービスや電気通信機器生産などの分野では規制が緩和されたり，撤廃されたりしたのである．

ほとんどのケースで，競争の利点が発揮された．従来から政府による規制の根拠が疑問視されていたトラック業界は，疑う余地のない成功例となり，輸送運賃は著しく低下した．また，鉄道事業の経営は規制が課されていたときよりも健全になったようだ．だが，輸送手段を鉄道に依存している石炭生産業者からは，鉄道が独占力を行使して以前よりも高い運賃を課しているという不満の声があがっている．

ただし航空産業については，近年，規制緩和の効果についての評価が見直されはじめている．規制緩和が行われた当初には新規参入が相次ぎ，航空運賃が低下し，以前よりも航空路線が多様になったという意味で成功であったとされてきたが，その後は多くの事業者が倒産に追い込まれ，航空路線数が減ってしまったからである．セントルイス，アトランタ，デンバーをはじめとする多くの都市では空港が1，2の航空事業者により支配され，運賃は著しく高騰してしまった．また一定の価格差別方式も生まれ，何週間も前から予約ができないビジネス旅客は，観光客の4倍以上の運賃を支払わなくてはならなくなった．

規制緩和の波は，水道事業のような自然独占産業にはまだ及んでいない．だが，電力産業の場合には，ある程度の競争を導入しようとする試みが半分以上の州で始まっている．

WRAP-UP

自然独占への対応
1. 国営化（公有化）．
2. 規制．
3. 競争の促進．

CASE IN POINT
カリフォルニア州での電力規制緩和

　カリフォルニア州は，電力規制緩和で最も先端を走っていた．経済学者の判断によれば，潜在的な発電業者も電力サービスの潜在的な小売業者も多数存在していた．唯一の自然独占要因は，発電業者と小売業者を結ぶ送・配電部門にあった．昔の電力会社はこうした機能をすべて統合していた．それらを分割すれば，送・配電部門を除いたすべての分野で競争が行き届くはずだった．電力供給システムの中でも，競争を働かせることができる分野で競争が増せば，効率性は向上し，最終的には料金が低下し，サービスが向上する，そう期待されていた．

　2000年になると，規制緩和は惨事を招いたかのように思われた．電力料金は高騰し，発電能力不足が電圧低下や停電を引き起こし，電力会社の中には倒産するものが現れ，政府による大量の緊急援助が投入されたからである．明らかに，計画したようには事は進まなかったのである．驚くべきことではないが，この事態について多くの非難が寄せられた．批評家たちは規制緩和が悪いと非難した．規制緩和の推進者たちは，たとえ規制緩和を進めても，政府の権限があまりに多く残されたことがいけなかったと主張した．政府は，電力会社が消費者に課す料金に上限を課したり，長期契約の利用を禁止したりしたからである．意図されたものであるかどうかは別にして，こうした規制はパシフィック・ガス・アンド・エレクトリック社のような電力会社には堪えられない経済的圧迫となった．天然ガスの価格上昇は，小売の規制料金を大幅に上回るほどの卸売電力料金の高騰を生んだ．そしてエンロン社のようなエネルギー取引を行っている業者が，市場を操作できるような形で規制緩和が行われた．エンロンはたんにカリフォルニア州をだますにとどまらず，株価を引き上げるためにさまざまな形の違法な会計実務に取り組んだとされている．最終的にエンロン社は破綻し，その倒産を処理する裁判において，部分的に規制が緩和されたカリフォルニア州のエネルギー市場を搾取することで利益を生み出すというエンロン社の計画が明らかになった．

3 反トラスト政策

競争が働かないのは，自然独占の場合だけではない．これまで見てきたように，それ以外の不完全性は，参入阻止や共謀促進により市場支配力を強めようとする抜け目のない取引慣行により生まれるものである．競争促進をうまく実施できなければ，政府は反トラスト政策（または独占禁止政策，独禁政策）を通じて競争を強化する手段に訴えることもある．

以下で議論するように，こうした政策が有効か否かについてはしばしば議論が分かれてきた．消費者団体や損害を被った事業者がその政策を支持するのは，反トラスト政策がなければ，企業は顧客が望む製品を安く生産することよりも，競争を制限する戦略に関心を向ける傾向があると彼らは信じているからである．一方で多くの企業は，そうした政策は経済効率性の実現を妨げる，と主張している．たとえば，かりにある企業が自社製品を配送するうえで最も効率的な方法は流通業者に排他的テリトリー（販売区域）を保証することであると信じていたとしても，そうした契約が，反競争的取引慣行を制限する反トラスト法（または独占禁止法，独禁法）に違反するのではないかと危惧するかもしれない．

表10-1は代表的なアメリカの反トラスト政策についてまとめたものである．表には法律とその内容，そして事件と判決がまとめられている．それらは(1)市場支配力への制限，(2)競争制限的慣行の抑制，の二つの範疇に分けられる．

3.1 市場支配力の制限

本項では，アメリカ政府が経済力を制限するためにどのような努力を払ってきたかについて見てみよう．南北戦争後数十年を経ると，いくつかの産業で**トラスト** trust が形成されるようになった．トラストとは，市場を管理・支配する組織である．まず1人の個人がある一つの企業に支配力を持ち，そして今度はその企業が産業内の他のすべての企業に対して支配力を持つといったものである．企業を支配する企業をさらに支配する企業をさらに支配する……というように，より多くの段階を経ることによって，比較的わずかな株式を所有する

表 10-1 ■ 主要な反トラスト立法と代表的訴訟

年	法律および事件	内容および政策
1890 年	シャーマン反トラスト法	取引制限行為の違法化.
1911 年	スタンダード・オイル事件，アメリカン・タバコ事件	（産業内の 90％超を占める）両企業を小規模会社に分割.
1914 年	クレイトン法	不公正な取引慣行の禁止．競争を著しく抑制する合併の制限.
	連邦取引委員会法	不公正な競争方法の違法化．連邦取引委員会（FTC）が不公正な取引慣行を調査し，その「排除と停止」命令を出すために設置される.
1936 年	ロビンソン＝パットマン法	クレイトン法の規定を強化し，価格差別を違法化.
1945 年	アルコア事件	アルミニウム市場の 90％を占めるアルコア社がシャーマン法違反を犯す.
1946 年	タバコ事件	高位集中のタバコ産業が，暗黙の共謀によりシャーマン法違反を犯したことを理由として有罪判決が下される.
1950 年	セラー＝キーフォーバー反合併法	競争を抑制するような合併に対する制限の強化.
1956 年	デュポン社セロハン事件	市場の定義が拡大される．20％の市場シェアでは市場支配力確立には不十分であるとの判決が下される.

ことできわめて大きな経済分野を動かすことができるのである．

19 世紀のトラストで最も有名なものの一つに石油産業トラストが挙げられるが，これによりロックフェラー（John D. Rockefeller）とその共同経営者たちは 1870 年から 1899 年にかけてアメリカの全石油販売量の 90％を支配していたのである．1900 年代初めには，アンドリュー・カーネギー（Andrew Carnegie）と J・P・モルガン（J. P. Morgan）は多くの小規模鉄鋼会社を吸収・合併して US スチール社を創設し，その最盛期にはアメリカの全鉄鋼販売量の 65％を占めるに至った．

こうした乗っ取りをもくろむ大物実業家に対する警戒が強くなって，1890 年にシャーマン反トラスト法（Sherman Antitrust Act of 1890）がアメリカ連邦議会で承認され，同法により「交易・通商を抑制するいかなる契約，トラ

ストをはじめとする企業連合や共謀」も禁止されることになった．さらに「いかなる個人や集団も，いくつかの州にまたがる交易や外国との通商のどのような部分であれ，それを独占したり，もしくは独占を企てたり，また他の個人や集団との共同・共謀によりそれを行う場合でも軽犯罪の罪となる」とも規定された（1974年の改正により，違反は現在では重罪となっている）．シャーマン反トラスト法に基づく二つの重要な決定として，1911年のスタンダード・オイル社とアメリカン・タバコ社の解体が挙げられる．両社はいずれも，当時の産業で支配的地位を持っていた．

シャーマン反トラスト法は1914年に制定されたクレイトン法により補完された．同法により，どのような企業もライバル企業の株式の購入により競争自体が著しく損なわれるおそれがあるときには，株式の購入が禁止されるようになった．また同法により，（同一個人がいくつかの企業の役員を兼任する）兼任役員の存在は，互いに競争しあう企業の間では禁止されることにもなった．こうした反合併条項は，1950年にセラー＝キーフォーバー反合併法（Celler-Kefauver Antimerger Act）によりいっそう強化された．

アメリカ政府は，企業の絶対的規模自体については危惧しなかった．1960年代には，コングロマリットと呼ばれる，鉄鋼会社，石油会社，そして映画製作会社などのようにまったく異なる事業体を統合した大企業が数多く形成された．たとえば，ユナイテッド航空は，ハーツ・レンタカー社とウェスティン・ホテルを所有していた（両方の企業ともに1980年代後半に売却された）．しかしこれらのコングロマリットは大規模ではあっても，特定の市場で支配的地位を占めることはなかったので，反トラスト法の対象外だった．初期の反トラスト法が特に注意を払ったのは，**水平的合併** horizontal mergers であり，それぞれの市場における競争状態の程度であった．このような合併は，企業が原

Internet Connection
アメリカ司法省と反トラスト法

http://www.justice.gov/atr/about/mission.html では，反トラスト法の役割や消費者から競争の利益を奪う独占を防ぐ役割についての説明がある．

材料の供給者や流通業者を買収して生産過程のさまざまな段階を同一企業内で融合していこうとする**垂直的合併** vertical mergers とは異なるものである．したがって，当時は，フォード・モーター社は自社用の鉄鋼を生産し，ゼネラル・モーターズ（GM）社は，フィッシャー・ボディ社（GM 製自動車の車体メーカー）だけでなくバッテリー，点火プラグや他の部品を生産する専門企業群まで買収した．

　裁判所で現在とられている解釈では，市場支配力それ自体も重要な問題ではないとされている．反トラスト法違反の判決が下されるためには，問題となる企業が反競争的取引慣行を通じて現在の市場地位を築いたか，もしくはそれが持つ市場支配力を利用して反競争的取引慣行を行ってきたということが立証されなければならないとされている．

Thinking Like an Economist
マイクロソフト社独占問題におけるインセンティブと是正

　1999 年，トーマス・ペンフィールド・ジャクソン判事は，マイクロソフト社が合衆国反トラスト法違反で有罪だと判断した．だが，その直後に，どのような是正策を実施すべきか，という難しい問題に直面した．ジャクソン判事は，マイクロソフト社が抱えていたインセンティブを非常によく理解していた．同社の収益性は市場支配力を維持できるかどうかにかかっており，市場支配力を減らすおそれのある技術革新をつぶすインセンティブを強く持っていたのである．たとえばサン・マイクロシステムズ社は Java という言語を開発し，マイクロソフト社の販売するオペレーティング・システム（OS）であるウィンドウズだけでなく他の OS でも動作するアプリケーション・ソフトをプログラマーたちが開発できるようになった．マイクロソフト社の OS がこれほどまでに支配的となった理由の一つは，ライバルが自分たちの OS で動作するアプリケーションがまったくないという決定的に不利な状況に置かれていたことにある．Java を使えばこうした状況は一変する．OS をめぐる市場で本当

3．反トラスト政策

に競争が始まるからである．マイクロソフト社は同様に，ネットスケープも OS における競争を激化させるプラット・フォームを提供するかもしれないと恐れた．この脅威を握りつぶしたい一心で開発したのが自社製のブラウザー，インターネット・エクスプローラーだった．そして，マイクロソフト社はこのブラウザーを無料で，ウィンドウズ OS に組み込んだのである．マイクロソフト社が行ったことは独占企業なら当然考えつくことだった．つまり，競争からの脅威を減らすことで自己の長期的な利潤を最大化するというものだった．ジャクソン判事が心配したのは，マイクロソフト社に対してどんな叱責を与えても，どんな高額な罰金を科しても，マイクロソフト社からこうした反競争的な取引慣行を続けるインセンティブがなくなるわけではないということだった．さらに，反競争的行動を見つけてそれを証明するのは，ときにはいかに難しいことかも判事にはわかっていたし，マイクロソフト社は反トラスト訴訟の危険を進んで冒す意思をすでに表明していた．このような事情から，行動を変えさせる唯一の方法は，インセンティブを変えることであり，それには企業の構造そのものを変革することも含まれていた．司法省の提案は，マイクロソフト社を，アプリケーション事業を中心とする会社と OS 事業を中心とする会社の 2 社に分割することだった．アプリケーション会社には，自社のアプリケーションができるだけ多くの OS で利用できるようにするインセンティブが働く．人々が期待したのは，マイクロソフト Word がリナックスのような別の OS でも動作するようにプログラムが書き換えられれば，それら別の OS の需要も増えるだろうということだった．さらに，OS 会社にアプリケーションのプログラムを書かせないことによって，ネットスケープやブラウザ市場で起こった事態の再発を少なくとも防ぐことができそうだった．

　2000 年にマイクロソフト分割という司法省の勧告を認めた際には，判事の判断はいきすぎだという批判もあれば，まだ手ぬるいという意見もあった．いきすぎだと批判する人たちが危惧したのは，2 社に分割されれば，OS のプログラムを書く作業とアプリケーシ

ョンの開発が密接に関連しあっていることから生まれる効率性の改善という重要な範囲の経済が失われてしまうということだった．彼らの主張によれば，こうした利益は競争の欠如による損失を上回るものである．さらに，マイクロソフト社の独占力は一時的なもので，2〜3年のうちにきっと競争が進んで同社の支配的地位は徐々に失われていくものと，彼らは信じていた．すでにリナックスが代替的OSとして急速な成長を遂げていた．マイクロソフト社は強大な技術革新力でその支配的地位を確立したが，こうした成功に対して分割によって罰則を与えるのは誤りであるというのが彼らの主張だった．

だが，手ぬるいと批判する人たちは，少なくとも，マイクロソフト社の成功の主要な部分は容赦のない取引慣行によるものであり，こうした行為に対して何らの罰則も与えずにおくべきでないと主張した．しかも，もっと重要な問題があった．マイクロソフト社は技術革新に対する脅威だったのである．マイクロソフト社の競争的地位を脅かすどんな技術革新もマイクロソフト社によって握りつぶされると信じられてしまうと，技術革新投資への意欲が失われてしまう．シリコン・バレーにある多くの企業は，共通してこうした脅威を感じていたである．

彼らが心配したのは，たとえマイクロソフト・アプリケーション会社になっても他のOS向けプログラムが作成されず，両社の間で談合が持たれることだった．そのために，彼らはマイクロソフト社のインセンティブを変えるために別の方法を提案した．たとえば知的所有権保護を制限して（（マイクロソフト社のような）支配的地位を持つ企業のOSについては）プログラム・コードを3〜5年以内に公開することを義務づけるべきだという提案をする者もいた．これは，たとえばウィンドウズXPには，無料で利用可能なウィンドウズ2000といった競争相手が生まれることを意味する．そうなると，ウィンドウズXPがウィンドウズ2000よりも格段に性能が良くなければ，人々はウィンドウズXPには対価を払おうとしなくなるだろう．このアプローチならマイクロソフト社の技術革新への

> インセンティブを高めることができるだろう．他方，アプリケーション・プログラマーたちは無料で利用できるウィンドウズ2000版用にずっと動作が快適なプログラムを書こうとするインセンティブを持つことになるだろう．期待されたのは，こうした競争の結果，消費者が価格低下だけでなく，技術革新からも利益を享受できることだった．すなわち，プログラムのクラッシュの頻度がより少なくなり，特定ユーザーのニーズにより見合い，より早く作動し，そして現在実行できない作業さえも行えるアプリケーションが生まれることへの期待だったのである．

3.2 市場の定義

すでに学んだように，企業が右下がりの需要曲線に直面している場合には，顧客を完全には失わずに価格を引き上げられる程度，すなわち企業の市場支配力は，その産業内の企業数と製品差別化の程度によっている．そして，反トラスト政策の履行という目的にとって，これら二つの要因は重要である．というのも，ある企業が市場を支配しているかどうかを決定する前に，政府は「市場」を定義しなければならないのである．

地理的範囲とグローバル化　過去200年間を通して，地理的な市場の範囲は大幅に拡大した．蒸気船から鉄道そして飛行機へと続く輸送技術の改善は，輸送コストの低下と市場の境界の拡大をもたらすことになった．市場が拡大することは，競争の激化につながる．たとえば1980年代から1990年代のアメリカの自動車産業ではアメリカ国内の3大自動車メーカー（フォード社，GM社，クライスラー社）が，日本，ヨーロッパおよび韓国の自動車メーカーとの激しい競争に直面した．今日では，市場における競争の程度は世界全体という視点から評価されなくてはならず，たんに何社の企業がアメリカ国内で生産しているかだけを見るのでは意味をなさなくなっている．インターネットのおかげで，多くの市場はこれまでになく拡大した．20年前には，町の唯一の書店は地元にある店だけだったかもしれないが，今や，町の書店は，オンラインの

書籍販売業者であるアマゾン・ドット・コム社などとの競争に直面しなければならない．

製品差別化　まったく同じ製品を生産し，同一地域で販売している企業ならば，明らかに同一の市場で活動しているといえるが，企業ごとに生産されている製品がよく似通っているが不完全代替財である場合には，市場の範囲をどのように定義すればよいかが問題になる．ビール市場を例にとって考えてみよう．ビール業界にいわせれば，プレミアム・ビールと通常のビールはまったく別の市場であり，2種類のビールを飲み比べている顧客は非常に少ないという．また，1950年代初期には，デュポン社製のセロハンは透明ラップ市場を事実上独占していた．1956年にデュポン社は，独占による訴追を避けることを目的に，その市場は「包装材料」というより大きな市場の一部にすぎないと主張した．具体的には，茶色の包装紙はセロハンに対して完全ではないにしても十分な代替性を持ち，この包装材料全体の市場ではデュポン社の市場シェアは格別に大きいわけではない，との主張がなされた．

法的基準　今日，裁判所では，次のような二つの基準を用いて市場と市場支配力を定義している．第一に，ある製品の価格変化が他の製品需要に対してどの程度の影響を及ぼすかが考慮される．たとえば，アルミニウムの値上げが鉄鋼の需要を大幅に増やせば，鉄鋼とアルミニウムは金属市場という同一の市場を形成しているという判断が下される．第二に，もしある企業がたとえば5％値上げしても販売量がごくわずかな率でしか減少しないならば，その企業は「大きい」，すなわち市場支配力を持っている．

　ある大企業が，ライバル企業の買収や合併を行う場合には，事前に，そうした企業取得が競争を著しく制限しないことを政府に納得させなければならない．

3.3 制限的取引慣行の禁止

　政府は，産業内の集中の程度に制限を加えることを通じて競争を促進するという方法に加えて，制限的取引慣行の使用を制限する政策も実施している．この政策は，1914年連邦取引委員会法（1914 Federal Trade Commission Act）の施行とともに始まった．同法は，「通商取引における不公正な競争手段はこ

こに違法であることを宣言する」という文言で始まる．当時の大統領ウッドロー・ウィルソンは，FTC（連邦取引委員会）は「声なき消費者の主張を代弁する」ために設置されたと述べている．それ以後も，多くの法律が連邦議会で立法化され，こうした一般的な主張はより具体化されていった．

　政府が問題とした制限的取引慣行の中には，製造業者と流通業者，そして原材料の供給者の間における取引慣行が含まれている．このような取引慣行には，抱き合わせ販売，排他的取引や価格差別がある．これら三つの取引慣行についてはすでに第9章「独占，独占的競争や寡占」で学んだ通りである．すなわち，抱き合わせ販売では，買い手はある製品を購入したければ別の商品もあわせて購入しなければならない．排他的取引を実施する生産者は，製品の販売を望む事業者に対して，「もしわが社の製品を販売したければ，ライバル企業の製品を販売しない」ことを要求する．価格差別とは，顧客ごとに異なる価格で販売し，しかもそうした価格差が顧客へのサービス費用の差とは関係がない場合を指す．1936年のロビンソン＝パットマン法（Robinson-Patman Act of 1936）は価格差別を禁止する規定を強化し，価格差別を行う企業を起訴することを容易にした．第9章で学んだほかの取引慣行も，新規参入阻止や共謀促進のために行われれば，やはり現在では違法である．

　何が違法な制限的取引慣行にあたるかについての正確な定義は，裁判所の反トラスト法についての解釈と同様に，時代とともに変化してきた．たとえば複数の企業が共謀して価格を固定するなど，それ自体が違法となるような取引慣行もある（「当然違法の原則（illegal *per se*）」）．1961年にはゼネラル・エレクトリック（GE）社，ウェスティングハウス社をはじめとする電気機器メーカーが価格固定化に関して有罪判決を受けている．最近の例では，大規模な価格固定についての提訴が立て続けに行われたが，その中にはリジン，クエン酸，果糖コーンシロップの取引にかかわったADM（アーチャー・ダニエル・ミッドランド）社に対する訴訟もある．それらの企業は1億ドル以上もの課徴金を支払い，役員の中には投獄される者もいた．しかし，たいていのケースは違法かどうかを明確に区別することはできず，現在では，ほとんどの取引慣行については「条理の原則（rule of reason）」が適用されている．条理の原則の下では，経済効率の向上に寄与するという意味で合理的な商慣行であれば，法的に許容される．すなわち効率面での利益が競争制限による価格上昇と比較されて

判断されるのである．

　次のような流通業者を介した配送をしているバドワイザー・ビールの例を考えてみよう．バドワイザーを販売するアンハイザー・ブッシュ社は，地域ごとに単独の流通業者を指定し，流通業者間の競争を禁止している．かつて，ニューヨーク州の司法長官は，この制度が競争を制限し価格をつり上げていると主張した．だが，アンハイザー・ブッシュ社は，テリトリー制は，ビールの配送効率を向上させ，顧客がいつでも新鮮なビールを入手できるようにするために必要な手段であると反論した．彼らが主張しつづけた点は，この流通制度が「条理の原則」を満たしているということであり，この見解はその後も法廷において支持されている．

　州政府が，州内の企業に有利になるよう競争を制限する法律を採用したことで批判されたこともある．ニューヨーク州の住民に対して州外のワイン業者が直接ワインを販売することを制限するというニューヨーク州の法律に対して，バージニア州の小規模なワイン業者が起こした裁判が，2004年12月にアメリカ連邦最高裁で行われた．同様の法律に対する訴訟はミシガン州でも行われている．州政府は，1933年に禁酒法を廃止するために導入されたアメリカ合衆国憲法修正第21条において，州政府がアルコール飲料の販売を規制する権限を与えられていると主張した．しかし，ニューヨーク州とミシガン州の規制は，消費者に対して州内の業者には直接販売を認める一方で州外の業者には販売を規制していることから，これらの法律は競争制限的な効果を持つといえる．2005年5月の判決で連邦最高裁は，バージニア州のワイン業者の訴えを支持し，州外の業者の販売を規制するニューヨーク州とミシガン州の法律を無効と判断した．

3.4　反トラスト法の実施

　今日では，州と連邦という二つの段階で反トラスト法が制定され，刑事裁判所および民事裁判所により執行されている．政府は既存の独占企業を解体するだけでなく，企業が過大な市場支配力を得ることを防止するためにさまざまな政策を実行している．

　FTC（連邦取引委員会）と司法省の反トラスト部門は，こうした競争促進政策の中心的役割を担っている．FTCは反トラスト法の執行機関であり，告

訴状の内容を調査する．またFTCでは個々の事業者が法律をどのように解釈すべきかについて勧告的意見を与え，産業全体に対してガイドラインを示したり，また事業者が従わなくてはならない特定の法規や規制を作成したりもする．必要であれば，FTCは法律に訴えてこれらの決定を強制的に実行させることもできる．

　反トラスト法をめぐって興味深く，しばしば論争の的となる点は，それが私法として執行されていることである．他の企業の反競争的手段により被害を受けたと考えれば，どんな企業も告訴することができ，勝訴すれば被害額と訴訟費用の3倍の金額を受け取ることができる．この3倍賠償規定があることで，民間企業は違反が政府の目にとまるように行動するようになった．たとえばMCI社がAT&T社を告訴したときには，AT&T社が不公正な取引手段を使って，長距離通話事業への参入を図ったMCI社に損害をもたらしたとの主張がなされた．1982年に陪審は，AT&T社の事業活動の結果MCI社は6億ドルの利益を失ったと判断し，AT&T社にMCI社の損害に対してその3倍の18億ドルを支払うことを命令した．ただし，その後上告により賠償金額は減額されている．

　私法として反トラスト法を執行することを擁護する議論には，以下の二つがある．第一は，反競争的手段により損害を被った者（企業）こそが，反トラスト法違反を見つけるうえで最も適格者だという議論である．第二は，政府にこれらの法の執行を委ねても，カルテルや支配的企業から政治的圧力を受ける可能性があるために，取り締まりが手ぬるくなる危惧があるという議論である．

　しかし他方では，反トラスト訴訟の費用が増大するという問題も起きている．実際，1960年代から1970年代にかけて民事訴訟の件数は倍増した．また，ライバル企業の費用を引き上げるために反トラスト訴訟を使う企業が出てくるおそれもある．たとえば，ゼネラル・モーターズ（GM）社が日本企業にジョイント・ベンチャーを持ちかけたときに，クライスラー社はGM社を告訴した．だがクライスラー社は，自らのジョイント・ベンチャーのパートナーとなる日本企業を見つけるやいなや，GM社に対する告訴を取り下げたのである．

> # WRAP-UP
>
> **反トラスト政策（独占禁止政策，独禁政策）**
>
> 1. 反トラスト政策は競争的市場環境の確保を目的としたものであり，その手段として以下を用いる．
>   (a) 市場支配力の制限
>   (b) 制限的取引慣行の規制
> 2. 反トラスト政策を設計，実行するうえで問題点は以下の通りである．
>   (a) 市場の定義の問題
>   (b) 制限的取引慣行が，競争を抑制する効果と効率性を向上させる効果の双方をあわせ持つかもしれない点をどう考えるか
> 3. 反トラスト政策の実行は，刑法もしくは民法の罰則規定を含む．

CASE IN POINT
コークとペプシの合併熱

　コカ・コーラ社とペプシコ社は，清涼飲料市場では支配的な地位にある．1986年初頭，両社はそれぞれ吸収合併による事業規模拡大計画を打ち出した．1月，ペプシコ社は国内第4位の清涼飲料メーカーのセブンアップ社を3億8000万ドルで買収する計画を発表した．2月，コカ・コーラ社は第3位メーカーのドクター・ペッパー社を4億7000万ドルで買収する計画を発表した．

　合併が実現すれば，この両大企業はさらに巨大となっただろう．コカ・コーラ社はすでに市場の39％，ペプシコ社は28％をそれぞれ占めていた．他方，ドクター・ペッパー社は7％，セブンアップ社は6％を占めていたからである．セブンアップ社に次ぐ大メーカーは，（カナダ・ドライとサンキストを生産する）R・J・レイノルズ社だが，同社は市場の5％を占めるにすぎなかった．

　FTC（連邦取引委員会）は両社の合併計画に反対を表明した．このような場合に政府がよく用いる基準に，ハーフィンダール＝ハーシュマン指数（HHI）がある．この指数は各企業の市場シェアを2乗してそれ

を合計して算定される．かりにその産業が1社のみから成り立っているならば，HHI は $(100)^2 = 10,000$ となる．また，その産業が1000社からなり，各企業が市場の 0.1% を占めていれば，HHI は $(0.1)^2 \times 1,000 = 10$ となる．すなわち HHI の値が高いほど産業は競争的でなくなるのである．

　政府により 1982 年に採用された企業合併についてのガイドラインは，表 10-2 に示されているように，市場を三つに区分し，それぞれ異なる政策を適用することになっている．

　コカ・コーラ社とペプシコ社が合併を進める以前には，清涼飲料産業の HHI は下に計算されているような水準だった（ただし計算を容易にするために，上位 5 社により供給されない残りの 15% の市場は，それぞれが 1% の小規模事業者からなるものと仮定されている）．

$$HHI = 39^2 + 28^2 + 7^2 + 6^2 + 5^2 + 15(1)^2 = 2,430$$

ここでペプシコ社がセブンアップ社と合併することにより獲得する市場シェア 34% を代入すれば，ペプシコ社とセブンアップ社の合併により HHI は 2,766 へと上昇する．ペプシコ社とコカ・コーラ社の両社の合併計画がともに実現すれば，HHI はさらに 3,312 まで上昇する．

　FTC が合併計画に反対表明をすると，ペプシコ社は即座にセブンアップ社の買収を断念した．一方，コカ・コーラ社はドクター・ペッパー社買収計画をさらに推進したが，連邦裁判所はその合併が競争制限を目的とする「明白な」行為であり，「その損害を確実に相殺するような特徴をまったく持ち合わせていない」との判決を下したために，結局はコ

表 10-2 ■ ハーフィンダール＝ハーシュマン指数 (HHI)

HHI の水準	産業のタイプ	適用される政策
1,000 以下	低位集中	政府の異議を受けることなく合併は認可．
1,000 超〜1,800 以下	中位集中	HHI を 100 ポイント以上上げる合併に対しては政府からの異議あり．
1,800 超	高位集中	HHI を 50 ポイント以上上げる合併に対しては政府からの異議あり．

カ・コーラ社も合併を断念するに至った.

しかしながら，法廷での裁判はまた，ある秘密を白日のもとにさらすことになった．裁判では，ペプシコ社のセブンアップ社に対する買収提案が行われた直後に，コカ・コーラ社が書き残したいくつかのメモが公開された．メモには，合併ガイドラインにもかかわらずFTCはペプシコ社の合併を認可するのではないか，という危惧をコカ・コーラ社の重役が持っていたことが書かれていた．コカ・コーラ社が，ドクター・ペッパー社の買収計画を公表することにより望んだのは，(事実そうであったように) FTCが両社の合併計画を阻止することに乗り出し，ペプシコ社が買収を通じて企業規模面でコカ・コーラ社に追いつくのを防ぐことだったのである．(*)

(*) Timothy K. Smith and Scott Kilman, "Coke to Acquire Dr. Pepper Co. for $470 Million," *Wall Street Journal*, February 21, 1986, p. 2 ; Andy Pasztor and Timothy K. Smith, "FTC Opposes Purchase Plans by Coke, Pepsi," *Wall Street Journal*, June 23, 1986, p. 2 ; Pasztor and Smith, "Coke Launched Dr. Pepper Bid to Scuttle Plans by PepsiCo, Documents Indicate," *Wall Street Journal*, July 29, 1986, p. 3 ; Pasztor and Smith, "Coke's Plan to buy Dr. Pepper Is Blocked by U. S. Judge, Pending Decision by FTC," *Wall Street Journal* August 1, 1986, p. 3.

復習と練習
Review and Practice

■要約

1　経済学では，独占や不完全競争は主として次の四つの問題をもたらすと考える．第一に産出量の制限，第二に経営上のスラック，第三に技術進歩に対するインセンティブの欠如，そして第四に資源を浪費するレント・シーキング活動への支出，である．

2　自然独占の場合には，市場需要の全範囲にわたって平均費用が減少しつづけるので，大企業はライバル企業よりも低い価格を付けて市場からライバル企業を追い出すことができる．また，限界費用は平均費用を下回るために，政府規制当局が（完全競争の場合と同様に）価格と限界費用が等しくなる水準で料金規制を課したならば，企業は損失を被ることになる．

3　自然独占産業を国営化（公有化）すれば，政府は価格と産出量を直接決定することができる．だが同時に，その産業は政治的圧力にさらされ，政府による監督行政が非効率になってしまうおそれがある．
4　アメリカでは，自然独占産業は規制の下にある．政府規制当局者は，自然独占企業が費用を回収できる範囲内で，価格はできるだけ低く，かつ産出量はできるだけ多くなるように誘導しようとする．だが，規制当局が政治的圧力に屈して内部相互補助を強いたり，規制対象産業の「虜」になってしまうことが危惧されている．
5　場合によっては，潜在的競争を通じて，公営や政府規制によるのと同じ価格抑制を実現できることがある．
6　反トラスト政策の目的は，いかなる企業によるものであってもその市場支配を困難にし，かつ競争を阻害する制限的取引慣行を規制することによって競争を促進することにある．
7　「条理の原則」の下では，企業は，反競争的行動に関する告訴に対して，そうした行動が効率性を改善する働きもすると主張して自らを弁護しようとする傾向がある．このような場合には，法廷で，制限の取引慣行による効率性の向上がその反競争的効果を上回るか否かが判断されなくてはならない．

■キーワード

経営上のスラック　　レント・シーキング　　内部相互補助　　民営化
規制の虜　　トラスト　　水平的合併　　垂直的合併

Q 復習問題

1　経済学において，独占企業による産出量が「過少」であるとか，あるいは独占価格が「高すぎる」というときには，何を意味するのだろうか．またどのような基準により，何と比較して，このような主張が行われるのだろうか．（ヒント：1.1項「産出量の制限」）
2　独占企業は，できるだけ費用を減らそうとするインセンティブをなぜ持たないのだろうか．（ヒント：1.2項「経営上のスラック」）

3 独占企業は，研究開発の機会を積極的に求めようとするインセンティブをなぜ持たないのだろうか．（ヒント：1.3項「研究開発意欲の減退」）

4 経済学においては，独占利潤が社会的に浪費されるとき，それは何に使われていると考えられるのだろうか．（ヒント：1.4項「レント・シーキング」）

5 自然独占産業においては限界費用が平均費用を下回る．その理由を説明しなさい．またこれはどのような結果をもたらすかを考えなさい．（ヒント：2節「自然独占に対する政策」）

6 もし政府が自然独占産業に対して，価格が限界費用に等しくなるように規制を課せば，どのような問題が起こるだろうか．またどのようにすれば，国営化や規制によってこうした問題を解決できるのだろうか．それぞれの政策にはどのような問題点があるのだろうか．（ヒント：2節「自然独占に対する政策」）

7 「規制の虜」の仮説とは何だろうか．（ヒント：2.2項「規制」）

8 水平的合併と垂直的合併の違いについて説明しなさい．（ヒント：3.1項「市場支配力の制限」）

9 政府は，どのように反トラスト政策を活用して企業の市場支配を困難にし，かつ制限的取引慣行を規制することで競争を促進できるのだろうか．反トラスト政策を実施するうえでの問題点は何だろうか．また，反トラスト政策をめぐって現在どのような点が問題になっているのだろうか．それぞれ説明しなさい．（ヒント：3.1項「市場支配力の制限」）

Q 練習問題

1 アメリカにおいては，1984年の電気通信産業の規制緩和以前には，AT&T社は市内通話と長距離市外通話の両方のサービスを供給していた．多くの企業が，主要都市間の長距離市外通話サービスをAT&T社よりも安く供給できると主張したが，AT&T社は長距離市外通話市場に限定した参入に対しては反対していた．（AT&T社に比べて技術的にもけっして優れていない）そうした他の企業が現行料金よりも安価な水準で長距離市外通話サービスを提供できたとすれば，それによってAT&T社の市

内・長距離市外通話サービスの料金体系がどのような内部相互補助の構造に依存していることがわかるだろうか．またAT&T社が市内通話サービスの供給継続を義務づけられると同時に，長距離市外通話市場が競争企業に開放されたとしたら，どのような事態となっただろうか．（ヒント：2.1項「国営化」および2.3項「競争の促進」）

2 自然独占企業が平均費用は必ず回収できるように規制が課せられたとしよう．このとき，インセンティブの面ではどのような問題が起こるだろうか．（ヒント：2.2項「規制」）

3 完全競争には至らないまでも競争の圧力が働いているならば，消費者は規制のない自然独占の場合よりも得することがある．この理由を説明しなさい．また消費者にとって，そのような競争が非常に優秀な規制当局者ほどには好ましくなく，かつほとんどの現実の規制当局者よりは好ましいものであるという理由を説明しなさい．（ヒント：2.3項「競争の促進」）

4 アメリカのある小さな町には，書店，新聞社，映画館，ナイトクラブ，雑貨店，美容院，大学，そしてデパートが，それぞれ一つずつあるとする．これらはどれも，独占事業体と考えてよいだろうか．それぞれの事業体について，どのような競争要因に直面すれば，市場支配力が制限されるだろうか．（ヒント：2.3項「競争の促進」および3.2項「市場の定義」）

5 以下の各組合せについて，両者は同じ市場に属するといえるだろうか，あるいは別の市場に属しているだろうか．（ヒント：3.2項「市場の定義」）
   (a) アイスクリーム製造業者とフローズンヨーグルト製造業者．
   (b) 医師と歯科医師．
   (c) 医師とカイロプラクター（整体師）．
   (d) 公立大学と私立大学．
   (e) 職業専門学校と大学．

6 1980年代以前には，ニュージーランドの多くの産業ではそれぞれ一つの企業が独占しており，独占の社会的な費用を限定する目的で，政府によって厳しく規制されていた．1980年代に選挙で勝利したニュージーランド労働党は，政策の主眼を国内企業の規制から輸入制限の撤廃へと転換した．なぜ，ニュージーランドの国民による輸入財購入を制限していた障壁を減らすことで，たとえ，その産業における国内企業が1社しかなくても，国

内企業の市場支配力を減らすことが可能となるのだろうか．説明しなさい．
（ヒント：2.3項「競争の促進」）

Chapter 11

第11章 戦略的行動

Learning Goals

1. ゲーム理論は，戦略的行動を理解するのにどのように役立つのだろうか．
2. 囚人のジレンマ・ゲームにおいてナッシュ均衡とは何だろうか．
3. 戦略的に考える際に，なぜバックワード・インダクション（後ろ向き帰納法）が重要になるのだろうか．
4. 繰り返しゲームにおいて，評判はどのような役割を果たすのだろうか．
5. 恐喝や約束が常に信用できるとは限らないのはなぜかを理解するために，ゲーム理論はどのように役立つだろうか．

■第11章■戦略的行動

　2000年，テレビ番組『サバイバー』は多くの視聴者を魅了した．サバイバー（ファースト・シーズン）に出場した16人の競技者は，ボルネオ島の海岸沖の無人島プラウ・ティガ島に置き去りにされる．そして，毎回放送の終わりに，サバイバーたちは彼らのメンバーの中の1人を投票によって追放する．最後まで残ったサバイバーには，100万ドルが与えられるというものである．13回目の放送で，最初のグループは，ちょうど3人に絞られることになった．ケリー，ルディとリチャードである．追放になった13人のサバイバーたちに関する質疑応答を含む公判によって，ケリーは，3人から最後の2人を選ぶ第一ラウンドの投票での追放免除を勝ち取った．しかし彼女は，自分自身がどう投票するか決めなければならない．ルディはリチャードの追放に投票し，リチャードはルディの追放に投票するだろうから，ケリーの投票が，誰が残り，誰が去るかを決定することになる．ケリーは誰に投票すべきだろうか．

　第一ラウンドでケリーが誰を投票で追放すべきかを考えるためには，彼女は最終ラウンドで自分がどうやって勝つかについて考えなくてはならない．つまり，ケリーは最終ラウンドから前にさかのぼって第一ラウンドの手を考えなくてはならないのだ．ルディは，視聴者と最終的な勝者を決める投票資格を持ったその他13人の競技者には評判が良いように見えた．したがって，ケリーはもし最終ラウンドの対決が彼女とルディになったならば，おそらくルディの勝ちであろうと推論したと思われる．一方，リチャードは非常に評判が悪いように見えた．したがって，ケリーはもし彼女とリチャードの間で投票が行われれば，おそらく自分が勝つだろうと推論できる．彼女にとって最も都合が良いのは，最終投票でルディではなくリチャードと対決することである．たとえケリーが本当はリチャードを嫌っていたとしても，彼女の最適戦略は，ルディを追放することである．結果は，その通りになった．リチャードとケリーは，ルディ追放に投票した．ケリーにとって不運にも，最終投票で投票者たちは彼女よりもリチャードを選ぶという結果になったが，それでも彼女の戦略は正しいものであったといえる．

　『サバイバー』の参加者は，戦略的に予想を立てる必要がある．彼らは，自分たちの意思決定に対して，ライバル（競争相手）がどのように反応してくるかを考えなければならない．彼らは，誰が生き残り，誰が追放されるかが自分の状況をどのように左右するかについて考えなければならないし，また誰に投

票するか決めるときに，そうした情報を利用しなければならない．

戦略的思考は，テレビ番組のような架空の環境だけで役に立つわけではない．われわれはみな，戦略的思考が必要とされる状況に直面している．経済学では，個人や企業が行う選択を理解しようと試みているし，戦略的な行動を研究することによって，経済学で分析可能な範囲を，多くの新しい領域へと拡大してきたのである．

経済学では合理的個人や利潤最大化を図る企業がどのような選択を行うかを研究する．本書の第1章「需要と供給」と第2部「完全市場」で提示された基本的競争モデルでは，個人や企業は戦略的な行動をとる必要はなかった．消費者も企業も，市場価格で彼らが望むだけ購入したり販売したりすることができる．企業は，生産量を増やすと決定したときに，ライバル企業がそれに対してどのように反応してくるかについて心配する必要はない．またそれとは違う理由だが，独占企業もそうしたことに気をつかう必要がない．つまり独占企業にはライバル企業が存在しないからである．基本的競争モデルや独占モデルでは，**戦略的行動** strategic behavior，つまり競争相手がとりうる反応を考慮に入れた意思決定は，必要とされない．

第9章「独占，独占的競争と寡占」で寡占について学んだが，そこでは事態は異なっていた．ある産業にほんの数社しか企業が存在しない場合には，各企業は，自社が増産や価格引下げを計画するときにはつねに，ライバル企業がそれに対してどのように対応してくるかについて考えなければならない．すなわち，戦略的行動が重要になってくるのである．AMD社がさまざまなコンピュータ・プロセッサ・チップの価格引下げを検討するときには，インテル社がどう対応してくるか見きわめなければならない．もし，インテル社が価格引下げで対抗してくるならば，AMD社は値下げをしてもあまり市場占有率を伸ばせず，収入は下落するだろう．しかし，もしインテル社が価格を維持すれば，AMD社は市場占有率を伸ばし，チップの販売量の増加により収入は増えるであろう．

寡占企業は戦略的行動をとるので，第9章では，なぜ寡占企業の共謀が困難であるかを理解するために，ゲーム理論，そして簡単な囚人のジレンマ・ゲームを利用した．本章では，再び囚人のジレンマに戻り，その基本的な考え方がいかに経済学の他の領域に適用されうるかを確かめる．しかしながらゲーム理

論は，こうした単純なモデルを超える実用性を持っており，他者のとりうる反応を考慮に入れなければならない意思決定や選択を行う際には特に有用である．読者は，ゲーム理論についての理解を深めることで，それが個人，企業，労働組合や政府が行う選択を理解するのにいかに役立つかを知ることになるだろう．ゲーム理論は，戦略的行動を研究するためのフレームワークを提供してくれる．このフレームワークを利用することで，経済学者は，戦略的行動の多くの例が，インセンティブと情報という中心概念によって理解することができるということに気づいたのである．[1]

1 囚人のジレンマ再考

　第9章で学んだ囚人のジレンマ・ゲームについて簡単に振り返ろう．AとBという2人の囚人は，ある犯罪で共犯の容疑を警察にかけられ，逮捕された後に，別々に拘留された．そこで警官がそれぞれの囚人に対して，次のように持ちかけた．「いよいよ，大詰めだな．もしお前の相棒が自白して，お前が黙秘を続けたら，お前は懲役5年だ．もし相棒が自白し，お前も自白すれば，2人とも懲役3年ですむ．だが，もしお前と相棒の2人とも黙秘を続けるなら，われわれはつまらん罪でしかお前たちを有罪にできず，懲役は1年になる．しかし，もし相棒が黙秘しつづけ，お前が自白すれば，そのときは3カ月でお前をここから出してやろう．」このように同じ取引が両方の囚人に持ちかけられた．

　図11-1は第9章の図9-9と同じものであり，警察が囚人たちに持ちかけた取引の結果を表している．それぞれのプレーヤーの利得を示したこのような図を**ゲームの利得表** game table と呼ぶ．第9章では，私欲に基づくかぎり，それぞれの囚人は，相棒が自白しようと黙秘しようと，自分は自白するのが最適であると確信するということがわかった．しかし私欲に従って自白をすると，2人はともに，どちらも黙秘した場合より損をするという結果になる．囚人の

---

[1] ゲーム理論についてさらに学びたい場合は，次の書籍が役に立つ．Avinash Dixit and Susan Skeath, *Games of Strategy*, New York: W. W. Norton, 2004.

図 11-1 ■ 囚人のジレンマ・ゲーム

		囚人B	
		自　白	黙　秘
囚人A	自　白	Aの懲役＝3年 Bの懲役＝3年	Aの懲役＝3カ月 Bの懲役＝5年
	黙　秘	Aの懲役＝5年 Bの懲役＝3カ月	Aの懲役＝1年 Bの懲役＝1年

どちらの囚人にとっても支配戦略は自白することである．

ジレンマは，私欲に基づいて勝手に行動することで，双方が損をしてしまうという単純なゲームである．両者がともに得をするためには，彼らが会合し，ある合意に達することができ，かつ相手がその合意から逸脱しようとした場合には罰を与えるという脅しが有効でなくてはならない．

この単純なゲームは，経済学，また国際関係や政治学など他の分野でも広く応用されてきた．第9章では，なぜ二つの寡占企業が共謀の合意を維持するのが難しいと気づくのかを説明するために，囚人のジレンマ・ゲームを使った．本章ではさらにいくつかの囚人のジレンマの例を議論した後で，他のゲーム的状況を考察することにしよう．しかしまず最初に，個人や企業の行動について予想するためには，戦略的な状況を分析する方法を明確にする必要があるだろう．

1.1 支配戦略

戦略的な行動とは，各プレーヤーは，他のプレーヤーが何をしそうであるかをまず推定しなければならないということである．共犯者は，自白するだろうか，それとも黙秘しつづけるだろうか．もし自社が価格を引き下げたら，ライバル企業も値下げで対抗してくるだろうか．あるプレーヤーが下す決定は，別のプレーヤーがどのようにそれに反応してくると彼女が考えるかに依存している．

基本的な囚人のジレンマ・ゲームでは，プレーヤーは次のような方法で推論を行うと仮定しよう．すなわち，「自分がとりうるそれぞれの選択に対して，他のプレーヤーの最適な選択は何か」と．囚人のジレンマでは次のように考え

た.「もし囚人Aが自白しないならば, 囚人Bにとっての最適戦略は何か. もし囚人Aが自白したら, 囚人Bの最適戦略は何か.」どちらのケースでも, 自白が囚人Bの最適反応であるというのが結論である. 囚人Aがどんな行動をとったとしても, Bの最適反応が自白であるならば, Aは, Bが自白するだろうと結論し, Bの自白に対する最適反応が何であるかを決めなければならない. すでに見てきたように, 囚人Aの最適反応も自白である.

他のプレーヤーがどのような行動をとったとしても, 自分にとって最も得になる戦略のことを**支配戦略** dominant strategy と呼ぶ. ゲーム理論の目的は, それぞれのプレーヤーがどのような戦略を選ぶのかを予測することであった. プレーヤーが支配戦略を持つとき, 合理的意思決定者が選択すると予想される戦略は, この支配戦略である.

1.2 ナッシュ均衡

それぞれのプレーヤーが支配戦略を持つならば, ゲームの結果, つまりゲームの均衡を予想するのは簡単である. プレーヤーはそれぞれの支配戦略をプレーするのである. したがって, 囚人のジレンマにおける均衡は, 両者が自白するというものになる. 1人のプレーヤーのみが支配戦略を持つときや, またはどちらのプレーヤーも支配戦略を持たないときには, 状況はこれほど単純なものにはならない. このようなゲームに関しては, 後で議論しよう. これらのより複雑なゲームの均衡を予測するために, 囚人のジレンマでなぜ自白が均衡になるのかをもう一度検討しよう.

囚人のジレンマにおいてそれぞれの囚人が自白をするのは, 相手が自白すると予想されるとき, 自白が最善の, あるいは最適な利得をもたらす, つまり懲役の期間が最も短くなるからである. ゲームの終わりに戦略を変更するチャンスが与えられたとしても, どちらの囚人も自分の選択した戦略を変更しないという意味で, この結果は均衡である. 自白することで, 両者は自らの最適反応戦略をとったことになる. このような均衡は, **ナッシュ均衡** Nash equilibrium と呼ばれ, これは戦略形ゲームにおけるプレーヤーの行動を予測するための最も基本的なアイデアである.

ジョン・ナッシュ (John Nash) は, プリンストン大学の数学科の大学院生でちょうど21歳のときに, 彼の名前を冠する概念をつくりあげた. 経済学者

は，ナッシュ均衡の概念が，ゲームの結果の予想と経済問題の理解にきわめて役に立つことに気づいた．その重要性が認められ，ナッシュは，1994年ノーベル経済学賞を受賞した．ナッシュは経済学者ではない．彼は数学者であり，その人生がベストセラーの伝記になり，有名な映画にもなった唯一のノーベル経済学賞受賞者である．1998年に出版されたシルヴィア・ナサー（Sylvia Nasar）『ビューティフル・マインド』（*A Beautiful Mind*，塩川優訳，新潮社，2002年）は，ナッシュの若くして開花した数学的才能，統合失調症との格闘，そして病気から回復するまでを描いている．ノーベル経済学賞受賞の知らせを受けたとき，ナッシュは，ノーベル賞が彼の信用格付けを引き上げてくれることを望むとコメントした．

囚人のジレンマの問題は，経済学や他の社会科学の多くの状況において発生する．以下の例では，そのいくつかについて概略を紹介しよう．[2]

例：共謀 第9章では，共謀して生産量を制限することによって利益を上げることが可能な二つのライバル企業が直面する問題に，囚人のジレンマを応用することを考えた．共謀して高価格を維持できれば，どちらも利益を上げることができる．両企業ともに生産を制限しつづけたときにかぎり，高価格は維持できる．しかし，高価格で売れているとどちらの企業も，もう少しだけ生産を増やし高価格で販売すれば利潤が上がることに気づく．もちろんこのことは，囚人のジレンマで各囚人が自白するインセンティブを持つのと全く同様に，各企業が生産を制限するという合意を破るインセンティブを持つことを意味している．両社がこのインセンティブに従い合意を破って生産を増やすと，価格は下落し，利潤も減少する．結果的に両者にとって共謀を続けた場合より悪い状況になってしまうのである．このゲームでは，それぞれの企業は合意を破棄し，生産量を増やすという支配戦略を持つ．このように，各企業が生産を増やすという結果はナッシュ均衡である．つまり，企業は互いに相手企業の行動に対して最適な行動を選択している．囚人のジレンマのように，両プレーヤーが支配戦略を持つときには，両者はその戦略を選ぶだろう．それ以外の結果は，ナッ

---

[2] 理解できたかどうかを確かめるために，各例についてゲームの利得表を書き，それぞれのプレーヤーの支配戦略を確認し，ナッシュ均衡を見つけることができるか試してみよう．

シュ均衡の定義を満たさない．この場合では，ナッシュ均衡はただひとつだけ
であり，経済学では唯一のナッシュ均衡が存在すると表現する．

例：政治家と中傷広告　たとえすべての政治家が中傷広告（ネガティブ・キャンペーン）を行わないと約束しても，なぜ彼らはネガティブ・キャンペーンに手を染めてしまうのだろうか．

政治家AとBの事例を考えよう．もし，どちらもネガティブ・キャンペーンを行わなければ，一般の人々は両者を高く評価するが，どちらも相手に対して優位な立場を得ることができない．もし，両者がネガティブ・キャンペーンを行えば，人々は両者に良い印象を持たず，また，どちらも優位な立場を得ることはできない．彼らはお互いに相手の広告によって汚名を着せられる．政治家Aがクリーン・キャンペーン（正常な選挙活動）を行えば，政治家Bはネガティブ・キャンペーンを行うことによってAの評判を落とすことができ，優位な立場となる．反対に，政治家Bがクリーン・キャンペーンを行えば，Aはネガティブ・キャンペーンを行うことで利益を得る．

それぞれの政治家は次のように推測するだろう．「もし相手がネガティブ・キャンペーンを行うのならば，私もそうしたほうがよいだろう．また，もし相手がネガティブ・キャンペーンを行わず，私だけがネガティブ・キャンペーンを行えば，私のほうが有利になる．いずれにせよ，ネガティブ・キャンペーンを行うほうが得になる」と．それぞれの政治家は支配戦略を持っており，ネガティブ・キャンペーンを行わないと約束を交わしたにもかかわらず，両者はネガティブ・キャンペーンを行うというのが唯一のナッシュ均衡である．

例：軍事費　A国とB国の2国は軍事的均衡状態にある．両国は，次世代ミサイルの開発を行うかどうかを決めなくてはならない．もし両国ともミサイル・システムを開発しなければ，軍事的均衡は保たれ，ともに安全を維持できる．もしどちらか一方の国のみがミサイル・システムを開発すると，その国は軍事面で有利になるだろう．もし両国ともミサイル・システムを構築すれば，それぞれの国は数十億ドルの出費をすることになるが，両国がともに新たなミサイル・システムを持つことになるので，どちらも軍事的に有利な地位を手に入れることはできず，軍事的均衡は維持される．

それぞれの国は，もし相手国がミサイル・システムを開発せず，自国が先にミサイル・システム開発に着手すれば，軍事的に有利な立場に立つことができる，と推論する．同様に，両国はもし一方の国だけが新ミサイル・システムを構築すれば，そうしなかった国は軍事的に不利な立場になるということも知っている．両国はそれぞれ，ミサイル・システム構築という支配戦略を持っている．両国は数十億ドルの出費をしても，結局，以前と変わらない軍事的均衡状態のままであることに気づくのである．

例：スポーツ・チームのオーナーと選手の年俸 スポーツ・チームは優秀な選手の争奪を行っている．二つのチーム，ヤンキースとアスレチックスがあるとする．もし両チームが共謀して選手の年俸を低く保てば，オーナーはより高い利益を得ることができる．もしヤンキースのオーナーが高い年俸を提示し，アスレチックスのオーナーはそうしないとすれば，ヤンキースは優秀な選手をすべて獲得し，オーナーにとっても高い利益を生み出すだろう．一方，アスレチックスは，最終的にあまり良い選手は集められず，寂しくシーズンを終わることになる．観客が少なくなり，オーナーは金を失うことになる．反対に，もしアスレチックスが高い年俸を提示し，ヤンキースがそうしなければ，アスレチックスが良い選手をすべて獲得し，高い利益を上げるが，一方のヤンキースは利益を失うことになる．もし両チームが高年俸を提示すれば，どちらのチームも，優秀な選手をすべて獲得することはできず，年俸の高騰による費用増加のために，オーナーの得る利益は減少する．

　ナッシュ均衡では，両チームのオーナーが選手に高い年俸を提示する．そして年俸を低く抑えるために両チームのオーナーが共謀することができた場合よりも，彼らの利益は少なくなる．もちろん，この単純な例では他の要因，たとえばテレビ放映の収入，ケーブルテレビとの取引やチームの関連グッズの売上げなどをすべて無視しているが，それらも総人件費をまかない，したがって選手の年俸やチームの利潤に影響を及ぼす．しかし，この例はほとんどのプロ・スポーツチームのオーナーが選手の年俸に上限を設定したいと望む要因の一つを示唆している．こうした上限を設けないと，オーナーは優秀な選手には，他よりも高い年俸を提示するインセンティブを持つことになる．年俸の上限は，より効率的にオーナーたちが共謀するのを可能にするのである．

> **WRAP-UP**
>
> **囚人のジレンマ**
>
> 囚人のジレンマでは，各プレーヤーは支配戦略を持つ．そしてプレーヤーが支配戦略を選択するという唯一のナッシュ均衡が存在する．しかしながらこのナッシュ均衡においては，彼らがともにもう一つの戦略を選択した場合よりも利得は低くなってしまう．囚人のジレンマは，他の社会科学や日常生活はもちろん，多くの経済学の分野でも応用されている．

2 一般的なゲームでの戦略的行動

　囚人のジレンマでは，プレーヤーはともに支配戦略を持っていた．しかしほとんどのゲームでは，このようなことはない．それぞれのプレーヤーにとって何をするのが最適であるかは，他のプレーヤーが何を選択するかに依存する．このことは，ゲームの結果を予測することを困難にしている．しかし囚人のジレンマの考察で行ってきたように，各プレーヤーの予想から得られる帰結を通じて考えることで，ゲームの結果を正確に予想できることがしばしばある．

🌐 International Perspective

近隣窮乏化の関税政策

　1930年代の世界恐慌期においては多くの国々は，国際貿易を制限するかどうかを検討した．他国からの輸入に制限を加えれば，国内生産財に対する需要を押し上げ，さらにこの需要の増加が，国内企業の雇用と産出量を拡大させるといった主張がなされた．こうした政策は他国の生産財に対する需要を減少させ，販売量の減った外国企業は産出量や雇用を削減しなければならなくなる．自国の利益は海外の生産者および労働者の犠牲によってもたらされるために，こうした政策はしばしば「近隣

2. 一般的なゲームでの戦略的行動

窮乏化」政策と呼ばれる．この1930年代の貿易戦争は，囚人のジレンマのもう一つの例として理解することができる．

1930年にアメリカはスムート＝ホーレー関税法（Smoot-Hawley Tariff Act）を可決した．これにより輸入関税は引き上げられ，アメリカの消費者にとって輸入品はより高価なものになった．その結果，アメリカ国民の需要を自国の生産財にシフトさせるインセンティブが生じた．アメリカにおける関税がアメリカ国内での他国財の市場を縮小している事実を，他国も黙って見ていたわけではなかった．他国も，アメリカの生産財に対する関税を引き上げることによって報復した．その結果，すべての国々が世界貿易の衰退に苦しむという事態になった．関税を課すことで貿易が縮小し，すべての国が貿易による利益を失うことになってしまったのである．

スムート＝ホーレー関税法によって引き起こされた一種の貿易戦争がもたらした結果は，単純なゲームで説明することができる．下の図は，貿易制限を行うかどうかを検討している二つの国を考え，それぞれの国の利得を表したものである．両国の利得は，どちらの国も貿易制限を行わなかったときに得られる利益に対して，どれだけの利益の増加（あるいは減少）があるか，として定義されている．数字は仮想的なものである．一方の国だけが貿易制限を課す場合に，その国は最大の利益を得る．両国がともに貿易制限を行うと双方が損をし，それよりも両国がともに制限を設けないほうが，双方にとって得である．

それぞれの国は，貿易制限を行うという支配戦略を持つ．たとえば，A国の場合は次のように推論するだろう．「B国が貿易制限を行った場

		B 国	
		貿易制限あり	貿易制限なし
A 国	貿易制限あり	A国＝−200億ドル B国＝−200億ドル	A国＝300億ドル B国＝−300億ドル
	貿易制限なし	A国＝−300億ドル B国＝300億ドル	A国＝ゼロ B国＝ゼロ

合，わが国も制限を行ったほうが利得が高くなる．もしB国が貿易制限をしなければ，わが国が貿易制限を行うことでやはり利得を上げることができる．したがって，わが国は，B国がどのような行動をとったとしても，貿易制限を行うべきだ」と．B国も，まったく同じ推論をするだろう．不幸にも，両国がともに貿易制限を行うときには，そうしなかった場合よりも両国の利得は減少してしまうのである．

　こうした状況は，両国が協調して貿易制限を行わないことで合意することができるならば，両国ともに利得を上げることができるのを見ても確認できる．問題は，この単純な例では，確実に両国が協力するようなメカニズムが存在しないということである．第9章で議論された共謀の例のように，それぞれのプレーヤーは，自発的に結ばれた「貿易制限を行わない」という協定を破ろうとするインセンティブを持っているのである．WTO（世界貿易機関）のような国際機関の役割の一つは，国際貿易と国際協力を促進し，関税の引上げや他の貿易障壁を取り除こうとする，信頼できる条約の締結を可能にする規則を策定することである．WTOは，こうしたルールに従わない国に対して，制裁を課すことができる．

2.1　1人のプレーヤーのみ支配戦略を持つゲーム

　二つの企業が価格を引き下げるかどうかの決定を行う状況を考えよう．互いに競争状態にある，ディスカウンターズ・デラックス社とクオリティ・ブランズ社という会社があるとしよう．ディスカウンターズ・デラックス社は，当店はどこよりも安い価格で製品を提供すると顧客に約束するとしよう．したがって，もし最低価格を提示できなければ，多くの顧客を失うことになるだろう．クオリティ・ブランズ社は，おそらく社員に対するヘルスケアや店舗のディスプレイにお金をかけておりコストが高くなっているので，値下げはあまりしたくないと考えている．しかし，ディスカウンターズ・デラックス社の値下げに合わせなければ，顧客の一部を失う危険性がある．それぞれが予想する利潤は図11-2に表されている．

　ディスカウンターズ・デラックス社にとって価格引下げは支配戦略である．

図 11-2 ■ 価格引下げゲーム

		クオリティ・ブランズ(QB)社	
		値下げする	値下げしない
ディスカウンターズ・デラックス(DD)社	値下げする	DD社＝500万ドル QB社＝250万ドル	DD社＝600万ドル QB社＝100万ドル
	値下げしない	DD社＝100万ドル QB社＝300万ドル	DD社＝200万ドル QB社＝350万ドル

ディスカウンターズ・デラックス社は値下げするという支配戦略を持っている．そのため，クオリティ・ブランズ社の最適戦略も値下げである．

　この戦略のもとでは，クオリティ・ブランズ社がどのような行動をとるかにかかわらず，利潤は高くなる．対照的に，クオリティ・ブランズ社は支配戦略を持っていない．もしディスカウンターズ・デラックス社が値下げすれば，クオリティ・ブランズ社の最適反応も値下げである．そうしなければ，あまりにも多くの売上げを失ってしまうからである．しかし，もしディスカウンターズ・デラックス社が値下げしなければ，クオリティ・ブランズ社も値下げをしないほうがかえって得になるのである．

　クオリティ・ブランズ社は支配戦略を持たないにもかかわらず，次のように考えれば同社の行動を予想できる．ディスカウンターズ・デラックス社には値下げという支配戦略があるので，クオリティ・ブランズ社は，ディスカウンターズ・デラックス社が価格を引き下げてくることを知っている．したがって，ディスカウンターズ・デラックス社が価格を高いまま維持した場合にはクオリティ・ブランズ社も価格を維持することが最適反応であるという事実は，結果には関係がなくなってしまう．クオリティ・ブランズ社はディスカウンターズ・デラックス社が値下げしてくることを知っており，クオリティ・ブランズ社の最適戦略も値下げをすることである．したがってこのゲームの帰結，すなわち均衡は，両社が値下げをするということになる．

Internet Connection

ゼロサム・ゲームの解法プログラム

テレビ番組『サバイバー』では，勝者が100万ドルを受け取り，次に生き残ったサバイバーたちはほんのわずかの額しか手にできなかったが，このゲームのように利得の総額が決まっているゲームがある．つまり，競技者が何をしても，賞金総額に影響を及ぼすことはできないゲームである．もし1人の競技者の受け取り額が増えれば，別の競技者の受け取り額が減ってしまう．こうしたゲームを**ゼロサム・ゲーム**という．普通，ゲームといったときにはスポーツやチェスのゲームを考える．あるいはギャンブルを思い浮かべることもあるかもしれない．これらは，すべてゼロサム・ゲームである．スポーツでは，一方のチームが勝ち，もう一方は負ける．ギャンブルでは，勝ち取ったお金は，すべて他の誰かが負けて失った分である．多くの人が経済的取引はゼロサム・ゲームだと考えているが，もはやそうではないということに気がついたであろう．取引によっては，当事者が両者とも得をすることが可能なのである．UCLAのデビッド・レビン（David Levine）教授のウェブサイトには，2人ゼロサム・ゲームの解を見つけるプログラムが用意されている．自分でゲームを考え，その解を次のウェブサイト（http://levine.sscnet.ucla.edu/games/zerosum.htm）で見つけてみよう．

2.2 支配戦略が存在しないゲーム

囚人のジレンマ・ゲームと価格引下げゲームではともに，唯一のナッシュ均衡が存在した．しかし，以下の例が示すように，ゲームが複数のナッシュ均衡を持つ場合もしばしばある．

2人の学生が同じ物理学と経済学の講義を受講しており，いっしょに勉強するほうが1人で勉強するより効率的であることを知っているとしよう．2人で問題を解くことで間近に迫った二つの講義の試験でかなり成績を上げることができる．しかし，ジョンは物理学の成績がかなり心配であり，トッドといっし

図11-3 ■ 物理学と経済学の勉強ゲーム

		トッド	
		物理学を勉強する	経済学を勉強する
ジョン	物理学を勉強する	ジョン＝A トッド＝B	ジョン＝C トッド＝C
	経済学を勉強する	ジョン＝C トッド＝C	ジョン＝B トッド＝A

どちらのプレーヤーにも支配戦略がないが，二つのナッシュ均衡が存在する．すなわち両者がともに物理学を勉強する場合と両者がともに経済学を勉強する場合である．

ょに物理学に多くの勉強時間を充てたいと思っている．反対にトッドは経済学のほうが心配で，むしろ経済学に多く時間を割きたいと思っている．彼らの状況を表すゲームの利得表は図11-3であり，利得は二つの科目の平均点の評価で表されている．

　ジョンとトッドのどちらかは，支配戦略を持っているだろうか．答えはノーである．ジョンが物理学を勉強しようと主張するならば，トッドは自分ひとりで経済学を勉強するより，ジョンと2人で物理学をやるほうが得である．また，ジョンのやる気が経済学に向いた場合には，トッドの最適反応も，明らかに経済学を勉強することである．同様に，もしトッドが物理学を勉強するというのであれば，ジョンの最適な戦略は物理学を勉強することであり，トッドが経済学を選ぶのなら，ジョンの最適な戦略も経済学を勉強することになる．どちらのプレーヤーも支配戦略，つまり相手が何を行おうと最適となる戦略は持っていない．

　このゲームには支配戦略がないにもかかわらず，二つのナッシュ均衡が存在し，それらは2人とも物理学を勉強するというものと，2人とも経済学を勉強するというものである．トッドが，教科書『スティグリッツ　ミクロ経済学』を引っぱり出してきて，トレードオフとインセンティブについて復習しはじめるならば，ジョンの最適な戦略は自分もそれに加わることである——トッドがすでに経済学を勉強しはじめているのなら，経済学の勉強がジョンにとっても最適な選択になる．結局，ジョンが経済学の勉強に飽きて，自分1人で物理学の勉強をしたとしても，二つの教科の平均評価はCにしかならないが，も

しトッドと2人で経済学を勉強すれば，物理学の成績は悪くなるかもしれないが，経済学ではすばらしい成績をとることができて平均評価はBになるのである．トッドについても同じことがいえる．つまり，ジョンが経済学の勉強しているのであれば，トッドの最適な戦略はジョンに合わせて経済学の勉強をすることである．したがって，表の右下の枠はナッシュ均衡である．しかし，ナッシュ均衡はそれ一つだけではない．左上の枠，すなわち2人がともに物理学の勉強をするというのも，ナッシュ均衡になる．このように，ナッシュ均衡の概念からは，ゲームの唯一の均衡を予測できないかもしれないが，いくつかの結果を排除する手助けにはなる．表の右上の枠および左下の枠のどちらも，ナッシュ均衡ではなく，トッドが物理学を勉強する場合，ジョンにとって1人で経済学を勉強するのは最適反応にならないのである．

WRAP-UP

ゲームの基本的タイプ

1. 囚人のジレンマ：両方のプレーヤーが支配戦略を持ち，ゲームは一つのナッシュ均衡を持つ．応用例：なぜ共謀が困難かが理解できる．
2. 価格引下げゲーム：1人のプレーヤーだけが支配戦略を持ち，ゲームは一つのナッシュ均衡を持つ．応用例：複占企業間の競争が理解できる．
3. 物理学と経済学のゲーム：どちらのプレーヤーも支配戦略を持っておらず，二つのナッシュ均衡が存在する．応用例：銀行取付けが理解できる（CASE IN POINT「銀行パニック」を参照）．

3　繰り返しゲーム

基本的な囚人のジレンマ・ゲームでは，各当事者はただ一度だけ意思決定を行う．ゲームは1回しか行われないのである．もし2人のプレーヤーが何とか

3. 繰り返しゲーム

して協力することができ，それぞれ支配戦略をとらないように合意できれば，彼らにとってそのほうが得なはずである．しかしゲームが実際に行われると，各プレーヤーは，先に結ばれた合意を破棄し，自分にとって最も得になる戦略をとろうとするインセンティブを持つことになる．しかしプレーヤー間での，あるいは当事者間でのやりとりが何度も繰り返されるようになれば，それぞれの戦略はより複雑になっていくだろう．そうした場合には，両者とも得になる協力を実行させる別の方法があるかもしれない．同じプレーヤーによって何度も繰り返し行われるゲームを**繰り返しゲーム** repeated games という．

繰り返し行われることによってゲームの性質がどう変わるかを確かめるために，上院議員選挙に立候補した2人の政治家の行動を考えよう．選挙運動の開始時点では，各候補者は相手が中傷広告を行わないかぎり，自分も行わないと宣言したとしよう．しかしライバルがこの合意を破り中傷広告を行ったならば，もう一方の候補者も中傷広告を行うことで対抗する．こうした報復をするという脅しで，2人の候補がクリーン・キャンペーンを行うようになるだろうか．

投票日まで，まだあと何週間か残されているとしよう．各候補者は，選挙運動の最終週には中傷広告を行うべきだと考えるだろう．これは最適戦略になる．なぜなら，投票が終わったあとでは，報復するという脅しは効力を失ってしまうからである．投票日には選挙運動は終わっており，もはや合意を守っても得にならないのである．こうして投票日の1週間前に合意は崩れてしまう．

では，投票日の2週間前に何が起こるか考えよう．2人の候補者は，どちらも翌週には相手が中傷広告を行うことに気づいている．もし最終週には合意が守られないのならば，報復攻撃するという脅しは完全に意味がなくなってしまう．したがって両候補者は，合意を破り中傷広告を行うほうが得だという結論に達し，投票の2週間前に合意は破られてしまう．このように時間をさかのぼって考えれば，投票日がいつであろうが，中傷広告を行わないという合意はすぐさま破られてしまうことがわかる．

この例は，戦略的思考の重要な原理を明らかにしている．つまり，最初にゲームの最終段階について考察し，そこから時間をさかのぼって推論を進め，現在における最適な選択を見つけ出すという方法である．こうした意思決定の方法を**バックワード・インダクション（後ろ向き帰納法）** backward induction という．プレーヤーは，それぞれ自分の行いうる意思決定に対して，相手の最

適な反応や自分自身の利得がどうなるのかについて正しく知る必要がある．そうすると，プレーヤーはゲームの最初の段階で，自分にとって最も高い利得をもたらす戦略を採用することができるのである．

バックワード・インダクションは，以前に考えたさまざまなゲーム，サバイバーで意思決定を行ったケリーや，囚人のジレンマのプレーヤーに対しても応用することができる．囚人のジレンマでは，囚人Aは，「もし相棒が自白するならば，自分の最適な戦略は何か．また相棒が自白しないとしたら，そのときの最適戦略は何か」と推論した．各囚人は相手の選択の結果について考え，自分が何をすべきかを決定するために後ろ向きに推論を行ったのである．

こうした繰り返しゲームの設定における共謀の分析は，企業あるいは個人が共謀する能力について，あまりに悲観的すぎるように見えるかもしれない．実際，個人同士が短期的な利益を犠牲にし，その代わりにより高い利益が得られる長期的関係を築く，というような形で共謀する道を模索するといった状況は数多く観察される．また，企業も同様に，当面の利益は低下してしまうが，将来的には高収益をもたらすような良いサービスの提供や，高品質の財の生産を行っている．有限の回数では終了しない，すなわち，どの時点でもつねに次のラウンドがありうる戦略的ゲームでは，より良い結果を達成するようにプレーヤー同士が共謀することを可能にする戦略が多く存在している．

WRAP-UP

バックワード・インダクション（後ろ向き帰納法）

ある決まった回数だけ繰り返してゲームが行われる状況において戦略的な相互依存関係が生じる場合，最良の分析方法は，ゲームの終わりから出発して後ろ向きに最適戦略を見つけ出すことである．バックワード・インダクションは，プレーヤーが，現在の意思決定によって将来の結果がどうなるかという点に焦点を合わせる思考法である．

3.1 評判

プレーヤー間の相互依存の関係が繰り返されるような場合には，良い評判

（名声）を確立することが有用かもしれない．地元の顧客と継続した取引を行っている企業は，そうした継続的な取引を行っていない企業よりも，評判を高めようというインセンティブは強いであろう．自動車整備工場は，顧客の自動車を再び整備することを考えていないならば，請求書を水増ししたり，整備で手を抜こうというインセンティブを持つかもしれない．しかしそうではなく，より良いサービスを提供して良い評判を獲得することで，その顧客から繰り返し仕事を依頼され，長期的にはより高い利益を得ることができるかもしれない．

評判を獲得するには，短期的にはコストがかかる．つまり当初は，自動車整備工場は評判を得ることに関心を持たない他の整備工場よりも高い料金を請求することはできないであろう．そのため短期的には低い利益しか上げられないが，それは将来に高い利益を上げるための投資のようなものであり，その整備工場のサービスの評判が高くなれば，他のほとんどの整備工場より高い料金を請求できるようになるのである．

3.2 しっぺ返し戦略

さまざまなゲームにおいて個人や企業が，実際にどのように行動するかをテストするために，経済学においても，他の科学で行われるような実験方法が考案されている．これは**実験経済学** experimental economics と呼ばれるが，その利点は，行動の本質的な決定要因を確定しようとする際に，研究者が実験の状況を一度に変更することができるということである．囚人のジレンマのような状況で個人がどのように協力するかを観察するためにある一連の実験が行われた．その実験では参加者は短期的には非合理に見えるかもしれないが，ゲームが何回も繰り返されたときに協力（共謀）関係を築くのに有効となりうる単純な戦略をしばしば考え出すという傾向が見られた．そうした戦略の一つが「しっぺ返し戦略（tit for tat）」である．二つの寡占企業の場合には，相手が生産量を増加させるなら，たとえ短期的には利潤は最大化できなくとも，こちらも生産量を増やすと威嚇するのである．もしライバル企業がこの脅しを信じるなら，特にそれが実際に何度か実行された後では，そのライバル企業は裏切って生産量を増やすよりも，協力して生産量を低く保つほうがより得になると判断するかもしれない．現実社会においても，ほんの3，4社しか有力企業が存在しない市場で企業間で激しい競争が行われない場合があるが，これを立証

するために，このような単純な戦略が重要な役割を果たすかもしれない．

3.3 公的機関

多くの状況において，公的機関は，協力的結果が達成できることを保証する役目を果たしている．世界貿易機関（WTO）のような国際機関は，世界貿易を促進する協定を執行する役割を果たしている．メンバーの国々は，1930年代に非常に悲惨な結果をもたらすことになった貿易制限や近隣窮乏化政策を禁止するためのルールを固守することに合意している．プロスポーツ・リーグは年俸の上限を設定し，各チームが年俸を引き上げるのを制限している．預金保険は，銀行が経営難に陥ったという噂が流れたとしても，預金者が一斉に預金を引き出そうとするインセンティブを抱かないようにしてくれる．なぜなら預金者は，もし銀行が破綻したとしても，預金は保険によって保護されることを知っているからである．

CASE IN POINT
銀行パニック

1930年から1933年の間，アメリカは，約9000行の銀行が破綻に追い込まれるという大規模な金融恐慌を経験した．この金融システムの崩壊がすさまじい大恐慌を引き起こし，失業者が労働力人口の25％にものぼるという事態にまで達した．銀行の営業が停止してしまったために，在庫や投資のための資金調達を銀行融資に依存していた会社は，生産量の削減，労働者のレイオフ（一時的解雇）を強いられることとなった．なぜこんなにもたくさんの銀行が破綻に追い込まれたのかについて，ゲーム理論を用いるとどのように理解できるだろうか．

もし読者が現在，市中銀行に預金をしていれば，連邦政府はそれを保証してくれる（10万ドル以内）．このことは，読者の取引銀行が投資に失敗し預金の返済不能に陥ったとしても，連邦政府が読者の預金全額の払い戻しを保証するということを意味する．しかしながら1933年以前は，銀行預金に保険は掛けられていなかった．もし銀行が破綻した場合には，読者はすべてを失ってしまうかもしれなかった．つまり，銀行が

経営危機にあるという第一報を聞いたらただちに行動を起こし，銀行から現金がなくなってしまう前に自分の預金を引き出さなければならないのである．銀行は，預金として集めた資金の多くを貸付に回しており，予測不可能な日々の預金と払戻しの変動に対応するために現金を保有してはいるが，それはほんの一部なのである．したがって，すべての預金者が一斉に預金の払戻しを求めれば，銀行は瞬く間に現金を使い果たし，営業を続けることができなくなってしまう．これが映画『素晴らしき哉，人生！』(It's a Wonderful Life) でジョージ・ベイリーの銀行に起こったことであり，そして，それは1930年代に実際に起こった——すなわち，預金者が一刻も早く預金を下ろそうと銀行に殺到した——のである．預金者たちが同時に払戻しを要求したとき，たんにすべての預金者に支払うだけの十分な現金がないため，数千もの銀行が営業停止に追い込まれた．預金者が預金をそのままにしておけば，銀行も営業を続けられたであろうから，そのほうがすべての人にとって得になったはずである．

ナッシュ均衡の概念は，銀行取付けや金融恐慌を理解するのに役立つ．簡単な例として，預金者がAとBのちょうど2人しかいない銀行を考えよう．それぞれの預金者は，預金を引き出すか，そのまま預金しておくか決めなければならない．それぞれが1000ドルを預金しているとしよう．銀行はこれらの資金を貸付や投資に使うが，200ドルは金庫に保管しているものとする．もし貸付金が返済されたならば，銀行は預金者に5％の金利を支払うことができる．

どちらの預金者も銀行から預金を下ろそうとしない場合は，最終的に，両者とも預金に5％の金利を加えた全額（合計1050ドル）を受け取ることができると仮定しよう．預金者Aが預金を下ろすが預金者Bは下ろさないときは，Aは200ドル（銀行が保有するすべての現金）を受け取ることができる．その後，銀行は営業停止となり，Bは何も受け取ることができない．反対にもしBが預金を下ろしてAが下ろさない場合には，まったく逆になる．両者がともに預金を下ろそうとした場合には，預金者はそれぞれ100ドル受け取ることができる．このときの利得は図11-4で示される．

図11-4 ■ 戦略ゲームでみた銀行パニック

		預金者 B	
		預金を下ろさない	預金を下ろす
預金者 A	預金を下ろさない	A＝1,050ドル B＝1,050ドル	A＝ゼロ B＝200ドル
	預金を下ろす	A＝200ドル B＝ゼロ	A＝100ドル B＝100ドル

勉強ゲームと同様に，このゲームも両者とも預金を下ろす，というのと，両者ともに預金を下ろさない，という二つのナッシュ均衡を持つ．両者とも預金を下ろす場合よりも，両者とも預金を下ろさない場合のほうが得をする．

　明らかに，両者とも銀行から預金を下ろそうとしないほうが，両者にとって得になる．この場合には，両者は1050ドルを受け取ることになる．これはさらにナッシュ均衡でもある．Aが預金をそのまま残す場合には，Bの最適戦略も同じく預金を下ろさないことである．また，Bが預金をそのまま残す場合は，Aの最適戦略も預金を下ろさないことである．それぞれの預金者は次のように推論する．「相手が銀行に預金を残しておく場合，自分の最適戦略も預金を下ろさず銀行に預けておくことである」と．したがって，両者ともに預金を下ろさないというのが一つの均衡であり，この場合，銀行は営業を続けることができる．

　少し前に学んだ，2人の友人同士が何を勉強するか決定する例のように，この預金引出しゲームでも二つのナッシュ均衡が存在する．二つめのナッシュ均衡は，両方の預金者が預金を下ろし，銀行が営業停止に陥るというものである．この場合，それぞれの預金者は次のように推論する．「もし相手が預金を下ろそうとするならば，自分も預金を下ろしたほうが良い．そうすれば少なくとも100ドルは受け取ることができるから，何も受け取れないよりずっとましだ」と．したがって2人とも銀行に押しかけ，銀行は2人の預金者への払戻しの義務を完全に果たすことができなくなるという均衡が存在する．この場合，銀行は破綻することになる．

　この例には，良い均衡――すなわち，銀行は営業を続けることができ，預金者は最終的に預金の元金と金利を全額受け取ることができる均

衡——と，悪い均衡——すなわち，銀行が営業停止に追い込まれる均衡——が存在する．こうした状況は囚人のジレンマとは対照的で，囚人のジレンマでは唯一の均衡は他の戦略の組（両者が黙秘する）よりも利得の面で劣っていた．またジョンとトッドの例では，トッドは二つの均衡のうち一方を好み，ジョンは別の均衡を好むという意味で，やはりここでの例とは対照的であった．

　金融恐慌は良い均衡から悪い均衡へのシフトであると考えることができる．預金者が銀行の財務上の健全性について心配しはじめた場合には，この不安がたとえ根拠のないものであったとしても，こうしたシフトは起こるかもしれない．このゲームによって示された単純な議論は，連邦預金保険制度を支える理論的根拠の一部となる．預金保険によって，各預金者は，他の預金者がどのような行動をとろうとも，自分の預金は安全であると確信を持つことができる．自分の預金を真っ先に引き出すことで他の預金者を出し抜こうとするインセンティブを，誰も持たなくなるのである．

4　逐次的ゲーム

　囚人のジレンマでは，各プレーヤーは相手が何を行ったか知らずに選択を行わなければならない．プレーヤーは同時に行動を起こすのである．しかしながら，1人のプレーヤーが最初に行動し，それから2番目のプレーヤーが先に行動したプレーヤーの選択に対して直接反応するという場合も多い．このタイプのゲームは，プレーヤーが代わる代わる行動を起こし，かつ各プレーヤーは自分が行動を起こす以前に行われた選択を観察することができるというもので，**逐次的ゲーム** sequential game と呼ばれる．逐次的ゲームでは，最初に行動を起こすプレーヤーは，自分がとりうる行動の一つひとつに対して，第2プレーヤーがどう反応するか考えなければならない．

　スポーツには，戦略的行動を示す例が多くある．野球チームの監督がリリー

■第11章■戦略的行動

フ・ピッチャーを投入するかどうかを決定するような状況は，逐次的ゲームの典型的な例の一つである．野球では一般に，左バッターが右腕ピッチャーに対して有利であり，右バッターは左腕ピッチャーに対して有利であるといわれている．このことは，右利きのバッターに打順が回ってきたとき，監督は右腕ピッチャーを投入すべきであるということを意味するのだろうか．必ずしもそうではない．なぜならいったん右腕ピッチャーが投入されれば，相手チームの監督は左利きのピンチヒッターを送ることができる．したがって，ピッチャーの交代を考える際には，監督は自分のリリーフ・ピッチャーの選択に対して，相手の監督がどう反応するかを考える必要がある．

　この例は，逐次的ゲームの重要な一つの側面を示している．つまり最初に行動するプレーヤーは，2番目に行動を起こすプレーヤーがどう反応するか，を考慮に入れなければならないということである．新たなライバル企業が市場に参入する可能性に直面している企業のケースを考えてみよう．あるソフトウエア会社（これをレッドハット社と呼ぶことにする）が，マイクロソフト・ウィンドウズに対抗する新しいOS（オペレーティング・システム）を検討しているとする．レッドハット社は，市場に参入すべきかすべきでないか，を決定しなければならない．もし参入したならば，マイクロソフト社は平和的に共存を図るか，それとも値下げ競争で対抗するか決定しなければならない．レッドハット社が参入し，マイクロソフト社が平和的に共存するほうを選択したとしよう．このときには，マイクロソフト社はOS市場で500億ドルの利益を上げ，レッドハット社は100億ドルの利益を上げると仮定しよう．もしマイクロソフト社が平和的共存を選ばないで値下げで対抗する場合には，両社とも損失を出すが，その額はマイクロソフト社が10億ドル，レッドハット社が5億ドルと仮定しよう．またレッドハット社が参入しないことに決めた場合には，レッドハット社の利益はゼロ，マイクロソフト社は800億ドルの利益を得るとする．このとき，レッドハット社は参入するだろうか．また，マイクロソフト社は値下げで対抗するのだろうか．

　この込み入ったシナリオをわかりやすく表現するために，**ゲームの木（ゲーム・ツリー）** game tree を導入しよう．ゲームの木は逐次的ゲームを表現する標準的な方法である．プレーヤーが選びうるすべての選択肢が与えられたとき，ゲームの木のそれぞれの枝はゲームの起こりうるさまざまな結果を示している．

4．逐次的ゲーム

図11-5 ■ 逐次的ゲームにおけるゲームの木

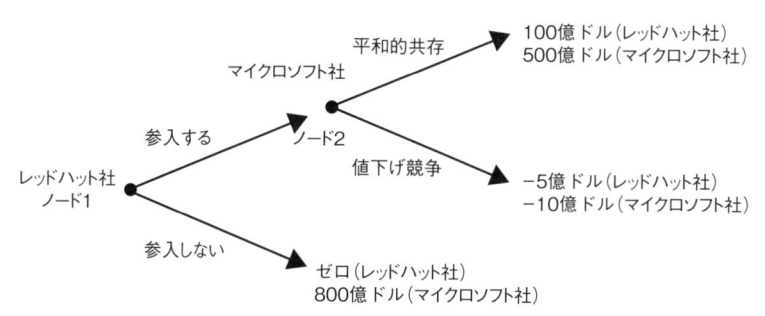

```
                                          平和的共存    100億ドル（レッドハット社）
                                      ┌─────────→    500億ドル（マイクロソフト社）
                         マイクロソフト社 ●
                   参入する          ノード2
レッドハット社 ●                      値下げ競争    -5億ドル（レッドハット社）
  ノード1                             └─────────→    -10億ドル（マイクロソフト社）
                   参入しない
                         ─────────→ ゼロ（レッドハット社）
                                    800億ドル（マイクロソフト社）
```

レッドハット社が最初に意思決定を行う．レッドハット社が市場に参入することを決定した場合，マイクロソフト社は平和的共存か値下げ競争かを選択する．バックワード・インダクションの思考法で考えると，レッドハット社は参入を図り，マイクロソフト社は平和的共存を図ることがわかる．

　たとえば，マイクロソフト社とレッドハット社の参入ゲームは，図11-5のゲームの木によって表される．各枝の右端に，レッドハット社とマイクロソフト社の利得が表示されている．上の数字がレッドハット社の利得，下の数字がマイクロソフト社の利得である．

　各々のノード――新しい枝が分かれる分岐点――は，プレーヤーの1人が意思決定を行う点を示している．このゲームでは，レッドハット社が最初に意思決定を行う（ノード1）．レッドハット社が参入したかどうかがわかった後で，マイクロソフト社が2番目に行動する（ノード2）．レッドハット社が参入することを決定した場合は，ノード1からゲームの木の上側の枝に沿ってノード2まで進むことになる．そしてマイクロソフト社は平和的共存か，または値下げ競争かを選択しなければならない．マイクロソフト社が共存を選んだ場合には，ノード2から上側の枝に沿って進み，レッドハット社は100億ドル，マイクロソフト社は500億ドルの利得を得ることになる．マイクロソフト社が値下げ競争を選択すれば，下側の枝に沿って進み，その場合には利得はレッドハット社が-5億ドル，マイクロソフト社が-10億ドルである．レッドハット社が参入しないと決めた場合には，ノード1から下側の枝に沿って進む．その場合にはマイクロソフト社が決定しなければならないことは何もなく，ゲームは終了し，プレーヤーは表示された利得（レッドハット社はゼロ，マイクロソフト社は800億ドル）を得る．

参入するべきかどうか決定する際に，レッドハット社の経営者は以下のように推論するだろう．「もしわが社が参入すれば，マイクロソフト社は値下げで対抗してくるか，あるいはわが社と平和的共存を図るか，どちらかを選ぶことができる．前者では10億ドルを失い，後者では500億ドルの利益を得る．わが社が参入した場合，マイクロソフト社にとって最適なのは，明らかに，わが社と平和的共存を図ることである．したがって，わが社は参入すべきである」と．

この例でも，再びバックワード・インダクションの考え方が有効であること

Thinking Like an Economist
情報および戦略的思考

情報は戦略的行動において重要な役割を果たすが，ときどき意外なことが生じる．たとえば囚人のジレンマを考えてみよう．各囚人は相手の囚人が何を行ったか知らずに，自白するかどうかを決定しなければならない．もし一方の囚人が相手が何を行ったかを前もって知ることができたならば，結果が変わるように思われるかもしれない．しかし，こうした情報が提供されても何も変わらない，すなわち自白するのが相変わらず最適であるということが判明する．その理由は，自白が支配戦略であるということである．自白することは，相手の行動にかかわらず，各囚人の最適戦略である．

ただしプレーヤーが支配戦略を持っていない場合には，プレーヤーが持つ情報の変化は，プレーヤーの最適戦略に変化を与える可能性がある．健康保険を提供する保険会社の場合を考えてみよう．保険会社が，ある人が喫煙者であるかないかという情報を得ることができるとしよう．喫煙は多くの健康問題に関係しているので，保険会社は喫煙者と非喫煙者に対して異なった保険契約を提示することになり，喫煙者に提示される保険料は，彼らが高い医療保険費を請求する可能性を反映して，高くなっているだろう．さて，このような情報を集めることを保険会社に禁ずる法律が可決されたと仮定しよう．この種の情報の収集はプライバシーの侵害にあたるとして，政府が法律で禁止することはしばしばある．保険会社がすべての人に一律の保険を提示すれば，第12章「生産物市場と不完全情報」でこの

が示されている．「戦略的な思考」は，最初にゲームの終了時点を考え，そこからさかのぼって現在の選択で最適なものを決定するといった考え方を必要とするのである．レッドハット社は，自社が参入した場合，マイクロソフト社が何を行うかについて自問自答する．そしてそこからさかのぼって考え，参入するかどうかを決定するのである．

ゲームの木が与えられていれば，バックワード・インダクションを利用するのは簡単である．まず，ゲームの終点とつながっている各ノードで，そのノードごとに意思決定を行うプレーヤーの最適な選択を決定する．次に，前にさか

あと学ぶような逆選択の問題に直面することになる，つまり健康保険に加入する大部分の人が最も不健康な人たちという事態が生じてしまう．しかし保険会社が戦略的に考えれば，次のように推論するかもしれない．「たんに1種類のタイプの保険だけしか提供しないのであれば，健康に問題のある人だけしか保険を購入しなくなってしまい，わが社は損害を被る危険性がある．その代わりに，異なった二つの保険を提示することにしよう．一つは，免責額が高く，保険が適用される前に，患者は医師の診療費やその他のサービスに対して多額の代価を払わなければならないというものである．もう一つの保険は免責額が低く，保険の支払いでほとんどの医療サービスの代価をまかなうことができるというものである．免責額の低い保険は，保険料が高くなる．この免責額の低い保険は，多くの医療サービスを必要とすると感じている人，つまり喫煙者にとっても魅力的だろう．免責額の高い保険は，それほど多くの医療を必要とは考えていない人，つまりタバコを吸わない人にとっても魅力的だろう．このように保険を区別することで，保険契約者に自らの健康上のリスクに関する情報を明らかにさせることができる」と．

戦略的に考えることによって，保険会社は直面する情報問題のいくつかを克服することができる．異なる保険を提示することによって，高リスクのグループと低リスクのグループに分けることができるのである．

のぼって考える．ノード2では，マイクロソフト社の最適な選択は平和的共存を図ることである．そうすればマイクロソフト社は500億ドルを得られるが，値下げ競争を行えば10億ドルを失ってしまう．さて，そこから前のノード，つまりレッドハット社が意思決定を行うノード1にさかのぼって考えよう．マイクロソフト社のノード2での選択の分析から，レッドハット社は，もし市場に参入すればマイクロソフト社は平和的共存を図り，100億ドルの利得が得られることがわかっている．レッドハット社のノード1におけるもう一つの選択肢は参入を行わないことであるが，これはゼロの利得しかもたらさない．明らかにレッドハット社の最適な選択は参入である．

5 時間的非整合性

　戦略的行動において威嚇と約束は，よく利用される要素である．市場に別の企業が参入してきたときに，独占企業が値下げ競争を行うと威嚇するケースについては，レッドハット社とマイクロソフト社の例で議論した．その場合は，市場参入を検討している企業がいったん参入してしまえば，既存企業の最良の戦略は平和的な共存を図ることであることを新規参入企業は知っている．潜在的な新規参入企業は，バックワード・インダクションを使うことで参入することを決定でき，独占企業による当初の威嚇は市場参入の阻止においては効果がない，つまりその威嚇は信憑性を欠いているのである．

　ここで，市場参入を熟考している企業の観点からこの問題を議論するのではなく，その市場を新規参入者から守ろうとする独占企業の立場から考えよう．もし参入を試みようとする企業があるなら，独占企業が値下げ競争という威嚇を行うことでその潜在的なライバル企業を追い払おうとすることは，意味を持っている．しかしそのような戦略には，時間的非整合性の問題がある．つまり実際にその威嚇を行動に移すとき，独占企業にとって最適な行動になっているかという意味で，それがはたして整合的であるのかという問題である．整合的ではないというのがその答えである．すでに確認したように，もしライバル企業が市場に参入してきたら独占企業の最適な戦略は共存を図ることである．したがってこうした威嚇は時間的非整合，つまりそれを実行しようとしたときに

は，すでに行う意味が失われてしまっているのである．潜在的なライバル企業は，こういったことを知っているので，威嚇を無視できるのである．

時間的非整合性 time inconsistency の問題は，通常，1人のプレーヤーの約束あるいは威嚇が別のプレーヤーの行動に影響を及ぼすような多くの状況で発生する．高校を卒業したばかりのサラの場合を考えよう．彼女の両親は，夏休みに仕事をすることで，サラは責任感を学ぶであろうと確信しており，彼女が夏に働けば秋に大学の授業料の支払いを支援しようと提案する．サラが夏の間遊んでしまい，仕事をしなかったときは，授業料の支援をしないというのが，暗黙の威嚇になる．[3] しかしサラは，そのような威嚇は時間的非整合であることがわかる．彼女が夏中，友達と海岸で楽しく過ごした場合，秋に彼女の両親が直面するのは，大学の授業料支払いを支援するべきかどうかの選択である．彼女の両親は，サラがどんなに怠惰であったとしても，彼女に大学教育を受けてほしいと思っているということをサラは知っているので，サラが何をしようと両親は大学の授業料を出してくれるだろうと彼女にはわかってしまうのである．サラにとっては仕事をするよりぶらぶら遊んでいるほうがよいので，彼女は仕事を探そうとはしない．サラに仕事を見つけさせようという彼女の両親の威嚇は，時間的非整合であるがために，効果がないのである．秋になり両親が威嚇を実行しようとしても，それはもはや彼らの最適戦略ではなく，サラは両親が威嚇を実際に実行するようなことはけっしてないということを知っているのである．

5.1 コミットメント（約束）

サラの両親が夏の終わりに直面する状況についてもう一度考えよう．そこでは，大学の授業料を支援しないという威嚇は，サラの夏休みの行動に影響を及ぼすには遅すぎて，実行しようとするときにはその価値はなくなってしまっていた．これがもし，サラが夏休みに実際に働かなかったならば，授業料の支援を行わないとサラの両親の行動が何らかの方法で拘束されるならば，事態は違ってくるだろう．将来の行動をコミットメント（約束）することができるとい

---

[3] Herb Taylor, "Time Inconsistency: A Potential Problem for Policymakers," *Economic Review*, Federal Reserve Bank of Philadelphia, March/April 1985, pp. 3-12.

うことが，威嚇や約束に信憑性を持たせるためには必要かもしれない．

軍事戦略家も通常，どうしたら威嚇が信憑性を持つようにできるかという問題に直面している．冷戦時代，アメリカは，先に核兵器を使用することはありえなくはないと表明した．この政策は，もしソ連が西ヨーロッパに侵攻すれば，必要ならばアメリカが核兵器を使いソ連に報復するという可能性を高めた．そのような報復に対しては，ソ連はアメリカに対して核攻撃を開始するだろう．ソ連の軍事計画者がバックワード・インダクションを用いれば，もしソ連が西ヨーロッパに侵攻した場合には，アメリカ政府は，ソ連への核攻撃を開始し，それに続いて起こる核戦争で何百万ものアメリカ人が犠牲になるという選択か，または西ヨーロッパでのソ連の勝利を認めるという選択かに直面するだろうと推論する．そうした選択に直面すると，アメリカはソ連の勝利を受け入れる決定をすることになるだろう．したがって報復を行うというアメリカの威嚇には信憑性がないことになる．西ヨーロッパで何千ものアメリカ軍を配備することに対する一つの論拠は，ソ連の侵攻によって被害を受けたとき，アメリカ軍にソ連への攻撃を余儀なくさせるということだった．西ヨーロッパに軍隊を配備することで，アメリカの威嚇はより信憑性が高くなったのである．

不完全競争市場では，たんに威嚇するだけでは信憑性がない場合でも，企業がライバル企業を思いとどまらせる具体的な行動を講じる多くの機会がある．このことは，前に述べたマイクロソフト社とレッドハット社の例での設定を少し変更したモデルで説明することができる．ここではあるコーヒー・ショップを考え，それをノースウェスト・コーヒー社（この会社は，ある都市の繁華街で街角一つおきにコーヒー・ショップを開いている）と呼ぼう．潜在的なライバル企業（これをピート・コーヒー社と呼ぼう）に，空いている街角に店をオープンするのを思いとどまらせるために，ノースウェスト・コーヒー社は，ライバル企業が店を開いたならば値下げで対抗すると威嚇するとしよう．ゲームの木と利得は図11-6で示されたとおりである．

マイクロソフト社とレッドハット社の例のように，ピート・コーヒー社はバックワード・インダクションを使い，自分が参入すれば，ノースウェスト・コーヒー社は平和的共存を図るほうが得になることに気づく，ということがわかる．このとき，ノースウェスト・コーヒー社のいかなる威嚇も信憑性はない．

ここで，ゲームを変更して，ノースウェスト・コーヒー社が，街角一つおき

図11-6 ■ コミットメントがない場合の市場参入ゲーム

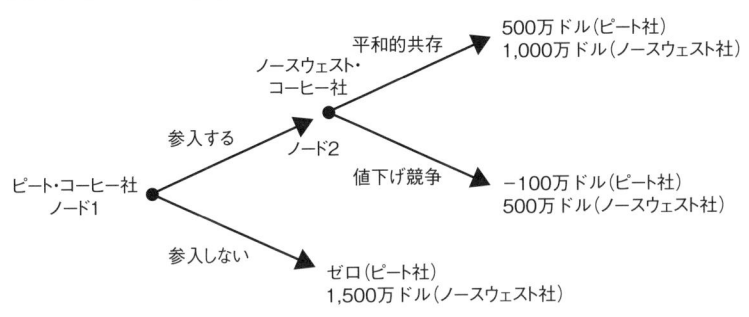

```
                          平和的共存    500万ドル(ピート社)
              ノースウェスト・        1,000万ドル(ノースウェスト社)
              コーヒー社
         参入する  ノード2
ピート・コーヒー社           値下げ競争    −100万ドル(ピート社)
  ノード1                          500万ドル(ノースウェスト社)
         参入しない
                          ゼロ(ピート社)
                          1,500万ドル(ノースウェスト社)
```

ノースウェスト・コーヒー社は、ピート・コーヒー社が市場参入すれば値下げで対抗すると威嚇するかもしれないが、この威嚇は信憑性を持たない。

に店を出すか、それともすべての街角に出店するかを先に決定することとしよう。今度はプレーの順番が、どれだけの店をオープンするかというノースウェスト・コーヒー社の選択から始まることになる。このゲームの第2段階（ノード2）では、ピート・コーヒー社が市場参入するかどうかを決定しなければならない。その決定を行う際には、ピート・コーヒー社には、ノースウェスト・コーヒー社がすべての街角に出店したか、それとも一つおきに出店したかがわかっている。ゲームの木は図11-7になる。

最初に、ノースウェスト・コーヒー社が街角一つおきに出店し、ピート・コーヒー社が参入したならば、利益はノースウェスト・コーヒー社が1000万ドル、ピート・コーヒー社が500万ドルになるが、これはノースウェスト・コーヒー社は値下げ競争は行わないという以前の考察を反映していることに注意してほしい。次に、ゲームの木に加えられた新たな枝は、ノースウェスト・コーヒー社が街角すべてに出店するときに可能となる結果を示している。ノースウェスト・コーヒー社が一つおきに出店してピート・コーヒー社が参入しなかったとき（このとき利益は1500万ドル）より、すべての街角に出店しピート・コーヒー社が参入しなかった場合（このときの利益は1200万ドル）のほうが、追加的な費用がかかるために利益は低くなる。もしノースウェスト・コーヒー社が街角すべてに出店し、ピート・コーヒー社が市場参入することに決めると、ノースウェスト・コーヒー社の利益は500万ドルに減少し、ピート・コーヒー社は200万ドルの損失を被ることになる。

■第11章■戦略的行動

図11-7 ■ コミットメントがある場合の市場参入ゲーム

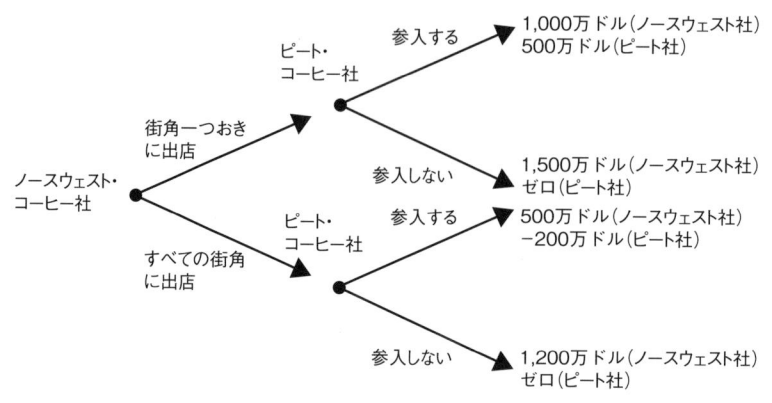

```
                              参入する    1,000万ドル(ノースウェスト社)
                    ピート・              500万ドル(ピート社)
                    コーヒー社
              街角一つおき
              に出店
                              参入しない  1,500万ドル(ノースウェスト社)
                                        ゼロ(ピート社)
ノースウェスト・
コーヒー社
              すべての街角           参入する    500万ドル(ノースウェスト社)
              に出店     ピート・              −200万ドル(ピート社)
                        コーヒー社

                              参入しない  1,200万ドル(ノースウェスト社)
                                        ゼロ(ピート社)
```

ノースウェスト・コーヒー社はピート・コーヒー社の参入を防ぐために，たとえコストがかかってもすべての街角にコーヒーショップをオープンさせるだろう．すべての街角への出店はコミットメント・メカニズムとしての機能を果たすのである．

　ナッシュ均衡を求めるために再びバックワード・インダクションを使おう．上側の枝（つまり，ノースウェスト・コーヒー社が街角一つおきに出店するほうを選択したときの枝）に沿ったピート・コーヒー社の意思決定ノードから考察を始めよう．ピート・コーヒー社が，自分がこのノードにいるとわかった場合，最適戦略は市場に参入することであり，その場合500万ドルを得る．次に，下側の枝（ノースウェスト・コーヒー社がすべての街角に出店するほうを選択したときの枝）に沿ったピート・コーヒー社の意思決定ノードを見よう．このノードでは，最適戦略は参入しないことである．このように行動すれば，少なくとも，ピート・コーヒー社は損失を出すことはない．
　バックワード・インダクションを適用することによって，ゲームの最初のノースウェスト・コーヒー社の意思決定も分析することができる．ノースウェスト・コーヒー社は，もし街角に一つおきに出店すれば，ピート・コーヒー社は参入し，自社の利益は1000万ドルになることがわかる．もしすべての街角に出店するならば，ピート・コーヒー社は参入してこず，ノースウェスト・コーヒー社は1200万ドルを得ることができるだろう．このとき，ノースウェスト・コーヒー社の最適戦略は，すべての街角に出店することである．たとえ，この決定が直感に反しており，ノースウェスト・コーヒー社の利益が1500万

ドルから 1200 万ドルに減少しているように見えても，余分な店は潜在的なライバル企業が進出してくるのを防いでくれるので，オープンする価値があるのである．ノースウェスト・コーヒー社が余分な店をオープンすることは，値下げ競争を行うと宣言するより，もっと確実な威嚇なのである．適切な場所に店をオープンすることは，潜在的なライバル企業に参入を思いとどまらせるコミットメント・メカニズムとしての機能を果たす．ノースウェスト・コーヒー社が出店数を絞り，かつピート・コーヒー社が市場参入を行わない場合よりは利益は少ないが，ピート・コーヒー社が参入してきた場合よりは高い利益をもたらすのである．

Close-Up 日本語版
結婚マッチング

就活や婚活など「○活」という言葉が定着して久しい．これらは学生と企業，あるいは男性と女性のペアを作る活動であるが，こうした活動を分析するゲーム理論の一分野でマッチング理論と呼ばれるものがある．従来の経済学では，「市場は与えられたもの」としてとらえ，市場の持つ調整力の解明等に注力してきた．しかし近年，「市場は創るもの」という立場から市場における制度を考えるという分析（マーケット・デザインと呼ばれる）が盛んになってきた．そこではゲーム理論的考え方が重要な役割を果たしている．この新しい経済学の分野――マーケット・デザイン――でも，特に実際の制度設計に威力を発揮しているのがマッチング理論である．ハーバード大学のアルビン・ロスとカリフォルニア大学ロサンゼルス校のロイド・シャプレは，このマッチング理論の研究によって 2012 年ノーベル経済学賞を受賞した．以下で，簡単な例を使ってマッチング理論を紹介しよう．

いま，男女が 3 人ずつ参加した婚活パーティーを考えよう．男性は A，B，C，女性は 1，2，3 とする．彼らはパーティーを通じてそれぞれが次のような選好（好みの順序）を持ったとする．

男性　A君：$1 > 2 > A > 3$
　　　B君：$1 > 3 > 2 > B$

　　　　　　　C君：2＞3＞1＞C
　　女性　1さん：A＞B＞C＞1
　　　　　2さん：B＞2＞A＞C
　　　　　3さん：A＞B＞3＞C

　上記の選好は，たとえば男性A君は，女性1さんが一番好みであり，二番目が2さん，三番目が自分自身であり，四番目が3さんであることを示す．これはA君は女性1さんか2さんと付き合いたいが，3さんと付き合うよりは自分自身と付きあう，つまり独身でいるほうが良いと考えているということである．B君は1さんを一番好ましく思っており，二番目が3さん，三番目が2さん，最後に自分自身となっているので，彼は独身でいるよりは誰かと結婚したいと思っているのである．

　女性のほうでは，2さんは男性B君が一番好ましく，二番目が自分自身である．したがって2さんはB君と以外とは付き合いたくないと思っている．

　こうした状況で，たとえば，A君と2さん，B君と1さん，C君と3さんという三つのカップル（以下（A, 2），（B, 1），（C, 3）と表す）ができたとしよう．しかしこのカップルの組合せは長続きしない．なぜなら，A君はカップルになった2さんより1さんのほうが好きで，1さんもカップルのB君よりA君のほうが好きだから，このカップルの組合せではうまくいかずに（A, 1）というカップルができてしまうからである．

　一方，（A, 1），（B, 3），（C），（2）というカップルの組み合せはうまくいく．ここで（C）と（2）はそれぞれC君と2さんは独身でいるということを表している．（A, 1）のカップルはお互い一番好ましく思っている同士なので別れることはない．（B, 3）のカップルも，B君は2さんより3さんのほうが好きで，3さんもC君よりB君のほうが好きなので別れることはない．また，C君は2さんが一番好きなのであるが，2さんはC君と付き合うより独身のほうが好ましいので，この2人がカップルになることはない．結局，女性陣に最も人気のないC君（どの女性の選好でもC君が男性陣の中で最下位になっている）と，B君以外とは付き合いたくないという高飛車な2さんが相手を見つけられ

ないということになっている．

　この (A, 1), (B, 3), (C, 2) というカップルの組合せは，浮気が生じカップルが解消されることはない，という意味で安定的である．

　では，こうした安定的なカップルの組合せ（マッチング）は，他の男女の集団での婚活パーティーでも存在するのであろうか．実はこのような安定的なマッチングは少なくともひとつは存在し，それはディヴィッド・ゲール（David Gale）とロイド・シャプレイによる「DA アルゴリズム」という方法により見つけることができることが知られている．

　こうしたマッチング理論は，現在盛んに研究が進められるのと同時に，たとえば研修医と病院のマッチングや公立学校の選択制の問題，あるいは腎臓病患者と腎臓ドナーのマッチングといった実際の社会問題にも応用され，成果をあげている．興味のある読者は以下の文献を参照してほしい．

〈文献〉
『マーケットデザイン入門』坂井豊貴，ミネルヴァ書房，2010 年．
『学校選択のデザイン』安田洋祐編著，NTT 出版，2010 年．
『エッセンシャル　経済数学』第 13 章〜15 章，大住圭介他，中央経済社，2010 年．

復習と練習
Review and Practice

■要約

1　完全競争市場では，企業や消費者は，他の主体がどう反応してくるかを考慮に入れずに，どれくらい生産するべきか，またどれくらい消費するべきかを決定することができる．これに対して不完全競争市場では，企業は，自社の生産量や価格の決定に対してライバル企業がどう反応してくるかを考慮に入れなければならない．企業は，そうした状況においては戦略的行動をとらなければならない．個人もまた，戦略的に行動しなければならない多くの状況に直面する．経済学では，個人と企業がどのような行動をと

るかを予測するためにゲーム理論を利用する．
2 ナッシュ均衡では，ゲームに参加している各プレーヤーは，相手の戦略を所与としたとき最適となる戦略を選択する．ただ一つのナッシュ均衡を持つゲームもあるし，複数のナッシュ均衡を持つゲームもある．
3 支配戦略は，他のプレーヤーが何を選択するかにはかかわりなく，最適となる戦略である．支配戦略を見つけることで，その支配戦略を持つプレーヤーの行動を予測することができる．
4 バックワード・インダクションは，戦略的行動にとってきわめて重要である．戦略的思考とは，まず将来時点で他者がどう行動するかを予測し，次にそうした情報を利用して意思決定を行うということを意味している．
5 戦略的な選択は，しばしば他者の選択に影響を及ぼすように行われる．しかしながら，いったんそれらの選択が行われると，当初の戦略を実行することはもはや最適ではなくなってしまうかもしれない．こうしたケースが発生するとき，当初の戦略は時間非整合性を持つという．

■キーワード

戦略的行動　　ゲームの利得表　　支配戦略　　ナッシュ均衡　　繰り返しゲーム　　バックワード・インダクション（後ろ向き帰納法）　　実験経済学　　逐次的ゲーム　　ゲームの木（ゲーム・ツリー）　　時間的非整合性

Q 復習問題

1 完全競争市場における企業は戦略的行動を行う必要がない．なぜだろうか．また寡占企業はなぜ戦略的に行動する必要があるのだろうか．また独占企業は戦略的に行動する必要があるだろうか．説明しなさい．（ヒント：本章の冒頭を参照．）
2 プロ・スポーツ・リーグでは，個々のチームがプレーヤーに支払うことができる年俸の総額を制限する年俸制限をしばしば行っている．囚人のジレンマ・ゲームを使用して，なぜそのような制限を行うとチームのオーナーの得になるのか説明しなさい．（ヒント：1.2 項「ナッシュ均衡」，特に

「例：スポーツ・チームのオーナーと選手の年俸」)

3 支配戦略とは何か．なぜ囚人のジレンマにおける各プレーヤーは支配戦略を持つといえるのかを説明しなさい．（ヒント：1.1項「支配戦略」)

4 ナッシュ均衡とは何か．囚人のジレンマ・ゲームの唯一のナッシュ均衡は何か．ゲームには複数のナッシュ均衡を持つ場合がありうるか．その場合は，例を挙げて説明しなさい．（ヒント：1.2項「ナッシュ均衡」および2節「一般的なゲームでの戦略的行動」)

5 囚人のジレンマでは，各プレーヤーが支配戦略を持っている．また，プレーヤーが支配戦略を選ぶという唯一のナッシュ均衡が存在する．1人のプレーヤーだけが支配戦略を持つゲームの例を示して，そのナッシュ均衡を求めなさい．（ヒント：2.1項「1人のプレーヤーのみ支配戦略を持つゲーム」)

6 本章では，最初にテレビ番組の『サバイバー』を取り上げた．ケリーは戦略的行動のどんな原理を利用する必要があっただろうか．（ヒント：3節「繰り返しゲーム」)

7 逐次的ゲームとは何か．なぜ，最初に行動するプレーヤーはバックワード・インダクションを使う必要があるのだろうか．（ヒント：4節「逐次的ゲーム」)

8 昔から子どもを叱るときの親の口ぐせに「こうしてあなたを叱っても，あなたが傷つく以上に私のほうが傷ついているんです」というものがある．繰り返しゲームの考え方を利用して，子どもを叱ることが実際に子どもよりむしろ自分自身を傷つけるとしても，なぜ親は子どもを叱るのか説明しなさい．（ヒント：3節「繰り返しゲーム」)

9 威嚇と約束が信憑性に欠けるかもしれないのは，なぜだろうか．説明しなさい．（ヒント：4節「逐次的ゲーム」および5節「時間的非整合性」)

Q 練習問題

1. 二つの寡占企業を考えよう．それぞれは「高い」レベルの産出量と「低い」レベルの産出量のどちらかを選択するものとする．各企業の産出量の選択に応じて，それぞれの企業の利益は次のようになる．

		企業B	
		高産出量	低産出量
企業A	高産出量	企業Aの利潤＝200万ドル 企業Bの利潤＝200万ドル	企業Aの利潤＝500万ドル 企業Bの利潤＝100万ドル
	低産出量	企業Aの利潤＝100万ドル 企業Bの利潤＝500万ドル	企業Aの利潤＝400万ドル 企業Bの利潤＝400万ドル

どのような推論を通して，企業Bは，企業Aの選択にかかわらず，高い産出量レベルを選択するほうがよいとわかるのかを説明しなさい．また，どのような推論を通して，企業Aは，企業Bの選択にかかわらず，高い産出量レベルを選択するほうがよいとわかるのか説明しなさい．このケースでは共謀はどのように2企業に利益をもたらすのに役立つのだろうか．
(ヒント：1節「囚人のジレンマ再考」)

2. 次の二つの状況で何が起こるかを分析するために囚人のジレンマを使用して考えなさい．(ヒント：1節「囚人のジレンマ再考」)

二つのライバル企業，たとえば，タバコを生産している企業を考えよう．もしベンソン・アンド・ヘッジス社だけが広告を出せば，マールボロ社から顧客を奪うことができるだろう．またマールボロ社だけが広告する場合は，やはりベンソン・アンド・ヘッジス社から顧客を奪うことができる．そして両社とも広告する場合には，それぞれの顧客層は維持される．

この2社は，政府の広告規制によって本当に損をするのであろうか．実際，タバコ会社は，子どもたちへの影響も考慮したそのような政府規制に対して猛反発したが，これはなぜだろうか．説明しなさい．

二つのライバル企業，たとえば，カメラフィルム・メーカーのF社とC社を考えよう．消費者は，正確に色を再現し，かつ粒子が粗くないフィル

ムを望んでいる．当初は，この2社の製品は，同等の品質を持っているとしよう．一方の企業のみが研究開発により製品の品質を改善すれば，その企業はライバル企業の顧客を奪えるだろう．両社ともに研究を行い，同質な製品を開発した場合は，以前と変わらず市場を分け合うだろう．したがって，利得表は次のようになると想定できる（研究を行った場合の利益は，研究に必要な支出を考慮している）．

		F社	
		開発しない	開発する
C社	開発しない	C社の利潤＝1億ドル F社の利潤＝1億ドル	C社の利潤＝0 F社の利潤＝1.5億ドル
	開発する	C社の利潤＝1.5億ドル F社の利潤＝0	C社の利潤＝0.8億ドル F社の利潤＝0.8億ドル

なぜ両社は，たとえ利益が低くなっても研究開発を行うのだろうか．また，たとえ利益は低くなっても，両社が開発を行うのは社会的に望ましいといえるのだろうか．

3 マイクロソフト社とレッドハット社のケースを表した図11-5をもう一度参照しながら，今度はマイクロソフト社のほうが先に行動し，価格引下げの威嚇をすべきかどうか決定し，その後でレッドハット社が参入すべきかどうかを決定する．そして最後にマイクロソフト社が平和的共存を図るかまたは値下げで対抗すべきかを決定するというケースのゲームの木を描きなさい．そしてゲームの最初の段階のマイクロソフト社の決定は，レッドハット社の戦略に何の影響も与えないことを確かめなさい．（ヒント：5

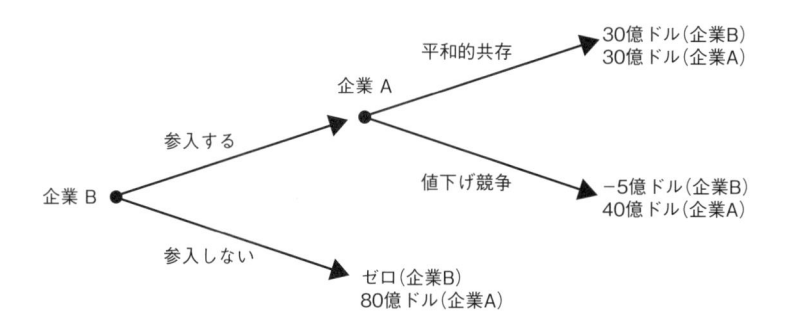

■第11章■戦略的行動

4 企業Aは独占企業であるとする．企業Aは，いかなる潜在的なライバル企業もその市場に参入すれば，値下げで対抗すると威嚇する．企業Bは市場参入を行うかどうか考えているとする．ゲームの木は次のようになる（企業Bの利得は上の数字，企業Aの利得は下の数字）．
　このとき，企業Bは参入すべきだろうか．また企業Aの威嚇には信憑性があるだろうか．なぜそうなのかも説明しなさい．この例が，本文中のレッドハット社対マイクロソフト社の例から得られる結果と異なるのはなぜだろうか．（ヒント：4節「逐次的ゲーム」）

5 サラと彼女の両親のゲーム（5節「時間的非整合性」）をゲームの木で表しなさい．最初に意思決定するのはサラで，彼女は夏休みに働くか，働かないかを決める．夏休みの終わりに，彼女の両親はサラの学費を支払うかどうか決める．バックワード・インダクションを使って，このゲームの均衡を求めなさい．さらに，ゲームの最初に，サラが働いた場合にのみ学費を支払うと両親が宣告する新たな状況を追加しよう．この宣告は信憑性があるだろうか．この例を使って，時間的非整合性が何を意味するか説明しなさい．（ヒント：5節「時間的非整合性」）

6 「行動を制約する」ことは，行動をある方向へ誘導するのに確実にコミットする一つの方法になりうるかもしれない．1960年代の映画『博士の異常な愛情』(Dr. Strangelove)の中で，ソ連は，最後の審判の日を迎えることになる兵器，つまり全世界を破滅させる兵器を開発し，アメリカからの攻撃に対しては自動的に引き金が引かれるよう配備した．そのような兵器は，どのようにアメリカの攻撃を防止する信憑性のある威嚇として役立つか，説明しなさい．映画では，ソ連はその兵器を配備したことをアメリカに通知しなかった．なぜこれはへたな戦略だったのだろうか．（ヒント：5節「時間的非整合性」）

7 クオリティ・ブランズ社とディスカウンターズ・デラックス社が価格引下げの繰り返しゲームを行うと仮定しよう．「しっぺ返し」戦略とは何かを説明しなさい．「相手が価格を引き下げれば，こちらも対抗して同じだけ価格を引き下げる」と約束することは，企業が「しっぺ返し」戦略をとっていることを合図する一つの方法であるといえるだろうか．（ヒント：3

節「繰り返しゲーム」)

8　レストランは，大きな幹線道路沿いに建てられることが多い．そのようなレストランではほとんどの顧客が再び訪れることはないようであるが，この場合，レストランは料理がおいしいという評判を高めようとするインセンティブを持つだろうか．もしそうした評判が重要であるならば，（マクドナルドやバーガーキングのような）全国チェーンのレストランと，特定の地域で営業するレストランのどちらが優良なサービスを提供するインセンティブがより大きいだろうか．（ヒント：3.1 項「評判」）

9　「盗人にも三分の理」で要約されるような，「正しい」行動というものについての文化的あるいは集団的な規範や期待は，囚人のジレンマにおいて協力関係を強制することに役立つだろうか．説明しなさい．（ヒント：3 節「繰り返しゲーム」)

Chapter 12

第12章 生産物市場と不完全情報

Learning Goals

1. 情報が市場に影響を及ぼす重要な点はどのようなものだろうか.
2. 逆選択問題とは何だろうか. そして, それはどのように市場に影響を及ぼすのだろうか.
3. インセンティブ問題とは何だろうか. そして, それはどのように市場に影響を及ぼすのだろうか.
4. サーチ (探索) や広告は不完全情報によってどのように説明されるのだろうか.

現実の世界が完全競争モデルで描かれたような世界ではないことは，経済学者にとって秘密でも何でもなかった．第2章「不完全市場と公共部門」や第9章「独占，独占的競争と寡占」で学んだ独占や不完全競争の理論は，アダム・スミス（Adam Smith）の時代から現在に至るまで提起されつづけてきたものである．

　最近では，完全競争モデルのもう一つの限界にも注目が集まっている．それは，市場の参加者たちは売買される財について完全な情報を持っているという完全情報の仮定に対するものである．不完全情報を経済のモデルに組み込むことにより，現実の世界と本書第2部「完全市場」で学んだ完全競争および完全情報のモデルによって描かれている世界とのギャップをかなり埋めることができるようになった．

　本章では，生産物市場における主要な情報に関する問題，すなわち市場経済がそれをどのような方法で処理しているのか，およびその結果として，第2部の基本的モデルをどのように修正しなければならないのかについて学ぶ．次の第13章「労働市場の不完全性」では，情報の問題が，労働市場にどのような影響を及ぼすかについてより詳しく学ぶことになる．われわれは情報の問題の分析を，中古車市場を調べることによって始めることにしよう．

1 レモン市場と逆選択

　使用を始めてから3カ月しかたっていない中古車が，どうして新車の価格を20%以上も下回る安い価格で売られているのかと驚いた経験はないだろうか．自動車はそれほど短時間で老朽化するような財ではない．新車を所有する喜びは確かにある程度の金額には値するのだろうが，新しく買った自動車も3カ月たてば「中古車」になる．2000ドルあるいはそれ以上の金額は，この短命な喜びのために支払われるにしては法外な値段である．

　カリフォルニア大学バークレー校のジョージ・アカロフ（George Akerlof）は，こうした現象に対して，不完全情報に基づいて単純な説明をした．ある自動車が他の自動車よりも品質が悪いとする．その場合，その自動車に隠れた欠陥があるにしても，それを知ることができるのは，その自動車を購入してしば

らく運転した持ち主だけである．次々に故障が起こるような欠陥のある自動車を，アメリカではレモンと呼ぶ．メーカーによる保証はレモンを所有する金銭的なコストを減らしはするが，わずらわしさ，つまり自動車を修理工場に持っていく時間や，故障が起こる可能性が大きいことを知りながら運転するという不安がなくなるわけではない．レモンを所有してしまった人はもちろん自らの不運を知っているし，そのレモンを誰か別の人に売り払ってしまいたいとも思っている．最悪のレモンを持っている人は，その自動車を手放したいと最も強く望んでいるだろう．中古車価格が高ければ，より質が良い車の持ち主で，(たとえば新型車を買うために)自分の車を売りたいと思っている人も売り手に加わるだろう．価格が下落するにつれて，良い車の持ち主は自分の車を売らずに持っていようと決定するので，市場から退出する．そして市場で売りに出る自動車の平均的な質は低下する．これを**逆選択 adverse selection** の効果が存在するという．価格が低下すると，売却を選ぶ人の構成が悪いほうに変化してしまうのである．

図12-1は，不完全情報が中古車市場における市場均衡にどのような結果をもたらすかを示したものである．パネルAには，さまざまな価格水準（横軸にとられている）に対して，市場で販売されている中古車の平均的な質（縦軸にとられている）が示されている．価格上昇に伴って，質は上昇する．パネルBは中古車の供給曲線を示したものである．価格が上昇するにつれて，通常の場合に供給曲線が右上がりになるのとまったく同じ理由によって，市場で売られている自動車の数は増加する．同じパネルBに需要曲線も示されているが，この曲線は，右下がりの部分があると同時に右上がりの部分もあるという変わった形になっている．その理由は，価格が下落するにつれて，平均的な質も低下するからである．そして需要は，価格だけではなく，質，すなわち市場において提供されている「価値」にも依存している．もし，価格が低下するにつれて，品質が急速に悪化するならば，需要量は実際に減少することになるだろう．消費者は同じ金額を支払ってもより小さな価値しか得られないからである．このときの均衡は，パネルBに示されている E 点である．

これまで説明してきた状況は，**非対称情報 asymmetric information** と呼ばれる．すなわち，中古車の売り手は，買い手よりも商品である中古車に関してより多くの情報を持っている．このほかにも非対称情報によって特徴づけられ

図 12-1 ■ レモンの市場

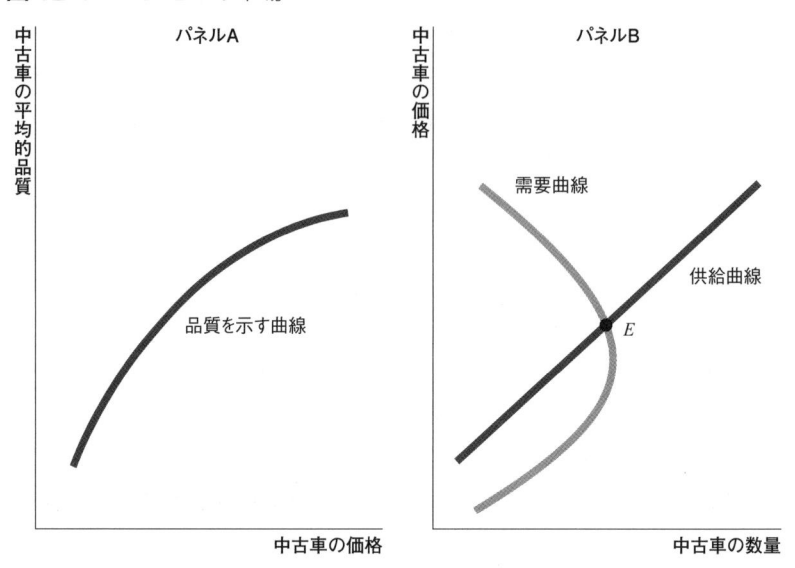

パネルA

縦軸: 中古車の平均的品質
横軸: 中古車の価格
曲線: 品質を示す曲線

パネルB

縦軸: 中古車の価格
横軸: 中古車の数量
曲線: 需要曲線, 供給曲線
均衡点: E

パネルAは，価格上昇に伴って，中古車の品質が上昇することを示している．パネルBは，典型的な右上がりの供給曲線と後方屈曲的な需要曲線を示している．需要曲線が後方に曲がるのは，買い手が価格が低くなると品質が低下することを知っており，価格低下に伴って購入量を少なくするような選択を行うからである．またパネルBには，市場均衡 E が示されている．

る市場は数多くある．新たなハイテク企業の創業者は，典型的な投資家よりも自分の企業の潜在的な価値に関してよく知っているだろうし，新たに自動車保険に加入しようとするドライバーは，自分の運転能力について保険会社よりよく知っているだろう．また冷蔵庫の製造者は，購入をしようと考えている消費者よりもその製品の信頼性についてよく知っているはずである．非対称情報のもたらす一つの帰結は，売り手と買い手が完全情報の場合と比べるとはるかに少なく，比較的少数の取引者しか存在しなくなるかもしれないということである．経済学では，こうした比較的少数の売り手と買い手しか存在しない市場のことを**薄い市場** thin market という．さらに場合によっては市場があまりにも薄いために，ほとんど存在しないに等しくなってしまうかもしれない．重要な市場が経済から消えてしまっているとき，**不完備市場** incomplete markets であるという．たとえば中古車市場は，薄い市場である．買い手側は，何らかの理由（たとえばつねに新車を持っていることが好きだというだけの理由）から

いつも新車に乗っていたいと思っている，良い売り手がいることを知っている．しかし，この良い売り手たちは，レモンを投げ売りしようとしている人たちの中に混じりあってしまっている．買い手側は，レモンと良い自動車とを見分けることはできないので，レモンを購入してしまう危険を冒すよりはむしろ，たんに買うことをやめてしまうのである（そして需要が小さいという事実が価格を低下させ，それがレモンの割合を増加させるという悪循環に陥ってしまうことになる）．このように中古車市場は市場が薄かったり逆選択によって歪められていたりするため，ほとんど新車に近いような中古車がかなり安い価格で売られることになるのである．

1.1 シグナリング

　もちろん，あなたが良い自動車を持っている場合には，潜在的な買い手に対してこの自動車は良いものであると説得したいだろう．あなたは，これはレモンではないということができるのである．しかし，彼らははたしてあなたのいうことを信用するだろうか．ここに，行為は言葉より雄弁である，という単純な原則がある．どのようなことをすれば，買い手側にあなたの自動車の品質について納得させることができるのだろうか．

　起亜自動車が同社製の自動車に 10 年間，10 万マイルという走行保証を付けているという事実は，起亜自動車の製品に対する自信を物語るものである．保証には価値がある．しかしそれは，自動車修理に多額のお金を支払うリスクが減少するからというだけではなく，故障の可能性が非常に小さいものでなければ起亜自動車は保証を付けないだろうと買い手側が考えるからでもある．こうした行動は高品質の**シグナル** signal を送るものであるといわれる．この場合，そのシグナルが高品質の自動車と低品質の自動車を識別させているならば，シグナルは有効なものである．10 年間を経ることなく壊れてしまう可能性が大きい自動車に対して 10 年間の保証を付けることは，故障の可能性のない自動車に保証を付けるよりも自動車メーカーにとってのコストははるかに大きなものになる．消費者はそのことを知っているので，企業がこうした保証を提供しているならば，その企業が高品質の自動車を販売していると想定できるのである．

　自動車販売店を訪れるときには，故障が起きたときにその販売店が営業を続

けているかどうかを知りたい，と誰もが思うだろう．また，ショールームに大金をかけることで，夜逃げをするような企業ではないというシグナルを送ろうとする場合もある．それは，仕事をやめてしまって逃げ出すことのコストが大きなものであるということを示しているのである．

　すなわち企業がより良い保証を提供したり巨大なショールームを建設したりするのは，そこから消費者が受け取る直接的な便益のためだけではなく，こうした行為自体が製品の品質が優れていることや，その企業は良い取引相手であることを消費者に信じさせるためでもある．ある意味では，そのような行為によって情報を伝えたいという欲求が，完全情報の世界で行われる決定と比較すると，決定を「歪ませて」しまっている．たとえば，顧客がショールームの質からは直接的な利益を受けないならば，豪華なショールームをつくり，維持するコストは，資源の浪費である．

1.2　価格による質の判定

　買い手側にとって，購入しようとする製品の質を判定するために用いることができる，もう一つの手段がある．それは価格である．消費者は，売り出されている財の質を価格に基づいて予測することができる．たとえば消費者は，もし中古車の価格が低いものならば，平均的にはレモンをつかむ可能性が大きくなることを知っている．もちろん企業も消費者がこのようなことを知っていることを知っている．

　不完全情報の市場においては，企業が価格を設定する．価格を設定する際に，企業は販売している財の質を消費者がどう考えるかについても考慮に入れる．（それが正しいかどうかにかかわらず）消費者が質に関してどのように予測するかということについての企業側の懸念が，価格競争を妨げることになる．中古車市場の例では，すでに見たように，価格が上昇すれば自動車の品質が上昇する．低い価格で売りに出される自動車はレモンである，すなわち価格の低下以上に質が悪化すると顧客は信じていると企業が考えるならば，企業は価格を引き下げないであろう．なぜならば，価格を下げてしまうと「格安品」はレモンであるに違いないと考えている顧客を逃すことになってしまうからである．そのような状況では，たとえ現行価格で売りたいと思う量すべてを売ることができなくても，企業は価格を切り下げないのである．

この情報の問題は基本的な競争モデルの結論を覆すものであるので，経済学者たちの関心をかきたてるものとなった．経済学者は，長い間，市場経済において価格は財の希少性に関する重要な情報を伝達すると考えてきた．情報をもたらすという価格のもう一つの役割とその帰結が明らかとなったのは，最近でしかない．売り手は，伝達される情報をコントロールできるときには価格を操作するだろう．買い手の側にも，この操作は見抜かれている．売り手側がレモンを売ろうとしているかもしれないと考える買い手側の懸念は，その取引を妨げるように働く．このように情報の問題が深刻なときには，市場は薄いものになるか，または存在さえしなくなる．もう一つの考えられる状況は，価格競争が制限されるかもしれないというものである．その場合，財が超過供給であっても，企業はその価格を引き下げようとせず，市場は均衡しないかもしれない．

WRAP-UP

市場経済における逆選択問題の解決法

1. シグナリング．
2. 価格による質の判定．

---

2 インセンティブ問題

本書を通じて，各個人が最善の選択を行うようにインセンティブを与えることは，経済の中心的な問題の一つであることを学んできた．インセンティブの中心的な問題は何かというと，各個人は自らの行為が引き起こす結果のすべてを負うわけではないということである．1980年代に起きたアメリカのS&L（貯蓄貸付組合）の何十億ドルの規模にも達した破綻の原因は，その一部は詐欺によるものであったにしても，大部分は間違ったインセンティブに帰すことができる．個々の預金者は，彼らの預金が政府によって保証されていたがゆえに，S&Lの行動をチェックするインセンティブを持っていなかった．一方，多くのS&Lのオーナーには，高いリスクを冒すインセンティブがあった．そ

れが成功したならば大もうけをできるはずだったし，失敗したとしても政府がその損失を負担してくれたからである．

S&Lで起きたような不適切なインセンティブがあるとき，**モラルハザード** moral hazard の問題が存在するという．この用語は保険業界にその起源を持つ．保険に加入すると，保険の対象となる事故を避けようとする適切なインセンティブを持たなくなる．実際，もし損失の100%以上が支払われるならば，保険に加入した人はむしろそうした事故を引き起こすようなインセンティブを持つだろう．この用語は元々は保険の不正行為に関するものであったが，今日の経済学者は倫理的な意味合いなしに使っている．たとえば，火災保険に加入すると火事を避けるインセンティブは小さくなる．火災保険加入者にとっては，スプリンクラーを設置することの便益はそのコストに見合わなくなるかもしれない（なぜなら火災保険加入者は火災保険会社の期待費用を考慮に入れる必要がないからだ）．これが，火災保険会社がスプリンクラー設置を要求したり，スプリンクラーを設置している場合には保険料を割り引いたりする理由である．この場合，個人にとってもスプリンクラー設置が割に合うことになる．

本書第2部「完全市場」で学んだ基本的競争モデルでは，私的所有と価格がインセンティブを与えることを学んだ．すなわち個々人には，特定の仕事を果たしたことに対して報酬が支払われるのである．インセンティブ問題は，個人が行ったことに対して報酬が支払われないとき，あるいは行ったことにより生じたコストのすべてをその個人が負わないときに発生する．現代の経済においてはインセンティブ問題はあらゆる分野に存在する．

生産物市場においては，良質の製品を生産するインセンティブが企業に対して与えられなければならない．ここでもまた，インセンティブ問題とは情報の問題であると考えられる．もし顧客が購入しようとしている製品の品質をつねに見分けることができるならば，より高品質の製品を生産している企業はより高い価格を付けることができ，どの企業もインチキな財を生産して夜逃げをするようなことはできなくなる．

2.1 市場による解決

単純な取引の場合には，インセンティブ問題は，ペナルティと報酬の仕組みをつくることによって解決することができる．たとえば，多くの会社は財を配

送しなければならない．このような会社は，財が定刻までに目的地まで配送されたならば一定の額を支払うという契約を運送会社と結ぶ．その契約には，配達遅れについては1日当たりいくら，運送中に生じた損傷についてはいくらを総支払い額から差し引かれるのかが規定されている．よって，この契約には，運送会社が適切に仕事を実行することに関するインセンティブが組み込まれているといえる．

　しかし，ほとんどの取引の場合は，最も単純な取引でさえも，これより複雑である．そして取引が複雑になればなるほど，インセンティブ問題を解決することは困難になる．あなたが自分の家の芝を刈りたいと思っており，隣の12歳の子どもが芝刈りのアルバイトをしたいと思っているとしよう．あなたは，彼に芝刈り機の進路の石を注意して取り除き自分の芝刈り機を大事に使ってほしいと思っている．しかし彼に芝刈り機を大事に扱わせるには，どのようなインセンティブがあるのだろうか．もし芝刈り機が石に当たったときには，その子から修理代をとるつもりであったとしても，芝に隠れた石を見つけることができるだろうか．もちろん，もしその子が自分の芝刈り機を持っているならば，彼には適切なインセンティブがあるだろう．これが価格メカニズムと私的所有の組合せがインセンティブの問題に対して非常に有効な解決法を与えてくれる理由である．しかし，隣の子どもは自分の芝刈り機を買うお金を持っていないので，インセンティブの問題は避けられないものになる．あなたにとっては，彼にあなたの芝刈り機を使わせ乱暴に扱われるリスクを負うか，彼に芝刈り機を買う金を貸してその金が返されないリスクを負うか，のどちらかになる．

　多くの企業は，その価格が芝刈り機の何百倍，何千倍となる機械を動かす人を雇わなければならない．すべての企業は，その従業員が労働力と注意を払い，互いに十分にコミュニケーションをとりながら，責任を持って仕事を行うことを望んでいる．市場経済はこれらのインセンティブ問題に対して，私的所有と価格メカニズム以外に，契約による解決と評判による解決という，大きく二つに分類される部分的な解決法を持っている．

2.2 契約による解決

　一方の当事者（企業）が他方の当事者（企業）に対して何かを行うことに同意したときには，取引のさまざまな条件を特定化する契約を結ぶのが一般的で

ある．たとえば企業は，ある特定の品質の製品を，定められた時間に，定められた場所で引き渡す，ということに同意する．通常，契約には「免責」条項が付けられている．もしストライキが起これば，天候が悪ければ，……等々の場合には引渡しを延期することができるという条項である．こうした条件付き条項によって，サービスが行われる環境や方法に応じて支払いを変更させることもできる．

契約とは，さまざまな状況において各当事者が行わねばならないことを特定することによって，インセンティブ問題を解決しようとする試みである．しかし，どれほど細かい契約を結んだとしても，起こりうるすべての偶発事故を考慮に入れることは不可能である．また逆に，そのような可能性のすべてを契約書に書きとめることができるにしても，そのためには実際上不可能なほどの非常に長い時間が必要となる．

また，供給者が契約の全条件を遵守するとコストが極端に高くなってしまう場合もある．供給者は，時間通りに約束の製品受渡しを行うことはできるが，そのためには非常に大きなコストがかかり，もし買い手側が1日の遅れを認めてくれるならば，非常に大きくコストが節約できるかもしれない．契約条件を破ることが本当に経済的に価値がある場合にだけ，供給者側に契約条件を破るインセンティブが与えられるように，ほとんどの契約ではペナルティ付きで，引渡しの遅延を認めている．このペナルティは，供給者に時間通りに，しかし過剰にはコストがかからない方法で，引渡しを行うインセンティブを与えるものである．

ときには，契約を遵守する価値はまったくないと供給者が考えることがあるかもしれない．合意を破った供給者は，契約不履行の状況にあるという．契約が不履行となった場合，通常は法廷での争いとなり，法律に基づいて契約違反者が他の当事者に対して支払うべき損害額が決定されることになる．契約とは，さまざまな状況において各当事者が行うであろうと想定されることを明記することによって，インセンティブの問題を解決しようとするものである．しかし，どんなに契約が複雑なものであろうと，それでもなお曖昧な点や論争点は残る．契約は不完全なものであり，その執行にもコストがかかるので，結局はインセンティブ問題について不完全な解決方法にしかならないのである．

2.3 評判による解決

評判あるいは**名声** reputations は，市場経済にインセンティブを提供するうえできわめて重要な役割を果たしている．評判は保証の一つの形態である．この保証によりお金を取り戻すことはできない（すなわち「返金」保証ではない）が，もしうまくいかなかったときには，その会社あるいは個人の評判が傷つくことになる．評判を維持しようとするインセンティブは，企業に高品質の財を生産するインセンティブを与える．評判は，建築業者に約束された期日（あるいはその近くの日）までに家を完成させるインセンティブを与える．

評判が有効なインセンティブ・メカニズムとなるのは，評判が傷ついたときにはその代償として企業が何かを失うからである．その「何か」とは，もちろん利潤である．評判がインセンティブを与えるためには，失うべき利潤が存在しなければならない．

これが，不完全情報の市場が完全情報の市場と異なっていることを示すもう一つの点である．完全情報を伴った競争市場では，競争により価格は限界費用まで押し下げられる．しかし評判のメカニズムの結果として品質が維持されている市場では，競争的であろうとなかろうと，価格は限界費用を上回る水準にとどまるのである．

それでは，なぜ評判が重要な市場においては，競争が価格の切下げをもたらさないのだろうか．価格が「低すぎる」場合には，企業はその評判を維持するインセンティブを持たなくなる．消費者は，これを知っているので，それゆえに低い価格の財の品質は低いと予想するようになる．これが，価格の切下げが必ずしも企業により多くの顧客をもたらさない理由である．（当初は）良い評判を得ていた企業でさえ，価格引下げが成功をもたらす長期的な戦略となることはありそうにない．

参入障壁としての評判 　評判が重要な役割を果たしている市場においては，しばしば競争はきわめて不完全なものである．評判を打ち立てる必要があることが重要な参入障壁として働き，その産業における競争が制限されるのである．評判が高い老舗企業の製品と評判が低い新しい企業の製品のどちらを購入するかを選択しなければならないときには，価格が同じならば，一般の消費者は老

舗企業の製品を購入するだろう．新しいテレビを選ぶ際，質や信頼性について良い実績のない新しいブランドのテレビがソニーのテレビと同じ価格であれば，ソニーのテレビを選ぶだろう．新しい企業は，十分に安い価格を提示しなければならないだけでなく，加えて強力な保証を提供しなければならない．このため，市場への参入は非常に高くつく．

WRAP-UP

市場経済におけるインセンティブ問題の解決法

1. 私的所有と価格．
2. 契約．
3. 評判（名声）．

2.4 医療保険の市場

　医療保険の市場は，不完全情報がもたらしうる影響の実例を提供してくれる．アメリカでは4500万人以上の人々が医療保険に加入していないと推定されており，保険に加入している人々でさえその保障範囲に関してしばしば不満を持っている．医療に関する問題や政策論争を理解するためには，情報（および情報の欠如）が大きな役割を果たしている医療保険の市場を理解することが必要である．

　アメリカは，他の先進諸国と比べて国民所得の大きな割合を医療に支出しているにもかかわらず，他の先進諸国より平均寿命は短く，乳児死亡率は高くなっている．情報の問題とそれに関連した市場の失敗がその理由の大きな部分を占めている．医療費の大部分が保険会社によって支払われるときには人々の医療費を節約するインセンティブが低下するという，いわゆるモラルハザードがこの市場の失敗の一つの原因である．また，リスクの低い人はあまり保険に加入しようとせずに，高い医療費がかかる人が保険に加入しようとする，いわゆる逆選択がもう一つの原因である．他の国の中には，モラルハザードの問題については医療を割当て制にすることで，そして逆選択については国民皆保険により対処している国もある．

　標準的な競争モデルでは，消費者は十分な情報を持っていると仮定されてい

る．しかし，消費者は，自分のどこが悪いかについての情報を求めて病院に行くのであり，さらに，通常，医師の診察を信頼しなければならないのである．経済学者は，医師が行った治療の量に応じて支払いが行われる出来高払い制の下では，過剰な治療が行われることを危惧している．過剰というのは，限界費用が患者にとっての限界便益を上回るという意味である．医療に費やされるお金を効率的に使うためには，個々の治療法，処方，措置の限界便益と限界費用とが釣り合うことが必要である．財を購入する場合，消費者はその限界便益と限界費用を釣り合うように行動するとたいていは期待できる．しかし治療に関しては，消費者はその潜在的便益を評価するのに必要な情報を持っておらず，また保険によって補償される場合には限界費用のうちの小さな割合しか負担しないので，医療の場合には，事情が異なるのである．

今日，ますます多くの医師がマネージド・ケア（管理医療）機関，すなわちHMO（保健維持機構 Health Maintenance Organization：アメリカの医療保険システムの1つ）の下で働くようになっている．そこでは，医師は事前に一定額の報酬の支払いを受けて，必要な治療をすべて行う．医師が余分な治療を行っても受け取る所得は増加しない．平均的に見ると，マネージド・ケアにおいて，手術の率ははるかに低くなり，費用もより低くなったが，患者の健康に著しい影響はなかった．マネージド・ケアに対する批判者は，マネージド・ケアの下では，治療を増加してもまったく報酬が増加しないので，医師が治療の過小供給へのインセンティブを持ってしまうと批判する．マネージド・ケア・プログラムは患者にとって必要な治療を拒絶している，という報道がなされるたびに患者の権利法案を制定しようとする議員は勢いづいている．しかしマネージド・ケアの提唱者は，それが時折悪用されることがあるのは認めるが，そのようなことを頻繁に行ったマネージド・ケア組織は急速に患者が減少してしまうと主張している．つまり，評判が効果的な規律を与えているというのである．雇用主（企業）が，出来高払いプランとマネージド・ケア・プランに対して同額を負担し，従業員がより高価な出来高払いプランを選択するのならば，その追加的なコストは従業員が自分で負担するという選択肢が従業員に提示される場合を考えてみよう．すなわち，出来高払いプランとマネージド・ケア・プランの間に公平な競争の機会が与えられている場合である．この場合，平均して，半数以上の従業員がマネージド・ケア・プランを選択するという結果が

出ている．明らかに従業員は，出来高払い制の下で供給される追加的なサービスによる便益が，追加的な費用に見合っていないと感じているのである．

CASE IN POINT
医療保険への加入

あなたは，健康診断が不要の医療保険の広告を見たことがあるだろうか．経済学的に考えれば，そして逆選択の概念を使えば，どのような人がそのような保険に加入する可能性が大きいのか，そしてそれは「うまい」取引であるかどうかについて，何かを教えてくれるのだろうか．

医療保険は，人々の間で医療の必要性に関するリスクを分担させるために設計されている．このような保険がどのように機能するのかを理解するために，100人に1人がかかる病気があると考えてみよう．この病気は手術によって治療することができるが，この手術の費用は5万ドルであるとする．どの人にとっても手術が必要となる可能性は同じであるとする．保険が存在しない場合には，100人のうち99人は何の出費もなく，手術が必要であることがわかった不運な1人だけが5万ドルを支払うことになる．保険が存在すれば，100人が各々500ドルずつ拠出し，手術が必要となってしまった人は，誰であれ支払われた保険金によって手術を受ける．他の99人は500ドルを「どぶに捨てる」ことになるが，これは手術が必要であるとわかった場合にかかるはるかに大きな費用に対して保険を掛けていたのである．もし手術を受けるようになる可能性が100人全員同じであり，手術の費用が5万ドルであれば，全員から500ドル徴収するのが公正な価格（保険料）である．支払わねばならないと考えられる額を，保険を売ることによって集めることができるので，民間会社がこのような保険を提供することは可能である．(*)多分，ほとんどの人は，莫大な手術費用支払いを避けるために500ドルを支払うという選択肢がうまい取引であることを認めるだろう．

しかし，他の人たちに比べて手術が必要になる可能性が高いことを知っている人が存在するとしたらどうなるだろうか．たとえば心臓病のように，家族に病歴があれば手術が必要となる可能性も高くなるような病

2．インセンティブ問題

気である．そして，他の人たちは自分が手術が必要となる可能性が極端に低いことを知っているとしよう．今，保険会社が500ドルで保険を提供するならば，リスクが高い人たち全員にとってこれはうまい取引であるため，彼らは保険に加入するだろう．しかし，リスクの低い人にとってこの保険は500ドルの価値はないため，リスクの低い人は保険に加入しないだろう．そうした場合には，リスクが高い人だけが保険に加入していることになる．これは逆選択の例である．

　この例をより具体的に見てみよう．100人のうち50人はリスクが高いグループであり，彼らは保険に加入するとする．保険会社は各加入者から500ドルずつ集め，合計2万5000ドルを集めるが，これは1回の手術の支払いに必要な額の半分にしかならない．それゆえに，保険会社が収支均等となるためには1000ドルを徴収しなればならない．全人口中で誰かが手術を必要とする可能性（100人のうち1人）から考えると500ドルが公正な保険料であるため，保険会社は高すぎる保険料を課しているように見える．そして，1000ドルという保険料では，リスクが低い人にはこの保険はさらに魅力に欠けるものとなる．リスクが低い人は自分たちはリスクが高い人に対して巨額の補助を与えているとみなすようになる．しかし保険会社はリスクが高い人とリスクが低い人を区別することができず，逆選択の効果のため高い保険料を課さざるをえない．それゆえ，もし読者が自分を健康問題においてリスクが低いと考えるならば，健康診断を必要としない保険プランは損な取引である可能性が高い．逆選択の問題は，なぜ医療保険や生命保険が通常は健康診断を要求するのかについて説明してくれる．すなわち，保険会社には健康な人だけを保険に加入させる，あるいは少なくともリスクを反映した保険料を課すというインセンティブがあるからである．

(＊)　簡単化のため，ここでは保険会社が保険加入者に課す保険料に含めなければならない管理費用を無視している．

3 サーチ（探索）の問題

　消費者が，市場においてどんな財・サービスを，どんな価格で，どこで買うことができるのかを見つけ出すことは，基本的な情報問題である．家計は，その資金を投資する機会についてはもちろん，仕事を得る機会についても知らなくてはならない．同様に企業も，その直面する需要曲線を知るとともに，その生産に必要な投入物をどのような価格で手に入れることができるのかについても知らなければならない．言い換えるならば，企業と家計という市場においては，どちらの側も，自らの直面する機会集合を見つけなければならないのである．

　本書第2部「完全市場」の基本的競争モデルの世界では，同じ製品はどこでも同じ価格で売られていた．もし，まったく同じように見える靴が，隣同士の店で違う値段（たとえば一方の店では25ドル，他方の店では35ドル）で売られているならば，このモデルにおいては，二つの店は実際には違う製品を売っているということになる．もしそれらの靴が実際に同じものであるならば，消費者が実際に得ているのは，靴だけではなく靴に伴うサービスが結合されたパッケージである．そして，より高価な店は，より高い質のサービスを供給していると考えられた．

　しかし実際には，まったく同じ財が店によっては異なった価格で売られていることがある．そして，その価格差が店の立地条件やサービスの質のような他の特性によって説明することができない場合もある．これを**価格の分散** price dispersion が存在するという．すべての価格を調べるという行動に費用がかからない（あるいは，標準的な競争モデルのように完全情報である）場合には，消費者は最も安い価格を発見するまで探索を続ける．そして，最低価格を上回った価格を付けている店には1人の顧客も来なくなるだろう．しかし，情報を得るのにコストがかかる場合には，高い価格の店であっても少しは客が訪れる．そして，販売量1単位当たりの利潤が高いことが，販売量の少なさを相殺する．それゆえ，価格の分散の存在が維持されるのである．

　価格の分散が存在することは，品質の差が存在することとあいまって，家計

や企業が探索活動にかなりの労力を必要とすることを意味している．労働者はより良い職を探し，企業はより良い労働者を探す．消費者は最も安い価格と最もお買得な製品を探す．こうした情報を収集するプロセスを**サーチ（探索）** search という．

　サーチは重要であり，かつ費用がかかる経済活動である．サーチには費用がかかるので，関連する情報のすべてを手に入れる以前にサーチは終わることになる．たとえば，グーグルを使えば何千件もの結果が検索できるかもしれないが，たいていその検索結果のうち最初の2，3ページ以降を見ることはあまりないだろう．リストのトップ近くに出てくるリンクがよりクリックされやすいため，検索結果の順番がきわめて重要なのである．2ページめ，あるいは3ページめにあるサイトのほうが，あなたが探している情報源としてはむしろ良いものであるかもしれないが，完全な情報源の所在を突き止めるまですべてのリンクをたどるのはあまりにも時間がかかりすぎるからである．同様に，特別の日のために新しいシャツを買った後に，もう1軒店を回りさえすれば，もっと良いものを見つけられたかもしれないと悩むかもしれない．だが実は後悔すべきではないのである．もっと多くの店を回ることは，あなたの時間という点からみてより費用がかかり，しかももっと良いものを発見できるとは限らない．最初に気に入ったと思ったシャツを買うために元の店に引き返したら，誰か他の人が買ってしまっていたということさえありうる．サーチを続けることでより良いものを探し出せる可能性も大きくなるが，コストも増加するのである．サーチをさらに続けるかどうかを決定するときには，限界便益と限界費用とを比較しなければならないのである．

Thinking Like an Economist
インセンティブと情報の問題：住宅市場の例

　多くのアメリカ人にとって，家を購入あるいは売却することは最大の金融取引である．家を売る人にとって，適切な価格の設定が決定的に重要である．高すぎる価格をつけると，家は何カ月も売れないままであるかもしれない．価格が低すぎると，家はすぐに売れるが，売り手はより小さな額しか手に入れられないことになる．ほと

んどの人が，家の売却を助けてくれる不動産業者に頼っている．不動産業者の仕事は，カタログに記載する家の価格を推薦し，潜在的な買い手をひきつけるために広告をし，家のオーナーの最終的な売却に関する交渉を助けることである．

通常は，不動産業者は，その地域の住宅市場に関して依頼人よりもよく知っているので，家を販売するためにその情報の優位性を利用することができる．シカゴ大学の経済学者スティーヴン・レヴィットと彼の共著者であるスティーヴン・ダブナーは，その著書 Freakonomics（『ヤバい経済学』）の中で，不動産業者が，他の不動産業者や潜在的な買い手に対して，住宅に関する情報を伝えるシグナルの送り方を明らかにしている．広告の中の「素晴らしい（fantastic）」，「広々とした（spacious）」，「素敵な（charming）」，あるいは「周辺環境良し（great neighborhood）」のような単語は，実際には低い売買価格と相関しており，「大理石の（granite）」，「最先端の（state-of-the-art）」，「人造大理石の（Corian）」，「カエデ材（maple）」，そして「美食家向き（gourmet）」は高い売買価格と関連している．レヴィットとダブナーは，2番めの組の事実を記述している言葉は，潜在的な買い手に家の特定の特性を知らせるものであるという．もし家に関していえることが「広々とした（spacious）」だけであるならば，潜在的な買い手はその家がまったく大したものではないというシグナルであると受け取る．もし，実際に良いものであるならば，その具体的な魅力的な特徴を記載するだろう．

興味深いことに，不動産業者が自分が所有している住宅を売るときには，そうすればより売買価格を高くできる可能性が大きくなることを知っているので「大理石（granite）」や「カエデ材（maple）」のような特定化された言葉を使うことがはるかに多い．

なぜ他人の家を売るために雇われたときには，「素晴らしい（fantastic）」のような形容詞を使うのだろうか．答えは，不動産業者が直面するインセンティブにある．不動産業者自身が所有している家が40万ドルと記載されていたとしよう．このとき，38万ドルなら購入するという提示がなされたとしよう．彼女はこれを断り，より高い提

示額を待つという決定をするかもしれない．この提示を受け入れたならば，結局のところ，2万ドルを放棄することになるからだ．しかし，もし不動産業者が売っているのが$\overset{\cdot\cdot}{あ}\overset{\cdot\cdot}{な}\overset{\cdot\cdot}{た}$の家ならば，状況はまったく異なる．通常，不動産業者は売値の一定パーセントの手数料を受け取る．広告の費用と不動産業者が所属している会社に行く分を差し引くと，売値の1.5％しか不動産業者のポケットには入らないことになる．それゆえ，40万ドルの提示を期待して38万ドルの提示を断っても，不動産業者は約300ドルの増加（2万ドルの1.5％）しか得られないのであり，自分の家を売るのであれば得られた2万ドルとは大違いなのである．自分自身が保有している家を売る場合には，不動産業者はより低い提示価格を拒否する大きなインセンティブが存在する．しかし，あなたの家に低い提示価格が来たときには，不動産業者にはあなたにその提示価格を受け入れるように促すインセンティブがあるのだ．300ドルの増加の可能性は，5,750ドル（38万ドルの1.5％）の手数料を保証する販売を見過ごしたいと不動産業者に思わせるには，あまりにも小さな利益でしかないのである．

(出所) Steven D. Levitt and Stephen J. Dubner, *Freakonomics*, New York: William Morrow, 2005（望月衛訳『ヤバい経済学』［増補改訂版］東洋経済新報社，2007年）．

　サーチの期待限界便益は，サーチ時間が増加するとともに減少する．一般に人々は，まず最初に最も有望なところを調べるので，サーチをすればするほど，より有望でないところを調べることになる．他方，サーチ時間が増加するにつれて追加的なサーチの限界費用は増加する．これは，より多くの時間をサーチに費やせば費やすほど，ほかのことをするための時間が少なくなるという事実を反映したものである．したがって，追加的な1時間をサーチに費やすことの機会費用は増加する．選択されるサーチ時間は，サーチの期待限界便益が限界費用に等しくなる点である．

　価格（あるいは品質）の分散が増大すると，通常はサーチによる便益が上昇する．すなわち，かなりのお買徳品を探し出せる可能性が大きく，しかも良い買物をしたときとまずい買物をしたときの差がより大きくなるからである．し

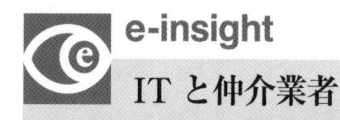

> ### e-insight
> ### IT と仲介業者
>
> 　ニューエコノミーの特徴を際立たせているのは情報通信技術（IT）の役割である．これらの新技術は，20年前にさえ誰も想像できなかったような巨大な量の情報の収集，分析，伝播を可能にした．新技術は生産物市場を含むすべての市場における情報の流通を改善するだろうことは疑いない．これにより，小売業者や卸売業者のような仲介業者の必要性は完全になくなってしまうと考える人もいる．その代わりに，消費者が直接生産者と取引できるようになるというのである．だが，このような主張ははなはだ誇張されたものである．
>
> 　確かに，ITによって仲介業者の必要性が低下した市場もある．すでに，多くの消費者は，コンピュータや保険，書籍，航空券などをインターネットで購入している．インターネットは，同質の財——たとえばある特定の種類の小麦や鉄鋼，パワーステアリングと革張りシート仕様の新型のビューイック等々——の価格を広く知らせるということについては，非常に大きな効果を持っている．しかし，最も難しい選択は，質や特性の差を見きわめることである．実際，ほとんどの小売業者は生産者のサーチを行い，異なる業者が生産した財の質について判断を下すことが彼らの仕事で

たがって，サーチの量は増加する．

3.1 サーチと不完全競争

　企業は，サーチには費用がかかることを知っており，そのことを利用しようとする．企業は，価格を引き上げても顧客のすべてを失うことはない，ということを知っている．ある店がその価格をわずかに引き下げたとしても，すぐには他の店の顧客をすべて奪うことはできない．顧客はその店が価格競争で優位にあることを知らなければならず，そのことを知るためには時間がかかる．さらに価格が安いことを実際に知ったとしても，人々は売られている財の質やサービスの性質，在庫があるかどうか，などを心配することになるだろう．

　したがってサーチに費用がかかるという事実は，企業が直面する需要曲線が

あると考えているほどである．評判の良い小売業者は，特定の価格帯において提供している財の質が良いことでその評判をとっているのである．質や特性に関する適切な情報は，インターネットでは容易に伝えることができないため，消費者は直接商品を確かめなければならない．たとえば，自動車を買う人は，実際に運転席に座らないで，車の運転が快適かどうか確かめることができるだろうか．同じことは多くの他の生産物についてもあてはまる．それゆえ，IT が仲介業者をすたれさせるということはありえない．われわれは地域の書店に行くことは少なくなったかもしれないが，最新の本を探すためにアマゾン・ドット・コム社のようなネット書店にアクセスしている．個々の出版社のサイトにアクセスして本を探すのは，時間が（したがってコストも）がかかりすぎる．ほとんどの旅行客は，個々の航空会社のホームページをチェックするよりは，いくつかの航空会社の便と料金を同時に提示してくれる旅行サイトのほうがより便利であることに気がついている．インターネットは，仲介業者の性格を変化させ，より競争的かつ効率的にした．しかしそれでもなお，仲介業者は現代の経済において重要な役割を果たしているのである．

右下がりであることを意味する．競争は必然的に不完全なものとなる．

　たとえば，ポータブル MP3 プレイヤーに対する需要を考えよう．あなたがある店に入って，その店がそのポータブル MP3 プレイヤーをいくらで売っているかがわかったとしよう．その店は 195 ドルで売っている．一方あなたは，5 ドル安く買える店があるかもしれないということを知っている．しかしその 5 ドルは，安く売っている店を探し回るために必要となる追加的な時間と労力，およびガソリン代金に値するものだろうか．たんに追加的なサーチの煩雑さを避けるために，喜んで 5 ドル余計に支払う人もいるだろう．その店が価格を，200 ドル，205 ドル，210 ドルと順次引き上げていけば，195 ドルならその店で購入したと思われる人々のうち何人かは，他の店を回って安い製品を探してみることに価値があると考えるようになるだろう．すなわちその店は価

Internet Connection

職探し

情報普及の点ですばらしい能力を持つインターネットが普及したことで，職を求める労働者や新規雇用者を求める企業がインターネット上で情報を交換するようになったのも当然の流れである．いくつかの民間会社が，労働者と職をマッチングさせるためのサイトを開設している．その中で最もよく知られているものの一つが，モンスター社のサイト Monster.com（http://www.monster.com）である．またアメリカ政府はインターネットによる職の募集に積極的であり，連邦政府内のすべての職についての募集が http://www.usajobs.gov にリストアップされている．

格を引き上げるにつれて，顧客のうち何人かを失うことになるだろうが，すべての顧客を失うわけではない．すなわちその店は，右下がりの需要曲線に直面しているのである．もし，サーチに費用がかからないとするならば，すべての人が最も安い価格でポータブル MP3 プレイヤーを売っている店に買いに行くことだろう．もし，ある店が他の店より少しでも高い価格を付けたとすれば，1台も販売することができないだろう．したがって，サーチにコストがかかる市場は，第9章「独占，独占的競争と寡占」，第10章「競争促進政策」で学んだ不完全競争のモデルによって，より良く描写することができる．

また，サーチに費用がかかることは，第11章「戦略的行動」で学んだ企業による戦略的行動をもたらす．たとえば，顧客を失わないために，もし客が他の店はより安い価格を付けていることを証明できれば，その最低の価格まで値引きすることを保証する店がある．このよく見られる販売戦術は，顧客がより安い価格をサーチすることで利益を得ることを保証している．それと同時に，価格を同じ水準に値引きすることによって，企業が顧客を失わないことを保証しているのである．実際，他の企業が付けていればどんな価格でもそこまでの値引きを行うということは，良い提案のように聞こえるが，価格を引き下げることではより多く販売することができないとすべての競争相手に対して知らせ

ることによって，企業が価格を高く保つことができる方法にすぎないと，ほとんどの経済学者は考えている．

3.2 サーチと労働市場

　サーチの便益と費用との比較に基づくサーチの経済学を応用した重要な例には，労働市場の分析がある．労働市場への新規参入者の転職率は，通常，年長の労働者よりもはるかに高い．年長の労働者は典型的には一つの企業に何年もとどまるのに対して，若い労働者はしばしば数週間後あるいは数カ月後には離職してしまう．このような差はどのように説明できるのだろうか．

　まず，60歳の労働者と30歳の労働者の職探しを比較することから始めよう．60歳の労働者がより良い職を見つけたとしても，可能性としては彼がその職に勤められるのはせいぜい数年でしかないだろう．一方，30歳の人にとっては，追加的なサーチの限界便益ははるかに大きい．なぜなら，その新たに就職した企業に20年あるいはそれ以上とどまることは，少なくとも可能性としてはあるからである．すべての労働者は，追加的なサーチの限界便益と限界費用がどのようなものであるかを評価するが，60歳の労働者と30歳の労働者ではその評価が異なるのである．

　他にもこの結果をさらに強める要因が二つ存在する．まず第一に，若い労働者は自分の選好（自分は何が好きで，何が好きでないか）についても，労働市場についても十分な情報を持っていない．転職は，この両方に関する新たな情報を提供してくれる．第二に，企業はこのことを知っているので，若い労働者が転職を繰り返すことは汚点にはならない．対照的に，年配の労働者が新たな職を探していると，企業は，その人は働きぶりが芳しくないため，自分が解雇あるいは左遷させられようとしていることを知っているから転職を希望しているのではないかと危惧する．年配の労働者の過度の転職は，しばしば「悪い」シグナルと解釈されるのである．

3.3 サーチと情報仲介機関

　企業の中には，情報を収集し，生産者と消費者の間の仲介機関として働くという重要な役割を果たしているものもある．たとえば，ウォルマートやメーシーズ等の小売店の一つの機能は，顧客が行うサーチの費用を節約することであ

る．そうした小売店の買付け担当者（バイヤー）は，最も安い仕入れ先と消費者が好む製品を求めて，文字通り数百もの生産者を探し出して品揃えをする．小売店は，購入者に提供する品揃えの質によって評判を得ることができる．それでも消費者には，サーチの問題が残されている——彼らはこうした小売店をいくつか訪れなければならないかもしれない．しかしその費用は，生産者の間を直接サーチして回らなければならないときよりもはるかに低くなっているのである．加えて，『コンシューマー・レポート』のような雑誌は，製品の質や価格に関する詳しい情報を読者に提供し，消費者のサーチ費用をかなり大きく節約している．今日では，消費者は，数多くのインターネットのサイトによって異なるネット販売業者の価格の比較を行えるようになっている．これもまたサーチの費用を削減するのに役立っている．

4　広告

　顧客は，最もお買得の店はどこかを発見しようとするインセンティブを持っている．それに対して，企業は，彼らが提供しているのは良い取引の機会であることを消費者に知らせようとするインセンティブを持っている．そのために企業は，自らの製品や価格，そしてそれがどこで手に入るかなどの情報を潜在的な消費者に伝えるために行う広告に多額のお金を費やしている．アメリカでは，多くの企業が，その総収入の2％ないし3％，あるいはそれ以上を広告費として支出している．しかしながら，この数字は産業によってかなり異なる．映画制作会社は，その売上げの12％以上を広告に投じているが，映画館は約1％しか費やしていない．デパートは3％以上を投じているが，ドラッグストアは1％未満である．

　広告は，どのような選択が利用可能であるのかという情報を提供するという重要な経済的機能を果たしている．たとえば新しい航空会社が市場に参入するときには，その航空会社は潜在的な消費者に新規参入するという情報を伝えなければならない．また新製品が開発されたときには，その事実を広く知らせなければならない．ある企業がバーゲンセールを行うときには，人々にそれを知らせなければならない．成功したいならば，価格を下げて，後は黙って待って

いればよい，というわけにはいかないのである．企業は新しい顧客を集め，積極的に情報を伝える必要がある．このように，広告は，情報が不完全な場合に，市場の効率性の改善において重要な役割を果たしている．広告はまた，全TVネットワークを支えている．われわれはケーブルTV加入者のように放送に対して直接に料金を支払うのではなく，間接的な価格を支払っているのである．われわれは，気に入っている番組に散りばめられているコマーシャルを見ており，放送局は広告をしたい企業に時間を売ることによって収入を得ている．

しかし，広告は製品の価格や特徴についての事実に基づく情報を伝えようとするものばかりではない．ビールや自動車の典型的な広告を考えてみよう．これらの広告は，製品の情報を伝えるのではなく，潜在的消費者が共感するようなイメージを演出しているのである．このような広告が成功する，すなわちその製品を試してみたり，他の製品ではなくその製品を購入するように説得することに成功している，ということは，単純な競争市場モデルが示しているよりも消費者行動がはるかに複雑なものであることを思い起こさせる．もちろん，テレビ広告を見たからというだけで自動車や新しいスーツを買いに行こうとする人はそれほど多くはないだろう．しかし，どのような服を着るか，どの銘柄（ブランド）のビールを飲むか，あるいはどの自動車に乗るかというような決定は，さまざまな要因から影響を受けている．たとえば，他人が自分をどのように見るか，また自分が自分自身をどのように見るか，などによっても影響される．広告はこのような印象に影響を与えることができるのである．

広告が果たす役割の違いを強調するため，経済学では情報提供的広告と説得的広告とを区別することがある．情報提供的広告とは，消費者に製品の価格や販売場所，あるいはその特性についての情報を提供することを目的とするものである．説得的広告の目的は，たんに人々にその財についての肯定的な感情を抱かせることにある．これは，「間違った情報」の提供，すなわち実際には製品の差異は存在しないのに，それがあると消費者が考えるように錯覚を起こすという形をとることさえある．

4.1 広告と競争

広告は，不完全競争の原因であり，同時に帰結でもある．多くの生産者が同一の財を生産している完全競争産業においては，どの生産者にとっても自分で

財の利点を広告することは割に合わないことである．小麦やトウモロコシの広告を見たことがある人はいないだろう．もし，そのような広告が成功するとすれば，それはたんにその生産物に対する需要曲線を外側にシフトさせるということである．小麦に対する総需要は増加するかもしれないが，それは広告費の支払いをした小麦農家にとっては無視できるほどの影響しかもたらさないだろう．もちろん，すべての小麦農家が集まりグループとして広告をすることは，損にはならないかもしれない．実際近年では，牛乳，オレンジ，アーモンド，レーズンや牛肉などの生産者団体が広告を行っている．

　しかしながら，広告が消費者に，製品には差異があると思わせることができるならば，企業は右下がりの需要曲線に直面することになる．すなわち，不完全競争となる．そして不完全競争の場合，企業の製品に対する需要を増加させるために広告を用いることができる．

4.2 広告と利潤

　広告の目的としては，製品の差異が存在するという感覚を作り出すことによって需要曲線の傾きを変化させることだけではなく，図12-2に示されているように需要曲線をシフトさせることもある．一つの企業の広告の増加は，ライバル企業から顧客を奪い取ったり，あるいは他の財から顧客を奪い取る可能性がある．たとえば，ある銘柄のタバコの広告は，何人かの喫煙者が吸うタバコの銘柄を変えさせるか，今までタバコを吸っていなかった何人かにタバコを吸うようにさせる（すなわち，他のものに支出していたお金をタバコに支出するようにさせる）ことに成功するかもしれない．

　需要曲線シフトがもたらす利潤の増加は，次の二つの部分からなっている．第一に，企業は今までと同じ販売量 Q_1 を，価格 p_1 ではなく，より高い価格 p_3 で売ることができる．このとき利潤は，当初の販売量(Q_1)×価格の変化分($p_3 - p_1$)，すなわち図のアミのかかった長方形 $ABCD$ だけ増加する．第二に，販売量を調整することにより，企業はさらに利潤を増加させる．これは，広告が企業の限界収入曲線を上方にシフトさせるからである．これまで学んできた通り，不完全競争企業は限界収入を限界費用と等しくさせるので，産出量は Q_1 点から Q_2 点に増加する．これによる追加的な利潤は，Q_1Q_2 間の限界収入曲線と限界費用曲線にはさまれた部分である．ここでは限界費用曲線は同一で

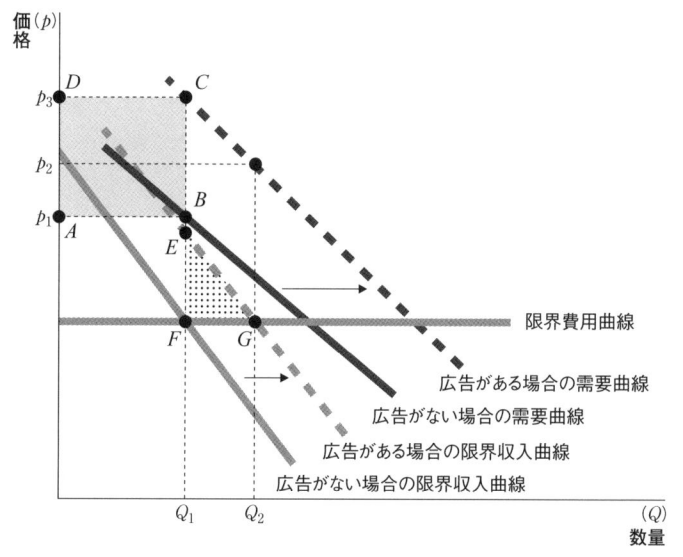

図 12-2 ■ 広告は需要曲線をどのようにシフトさせるか

広告が成功すれば，企業の直面する需要曲線はシフトする．不完全競争企業が新たな限界収入と当初の限界費用とを等しくさせるとき，価格と産出量の両方を上昇させることができる．

あるので，追加的な利潤の第二の源泉はドットのついた三角形 EFG になる．すなわち利潤の純増加分は，面積 $ABCD$ ＋面積 EFG －広告費用である．

　広告費の増加が企業利潤に及ぼす効果を研究するにあたっては，これまでは他企業はその広告水準を一定に保つことを仮定していた．しかし，ひとたび同じ産業内の他企業の反応を考慮に入れると，産業全体の利潤や，個々の企業の利潤に対する広告の効果についても疑問が生じてくる．広告が同一産業の企業間で販売量を移転させているだけであるならば，均衡という問題に関しては，広告は需要に対してほとんど効果を持たないだろう．たとえば，ナイキ社のスニーカーの広告がリーボックからナイキへと顧客を移すように働き，リーボック社の広告はその逆であるとしよう．図 12-3 には，(1)リーボック社もナイキ社も広告を行っていなかった場合，(2)リーボック社のみが広告を行った場合，(3)リーボック社とナイキ社がともに広告を行った場合の，リーボック社が直面する需要曲線が示してある．(3)の場合の需要曲線は，当初の需要曲線と同じになる．だが価格と産出量は(1)と同じであるが，利潤は広告費分だけ小さくなる．

図 12-3 ■ 広告は他の広告の効果をどのように相殺するか

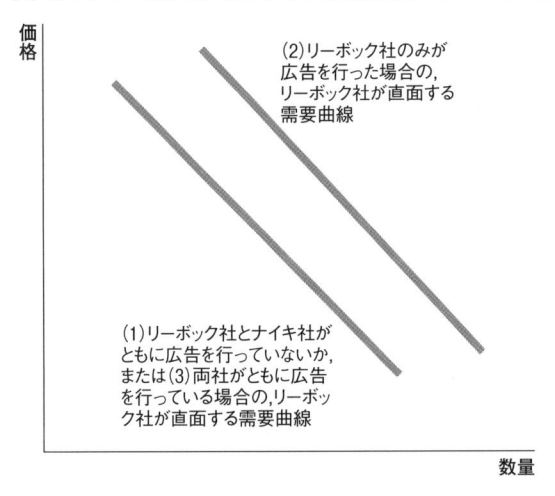

(縦軸: 価格、横軸: 数量)

(2) リーボック社のみが広告を行った場合の,リーボック社が直面する需要曲線

(1) リーボック社とナイキ社がともに広告を行っていないか,または(3)両社がともに広告を行っている場合の,リーボック社が直面する需要曲線

もし,1企業だけが広告を行っているならば,その企業の生産物の需要曲線は外側にシフトする.しかし,両企業とも広告を行うならば,結果的には,その企業の需要曲線は両企業がともに広告を行っていなかったときと同じものになるかもしれない.

これも,囚人のジレンマの一例である.もしこの両社が協調し広告を行わないことに同意すれば,両社の状態は改善することになるだろう.しかし,そのような協調がないときには,ライバル企業が何をしようとも,広告を行うことは利益をもたらすのである.政府がラジオやテレビでのタバコ広告を禁止したことは,保健政策の名のもとに,タバコ産業における囚人のジレンマ問題を部分的に解決した,といえるかもしれない.

実際には,タバコ会社が広告を行うことは,広告が互いに相殺してしまう以上の効果を持っている.すなわち,広告が行われなければタバコを吸わなかったかもしれない人のうちの何人かは,説得によってタバコを吸うようになり,また喫煙者のうち何人かはより多くのタバコを吸うようになるかもしれないからである.しかし,すべての企業が広告を行っているときの特定企業の需要曲線のシフトは,その一つの企業だけが広告を行うときよりも,きわめて小さいものでしかない.

> **WRAP-UP**
>
> **不完全情報のもたらす帰結**
> 1. 逆選択問題が存在すると，質が価格によって影響される可能性がある．
>   逆選択は薄い市場をもたらしたり，さらには市場の消失をももたらす可能性すらある．
>   シグナリングは逆選択問題において重要な役割を果たす．
> 2. 弱い，あるいは間違った方向へのインセンティブが存在すると，モラルハザード問題が生じる．
>   条件付き契約，評判はインセンティブ問題への重要な解決法である．
> 3. 価格の分散が存在する場合，消費者はサーチを行わなければならない．
>   サーチにはコストがかかるので，企業は右下がりの需要曲線に直面し，競争は不完全となる．
> 4. 不完全情報の下では，企業は広告を行う．
>   広告は，財の差異を認識させて，需要曲線の傾きを変化させるために用いることができる．
>   広告はまた需要曲線をシフトさせるために用いることができる．

5 不完全情報の重要性

　現代の経済はしばしば「情報経済」と呼ばれることがある．これは，一つにはコンピュータ技術の大きな進歩が経済の情報処理能力を大幅に向上させたからであり，一つには経済活動の非常に大きな部分が，情報を収集し，処理し，広めることを行っているからである．人事担当者であれば潜在的な従業員について知ることに注意を集中し，融資担当者であれば潜在的な借り手の債務不履行の可能性を評価しようとし，マーケット・リサーチ担当者であれば新製品に対しての潜在的な市場を明らかにしようとし，大規模小売業者であればその販

売する衣料品の新規供給者を求めて世界中を探し歩く買付け担当者（バイヤー）を抱えている．しかしながら，どんなに多くの情報を持っていても，自分が欲しいと思うだけの情報を持っていることはまれでしかない．

　情報は不完全であるだけではなく，人が異なればその持っている情報も異なる．すなわち，情報は非対称である．自動車の売り手は買い手よりも自分の自動車の問題についてよく知っている．労働者は，自分の強みと弱みについては，就職のための面接を受けた企業よりもよく知っている．借り手は，貸し手よりも，どんな出来事が自らの返済能力に影響を与えるかをよく知っている．取引の当事者は完全に正直なことをいうインセンティブをつねに持っているわけではないから，より多くの情報を持つ当事者が知っていることをもう一方の当事

Close-Up 日本語版
価格比較サイトは価格の分散を消滅させたか

　情報通信技術の発達により，さまざまな商品について，多くの小売業者の販売価格を比較するサイトが多数出現している．日本で最も有名な価格比較サイトは，家電の価格比較サイトである価格.com である．

　価格.com では，商品ごとに，家電の販売者が自分で入力した販売価格が掲示される．販売業者は，いつでも掲示された自分の販売価格を改定することが可能である．なお，この価格比較ページからは，ワンクリックで業者のネット販売サイトの当該商品のページへジャンプするので，少なくとも自社の販売サイトと異なる価格を価格.com に掲示することは難しいという意味において，販売業者は価格に関して嘘をつくことは困難である．競争相手である他の販売業者と消費者は，いつでも掲示された販売価格を観察できる．

　すなわち，価格.com を通じて，消費者は多数の売り手が付けている価格を瞬時に知ることができる．また，販売業者は，他の多くの売り手が付けている価格を瞬時に知ることができ，またそれに対応して自分の価格を素早く変更させ，それを多くの消費者に素早く知らせることが可能となっている．

者に説得的に伝えることは困難であるかもしれない．

　個人や企業が不完全情報に基づいて意思決定を行うという事実は，多くの点において市場の働きに影響を及ぼしている．企業や個人は情報の希少性を何らかの方法により補おうとする．逆選択やモラルハザードが生じる多くの市場においては，企業は質に関する情報を伝達するように価格を調整する．個人や企業は，名声を樹立するため自分の特性や業績に関する情報についてシグナルを送ろうとするだろう．

　このような価格比較サイトの出現は，どのような結果をもたらすのだろうか．多くの経済学者は次のように考えた．消費者は最安値を付けた店から購入しようとし，最安値の店に消費者が集まっていく．それにより，店の間の販売価格の差は縮小し，消滅していくと予想したのである．しかしながら，現実には，消費者は最安値を付けた店に集中せず，より高い価格を付けた店からも購入する消費者がつねに存在しており，そのため価格の分散は消滅しなかった．これはなぜだろうか．その理由は，消費者にとって店の違いは価格のみではなかったということであった．店によって，その提供している保証やその他の付帯的なサービスが異なる．さらに消費者は，ある店のほうが他の店より好きだという理由だけで商品を買っているのかもしれない．このような店の価格以外のサービスの差，あるいは消費者の店に対する好み，ひいきによって，より高い価格を付けている店から購入する消費者がいるので，価格の分散は消滅しなかったと考えられる．

（出所）渡辺努，Research Digest（DP ワンポイント解説）「オンライン市場における価格変動の統計的分析」経済産業研究所（http://www.rieti.go.jp/jp/publications/rd/036.html）．

復習と練習
Review and Practice

■要約

1. 基本的競争モデルにおいては，市場参加者は売買されている財とその価格に関して完全な情報を持っていると仮定されている．しかし現実の世界では，情報はしばしば不完全である．それゆえ経済学では，数多くの情報の制約を含めるように基本的モデルの修正を行った．

2. 逆選択の問題は，消費者が生産物の真の質を判断できない場合に発生する．財の価格が下落するのに伴い，質の構成が悪化すると，より低い価格で需要される量はより高い価格で需要される量よりも少なくなる．

3. 高品質の製品の生産者は，たとえばより良い保証を付けることによって，その製品がライバル企業の製品より良いものであるというシグナルを送ることもある．

4. 消費者が品質を価格で判断する場合には，最も高い価値を提供する価格が存在する．その価格において企業が供給したいと考える量が需要量を上回っている場合でも，企業は価格をこの「最高価値」価格以下に引き下げようとするインセンティブは持たない．結果として市場は，財の超過供給を伴った均衡にとどまる場合がある．

5. 完全情報が存在する場合には，私的所有制と価格メカニズムによってすべての市場参加者に正しいインセンティブを与えることができる．情報が不完全な場合，正しいインセンティブを与えるために役に立つ二つの方法として，条件付き条項を含む契約と評判（名声）がある．企業が評判を維持するインセンティブを保つためには，利潤が存在しなければならない．このとき，均衡価格は限界費用より高くなる．（また評判は参入障壁として機能するかもしれない．）

6. サーチ（探索）に費用がかかるときには，価格の分散が存在し，また個々の企業が右下がりの需要曲線に直面するので，競争は不完全になる．

7. 広告は，消費者に対して価格や商品の特性などに関する有用な情報を提供するものである．また広告は，消費者に対して説得することがある．広告

はこれらの二つの機能を果たすことにより，消費者の購買行動を変化させようとする．

■キーワード

逆選択　　非対称情報　　薄い市場　　不完備市場　　シグナル
モラルハザード　　評判（名声）　　価格の分散　　サーチ（探索）

Q 復習問題

1　なぜ「レモン」は，完全情報の世界では問題にならないのだろうか．また不完全情報の世界での「レモン」の存在によって，後方屈曲的な需要曲線がもたらされるのはなぜか．（ヒント：1節「レモン市場と逆選択」）

2　シグナルを送ることは，完全情報の世界ではなぜ不必要なのだろうか．一方，不完全情報の世界では，シグナルを送ることにより何が達成できるのだろうか．（ヒント：1.1項「シグナリング」）

3　消費者が，財の質が価格の上昇とともに向上すると考えているときには，企業はより多くの取引を得るために価格を引き下げようとしない場合がある．それはなぜだろうか．（ヒント：1.2項「価格による質の判定」）

4　契約における条件付き条項は，なぜ適切なインセンティブを与えるうえで役立つのだろうか．関連するすべての偶発事態に対して備えるように契約書を書くことには，どのような問題があるのだろうか．（ヒント：2.2項「契約による解決」）

5　評判はインセンティブを維持するうえで，どのような役割を果たしているのだろうか．企業に評判を維持しようとするインセンティブを持たせるためには，どのようなことが必要なのだろうか．既存企業の評判は，どのようにして新しい企業に対する参入障壁として働くのだろうか．（ヒント：2.3項「評判による解決」）

6　市場の情報をサーチ（探索）することから得られる便益は何だろうか．またそのコストは何だろうか．また価格の分散の存在は，サーチの便益にどのような影響をもたらすのだろうか．完全情報の世界においても，価格の分散は存在するのだろうか．またサーチに費用がかかるという事実は，市

■ 第12章 ■ 生産物市場と不完全情報

場の競争の性質にどのような影響を与えるのだろうか．（ヒント：3節「サーチ（探索）の問題」）

7 広告は，企業の直面する需要曲線にどのような影響を与えるかを説明しなさい．この広告の変化は，価格にどのような影響を与えるだろうか．また利潤に対してはどうだろうか．（ヒント：4節「広告」）

8 モラルハザードとは何か．また逆選択とは何か．それぞれの例を挙げて説明しなさい．（ヒント：1節「レモン市場と逆選択」および2節「インセンティブ問題」）

Q 練習問題

1 中古車は，個人から買う場合よりも，中古車ディーラーから買うほうがなぜ高いのかを説明する際に，不完全情報は役に立つだろうか．（ヒント：1節「レモン市場と逆選択」）

2 次のそれぞれの状況が，逆選択の問題とモラルハザードの問題のどちらを反映しているのかを述べなさい．
   (a) 新車がエアバッグを装備しているので，速いスピードで運転する．
   (b) 高校のフットボール部員が，食べ放題のレストランに行く．
   (c) 6カ月以内に買い手を見つけて売ることができなければ，家を自分で購入するという広告をしている販売業者が，あなたの家に低い価格を付ける．
   (d) 健康診断を必要としない保険を提供している保険会社が，加入者が健康に問題がある人だけだということに気がつく．
   （ヒント：1節「レモン市場と逆選択」および2節「インセンティブ問題」）

3 レンタカーを借りた人がその自動車を注意深く取り扱おうとするインセンティブは，なぜレンタカー会社にとって十分でないのかを説明しなさい．条件付き契約は，こうした問題の解決にどのように役立つのだろうか．こうした問題が完全に解決されることはありうるのか．以上を論じなさい．
   （ヒント：2.1項「市場による解決」および2.2項「契約による解決」）

4 通信販売のL.L.ビーン社は，販売した製品をいつでもどんな理由でも返

品することを認めるという方針を長年維持している．利潤極大化を目的とする企業にとって，なぜこのような方針を採用する価値があるのだろうか．（ヒント：1.1項「シグナリング」）

5 大都市圏内と，相互に50マイル離れているいくつかの小さな町の間とでは，どちらのほうが価格の分散が大きいと予想されるだろうか．その理由についても，あわせて論じなさい．（ヒント：3節「サーチ（探索）の問題」，サーチのコストはどちらが大きいだろうか．）

6 サーチ費用の存在は，デパートの成功を説明するうえでどのように役立つだろうか．（ヒント：3.3項「サーチと情報仲介機関」）

7 教授が授業で学生にグループで行う研究プロジェクトを課したとしよう．グループが提出したプロジェクトに基づいて，グループ内のすべての学生は同じ成績をもらう．これはモラルハザードの問題をもたらすだろうか．説明しなさい．（ヒント：2節「インセンティブ問題」）

Chapter 13

第13章 労働市場の不完全性

Learning Goals

1. 労働組合は雇用や賃金にどのような影響を及ぼしているのだろうか.
2. 労働組合の力を制約するものは何だろうか.
3. 賃金格差を説明する要因は何だろうか.
4. 労働者の労働意欲を起こさせようとする企業が直面するインセンティブ問題はどのようなものだろうか.

■第13章■ 労働市場の不完全性

　第2部「完全市場」では，労働市場と生産物市場（財市場）の類似性が強調された．そこでは価格システムを仲介にして，家計は財を需要し，企業は財を供給する．同様に，賃金を仲介にして，企業は労働を需要し，労働者は労働を供給する．企業は，たとえば石炭の限界生産物の価値が石炭の価格と等しくなる点まで石炭を購入するのとまったく同様に，労働の限界生産物の価値が賃金に等しくなる点まで労働を雇用する．

　本章では，労働市場を異なる観点から見ることにする．本書第2章「不完全市場と公共部門」（および『スティグリッツ 入門経済学』第6章「不完全市場入門」）と本書第3部のこれまでの四つの章で，生産物市場が基本的競争モデルで描かれたものとは異なる点を見てきたが，同様に，本章では労働市場が基本的な競争モデルとは異なる重要な点について学ぶことになる．生産物市場の場合と同じように，労働市場も不完全競争によって特徴づけられる．労働組合の存在は，労働市場における不完全競争の最たる証(あかし)であるが，本章ではその歴史に触れるとともに，労働組合が賃金と雇用すなわち労働市場における価格と数量に対して及ぼす影響についても学ぶことにする．

　情報の問題は，生産物市場の場合よりも労働市場においてより大きな影響を与えるものである．労働者はコンピュータのチップとは違う，ということがその理由の一つになる．つまり，企業は，労働者がよく働くように動機づけなければならない．また，労働者は労働条件に関心を持っており，他の企業で働く労働者と比べて自分の給与がどれほどなのかに関心を持っている．企業は，労働者をひきつけ，働きつづけてもらうためにこうした条件が重要であることを知っているので，これらを考慮に入れた雇用・賃金政策を立てているのである．

1　労働組合

　労働組合は，その構成員（組合員）に対してより良い労働条件とより高い賃金を獲得するために形成された労働者の組織である．労働組合が持つ主要な武器は，一般にストライキとして知られている集団的労働放棄という脅しである．

1.1 労働組合の歴史

　現在のアメリカ経済において，労働組合という組織の重要性はかつてよりも小さくなっている．また，ヨーロッパ諸国と比べると，労働組合はアメリカにおいてはつねにより小さな役割しか果たしてこなかった．アメリカの労働組合運動の歴史は19世紀末から20世紀初頭に始まる．その時期に，大工や配管工，印刷工のような熟練労働者によって構成される数多くの職業別労働組合が結成されたのである．1886年には，アメリカ労働総同盟（AFL）が結成された．サミュエル・ゴンパース（Samuel Gompers）をリーダーとしたAFLは，交渉力を増加させるために数多くの職業別労働組合を傘下に加えていった．

　労働組合の発展　労働組合の力は1930年代に，二つの出来事により強化された．それは，主要な産業別労働組合が産業別労働組合会議（CIO）という連合組織を作ったことと，労働組合に法律上の地位を与えることになったワーグナー法（Wagner Act）が制定されたことである．CIOの結成は，二つの点で大きな変化を示している．第一に，CIOが熟練労働者のみならず未熟練労働者をも含めた全労働者を対象としていることであり，第二にCIOは，一企業内の全労働者を代表していることである．産業別労働組合は，全労働者を一つにまとめあげて，労働者の交渉力を強化させた．全米自動車労働組合（UAW）のウォルター・ルーサー（Walter Reuther）のような労働組合指導者たちは，全国的な名声を得ることになり，労働組合は大幅賃上げと労働条件の改善を実現することができた．1935年のワーグナー法に基づいて全国労使関係委員会が設立され，労働組合の認定手続き，および企業側が労働者の労働組合加入を妨げようとする不当労働行為を禁止する手続きが定められた．

　労働組合の衰退　しかし労使間の力のバランスが労働組合側に過度に有利になっているという懸念が起こった．これに対しアメリカ連邦議会は，1947年に労使関係法，通称タフト＝ハートレー法（Taft-Hartley Act）を制定した．同法では，二つの重要な点が扱われている．第一に労働組合は，労働条件の向上について交渉するときには，その企業の全労働者にその利益を与えているのだと主張し，それゆえに労働組合は，労働組合がある企業ならば全労働者に組

合加入を要求していた．この要求が**ユニオン・ショップ制** union shop を成立させたのである．しかしユニオン・ショップ制に対しては，働く権利は労働組合員のみに制限されるべきではない，という批判があった．そこでタフト＝ハートレー法では，ユニオン・ショップ制を禁止すべきか否かの決定を個々の州に委ね，多くの州でその後**自由労働権法（働く権利の法律）** right-to-work laws が制定されることとなった．自由労働権法は，労働者に労働組合に所属していなくても仕事を持つことができる権利を与えた．すなわち，労働組合の言い分からすれば，組合費を支払わないで組合員がもらうのと同じ給料を受け取る権利を与えたのである．

　タフト＝ハートレー法が取り扱った第二の問題は，全米規模の労働組合によるストライキが国家全体に対して破壊的な効果を持ちえたという問題に対応したものである．たとえば鉄道や鉄鋼業，あるいは石炭産業などが操業停止に陥ることは，直接的に関連した企業の範囲をはるかに超えた影響を及ぼすのである．タフト＝ハートレー法では，大統領に，国民全体の厚生が脅かされる場合には80日間の冷却期間（その間労働者は職場へ復帰しなければならない）を宣言できる権限を与えた．

　アメリカにおいて，労働組合の力は1950年代中期以降，着実に減退しつづけている．図13-1に見るように労働組合の組織率（雇用者に占める労働組合加入者の割合）は，1930年代に急激に上昇し，アメリカ政府が全兵器工場に

Internet Connection
インターネットの労働組合サイト

　　アメリカ労働総同盟産業別組合会議（AFL-CIO）はアメリカにおける最大の労働組合であり，そのホームページは http://www.aflcio.org/ である．全米自動車労働組合（UAW, http://www.uaw.org/）のような伝統的な労働組合は，製造業の労働者を組織している．今日では多くの労働者が公共部門で雇われており，米国州郡地方自治体雇用者同盟（AFSCME, http://www.afscme.org/）は公共部門と医療産業の労働者を組織している大きな組合である．

1. 労働組合

図13-1 ■ アメリカの労働組合の組織率

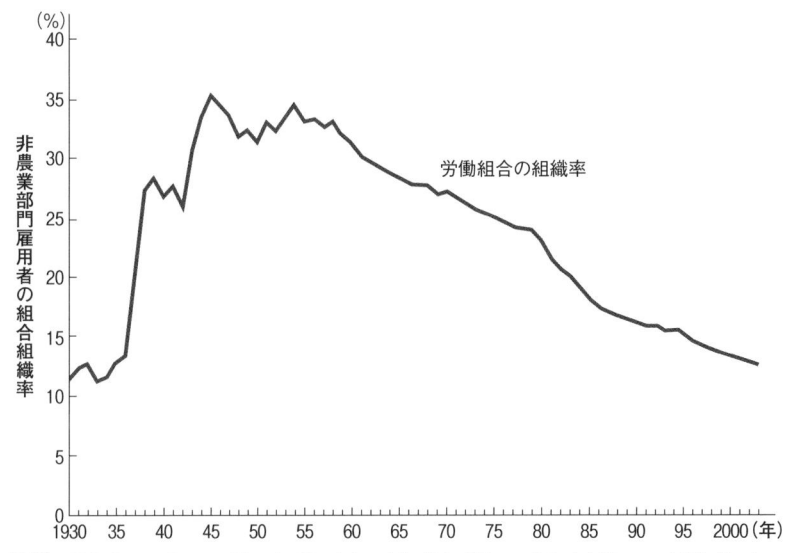

（出所）U. S. Census Bureau, *Historical Statistics of the United States, Colonial Times to 1970, Employment and Earnings*, various issues.

労働組合に所属しているアメリカの労働者の割合は，1930年代および1940年代初期に急激に上昇したが，1950年以降は大きく低下している．

労働組合を組織することを奨励した第二次世界大戦中に再び上昇した．しかしそれ以降は，新たな加入者を集めようという労働組合の試みは限られた成功しか収めておらず，非農業部門における雇用者に占める労働組合加入者の割合は低下しつづけている．1984年には20％を下回り，今日でもその水準にとどまっている．実際には，組合組織率が低下したばかりでなく，労働組合に加入している労働者の実数そのものが減少している．現在の労働組合加盟者は1600万人であるが，これは1960年より200万人下回った数字である．

アメリカ全体での労働組合の組織率は低下しているが，現在の組合員の比率で見ると，公共部門で働いている人の比率が以前よりずっと高くなっている．1960年には労働組合加盟者のうち公共部門で働いている者は6％にすぎなかったが，現在では40％近くに達している．今日では，民間部門の労働者の中で労働組合に加入しているのは，10人に1人にしかすぎない．では民間部門における最近の組合組織率の持続的な低下の理由は何だろうか．

第一の理由は，労働組合の圧力の結果であるか技術進歩の結果であるかは別として，労働条件が大幅に改善されたことが挙げられる．すなわち労働者は，労働組合の必要性をあまり感じなくなっているのである．

　第二の理由は，アメリカ経済の変化に関係している．自動車や鉄鋼のような伝統的に労働組合が存在した産業部門が弱体化し，労働組合の力が弱いサービス部門が成長してくるにつれて，労働組合の力は衰退していったのである．

　第三に，労働組合は競争的市場においては，あまり有効ではないかもしれない．競争が制限されているときには，独占（あるいは不完全競争）利潤あるいはレントが存在するので，労働組合は，組合員のためにそのレントの分け前を取ってくることに成功するかもしれない．しかし，市場が競争的な場合には，企業はその生産物に対して市場価格を上回る価格を付ける力を持っていない．そして，企業の存続のためには，その労働者に競争賃金以上の賃金を支払うことはできないのである．

　たとえば19世紀の終わりから20世紀初めにかけて，ニュー・イングランド地方の靴工場や織物工場は，高賃金のために労働組合のないアメリカ南部への移転を余儀なくされた．今日では，アメリカ国内の賃金が高いことが，アメリカ企業の海外生産を引き起こしている．労働組合がその組合員の生産性を平均生産性よりも高い水準に保てないかぎり，労働組合が長期間にわたってその賃金を平均以上の水準に保つことができるのは，競争をもたらす要因が制限されている場合だけである．こうした見解に従うならば，アメリカ産業が1970年代および1980年代において，海外との競争の激化や，輸送・石油・航空・銀行・電気通信などの分野における規制緩和による競争の激化にさらされたために，民間部門の労働組合が労働者の賃金を引き上げる力は弱められたのである．

　労働組合の発展と衰退に関する最後の説明としては，法的環境の変化がある．もし法律によって支援され奨励されれば，労働組合は繁栄するし，逆の場合は繁栄できないのである．たとえばワーグナー法は，1930年代に労働組合の発展を促したが，タフト＝ハートレー法は第二次世界大戦後の労働組合の衰退への道を用意したのである．

1.2 経済的効果

　労働組合の力の源泉は集団的な行動にある．労働者が団結して労働組合を結成するときには，彼らはもはや孤立した個人としては交渉を行わない．ストライキの脅し（あるいは仕事のペースダウンであるサボタージュ）は，個々の労働者が退職したり転職先を探しはじめるという脅しよりも，雇用主（雇い主）にとってはずっと大きな困難をもたらすことになる．

　労働市場の完全競争モデルでは，労働者はプライス・テイカー（価格受容者）であり，あらかじめ定められた（所与の）市場賃金に直面している．しかし，図13-2に示されているような右下がりの労働需要曲線に直面しているという状況においては，労働組合はプライス・セッター（価格設定者）としての力をある程度持つ．[1] 労働組合が存在する企業においては，労働組合が独占力を発揮する結果として，労働者は競争的な産業において同じ熟練度の労働者が得るよりも高い賃金を得られる．企業は価格（賃金）が安い非組合員の労働者を雇いたいと思っており，また非組合員の労働者であれば配置転換も容易であることを知っている．しかし企業は，それを禁じた協約を労働組合との間で結

図13-2 ■ 労働の独占的な売り手としての労働組合

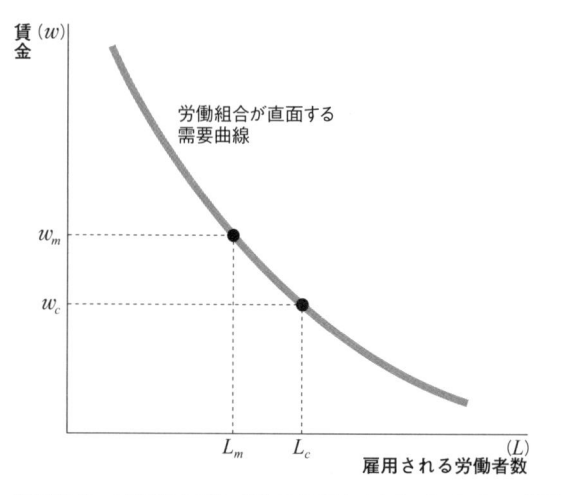

労働組合は，市場支配力を持つ労働の売り手とみなすことができる．労働組合がその賃金要求を引き上げるときには，組合員の労働に関する（企業の）需要は減少する．

んでいるのである．しかし，労働組合が労働の価格（すなわち賃金）を引き上げるにつれて，企業はより少ない労働者しか雇用しなくなる．より高い賃金は，より低い雇用水準という犠牲を払ってしか得ることができないのである．図で賃金が競争的な水準である w_c 点から w_m 点へ上昇すると，雇用は L_c 点から L_m 点へと減少する．

長期的な損失と短期的な利益　労働組合が少なくとも一時的には雇用と賃金の両方を増加させることができる場合もある．その場合，実質的には，労働組合は企業に次の二つの選択肢を提示しているのである．すなわち，高い賃金を支払いかつその賃金に対応する労働需要曲線上の雇用水準よりも高い雇用水準を維持するか，あるいはその事業から撤退するかである．もし雇用主（雇い主）が機械や建物を購入しており，それがサンクコストであるならば，労働組合の要求を受け入れるかもしれない．こうしたケースでは実質的には，労働組合が，雇用主の独占利潤か資本への収益のどちらか，あるいはその両方の一部分を奪い取ったことになる．独占利潤が存在しない競争市場の場合には，より高い賃金は雇用主の資本への収益を奪い取ることからしか生まれない．しかしその結果，雇用主はより多くの資本を投資することに興味を失うことになるだろう．しかも資本の減耗につれて，雇用主が労働組合からの脅しによって失うものはだんだん小さくなる．雇用主はより大きな投資を拒否するようになるので，仕事自体も減少することになる．すなわち労働組合の短期的な利益は，長期的には仕事の消滅という犠牲のうえに得られるのである．

非組合員に対する効果　現在労働組合員が得ている利益の一部は，将来の仕事を犠牲にして得られたものであるだけでなく，同じ経済の他部門の人たちの犠牲のうえにもたらされているものであるかもしれない．これには二つの理由がある．まず第一に，より高い賃金はより高い価格という形をとって消費者

1）第6章「労働市場」では，生産物市場が競争的である場合に労働需要曲線がどのようにして導出されるかを示した．企業は，賃金が労働の限界生産物の価値に等しくなる点まで労働を雇用した．生産物市場が独占あるいは不完全競争である場合の労働需要曲線も，同様な方法によって導き出すことができる．企業は限界収入，すなわち労働を追加的にもう1単位雇用することによって生産される追加的な生産物を売ることによって得られる収入の増加分が，賃金に等しくなる点まで労働を雇用するのである．

につけが回されることがしばしばある．とりわけ，生産物市場が完全競争的でない場合にはそうなることが多い．第二に，労働組合が存在する部門での労働者の賃金上昇（と労働者の雇用減少）は，労働組合がない部門の労働の供給を増加させ，その部門での賃金を下落させることになる．しかしこれと反対の主張をする人もいる．彼らによれば，労働組合が存在する部門での高賃金は，労働組合がない企業の賃金を「吊り上げる」というのである．たとえば，労働組合がない企業は，労働組合が結成される可能性を小さくするために，支払う賃金を上昇させるかもしれない．特定の部門では，この効果は重要ではあるが，ほとんどの経済学者は非組合部門の労働者への効果は全体としてはマイナスであると考えている．

雇用保障と技術革新　技術革新から経済全体が利益を受ける場合でも，その中の特定グループが打撃を受けるということはしばしば起こる．技術革新が盛んな経済では，新発明により職場を失った労働者は，新しい技能を身につけて，新しい仕事を見つけ出すことが期待されている．（新技術や嗜好の変化に起因する）需要の変化に対応して労働が移動しなければ，経済は非常に非効率的なものとなってしまうからである．

　技術変化は労働組合が追求している雇用保障を脅かすかもしれない．結果として労働組合は，組合員の労働サービスに対する需要を減少させるような技術革新を阻止しようとするかもしれない．仕事が改廃されることは経済効率のためには望ましいものであるのだろうが，そのためには費用がかかり，かつその費用は主として労働者によって負担されるのである．労働組合や失業補償給付を規定した法律が出現する以前には，こうしたリスク（危険）による人的犠牲はかなり大きなものだった．労働者個人ではこれらのリスクに対応する保険を購入することはできないので，彼らが労働組合の結成を通じて雇用保障を増大させようと努力することは，この重要な問題に対する答えなのである．現在では多くの国々が，経済効率を維持するうえでつねに重要な役割を果たす労働の移動を阻害することなく，労働者を仕事の改廃から守るような方法を探し求めてきた．

労働組合と政治　これまで労働組合の盛衰は，その活動する法的環境に大

きく依存していることを学んできた．労働組合もまた，労使交渉のテーブルでは得ることができないものを政治の場（政治過程）を通じれば獲得できる可能性があることを学んできた．たとえば，労働組合は，最低賃金引上げキャンペーンを盛んに行ってきた．

それと同時に，労働組合は，経済の力がその交渉における立場の強さや，より一般的には賃金水準を決定することを理解しており，それがその政治的姿勢にも反映されている．たとえば労働組合は，高水準の雇用をもたらす政策の積極的な支持者であり，（アメリカ製品に対する需要を増加させれば労働に対する需要も増加すると信じて）外国からの輸入を制限する政策を求めており，また（労働供給の増加が賃金の下落をもたらすことを認識しているため）海外からの移民を制限する政策を支持している．

最後に労働組合は，より安全な労働条件の実現を政治の場を通じて強く主張してきた．今日アメリカでは，労働安全衛生局（OSHA）が，労働者が不必要な危険にさらされることがないよう監視に努めている．労働者が生命を脅かされる危険にさらされたアスベスト産業で生じたような類いの出来事は，今日でははるかに起こりにくくなっている．

1.3　労働組合の限界

アメリカでは，すべての労働者を独占的に供給している労働組合は存在しない．労働組合はせいぜい，ある特定企業で現在働いている労働者を独占しているにすぎないのである．それゆえに労働組合の力は，部分的には，企業がその従業員の代わりを容易に雇用することができないということに依存している．労働組合がストライキを行うときには，その企業は他の労働者を何人かは雇うことができるかもしれないが，まったく新しい労働者を雇用して訓練をするのは費用がかかる．実際，新しい労働者を訓練するうえで必要な知識のほとんどは，労働組合の組合員の掌中にある．ある1ブッシェルの小麦は他の1ブッシェルの小麦と非常によく似通ったものであるが，労働者の場合には互いにそれほどよく似ているわけではない．企業の外部の労働者は企業の内部の労働者，特に熟練労働者とは，完全代替財ではないのである．

代わりの労働者が雇用されるという脅威　一つの企業で通用する技能が他

の企業でも容易に通用するような産業，あるいは労働組合が大多数の熟練労働者の支持を集めることに成功していないような産業では，企業はストライキを行っている労働者の代わりとなる労働者を雇用することができるため，労働組合の力は限定されたものになる．トラクターや道路建設機械のメーカーであるキャタピラー社は，1993 年に始まった全米自動車労働組合（UAW）による 7 カ月にも及ぶストライキを乗り切った．経営者側は，最終的には，労働者が職場へ復帰しないならば，代わりの労働者を雇用すると通告したのである．企業がこの脅しがうそではないことを実証した直後に，労働組合は屈服した．

現代のグローバル化した経済においては，雇用の海外移転という脅威が労働組合の力を弱めるもう一つの要因になっている．たとえ労働組合が産業内の全労働者を組織した独占であったとしても，海外の労働者まで組織することはできない．企業が海外移転できるということが，労働組合の賃金引上げの能力を低下させている．

しかしほとんどの場合には，労働者の技能は企業特殊的なものである．また，雇用主（雇い主）の観点から見て，企業の外部の労働者が内部の労働者と完全に代替的ではないのとまったく同様に，労働者の観点から見ても仕事は互いに完全に代替的ではない．したがって，労働者と企業の双方にとって持続的な雇用関係を維持することは往々にして価値があるのである．労働者と企業の二つの集団は，しばしば交渉関係と呼ばれるもので相互に結ばれている．交渉における両者の強弱は，企業にとってはコストはかかるが他の労働者を雇うことができるかどうか，また従業員もコストはかかるが他の仕事を得ることができるかどうか，という事実によって左右される．こうした関係を停止することなく持続することによって交渉当事者の双方が得る利益の総額は，しばしば交渉余剰と呼ばれる．労働組合と会社経営陣との折衝の大きな部分は，この交渉余剰をどのように分配するかに関して行われているのである．

失業の脅威　労働組合は，長期においては，より高い賃金は（他の条件が一定の場合には）より低い雇用水準を意味することを理解するようになっている．一般的に仕事が少ないときには，労働組合と企業の間の労働協約が雇用に与える影響についての関心が増大する．輸入による競争の激化，あるいは新製品によって産業の競争を激化させた技術革新などによって，産業が縮小してい

るときには，賃金の引上げではなく，雇用の維持が労働組合の優先課題となるかもしれない．経済全体における失業の増加もまた，労働組合の賃金を引き上げる能力に制約を与える可能性がある．

WRAP-UP

労働組合と労働市場における不完全競争

1. 経済的効果：
   (a) 労働組合員の雇用の減少と非組合員の低賃金を伴う労働組合員に対する高賃金．
   (b) 雇用保障は改善されるが，時として技術革新および経済効率が犠牲となる．
   (c) 最低賃金，輸入制限，労働条件の改善，その他の利益の政治的な過程を通じた達成．
2. 労働組合の力の決定要因：
   (a) 政治的および法的環境．
   (b) 経済的環境：代わりの労働者の雇用および失業の脅威．

---

2 賃金格差

　基本的競争モデルによれば，もし販売されている財が同じものであるならば，価格もまた同じでなければならない．賃金とは，労働市場における価格である．しかし，労働組合が存在しない場合でさえも，同じようなタイプの仕事を行う同じようなタイプの労働者であるにもかかわらず，ときにはきわめて大きく異なった賃金が支払われている．たとえば，ある秘書は他の秘書の2倍の給料を受け取っていることがある．経済学ではこのような差をどのように説明するのだろうか．

　賃金の差額を理解するには，同じ呼び名を持っている仕事でも，その内容がきわめて異なる場合があるということをまず観察しなければならない．ある仕

事は，あまり愉快なものではないかもしれないし，残業が多いかもしれず，また より不便な場所で働かなくてはならないかもしれない．これらは仕事の**非金銭的特質** nonpecuniary attributes である．その他にも非金銭的な特質としては，労働者に与えられている自主性の度合い（労働の監視がどれだけ厳密であるか）や，（肉体的な意味であれ，所得変動によるものであれ）負わねばならないリスク，などがある．経済学においては，こうした非金銭的特質の魅力や不人気の度合いを反映して賃金が調整されると考える．すなわち**補償賃金差額** compensating wage differentials（補償差額 compensating differentials ともいう）とは，企業がその労働者に対して仕事の持つマイナス面を補償するために支払われるものである．

そのほかに労働者の生産性の差によって説明される賃金格差もある．これらは生産性賃金差額と呼ばれる．たとえ同じ程度の経験と教育水準であったとしても，ある労働者の生産性が，他の労働者よりもはるかに高いという場合がある．

補償賃金差額と生産性賃金差額は，基本的競争モデルの範囲内で説明できるものである．しかし，その他にも，不完全情報に基づく賃金格差がある．他の異なった仕事の機会をサーチ（探索）するには，時間がかかる．同じ製品を，ある店では他の店より高い値段で販売していることがあるのとまったく同じ理由で，ある企業は他の企業よりも低い賃金で労働を雇用している場合があるかもしれない．同じ町に，より高い賃金を支払ってくれる仕事があることを知らないというだけの理由で，より賃金の安い仕事に甘んじている労働者は，情報に基づく賃金差額に直面しているのである．

情報が限定されていることは，企業にとって次のような大きな意味を持つ．まず第一に，基本的競争モデルにおいて企業は水平な労働供給曲線に直面している．そこでは企業は「市場」賃金よりわずかに賃金を引き上げるだけで，欲しいだけの労働を得ることができる．しかし，実際には，（労働の）移動性は限られている．たとえ他の企業で働いている労働者のほうがより高い賃金が提示されていることを知っていたとしても，転職することを躊躇するかもしれない．その仕事が自分には適合していないことを危惧するかもしれないし，その仕事があまりみながやりたがらない種類のものであるがゆえに高い賃金が提示されていると考えるかもしれない．

■第13章■労働市場の不完全性

第二に，企業は労働力の質について心配するかもしれない．もし雇用主（雇い主）が他の企業で働いている労働者により高い賃金を提示し，その労働者がその提示を受け入れたとき，企業はその（提示を受け入れるという）行動がその労働者の質についてどのようなシグナルをもたらすのかに心を悩ませることになるかもしれない．たとえば雇用主は以下のように考えるかもしれない．（多分，その労働者の生産性に関してはより多くのことを知っているはずの）労働者の現在の雇用主がこちらからの引き抜きに対抗しなかったのは，その労働者の生産性がより高い賃金には見合わなかったためではないだろうか．労働者が喜んで会社を移ることは，「忠誠心の欠如」，あるいは「移り気な性格」——その場合には，彼は会社が行う訓練に見合うほど長く新しい会社にとどまらないかもしれない——を示しているのではないだろうか．これらの懸念が存在すれば，雇用主はたとえより低い賃金で雇うことができる同じような資格の労働者が存在するときであっても，既存の労働力を保持するほうを好む．こうした懸念によっても労働の移動性は阻害される．

また，異なるグループに属する人々の移動性は異なるかもしれない．たとえば，高齢者は若年者に比べて移動を躊躇する度合いがはるかに高いかもしれない．企業はこの差を利用して，高齢者に対してより低い賃金しか支払わないことがある．高齢の労働者は賃金上昇率がインフレーションに追いつかない場合でも辞めようとしないことを知ったうえで，雇用主は彼らの賃上げを遅らせるかもしれない．これは雇用主が賃金設定において年齢差別を行うことの理論的な説明である．

2.1 差別

労働に関係した特性が一見同じような2人の労働者が異なる扱いを受けているとき，差別が生じているという．学歴の高さが生産性の高さと関連していさえすれば，より学歴の高い労働者により高い賃金を支払うことは差別ではない．もし高齢の労働者の生産性がより低ければ，彼らにより低い賃金を支払うのは差別ではない．しかし高齢の労働者が若年労働者と生産性がまったく同じであるのに，高齢の労働者の移動性の低さを利用して低賃金を強いることはまさに差別である．

1960年以前は，労働市場には公然とした差別が存在していた．当時は，ア

フリカ系アメリカ人であるというだけで雇用を拒絶する雇用主（雇い主）が存在していた．しかし今日の差別の多くは，もっと微妙な性格のものとなっている．企業は，不完全情報の下で，それぞれの職種に関して最善の労働者を可能なかぎり低い費用で雇用しようとしている．雇用主が，（労働者の）将来の成果に関して予測する場合には，利用できるかぎりのあらゆる情報を利用する．雇用主は，有名大学の卒業生のほうが，それほど有名でない大学の卒業生よりも，平均すれば生産性が高いということを発見しているのかもしれない．そしてアフリカ系アメリカ人やヒスパニックの大学卒業者のうちでは，評価が高いとはいえない大学を卒業した者の割合が多いだろう．求職者の集団の中から有名大学の卒業生を拾いあげることは，事実上，数多くのアフリカ系アメリカ人やヒスパニックを排除してしまうことになる．こうした微妙な形態の差別は，**統計的差別** statistical discrimination と呼ばれるものである．

　時代後れの偏見や統計的差別以外にも差別は存在している．雇用主は，たんに過去に取引があった人々と取引するほうがより楽であると感じているかもしれない．誰が良い労働者であるかについては，あまりにも大きな不確実性があり，悪い労働者のもたらす被害が甚大である世界においては，経営者は信頼をおく従業員の推薦に頼ることになるかもしれない．このような判断は，不可避的に友情やその他の結びつきによって影響を受けるものである．多くの人たちは，もし差別が排除されるべきであるならば，「OBのコネ」に基づくこのような差別も打破されなければならない，と主張している．

　たとえば，女性やマイノリティにはより低い賃金しか支払われない場合，それは**賃金差別** wage discrimination と呼ばれる．今日では，賃金差別よりは**職種差別** job discrimination，すなわち不利なグループの人々がより給料の高い仕事に就くことが困難になっているということのほうが普通となってきている．女性は「ガラスの天井」，すなわち中間管理職へは昇進できるが，それを超えてトップ経営者には昇進できないという状況に直面しているとよくいわれる．

　市場の力は差別の程度を小さくする傾向がある．もし同程度の生産性を持っている男性よりも女性のほうが賃金が安ければ，企業にとって女性を雇うことは利益をもたらし，雇わないことは利潤を損なうことになる．言い換えるならば，企業は差別に対する対価を支払っていることになるのである．もし偏見より利潤を重視する企業が十分に数多く存在するならば，女性の賃金は同程度の

生産性の男性の水準近くまで上昇することになるだろう．

　1960年代から，アメリカ政府は，差別との闘いに積極的に取り組むようになってきた．1964年には，アメリカ議会は公民権法（Civil Rights Act）を可決した．同法では，雇用差別を禁止し，差別事件を起訴する雇用機会均等委員会の設立が定められた．これらの法律の適用範囲は1975年には，年齢差別の禁止まで拡大された．また1990年には，職務能力がある障害者に対する差別が禁止された．

　さらにアメリカ政府は，政府との事業契約者に**積極的差別解消計画**，すなわち**アファーマティブ・アクション** affirmative action をとることを要求してきた．これにより，政府との事業契約者は，マイノリティと女性を積極的に採用しなければならなくなり，かつ彼らをより高い給料が得られる地位に積極的に昇進させなければならなくなった．こうしたアファーマティブ・アクションを有効なものにするためには，マイノリティや女性のために雇用数や仕事のポス

WRAP-UP

賃金格差の説明

1．労働組合：労働組合は組合員の賃金上昇を獲得することに成功するかもしれない．

2．補償賃金差額：賃金格差は仕事の性格に対応したものであるかもしれない．

3．生産性賃金差額：賃金の差は労働者間の生産性の差に対応しているかもしれない．

4．情報に基づく賃金差額：賃金格差は労働者が市場で得られる機会について完全な情報を持っていないという事実，および雇用主がすべての労働者は完全に代替的ではないと考えていることを反映しているかもしれない．

5．不完全な労働移動：賃金格差は，個人が職業間を移動することによっては除去されない．

6．差別：ときには，賃金格差，採用および昇進の決定の由来が人種差や性差にほかならないことがある．

ト数をある一定数割り当てるという形態をとらざるをえない．アファーマティブ・アクションに対する批判者は，割当て制度は差別的である（逆差別），すなわちより適格な白人男性よりもマイノリティの人々が優先的に選ばれている，と主張している．差別禁止立法の一つの目的は，人種あるいは性別という見方から考えることを抑制することにある．現在でも裁判所はこの目的については是認する判断をしているが，過去の特定の差別の例がもたらした効果を除去するような特別な状況についてのみ割当てを認めている．

3　労働者の動機づけ

　本書ではこれまで，労働者をあたかも機械であるかのように取り扱ってきた．労働者には，機械と同じように価格（すなわち賃金）が付けられる．しかし，たとえ利潤のみを追求する冷酷な雇用主（雇い主）にとってさえも，人間と機械は異なったものである．人間には適応能力があり，仕事のための多くの技能と経験を持っている．一方ほとんどの機械は，一つの仕事しか行うことができず，ロボットでさえもプログラムされた仕事しかすることができない．しかし機械は，故障のときを除けば命令された通りに仕事を行うという，人間より優れている点を一つ持っている．労働者を一生懸命に働かせ，適切な判断を行うようにさせるためには，彼らを適切に動機づけしなければならないのである．

　これは情報の問題であると考えることができる．本書第2部「完全市場」で学んだ基本的競争モデルにおいては，労働者は特定の職務を遂行することに対して賃金が支払われていた．雇用主は，合意された職務が合意された方法で遂行されたか否かについて完全に知ることができたし，労働者が失敗した場合には，賃金が支払われることがなかった．すなわち賃金が，必要とされる唯一の動機づけの形態であったのである．しかし実際には，労働者がかなりの裁量の余地を持っていることが多い．一方雇用主は，それぞれの時点において労働者が何を行っているのかについては限定された情報しか持っていない．それゆえ，企業は労働者がその能力を最大限に発揮するように動機づけなければならない．

　労働者を動機づけるために企業が行う方法としては，アメとムチの二つがある．たとえば企業は，良い成果を上げた労働者に対しては成果に対応した賃金

を支払ったり，昇進によって報いるが，仕事をさぼることに対しては解雇という罰を与えることがあるかもしれない．場合によっては，労働者にかなりの裁量の余地と自主性が与えられることもあるし，また場合によっては，労働者を綿密に監視することもある．アメとムチの組合せ，すなわち自主性と直接的な監視の組合せは，職種や産業によって異なっている．それは，労働者を直接的に監視することがどれだけ容易であるか，あるいは業績に基づいて労働者に報酬を支払うことがどれくらい容易であるか，ということにもいくぶんかは依存しているのである．

3.1 出来高払い制とインセンティブ

労働者が生産した産出量に正確に対応して賃金が支払われる，つまり生産性が高ければ賃金を引き上げ，生産性が低ければ賃金を引き下げることが可能であるならば，労働者は一生懸命に働こうとするインセンティブを十分に持つことになるだろう．生産1単位に対していくら，あるいは遂行した仕事1単位に対していくらという形で労働者に支払われる賃金支払いシステムは，**出来高払い制** piece-rate system と呼ばれる．しかし，賃金のすべて，あるいは賃金の大部分が出来高払い制に基づいて支払われている人は，アメリカでも比較的少数しかいない．出来高払い制の範疇に含まれるとされる労働者でさえも，基本給プラス生産に応じて額が増加する追加給という方式で支払いを受けているのが普通である．

出来高払い制がインセンティブを向上させるうえで有用であるならば，なぜもっと多くの雇用主がそれを採用しないのだろうか．一つの大きな理由は，出来高払い制に完全に依存することは，労働者にかなり大きなリスクの負担を強いることになるからである．運が悪かっただけで，収入が少なくなる週が出てきてしまうかもしれない．たとえば，（しばしば生産性に基づく歩合制，すなわち出来高払い制の一形態，によって報酬が支払われている）セールスパーソンは，どんなに一生懸命に働いたとしても取り扱っている製品が需要不足であるために売上げを伸ばすことができないかもしれないのである．

企業は，ある一定の金額の賃金を保障することによって，労働者に安定的な賃金を与え，労働者が負担しなければならないリスクを軽減させることができる．しかし，出来高払い制の報酬部分を減らすということは，労働者の一生懸

命に働こうというインセンティブを減少させることでもある．このように，リスクとインセンティブの間にはトレードオフが存在している．それゆえに賃金体系は，収入の保障と労働者の仕事の成果に関連づけられたインセンティブとの間でバランスが図られなければならないのである．多くの職種において雇用主あるいは経営者は，最低賃金保障（それにはフリンジ・ベネフィットも含まれる）と労働者の仕事の成果に依存するボーナスの両方を提示することにより，リスクとインセンティブの間のバランスをとっているのである．

雇用主が出来高払い制を採用しない第二の理由としては，質に対する懸念がある．組立てラインの労働者ならば，産出量は容易に測ることができるが，その質は測ることができない．また，もし労働者の賃金が産出量のみに依存しているならば，労働者は質よりも量を重視するインセンティブを持つことになるだろう．その結果，労働者がより質の高いものを少量しか作らなかった場合よりも，企業にとっては利潤が少なくなってしまうかもしれない．

Close-Up 日本語版
日本マクドナルドの成果主義と定年制廃止

外食産業大手の日本マクドナルドは，2004年に年齢や勤続年数などに基づいて賃金や処遇を決定する年功的な人事賃金制度を廃止し，労働者の成果に基づいて賃金を支払う成果主義的な賃金制度を採用した．2006年には，成果主義的な人事賃金制度改革の一環として定年制を廃止した．このような制度改革の意図は，処遇を決めるのは年齢ではなく，能力と成果であることを会社が明確にすることで，社員，特に若い社員のモチベーションを高めることが狙いであった．改革された制度の下では，若い人でも能力と成果が優れていれば高い待遇を与え，また能力と成果が優れていれば，他の企業では，定年となる人でも雇い続けるということになる．

しかし，この制度はうまく機能せず，日本マクドナルドは2012年1月から定年制を復活した．日本マクドナルによれば，ベテラン社員が自分の「成果」を上げることのみを優先し，自分のノウハウを若手社員に伝えるなど若手社員の教育が疎かになるなどの支障があったとしている．

この定年廃止がうまく機能しなかった理由として，二つのことを指摘できる．

　第一は，本章で指摘されている労働者の「成果」を測定する際の問題である．本来，「成果」には，部下や後輩への教育・人材育成をも含めるべきである．しかし，教育・人材育成の成果は把握しにくく，評価が難しい．したがって，多くの成果主義的な賃金・人事制度において，制度教育・人材育成の貢献に対して適切な形で報酬を支払うことができず，制度教育・人材育成が進まないということは，よく生じる．

　第二は，定年制廃止と成果主義との組合せである．後輩に仕事上のノウハウを教え，後輩を育てるということは，将来の自分の競争相手を育てることになる．定年があれば，定年近いベテラン社員が，自分の後輩に仕事上のノウハウを教え，後輩を育成しても，後輩が自分の競争相手になる頃には会社を退職しなければならないので，彼にとってはあまり影響がない．それに対して，定年制がなく，ベテラン社員が長く会社で働き続けられるのであれば，自分が育てた後輩が年をとった自分の競争相手として現れることになる．もし，後輩に仕事上のノウハウを教えなければ，老人になってもより高い賃金を得ることができると考えるだろう．

　賃金・人事制度を考えるときには，成果の評価とインセンティブの問題を考慮する必要があることを，このエピソードは示している．

（出所）「日本マクドナルドが定年制を復活『成果主義』思惑はずれ若手育たず」
　　　（2011年9月25日，http://www.j-cast.com/2011/09/25107795.html）．

　どのような場合においても，ほとんどの労働者は多様な職務に従事しており，仕事の成果を定義して出来高払い制に基づき報酬を支払うことが容易なのは，ごく一部分にすぎない．たとえば雇用主は，経験を積んだ労働者に新規労働者を訓練してもらいたいと思っているかもしれないが，出来高払い制の下の従業員は，新人訓練やその他の方法で同僚を助けるインセンティブはほとんど持たないだろう．また同様に，歩合制で報酬が支払われているセールスパーソンは，すぐには買い手となりそうにない潜在的な顧客に対して情報やサービスを提供

しようというインセンティブをほとんど持たないだろう．たとえ情報を提供することによってその顧客が商品を購入するために店に戻ってくる可能性が大きくなるとしても，そのときには他のセールスパーソンが歩合を得ることになる可能性がかなり大きいからである．こうした効果が実際に働いていることは，たとえば自動車ディーラーのショールームを訪れて，今すぐには自動車を購入するつもりはないということをはっきりさせたうえで，どのようなサービスが受けられるかを見ればわかる．

3.2 効率賃金

　産出量を容易に測定することができるならば，成果に基づいて支払いを行うというアメには少なくとも部分的には意味がある．そして労働者の労力が容易に監視できるのならば，適切な労力を払わなかった労働者を解雇するというムチが意味を持つ．しかし，労働者が払っている労力をたえず監視するのはたいてい非常に高いコストがかかる．この場合の代替的な方法として，監視の頻度を下げ，その代わりに労働者がサボっていることを見つけた場合の罰（ペナルティ）を大きくすることがある．労働者に大きな罰を与える一つの方法として，市場賃金以上の賃金を支払うというやり方もある．そうすれば，労働者が解雇されたときには，大きな所得の損失を被ることになるからである．賃金が高ければ高いほど，解雇から受ける罰は大きくなる．同様に，監視が行われたときにつねに一生懸命働いていることが観察された労働者に対してより多く支払うことで，労働者に一生懸命に働きつづけるインセンティブを与えることになる．

　これらは，より高い賃金を支払うことが労働者を動機づけるのに役立ち，生産性の上昇をもたらす例である．企業が希望する数の労働者を雇うのにちょうど必要な賃金よりも高い賃金を支払うことについては，さらに別の理由もある．高い賃金は，転職を減らし，従業員に忠誠心と質の高い仕事を行うインセンティブを与える．そして，企業にとってより生産性の高い労働者を集めることが可能になる．これらのどれかもしくはすべての理由によって，高い賃金を支払うことが，労働者のネットの生産性を上昇させるという理論を，**効率賃金理論** efficiency wage theory という．通常の理論ではより高い生産性がより高い賃金をもたらすということを強調するが，効率賃金理論ではより高い賃金がより高い生産性をもたらすということを強調するのである．

アメリカの宅配便会社であるUPSは、優良な雇い主という評判を確立する戦略を意識的に採用した企業の例である。この企業は、良い福利厚生と給料を提供し、雇用されている人に良い待遇を与えている。また、労働者の昇進を奨励している。UPSでこれらの給付や機会が得られることにより、UPSの労働者がその職を失うことのコストは非常に高いものとなっている。雇用者はUPSによって良い待遇を受けていると感じているので、企業に対するより高い忠誠心を見せる可能性が高くなり、より一生懸命働き、高い水準の労働生産性を保証するのである。たとえ短期的には雇用者に対する給付や昇進機会を縮小することによって利潤を増加させることができるかもしれないが、UPSはその方法を選ばず、長期的にはUPSはより良い待遇を従業員に与える方法によって利益を挙げているのである。

効率賃金理論は、ある種の賃金格差に対する説明を与えてくれる。労働者を日々監視することに非常に大きな費用がかかる仕事や、労働者がもたらす可能性のある損害が非常に大きい（たとえば、ボタンを一つ押し間違えただけで機械が壊れてしまうような）仕事の場合には、労働者が良い成果を上げることを確実にするために高賃金を支払うことが多いようである。

こうした「信頼に支払われる賃金」は、同じような熟練の程度であっても、より資本集約的な（巨額の投資を必要とする）産業で働く労働者のほうが、より少ない資本しか用いていない産業で働く労働者よりも賃金が高いことがしばしばであるのはなぜなのか、また多額の現金（持ち逃げすることができる）を取り扱うことを任されている労働者が、同じような熟練程度の労働者よりしばしば高い賃金を得ているのはなぜなのか、という問題に対する答えを与えてくれる。すなわち彼らは信頼できるから高い賃金をもらっているのではなく、むしろ高い賃金をもらっているからより信頼できるようになり、その高い賃金を失うことの脅しが彼らに品行方正な行動をとるようにさせているのである。

CASE IN POINT
最低賃金

それ以下の賃金で労働者を雇うことが違法になる最低賃金を法律によって定めることは、まさに救済の対象者たち、すなわちきわめて低い賃

金しかもらっていない人たちに損害を与える結果になると，経済学者によって厳しく批判されてきた．

批判は，本書第2部「完全市場」の伝統的な需要・供給モデルに基づいたものである．そのモデルでは，市場均衡を上回る賃金の上昇は雇用を減少させる結果をもたらす．どうにか職を得られた人は状況が改善する一方，失業を強いられた人の状態は悪化するのである．この見解に従えば，最低賃金制の目的が貧困の減少であるのならば，意図とは逆の結果をもたらすように思える．

しかし，本章で指摘されているように，労働市場は他の多くの商品市場とは異なっている．労働者は一生懸命働くように動機づけられなくてはならない．高い賃金は生産性を上昇させ，常習的な欠勤を減少させ，転職を減少させる．おそらく，合理的な企業は，賃金を設定する際にこのようなことを考慮に入れているだろう．そうであるならば政府が最低賃金制の制度によって企業に賃金上昇を強制したときに，生産性の上昇によって賃金上昇の影響が相殺され，雇用への効果は非常に小さなものとなるかもしれない．

不完全競争が存在する労働市場においては，最低賃金制は雇用増加をもたらすこともありうる．不完全な労働移動により，企業は右上がりの労働供給曲線に直面している．同じような仕事の労働者はすべて同じように扱わなければならないので，追加的な労働者を1人雇うことのコストは，その企業が新しい労働者に支払う賃金よりも高いかもしれない．企業は新たな労働者に提示する賃金を上昇させるばかりではなく，すべての既存の労働者に支払う賃金を上げなければならないのである．これは，企業に新たな労働者を雇うことを思いとどまらせるように働く．しかし最低賃金が存在する場合には，追加的な労働者を雇用するコストはまさに最低賃金である．したがって，最低賃金が存在する場合に追加的に1人の労働者を雇うことの限界費用は，最低賃金が存在しない場合の限界費用より実際には安くなる可能性がある．そのようなケースでは，企業は現実により多くの労働者を雇用するだろう．

このような見解は，最低賃金制の雇用への効果が，無視しうるほど小さいか，あるいは正であるという最近のいくつかの実証研究と整合的で

ある.

　経済学者の中には，最低賃金制のより広い好ましい効果を指摘する者もいる．すなわち，最低賃金制は企業が労働者の生産性を上昇させようとして労働者への投資を増やすようにするということである．スタンフォード大学の著名な経済史家であるゲイビン・ライト（Gavin Wright）は，最低賃金制はアメリカ南部の経済構造の変化に決定的な役割を果たしたと主張している．南北戦争の終結から大恐慌までの間，南部は主として非常に低い賃金という基礎のうえに経済が成り立っている地域であり，北部に比べて非常に貧しい地域であった．最低賃金制は，低賃金産業からより高い賃金を支払うダイナミックな産業へと南部の経済をシフトさせるという劇的な変化を引き起こした．

　また，最低賃金引上げのさらなる利点としては，福祉から得られる額と労働から得られる額との差が増大することによって，労働のインセンティブが高められるということがある．

3.3　その他のインセンティブの付与

　仕事の成果を改善しようとするインセンティブを与える他の重要な方法として，仕事で良い成果を上げた労働者の昇進の可能性を増加させ，賃金を上昇させるというものがある．しかしこれまでにも見たように，労働者が成し遂げた仕事の難しさを判断するのは困難であることが多い．そこで誰が良い成績を上げたのかを判定する一つの方法として，労働者間のコンテストを設け，その勝者が現金のボーナスなど価値がある賞を受け取るようにすることがある．たとえば，新製品の販売促進活動を行うときに，その販売員たちに支払う金額を決定しようとしている企業の場合を考えてみよう．もし1人のセールスパーソンが成功した場合，それは彼が優れた能力を持っていることを表すことになるのだろうか．それとも新製品が好評を博したがゆえに売れたのであろうか．すべてのセールスパーソンはだいたい同じような立場にある．その中で一番高い売上げを達成したセールスパーソンはボーナスをもらえる，すなわちコンテストに勝利した人にボーナスを与えるのである．

　アメリカの巨大企業のヒエラルヒー（階層組織）の頂点にいるトップ経営者

が受け取っている巨額の報酬（それはしばしば数百万ドルにも達する）は，他の多くの先進経済においてトップ経営者が受け取っている平均よりもはるかに金額が大きい．これはなぜだろうか．経済学者はこの問題に関して論争を続けている．この報酬をコンテストの利得として解釈する経済学者もいるし，経営者の経営への大きな貢献を反映していると考える経済学者もいる．また，「信頼に支払われる賃金」であると考える経済学者もいる．しかし，経済学者の中には，経営者は，企業の資源のうちのかなりの金額（小さな割合ではあっても）を高額な報酬として自分自身のために振り向けられるほど企業をコントロールできる力を持っているとにらんでいる人もいる．

3.4 福利厚生給付などによる労働者への補償

先に，企業が支払うべき賃金は仕事の非金銭的な特質を考慮したものでなければならないということを学んだ．これらの非金銭的な特質の中には，企業の意思決定を反映するものもある．企業は職場をより魅力的なものにしようとすることができる．職場をより安全なものにすることもできるし，従業員のストレスを減らすことさえできる．そしてこれらの変化の中には，労働者の業績に影響を与えることができるものもある．職場をどのように組織するかについての意思決定を行う際に，企業は生産性への影響と労働者を採用するために支払わねばならない額への影響の両方を考慮に入れなければならない．

現代では，労働者が受け取る報酬の大きな部分が，直接的な金銭の形でなく，健康保険，退職金，生命保険のような**フリンジ・ベネフィット（付加給付）** fringe benefits の形をとっている．最近では，報酬に占めるフリンジ・ベネフィットの割合がますます増加する傾向にある．

なぜ雇用主（雇い主）は，単純に労働者に直接（現金で）給料を支払わずに，フリンジ・ベネフィットを提供するのであろうか．その大きな理由の一つは，税制と関係したものである．もし労働者が所得を受け取り，その中から自分で医療保険を購入すれば，労働者は医療保険分に対しても自分の所得として税金を支払わねばならない．しかし，企業が労働者のために保険を購入すれば，そのフリンジ・ベネフィットは所得には勘定されない．企業の観点からは，労働者が自分で保険を購入できるように賃金を上げるよりも，企業自身が保険を購入するほうが安くつくのである．それに加えて，多くの企業では労働者にその

企業にとどまりつづけるインセンティブを与えるためにフリンジ・ベネフィットを用いている．たとえば，企業年金の資格を得るには，数年間の勤続をその条件としている企業もある．雇用主がこのような給付を提供しているという事実は，新しい労働者を雇い，訓練する費用と手間をかけるよりは，むしろ追加的な給付を支払ってでも長期雇用の労働者を失いたくはないと考えていること

e-insight
労働市場とインターネット

　労働市場における大きな不完全性の一つとして，新たな職をサーチ（探索）するのに費用がかかるということがある．情報は不完全であり，入手するのには費用がかかる．求人広告は労働市場が機能するために重要な役割を果たしているが，ある都市に住む人が，他の都市での仕事の機会を探るために，その都市の新聞を定期的にタイミングよく手に入れるのは容易ではない．

　就職斡旋業者や政府の職業紹介サービスは労働市場の機能を改善するのに役立ってきた．しかし，インターネットの発展は労働市場の革命，あるいは少なくとも大きな改善を約束している．人々はほとんど費用なしに，他の都市の新聞の求人広告を見ることができるのである．雇用主は費用なしに求人広告を出すことができ，仕事について，そして求めている従業員の特性について，より完全な説明を加えることが可能になる．世界のトップ500の大企業，またアメリカの企業のほとんどが採用のためにインターネットを使っている．既存の就職斡旋業者（政府によって提供されるサービスも含む）もその活動範囲を広げるためにインターネットを使っており，またそのために新たな企業も作られている．雇用主と雇用者のどちらの視点からも，役に立つ情報の多くは，まだ差し向かいでの面接を通じて得られるものであり，このプロセスは相変わらず費用が高いままである．それでも，インターネットはサーチの費用を下げることによって，労働市場の効率性を大きく上昇させる見込みを提供している．

を示している．しかし，（税制上の理由は別として）なぜ金銭によるボーナスではなく，より有利なフリンジ・ベネフィットによって労働者に報酬を与えることを雇用主が選択する場合が多いかについては，まだはっきりとした説明がなされていない．

WRAP-UP

労働者を動機づける方法

1．出来高払い制：産出量を測定し，それに基づき賃金を支払う方法．
2．解雇という脅し：努力あるいは成果が不十分だと判断された労働者が解雇されるという脅威による方法．
3．効率賃金：不満足な成果しか上げられない場合に解雇されるが，その際の労働者にとっての費用を増加させる方法．
4．相対的な成果：昇進やコンテストによる方法．
5．フリンジ・ベネフィット：健康保険，退職金など．

復習と練習 Review and Practice

■要約

1　アメリカでは労働組合に加入している労働者の比率は，1950年代以来低下しつづけている．その理由としては，労働条件を一般に改善させた法律が制定されたこと，サービス産業と比較して伝統的に労働組合が強かった製造業が衰退したこと，生産物市場（財市場）における外国との競争激化により，企業が市場賃金を上回る賃金を支払うことに従来よりも寛容でなくなったこと，法制度における反労働組合的な風潮の増大，などである．

2　労働組合が獲得した賃金の上昇は，少なくとも長期における雇用の減少と，労働組合が存在しない部門の労働者の賃金低下という犠牲のうえに得られたものである．労働組合は雇用保障を拡大するのに重要な役割を果たして

きたが，そのためにイノベーションが犠牲になったこともあった．労働組合が労働者のために得た成果の中には，たとえば職場の安全や衛生の改善や最低賃金などの法律制定のように，政治過程を通じて実現されたものもある．

3 労働組合の力は，企業が新しい非組合員の労働者を採用できる程度や，組合員である労働者が失業する脅威によって制約を受ける．

4 同じ仕事を行う2人の労働者に支払われる賃金に格差が存在することの説明としては，補償賃金差額（仕事の性質の差），生産性賃金差額（労働者間の生産性の差），不完全情報（労働者が存在するすべての仕事の機会を知らないこと），および差別がある．

5 雇用主（雇い主）は，労働者の労働意欲を高めるために，直接的な監視，良い成果に対するインセンティブの付与，悪い成果に対する罰（ペナルティ）などを組み合わせることによって，労働者の動機づけを行おうとする．また雇用主は，労働者に他企業よりも高い賃金を支払い（効率賃金），昇進やボーナスを提供し，あるいは相対的な成果に基づいて報酬を支払う（コンテスト），という方法もとる．

■キーワード

ユニオン・ショップ制　　自由労働権法（働く権利の法律）
非金銭的特質　　補償賃金差額（補償差額）　　統計的差別　　賃金差別
職種差別　　アファーマティブ・アクション（積極的差別解消計画）
出来高払い制　　効率賃金理論　　フリンジ・ベネフィット（付加給付）

Q 復習問題

1 ここ数十年の間に，アメリカ経済における労働組合の力は縮小しただろうか，増大しただろうか，理由とともに述べなさい．また労働組合の発展が最も大きかったのはどの部門であるかを，理由とともに述べなさい．（ヒント：1.1項「労働組合の歴史」）

2 成功を収めた労働組合は，企業によって組合員に支払われている賃金水準にどのような影響を及ぼしているだろうか．それらの企業の資本への投資

に対する影響についてはどうだろうか．また労働組合のない企業が支払う賃金に対しては，どのような影響を持っているだろうか．（ヒント：1.2項「経済的効果」）

3 労働組合に加入している労働者に対するより大きな雇用保障は，なぜ組合員の勤務態度をより非効率にしてしまう可能性があるのだろうか．（ヒント：解雇するのが困難であると，どのようなことが生じるだろうか．）

4 労働組合が新しい技術革新の導入に反対することには，どのような意味があるのだろうか．短期の場合と長期の場合について論じなさい．（ヒント：1.2項「経済的効果」，特に「雇用保障と技術革新」）

5 賃金格差に関するさまざまな説明について述べなさい．（ヒント：2節「賃金格差」）

6 出来高払い制は，一生懸命に働こうとするインセンティブをどのようにして与えるのだろうか．また出来高払い制が全面的に採用されることが少ないのはなぜだろうか．（ヒント：3.1項「出来高払い制とインセンティブ」）

7 効率賃金理論とは何だろうか．説明しなさい．（3.2項「効率賃金」）

Q 練習問題

1 労働市場は，生産物市場（財市場）とどのような点で類似しているか，またどのような点で異なっているか論じなさい．（ヒント：本章の冒頭部分）

2 次の二つの点が両方とも同時に成立しうることを説明しなさい．（ヒント：1.2項「経済的効果」）
   (a) 労働組合は，その組合員に支払われている賃金を引き上げる．
   (b) 労働組合は，経済全体において支払われている賃金の平均水準には影響を与えない．

3 次のさまざまな要因は，労働組合の力にどのような影響を与えるかを論じなさい．（ヒント：1.3項「労働組合の限界」）
   (a) 州が自由労働権法を制定する．
   (b) 海外からの輸入が増加する．
   (c) 全国レベルの平均失業率が低下する．

(d) 企業の利潤が増加する．

4 現在時給15ドルの仕事に就いている労働者が，別の企業の時給18ドルの仕事に応募したとしよう．後者の企業は，その労働者が本当に時給18ドルに値するかどうかについて疑問を持つ場合があるのはなぜだろうか．また労働者は，こうした事態にどのように対応するだろうか．（ヒント：2節「賃金格差」の冒頭の部分）

5 企業が，賃金を10％切り下げれば，10％の労働者が辞めることを知っているとしよう．このとき逆選択によって，企業の仕事量が10％以上低下することがあるのはなぜかを論じなさい．（ヒント：仕事を辞めるのはどんな労働者だろうか．）

6 コンピュータ技術の発達は，個々のタイピストが1日当たり何回キーを打ったかを集計するシステムを実現し，企業がタイピストを監視することを可能にした．また電話交換手は，担当した通話数と1通話当たりに費やされた平均時間によって監視されている．こうした技術進歩は，生産性を増大させているのだろうか．理由とともに論じなさい．（ヒント：3.1項「出来高払い制とインセンティブ」）

7 企業の中間管理職からトップ経営層へと昇進すると，給与は2倍以上になることが多い．競争市場の理論から見た場合に，これが不可解なのはなぜだろうか．利潤最大化を行っている企業がこのような大幅な給与の増加を行う理由として考えられるものは，どのようなものだろうか．（ヒント：3.3項「その他のインセンティブの付与」）

第4部 ミクロ経済学と政策課題

Chapter 14

第14章 環境の経済学

Learning Goals

1. 多くの環境問題は，市場の失敗を引き起こす外部性の結果であるが，それはなぜだろうか．
2. 環境問題に対する，四つのタイプの政策対応は何だろうか．また，それらは経済効率にどんな影響を及ぼすのだろうか．
3. 市場経済においては，なぜ天然資源はあまりにも速く枯渇するのだろうか．

現在最も論争を引き起こしている問題の一つに，経済は環境にどんな影響を及ぼすか，というものがある．通常そうした議論においては，経済活動と環境問題がまったく対立したものと考えられている．財・サービスの生産を増やすと，公害が拡大し，ますます土地を疲弊させ，そして地球温暖化をもたらすことになる，というのである．そこでは経済学の基本的な考え方，すなわち希少性の考え方は，環境汚染問題を考えるうえではあまり役に立つようには思われていない．結局のところ，ほとんどの人が，あまりにも多くの公害がありすぎると考えているのであり，そこには希少性の概念を使える余地はないと考えているからである．しかし経済学の分析道具は，環境汚染の原因に対する重大な洞察力を与えてくれるものであり，またそうした洞察力は，政府が環境を守るために計画してきた方策を形成するのに役立つのである．

基本的競争モデルでは，市場は効率的な資源配分をもたらすという結論が与えられた．しかしすでに本書第2章「不完全市場と公共部門」において，市場が効率的結果をもたらすことができない状況が存在することを学んできた．そうした場合には，政府には経済的に果たすべき役割があるかもしれない．政府が市場に関与すべきであると正当化する，こうした理論的根拠は，政府の役割に対する**市場の失敗アプローチ**として知られている．

多くの環境問題は市場の失敗の結果である．この市場の失敗は，外部性——すなわち，市場価格に完全に反映されていない取引の費用と便益——の存在によって生じる．本章では負の外部性と環境保護の問題を考えてみよう．

1 負の外部性と過剰供給

基本的競争モデルでは，財の生産費用はすべて売り手が負担し，その販売利益はすべて売り手のものになるのに対して，財から受け取る便益はすべて買い手が享受し，その購入費用はすべて買い手が負担すると仮定している．だが現実にはこの仮定が満たされない場合がしばしばある．第2章「不完全市場と公共部門」で学んだように，市場取引で把握できない追加的な費用や便益は**外部性**と呼ばれている．

外部性には，正の外部性と負の外部性がある．すなわち対価を支払わずに追

1. 負の外部性と過剰供給

加的な便益を受け取る個人がいる場合には正の外部性があり，自ら引き起こしてはいない追加的費用を負担しなければならない個人がいる場合には負の外部性がある．R&D（研究開発）のような正の外部性を生み出す財は，市場では過少にしか供給されない（第16章「技術進歩」参照）．その財の購入量を決定するに際して，個人や企業は自分が得る便益だけを考慮し，他の経済主体に及ぶ便益は考慮しないからである．まったく同じ理由から，大気汚染や水質汚染のように負の外部性を生み出す財は，市場では過大に供給されてしまう．このように，市場が取引に伴う費用・便益を完全にとらえることができない場合が，市場の失敗の古典的な例であり，同時に公共部門が何らかの役割を果たしうるかもしれないことを示唆している．

図14-1のパネルAは，鉄鋼のような財についての需要曲線と供給曲線を描いたものである．市場均衡は二つの曲線が交わるE点で示され，産出量がQ_p，そして価格はp_pとなる．第8章「競争市場の効率性」では，外部性が存在していなければE点で示される均衡は効率的であるということを学んだ．その価格は，個人が鉄鋼をもう1単位追加的に受け取ることにより得る限界便益（それは追加1単位に対する限界的な支払い意欲を示している）に等しくなっている．同時に，価格は，企業が追加的にもう1単位生産するために必要となる限界費用にも等しくなっている．そしてE点では，限界便益は限界費用に等しくなっているのである．

しかし，もし鉄鋼生産に負の外部性が生じている，つまり製鉄会社が大気汚染や水質汚染をもたらしているが何ら罰則を受けていない，としたらどうなるだろうか．このときには，経済に存在するすべての個人が負わなくてはならない限界費用，すなわち**社会的限界費用** social marginal cost は，生産者だけが負う限界費用，すなわち**私的限界費用** private marginal cost を上回ることになる．すでに学んだように，競争的産業における市場供給曲線は，すべての生産者の私的限界費用曲線を水平方向に足し合わせて求められる．図14-1のパネルBでは二つの状況が比較されている．図では，鉄鋼生産の社会的限界費用曲線は私的限界費用曲線よりも上方に位置している．したがって，社会的限界費用が社会的限界便益と等しくなる経済的に効率的な鉄鋼産出量はQ_sとなるが，それは，私的費用しか存在していなかった場合の産出量Q_pよりも低い水準である．

図 14-1 ■ 負の外部性と過剰供給

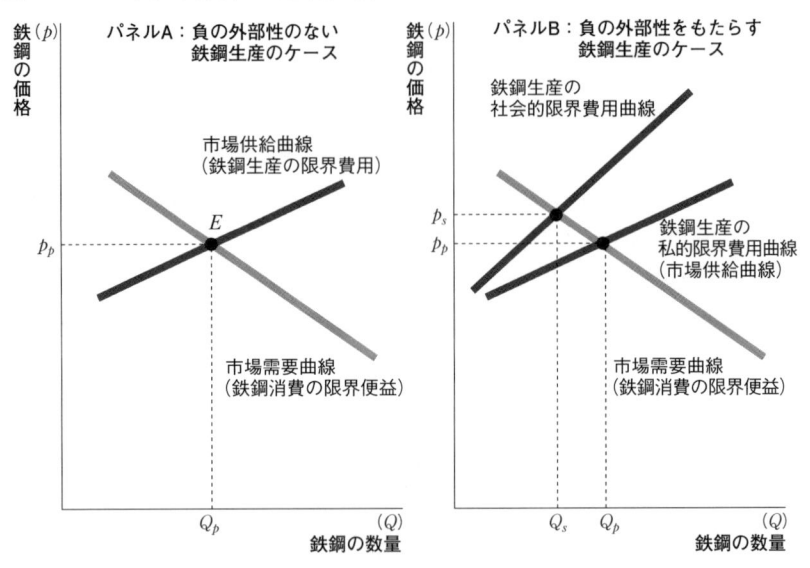

パネルA：負の外部性のない鉄鋼生産のケース

パネルB：負の外部性をもたらす鉄鋼生産のケース

完全競争市場においては，市場供給曲線はすべての企業の限界費用曲線を（水平方向に）足し合わせて求められる．一方，市場需要曲線は限界的消費者の支払い意欲を表すものであり，限界的な単位に対する消費者にとっての価値を表している．パネルAでは，両曲線が交わる数量 Q_p と価格 p_p の組合せを表す E 点，すなわち均衡点で社会全体にとっての限界費用と限界便益が等しくなっている．

私的限界費用は，生産活動を行っている企業が実際に支払う費用だけを含んだものである．もし汚染のように，社会全体により広い意味での費用がかかるならば，社会的限界費用は私的限界費用を上回ることになる．（パネルBに描かれているように）もし供給者がこれらの追加的費用を考慮に入れなくてもよいのであれば，産出量は Q_p となり，限界便益が社会的限界費用に等しくなる産出量 Q_s よりも多くなる．つまり供給量は，社会全体にとっての限界費用と限界便益が等しくなる水準を上回ってしまうのである．

この分析からわかるように，負の外部性を生み出す鉄鋼の生産水準は自由市場では過大になる．また，汚染防止に対する支出水準がどうなるかについても，次のように分析することができる．そうした支出は他の人々に正の外部性をもたらす．汚染防止設備の設置により大気がより清浄になることから，生産者以外の人々が恩恵を受けるからである．図14-2には，政府による規制がない場合について，企業の汚染防止装置に対する需要曲線が表されている．その需要はきわめて低い水準であるが，それは，汚染防止装置を設置しても企業自身はほとんど便益を享受することができないからである．すなわち，企業が汚染防止装置に対する支出から得られる私的限界便益は小さいのである．企業は自分

図14-2 ■ 正の外部性と過少供給

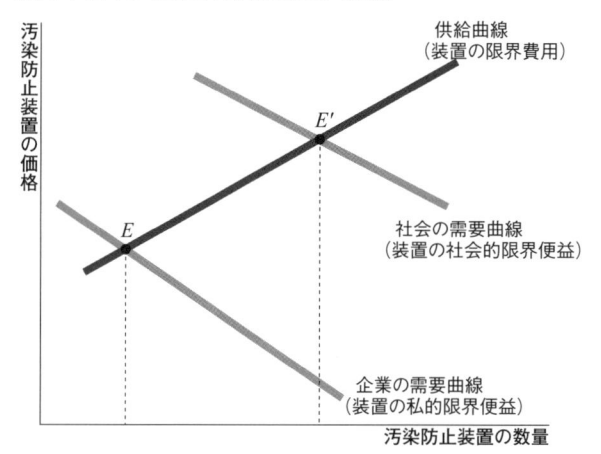

（汚染防止装置の価格を縦軸、汚染防止装置の数量を横軸にとった図。供給曲線（装置の限界費用）、社会の需要曲線（装置の社会的限界便益）、企業の需要曲線（装置の私的限界便益）が描かれ、E点（企業の需要曲線と供給曲線の交点）とE'点（社会の需要曲線と供給曲線の交点）が示されている。）

私的限界便益には企業が得る便益しか含まれていないが，汚染防止装置は正の外部性を生み出すので，その社会的限界便益はもっと高いものになる．企業が自らの私的限界便益だけを考慮するならば，E 点で操業することになり，社会全体にとっての限界便益と限界費用が等しくなる E' 点よりも汚染防止装置の利用率は低い水準になってしまう．

にとっての私的限界便益を汚染防止のための限界費用に等しくするので，汚染防止への支出額は E 点の水準になる．図には汚染防止の社会的限界便益も示されているが，それは私的限界便益よりもはるかに大きなものである．効率性の観点からすれば，社会的限界便益は限界費用に等しくなければならないが，それは E' 点で示される．このように，経済効率性の観点からは，自由市場の場合よりも汚染防止支出は多くならなければならない．

政府が果たす主要な経済的役割の一つは，外部性による非効率を補正することにある．負の外部性にはさまざまな種類があるが，最も顕著な例が環境破壊である．

2　環境問題への政策対応

汚染やその他の環境問題にかかわる負の外部性の問題がしだいに人々の関心を集めるようになると，それらの被害を抑えるために政府がどのような政策を

とるべきかという問題が，経済学者やその他の人たちの間で活発に議論されるようになってきた．本節では，主要な対策のいくつかを取り上げ，それらの効果について評価を行う．

2.1 所有権による対応

　大規模な環境破壊は，負の外部性の典型的な事例である．それらを市場の失敗とすると，政府は事態の改善のためにどのような対策を講じることができるのだろうか．経済学者の中には，シカゴ大学ロー・スクールで教鞭をとったノーベル経済学賞受賞者ロナルド・コース（Ronald Coase）に代表されるように，政府は所有権の再割当てさえすればよい，と主張する者がいる．**コースの定理 Coase's theorem** によれば，所有権を適切に定義しさえすれば，政府の直接的介入を待つことなく，市場は外部性の問題を解決することができるのである．たとえば，誰でも無料で漁のできる小さな湖を考えてみよう．どの漁師も，自分がその湖で魚を獲れば獲るほど，他の漁師の漁獲高が減少することをまったく考慮に入れていない．どの漁師も，将来湖で漁ができるかどうかをまったく心配しようとはしない．なぜなのだろうか．結局のところ，もし漁師が魚を獲らないとしても，誰かが明日獲ってしまうかもしれない．すべての漁師がこのように考えるのであれば，この湖では，漁獲高はすぐ過剰になり，魚資源が絶滅水準に達することになる．もし政府が所有権を再割当てし，1人の人だけに漁を認可すれば，認可された漁師はあらゆる方法を用いて漁を効率的にしようとするインセンティブを持つようになるだろう．外部性の問題がなくなるのである．その漁師は，短期的利益だけでなく長期的利益も考慮に入れようとするインセンティブを持つ．つまり今日魚を獲りすぎれば，明日の漁獲高が減ってしまうことに気がつくのである．湖が大きい場合には，彼は他の漁師たちにも漁をさせて，彼らから漁獲高に応じて料金を徴収したり，彼らの漁獲高を制限したりすることもあるだろう．こうした漁の有料化や漁獲高の制限は，漁場である湖で濫獲が行われないようにするためなのである．

　この事例の要点は，濫獲の問題は政府のごくわずかな介入だけで解決が可能だということである．政府が行わなければならないのは，所有権を適切に割り当てることだけである．

　コースの定理に基づくならば，いったん所有権が割り当てられさえすれば，

市場による解決か，あるいは潜在的利用者の間での交渉によって効率的な結果が実現することになる．たとえば，ある部屋での喫煙を認めるか否かをめぐって，愛煙家と嫌煙家の間で利害の対立がある場合を考えてみよう．このとき愛煙家は，嫌煙家に負の外部性を及ぼしている．コースの定理に基づくならば，次のような簡単な解決方法が提案される．誰かに空気に関する権利を与えるとしよう．たとえば愛煙家に与えられた場合には，彼は喫煙を許可するか否かについての決定権を握ることになる．話を単純にするために，部屋には愛煙家と嫌煙家の2人しかいないとしよう．嫌煙家にとっての清浄な空気の価値が愛煙家の喫煙の価値を上回れば，嫌煙家は愛煙家に十分な補償を支払って愛煙家に喫煙をやめるように求めることができるだろう．逆に，所有権が嫌煙家に与えられ，愛煙家の喫煙の価値が嫌煙家にとっての清浄な空気の価値を上回るならば，愛煙家が嫌煙家に補償を支払うことになるだろう．

International Perspective
地球温暖化

多くの環境問題は本質的には地域的なものである．河川の汚染や有毒物質廃棄場は，主に近隣に住む人々だけに影響を与える．しかしいくつかの環境破壊の問題は，その影響が地球全体に及ぶことになるため，国際間の協調を必要とするようになる．たとえば，1990年に結ばれたモントリオール議定書では，大気中のオゾンを減少させてきた化学物質の排出を制限した．オゾンの減少は，通常はオゾン層によって遮断されている紫外線が引き起こすとされる特定のがんの発生率を高めることになる．この議定書は著しい成功を収めた．すなわち，経済にほとんど損失を与えることなく，そして予定よりも早く，こうした化学物質の使用は削減されたのである．

今日における最も重大な地球環境問題はおそらく地球温暖化であろう．すなわち，二酸化炭素（CO_2）といった，いわゆる温室効果ガスの増加によって太陽エネルギーが閉じこめられ，ちょうど温室のように地球の温度が引き上げられるのである．こうしたガスの増加を示す証拠は十分にあり，かつそれがもたらす結果についての証拠もますます増えている．

専門家による一連の国際会議では，温室効果ガスの影響は大きいと結論づけている．すなわち，南極・北極の氷山が溶け出し，海水面が上昇するため，世界中で土地が低い地域に洪水をもたらすことになるというのである．1992年にはリオ・デ・ジャネイロにおいて，世界の各国政府が温室効果ガスの排出を抑えるとした国際協定が結ばれた（リオ宣言）．また1997年には京都で，その削減を有効にするための，さらなる協定が結ばれた（京都議定書）．しかし当時ビル・クリントン大統領は，議会に強い反対があったため，地球全体の気候変動に関する京都議定書を上院に送り批准を求めるということをしなかった．そして2001年にはジョージ・W・ブッシュ大統領は，アメリカはその協定に批准しないと，公式に発表した．全世界の温室効果ガスの36％を排出している，最も大きな汚染国であるアメリカの一方的な行動に対して，世界の他の国々は非常に強い憤りを示した．反対を唱える人たちは，京都議定書が中国のように急激に発展している国の排出量を制限するうえで十分でないと主張している．すなわち，先進国に対しては強制的な制限が課されているが，発展途上国は自発的に制限するだけであるというのである．1997年アメリカの上院議会では，途上国に対しても強制的な制限が設けられないかぎり，どのような協定にも反対するということが，95対0で可決された．さらに，排出量を制限するための経済的コストがあまりにも高すぎると主張する人も多い．

しかし京都議定書を支持する人たちは，1人当たりに換算すると，発展途上国の排出量はアメリカよりも大幅に少ないと指摘する．さらには，こうした問題がもたらされたのは，過去に裕福な先進国が排出してきた汚染によるのであり，そして現在，経済成長を高めようと苦闘している途上国に温室効果ガスの排出制限という費用を負担させるのは，不公平に思われるというのである．公平性の観点からも，中国やインドのような途上国は，途上国には最初は自発的目標を設定するだけにして，まずは富裕な先進国に強制的な制限を課すことを求めたのである．

京都議定書が発効するためには，1990年の温室効果ガス排出量の55％を占める国々が批准しなければならなかったが，2004年までに議定書を批准した国は，1990年排出量の44％を占める先進工業国でしか

なかった．そして 2004 年末には，1990 年基準で 17%を排出していたロシアが批准することを，ウラジーミル・プーチン大統領が発表したことによって，55%のハードルをやっと越えたのである．ロシアは，京都議定書に賛成するための強い経済的インセンティブを持っていた．というのは京都議定書では，排出量を割当て水準以下にまで減少させた国は，目標を達成できない国に未使用枠を売却することが認められていたからである．議定書ではロシアに 5 %の削減を求めていたが，旧ソ連崩壊後の経済不況によって，ロシアの排出量は 1990 年レベルを 25%も下回っていたのである．したがってロシアは，未使用の割当て枠を売却することによって，多額の利益を得る可能性があったのである．

　コースが主張したのは，所有権の割当てにより効率的な結果が実現するということだけではなく，所有権の割当て方法の違いは所得分配に影響を及ぼすだけで，経済的効率には影響を及ぼさないということである．喫煙が認められるか否かは，愛煙家にとっての喫煙の価値が嫌煙家にとっての清浄な空気の価値を上回るか，それとも下回るか，ということだけに依存するのである．
　コースの定理の持つ興味深い含意は，政府には最小限の役割しか与えられていないという点である．政府はたんに所有権を明確にするだけであり，効率的な結果の実現は私的市場に委ねられるのである．しかしながらコースの定理が適用できる範囲は限られている．というのも，当事者間での合意に到達するための費用は高くなる可能性があり，とりわけ多くの個人がかかわる場合にはその費用は高額になりがちだからである．たとえば，大気に関する所有権を割り当てて，大気汚染で被害を被るすべての個人が，汚染をもたらすすべての人たちと交渉をする場合を想像してみれば，その困難さがよくわかるだろう．
　今日，経済学者の間でほぼ合意されているのは，所有権の明確な割当てにより解決可能な外部性の問題もあるが，大部分の外部性，特に環境にかかわる外部性の問題に関しては，政府のより積極的な市場介入が必要だということである．

■第14章■環境の経済学

Thinking Like an Economist
環境と経済のトレードオフ

　経済学において重要なことはインセンティブ（誘因）であり，インテンション（意図）ではない．意図したことが良くても，成立した法律が意図しない結果をもたらすことがしばしばある．1973年には，絶滅のおそれのある生物の保護を意図した希少野生生物保護法という，重要な法律がアメリカ連邦議会を通過した．たとえば，マダラフクロウのような希少動物があなたの敷地内の木に巣をつくっているのが発見されたならば，あなたはその木を切り倒すことが認められないのである．自分が何かを所有している場合，他の人に害を及ぼさないかぎり，好きなようにそれを処理することができるというように，われわれがしばしば私有財産をあまりにも単純に考えすぎているという点を，その法律は明らかにした．しかし，これはそれほど簡単な問題ではない．あなたが自分の財産で行おうとすることは他の人々に影響を与えることになる．もし自分の敷地内に高層の建物を建て，隣人の日照をさえぎることになったならば，あなたは彼らに悪影響を及ぼすことになる．あなたが閑静な住宅地域に汚くて騒音を出す工場を建てたならば，隣人に悪影響を及ぼすことになる．それが，多くの都市で土地利用に関して地域地区規制法を設けて制限をしている理由である．すなわち，その法律では住宅地域，商業地域そして工業地域と区分しているのである．しかし社会全体としては絶滅の危機にある生物を保護することから便益を享受している．その意味では絶滅の危機にある生物の生息地を破壊することは，土地所有者以外の人々にも関連する影響を持つことになる．

　1993年には，太平洋岸沿いのアメリカ北西部に生息するマダラフクロウについて白熱した議論が戦わされた．環境保護論者は，マダラフクロウについて懸念しており，絶滅の危機にある野生生物保護法の木材伐採停止

条項を成立させるために活動してきたが，それはその地域に住む数百人の人々の生計を脅かすことになった．その地域全体としては，経済成長のための新たな基盤があった．たとえば，ソフトウエアや他のハイテク産業などは，良好な自然環境に引かれてこの地域に進出してきた．しかし伐採業者はそうした将来性のある産業に参入するのに必要な技能を欠いており，伐採禁止は彼らに暗澹たる将来を予想させることになった．ここに，伐採業者の生計とマダラフクロウの生存とどちらのほうが重要なのか，という明白なトレードオフが存在するように思われた．本コラムから導かれる一つの解決策は，マダラフクロウを保護することの価値が伐採業者への経済的損失を上回るならば，保護から利益を得る人々が伐採業者にお金を支払ってやめてもらうことができる，ということである．あるいはその代わりの方法として，連邦政府が一般税収を用いて伐採業者に補償金を支払うこともできた．しかし，その場合には，政府が厳しい予算上の問題に直面することになった．結局，多くの仕事を守るために十分な土地を伐採業者に開放しつつ，同時にマダラフクロウの生息地を保護するためにかなりの土地を閉鎖するという，妥協的な策が探られた．

　絶滅品種保護法に反対する人たちは法律がもたらす逆インセンティブの存在を指摘する．たとえば，もしあなたの土地にマダラフクロウが巣をつくりそうな木があるならば，フクロウがそこに巣をつくる前に木を切り倒してしまおうというインセンティブを持つだろう．このように，ある土地を将来開発しようと考えている人たちを，そこが絶滅の危機にある生物の生息地だという理由から裁判所が出す差止め命令では止めることはできないのである．一部の人はこうした意図しない結果が非常に大きいため，法律が本当に意図したことを駄目にしてしまうことを懸念している．

2.2 直接規制による対応

環境の外部性の問題を処理するために介入の必要性が高まったときに，政府がとった最初の対策は直接規制だった．高硫黄炭を燃やす電力事業者は，二酸化硫黄（SO_2）の大気中への排出が禁止され，煤煙から硫黄を分離する脱硫装置（スクラッバー）の設置が義務づけられることになった．また自動車には，触媒変換器（コンバーター）の装備が義務化された．こうした手法は**指令・統制アプローチ** command and control approach と呼ばれる．

しかしそれはすぐに問題に直面した．直接規制策によって実現される環境改善の利益が，それ以外の方法でもっと低い費用で実現できたからである．直接規制のこうした弱点が生まれる理由の一つは，直接規制ではそれぞれの企業が直面する環境の多様性が考慮されなかった（また考慮できなかった）ことであり，そしてもう一つは，規制の実施方法が新たに発展しつつあった技術を取り込むうえで（かりにうまく取り込んだとしても），つねに後れをとってしまうということである．さらに悪いことには，指令・統制アプローチでは，環境破壊による損害を減少させる新技術を開発しようとするインセンティブを生み出せなかったのである．なぜなら，環境改善に貢献するうえでより良い技術であったとしても，そうした技術の使用が指令・統制アプローチでは認められなかったからである．[1]

さらに，規制の具体的内容を決定する際には必然的に政治が介入し，結果的に本来必要とされる額を上回る費用をもたらすことになる．高硫黄炭生産者たちが懸念したのは，脱硫装置の設置費用により低硫黄炭生産者に比べて競争上不利な立場に立たされるのではないかということだった（もちろんこれは，経済効率性の観点からすれば市場が生み出した正しい結果である．なぜならば，環境へのマイナス影響を含めた高硫黄炭の社会的費用は低硫黄炭に比べて大きかったからである）．そこで彼らは議会に働きかけて，低硫黄炭生産者にも不要な脱硫装置の取り付けを義務化することに成功した．もう一つの例は，（アーチャー・ダニエル・ミッドランド社1社が大きなシェアを占めていた）エタ

---

[1] 他方で直接規制の提唱者は，厳格な直接規制により，既成技術では達成不可能な環境基準をクリアする新技術を「強制的に」開発させたケースがいくつかあると主張する．

ノール製造業者たちは，規制官たちに働きかけて，大気汚染緩和のために，石油を原料としたガソリン添加剤ではなく，トウモロコシを原料としたガソリン添加剤を義務づけることに成功した．それも，石油原料ガソリン添加剤のほうが費用が安く，かつ環境にとってより望ましいにもかかわらずである．

Close-Up 日本語版
キャンパスの喫煙規制：なぜコースの定理が応用できないのか

　二十数年前のことであるが数カ月間スタンフォード大学に滞在した．そのとき研究室の窓から外を眺めていると，ときどき事務職員が出てきて中庭を歩きながらタバコを吸っている．タバコを吸うにはカリフォルニアの太陽の下がいいのだろうかなどと，不思議に思っていたが，それは建物内での喫煙が禁止されていたためであった．その後もアメリカを訪れた際に，寒い冬にもかかわらず，ビジネス街などでオーバーを羽織り建物の外でタバコを吸っている人を見かけたものである．当時の日本では会議でも喫煙が認められており，タバコを吸わない訳者などは喫煙者のもたらす負の外部性によって大いに迷惑したものである．すなわち，喫煙者はタバコから効用を得ていたとしても，タバコの煙は隣人に迷惑をもたらし，間接的な喫煙による害を及ぼすのである．

　タバコはがんなど健康に害を与え，そのため医療保険などを通じて政府も多額の医療支出を負担せざるをえないことが明らかになってきた．その結果アメリカでは，いくつかの州政府とタバコ会社との訴訟にまで発展し，損害賠償を行うことになった．こうした理由から，分煙また禁煙運動が盛んになったのだが，アメリカがその最先端をいっており，公共的な建物内での全面禁煙をはじめ，いくつかの州ではレストランでの喫煙を完全に禁止している．こうした運動は，その進み方が国の文化や人々の認識の違いによって異なるが，多くの先進工業国ではかなり受け入れられてきた．

　日本においても，最近では少なからずレストランなどでは分煙が進み，また大学の会議においても禁煙になってきた．さらには大学ではキャン

パス内での喫煙規制が行われるようになってきた．それが守られているかどうかを見るために大学当局がときどきキャンパスの見回りを行っているが，不心得な学生がいるため，完全にはそうしたルールが守られていないのが実情である．

　本章では，負の外部性に対する対応としていくつかの方策があることが示され，またそれぞれの有効性と限界について学んできた．上述したキャンパス内での喫煙規制はそのうちの直接規制に対応するものである．教科書では，コースの定理や課税による対応を説明する際にはタバコによる外部性を取り上げるが，現実にはそうした方策で対応することはそれほど容易ではないのかもしれない．なぜ，コースの定理で示される所有権による対応，課税や補助金，取引可能許可証などの他の方法は採用されないのであろうか．また本章では，直接規制よりもそうした他の対応策のほうが優れた性質を持っていることが強調されてきた．大学には外部性についての知識を十分持っている経済学者もいるはずであるが，彼らの意見が大学内において決定に反映されていないのであろうか．それとも比較的簡単な外部性の問題と見られるキャンパス内での喫煙規制についても，他の対応策は，実施するうえでの制約条件がかなり厳しいのであろうか．読者はどのように考えるであろうか．

　たとえば，コースの定理に従って，大学当局が喫煙する学生か非喫煙者の学生のどちらかに権利を認めた後に，学生当事者間で交渉によって解決することを想像してみよう．まず本章で指摘したように，合意に達するまでの費用が大きすぎるという困難に直面するだろう．また補償金の支払いを要求するなど交渉に伴う心理的かつ時間的費用も大きいと予想される．しかしこうした交渉のための費用は，その解決方法がその社会（大学）で一般的に認められているか，すなわちそうした解決のための制度が確立しているかどうかに依存している．新しい制度が導入され，それが社会のすべての構成メンバーに必ずしも十分に理解されていない場合には，解決をめぐってトラブルが発生し，交渉費用が高くなるだろう．しかしそうした解決方法がルールとして認められ，すべての人が従うときには交渉費用は低くなるだろう．

　大学当局がキャンパス内での喫煙に対して罰金を科すというのはどう

であろうか．この場合には，まず喫煙者を監視するのに費用がかかるであろう．たとえば，監視のための人件費は罰金からの収入を上回るかもしれない．それ以上に，そもそも大学がこうした罰金を科すという権利を持っているのかということが，社会的に議論されるかもしれない．さらには取引可能許可証の場合についても，キャンパス内での喫煙者が許可証を持っているかどうかをチェックする必要があり，この制度の有効な実行のためには監視費用が必要となる．さらには，大学内でのこのような取引を行うことを認めるかどうかという問題が残り，教育の場でそうした金銭がからむ取引を認めるのに反対する人も多いであろう．

いずれの対応策にしろ，そうした制度が円滑に機能するためには，そのためのルールを喫煙者も非喫煙者も承認していることが必要であろう．どのような制度であれ，それが機能するには何らかの取引費用がかかるのである．

経済学者が規制に対して慎重になるもう一つの理由は，規制には隠れた費用が伴うことが多いということである．環境規制のための費用は上昇しているため，明らかに，規制を計画するときにはより高度な分析が必要とされる．そのような分析では，規制の費用と便益を検討し，便益が費用を上回るときだけ政府に規制を実施させ，かつ環境リスクの最も大きい分野だけに限定すべきとされている．こうした原則はほとんどの経済学者によって支持されており，特別なこととは思われない．事実，それらは，規制実施上のガイドラインを示す，大統領の行政命令にも示されている．しかし「純粋主義的な」立場をとる環境保護論者も何人かいる．彼らの主張によれば，子どもの健康という問題には冷徹な費用便益計算をあてはめることはできないのである．また彼らは「分析による麻痺」——すなわち，費用便益分析の研究を行うという過程自体が実質的に環境規制をやめさせることになるということ——を懸念しているのである．

2.3 課税と補助金による対応

多くの経済学者は，社会にとって望ましい行動を奨励するには，直接規制よ

りも税金や補助金によるほうが有効であると考えている．税金はムチとして，補助金はアメとして用いられる．どちらも，社会的費用が考慮されるように私的費用を調整する，という同じ目的を持っている．

図14-3のパネルAは，鉄鋼の供給曲線と需要曲線を示している．鉄鋼生産が公害という負の外部性を生み出すならば，鉄鋼生産の社会的限界費用は私的限界費用よりも高くなる．市場均衡では生産水準がQ_pとなり，それは社会的に最適な量Q_sを上回る．パネルBでは，鉄鋼生産に課税すると，どのように社会的に最適な生産水準がもたらされるかを示している．税金tは，企業にとっての鉄鋼生産費用を増加させ，市場供給曲線を上方にシフトさせることになる．そして新たな市場均衡は社会的に最適な量Q_sとなる．均衡価格はp_sであり，鉄鋼の購入者は鉄鋼生産の社会的費用を正しく反映した価格を支払うことになる．そうすることによって，限界便益が限界費用に等しくなる．鉄鋼生産

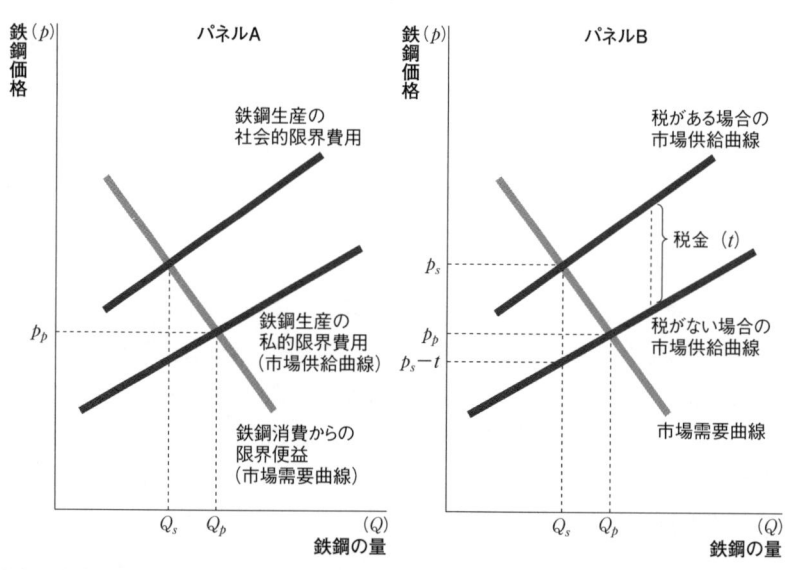

図14-3 ■ 負の外部性と租税の利用

生産が，鉄鋼生産の場合の汚染のように，負の外部性をもたらすときには，企業の費用は生産のための社会的総費用を反映していない．税が課される前には，市場均衡では価格がp_pであり，産出量がQ_pとなる（パネルAを参照）．社会的に効率的な産出水準はQ_sである．パネルBでは鉄鋼生産者に税を課したときの効果を示している．課税は生産者にとっての費用を上昇させるため，市場供給曲線は上方にシフトする．新しい均衡価格はp_sであり，均衡産出量はQ_sになる．

者は，市場価格マイナス税，すなわち $p_s - t$ を受け取るが，これは鉄鋼生産の私的限界費用に等しくなる．

　汚染に対する課税は，ある点では規制違反に対する罰金と同じ働きを持っている．すなわち，どちらも汚染をもたらすことによる費用を増やすことによって，汚染を抑制するのである．しかし，税金は直接規制と比べて決定的な点で違いがある．規制は融通の利かない政策手段である．すなわち直接規制では，一定の汚染基準を超えた企業は罰則を科されるが，ほんのわずかでもその基準を下回っている企業は何ら罰則を受けない．一方，汚染税は，汚染総量を指令・統制アプローチによる規制と同じ量だけ削減するように，定めることができる．ただし経済効果は非常に異なったものになる．課税により，汚染費用が企業の事業存続費用に加えられることになる．その結果，企業には汚染量を法律で定めた基準以下に抑制するのではなく，できるだけ汚染を減らそうというインセンティブ，そして新しい低コストの汚染削減方法や新しい低汚染の生産方法を編み出そうというインセンティブが働くようになる．これこそが，汚染量を減少させる生産者が費用削減という形で報酬を受け取る「効率的な汚染防止」なのである．

　汚染削減のインセンティブを生むためのもう一つの方法は，汚染防止機器の設置を対象にした税額控除のような補助金である．しかし，そうした補助金は経済的には非効率である．鉄鋼メーカーを例にとって考えてみよう．補助金が与えられるとすると，企業は総生産費用のすべてを支払うことにはならず，費用の一部は政府により負担されることになる．これにより企業は，総生産費用よりも安い価格で鉄鋼を販売することができる（一方，鉄鋼の利用者にとっては安い価格で購入することができる）ようになるので，鉄鋼の産出量と汚染の排出量は社会的に効率的な水準を超えたままになる．しかし，企業が税金よりも補助金のほうを好むのは明らかである．

2.4 取引可能許可証による対応

　汚染を抑制するもう一つの方法は**取引可能許可証 marketable permits** を利用することである．企業はある一定量の汚染を排出できる許可証を政府から購入する（もしくは付与される）．これまでと同様に，政府が適正な規模の取引可能許可証を発行すれば，企業は指令・統制アプローチによる場合と同じ水準

だけ汚染を排出することができる．しかしこの場合には企業は，手持ちの許可証を転売することが許されている．したがって，もしある企業が汚染規模を半減することができれば，生産量（したがって汚染物質の排出量も）を増やしたがっている別の企業に余った許可証を販売することができるようになる．

　取引可能許可証が生み出すインセンティブ効果は，課税の場合の効果と非常によく似ている．汚染許可証の市場創設は，たんに汚染規模を政府が課した制限以下に抑制できるだけでなく，最善の汚染防止装置の発明を促すことになる．政府が，長期間にわたって汚染を削減しつづけたいと考えたならば，毎年許容汚染規模を一定量だけ減らすように計画すればよい．実際アメリカでは，1980年代初めにこうした漸減的許可証という方法を用いて，ガソリンの鉛含有量を削減させた．最近でも，これに類似した考え方は二酸化硫黄（SO_2）などの他の大気汚染防止を促進する手段として採用されている．

CASE IN POINT
酸性雨を減少させる

　アメリカ北東部とカナダに広がる森林は，硫黄酸化物（SO_x）や窒素酸化物（NO_x）で汚染された雨，すなわち酸性雨の被害を受けてきた．こうした酸性雨は大気中の二酸化硫黄（SO_2）と窒素酸化物との反応によって生まれている．アメリカでは北東部地域と中西部地域での火力発電が，酸性雨をもたらすSO_2排出の主因になっている．1990年の大気浄化法修正条項では，SO_2の排出量を削減する計画が定められた．

　この計画の一環として，汚染を排出する工場の所有者には，一定量のSO_2を排出する権利を彼らに認める，割当てと呼ばれる許可証が与えられた．この計画の重要な点はこうした許可証が取引可能であるということである．必要以上に許可証を持っている工場は，割り当てられた量より多く排出したいと思っている他の工場に，未使用の余った許可証を売ることができるのである．SO_2の排出量を削減するための限界費用が許可証の価格を上回っているような工場は，許可証を購入することを選択するだろう．逆に排出量を減少させるための限界費用が許可証の価格を下回るような企業は，許可証を売却したいと考える．結果的に，許可証

の市場価格は排出量削減の限界費用を示すことになる．

取引可能許可証によって，排出量を削減するための総費用を減少させることができることは，簡単な例を用いることによって示すことができる．二つの工場が直面する SO_2 の排出量を削減するための限界費用が異なっている場合を考えてみよう．その費用に関連するデータは下表に示されたものであるとしよう．この例ではＢ工場はＡ工場よりも低い費用で排出量を削減することができるようになっている．

(単位：ドル)

排出の削減量	Ａ工場		Ｂ工場	
	総費用	限界費用	総費用	限界費用
0	0	0	0	0
1	1	1	0.5	0.5
2	3	2	1.5	1
3	6	3	3	1.5
4	10	4	5	2
5	15	5	7.5	2.5
6	21	6	10.5	3

ここで排出量を6単位削減することが目標であるとする．一つの方法は各工場にそれぞれ3単位ずつの排出量削減を割り当てることである．この場合には排出量を削減する費用はＡ工場では6ドル，Ｂ工場では3ドルとなり，総費用は9ドルとなる．しかしＡ工場における最後の1単位（つまり3単位目）の削減の限界費用が3ドルであるのに対して，Ｂ工場では2ドルの限界費用でその排出量をもう1単位（つまり4単位まで）削減することができる．

それでは各工場に同じ量の排出量削減を求める代わりに，Ａ工場に排出量の2単位削減とＢ工場に4単位削減させることによって，全体として同量の6単位を達成するとしてみよう．総費用は3ドル＋5ドル＝8ドルとなる．より低い限界費用で排出削減を行うことのできる工場（Ｂ工場）にもっと多く削減させることによって，全体として同量の汚染削減をより効率的に達成したのである．

二つの工場が許可証市場に参加したならば，Ａ工場はＢ工場から1枚の許可証を購入するのが利益になるとわかる．3単位ではなく2単位

だけ削減することによってA工場は削減費用を3ドル節約することができる．B工場は，A工場に許可証を売却することによって，排出量の削減を3単位から4単位にしなければならない．このことによって削減費用は2ドル増加する．許可証の価格が2ドルと3ドルの間であるならば，両企業とも利益を得ることになる．社会は，望ましい排出量の削減を最低費用で実現することによって，利益を得ることになる．

SO_2の取引可能許可証制度は1990年代半ばに導入され，まだそれほど時間がたっていないが，排出量目標を費用効率的な方法で達成することができるという実例が示されている．(*)

(*) 経済専門雑誌 *Journal of Economic Perspectives* 12, No. 3, Summer 1998 の以下の二つの論文を参照されたい．Richard Schmalensee et al., "An Interim Evaluation of Sulfur Dioxide Emissions," pp. 53-68; Robert N. Stavins, "What Can We Learn from the Grand Policy Experiment? Lessons from SO_2 Allowance Trading," pp. 69-88.

2.5 さまざまなアプローチの比較

税金や取引可能許可証といったインセンティブを与える政策は，規制などの直接統制に比べて重要な利点を持っている．汚染問題は，汚染が許されるべきか否かという二者択一の問題ではない．結局のところ，工業化された産業経済では汚染を完全に除去することは実質上不可能であるし，また，そうすることは効率的でもない．汚染を完全に除去する費用のほうが，その便益に比べてはるかに大きいからである．現実の問題は，汚染をどの程度まで厳しく制限するかということである．そのためには限界便益を限界費用と比較検討しなくてはならない．これは直接規制では行うことができない．その代わりに，もし政府が汚染の社会的限界費用を正しく算定し，それに対応して料金を課したり取引可能許可証を発行したりすることができるならば，民間企業は，汚染防止の限界費用を汚染防止の社会的限界便益（それは汚染の社会的限界費用に等しくなる）に等しくさせる水準まで汚染防止に努めようとするだろう．すなわち個々の企業が，正しい限界的インセンティブを持つに至るのである．

多くの場合に政府が直接規制を選ぶのは，より望ましい状態を実現できるように管理・監督できると信じているからである．しかし，そうした政府による

管理・監督は幻想に終わることが多く，とうてい実現不可能な基準が設けられたりすれば，それは撤回させられることになるだろう．たとえば，従来アメリカの自動車メーカーはさまざまな規制による費用が禁止的に高額なものであると考えて，規制実施の時期を遅らせるように政府に繰り返し働きかけてきた．そしてかなりの成功を収めてきたのである．

　いま一つ注意しておかなければならない点は，社会的に効率的な汚染防止方法の選択という問題は，政策課題の中では簡単な部類に属するということである．だが目標とすべき「正しい」汚染水準を決定することはより困難な課題である．汚染が引き起こす影響は多くの不確実性を伴うので，特定の政策の効果をどのように評価するかが論争点となってくる．環境破壊は，どの程度まで食い止めればよいのだろうか．マダラフクロウのような希少生物種の絶滅や北極圏の野生動物の保護には，どのくらいの価値を与えるべきだろうか．外部性や環境の問題に対してどのようなアプローチが選択されたとしても，こうした問題をめぐる論争が絶えることはないだろう．

WRAP-UP

外部性の問題についての解決方法

外部性は，取引にかかわる追加的な費用と便益が市場価格に完全には反映されていない場合に発生し，市場の失敗をもたらす．その解決策として考案され実施されてきた主な政策としては，次の四つが挙げられる．

1. 所有権の再割当て．
2. 負の外部性を禁止する直接規制．
3. 社会的に望ましい行動を促す課税・補助金．
4. 取引可能許可証．

3 天然資源

　環境学者の間で繰り返し取り上げられ論じられてきた問題として，われわれの社会があまりに天然資源を浪費しているということがある．石油などのエネルギー資源が驚くべき速度で消費され，成長するのに何百年もかかる広葉樹林が伐採され，またリン鉱石のようなきわめて重要な資源の供給量もだんだん減少している．こうした希少な天然資源の保護を促すために，政府による介入の必要性が繰り返し叫ばれている．しかし，市場の解決能力に絶対的な信頼を置く人たちは，「そうした議論はナンセンス！」と反発する．彼らにいわせれば，天然資源の利用の場合も，他の資源を利用する場合と同様に，価格が適切なガイドラインとなる．すなわち，情報が消費者にも企業にも十分に行き渡り，かつほかに市場の失敗がないかぎり，価格は希少性を測定し，消費者と企業に資源節約のためにはどのくらい努力すべきであるかについて正しいシグナルを送るのである．

　実際には，どちらの意見もある程度は正しい．一般的に，価格は資源の希少性についてシグナルを送り，市場の失敗がないならばそれらのシグナルは効率的な資源配分を実現することになる．しかし，すでに学んできたように，（汚染のような）負の外部性が存在する場合，また（海洋の魚のように）資源に価格が付けられていない場合には，政府の介入がないと私的な市場経済は効率的なものとはならないのである．

　それならば，（アルミニウムの原料となる）ボーキサイト鉱石や銅鉱石といった私的に所有されている資源の場合はどうだろうか．ボーキサイト鉱山の所有者は，明確に規定された所有権を保有している．採掘作業によって排出される汚染に対して，所有者が適切な税金を支払っている状況を考えてみよう．その場合には，彼が付けるボーキサイト鉱石の価格は社会的費用と私的費用の両方を反映したものになる．そこでは資源枯渇の問題は，彼のボーキサイト鉱石が今日市場で販売するのと，将来採掘するために今日は地下に埋蔵したままにしておくのと，どちらのほうがより高い価値を持つか，という問題に帰着する．答えは，たとえばこれから30年後に，ボーキサイト鉱石がどれくらいの価値

3. 天然資源

Internet Connection
全国環境経済学センター

全国環境経済学センター (The National Center for Environmental Economics, NCEE) は環境問題に関する経済学的な研究を行い, また研究の指導も行っている (http://yosemite.epa.gov/ee/epa/eed.nsf/webpages/homepage).

を持つようになるか, と彼が考えるかということに依存している. 30年後の価値が, それまでじっと待つことの費用と, そんなに遠い将来のボーキサイトの価格を予測する際の不確実性の両方を償ってもなお十分に高いものであれば, 彼はボーキサイト鉱石を地下に埋蔵したままにしておくだろう.

第7章「資本市場」では, あるものの将来価値の割引現在価値を計算する方法を学んだ. たとえば, 来年のボーキサイト鉱石の価格が1トン当たり25ドルであり, 利子率が10%であるとするならば, 1年後の25ドルの割引現在価値は, 25ドルを1＋利子率, すなわち1.1で割ることによって導かれる. すなわち, 利子率が10%のときには, ボーキサイト鉱石の来年の予想価格は25ドル/1.1 = 22.73ドルの現在価格と同等になる. もし利子率が10%であるならば, 1年後の1ドルの価値は今日の1ドルよりも10%少なくなる (言い換えれば, 今1ドルを投資すると, それは1年後には1.10ドルもたらすことになる). ボーキサイト鉱石の現在価格が22.73ドルよりも高いならば, ボーキサイト鉱山の所有者は今採掘し売るだろうし, 現在価格が22.73ドルよりも低ければ, 彼は鉱石を地下に埋蔵したままにしておいて, 来年採掘するほうが利益をもたらすと考えるだろう.

そこでもっと先を見て, ボーキサイト鉱石の30年後の価値を考えてみよう. 鉱山所有者が最善を尽くして得た推測結果が, 30年後にはボーキサイト鉱石が1トン当たり75ドルで売れること, また利子率はこれから30年間10%のままだということであるとしよう. すると, 30年後のボーキサイト鉱石の割引現在価値は, $75ドル/(1.1)^{30} = 4.30$ ドルとなる. もしボーキサイトの現在価格が4.30ドルより高いならば, 今, ボーキサイト鉱石を採掘するのが得になる. なぜなら予想される将来価格があまり高くないため, 鉱山所有者がじっ

と待つだけの費用を補償できないのである．しかし利子率が5％に下がれば，割引現在価値は75ドル$/(1.05)^{30}$ = 17.35ドルまで上昇する．したがって現在価格が17.35ドルより低いならば，ボーキサイト鉱石を地下に埋蔵したままにしつづけるのが得になる．利子率が低下すると，ボーキサイト鉱山の所有者は，将来まで鉱石を地下に埋蔵しておこうとするインセンティブを強く持つようになる．逆に，利子率が高くなると，企業が鉱石を早く採掘してしまおうというインセンティブが増すことになる．

かりにこのボーキサイト鉱山所有者を含むすべてのボーキサイト鉱石生産者が，今日ボーキサイトを市場で販売することを選択した結果，世界中のボーキサイト埋蔵量を採掘し尽くしてしまったとすれば，そうした決定にいたった理由としては二つ考えられる．おそらく一つは，これが社会的に効率的な結果である場合である．すなわち社会が評価するボーキサイトの価値は，明日よりも今日のほうが高いのである．考えられるもう一つの理由は，ボーキサイト鉱山経営者たちが正しい予測をしようと努力したにもかかわらず，30年後のボーキサイト鉱石の価値の計算を誤り，将来価格を過小に予測してしまった場合である．実際に彼らの予測に誤りがあったとすれば，その結果を市場の失敗と呼ぶことができるかもしれない．しかし政府官僚のほうが，企業に比べて将来価格をうまく予測できるという理由は何もない．

とはいえ，社会全体の観点からすれば次のような二つの理由で，民間の所有者には天然資源の将来便益を過小評価する傾向があると考えられる．第一に，所有権が確立されていない国々においては，資源の所有者たちは，即座に売却しなければその資源を誰かに奪われてしまうリスク（危険）がかなりあると考えているかもしれない．たとえば革命が起こるかもしれず，そのときには，革命政府に資源が接収され，元の所有者にはまったく補償が行われないか，また行われたとしてもほんのわずかな補償しか与えられなくなるという可能性がある．政府による財産没収の危険がないアメリカのような国々においてさえ，規制が強化されて将来の資源採掘費用が増大したり，増税により将来時点での資源売却がそれほど魅力的ではなくなることがあるかもしれない．第二の理由としては，ほとんどの個人や企業にとっては，外部から資金を借り入れる機会は限られており，また借り入れられたとしても非常に高い金利を支払わなくてはならないということである．このような状況では，資本市場においては，将来

収益は高い割引率で割り引かれることになり，その割引率は社会全体または政府にとっての割引率をはるかに上回る水準になっている．

ときには，政府が天然資源の浪費を助長してしまうこともあった．たとえばアメリカでは，木材の多くは政府所有地に植えられている．政府はその所有地の利用法を決定する際には，経済効率にあまり注意を払わず，木材業の利益団体の要求に応じてきた．また外国産石油の輸入制限を目的としたさまざまな政策は，アメリカの国内資源の利用を促進することになり，「まずはじめにアメリカを枯渇させる」という，考えてもいなかった結果を引き起こすことになった．さらには，農家に対して水の使用料を低く維持するという政府の政策は，多くの好ましくない影響をもたらしてきた．すなわち，水が過剰に利用され，何世紀もかけて蓄えられてきた地下水源からの水が汲み出され，地下水位が低下し，そして場合によっては土壌浸食まで引き起こすことになった．こうしたいずれの場合をとってみても，私的所有権が割り当てられ，かつ市場に任せさえすれば，社会のほとんどの人々にとっては実際に起こったことよりも良い結果がもたらされると考えられる．

e-insight
情報と環境

政府は，規制や課税という方策に加えて，企業に大気中や河川に排出している有毒物質の種類や量を公表するように要請することによって，汚染を管理しようとしてきた．そして，そうした情報公開は非常に有効であることが証明された．地域社会からの圧力や，悪い評判に対する企業側の懸念によって，汚染企業は自らの排出水準を削減させるようになってきたのである．こうした努力においては，インターネットが重要な手段となっていることが証明された．たとえば，環境防衛（Environmental Defense）という，非営利の環境保護団体は，汚染物質についての広範な情報を提供するスコアカード（Scorecard）と呼ばれるインターネットのサイト（http://scorecard.goodguide.com/）を持っている．

4 価値財と環境

　本章では,外部性があるときには,なぜ政府による市場介入が正当化されるのか,ということについて説明してきた.一部の人々にとっては,環境や地球上の天然資源をどのように取り扱えばよいかという問題は,たんに経済効率の問題にとどまらず,道徳的問題であると考えられている.彼らによれば,捕鯨を認めるかどうかの問題も,経済的な費用と便益という狭い観点だけから議論されるべきではないのである.こうした見方は第2章「不完全市場と公共部門」で論じた価値財の考え方を反映している.政府が介入する理由は,たんに市場が結果的に効率的な配分をもたらさないからだけではない.政府は,個人の選好に反映された価値よりも勝る社会的価値があり,かつ政府が市民にそのような価値観を強制する権利と義務を持っている,との考えからである.そうした考え方では,個人こそが自分自身の厚生についての最良の審判者であるという消費者主権と呼ばれる基本的な前提を否定し,特定の分野においては温情主義(親権主義)があてはまるのである.すなわち,いくつかの問題については個人よりも政府がより良い選択を行うことができると主張するのである.

復習と練習
Review and Practice

■要約

1　市場が効率的な資源配分を実現できない場合には,政府は経済において何らかの積極的な役割を果たしうる.正の外部性あるいは負の外部性が存在するならば,市場は効率的な資源配分を実現することはできない.
2　外部性に対処する一つの方策は,明確に規定された所有権を割り当てることである.
3　環境面での外部性に対する政府の対応策には,直接規制(指令・統制アプローチ),課税や補助金の供与,取引可能許可証の交付などがある.
4　市場が完全なものであれば,天然資源は効率的なテンポで費消されていく.

しかし次の二つの理由から，私的に所有されている資源は早く売却されてしまうことがある．第一に，資源所有者側が，手持ち資源をすぐに販売しなければ，新しい政府規則がつくられて，資源の売却が完全に不可能になるか，あるいは将来時点の資源売却から得る収益が下がってしまうかもしれないというおそれを抱くためである．第二に，所有者は高い利子率に直面しており，資源所有者の将来所得の価値が社会全体にとっての価値よりも低くなるためである．高金利は，天然資源の採掘速度を速める働きを持つ．

■ キーワード

社会的限界費用　　私的限界費用　　コースの定理　　指令・統制アプローチ
取引可能許可証

Q 復習問題

1 市場の失敗の例をいくつか挙げなさい．また経済学では，そうした市場の失敗を政府介入を正当化する根拠としてみなすのはなぜだろうか．（ヒント：第2章「不完全市場と公共部門」）

2 自由市場では，なぜ環境汚染のような負の外部性を引き起こす財が過剰に生産されてしまうのだろうか．また自由市場では，汚染防止装置のような正の外部性をもたらす財が過少にしか生産されないのはなぜだろうか．（ヒント：1節「負の外部性と過剰供給」）

3 外部性の問題に対処するのに所有権を割り当てるという方策について，その利点と限界を論じなさい．（ヒント：2.1項「所有権による対応」）

4 指令・統制型の規制に比べて，取引可能許可証はどのような利点を持っているだろうか．汚染防止装置を対象にした補助金の供与に比べて，汚染に対する課税はどのような利点を持っているだろうか．（ヒント：2.2項「直接規制による対応」，2.3項「課税と補助金による対応」，2.4項「取引可能許可証による対応」）

5 市場では，天然資源の効率的な配分はどのように達成されるのだろうか．また石油のような資源がどれくらいのテンポで採掘されるべきかについて，

■第14章■環境の経済学

市場が正確なシグナルを送らなくなるのは，どのような場合だろうか．
（ヒント：3節「天然資源」）

Q 練習問題

1　マープル寮とウォルフ寮は隣接している学生寮である．ウォルフ寮は大音量で演奏するバンドを迎えてパーティを開催しようと考えているが，これはマープル寮にとってみれば一種の騒音公害であり，負の外部性をもたらす．大学当局の決定により，どの学生寮も他の学生寮にバンドを雇わせない権利を持つことになったとしよう．もし，バンドが負の外部性を生み出すならば，ウォルフ寮の寮生は，自分たちが望むバンドを雇うために，コースの定理の教えをどのように利用することができるだろうか．

次に大学当局の決定により，どんなに騒がしいバンドであっても，いかなる学生寮も他の学生寮がバンドを雇うことを妨げられなくなったとしよう．バンドが負の外部性をもたらすのであれば，マープル寮の寮生は，聞こえてくるバンドの演奏時間を短くするために，コースの定理の教えをどのように利用することができるだろうか．また，バンドが正の外部性をもたらす場合には，答えはどのように違ったものになるのだろうか．（ヒント：2.1項「所有権による対応」）

2　トラック・メーカーはさまざまな種類の汚染を生み出している．以下の例では，そうした汚染物をまとめて「グロップ」（排液）と呼ぶことにする．トラック1台の生産で1単位のグロップが排出され，グロップ1単位当たりが社会にもたらす費用は3000ドルであるとしよう．トラックの供給は競争的であり，市場での需要と供給は表のようなデータで与えられている．

価格（1000ドル）	19	20	21	22	23	24	25
供給量	480	540	600	660	720	780	840
需要量	660	630	600	570	540	510	480

まず産業全体の供給曲線と市場需要曲線を図示しなさい．そこでの均衡における価格と数量はどうなるだろうか．次に，社会的限界費用曲線を図示しなさい．グロップの社会的費用を考慮に入れるとき，新しい均衡価

格・数量の組合せはどうなるだろうか．

　また政府がトラック工場により排出される汚染を問題視するならば，罰金もしくは課税や補助金によって外部性の問題にどのように対応できるだろうか．需要曲線・供給曲線の図を描いて，税金と補助金の効果を説明しなさい（正確な単位は気にしなくてもよい）．また経済学では，補助金よりも課税のほうが好まれるのはなぜだろうか．（ヒント：1節「負の外部性と過剰供給」，および2節「環境問題への政策対応」）

3　ある一定数の魚が生息する小さな湖を考えてみよう．1人の漁師が漁獲量を増やすと，ほかの漁師の漁獲量は減少する．この湖での漁獲に関する私的および社会的な費用曲線・便益曲線を描いて，均衡における漁獲量と社会的に効率的な漁獲量を求めなさい．次に，漁業に課税することにより，効率的な結果を実現できることを説明しなさい．また，この湖に生息する魚に対する所有権をただ1人の個人に与えることによっても，効率的な結果が実現できることを説明しなさい．

　今年の漁獲量が多いほど，翌年に獲れる魚の量は減少するだろう．湖がただ1人によって所有されているときには，どうして漁獲量は効率的になるのだろうか．また，漁をしたい人は誰でも漁ができるとしよう．その場合には，今年の漁獲量は過剰になるだろうか．（ヒント：2.1項「所有権による対応」）

4　それぞれ同数の愛煙家と嫌煙家が一つの部屋にいる状況を考えてみよう．どの愛煙家も喫煙権の獲得に1ドルを支払ってもよいと考えている．また，どの嫌煙家も部屋にタバコの煙がこもらないことに対して0.5ドルを支払ってもよいと考えている．ここで，部屋は禁煙になっていたとしよう．喫煙が許可されることで，すべての個人が得をすることはあるのだろうか．あるとすれば，それはどのようにして実現されるのだろうか．また，清浄な空気に関する所有権が嫌煙家に与えられている場合には，どうすれば効率的な結果が実現されるのだろうか．当初喫煙が許可されている場合と，当初許可されていない場合とでは，実現される結果にどのような違いが生じるだろうか．嫌煙家全員が喫煙を許可しないかぎりタバコは吸えない場合には，どのような問題が起こると考えられるだろうか．（ヒント：2.1項「所有権による対応」）

5 次の表は，ジョーンズ家とロペス家の二つの家族の水に対する需要を示している．市場にはこの2家族しかいないとしよう．各家族の需要曲線と市場の需要曲線を図示しなさい．利用可能な水の総量が80単位であるならば，需要と供給を等しくする価格はいくらになるか．

　この地域の水道局は水の価格を3に設定しているとしよう．そして水不足が生じ，利用可能な水の総量が60単位に減少したとしよう．水道局が価格を一定に保ち，各家計に水を30単位ずつ利用できるように，総供給を割り当てるとしよう．そのときジョーンズ家にとってもう1単位の水から得る限界便益はいくらになるだろうか．またロペス家にとってはいくらになるだろうか．このとき2家族への水の配分は効率的であるといえるだろうか．水道局が，市場の需要が供給（60単位）に等しくなるまで水の価格を上昇させるとしよう．そのときジョーンズ家は水をどれだけ消費するだろうか．またロペス家の消費量はどれだけになるだろうか．そのとき水の配分は効率的であるといえるだろうか．（ヒント：3節「天然資源」）

価格	ジョーンズ家の需要	ロペス家の需要
2	50	40
3	45	35
4	40	30
5	35	25
6	30	20
7	25	15
8	20	10

第15章 国際貿易と貿易政策

LearningGoals

1. 国際貿易はどのようにしてすべての国に利益をもたらすのだろうか.
2. ある国が何を生産し,国際市場において何を販売するのかを決定するうえで,比較優位はどのような役割を果たしているのだろうか.
3. 各国が貿易障壁を設けるのはなぜだろうか.貿易障壁を設けることは誰にとって利益となり,誰にとって損となるのだろうか.
4. 貿易協定が議論の的になるのはなぜだろうか.

第1章「需要と供給」および『スティグリッツ 入門経済学』第1章「現代の経済学」で議論したように，交換は経済学において核となる概念の一つである．経済学では取引（trade）と交換（exchange）という言葉をしばしば同じ意味で用いている．チップが働きに出る際には，彼は労働力と所得を交換あるいは取引しているのであり，フワニータが新しい携帯電話を購入する際には，彼女は所得と製品を交換あるいは取引しているのである．国境を越えて行われる財・サービスの交換である国際貿易の問題にも，この交換の基本原理を拡張して適用できる．現代の経済社会では，人々は多くの自発的取引に携わっている．人々は，雇用主との間で，お金（賃金）と労働サービス（時間と技能）を「取引」する．さらに人々は，多数の商人との間で，お金と財（ガソリンや食料雑貨など）やサービス（配管や散髪など）を交換する．雇用主は生産した財をお金と交換し，そうして得たお金を労働サービスと交換するのである．

なぜ人々は他の人と複雑な経済関係を結ぶのだろうか．それは取引の結果として，人々の経済状態が改善されるからである．一国内で個人がお互いに取引することから利益を得ることができると考えるように，国も貿易から利益を得ることができると考えている．個人にとって自給自足が不可能であるように，国レベルでも生活水準を低下させることなく自給自足を行うことは不可能である．

1 国家間の取引

アメリカは長い間，国際経済社会の一員であった．その参加の度合いは，貿易相手国との相互依存関係が増大することにより，ここ数十年でさらに高まっており，この過程はしばしばグローバル化と呼ばれる．このことは，アメリカ経済の三つの主要な市場（生産物市場，労働市場，資本市場）にどのような影響を与えているのだろうか．

1.1 生産物市場における相互依存

アメリカの国内市場では，外国製品はすでに一般的な存在となっている．たとえば，1990年代にアメリカで販売された自動車の4分の1以上は輸入され

1．国家間の取引

図 15-1 ■ アメリカの国際貿易

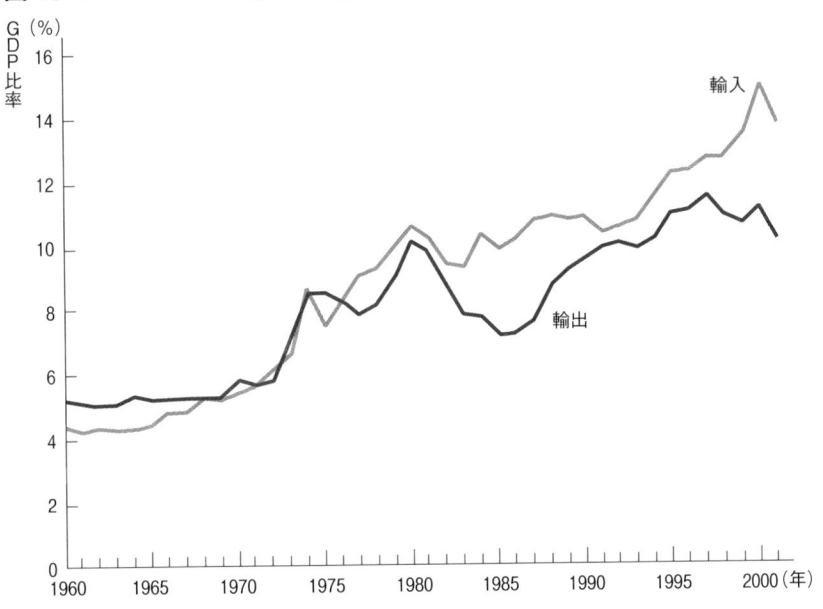

(出所) *Economic Report of the President*, 2004.

ここではアメリカの輸入と輸出が，経済全体の産出物を示す国内総生産（GDP）に対する割合として示されている．国際貿易の占める割合が時とともに上昇していること，および，1970年代半ば以降は輸入が輸出を上回っていることに注意されたい．

たものであった（**輸入財 imports** とは，外国で生産され国内で販売・購入される財のことである）．その他にもアパレル製品の3分の1，原油の3分の1，そしてダイヤモンドのほぼすべてが輸入されている．またアメリカ経済にとって不可欠な原材料の多くも外国からの輸入に頼っている．一方，アメリカの農家は彼らが生産した農産物の5分の2を輸出している（**輸出財 exports** とは，国内で生産され外国で販売される財をいう）．中でも小麦は4分の3，綿花は3分の1が輸出されている．

　輸入はこの数十年間で金額ベースだけでなく，生産物全体に占める割合でも大きくなっている．また輸出も輸入とほぼ同じように増えている．図15-1は，アメリカの輸出と輸入の総生産に占める割合がどれだけ増加してきたかを表している．国内総生産（GDP）に対するパーセント表示で見ると，いずれも1960年から2000年の間で2倍以上になっている．一般的には，小国ほどアメ

リカよりも貿易に依存している．イギリスやカナダは財の4分の1を，フランスは5分の1を輸入している．

1.2 労働市場における相互依存

国際的な相互依存関係は国家間でのたんなる財の移動にとどまらない．アメリカ国民の99％以上は外国からの移民もしくはその子孫である．総人口に占める移民の流入割合は，20世紀初頭にピークに達して以来低下しているが，それでも毎年数百万人を数えている．

西欧諸国では，国境を越えた労働移動がもたらす利益についての認識がますます高まっている．多くの西欧諸国の間，そして現在は多くの東欧諸国との間でも結ばれたヨーロッパ連合（EU）設立のための条約の重要な条項の一つは，加盟国内の労働者が域内を自由に移動することを認めるものである．

1.3 資本市場における相互依存

アメリカは海外から多額の借入を行っている．その一方で海外に多くの投資も行っている．たとえば2002年においては，外国の投資家が7070億ドルの資産（工場，企業，建物，貸付など）をアメリカ国内に保有する一方，アメリカの民間投資家は1800億ドルの資産を外国に保有していた．アメリカ企業は，利潤を得る機会を求めて海外に進出し，現地でその特有の技能や知識を用いて高い収益を得ている．彼らはヨーロッパ，日本，ラテンアメリカなど世界各地に支店を設け，工場を建設してきたのである．同様に海外企業は，アメリカ国内に投資を行ってきた．たとえばトヨタやBMWなどの主要な自動車企業は，自動車を生産する工場をアメリカ国内に建設してきた．

1.4 多角的貿易

貿易といってまず頭に思い浮かべるのは，多くの場合，2国間の取引である．すなわち，アメリカは，日本に飛行機を売り，日本はアメリカに消費者向けの電子機器を販売する．こうした個人間または2国間の取引は，**双務的取引，2国間貿易 bilateral trade** と呼ばれる．しかし，双務的取引はより多くの経済主体間で行われる取引（**多角的取引**または**多国間貿易 multilateral trade** と呼ばれる）ほど利益をもたらさないことがしばしばある．多角的取引はスポーツチ

図 15-2 ■ 多角的取引

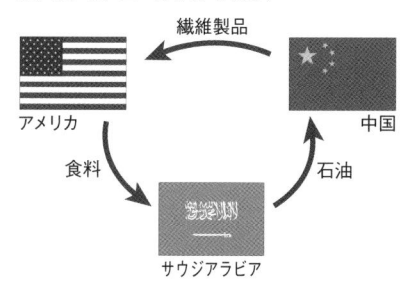

この図は国際貿易における取引を説明している．どの二つの国の組合せでも双方に利益をもたらす取引は成立しないことに注意しよう．

ームの間でよく見られる．2004年に行われた非常に有名な野球選手のトレードには，ボストン・レッドソックス，シカゴ・カブス，モントリオール・エキスポズ，そしてミネソタ・ツインズが関与していた．そのトレードの中核をなすのは，3人のショートの選手たちだった．オールスター戦に5回選ばれたノマー・ガルシアパーラがボストン・レッドソックスからシカゴ・カブスに，アレックス・ゴンザレスがカブスからモントリオール・エキスポズに，そして，オーランド・キャブレラがモントリオール・エキスポズからボストン・レッドソックスへトレードされた．さらにこのトレードには他の選手およびミネソタ・ツインズも関係している．ここに登場するどの2チームの間でもトレードは成立しなかったので，この多角的取引によってすべての関係者が便益を得ることができた．

　国家間でも同様に多角的な取引が機能する．たとえば中国は石油をアラブ諸国から輸入している．アラブ諸国は，中国が輸出する繊維製品だけではなく，小麦や食料を石油の輸出の代わりに輸入したいと考えている．そこでアラブ諸国は，中国に石油を売って得た利益を使ってアメリカから小麦と食料品を購入する．そして，アメリカが中国から繊維製品を購入する．図15-2に示されているように，3国間の貿易は2国間の貿易では実現できない利益をもたらす．多くの国が活動する現実の世界経済では，ここでの単純な例よりもはるかに複雑な貿易パターンが生み出されている．

　多国間貿易をしている場合，任意の2国の間では収支が均衡しないことがありうる．図15-2において，アラブ諸国は中国に石油を輸出するが，代わりに

何の財も輸入せず人民元通貨だけを得ている．このことについて，アラブ諸国が中国に対して不公正な貿易政策をとっているという人はいないだろう．しかし，アメリカ連邦議会の下院議員，新聞の経済評論家，労働組合の代表，企業経営者の中には，アメリカが特定の国（中国や日本であることが多い）との間で輸入超過に陥っているとして，その国の貿易政策が「不公正」であると非難する人々がいる．人々に誤った考えをもたらす，よく知られた主張として，「貿易は双方向に行われる取引である」というものがある．しかし世界市場における貿易は，国と国を結ぶ数百の経路を通じて行われているのである．アメリカの貿易赤字全体について懸念する理由はあるとしても，特定の貿易相手国との間で輸出と輸入が均衡していなければならないという理由は何もない．

2 比較優位

　交換される財の多くはまずはじめに生産されなければならない．そして取引が可能になることによって，個人や国は自らが最も効率的に生産できるものに集中することができる．

　教育水準の高い労働者，工場や機械設備などの資本，あるいは天然資源などの生産要素が豊富に存在するために，その国の消費者が望むほとんどすべての財について，他国よりも効率的に生産できる国があるかもしれない．このような優れた生産技術を持つことを**絶対優位** absolute advantage を持つという．では，そのような絶対優位を持つ国が，なぜ効率性の面で劣る国と貿易をするのだろうか．そして，劣位な立場にある国はどのように貿易を行えばよいのだろうか．その答えは**比較優位** comparative advantage の原理にある．この原理によれば，個人も国も自らが（絶対的にではなく）相対的に効率的に生産できる財の生産に特化するのである．

　比較優位の意味について理解するために，アメリカと日本の2国がコンピュータと小麦の2財を生産するとしてみよう．これらの財を生産するのに必要な労働量は，表15-1に示されている（数字はすべて仮想的なものである）．アメリカはどちらの財もより効率的に（すなわちより少ない労働時間で）生産することができる．世界で最も効率的なコンピュータ産業を擁しているアメリカが，

表 15-1 ■ コンピュータと小麦の生産に必要な労働費用（労働時間）

（単位：時間）

	アメリカ	日本
コンピュータ1台の生産に必要な労働費用	100	120
小麦1トンの生産に必要な労働費用	5	8

日本からコンピュータを輸入しているのはなぜだろうか．それは，日本での小麦1トン当たりの生産費用と比較した，コンピュータ1台当たりの（使用労働量で測られた）相対的な生産費用が，アメリカでのそれよりも低いためである．すなわち日本では，コンピュータを1台生産するためには，小麦を1トン生産する場合の15倍（120時間÷8時間）の労働を必要とする．一方アメリカでは，1台のコンピュータを生産するためには，1トンの小麦を生産する場合の20倍（100時間÷5時間）の労働を必要とする．すなわち日本は，コンピュータ生産において絶対劣位ではあるが，比較優位を持っているのである．

比較優位の原理は国だけでなく個人にもあてはまる．企業経営者は彼の秘書よりも速くタイプを打つことができるかもしれない．しかしそれでも，彼は秘書にタイプを打ってもらったほうが得である．その理由は，経営者は新しい顧客を見つけ出すことに比較優位を持ち，秘書はタイプを打つことに（絶対優位ではないが）比較優位を持っているからである．

Internet Connection
デイヴィッド・リカード

　経済学者デイヴィッド・リカード（David Ricardo）は比較優位の原理を発展させた．17人兄弟の3番めの子として1772年に生まれたリカードは，経済学の書物を著すために42歳で引退するまでは，株の仲買人として成功していた．biz/ed（経済と経営ついてのウェブサイト）の仮想経済学博物館（Virtual World Library）には，この著名な経済学者の簡単な伝記が提供されており，比較優位の理論への彼の貢献が論じられている（http://www.bized.co.uk/virtual/economy/library/economists/ricardo.htm）．

2.1 生産可能性曲線と比較優位

国家間の比較優位を理解する最も簡単な方法は，第1章「需要と供給」や第8章「競争市場の効率性」で見た生産可能性曲線を用いることである．図15-3では，織物（衣服）と航空機という2財を生産する中国とアメリカの2国の仮想的な生産可能性曲線が示されている．両曲線において，両国の現在の生産水準はともに E 点で示されている．両国で航空機の生産を100機変化させた場合に何が起こるか考えてみよう．

中国は織物生産に比較優位を持っている．もし航空機の生産を100機減らすと，織物の生産を衣服1万着分増やすことができる．航空機と衣服の間のこのトレードオフを限界変形率と呼ぶ．一方，アメリカでは航空機の生産を100機増やしたとしても，織物の生産は衣服1000着分減少するだけである．以上のことから，なぜ各国が比較優位を利用すれば世界全体が利益を得ることになるか理解できるだろう．中国が E 点から E' 点へと移動する（すなわち航空機の生産を100機減らす）と，衣服を1万着多く生産できるようになる．同時にアメリカが E 点から E'' 点に移動し航空機の生産を100機増やすと，織物

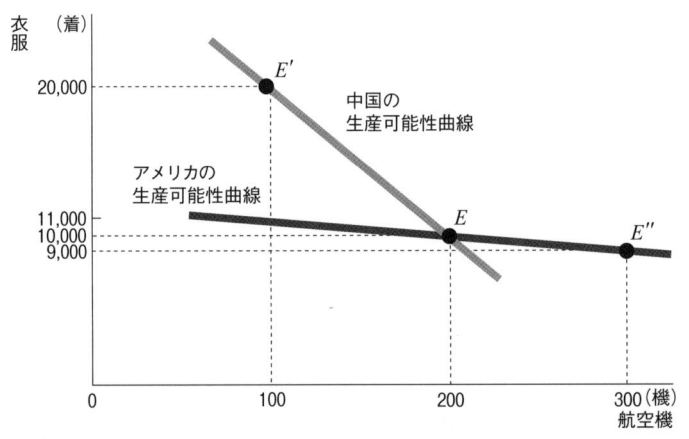

図 15-3 ■ 比較優位の利用

中国とアメリカはそれぞれ織物（衣服）と航空機の2財を生産している．両国の生産可能性曲線は，それぞれの生産水準におけるトレードオフを示している．E 点は両国の現在の生産水準を表している．E' 点と E'' 点は，両国の比較優位を利用した場合の生産決定を示している．

の生産が衣服1000着分減少する．新しい状況では，世界全体での航空機の生産量は変わらない（100＋300＝200＋200）が，世界全体での衣服の生産量は9000着分増加している（20000＋9000＞10000＋10000，と9000着多くなる）．両国の生産のトレードオフが異なるかぎり，つまり限界変形率が異なるかぎり，中国は織物生産に特化することから利益を得，アメリカは航空機生産に特化することから利益を得る．この分析においては，生産におけるトレードオフについての知識だけが必要であり，それぞれの国において航空機や衣服の生産にどれだけの労働と資本が必要であるかを知る必要はない．

どの国も，比較優位を持つ財を生産してそれを輸出し，また比較劣位を持つ財を輸入することで利益を得るが，だからといって完全な特化が実現されるとは限らない．アメリカは，東アジアから織物を大量に輸入しているにもかかわらず，織物の主要な生産国でありつづけている．このことは比較優位の原理に反することではない．あらゆる織物生産に同じ技能とノウハウが必要とされているわけではないからである．中国は安価な織物に比較優位を持つ一方，アメリカは高品質の織物に比較優位を持っているのかもしれない．同時に他の国々が極端な比較優位を持っているため，アメリカでの生産がまったく利益につながらないテレビ，ビデオカメラ，その他の電気製品などのような財もある．

2.2 比較優位と特化

特化の利益について理解するために，鉛筆を例にして考えよう．まず鉛筆に適した木材となる樹木を切り倒す必要がある．それを製材所に運び，鉛筆の形に加工できるよう小さく切断しなければならない．そして鉛筆の芯，先に取り付ける消しゴム，それをつなぐ金具などが特別に訓練された労働者によって生産されなければならない．鉛筆は非常に単純な道具である．しかし，それを独力で生産しようとすれば大量の資金と非常に長い時間を必要とするだろう．

なぜ特化は生産性を向上させるのか　特化は以下の三つの理由から生産性を向上させ，取引からの利益を高める．第一に，特化は労働者が一つの仕事（生産活動）から他の仕事に移動するのに必要となる時間を節約する．第二に，労働者が同じ仕事を繰り返すことにより，その仕事に習熟する．そして第三に，特化は発明をもたらす肥沃な土壌となる．

個々の労働者に特定の技術を訓練し習熟させるように仕事を分割すれば（いわゆる分業），生産性は数百倍あるいは数千倍にも増大する可能性がある．たいていの人は，料理をしたり文章を書いたり足し算をしたりするような作業について，練習さえすればそれをしたことのない人よりもずっとうまくなる．同様に，スポーツカーの生産に特化している国は，スポーツカーの生産に比較優位を持つようになる．大量生産を行うことによって，生産過程を分割し人々に仕事を割り振ることができる．その結果，人々は割り振られた仕事をよりうまくこなすことができるようになり，生産性が向上するのである．

同時に，分業はしばしば発明をもたらす．ある特定の仕事に非常に習熟した労働者は，その仕事をより上手に実行する方法を考え出し，その仕事を行うための機械を発明するかもしれない．特化と発明は互いに補強しあう関係にある．すなわち，ある財について当初にわずかな優位があれば，その財の生産が拡大する．それがより多くの発明を生み出し，さらなる生産の拡大と特化がもたらされるのである．

特化の限界　分業あるいは特化がどの程度可能であるかは，市場の規模に制約される．芸術品のような特注の額縁よりも一般的な額縁のほうが，特化の範囲は広くなる．大量に生産される製品の生産費用が大きく減少してきた理由の一つはそれである．同様に，小さい町よりも大都市のほうが特化の範囲は広くなる．それが，特定の食品や衣服の販売を専門にする小売店が大都市では繁盛するのに，小さな町ではなかなかうまくいかないことの理由である．

特化の利益は，まさに特化の性質ゆえに限界がある．専門化した仕事を繰り返すと，労働者は退屈し，生産性は低下してしまう．また，単一の活動に特化することは，さまざまな労働活動に従事することからもたらされる新しい洞察やアイデアを抑制してしまうのである．

2.3　何が比較優位を決めるのか

すでにわれわれは，比較優位が貿易のパターンを決めることを学んだ．それではどのような要因が比較優位を決めているのだろうか．これは現代の世界経済ではかなり複雑な問題となっている．

2. 比較優位

天然資源　1800年代の初頭に，イギリスの偉大な経済学者デイヴィッド・リカード（David Ricardo）が初めて比較優位の原理を主張した際には，ポルトガルとイギリスの間の貿易が例として用いられた．リカードの例では，ポルトガルは毛織物とワインのいずれにも絶対優位を持っているとされた．しかし，ポルトガルはワインの生産に比較優位を持っており，イギリスは毛織物の生産に比較優位を持っていた．この例や他の初期の例においては，経済学者は一国の比較優位は主としてその国が保有する天然資源によって規定されると仮定しがちであった．牧草地よりも相対的にブドウの生産に適した土壌と天候に恵まれた国はワインを生産し，ブドウの生産よりも牧草地に適した土壌と天候を持つ国は羊を育て毛織物を生産するのである．

現代経済においても，天然資源は依然として重要である．中国のように未熟練労働者を相対的に多く抱える国は，手仕事を多く必要とする織物のような財の生産に比較優位を持っている．しかし現代のような技術の時代にあっては，国々は比較優位を獲得するために行動をとることもできる．

獲得した資源　日本は天然資源をほとんど持っていないが，獲得した資源を持っていることを一つの理由として，国際貿易において大きな存在となっている．日本の例は，貯蓄をし，資本蓄積を行い，大工場を建設すれば，生産のために大量の資本を必要とする鉄鋼のような財に比較優位を持つことができるという原理をはっきりと示している．また，教育に資源を投入することによって，熟練労働を必要とする財に比較優位を持つことが可能となる．このように人的資源であれ物的資源であれ，努力してそれらの資源を獲得することによって，国は比較優位を手に入れることができるのである．

優れた知識　現代経済では，資源をより生産的に用いるための専門的技術から比較優位がもたらされることもある．スイスは時計生産に比較優位を持っているが，これは長年にわたり，時計生産に必要な優れた知識と専門的技術を蓄積してきたことに由来する．ベルギーは高級レース生産に比較優位を持つが，それは労働者が必要な技術を開発してきたためである．運命の歯車が違っていれば，ベルギーは時計に，そしてスイスは高級レースに比較優位を持つようになっていたかもしれない．

特化 これまでは,比較優位がどのように特化をもたらすかを考えてきた.反対に,特化が比較優位をもたらすこともあるかもしれない.スイスは高品質の時計を生産し,長年にわたる独自の経験により当該市場における比較優位を持つようになった.しかしながら,こうした優れた知識を強調する考え方では,自動車生産について同じような水準の専門的知識を持つイギリス,ドイツ,アメリカの間で自動車貿易が行われる理由を説明することはできない.各国は自動車生産についての比較優位をどのように獲得してきたのだろうか.その答えは特化にある.

特化は生産性を高めるので,イギリスがスポーツカーの生産に,そしてドイツが高級車の生産に特化するならば(あるいはそれぞれ逆のタイプの自動車に特化するならば),両国とも利益を得ることになるかもしれない.個人と同様に,国も特化することによって,比較優位の度合いを高め発展させることにな

e-insight
インターネット時代におけるアメリカの比較優位

アメリカは情報通信技術(IT)とインターネット商取引に比較優位を持っている.マイクロソフト社,インテル社,サン・マイクロシステムズ社のようなアメリカの大企業が,IT革命をもたらし,アマゾン・ドット・コム社,グーグル社,イーベイ社などのインターネットを活動基盤にした企業が,いわゆるニューエコノミーを明確なビジネスとして位置づけられるものにした.アメリカはどのようにしてこの分野においてリーダーとしての地位を確立したのだろうか.この問題を本章で述べた比較優位の源泉の観点から考えてみよう.

IT革命におけるアメリカの成功のカギとなったのは,革新(イノベーション)を実行する能力である.アメリカ企業は新しいタイプのコンピュータやソフトウエアを開発し,それらをさまざまな産業で応用してきた.この優れたイノベーションの能力は獲得した資源,優れた知識,そして特化からもたらされたのである.

イノベーションに必要な人的技能は,獲得した資源であり,それは優れた知識をもたらした(その一部はアメリカの莫大な国防関連研究への支出

る．その結果，同じような国が基本的に同じ生産物の異なる種類の商品に特化する場合でさえも，特化の利益を享受することができるのである．

相互作用　比較優位の源泉となるさまざまな要因が互いにその効果を高めあうこともある．このような相互作用の効果を示す良い例がピッツバーグにある．大量の瀝青炭（天然資源）の鉱脈のおかげでピッツバーグは早い段階で，製鉄産業などの立地に適した場所として比較優位を得ていた．自らの名前を冠した会社の創業者であるジョージ・ウェスティングハウス（George Westinghouse）がピッツバーグにやってきたのは，自ら設計した脱線した鉄道車両を元の線路に戻すための道具に使う鉄が必要だったためであり，ピッツバーグに来たことで，すでに確立されていた鉄鋼産業を利用することができた．カーネギー・メロン大学の前身であるカーネギー技術学校は，ピッツバーグ周

の副産物として獲得された）．また大きな役割を果たしてきた獲得した資源としては他に，研究促進に特に適したアメリカの特色ある一連の制度がある．これらの制度には，ニューエコノミーにおいて重要な役割を果たしている新興小規模企業に資本をよりうまく供給することのできる特殊な金融機関（ベンチャーキャピタル）や，基礎研究を市場で応用する能力を持つ企業と密接なつながりを持っている有力な研究大学（リサーチ・ユニバーシティ）が含まれる．より広い意味では，アメリカの労働者や資本が，新しくて創造的な企業（その多くが比較的短期間のうちに消え去る可能性がある）が持つ高いリスクを引き受けることができ，また進んでそうしようとする態度も，アメリカの特色ある制度に含まれる．アメリカ人がこれらのリスクをより積極的に引き受けようとする理由の一部には，（1980年代から2007年頃までの）20年あまりの間のアメリカ経済を特徴づけてきた高い雇用水準があるのかもしれない．

　これらの獲得した資源や優れた知識のおかげもあって，アメリカはハイテク産業への相対的な特化の度合いを深め，世界の研究センターともいえる国になったのである．

辺の産業で必要となった技術者を供給するために設立された．技術者（獲得した資源）の存在によって，鉄鋼関連以外の産業にとってもピッツバーグは魅力的な立地場所となった．

> **WRAP-UP**
>
> **比較優位をもたらす五つの要因**
> 1．天然資源：土地，天然資源，気候のように地理的に決定される．
> 2．獲得した資源：国が開発してきた物的資本や人的資本．
> 3．優れた知識：歴史上の偶然，あるいは人為的な政策によってもたらされた，科学技術上の優位性も含む．
> 4．特化：他のすべての面では同じような国々の間で比較優位を生み出す．
> 5．相互作用：各要因の効果が強まるように比較優位を与える．

3 国際的な相互依存関係の費用

　自発的な取引は当事者双方に利益をもたらす，という主張が非常に説得的であるとするならば，なぜアメリカなどの多くの国々において，反貿易感情がしばしば高まるのであろうか．こうした反貿易感情は，自国の経済を貿易の影響から「保護する」ことを求めているため，しばしば**保護主義 protectionism** と呼ばれる．保護主義に賛同する人々は，多くの懸念を提起する．国際貿易に対する批判のいくつかは，すでに述べたような個人間の取引に対する批判と類似している．すなわち，取引は公正に行われたか，売り手が強い立場にいなかったか，といったことである．そのような懸念は，個人の場合でも国の場合でも，取引からの利益によってもたらされる余剰がどのように分配されるのか，という問題に帰着する．弱小国は強大な国に搾取されていると感じるかもしれない．彼らが交渉上弱い立場にいるため，強大な国が貿易の利益をより多く獲得して

いるかもしれないのである．しかしこのことは，自発的交換は当事者双方に利益をもたらす，という基本的前提と矛盾しているわけではない．弱小国であろうと強大な国であろうと，すべての国は自発的交換の結果として経済状態が改善されるのである．

　しかし，個人間取引と国家間貿易の間には，一つの重大な違いがある．それは，一国内には貿易から利益を得る人もいれば，損失を被る人もいるということである．貿易全体は国にとって利益となるので，貿易で得をする人の利益が損をする人の損失を上回っていると考えられる．したがって，原理的には，その国で利益を得た人々は，損失を被った人々にその損失以上のものを補償できるであろう．しかし，実際には損失を被った人が補償されることはなく，彼らは「貿易は雇用喪失と賃金低下を招く」という議論を用いて，貿易に明確に反対することになるのである．こうした懸念は，低賃金のアジアやラテンアメリカの未熟練労働者との競争に直面しているアメリカの未熟練労働者において，特に深刻になっている．どうすれば未熟練労働者の賃金を低下させることなく，アジアやラテンアメリカと競争できるだろうか．

　こうした懸念は，1993年の北米自由貿易協定（NAFTA）の批准をめぐる議論において顕著な役割を果たした．NAFTAはメキシコ製の財を関税ゼロでアメリカに輸入することを認めている．NAFTAの提唱者は以下のことを指摘している．(1)メキシコ企業との競争によって失われるものよりも多くの雇用が，新しい輸出機会の創出によって生み出される．(2)アメリカが比較優位を持つ分野に特化することによって得られる利益を反映して，より高賃金の雇用が生み出される．

　貿易全般，特にNAFTAに反対する人たちは，この議論によって意見を変えることはない．それよりもむしろ彼らは，外国からの輸入の結果，特定の産業が縮小してしまうことによって労働者個人や地域社会が被る費用を強調する．中国から安価な衣料が輸入された結果失業してしまったノースカロライナ州の織物産業労働者は，ただちにボーイング社で航空機エンジニアとして働きはじめたり，カリフォルニア州に移り住んでコンピュータ・プログラマーに転職したりできるわけではない．しかし，貿易とは関係なく，職はつねに失われると同時に生み出されているということも事実である．そして長期的には，コンピュータ・プログラマーや航空機のエンジニアの仕事への需要が高まることでそ

うした仕事の賃金が上昇し，結果として若者がそうした仕事に就くための技能を身につけようとするだろうし，その他の人も新しい仕事が生まれている地域に引っ越そうするインセンティブが強まるだろう．織物に対する需要が低下することで当該産業の労働者の賃金が低下し，その結果として，労働者がその産業にとどまるインセンティブを低下させる．アメリカは，労働力の移動の程度が高い国で知られている．国の中のある地域で仕事が生み出される一方で別の地域では仕事が消えてなくなる．そして，個人や家族が新たな雇用の機会を求めてしばしば移動するのである．

　平均的に見れば，国全体ではこうした変化から便益を得るが，便益が均等に国の中で配分されるわけではない．雇用を失う繊維業界の労働者は経済的苦難と自由貿易のコストだけに直面することになる．このため多くの経済学者は，貿易によって職を失う労働者を再教育し，あらたな職に就けるようにすることで，国際的な相互依存関係から生まれる便益を共に享受できるようにする政策を行うよう主張する．そうした援助によって勝者の数を増やすことができるかぎり，貿易に反対する人の数を減らすことができるだろう．

　経済的な相互依存関係に伴ったコストを無視することはできないし，とりわけ加熱した政治的討論の対象になったときはそうである．その一方で，大多数の経済学者の間では，自由な貿易を求めることで国全体は利益を得る，という点はコンセンサスとなっている．この中心原理は以下のようにまとめることができる．自発的な交換は利益をもたらす．個人間の取引であれ，国境を越えた取引であれ，すべての人が自発的な交換から利益を得ることができる．取引によって，それぞれの経済主体は比較優位を持つ活動に特化することができるのである．

Thinking Like an Economist
交換とグローバリゼーションに関する論争

ここ数十年の間に輸送費用や通信費用はめざましく低下した．財やサービスの移動を妨げていた関税や数量規制のような人為的な貿易障壁も同様に少なくなってきた．その結果，現代の世界経済は以前よりも統合され，より緊密になっている．

経済的な観点からすると，グローバリゼーションに向かうこの傾向は，世界により大きな利益をもたらすように思える．すでに見たように，経済学の中心的な考えの一つは，自発的交換はそれにかかわる当事者すべてに利益をもたらすということである．それにもかかわらず，グローバリゼーションは大きな論争の的となっている．たとえば，グローバリゼーションを裕福な国と多国籍企業だけに利潤をもたらす一方通行的な過程であると批判的に見る人々がいる．その一方で，グローバリゼーションを貧しい国の生活水準を引き上げる最善の手段であると考える人もいる．経済的な観点から見て，こうした議論はどのように理解すべきだろうか．グローバリゼーションをめぐる議論を子細に検討してみると，批判にはもっともなところがある一方で，誤りもあることがわかる．

グローバリゼーションは間違いなく，世界経済での大きな格差をわれわれに認識させる．たとえば，中国，アフリカ，インドなどには，アメリカ人の感覚からすると非人道的に思えるような労働条件で働きながら1日に1ドル以下しか稼げない人々がいる．しかし多くの場合，グローバリゼーションが彼らに悲劇をもたらしたわけではなく，グローバリゼーションによって世界が彼らの悲惨な状況を知るようになっただけである．これらの労働者の多くは，劣悪と思われる工場で働くようになった．その中には多国籍企業によって経営されている工場や，生産する財を多国籍企業に販売している工場もある．しかし，彼らの以前の仕事はそれよりも劣悪なものであったか，そもそも仕事自体がなかったのである．こうした労働者を搾取する企業は残酷に見えるかもしれない．特に，労働条件がわずか

な費用で改善できる場合はなおさらである．しかし，たとえそうであっても，多くの場合，労働者はグローバリゼーションから利益を受けてきたのである．

　グローバリゼーションのもう一つの側面として，その利益の分配が非常に不公平であるということがある．たとえば，多国籍企業のために財を生産する工場の所有者たちは，明らかに彼が雇用する労働者よりも多くの利益を得ている．結果として，あらゆる人々の経済状態が改善されたとしても，格差自体は広がってしまう．公平についての社会的価値を重視する規範的な立場からこの問題を攻撃する批判者は，格差の拡大が最も重要な関心事であると考えているかもしれない．彼らの見方では，グローバリゼーションから最も少ない利益しか得られない貧しい人々こそが，まさにより多くの利益を得なければならない人々なのである．しかし，この見方に同意するとしても，そのことが自発的交換の利益に関する基本的な経済原理を否定することにはならないことを認識すべきである．

　さらなるグローバリゼーションについての批判では，実際に経済状態が悪化する人々がいると主張される．このようなことはありうるだろうか．答えはイエスである．例を挙げて説明するとわかりやすいだろう．比較優位の理論では，国は自国が比較優位を持つ財を生産すべきであると教える．しかし，海外との競争から保護されている場合には，企業は比較優位を持たない財を生産するかもしれない．アメリカが安価な衣料を生産するのは，たんに海外からの廉価な衣料の輸入を制限しているからかもしれず，保護を撤廃した場合には安価な衣料生産は割に合わなくなるかもしれない．その場合，工場は閉鎖され，労働者は職を失う可能性がある．しかし理論的には，こうしたことは長く続かないはずである．もし市場が適切に機能していれば，その国の比較優位を活かした企業が誕生するだろう．資源は非効率な部門からより効率的な部門へと移動し，それが国民所得を増大させることになる．しかし，この移動は自動的に行われるわけでも，また必ずしもすみやかに行われるわけでもない．そのため，その間失業に追いやられる人々がしばしば保護政策の撤廃に

> 反対することになる．
>   このような問題は，起業家が少なく必要な資本も不足している発展途上国においてより深刻である．こうした貧しい国々では，失業保険も最後の拠りどころとなる福祉制度もないため，失業の問題は特に切迫したものとなる．貿易自由化により利益を受ける人々が手にする利益は，それに苦しむ人々の損失を上回るというのは，多くの場合正しいかもしれない．それゆえ，利益を受ける人が損失を被る人に補償を行えば，原理的にはすべての人が利益を得るはずである．しかし実際には，そのような補償が行われることはほとんどない．したがって，グローバリゼーションによって国全体が利益を得るとしても，その国民の中には資源移動のプロセスが終了するまで，苦しむ人々がいるかもしれないのである．

4 貿易政策

こうした貿易の利益があるにもかかわらず，多くの国々はさまざまな貿易障壁を設けている．本節以降，貿易障壁とそれらを撤廃しようとする主要なイニシアティブ（政策）について検討することにしよう．

4.1 通商政策

貿易障壁をまったく設けていない国は**自由貿易 free trade** を行っているといわれる．しかしほとんどの国は何らかの保護主義をとり，何らかの方法によって財の輸入を制限している．財の輸出入に影響を及ぼすことを目的とする政策は**通商政策 commercial policy** と呼ばれる．本節および次節では，さまざまなタイプの貿易障壁を取り上げて，その経済的費用と経済的・政治的な妥当性について検討する．とりわけ最終節では，こうした貿易障壁を削減するための国際協調の問題について考察する．

貿易障壁は，関税，輸入割当て，輸出自主規制，それら以外の非関税障壁，そして「公正貿易取引法（fair trade laws）」と呼ばれる一連の法律の五つに

図 15-4 ■ 関税の効果

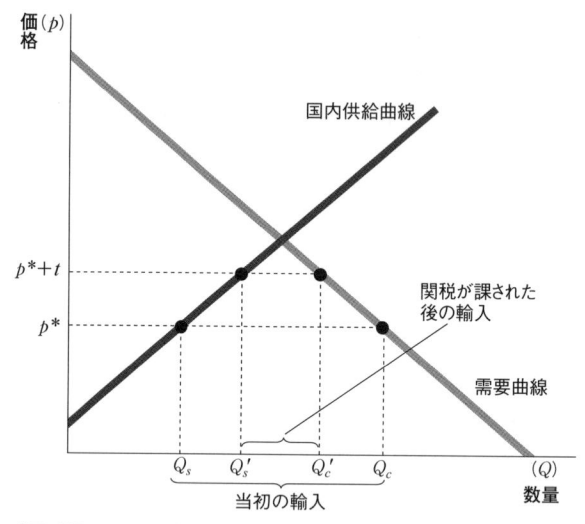

小国が直面している財の供給曲線は、国際価格 p^* で完全に水平である。関税がなければ、その国の国内価格は p^* に等しくなる。このとき国内生産量は Q_s（供給曲線上で p^* に対応する数量）、国内消費量は Q_c（需要曲線上で p^* に対応する数量）となり、その結果輸入量は $Q_c - Q_s$ となる。税率 t の関税が課されると、国内価格は p^*+t に上昇し、総消費量は Q_c'（需要曲線上で p^*+t に対応する数量）へ減少し、国内生産量は Q_s'（供給曲線上で p^*+t に対応する数量）へ増加する。このとき国内生産者は利益を得るが、消費者は損失を被る。

分けられる。このうち、最後のものは公正貿易の促進というよりはむしろ、実際には公正貿易を制限するように働いている。

4.2 関税

関税 tariffs とは、輸入に課される税金のことである。関税は、外国製品のみを対象に課される税金であり、それらを競争上の不利に追い込むものである。

図15-4には、関税の効果が描かれている。図で右下がりの曲線は問題となる財の需要曲線、右上がりの曲線は国内供給曲線を表している。説明を簡単にするために、その国の経済規模は十分に小さく、国際市場で支払われる価格はその国の購入量からを影響を受けないという場合について考えてみよう。[1] 関

---

[1] 訳注　こうした条件を満たす国は、国際経済学、とりわけ国際貿易理論において「小国」（small country）と呼ばれている。

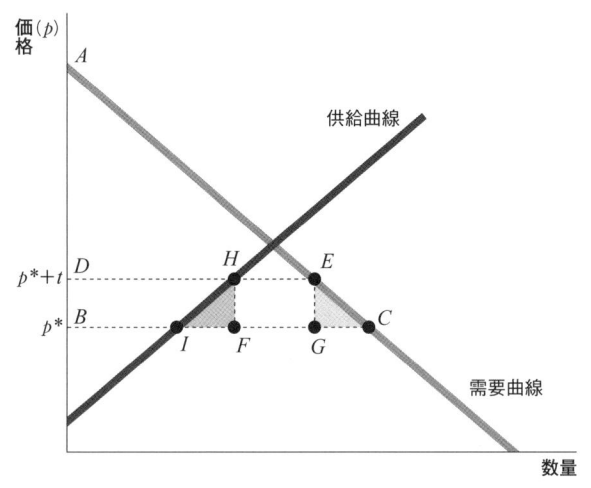

図 15-5 ■ 関税による社会的損失額の評価

関税を課すことで社会が被る損失は，二つの三角形，EGC と HFI の面積によって表される．

税がなければ，国内価格は国際価格 p^* に等しくなる．このとき，当該国は Q_s だけ生産し，Q_c を消費するので，その差 $(Q_c - Q_s)$ が輸入される．（輸入量1単位当たり）t の関税が課されると，消費者が支払う価格は p^* から p^*+t に上昇する．国内生産量は増加し (Q_s')，その結果，生産者たちは以前よりも多くの利潤を得る．しかし消費者の経済状態は，購入価格が上昇するために以前よりも悪化するので，国内消費量は Q_c' に減少してしまう．このように関税が課されたことによって，国内生産が増加する一方で国内消費は減少するので，輸入が減少する．すなわち，国内産業は外国からの輸入に対して保護される．

関税政策による社会的損失の評価　関税を課したときに社会が負う純損失は次のように数量化できる．消費者が支払ってもよいと考える額と実際に支払う額との差は消費者余剰と呼ばれている．消費する最終単位については，限界便益は価格とちょうど等しくなるので，消費者余剰はゼロである．しかし最初に消費する単位については，通常，個々人はもっと多く支払おうと思っている．これは図15-5のように需要曲線が右下がりとなることからも読み取れる．（関税が課される以前の）当初の状況では，消費者余剰は，需要曲線と価格線 p^*

で囲まれた領域，つまり三角形 ABC の面積に等しい．（関税が課されて）価格が上昇すると，それは三角形 ADE の面積となる．したがって，純損失は台形 $BCED$ の面積に等しい．

しかし，この損失のうち長方形 $BDHF$ は，国内生産者に対する支払い増（つまり，価格上昇分 BD ×生産量）であり，長方形 $HFGE$ は政府の関税収入（輸入量 HE ×1 単位当たり関税額）に等しい．国内生産者への支払い増加の一部は，生産拡大の費用に充てられる．残りは価格と限界生産費用の差額，つまり国内生産者の利潤の増分で，領域 $BIHD$ で表されている．したがって，社会的損失は，EGC と HFI という二つの三角形により表されることになる．三角形 EGC は独占企業が価格を引き上げる際に消費者が被る損失に似た性質を持っている．三角形 HFI は，関税の結果として（国内の）生産が増えるとともに，国内生産費用が海外製品を購入する費用を上回ることで生まれる資源の浪費を表している．

4.3 輸入割当て

多くの国は，関税よりもむしろ**輸入割当て**，**クォータ** quotas を課して，外国からの輸入数量を制限している．たとえば 1950 年代には，アメリカは石油輸入に数量制限を課していたし，2005 年まで繊維製品の輸入には厳しい輸入割当てが課されていた．

生産者にとっては輸入割当てのほうが関税よりも有利となる傾向がある．輸入数量が制限されていると，国内価格は国際価格よりも高くなる．輸入割当てが課されている場合には，国内生産者は外国からの輸入供給量を正確に知ることができる．たとえ外国企業の生産効率が上がったり，また為替レートが外国企業に有利に変化したとしても，外国製品の販売量は割当て量を超えることはできない．その意味で，輸入割当ては関税に比べて国内生産者に確実な市場規模を保証し，彼らを競争激化の脅威から守る働きを持っている．

輸入割当てであれ関税であれ，いずれも国内価格を外国に支払えばよい水準よりも引き上げるので，国内生産者を保護する働きを持っている．しかし，重要な違いが一つある．輸入割当ての場合には，輸入許可証を獲得した人たちは，海外から国際価格で購入した財を，高い国内価格で販売して利潤を稼ぐことができる点である．このとき政府は，事実上，関税収入を放棄しているのである．

こうした利潤は**輸入割当てレント，数量レント** quota rents と呼ばれる．

4.4 輸出自主規制

　近年，国際協定により関税水準は引き下げられ，輸入割当て（クォータ）の使用も制限されるようになってきた．そこで各国は，他の方法によって外国の競争圧力から国内産業を保護する方法を探し求めるようになった．1980年代にしばしば用いられるようになった政策手段の一つが，**輸出自主規制**（VER: Voluntary Export Restraints）である．たとえばアメリカは，自動車の輸入量を制限するのではなく，日本を説得してその輸出量を制限させたのである．

　日本が，なぜこうした輸出自主規制を受け入れたかについては二つの解釈がある．第一に，VERを受け入れなければ，アメリカが輸入割当てなどのもっと厳しい措置をとってくるのではないかと日本が危惧したからだという解釈である．日本の立場からすれば，VERは輸入割当てに比べて明らかに有利である．なぜならばVERであれば，輸入割当てレントは日本企業の手に入るからである．第二の解釈は，VERは日本の自動車メーカーが共謀することを可能にしたというものである．日本のメーカーにとっては，共謀して生産を削減し，価格を引き上げることができれば，利潤を増やすことができるが，そうした共謀は反トラスト法（日本では独占禁止法）のもとでは違法とみなされていた．すなわちVERは，合法とされた場合には日本企業自らが選んだと考えられる生産削減を，日本企業に「強制」したのである．日本がVERに合意したのは当然のことである．日本の輸出自主規制により多大な費用を負ったアメリカの消費者は，（VERの国内産業保護効果により）新たに創出された雇用者1人当たりにつき10万ドル以上の出費増加を強いられたのである．

4.5 その他の非関税障壁

　輸出自主規制と輸入割当ては，明らかに非関税障壁である．しかし，今日ではそれらはさほど重要ではなくなっている．代わって多くの（国内）規制が，貿易障壁を課すのと同じ効果を持つようになっている．たとえば，これまで保健衛生関連の規制がさまざまな形で悪用され，貿易が制限されてきた．1996年にロシアが，保健衛生面での規定を満たしていないことを理由にアメリカからの鶏肉輸入を差し止めると脅しをかけてきたときには，アメリカの鶏肉輸出

業者たちは非関税障壁に直面していたのである．その他にもさまざまな種類の（国内）規制が利用されて，非関税障壁がつくりだされてきた．

1980年代には関税障壁の削減が進む一方で，非関税障壁が増加を続けた．国際通貨基金（IMF）の調査によると，1980年にはアメリカの全輸入の約8分の1が保護主義の影響を受けていたが，1990年代半ばまでにその比率は約4分の1へと上昇したとのことである．また（非関税障壁を含めた）貿易障壁により，消費者と事業者たちは貿易障壁がない場合に比べて輸入を1100億ドルも減少させていたと推定されている．特に日本はこうした（アメリカの）貿易障壁による損害が大きかった．1990年代初頭の日本の対米輸出のうち約40％について，保護主義による貿易障壁が設けられていたと考えられている．

WRAP-UP

輸入割当て（クォータ）と関税の比較

1. 輸入割当ても関税も，どちらも輸入量を制限する．その制限規模が同一であれば，消費者と国内生産者に対する影響は同じになる．
2. 輸入割当ての場合には，国内価格と国際価格の差益は輸入業者のものになる．これが輸入割当てレントである．
3. 関税の場合には，国内価格と国際価格の差益は税収として政府のものになる．
4. VER（輸出自主規制）と輸入割当てレントの効果は同等である．ただしVERの場合には，輸入割当てレントは外国の生産者のものになる．

4.6 「公正貿易」法

ほとんどの人々は，競争の働きを信じている．競争は公正であるべきだ，という信念を持っている人も多い．誰かが値引き競争をするときには，何か不正が行われているのではないかと疑いが起こる．そこでアメリカでは，政府がさまざまな法律を制定し，国内で競争が有効かつ公正に行われるように努めてき

た．多くの国々も，国際貿易において「公正な競争」を保証する法律を制定してきた．しかし，経済学の観点からすれば，そうした法律は実際には競争を制限し輸入を抑制する保護主義的措置にほかならない．経済学者にいわせれば，公正な競争を確保するためには，国内で適用されるのとまったく同じ法律が国際取引にも適用されなくてはならない．つまり，公正という理念について，国内取引について適用されるものと国際取引に適用されるものというように，別々の二つの基準（ダブル・スタンダード）があってはならないのである．事実上非関税障壁となっているのは，「公正貿易」法の中でもダンピングと相殺関税に適用される二つの法律である．

反ダンピング法　　ダンピング dumping とは，生産費用を下回ったり，輸出国の国内販売価格を下回る価格で外国に生産物を販売する行為である．通常，消費者は値引き販売をおおいに歓迎する．それにもかかわらず，ロシアがアメリカに対してアルミニウムを低価格で販売したがったときに，なぜ不満が起きたのだろうか．危惧された理由の一つは，外国企業が，採算を度外視した販売により，アメリカ企業を市場から駆逐しようとすることである．外国企業はいったん独占的地位を確立しさえすれば，価格を引き上げることができる．その場合には，アメリカの消費者が得る利益はごく短期的なものになる．しかし競争市場の場合には，そのようなことは起こりえない．というのは，競争市場ではどの企業も価格を引き上げる力を持たないからである．ダンピングが起こったとされているほとんどのケースでは，市場が十分に競争的であるので，独占的な地位を外国企業が確立することを心配する必要はない．

　執行の実態からもわかるように，反ダンピング法は保護主義的措置として用いられることのほうが多かった．ダンピングが発覚すると，生産費用（の推定額）と価格の差額に等しい課徴金（関税）が課される．反ダンピング法を批判する人たちが懸念しているのは，他の国々がアメリカのやり方を真似ることである．もしそうなると，国際社会が関税障壁をなくすと同時に，まったく新しい貿易障壁をつくりだすことになってしまうからだ．

相殺関税　　不公正だと広くみなされている第二の取引慣行は，政府が国内企業の生産や輸出に対して補助金を供与することである．たとえば政府は特定

の国内産業を対象に減税を実施したり，企業が負う総費用の一部を肩代わりすることがある．こうした補助金を受ける企業が獲得する他企業に対する競争上の優位は，貿易が比較優位に基づいて決まるのではなく，補助金の相対的水準により決まってしまうがゆえに，不公平なものである．

　経済学の通常の論理に基づけば，それは逆のように思える．外国政府がアメリカの消費者のために補助金を出しているときに，低価格で得をするのは誰だろうか．なぜアメリカの消費者が不満を表明すべきなのだろうか．アメリカの消費者が不満をいうとしたら，それは補助金が市場の略奪，すなわちアメリカ企業を市場から駆逐して独占的地位を確立した後に価格を引き上げるといった政策の一環として用いられる場合だけであろう．しかし外国の補助金の大部分は，こうした範疇には属していない．

International Perspective
代用国とカナダ製ゴルフ・カート

問題：カナダがゴルフ・カートを生産していないのに，カナダ製ゴルフ・カートの生産費用を用いてポーランドをダンピングで訴えることがどうしてできるのだろうか．
解答：国内市場が危うくなったときには，アメリカはときどき奇跡を起こす．

　ある国がダンピングをしているか否かを判定する標準的な基準は，同国の製品のアメリカ市場での販売価格が，同国国内あるいは他国での販売価格を下回っているか，それとも生産費用を下回っているか，のいずれかである．非市場経済については，アメリカ商務省は，「比較可能な」（つまり「代用」）国で当該財を生産する際に必要となる価格を下回っているかどうか，という特別な基準を設けている．

　法の執行責任を負っている商務省は，恥というものを知らないようである．ポーランドのゴルフ・カートについての有名な事件では，ポーランドの1人当たり所得がカナダと比べたらほんのわずかなのに，ポーランドに一番類似した国はカナダと決めつけたのである．さらに驚くべき

ことに，カナダは同じようなゴルフ・カートを生産していなかったのである．このとき商務省は，「もしカナダがこれらのゴルフ・カートを生産しようとしたときには，いくらの費用がかかるだろうか」という問いを作成したのである．当然のことではあるが，推定された生産費用は，アメリカで実際に販売されている価格を上回るものであった．その結果，ポーランドはダンピング容疑についてクロの判定を受けた．

　ロシアの天然資源販売についても，同様な提訴が同様の理由で行われたことがある．長年にわたって西欧諸国は，ソ連や他の社会主義国に対して，市場メカニズムの長所を説きつづけてきた．共産主義が1989年に崩壊しはじめると，それまで「鉄のカーテン」の内側にあった国々が市場経済への移行を図りはじめた．旧体制のもとでは，これらの国々は主に自分たちの間だけで，一般に物々交換による貿易を行っていた．新時代を迎えて，それらの国々は市場経済国と同様に国際市場への参入を図った．

　しかし，彼らの手による工業製品の多くは，デザイン面や品質面で西欧市場向きではなかった．だが，ロシアにはウラニウムやアルミニウムなどの豊富な天然資源があるので，それらを他国と十分に競争できる費用水準で生産することができた．加えて，（あらゆる面から見ても幸運なことに）国防支出が削減された結果，これらの原材料に対するロシアの国内需要は激減した．

　アメリカの生産者たちは，ダンピング容疑で提訴するかもしくは提訴するという脅しをかけることによって，ロシアの輸出をやめさせようとした．おそらくロシアは，これらの天然資源をロシア国内や他国の価格を下回ったり，あるいは生産費用を下回る価格で販売しているわけではなかっただろう．しかし「代用」国基準があったために，ダンピング提訴は本当の脅しとなったのである．ロシアは1994年にアルミニウムの生産削減に同意し，他国の生産削減に釣り合いをとらされたのである．

　商務省や国務省の関係者にとっては，こうした措置は貿易紛争を回避するうえで合理的なものである，と考えられていたようである．しかし消費者にとっては，アルミニウムとアルミニウム製品の価格上昇という隠れた高価格を支払わされることになった．

こうした補助金に対する反対は，自分たちのビジネスが損害を被るおそれのある企業から出される．消費者の得る利益が企業の被る損失を上回っていたとしても，消費者1人ひとりが得る利益は小さく，しかも消費者たちは団体として十分には組織化されていない．これに対して生産者たちは，集団としてはるかに組織化されているので，ワシントンの連邦政府に持ち込むこともできるし，それを進んで行うだけのインセンティブを持っている．それに対応してアメリカ議会は法律を定めて，政府に**相殺関税** countervailing duties，すなわち外国政府による補助金が生み出した競争上の優位を相殺する税金を課すことができるようにした．

アメリカ政府は他国の補助金供与を批判する一方で，自らも同様の政策を実施している．最も一般的なのが，農業に対する補助金である．これまでもさまざまな時期に，アメリカ政府は小麦，豚肉，桃をはじめとする多くの農産物について輸出と生産を補助している．

5 保護主義の政治的・経済的根拠

自由貿易に基づいて，各国が比較優位を持つ産業に生産を集中することによって，すべての国の経済状態は改善する．それにもかかわらず，世界中で保護主義が蔓延しているのはなぜだろうか．基本的な理由は単純なものであり，保護政策により国内価格が上昇するからである．価格上昇により消費者が被る損失は，生産者が得る利潤増加という利益を上回っている．しかし生産者たちが十分に組織化されているのに対して，消費者たちは組織化されていない．その結果，生産者の声が消費者の声に比べて，政治のプロセスの中でより強く反映されることになる．

一方で，企業が政治過程を利用して自分たち独自の利益を高めようとする動きに対しては，それを抑制する重要な要因もある．それは，輸出業者によって構成される利益団体である．彼らは，アメリカが輸入に対して市場を狭めると，他国がそれに報復してくることを知っている．たとえばボーイング社のような輸出企業は，次節で説明されるような，より自由でより公正な貿易を国際協定を通じて促進するうえで自ら主導的な役割を果たしてきた．

しかし，これらの国際協定の改定時には，保護主義の別の経済的要因が働き出すことに注意しなければならない．自由貿易の下で，各国は国全体としては利益を享受するものの，実際には経済的不利益を被る集団も必ず存在する．それらの損失を被る集団とは，倒産する企業や職を失う労働者，低賃金労働者，そして自由貿易がなければ競争が制限されていた産業に従事する人たちである．

5.1 企業の倒産と失業

中国が安価な繊維製品に比較優位を持つのに対して，アメリカは高度な電話交換設備のような精密機器に比較優位を持っているとしよう．このとき，もしアメリカが中国から繊維製品を輸入しはじめれば，アメリカ国内の繊維メーカーは事業機会を失い，そこに働く労働者たちは他の仕事を見つけなければならなくなる．しかし，こうした損失を上回る利益が輸出産業には発生する．基本的には，輸出産業が得る利益は，輸入産業が被る損失を補償して余りあるのだが，そうした補償が実際に行われることは滅多にない．そのため，損失を被る集団は，貿易の開始に反対するのである．

経済学者は通常は，貿易により企業が被る損失に対して同情することはない．結局，貿易も経営者が直面するリスクの一つにすぎず，通常はそのリスクに応じた利潤を獲得しているからである．新しい技術革新は古い事業を破壊する．しかし，新しい技術に門戸を閉ざすことや，海外からの安価な製品に門戸を閉ざすことは，経済学的に間違いであり，また経済政策としても誤ったものである．

しかし，新しい技術革新による失業と比べて貿易による失業のほうが問題が大きいといえる理由はまったくないにもかかわらず，貿易により損害を被った労働者に対する同情はしばしば非常に根強いものとなる．経済がほぼ完全雇用状態で操業しているときには，職を失った労働者が新しい職を見つけ出すことは容易である．しかし，多くの場合には，失業してから新しい職を見つけ出すまでには時間がかかり，ようやく新しい職を見つけたとしても賃金水準は以前より低下することもしばしばである（実際，最近のアメリカでは，常勤の職が新たに見つかったとしても，その賃金水準は以前より10％程度低下するケースが多い）．このように特定の労働者は損失を被るものの，労働者全体としては利益を享受できる．というのは，輸出産業で新たに創出された職を得た労働

者たちは，経済全体の平均よりもずっと高い賃金（アメリカでは，平均して13～15％上回る）を得ることができる．また連邦議会は，失業者がその失業期間に負う高コストを懸念した結果，新しく法律を制定し，求職活動や必要な技術訓練を支援する特別な政策を実施している．

5.2 近隣窮乏化政策

　失業に対する懸念はつねに，保護政策発動の最も強い引き金となる．論理は単純で，もしアメリカ人が外国製品を買わなければ，そのお金は国内製品に費やされ，アメリカの雇用を増やすはずだというわけである．こうした，輸入を減らして国民所得を増加させようとする政策は**近隣窮乏化政策 beggar-thy-neighbor policies** と呼ばれる．なぜならば，一国が得た雇用は，他国における雇用の喪失という犠牲のうえに実現しているからである．このような論理が抱える決定的な誤りは，もしアメリカ人が海外から財を買わなければ，外国の人々もアメリカの製品を購入しないということを見落としていることである．したがって，アメリカの他国からの輸入が減れば，それと同時に他国に対するアメリカの輸出も減ってしまうのである．誰もが特化の利益を失い，所得の低下を被る結果となる．

　こうした近隣窮乏化政策の最悪の例が大恐慌期に起きた．アメリカが1930年にスムート＝ホーレー関税法（Smoot-Hawley Tariff Act）を制定して，多くの製品の関税率を実質的な輸入禁止水準まで引き上げた．他の国々も，次々に報復措置をとった．アメリカの輸入減少に伴って，ヨーロッパをはじめとする世界各国の所得が低下した．所得が減少した国々が報復措置を課すのに伴って，アメリカからの輸入は減少した．アメリカの輸出は急減し，景気低迷の度合いがさらに増した．アメリカの所得減少が加速化すると同時に，アメリカの輸入はいっそう減少し，外国の景気をさらに悪化させた．それがまた，アメリカの輸出をさらに減少させることになった．図15-6からもわかるように，国際貿易の低迷は，スムート＝ホーレー関税法に始まり，大恐慌をさらに深刻で厳しいものにしたといわれている．

5．保護主義の政治的・経済的根拠

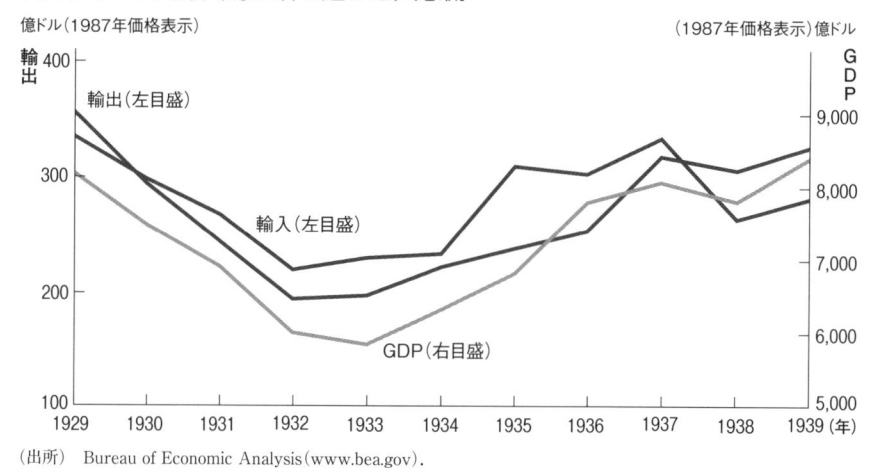

図 15-6 ■ 国際貿易の落ち込みと大恐慌

(出所) Bureau of Economic Analysis(www.bea.gov).

アメリカの輸出入は大恐慌期に劇的に落ち込みを見せた．貿易の減少幅を拡大させた原因の一つが1930年に制定されたスムート＝ホーレー関税法である．

WRAP-UP

国際貿易と雇用

1. 輸入に対する反対は不況期に最も強くなるが，雇用創出のために輸入を制限しても概して逆効果となる．
2. 完全雇用を維持する責任は，貿易政策ではなくマクロ経済政策にある．

5.3 輸出入関連部門の賃金

　構造調整や失業といった短期的問題以外に，輸出入関連部門の労働者が長期にわたって直面する問題がある．アメリカは，高度な熟練労働力を必要とする航空機やハイテク製品に比較優位を持っている．アメリカがこうした財の輸出を増やしていくと，アメリカ国内ではこうした熟練労働者に対する需要が増加して，彼らの賃金を引き上げる．同様に，アメリカは低品質の繊維製品のように未熟練労働力を多くの割合で必要とする財については比較劣位である．これ

らの産業部門に競合する輸入が増加し，生産が減少すると，未熟練労働者の需要が減少する．これが，未熟練労働者の賃金を下落させることになる．

このように未熟練労働者の賃金が下落したのは，アメリカに比べてきわめて賃金水準の低い中国をはじめとする第三世界の国々からの輸入に原因がある，としばしば非難されてきた．しかし，この問題を詳細に検討してきた経済学者たちの間では，賃金低下のうち国際貿易により説明できる割合はきわめて小さく，約20％程度であるという点では意見が一致している．それにもかかわらず，ただでさえ貧しい生活が脅かされようとしている人々は，貿易制限を強硬に支持している．再び経済学者の意見に耳を傾けるならば，適切な対応は貿易制限ではなく，彼らの技能水準を高めることである．技能を身につけている労働者の賃金は，生産性の向上に伴って上昇するので，彼らの経済状態は改善する．そして技能を身につけた労働者が増加すれば，未熟練状態にとどまる労働者の数は減る．そして未熟練労働者の減少により，残された未熟練労働者の実質賃金が上昇する結果，貿易から被る負の影響は緩和される．

WRAP-UP

賃金に対する貿易の影響
1. 国際貿易は，国内の未熟練労働者や競争が制限されている産業で就労する労働者の賃金を引き下げる．
2. 国際貿易は，国内の熟練労働者の賃金を引き上げる．

5.4 競争の促進

国際貿易は，競争が制限されている産業に対しても負の影響を及ぼす．競争が制限されているときには，企業は独占または寡占（下での超過）利潤を享受できる．こうした超過利潤の一部は労働者にも分配される．とりわけそうした産業で労働組合が組織されている場合には，経済の他の部門で同等の技術を持っている労働者が得ているよりもはるかに高い賃金を得ていることだろう．国際貿易は競争を促進する働きを持っている．競争が促進されると，独占や寡占の（超過）利潤は消滅してしまうので，企業は競争賃金を支払わなくてはなら

なくなる．すなわち企業は，労働者が身につけている技能水準に見合った最低賃金を支払うだけですむようになる．

経済全体から見れば，こうした競争は，市場支配力を徐々に消滅させて効率性と消費者に対する感応度を高める働きを持つが，それこそ自由貿易がもたらす主要な利点でもある．しかし，これまで高賃金や高利潤を得ていた人たちからすれば，それらは自由貿易の持つ主な欠点でもある．

Thinking Like an Economist
分配と貿易自由化

貿易を自由化すれば，各国は国全体としては経済状態が改善するものの，国内のすべての人について経済状態が改善するわけではない．たいてい勝者の利益はすべての敗者の損失を補償できるほど十分に大きいため，誰もが利益を享受できるようになる．しかし，実際にはこうした補償が行われることは滅多にない．そのため，貿易自由化に際しては，経済のあるグループが得る利益を他のグループが被る損失と比べてどちらが大きいかを判断しなくてはならないという，トレードオフに直面する．問題となるのは，多くの国において損失を被るのが最貧層に属する人たちであるということである．たとえば，アメリカでは，貿易を自由化すれば，低賃金の繊維産業労働者が失業に追い込まれるおそれがある．シアトルの航空機エンジニアに新たな雇用が生まれたからといって，また繊維製品を消費するすべてのアメリカ人の経済状態が良くなったからといって，サウスカロライナ州の繊維産業労働者にとっては何の慰めにもならない．とはいっても，アメリカでは，労働市場が比較的うまく機能しているので，解雇された繊維産業の労働者であっても，賃金が著しく下がりこそすれ，最終的には新しい仕事を見つけることが可能である．

貿易自由化によりアメリカの低賃金繊維労働者は損失を被る一方，発展途上国の低賃金繊維労働者は利益を得る．貿易自由化により彼らが生産する繊維製品への需要が増え，彼らの労働に対する需要が

増加するからである．しかし不幸なことだが，貿易自由化の結果として激しい競争に見舞われる発展途上国の人々にとっても，事態はさらに深刻なものとなりうる．多くの発展途上国では，失業率は15%以上にのぼり，雇用の喪失は厳しい事態を招く傾向がある．

メキシコでは，北米自由貿易協定（NAFTA）が締結されると，テキサス州との国境近くでアメリカの自動車会社等向けに部品を生産している労働者数が急増した．だが，メキシコの南部では，貧困層がさらに貧しくなった．多額の補助金を受けたアメリカ産トウモロコシが流入して，もともと低所得だったメキシコ農家の所得をさらに低くしてしまったのである．もちろん，以前よりも購入時のトウモロコシ価格が低下したことで，都市部の労働者は利益を得てはいる．

影響を被る程度がグループごとに異なる場合には，分配面での影響への対策なしでは貿易自由化が良いものか，悪いものかについてはっきりとした結論を下せない．しかし，そうした決定を下すのは，経済学者の役割ではない．民主主義社会では，それは政治過程が担うべき役割である．社会は全体としては貿易自由化から利益を得ることができるのであり，経済学者の役割はこうした潜在的利益の存在を明らかにすることにある．経済学者は，また，誰がどの程度影響を被るかについて説明するという役割も担っている．

5.5 幼稚産業保護論

国際的競争による雇用喪失や賃金と利潤の減少は，保護政策を支持する政治的動機となるが，経済学者の間では保護主義を正当化する議論がありうるかどうかが問題であった．すなわち，保護政策がたんに保護される者たちの利益にしかならないのではなく，一国全体の利益に合致するものであるかどうかという問題である．これは従来，二つの面から議論が行われてきた．

第一の議論は**幼稚産業保護論** infant industry argument である．新しい産業の費用は通常は高いものであるが，それは経験を積むことによって減少させることができる．幼稚産業保護論によれば，とりわけ発展途上国においては，外

国との競争から保護されないかぎり，企業が効率的生産を行うための必要な経験を習得することはできない．

　従来，経済学者はこうした議論について懐疑的だった．もしその産業への参入が割に合うものであるならば，最終的には利潤が得られるだろう．したがって企業は，経験を積むことを目的として，費用を下回る水準に今日の価格を設定することをいとわないだろう．というのは今日被る損失は，将来の利潤によって十二分に相殺されると考えられるからである．しかし最近になって幼稚産業保護論は見直されることとなった．企業が資金を借り入れることができるならば，損失を出している場合でも操業を続けることができる．しかし，資本市場が未発達で十分に機能をしていない場合には，最終的な事業見通しが良好なものであったとしても，企業は資金を借り入れることができない．このような市場の失敗は，とりわけ発展途上国において重要な問題となる可能性がある．

　こうした議論自体は正しいものなのだろう．しかし，これは保護主義を正当化する論拠ではなく，産業援助を正当化するものである．産業援助は，資金の貸付や直接的補助金といった政策手段によって実行することができる．経済学者が保護政策よりも直接的援助政策のほうを支持している理由は，その透明性のゆえである．誰が見ても，それは生産者に対する補助金である．経済学者が保護政策を批判するのは，それが消費者に対する隠れた税金であり，その税収が生産者に移転されるからである．政策内容の透明性が十分でない場合には，さまざまな産業は，資源を使って，自分たちの利益を生むこうした隠れた税金を課すように政府に働きかける結果につながる．

5.6 戦略的貿易政策

　もう一つの保護主義正当化の議論は，保護政策により国内産業の費用削減を援助することによって（海外の）ライバル企業に対して貿易面で戦略上優位に立たせることができる，というものである．生産規模の拡大により限界費用が低下するという，規模の経済が働くかもしれない．保護政策によって大きな国内販売規模が確保できるので，その結果，限界費用は低下するのである．しかし，**戦略的貿易政策理論** strategic trade theory が国内産業保護を正当化しうる例はきわめてまれである．唯一，保護政策が有効となるのは，外国政府が同様な対応によって報復をしてこない場合に限定される．

e-insight

IT産業と金融サービスについての貿易自由化

　情報技術（IT）と金融サービスにおける重要な貿易協定が結ばれるようになった．過去の歴史から見てこれが大きな変革といえるのは，従来の貿易協定はもっぱら自動車や鉄鋼，繊維製品といった財の貿易だけを問題にしてきたからである．しかし，こうした二つの分野について，多くの発展途上国からの反応には大きな違いがある．ITにおける自由化は歓迎されたが，金融サービスに対しては多くの国が反対した．なぜこうした違いが生まれたのだろうか．

　経済理論からすれば，一国が単独で貿易を自由化し，自国の市場をより安価な海外製品に開放することはいいことである．消費者は得をし，かつ国内生産者が損失を被っても，消費者の利益が生産者の損失を上回るからである．しかし不幸なことに，生産者のほうが政治過程では声が大きくなる場合が多く，消費者が団結して生産者の損失を補償することは不可能である．そのような理由で，貿易自由化に反対する国が多いのである．しかし，ITは違う．ほとんどの発展途上国には，自由化により損害を被る大規模なIT部門がないからである．それどころか，発展途上国の生産者も消費者もともにIT製品の購入者であり，両者ともITの利用価格が低下することで利益を享受できる．

　対照的に金融サービスの自由化はまったく違った問題を抱えている．発展途上国内で操業する既存の国内銀行は外国銀行からの競争が激しくなる

6　国際協調

　目先の利益を追った貿易政策がとられやすいものの，自由貿易の利益を念頭において，大国に限らず小国も，第二次世界大戦以来さまざまな努力を重ねて貿易障壁の削減に努めてきた．

ことを恐れている．外国の銀行のほうが効率的だということばかりが理由ではない．預金者は，小さな国内銀行よりも大きな欧米の銀行にお金を預けるほうが安全だと考えるかもしれない．しかし，金融サービス自由化について懸念を表明しているのは国内銀行だけではない．発展途上国の多くの企業が，外国の銀行は小さな国内企業よりもコカ・コーラ社や IBM 社に融資をしそうなことを心配しており，しかも，こうした心配にはそれなりの理由がある．政府の心配は，外国の銀行は政府からの働きかけには必ずしも従わないのではないかという点にある．時にはこうした働きかけは政治腐敗にもつながる．政府が銀行に対して圧力をかけて，自分の友人たちに融資を迫ることがあるためである．だが，こうした働きかけが経済政策の一環として行われることもある．政府が銀行に働きかけて，不況局面で融資を増やしたり，経済が過熱したときには融資を減らしたりする場合である．発展途上国では，こうした政府からの「行政指導」がマクロ経済の安定化手段として重要なことがある．

今日では，多くの国が金融市場を自由化するにつれて，次のような問いが出されている．すなわち，「どのようにすれば新しい競争から，損害を被ることなく，利益を享受できるのだろうか」と．小規模の国内事業に対して資本がうまく流れていく効率的な方法が見つかるまで，発展途上国の銀行は互いに重要なパートナーとして協力しあって，金融市場の自由化に抵抗していくだろう．

6.1 GATT と WTO

　第二次世界大戦後に設立された GATT（関税と貿易に関する一般協定）General Agreement on Tariffs and Trade は，1995 年には WTO（世界貿易機関）World Trade Organization へと発展した．GATT は，次のような三つの基本原理に基づいて創設された．第一は互恵である．これは，もし一国が関税を引き下げれば，GATT に所属するその他の国々も関税を引き下げなくてはならない，ということを表す．第二は，無差別である．これは，GATT に所

属するいかなる国々も，特定の国を優遇する特定の貿易取引をしてはならない，ということを意味する．第三は，透明性である．輸入割当て（クォータ）や非関税障壁は，その実質的な影響が評価できるように，関税に転換されなければならない，ということである．

ラウンドと呼ばれるいくつかの段階を経て，貿易の障壁は引き下げられてきた（たとえば，1967 年に終了したケネディ・ラウンド，1979 年に終了した東京ラウンド，1994 年に終了したウルグアイ・ラウンド，そしてドーハ・ラウンド[2]）．こうしたラウンドの結果，工業製品に課された関税は著しく軽減され，1947 年には 40％であった平均関税率が，現在は 5％まで低下した．

ウルグアイ・ラウンドでは，農産物に対する補助金の削減と，特許や著作権といった知的所有権の尊重を保証する協定が結ばれた．また，貿易協定の実施を支援するために WTO が設立された．以前は，「不公正な取引」慣行から損害を被ったと考えた国々は，GATT のパネルに提訴することによってその真偽の調査を図った．しかし，その後の意思決定を現実に履行する有効な方法はほとんどなかった．そこで WTO では，不公正取引により損害を被った国々は，報復的行動をとってもかまわないことが正式に認められることになった（具体的な事例としては，CASE IN POINT「バナナ戦争」を参照）．

6.2 WTO へ高まる抗議

1999 年 12 月に WTO はシアトルで会合を開き，貿易交渉の新しいラウンドを始めようとした．しかし，数千人の抗議者が集まり，中には会場を占拠して，暴力を振るうものもあった．こうした激しい反応が起こったのはなぜだろうか．流行後れの保護主義的感情が一役買ったのだが，そのほかにも重要な要因があった．

WTO を批判する者の中には，前回の貿易交渉ラウンドで取り上げられた議題は比較的進んだ工業国が（自分たちの利益のために）設定したものであり，交渉結果はそれらの国の経済力を反映したものだと信じている者もいた．先進工業国が不当な利益を享受しただけではなく，それが貧しい国々の犠牲を伴っ

---

2) 訳注　ドーハ・ラウンドのその後については，以下の WTO のウェブサイト http://www.wto.int/english/tratop_e/dda_e/dda_e.htm に詳しい．

たものだというのである．世界銀行の推計によれば，ウルグアイ・ラウンドが終了した1994年以降，サブ・サハラ（サハラ以南のアフリカ）のような世界でも最も貧しい国々の経済状態は実際以前よりも悪くなった．貧しい国々は先進工業国が生産する財について関税引下げを強制される一方で，先進工業国は国内の農業部門を保護しつづけた．金融サービス市場が開放されても，建築や海運業のような未熟練労働への依存度が高い産業については依然として市場は閉鎖されている．

環境権や人権という二つの問題についても，特に熱のこもった議論が展開されている．環境論者や人権擁護論者は，自分たちの掲げる目的がより容易に達成できるように貿易政策を利用したいと考えていた．彼らが心配していたのは，環境政策がずさんだったり人権擁護が十分ではない国々がアメリカ企業よりも安売りが可能となり，これがさらにはアメリカ国内での環境基準を引き下げ人命をおかすような圧力を生むかもしれない，ということだった．誰かが労働と環境にかかわる条項を盛り込むべきだと主張すると，別の誰かが同じくらい強硬に抵抗を示し，貿易自由化に向けたすべての努力を水の泡にさせると脅しをかけてきた．たとえばいかなる国も児童労働や囚人労働を使って生産された財を輸出すべきではないなど，2，3の問題については合意が見られた．しかし，それらを除けば，議論は紛糾をきわめており，今後も長続きしそうである．

CASE IN POINT
バナナ戦争

バナナをめぐる紛争がどうしてスコットランドのカシミヤ労働者の失業に関係しているのだろうか．その答えは，アメリカとEU（ヨーロッパ連合）の間に起こったバナナ戦争の波及効果にある．この紛争は，EUが差別的な取引慣行を実施しているというアメリカの主張に端を発している．

1993年からEUは，カリブ海沿岸，アフリカ，およびラテンアメリカの太平洋沿岸諸国にある旧ヨーロッパ植民地のバナナ生産者を優遇するために他国産バナナへ差別的な輸入関税を課した．アメリカとラテンアメリカの5カ国はWTOに提訴した．アメリカの主張は，EUの課し

たバナナ輸入関税により損害を被ったということだった．当然の疑問だが，アメリカではバナナは生産されていないのに，EUのバナナ輸入に対する政策によりどうすれば損害を被るといえるのだろうか．実は，国内では生産していないものの，アメリカは，中米でバナナを栽培するチキータ・ブランズ社とドール社という二つの食品流通業者の本社を抱えているのである．

WTOの裁定ではEUの制度はGATTに違反しているとされ，EUには政策変更命令が出された．EUは政策を変更し，代わりに1999年1月1日から新しいバナナ輸入制度を実施した．しかしながらアメリカとラテンアメリカのバナナ生産国が，この新しい政策も依然として自分たちに不利な差別的扱いとなっていると主張したために，紛争はWTO紛争解決機関へと送られることになった．アメリカがバナナ戦争で勝利宣言したのは，1999年4月に，WTO紛争解決機関がWTO仲裁人の結論を受け入れて，EUの新しい政策がアメリカに損害を及ぼしていることを認めたときだった．この決定は，アメリカにEU製品に対する制裁措置を課すための道を開いた．WTOの裁定によって，アメリカはEUに対して1億9100万ドルもの制裁を課せることになった．この金額は，EUの政策によってアメリカが被った経済的損失について行った推計に基づいて決定された．

EUに対して報復するために，アメリカはEUの製品に幅広く100％の関税を課したために，アメリカ国内での価格は実質的に倍となった．この懲罰的関税の対象となった品目リストに含まれていたのが，スコットランド産のカシミヤやイタリア産チーズ，ドイツ製のコーヒー・メーカーだった．リストに挙がった品目は，EUに対して政治的圧力が最大になるように選ばれたものばかりだった．WTOの裁定によってアメリカがこうした高関税を課せるようになったために，EUはバナナ政策を改定してラテンアメリカの生産国に対する差別を撤廃した．EUが敗北を認め，バナナ戦争は終結した．

6.3 地域的な貿易ブロック

　GATTとWTOにより各国の貿易障壁削減はいくぶんかは進展したが，協定締結は非常に多くの国々が関係していたため遅々として進まなかった．その一方で，多くの国々は近隣の国々同士で地域的貿易ブロックを形成し，貿易障壁の撤廃と資本と労働の移動を容易にする取決めを交わすようになった．おそらくこうしたブロックの中でも最も重要なのが，共同市場を前身とし，今ではヨーロッパの大部分を包含するに至った **EU（ヨーロッパ連合）European Union** である．また **NAFTA（北米自由貿易協定）North American Free Trade Agreement** は，北米域内で自由貿易地域をつくり出しているが，それは関税やその他の輸入障壁がなく財やサービスが自由に貿易される地域である．その他にも規模は小さいが，ニュージーランドとオーストラリアの間で結ばれた自由貿易地域や，ラテンアメリカや中米諸国で結成されている自由貿易地域などがある．

　国際協調によって貿易障壁を削減することには確かな利益があるものの，地域的な貿易ブロックの利益には多くの議論がある．域内で貿易障壁が削減されれば，貿易ブロックに所属する国々の間では貿易は促進される．もちろん，貿易ブロック加入国間での貿易障壁削減は**貿易創造 trade creation** を生み出すが，同時に**貿易転換 trade diversion** も引き起こす．ブロックへの非加入国から（加入国へと）貿易転換が起こった財の中には，本来ならば非加入国が比較優位を持っている財があるかもしれない．こうした場合に世界全体での正味の利益がプラスとなるのは，貿易創造（による正の効果）が貿易転換（による負の効果）を上回るときである．通常は，貿易ブロックが形成されるときには，域外国に対する関税は統一される．域内貿易障壁が削減されると同時に，対域外貿易障壁が（域内の平均または最も高い水準ではなく）最も低い水準で統一されれば，貿易創造効果は貿易転換効果を上回ることになるだろう．

　地域的貿易ブロックを投資の流れを含むように拡大することは，しばしば大きな懸念を引き起こす．とりわけ貿易ブロック内に，生活水準が非常に異なる国々が含まれている場合には問題が大きくなる．NAFTAをめぐる論争の中では，NAFTAが締結されなければアメリカに向かったはずの巨額の投資をメキシコが吸い込んでしまう，と非難する者もいた．問題は，アメリカの企業

が低賃金労働を利用するためにメキシコに工場移転してしまい，メキシコに流出してしまった資本はアメリカ国内での投資には利用できなくなる，ということだった．

こうした議論は，資本市場はすでにグローバルなものになっているという点を考慮していない．資本は，良い投資機会がありさえすればどこにでも流れていくものである．アメリカに良い投資機会があれば，アメリカ人がどれだけメキシコに投資したにせよ，アメリカに資本は流入してくる．投資障壁こそが，最も生産的な用途への資本の移動を阻むものであり，結果として世界全体の経済効率性を低下させてしまうのである．

貿易をめぐる議論ではしばしば，世界全体が「ゼロサム」状態，つまりメキシコはアメリカの犠牲がなければ利益を得られないという状況が念頭に置かれている．たとえば，多くの人々は，一国が輸入すれば雇用を失う，つまり外国人が輸出から得る利益は，さもなければ雇用を創出していた（輸入）国内企業の犠牲によるものだと議論する．アメリカ企業は，それまでアメリカ国内で生産していた財やサービスを輸入に切り替える動きをしている，という「アウトソーシング」をめぐる議論はその典型である．本章の前半で学んだように，こうした議論は誤りである．比較優位の理論に基づくならば，各国が最も得意な産業に特化することで，いずれの国も（貿易を開始することにより）得をする．労働者は，自分たちの生産性が最も高くなる産業に移ることで高賃金という利益を獲得し，消費者は価格低下により利益を享受する．投資についても同じである．投資が収益の最も高い分野に流れるとき，世界の産出量（そして所得）は増加する．

しかし，比較優位に基づくときに，すべての個人が必ずしも利益が得られるわけではないのと同様に，資本移動によりすべての個人が利益を得られるとは限らない．メキシコからの巨大なアメリカ市場へのアクセスが改善したならば，世界中の投資家にとってメキシコへの投資の魅力が増すので，他国からメキシコへと投資の転換が起こると考えられる．ほとんどの経済学者は，アメリカ国内の投資に及ぼす正味の影響は無視できる程度か，もしくはむしろプラスになる可能性があると考えている．メキシコへの販売拡大により事業機会が広がると考えているアメリカ国内の産業が行った投資の増加分は，メキシコからの輸入品との競争に直面して事業規模を縮小させる企業の投資削減分を補って余り

あると考えられるからである．

実際，貿易と投資の間には密接な関係があるため，投資の流れは，それがなかった場合に比べて貿易からの利益を増加させる働きをする．海外で生産活動をするフランス企業がフランス製部品をより多く使う傾向があるように，海外

Internet Connection

世界貿易機関（WTO）

世界貿易機関（WTO）は各国間の貿易にかかわるルール作りに取り組む国際機関である．WTOのウェブサイト（http://www.wto.org）では，一般市民から学生，学者そして貿易の専門家まで幅広い利用者のために多くの情報が提供されている．WTOの活動についての紹介や公式文書の大規模なデータベースも用意されている．近年，WTOがグローバリゼーションや自由貿易に反対する人々による抗議対象として集中攻撃を受けるようになった．WTOに対する反対キャンペーンを活発に行っている団体の一つとして，パブリック・シチズン（Pubic Citizen）の一部門であるグローバルトレード・ウォッチ（GlobalTrade Watch）が挙げられる．そのウェブサイト（http://www.citizen.org./trade/）を訪れれば，このグループがWTOのグローバリゼーション・モデルとみなしているものに対する反対意見を知ることができる．

WRAP-UP

国際協力の領域

1. 多角的な貿易協定：WTO
    (a) 互恵，無差別，透明性の基本原則．
2. 地域的な貿易協定：NAFTA，EU
    (a) 貿易創造よりも貿易転換の危険．
    (b) 投資にかかわるような問題をはじめとする込み入った問題を解決するうえでは，より有効となる可能性が高い．

で生産活動を行うアメリカ企業もアメリカ製部品をより多く使う傾向がある．すなわち，投資の流れはしばしば，将来の輸出開始の前兆となる．

復習と練習 Review and Practice

■要約

1. 経済的相互依存のもたらす利益は，世界経済における国家にあてはまるのと同様に，一国内の個人や企業にもあてはまる．自給自足でやっていける個人も国家も存在しない．
2. 比較優位の原理によれば，各国は自国の生産費用が相対的に低い財を輸出すべきである．
3. 特化は以下の三つの理由により生産性を向上させる．第一に，労働者が一つの生産部門から別の生産部門へと移動する時間を節約する．第二に，同じ仕事を繰り返し行うことによって労働者がその仕事に習熟する．第三に，特化は発明を生み出すのに適した環境をつくり出す．
4. 一国の比較優位は，天然資源，獲得した資源，優れた知識，また特化の結果として生まれる．
5. 個人間取引と国家間貿易には以下のような基本的相違がある．国家間貿易では，貿易の結果，実際に国内に経済状況が悪化する人々がいる場合がある．自由貿易が国民所得を増加させるとしても，未熟練労働者の職を奪うことや賃金を低下させることに対するおそれがあり，それが保護主義を呼び起こしてきた．
6. 各国は，関税以外にもさまざまな方法によって産業を保護している．こうした非関税障壁には，輸入割当て（クォータ），輸出自主規制（VER）や規制による障壁がある．輸入割当てと VER は，現在は国際協定により禁止されている．
7. 自由貿易によりすべての国々が利益を享受できるものの，それぞれの国内には損害を被る集団があるかもしれない．アメリカでは，未熟練労働者や貿易がなければ競争が制限されていた産業に従事している労働者の賃金は低下するだろう．職を失う労働者が発生し，新しい職を見つけるためには

8 反ダンピングや相殺関税のような公正貿易の確保をめざした法律であっても，保護主義的手段として用いられる場合が多い．
9 輸入を制限することにより国内の雇用を保護しようとする近隣窮乏化政策は逆効果となる傾向がある．
10 現在では，GATT（関税と貿易に関する一般協定）に代わってWTO（世界貿易機関）が，貿易障壁削減のための国際交渉の場を提供している．それは，互恵，無差別，透明性の原則に基づいている．

■キーワード

輸入財　輸出財　双務的取引（2国間貿易）
多角的取引（多国間貿易）　絶対優位　比較優位　保護主義
自由貿易　通商政策　関税　輸入割当て（クォータ）
輸入割当てレント（数量レント）　ダンピング　相殺関税
近隣窮乏化政策　幼稚産業保護論　戦略的貿易政策理論
GATT（関税と貿易に関する一般協定）　WTO（世界貿易機関）
EU（ヨーロッパ連合）　NAFTA（北米自由貿易協定）　貿易創造
貿易転換

Q 復習問題

1 なぜ，あらゆる自発的取引は相互に利益をもたらすのだろうか．（ヒント：1節「国家間の取引」）
2 ある生産物に絶対優位を持っている国は，必然的にその生産物に比較優位を持つことになるだろうか．ある生産物について絶対劣位を持つ国が，その生産物について比較優位を持つことはありえないのだろうか．説明しなさい．（ヒント：2節「比較優位」）
3 なぜ，特化は生産性を高めるのだろうか．（ヒント：2節「比較優位」）
4 「一国の比較優位は，その国が保有する天然資源によって決められる」という主張について論じなさい．（ヒント：2節「比較優位」）
5 外国からの輸入に対して，各国はどのような方法を使って国内産業を保護

■ 第15章 ■ 国際貿易と貿易政策

しようとしているだろうか．（ヒント：4節「貿易政策」）
6 関税と輸入割当ての違いは何だろうか．（ヒント：4節「貿易政策」）
7 輸入関税が課されると，なぜ消費者は損失を被るのだろうか．（ヒント：4節「貿易政策」）
8 国際貿易に対する非関税障壁には，どのようなものがあるだろうか．（ヒント：4節「貿易政策」）
9 自由貿易には利益があるにもかかわらず，あるグループが貿易により損害を被るのはなぜだろうか．アメリカでは，最も大きな被害を被るのはどんなグループだろうか．（ヒント：5節「保護主義の政治的・経済的根拠」）
10 近隣窮乏化政策とは何だろうか．それはどのような結果を引き起こすだろうか．（ヒント：5節「保護主義の政治的・経済的根拠」）
11 貿易転換と貿易創造の対比において，何が問題となるのだろうか．（ヒント：6節「国際協調」）

Q 練習問題

1 デイヴィッド・リカードは，比較優位の原理をイギリスとポルトガル間でのワインと毛織物の貿易を用いて説明した．イギリスでは一定量のワインを生産するのに120人の労働者が必要であり，ポルトガルでは同じ量のワインを生産するのに80人の労働者が必要であるとしよう．同様に，イギリスでは一定量の毛織物を生産するのに100人の労働者が必要であり，ポルトガルでは同じ量の毛織物の生産に90人必要であるとしよう．両国にはそれぞれ7万2000人の労働者が存在するとして，両国の機会集合を描きなさい．貿易がない場合には，両国がそれぞれの生産物に半数の労働者を振り分けると考え，その点を図示しなさい．そして貿易が行われる場合の生産計画を示し，それが両国に利益を与えることを説明しなさい．（ヒント：2節「比較優位」）
2 問題1の例では，どちらの国がワインの生産に絶対優位を持つだろうか．また，毛織物の生産に絶対優位を持つのはどちらの国か．ワインと毛織物の生産にそれぞれ比較優位を持つ国はどこか．（ヒント：2節「比較優位」）

3 長年にわたり，多国間繊維協定（MFA）と呼ばれる国際的合意によって，北米やヨーロッパの先進国は，ラテンアメリカやアジアの貧しい国から輸入する繊維製品の数量を制限してきた．繊維製品は少ない資本と比較的未熟練な労働者によって生産することができる．この保護政策によって利益を受けるのは誰だろうか，また損失を被るのは誰だろうか．MFA は 2005 年 1 月 1 日に終了したが，これによって利益を受けたのは誰だろうか．また損失を被ったのは誰だろうか．（ヒント：3 節「国際的な相互依存関係の費用」）

4 EU もアメリカも自動車生産とテレビ番組制作を行っている．自動車生産とテレビ番組制作に必要な（労働時間で測った）費用が以下のようであるとしよう．

（単位：時間）

	EU	アメリカ
自動車 1 台の生産に必要な労働費用	100	80
テレビ番組 1 本の制作に必要な労働費用	600	400

どちらの地域も 24 万時間分の労働を有し，それを自動車生産とテレビ番組制作に振り分けるとする．当初において労働は自動車生産とテレビ番組制作に均等に振り分けられているとする．（ヒント：2 節「比較優位」）
(a) 当初のそれぞれの地域における自動車とテレビ番組の生産量はどのくらいだろうか．また両地域をあわせた生産量はどのくらいだろうか．
(b) EU とアメリカの生産可能性曲線を描きなさい．
(c) 自動車生産に関して絶対優位を持つのはどちらの地域だろうか．テレビ番組制作についてはどうだろうか．
(d) 自動車生産に関して比較優位を持つのはどちらの地域だろうか．テレビ番組制作についてはどうだろうか．
(e) 当初の生産水準から始めて，比較優位を利用することにより，テレビ番組の制作量を変えずに，自動車の生産量を両国合わせて 10 台増やすことができることを示しなさい．

5 2002 年にブッシュ大統領は，海外で生産された鉄鋼製品に関税を課した．

この政策で誰が利益を得ただろうか．また誰が損失を被っただろうか．
(2003年にWTOはこの関税を違法と断定した)（ヒント：4節「貿易政策」）

6 多くのアメリカ人は，アメリカの労働者に比べて貧しい国の労働者の労働条件が悪いという理由で，貧しい国からの繊維製品や衣料の輸入に反対している．もし貧しい国からの輸入が減少すると，誰が得をして，誰が損をするだろうか．（ヒント：5節「保護主義の政治的・経済的根拠」）

7 メキシコの労働者が得ている賃金がアメリカの労働者の賃金の3分の1だったとしよう．このとき，アメリカの企業のすべてがメキシコに移転しないのはなぜだろうか．（ヒント：6節「国際協調」）

8 投資先としてのメキシコの魅力が高まったときには，アメリカはそれにより利益を得ることになるのだろうか．それとも損害を被ることになるのだろうか．（ヒント：6節「国際協調」）

Chapter 16

第16章 技術進歩

Learning Goals

1. 技術進歩と不完全競争はどのように関連しているだろうか．
2. R&D（研究開発）を促進するうえで，特許制度はどのような役割を果たしているだろうか．
3. 基礎研究はなぜ公共財なのだろうか．
4. 政府はどのようにして技術進歩を促進するのだろうか．

■第16章■技術進歩

　19世紀後半から20世紀を通して，アメリカは新技術の発見・応用の分野において世界をリードしつづけてきた．たとえば，アレキサンダー・グラハム・ベルの電話，ライト兄弟の飛行機，トーマス・エジソンの電気関連の数多くの発明は，いずれも初期の頃のサクセス・ストーリーとしてよく知られている．こうした技術革新と発明の伝統は生きつづけ，トランジスタやレーザーのような新製品の開発に至った．IBM社，イーストマン・コダック社，ゼロックス社などの名前は人々によく知られている．近年でも，インテル社，マイクロソフト社，グーグル社，ジェネンテック社などの企業が技術革新に基づいた急成長と金銭的な成功を実現している．

　市場経済の重要な強みは，生産性を高め，生活水準を向上させ，技術革新を引き起こす力を持っていることにある．ところが本書の第2部「完全市場」でとり上げた基本的競争モデルでは，技術の状態は所与であると仮定している．だが実際には，過去200年にわたって現代経済が経験した劇的な生活水準の変化や，1900年の経済と2000年の経済との間にある，まさに目をみはるような違いのほとんどが，技術進歩の賜物である．現代経済では1900年に生産したものと同じ財を数多く生産しているだけではない．1900年当時の人々が夢にも思わなかった財を生産しているのである．たとえば，馬車の生産を増やすのではなく，現代では自動車や飛行機を生産しており，また蹄鉄の生産量を増やすのではなく，タイヤやジョギング・シューズを生産しているのである．このように経済成長の全過程を解明するカギを握っているのは，技術進歩，すなわち古くからのものを生産する新しい方法およびまったく新しいものを生産する新しい方法を考え出すことである．またこのことはアイデアが経済成長の中心的な説明要因であることを意味している．実際に経済学者は，1973年以前の生産性上昇全体の3分の2には技術進歩が寄与している，と推計している．

　今くらいの技術進歩が当然だと思うようになったことからすれば，1800年代初頭の著名な経済学者たちの見解が今と大いに異なっていたのは信じがたいことである．当時の労働者の実質賃金は，その400年以上も前にペストによってヨーロッパの人口の多くが死亡し，実質賃金を引き上げるような労働不足が起こった頃とほとんど変わらなかった．それまでの5世紀間の進歩は，あったとしても緩慢なものであり，当時の最も偉大な経済学者トーマス・マルサス(Thomas Malthus)は，人口のほうが，それを支えるべき経済力よりも急速

に増大すると考えた．生活水準が低下しつづけるという彼の予測によって経済学は「陰うつな科学」という不名誉なニックネームをつけられてしまった．世界経済は人口よりも急速には成長できないので，生活水準は低下せざるをえない，と予測しつづける人は今日でも多い．しかしこうした予測が誤りであることは，技術進歩によってたえず証明されてきた．

　技術進歩の速度を決める要因を理解しようとするならば，次の二つの点に留意して基本的競争モデルの枠組みを越えて考察しなければならない．第一に，技術進歩が重大な意味を持つ産業は，ほぼ必然的に不完全競争下にあることである．第二に，第2部で学んだ基本的競争モデルにおいては，個人や企業は自らの行為による便益はすべて受け取り，それに伴う費用はすべて支払うことを仮定していた．しかし技術進歩をもたらす基礎的な研究は，重要な正の外部性を生み出す．

　アレキサンダー・グラハム・ベル，ヘンリー・フォード，ライト兄弟などの発明家たちは，自分たちの発明から報酬を受け取っていたし，金持ちになった人もいた．しかしこれらの発明家たちは社会が獲得したものの一部を享受したにすぎない．スイスのジュネーブにある CERN（欧州合同原子核研究機関）のティム・バーナーズ-リー（Tim Berners-Lee），ロバート・カイリュー（Robert Cailliau）とその同僚たちは，WWW（ワールド・ワイド・ウェブ）と html（ハイパーテキスト・マークアップ言語）を 1990 年に開発したが，世界中のプログラマーは彼らのアイデアを利用し恩恵を受けることになった．[1] しかし WWW や html の開発は，消費者がその対価として支払った金額をはるかに上回る便益をもたらしたのである．

1　技術進歩と不完全競争の関係

　現代の先進工業諸国では，競争は，新製品の開発と新しい製造方法の開発という形態をとる場合が多い．コンピュータ産業や医薬品産業のように技術進歩

---

[1] インターネットの興味深い歴史については，Janet Abbate, *Inventing the Internet*, Cambridge: MIT Press, 1999（大森義行・吉田晴代訳『インターネットをつくる——柔らかな技術の社会史』北海道大学図書刊行会，2002 年）を参照．

e-insight
ニューエコノミーと技術革新

ニューエコノミーは技術革新の過程における革新として位置づけられることがあった．産業革命が財を生産する方法の著しい変化をもたらしたのと同様に，ニューエコノミーはアイデアを生産し普及させる方法の著しい変化をもたらした．

1世紀前のエジソンや，ウェスティングハウス（ジョージ・ウェスティング），ライト兄弟のような発明家たちは，単独かまたはわずかな援助者とだけで，経済を一変させるような技術革新を成し遂げたが，ここ100年間の技術革新は，巨大研究施設や何億ドルもの研究予算を擁するデュポン社やAT&T社のような大企業を中心に展開してきた．だがニューエコノミーでは，再び小さな企業が中心的な役割を果たしているようである．

が重要な役割を果たしている産業では，企業は，R&Dと呼ばれる研究（新しいアイデア，新しい製品，新しい製造方法の発見）や開発（新製品を市場に送り出せる完成品にすること）のために相当額の資源を割いている．

技術進歩と不完全競争は，主に以下に挙げる四つの理由から不可分の関係にある．第一に，R&D支出を採算に乗せ，そのことによって技術革新を促進するために，特許によって発明が競争から守られていることである（特許は特にこの「競争を制限する」という目的のために作られたものである）．第二に，技術進歩が重要な役割を果たしている典型的な産業では（産出量が増加しても変化しない費用である）固定費用が高い．このため，産出量がかなり大きな水準になるまで平均費用が低下しつづける．これが競争を妨げる一つの要因となっている．第三に，急速な技術進歩を特徴とする産業では，新しい生産技術の経験を積めば積むほどますます費用削減ができるようになる．第四に，銀行はR&D資金をまかなうための融資をしたがらないので，新興の小企業ほど資金調達が難しくなる．これらの理由によって，参入は困難になり，基本的競争モデルで規定されるような競争は少なくなる．

明らかに，重要な技術革新は以前よりもずっと小規模な企業で起こり，成功した際には生産を急速に拡大させることができるようになっている．

この速さの理由の一つ，つまりインターネットが生産性を増加させた理由の一つとして，これらの技術革新が市場の機能を改善したことが挙げられる．新しい企業は，以前は自社で供給せざるをえなかった（経理や人事サービスのかなりの部分を含む）サービスの多くを他社から受けられるようになった．また，少なくともいくつかのケースでは，インターネットはマーケティングの費用を顕著に引き下げてきた．

新技術，特にインターネットは，従来に比べて新しいアイデアの急速な普及を可能にした．かつては新しいアイデアが経済のある分野から他の分野に伝播するのに数年あるいは数十年もかかったものである．

1.1 特許とアイデアの生産

技術進歩にとってアイデアが重要であるとするならば，アイデアはどのように生み出されるのであろうか．アイデアの生産について理解するために，経済学の何らかの基本概念を利用できるのだろうか．

ほとんどの技術進歩は，R&Dへの考え抜かれた資源配分の結果起こるものである．典型的な大企業では収入の約3％を研究に支出している．これまでの多くの発見は（アレキサンダー・フレミングによるペニシリンの発見のように）ほとんど偶然の産物だが，現代ではこれはむしろ例外である．企業や個人が，貴重な時間や資源を研究に配分するインセンティブを持つためには，収益を受け取ることができなくてはならない．それを可能にするには二つの方法がある．アイデアを利用して自分で生産して収益を得るか，アイデアの利用権を有償で他人に与えるかである．しかしどちらの場合でも発明者は，他人が無償でアイデアを使用することを阻止しなければならない．さもなければ，発明した企業は収益を得るために苦労を強いられるだろう．なぜなら，競争によって価格は製品を生産する限界費用まで押し下げられるからである．発明のための

支出は固定費用であり，ひとたびアイデアが発明され広がると，それは生産の限界費用を低下させるのが普通である．要するに，発明者が収益を得るためには，発明を対価を支払わずに利用する者を排除できなければならない．しかしアイデアについては厳格に排除できるとは限らない．かつてヘンリー・フォードは近代的な組立てラインを創案し，当分の間，工場への訪問を禁止し秘密を保っていた．ところが，組立てラインを見た誰かがアイデアを借用し新しい工場を開業することができたのである．ほとんどのソフトウエア会社は，使用料を払わないユーザーを排除するためにソースコードを公表しない．発明のインセンティブを高めるには，発明者が自分の仕事に対して（知的）財産権を付与される必要がある．財産権が侵されやすいものならば，すなわち，研究を行おうと計画する企業が，これから創出する新しい工程や機械や製造方法による便益を確保できるかどうか不確実ならば，研究や新しいアイデアの創造には，わずかな資源しか投資されないだろう．

しかし，社会的な観点からすると，別の考え方もある．新しいアイデアの生産は，非常に費用がかかるかもしれないが，一度だけ生産すればよいのである．あなたのパソコンは何千というアイデアを使って作られたものだが，これらのアイデアは1台1台生産されるたびに作り出される必要はない．しかしディスプレーやメモリチップ，そして筐体はパソコン1台ずつのために生産されなければならない．あなたのパソコンに使っているメモリチップを友人のパソコンにも同時に使うことはできないので，これらは**競合財** rivalrous goods である．しかし，パソコンの設計は一度だけ生み出せばよいものである．ある個人が消費したり利用したりしても，他人の消費や利用の妨げにならない財を**非競合財** nonrivalrous goods という．この概念は第2章「不完全市場と公共部門」および詳しくは『スティグリッツ　入門経済学』第6章「不完全市場入門」で導入した．あなたと友人が経済学の講義を履修しているならば，2人とも需要・供給の法則などの概念を使うことができる．友人が先に宿題を仕上げたならば，あなたが後で取りかかった際にも，そのアイデアは利用可能である．アイデアのような非競合財を使用することによる限界費用はゼロである．つまりアイデアを再び使用しても何ら費用はかからない．したがって社会的観点からすると，他人にアイデアを使わせても費用はまったくかからないのだから，アイデアは，使いたい人には誰にも無償で利用させるべきである．

『スティグリッツ 入門経済学』第6章で学んだ純粋公共財の定義を思い出そう．純粋公共財とは，つねに他者に利用可能であり，かつ追加的な利用者のために提供する限界費用が厳密にゼロ（非競合的）の財である．ほとんどのタイプの知識については，それを他人が消費するのを排除することはまったく不可能ではないが，この定義はほぼ満たされている．したがって，知識やアイデアは公共財と考えることができる．また，他の多くの公共財と同じく，それを生産するインセンティブを与えるという課題と広く利用に供するという課題との緊張関係がある．

われわれの社会ではこの緊張関係について**特許権** patents で対処している．アメリカ憲法では「尊重すべき著作と発見については一定の期間にわたり，その著者と発明者に排他的権利を保障し，それをもって科学と有用な技術の進歩を促進する」ことを認めている．経済学では，創造的行為による産出物を**知的財産** intellectual property と呼ぶ．発明者に与えられる「一定の期間」はアメリカでは20年間である．この特許権の存続期間を通じて，他の生産者は特許所有者の許可を得なければ，同じ製品を生産できないし，また各企業独自の製品にその発明を利用することもできない．また特許所有者は，特許の利用（その手数料は**特許権使用料，ロイヤリティ** royalty と呼ばれる）や特許を使った製品の販売を他企業に認めることができる．

Thinking Like an Economist
知的財産権と所得分配

経済における技術革新の重要性が増大してくるにつれて，知的財産権の重要性も増してきた．そのため，アメリカが，1994年に終了したWTO（世界貿易機関）の前の貿易交渉，いわゆるウルグアイ・ラウンドにおいて強力な知的財産権の保護を求めたのも，当然である．しかし多くの発展途上国はこの提案に反対した．

この論争を理解するカギは知的財産権の本質にある．これらの権利（たとえば特許の存続期間の長さ）をどのように規定するかは，所得分配に重大な影響を持っている．新しいアイデアのほとんどが先進国で生産されるので，知的財産権が強力であるほど特許権所有

者の所得は増加するが，それを消費する発展途上国の人々は高い価格を課されることになる．過去においては，発展途上国では無断で海賊版を出版し，CDを複写し，また先進国で特許を受けている医薬品などの製品を模造することが横行した．当然のことながら，発展途上国の多くは強力な知的財産権保護に異議を唱えた．中でも二つの問題が世間の注目を集めた．

第一の問題は，発展途上国の植物や動物から抽出した薬品の特許についてである．製薬会社は，有用な薬品の製造への報酬を主張したのに対して，発展途上国の人々は，これらの薬効の多くは周知のものであり，製薬会社はその情報を科学的に確認したにすぎない，と主張した．さらには，その種の薬品があるのは，生物の多様性を保護しているおかげだから，自分たちがもっと多くの報酬を受け取るべきだと主張した．

第二の問題も医薬品に関するものである．以前，南アフリカ共和国などの国々は医薬品を模造し，先進国の製薬会社が販売する価格の何分の1といった低価格で販売していた．ウルグアイ・ラウンドの合意によれば，先進国の製薬会社がどんな価格を付けても発展途上国の人々は応じなければならないことになる．生命にかかわるエイズ治療薬のケースでは，発展途上国のほとんどの人は製薬会社が設定する価格を支払うことはできないので，これは何千もの人々に早死を宣告するに等しいことであった．当初，アメリカ政府は，アメリカの製薬会社を後押しして，南アフリカ共和国が合意を遵守しない場合の報復的貿易政策で威嚇した．結局，国際的な批判があまりに強いため，アメリカ政府と製薬会社が譲歩し，薬品を原価で提供することに同意した．

1.2 短期の効率と革新のトレードオフ

特許制度は，発明や創作活動に起因する収益のかなりの部分を発明者に専有させることによって，一時的な独占を許すものである．第9章「独占，独占的競争と寡占」では，競争市場に比べて，独占企業は少ない産出量を高い価格で売ることを学んだ．また，第8章「競争市場の効率性」では，競争市場は価格

と限界費用を等しくすることによって，経済の効率性を保証することを学んだ．これまでの分析では，技術は所与と仮定しており，この種の経済効率性を**静学的効率性** static efficiency と呼ぶ．

しかし経済の全体的な効率性を実現するためには，これらの短期的な効率性と研究や革新を刺激するという長期的目的のバランスをとる必要がある．企業は自社の投資収益を獲得できてはじめて技術革新を起こすのであり，言い換えれば，ある程度の独占的な力が必要である．短期的な観点と長期的な観点が適切に調整された経済状態は**動学的効率性** dynamic efficiency を備えているといわれる．

特許法において，動学的効率性に必要とされる技術革新のインセンティブと静学的効率性との対立に影響を及ぼす重要な条項は，特許権の存続期間である．特許の存続期間が短いと，企業は技術革新による収益を短期間しか専有できない．そのとき，特許による保護（すなわち独占状態）が長く続く場合に比べて技術革新のインセンティブは弱まる．特許の存続期間が長いと，技術革新のインセンティブは大きいが，技術革新による便益は小さくなる．とりわけ消費者にとっては価格低下までの期間が長くなる．20年間という特許の存続期間は，消費者の便益とR&D投資の収益のバランスを図ったものである．

例：スイート・メロン社　図16-1はスイート・メロン社が，冷凍メロン・ジュースを安価に生産するための新製造方法の特許を得た場合に何が起こるかを示したものである．単純化のため，ここでは生産のための限界費用は一定とする．技術革新が行われる以前は，どの生産メーカーの限界費用も同じc_0であった．ここでスイート・メロン社の生産の限界費用が技術革新によってc_1に低下したとしよう．技術革新が起こる前には，この産業は完全競争下にあり，したがって価格は限界費用c_0に等しいp_0だったとしよう．ところが今やスイート・メロン社は，ライバル企業より低い価格を設定することができる．特許による保護があるので，スイート・メロン社はp_0よりわずかに低い価格p_1で財を販売するだろう．そうするとライバル企業は今より低い新価格では生産費用をまかなえないので，市場から撤退してしまう．いまや全市場を支配するようになったスイート・メロン社は価格p_1で数量Q_1を販売し，1単位販売するごとに利潤ABを獲得する．このとき利潤はアミのかかった四角

図 16-1 ■ 特許の経済効果

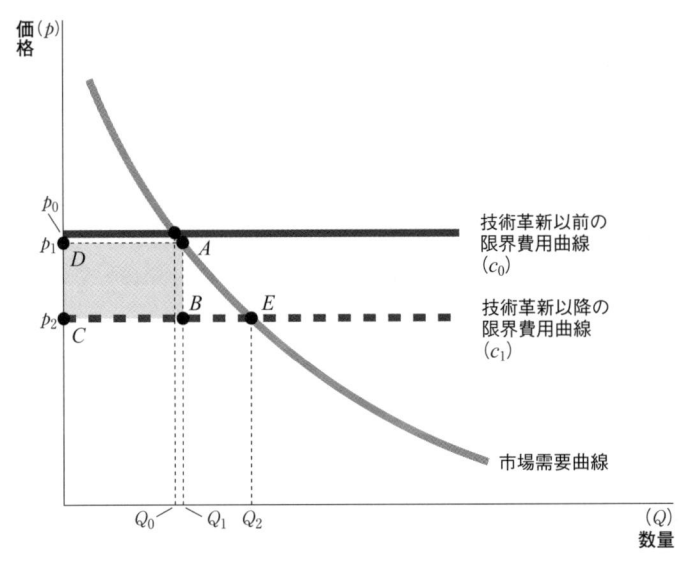

縦軸: 価格 (p)、横軸: 数量 (Q)

図中の記号: p_0, p_1, p_2, Q_0, Q_1, Q_2, 点 A, B, C, D, E
- 技術革新以前の限界費用曲線 (c_0)
- 技術革新以降の限界費用曲線 (c_1)
- 市場需要曲線

技術革新によって生産の限界費用は c_0 から c_1 に低下する. 技術革新以前の均衡価格は c_0 に等しい p_0 である. ところが特許を得た発明企業は, 価格を p_0 よりも少しだけ低い p_1 に引き下げ, 数量 Q_1 を販売するようになる. 総利潤はアミのかかった四角形 $ABCD$ である. 特許権の存続期間が終了すると, ライバル企業が市場に再び参入し, 価格は c_1 に等しい p_2 まで低下し, 発明企業の利潤はゼロになる.

形 $ABCD$ である. 受け取った利潤が研究費用を上回るならば, 技術革新を行ったことが利益を生んだことになる (こうした利潤はこの企業の優れた技術に対するレントだと考えられる).

特許権の存続期間が終了すると, 費用を削減できる製造技術を他社も用いて, この産業に参入してくる. 競争によって, 価格はより低くなった限界費用の水準である c_1 に等しい p_2 まで引き下げられ, 産出量は Q_2 まで拡大し, 新たな均衡は E 点になる. 消費者の状態は明らかに改善される. 価格が限界費用に等しくなるので, 静学的な経済効率は高められている. しかしスイート・メロン社はR&D 支出からの収益をもはや獲得することはできない.

かりに特許制度がなかったとすると, ライバル企業が即座にメロン・ジュースの新製造方法を模倣するので, 革新的技術が利用可能になるとすぐに, 価格は c_1 に等しい p_2 まで低下する. この場合, スイート・メロン社はまったく収益を得られないだろう (もちろん, 現実には模倣にも時間がかかるので, その

間，発明企業は技術革新からある程度の収益は得られる）．逆に特許が永続的に保証されるとすれば，他社は対抗できないため，技術革新が行われても消費者はわずかな便益しか受け取ることができない．産出量は当初の水準よりほんのわずかに大きい Q_1 にとどまり，高価格が維持される．

特許による保護の範囲 特許の範囲，すなわち特許権で保護する対象範囲をどれだけ広く定めるかという問題は，特許の存続期間の長さと同じく重要な問題である．ある発明家が，すでに特許が取得されている製品とごくわずかに異なる製品の発明に成功したとしよう．この類似製品に特許は与えられるのだろうか．それとも最初の発明への特許は「少しだけ異なる」類似製品も含まれているのだろうか．このことがアメリカ自動車産業の黎明期に決定的な問題となった．ヘンリー・フォードのT型フォードがアメリカ市場にあふれ出した頃（販売台数は1909年の5万8000台から1916年には73万台へと急増した），フォードは特許権をめぐってジョージ・ボールドウィン・セルダンから告訴された．彼は，ガソリン・エンジンを搭載し自力走行する乗り物はすべて自分の特許の範囲に含まれると主張した．セルダンは，フォードをはじめとする自動車産業の創業者たちを相手に特許権使用料（ロイヤリティ）の支払いを求めたが，フォードはこの特許請求を退けることに成功した．近年でも遺伝子工学や超伝導の分野で特許をめぐる論争が行われている．たとえばある企業が，ある遺伝子の一部を解読しその情報の一つの使用法を確立したとしよう．これは特許の対象になるのだろうか．もし特許の対象になるのなら，その対象範囲は遺伝子の該当する一部だけなのだろうか．それともその遺伝子全体に及ぶのだろうか．

一般的には，最初の発明者は，自らの生産物だけではなく関連する生産物にも効力が及ぶような広範囲の特許を要求しようとする．逆に，後から参入を図る人たちは，特許権使用料を支払わずに類似品や応用品が生産できるように特許の範囲を狭くすることを主張する．ここにも，経済学でよく見られるトレードオフがある．特許が広範囲であるほど，最初の発明者は自分の発明がもたらす収益のより多くの割合を獲得できる．しかし特許の範囲が広すぎると，それ以外の人々や企業は，最初のアイデアに付加する開発を進めても，その収益が最初の発明者に支払う特許権使用料によって減らされると考えるので，技術革

新の試みを抑制することになる.

　企業秘密　　技術革新による利潤が特許によって守られるにもかかわらず，新製品や新製造法について特許による保護を求めようとしない企業も多数存在するのはなぜだろうか．その大きな理由は，特許を得るためには，企業は，新製品や新製造方法について細部まで公開しなければならないことが挙げられる．そうした情報は，ライバル企業のR&D計画を推進するうえで非常に役立つ可能性が高いのである.

　企業は，このような公開を嫌って，自社の技術革新を**企業秘密 trade secret**にしておくことを選ぶことがある．企業秘密とはたんに，技術革新や生産工程に関して，その企業が他社に公開しないものを指す．たとえばコカ・コーラの製造方法は特許による保護を受けていない．それは企業秘密にされているのである．冶金分野においても企業秘密の役割は重要であり，新合金の場合はほとんど特許は申請されない．ただし企業秘密には，特許に比べて重大な短所がある．ライバル企業が独自に同じ製造方法，たとえば新合金の製造方法を発見したとすると，最初に革新を行った企業に特許権使用料を支払うことなくその製造方法を利用できるのである.

　技術革新の収益の何割かは，最初に製品を市場に送り出すことから得られる．新製品を最初に市場に送り出した企業は，顧客の商品への愛着や評判を勝ち取ることができるので，ライバル企業に対して決定的な優位性を持つことになる．たとえ特許や企業秘密がない場合でも，後発企業は市場に割り込むために苦難の時期を経験することが多いのである.

　特許の限界　　特許権の利用にはこれ以外にも限界がある．最重要なアイデアには特許性がないものが多い．たとえば，アラン・チューリング（Alan Turing）が行った，コンピュータの内部処理の基礎となる数学的発見などである．チューリングは計り知れない価値の革新を行ったのであるが，何の収益も得られなかった．トランジスタやレーザーを生み出す元になったアイデアとしての物理学の知識もまた特許性がない.

　何に特許性があるかは時代とともに変化してきた．最近の新しい特許の項目にはビジネス・モデルが含まれている．かくして独特の特徴を備えたミューチ

1．技術進歩と不完全競争の関係

633

ュアル・ファンドのアイデアは今日では特許が与えられるかもしれず，また特別な形態の競売を行うインターネット企業のアイデアもそうである．これらの新たな特許がニューエコノミーにとってかなりの刺激になっているという論者もいる．しかしこれらの特許の多くは，十分に独創的で保護に値するのだろうか，と異議の対象にもなっている．

CASE IN POINT
イーライ・ホイットニーと綿繰り機

　発明家が特許を取得したとしても，その発明からの収益獲得を保証されるとは限らない．他人が特許権を「侵害する」，すなわち発明者に何も支払わないでアイデアを使用した場合には，発明者は訴訟を起こさざるをえない．歴史上でもっとも有名なのは，イーライ・ホイットニーと綿繰り機のケースである．

　18世紀末，イギリスとアメリカ北部諸州の織物工場は活況を呈していたが，原料綿は慢性的に不足状態だった．アメリカ南部諸州で栽培されていた種類の綿は要求にかなうものであったが，綿花から種子を取り除く仕事は労働集約的だったゆえに費用は高く，低コストの方法が待望されていた．ホイットニーが綿繰り機を発明し，懸案を解決した．ホイットニーは発明者なら誰もが行うように特許を申請し，1794年に受理された．次に彼は資金を提供してくれる共同経営者を見つけ出し，綿繰り機製造事業を開始した．綿繰り機は驚異的な効果を発揮し，アメリカ南部諸州に繁栄をもたらした．しかしホイットニーはほとんど便益を得ることはできなかった．

　問題は，ホイットニーの機械が高性能であると同時に構造が非常に単純なことにあった．綿花栽培農家にとって，ホイットニーの綿繰り機を模倣して，ほんの少しだけ異なる機械を製造するのは容易なことだった．ホイットニーは特許権侵害だとして裁判所に提訴したが，綿花栽培地帯諸州の裁判所は，彼の特許権は侵害されていないという判決を下す傾向があった．結局，サウス・カロライナ，ノース・カロライナ，テネシー，ジョージアの諸州が，発明の利用権を一括して購入することで合意した．

しかしそれは，ホイットニーと彼の共同経営者の支出をまかなうにはほど遠い金額であった．

　ホイットニーは，その一生を発明家として全うしたが，綿繰り機以来，二度と自分の発明の特許を申請しようとはしなかった．彼は次のように記したことがある．「発明は非常に価値が高いがために，発明者にとって無価値になることがある」．ホイットニーの経験は極端な例である．今日では特許法によって，優れた新製品の生産に取り組む先端研究開発型企業はしっかり保護されている．それらの企業は，特許権使用料（ロイヤリティ）を報酬として特許の使用権を販売することによって新技術の共有を選択することができ，またその報酬は一部の企業においては，収入のかなりの部分を占めている．

1.3　固定費用としてのR&D

　技術進歩が重要な意味を持つ産業は一般的には完全競争ではないが，そうなる理由は特許と企業秘密だけではない．第二の理由は，R&D支出が固定費用だからである．何かを発明するためにかかる費用は，そのアイデアが生産に何回使われるかによって変化するものではない．[2] この固定費用の大きさは，その産業がどれだけ競争的であるかを決定する要因である．市場規模のわりに固定費用が多くかかるほど，企業数は少なくなり，競争は限定的になる．

　研究開発のための支出は固定費用であり，その支出が大きい産業では，比較的高い産出水準まで，平均費用曲線は右下がりになる．第4章「企業と費用」で学んだように，企業は一般にU字型の平均費用曲線を持っている．固定費用がある場合には，当初は企業の産出量増加に伴って平均費用は減少を続けるが，ある産出水準を超えると，やはり第4章でも述べた理由により，平均費用は上昇する．固定費用が大きい場合，大規模企業のほうが小規模企業よりも平均費用が小さくなるので，競争上有利になる（図16-2）．このため固定費用が大きい産業は，比較的少数の企業で構成され，競争は限定される傾向がある．

2）　R&D支出額自体を変更することはできる．支出額の違いは，新製品をどれだけ早い時期に市場に送り出せるかとか，新製品開発競争でライバル企業を打ち負かすことができるかどうか，に影響を与える．

図16-2 ■ 研究開発の費用

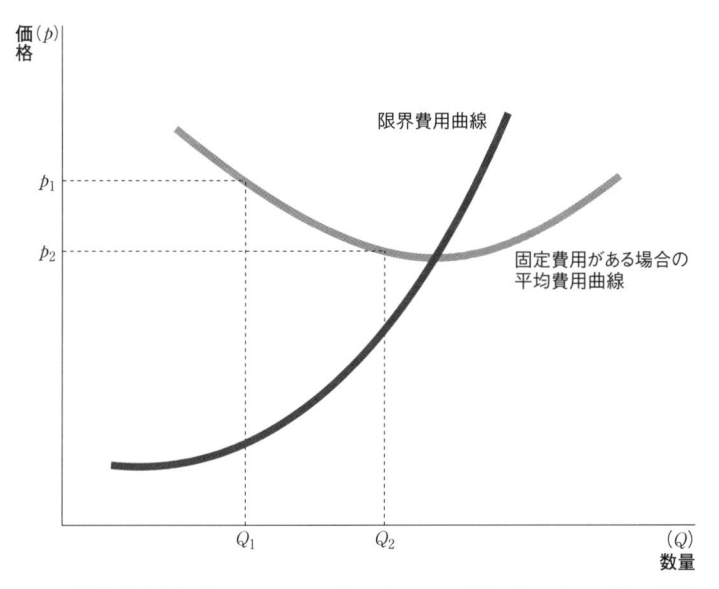

価格(p)

p_1
p_2

限界費用曲線

固定費用がある場合の平均費用曲線

Q_1　Q_2　数量(Q)

R&Dの費用は固定費用である．すなわち産出水準によって費用は変化しない．R&D集約的な産業では高い産出水準に至るまで平均費用が下がり続ける．したがって低産出量（Q_1）の企業は高産出量（Q_2）の企業よりも平均費用が高くなる．

たとえば化学産業のように，R&Dがきわめて重要な産業では，企業集中度が高くなるのも意外なことではない．

企業規模が大きいと，研究に取り組むインセンティブが高くなる効果もある．たとえば，ある小規模企業が1年間に100万本のペンを生産していたとしよう．優れた製造技術が発見され，1本当たり1ドルだけ費用を低下させることができたならば，1年間に100万ドルの費用節約になる．1000万本製造する大企業が同じ発見をしたときには，1年間の費用節約分は1000万ドルになる．このように企業規模が大きいほど，研究開発（R&D）を行おうとするインセンティブは高くなり，また実際にも研究開発を実行するので，小規模のライバル企業より成長率も高くなる．

しかし，大企業の研究開発部門は，競争上の優位を勝ち取ることに貢献する一方で，管理上の弊害をもたらすことがある．独創性に満ちた研究者ほど，大企業の官僚機構に抑圧感を持ち，また自らの研究努力に見合う十分な処遇を受

けていないと思いがちである．たとえばコンピュータ産業では，数多くの有能な研究者が大企業を離れ自ら新しい会社をつくっている．

このように技術革新の問題については，企業規模が大きいことは長所にも短所にもなりうる．ナイロン，トランジスタ，レーザーなどの重要な発明や革新を生み出したのは大規模企業である．その一方で，小規模企業や個人の発明によって，アップル・コンピュータ，ポラロイド・カメラ，コダック・フィルムは生み出され，それらは結果として成功し大企業に成長することになった．反トラスト政策（独占禁止政策）の一つの目的は，小規模で創意に満ちた企業が，地位を確立した既存大企業と有効に競争できるような経済環境を維持することにある．

1.4 経験による学習

生産性向上は，研究開発への直接的支出の結果としてではなく，実際に行われている生産活動の副産物として実現されることがある．企業は生産活動を通して経験を積み，費用を低下させる．この種の技術進歩は**経験による学習** learning by doing といわれる．累積生産量で測られる経験と費用との間に見られる規則的な関係は，**習熟曲線（習得曲線，学習曲線）** learning curve と呼ばれる．この関係は，同型の飛行機の生産が増加することによって，生産費用が劇的に減少した航空機産業で最初に発見された．このような習熟曲線は急勾配だといわれる．

これが技術進歩と不完全競争が同時に進行することが多い第三の理由である．生産規模（と経験の蓄積）が増加するにつれて，限界費用は低下する．ある産業に最初に参入した企業は，ほかの企業に対して決定的な優位性を持っている．最初の企業が学習した内容の一部がほかの企業にスピルオーバー（漏出）したとしても，そのすべてが漏出するわけではない．最初の企業にはすでに獲得した知識があるため，その費用は潜在的ライバル企業よりも低く，他社よりもつねに価格を引き下げることができる．潜在的参入者はこのことを知っているので，経験による学習が費用に著しく影響する産業にはなかなか参入しようとしない．同じ理由から企業は，経験による学習によって著しい便益が発生する生産物を見つけ出すことができれば，自分たちの利潤をその後も確保できると考えるだろう．それゆえに個々の企業は，最初に特許を取得しようと競いあうよ

うに，習熟曲線が急カーブを描くような生産物の市場へ最初に参入しようと競いあうのである．半導体産業ではこうした行動がしばしば見られる．

　経験による学習が重要である場合，企業は，限界収入と現時点の限界費用が等しくなる水準より多く生産しようとする．現在，より多く生産することにより，将来の生産費用を削減できるという追加的便益が得られるからである．このとき企業がどれだけ産出量を増加させるかは，経験によって費用が低下する速度に依存することになる．

1.5　資本市場とR&D

　R&D支出のリスクは非常に高いことが多く，またそのリスクに対して保険が掛けられないので，銀行は一般にはR&D資金の貸出を渋ることが多い．銀行が建物に対して融資した場合には，借り手が返済不能に陥ったとしても，建物で清算することができる．ところが，銀行がR&Dに融資した場合には，研究計画が失敗に帰すか，あるいはライバル企業に特許申請で先を越されても，銀行には清算する手段がない．銀行がR&D活動の将来性について判断に苦しむことが多いのに対して，イノベーターは自分のアイデアの実現に関してはつねに楽観的である．しかもイノベーターは，銀行や投資家に対して，彼らの中の誰かが自分のアイデアを盗用しないか，市場に製品を送り出さないか，あるいは先に特許を申請してしまわないかを危惧し，自分のアイデアの全貌をなかなか明らかにしないので，判断はいっそう難しくなる．

　競争が限定され，かつ需要が伸びている産業において，すでに地位を確立している企業にとっては，R&D支出を自社の利潤によってまかなうことができるので，研究資金の調達はそれほど深刻な問題ではない．R&Dのほとんどがこうした企業によって行われているのはこのためである．ところが，新興の小規模企業や，競争が熾烈なため各社ともあまり利潤が得られない産業に属する企業にとっては，資金調達は深刻な問題である．それゆえに，産業内で支配的地位を得た企業は，自ずと繁栄していくかもしれない．そのような企業は産出量が大きいので，1単位当たりの生産費用を削減する新技術から得られる利益が大きく，また利潤が大きいので，R&Dに多くの資源を使うことができるからである．

　アメリカでは今日，新興の小規模企業のR&Dの多くはベンチャー・キャピ

タル企業から融資されるようになっている．これらのベンチャー・キャピタル企業は，主として企業年金基金，保険会社，および個人資産家から資金を集め，そして最も将来性のある研究開発（R&D）型ベンチャー企業に投資するのである．ベンチャー・キャピタル企業は，リスクを負担する代償として，ベンチャー企業の株式のうち相当な割合を保有することを要求し，さらに日常的にその企業の資金がどのように支出されているかという経理内容を詳細に監視する．

1.6 シュンペーター的競争

　革新が重要な市場における競争は，第1章「需要と供給」で論じた完全競争の理想的なモデルに従っていないが，競争が行われていないのではなく，むしろずっと厳しいものかもしれない．この市場における競争は，既存製品をより低価格で販売することと同様に，新製品を生産することを重視している．この種の競争は，20世紀初頭の偉大な経済学者ジョセフ・シュンペーター（Joseph Schumpeter）にちなんでシュンペーター的競争と呼ばれることが多い．シュンペーターの職歴はオーストリアに（おいて1919年の春から秋までオーストリア＝ハンガリー帝国皇帝の財務大臣を務めたことに）始まり，ハーバード大学の名誉教授で終わっている．彼が描く経済像は競争均衡モデルとは著しく異なっていた．競争均衡モデルは，何も変化が起こらない経済の状態である均衡に焦点を当てている．シュンペーターは均衡という概念そのものに疑問を投げかけた．彼にとって，経済とは絶え間なく流動するものであり，経済学者の役割はこのような変化を引き起こす力を解明することであった．

　シュンペーターは，経済とは創造的破壊の過程であると論じた．イノベーターは，新製品や低コストの新製法によって市場で支配的地位を打ち立てる．しかし結局は支配的地位は破壊され，新たなイノベーターがそれにとってかわる．

　シュンペーターは，彼の生涯の間に眼前で形成されつつあった巨大企業が革新の息の根を止め，創造的破壊を終焉させるのではないか，と憂慮したが，これまでのところこれは杞憂にすぎない．実は，IBM社のような超巨大企業の多くは，起業したばかりのライバル企業に後れをとることがないように革新活動を行うことはできなくなっている．

　今日のシュンペーター学派の人は，変化の過程を理解するために生物学を援用することが多い．彼らは変化を進化として描写する．ゆっくりとした変化の

過程は，多くの予測不能な要因に，最も良く適応できた企業が生き残り，その経験が他の企業に広まる過程とみなされる．このような適者とは，新製品や新事業展開の新しい方法を生み出すことに関して，そのときの環境下で幸運や技量の点でライバル企業たちに優る者である．

革新の重要性への注目と理解が広まったので，シュンペーター学派を自任する経済学者の数も増加した．

競争と技術進歩 **WRAP-UP**

競争は技術進歩にどのように影響するか

競争がR&Dを加速する	競争がR&Dを妨げる
●企業は，新たな技術革新によって利潤を獲得できるようになる（標準的な市場では利潤はゼロである）． ●技術革新を行わなければ，企業は生き残ることができない．	●ライバル企業が模倣する可能性があり，それにより技術革新の収益は小さくなる． ●R&Dの資金をまかなうために必要な利潤が，競争の結果少なくなる．

R&Dは競争にどのように影響するか

R&Dが競争を加速する	R&Dが競争を妨げる
●R&Dは，価格に代わって企業間競争の手段になっている．現代の経済では，R&Dが最も重要な競争の舞台になっている．	●特許によって一企業だけが独占的地位を数年間保証される． ●R&D支出は固定費用であるため，大企業が有利になり，そのためR&Dが重要な産業においては企業数が少なくなる． ●経験による学習があるため，市場に最初に参入した企業が決定的な優位性を得る． ●R&D資金を調達する場合，資本市場へのアクセスが限られているため，新興の小規模企業は不利である．

---

2 公共財としての基礎研究

発明や技術革新へのR&D支出は，ほとんどの場合に外部性を引き起こす．第2章「不完全市場と公共部門」で学んだように，一個人や一企業の行動が他

者や他企業の費用や便益に影響を及ぼすことを，外部性が生じているという．R&D支出が生み出す便益の合計を，その社会的便益と呼ぶ．たとえ特許があったとしても，発明者は発明の社会的便益のほんの一部しか得ることができない．たとえば製造コストを引き下げる方法を発見した企業は，特許権の存続期間中にライバル企業から顧客を奪い取るために価格を引き下げるが，それは消費者の便益になる．そして特許の存続期間が過ぎれば他社も競争に加わり，価格はいっそう低下するので，消費者の便益はさらに増加する．また，一つの分野における発明の便益が他の分野に流出することもある．エレクトロニクス分野に革命をもたらしたトランジスタは，AT&T社のベル研究所で発明された．AT&T社は，トランジスタを電話部品として使うことによって直接的な便益を獲得した．しかし，トランジスタを用いたラジオ，テレビやその他の電気製品の改良による便益は他の企業が享受したのである．

社会的見地からすると，とりわけ価値があるR&Dは**基礎研究 basic research**である．基礎研究とは，広範囲な応用成果を生み出す可能性のある基本的な研究である．たとえば物理学の基礎研究からは，レーザー，トランジスタ，核エネルギーといった今日では日常的な存在となったものの基礎となるアイデアが生み出された．政府による援助がない場合，民間企業の基礎研究へのR&D支出水準を左右するのは，その基礎研究から自社が受け取る収益である．しかしそれは，社会的便益と比べると無視しうるほど小さなものである．基礎研究から生み出される外部性はきわめて大きく，基礎研究は公共財と考えられている．

公共財は二つの性質により定義される．第一に，公共財から便益を受けるどのような人をも排除することは困難である．基礎研究分野には，科学的法則や自然界の事実などの基本的な発見が含まれている．こうした事実の発見から特許を取得することはできない．たとえば超伝導現象そのものではなくても，絶対零度（-273℃）よりもかなり高い温度で超伝導現象を示す特定の物質が存在するという発見でさえも同じことである．

公共財の第二の性質は，その財から便益を受ける人が増えることによる限界費用はゼロであるということである（これを，消費は非競合的であるという）．基礎的発見に関する情報を持っている人が増えることによって，最初の発見者が獲得する利潤が減ることは当然あったとしても，最初の発見者が持っている

図 16-3 ■ R&D 支出の国際比較

GDP に占める割合 (%)

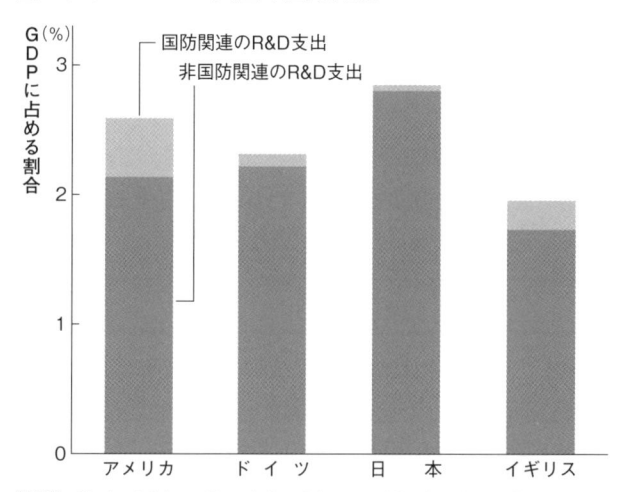

- 国防関連のR&D支出
- 非国防関連のR&D支出

（アメリカ、ドイツ、日本、イギリス）

（出所）　National Science Foundation, *Science and Engineering Indicators*, 2000.

GDP に占める R&D 支出の百分比を比較すると，アメリカは他の先進工業国とほぼ同程度である．その違いは，R&D 支出の配分にある．アメリカの支出は日本やドイツに比べ国防関連に著しく傾斜している．

知識が減ることはない．実際，基礎研究の成果が公開されると，技術革新を追求している他の研究者もその知識を利用することができるので，多大な便益が生み出される．

基礎研究は他の公共財と同様に，民間市場では過少供給になる．そのためアメリカ政府では，全米科学財団，全米保健機関など数多くの機関を通じて基礎研究を助成している．また国防省の R&D 支出の一部も基礎研究を対象にしている．それにもかかわらずアメリカの基礎研究への支出が不十分だという認識は，経済学者の間で高まりつつある．最近 30 年間のアメリカ政府による国防費を除いた R&D への補助金は，対 GDP 比で低下しており，今も政府の R&D 支出のかなりの部分は国防関連である．図 16-3 に示されるように，アメリカの国内生産に占める R&D 支出の割合は，日本やドイツに比べて遜色のない水準であるにもかかわらず，アメリカ産業の競争力を高めるような新製品や新製造方法の開発への支出割合が低いのはこのためであり，高性能で有効な兵器の開発に多くが使われている．

3 技術進歩を促進するための政策

技術革新を奨励するために政府のとる手段のうち，知的財産権の保護と基礎研究への援助に関しては，広範な合意が得られている．しかし，それ以外のR&D奨励手段に関しては，意見の一致には至っていない．

3.1 補助金

政府が新技術を奨励する一つの手段は補助金である．この方法は，政府による補助対象の選定がうまくいかなかった過去の事例を挙げて批判されてきた．たとえばフランス政府とイギリス政府の助成によって開発され，1976年から2003年まで就航した超音速旅客機コンコルドは，ついに採算に乗せることができなかった．アメリカでも，政府が合成燃料の開発に数十億ドルを費やしたが，それは失敗に終わった．さらにR&D税額控除といった，政府が適用プロジェクトを選定しない全般的な補助金は，費用がかかる割りには研究成果をほとんど生み出さないという批判を受けている．

しかし，依然としてR&Dに政府が積極的に関与すべきだという論者がいる．彼らは，応用研究には大きな正の外部性があるので，民間部門では応用研究への投資が過少になると主張する．経済の特定部門を助成しようとする政策は**産業政策** industrial policies と呼ばれる．農業のように産業ととらえる慣習がない産業でもこのように呼ぶ．応用研究への公的助成を支持する人たちも，政府の選定対象がつねに成功したとはいえない点については認めている．しかし彼らは，R&Dは本来リスクが高いものであり，実際には成功例のほうが顕著であると主張している．たとえば農業の生産性はここ1世紀間に1000％上昇したが，これは，（連邦政府が1世紀以上にわたって助成してきた）州立大学における農業研究や政府の農業技術普及活動の成果であるとしている．

国際面でのやっかいな問題　しかし補助金は，国際舞台では不公正な競争の脅威を他国に抱かせることになる．政府補助金を受けている国の企業と競争する国々は，補助金による有利さを相殺する目的で輸入関税（報復関税）を課

すことがある．ここで懸念されることは，たとえば，ヨーロッパとアメリカがある産業への援助競争を行うようになると，その産業は利益を得るが両国の納税者は犠牲を払う，ということである．そこで，国際協調によって補助の程度を抑えようとする試みがなされてきた．（たとえば優遇税制などのように）R&D 全般に対する補助金は依然として許されているが，対象を特定した補助金は禁止されたり，または訴訟の対象になっている．

3.2 保護政策

　発展途上国の企業は，世界市場での有効な競争に必要とされる知識基盤を発展させるためには，外国との競争を遮断する必要がある，と主張することが多い．これは，**幼稚産業保護論 infant industry argument for protection** と呼ばれる議論である．ただし，ほとんどの経済学者は幼稚産業保護論には批判的である．幼稚産業保護論は，競争を避けるためにはどんな口実でも利用して，価格を引き上げて利潤を増大させようというレント・シーキング活動を行う企業の言い訳にすぎない，と経済学者は考えている．競争を学ぶ最も有効な方法は，実際に競争することであり，競争から隔離された状態で競争を学ぶことはできない．先進国の企業に追いつくために何らかの助成が必要ならば，保護政策の結果実現される高価格という隠された費用ではなく，費用として明示された補助金の形態で提供されるべきである．

3.3 反トラスト政策の緩和

　第 10 章「競争促進政策」で学んだ反トラスト政策（独占禁止政策）は，政府は市場を完全競争モデルに近づけるべきである，という信念に基づくものであった．ところが現代の先進工業諸国では，R&D の重要性が強く認識されてきたために，変化を求める意見が出始めている．

　変化を支持する主な論点は，知識の共有を目的に提携したり，同一産業内の企業間で研究を調整したりすることは，R&D の外部性を内部化する効果を持つのではないかということである．しかし反トラスト政策を担当する政府当局は，研究開発面での提携が，公共の利益に反するような価格協定など，他の領域に容易に拡大することを危惧してきた．そのために，バランスのとれた公共政策が模索されてきた．1984 年には，R&D 共同事業をある程度は認める連邦

WRAP-UP

技術進歩と基本的競争モデル

基本的競争モデル	技術進歩が重要な産業
技術は変化しないと仮定する.	基本的課題は，何が技術進歩の速度を決めるかである．関連する課題は，何がR&D支出を決めるか，また経験による学習は産出水準にどのように影響するか，である.
産業には多数の企業があり，完全競争であると仮定する.	競争は完全ではない．技術進歩が重要な産業では企業数が比較的少ない傾向がある.
資本市場は完全である.	企業がR&D支出の資金を借入によって調達するのは困難である.
外部性はない.	R&Dは発明者以外にも便益をもたらす．たとえ特許が存在しても，発明者は発明による社会的便益の一部分しか占有できない.
公共財は存在しない.	基礎研究は公共財である．なぜならば，新しいアイデアを使用する者が増えることによる限界費用はゼロ（消費は非競合的）であり，同時に基礎研究の便益を他者が享受するのを排除することが難しいからである.

Internet Connection
産業競争力

　産業競争力協議会（Council on Competitiveness）は，アメリカ企業の国際競争力を高めるための技術革新や技術進歩の役割を活動対象とする非営利組織である．ウェブサイト（http://www.compete.org）では，技術革新と国際的な経済力に関連する問題ついてのネット上の会議室を開設している.

　日本では産業界の有志によって設立された産業競争力懇談会COCN（Council on Competitiveness-Nippon）（http://www.cocn.jp）があり，日本の産業競争力を高めるための政策提言を行っている.

共同研究法が成立した．同法に基づいて登録された事業は，反トラスト法（独占禁止法）の民事訴訟において，損害額の3倍賠償のリスクを免れることができるが，反トラスト法から完全に逃れられるわけではない．1980年代末までには，100件以上のR&Dジョイント・ベンチャーが認められた．なかでもよく知られたものとして，電力会社によって設立された電力研究所，地域電話会社によって設立されたベル通信研究所やコンピュータ・チップ製造のコンソーシアムにおけるセマテックなどがある．

4 技術進歩と経済成長

　アメリカ人の生活水準は100年以前に比べるとはるかに高まった．その理由は，平均的労働者による1時間当たりの産出量である生産性が大きく上昇したからである．この上昇の基盤には技術進歩がある．1970年代から1980年代にかけてアメリカの生産性上昇率は3％から1％へと著しく低下した．1990年代後半には，再び上昇率が高まり，1970年代をも上回るとする計測結果もある．この変化の一部は実物資本への投資水準の変化によるものであるが，ほとんどは革新の速さと関係しており，さらにこの革新の速さは計画的にR&Dに資源配分した結果である．政府が，革新を促す経済環境をいかに創出するかという問題にかなりの注意を払うのは驚くべきことではない．知的財産権の保護によって提供されるインセンティブと基礎研究への政府支出は重要ではあるが，経済の他のいくつかの特徴も重要な役割を果たし，アメリカの主導的な立場を支えてきた．これらの特徴には，新しいベンチャー企業に進んで融資する（特にベンチャー・キャピタル企業による）金融市場や，失敗する率が高い新興企業に就職するというリスクを進んで引き受ける労働力などがある．また世界中から最も優秀な科学者を惹きつける大学制度や，大学と企業の研究の密接な連携などの特徴もある．

復習と練習
Review and Practice

■要約

1 アイデアは，基本的競争モデルが想定する財とは異なり，非競合的である．
2 技術進歩の重要性が高い産業は，ほぼ必然的に不完全競争になる．特許とは，企業が他企業の技術革新を模倣することを，困難かつ費用がかかるようにするために，政府がとる手段の一つである．特許を与えられた企業は，政府によって独占力が保証される．またR&D支出は固定費用であり，それが大きい場合には，産業内の企業数は少なくなり，価格競争は限定されがちである．
3 特許権の存続期間が長期間にわたり，かつ対象が広範囲な場合には，（少なくとも短期的には）競争を不活発にするが，革新を行うインセンティブは高くなる．対象が広すぎる特許は，次に続くべき革新の意欲を低下させるかもしれない．
4 経験による学習によって，最初に生産物をつくった会社（あるいは国）は，すべての後続参入者に対して優位性を持つことになる．それは技術的優位性を生み出す源泉となることがある．
5 R&D（研究開発）は，一般的には消費者や企業に対して正の外部性をもたらすものである．しかし，革新を行う企業が，革新による社会的便益のすべてを獲得できるわけではない．そのため企業は，社会的な最適よりも少ない量しかR&Dに投資しない可能性が高い．
6 基礎研究は，公共財の二つの基本的性質を兼ね備えている．まず第一に，研究による便益から他者を排除することが困難であり，第二に新しいアイデアを利用する者が増加しても，その限界費用はゼロである．
7 技術進歩を奨励するために，政府は以下のさまざまな政策を実行している．特許，研究への直接的支出，企業がR&Dを行うインセンティブを高める租税優遇措置，技術的に進んだ外国企業からの一時的な保護政策（幼稚産業保護政策），潜在的なライバル企業が共同でR&Dを行うことを認めるような反トラスト法（独占禁止法）の緩和，などである．

■キーワード

競合財　非競合財　特許権　知的財産
特許権使用料（ロイヤリティ）　静学的効率性　動学的効率性
企業秘密　経験による学習　習熟曲線（習得曲線，学習曲線）
基礎研究　産業政策　幼稚産業保護論

Q 復習問題

1. 技術進歩の重要性が高い産業では，どのような点で基本的競争モデルの仮定を満たしていないのだろうか．（ヒント：本章の冒頭を参照）

2. 各国政府は，なぜ，特許権を保証することによって発明者に一時的に独占的な権利を与えるのだろうか．また特許権の存続期間を長期間にするか短期間にするか，あるいは特許権の対象を広い範囲にするか狭い範囲にするかを選択するに際して社会が直面するトレードオフについて説明しなさい．（ヒント：1.1 項「特許とアイデアの生産」）

3. 経験による学習が存在しているときに，すでに生産している既存企業は予想される参入企業に対してどのような優位性を持つだろうか．（ヒント：1.4 項「経験による学習」）

4. 他の事業計画に比べて，R&D のための資金調達が困難なのはなぜだろうか．すでに地位を確立した企業は，この問題にどのように対処しているのだろうか．また，これから事業を開始しようとする企業はどのように対処するだろうか．（ヒント：1.5 項「資本市場と R&D」）

5. R&D の正の外部性とはどのようなものだろうか．また正の外部性があるとき，私企業による R&D 支出が過少になりがちなのはなぜだろうか．（ヒント：2 節「公共財としての基礎研究」）

6. 基礎研究を公共財として考えることができる理由を説明しなさい．また基礎研究への投資が社会的に見て過少になりがちなのはなぜだろうか．（ヒント：2 節「公共財としての基礎研究」）

7. 産業政策を支持する議論と反対する議論を挙げなさい．（ヒント：3.2 項「保護政策」）

8 共同でR&D事業を促進する目的で反トラスト法の緩和を社会的に検討する際に，社会が直面するトレードオフはどのようなものだろうか．（ヒント：3.3項「反トラスト政策の緩和」）

Q 練習問題

1 アメリカ連邦議会が，現在は20年間である特許権の存続期間を8年間に短縮する法案を検討しているとしよう．この変更が技術革新に及ぼす負の効果にはどのようなものがあるだろうか．また経済に与える正の効果にはどのようなものがあるだろうか．（ヒント：1.1項「特許とアイデアの生産」）

2 何年も前に，ある発明者がオレンジジュースの製造方法の特許を受け，その後別の発明者が現れ，レモネードの製造方法の特許を出願したとしよう．最初の発明者はオレンジジュースの特許はあらゆるフルーツジュースの製造方法を対象に含むと解釈すべきだと主張したが，二番目の発明者はその特許は1種類のジュースを製造する一つの特殊な方法のみを対象にすると反論した．このような事例を判定するルールを定める際に社会が直面するトレードオフは何だろうか．（ヒント：1.2項「短期の効率と革新のトレードオフ」，特に「特許による保護の範囲」）

3 特許は，対象となる特定の発明に一定期間の独占を保証するが，それと同時に発明者には発明内容の詳細な公開を要求する．（コカ・コーラ社のような）企業が製造方法を他社から守ろうとするとき，どのような条件の場合には特許よりも企業秘密のほうがよいと考えるだろうか．（ヒント：1.2項「短期の効率と革新のトレードオフ」，特に「企業秘密」）

4 自社の発見が将来の特許につながると考えない場合でも，企業はR&Dに投資することがある．それはなぜだろうか．（ヒント：1.4項「経験による学習」）

5 半導体産業では，経験による学習が重要だと考えられている．新世代半導体をいち早く製品化しようと競いあっている．その理由を説明しなさい．また，半導体産業において経験による学習が重要であるとすれば，他の国々が自国の半導体産業を発展させる目的で幼稚産業保護政策を採用しよ

うとするのはなぜだろうか．理由を述べなさい．（ヒント：1.4項「経験による学習」および3.2項「保護政策」）

Chapter 17

第17章 資産の運用

Learning Goals

1. 貯蓄された資金を投資する対象としてどのようなものがあるだろうか.
2. その対象はそれぞれどのような特性を持っているのだろうか.
3. ある資産が他の資産より高い収益を生むのはなぜだろうか.
4. 「市場に勝つ」ことは可能だろうか.
5. 賢明な投資戦略を構成する基本的な要素としてはどのようなものがあるだろうか.

1990年代は株式市場において株価が大きな上昇を経験した時代である．株式市場では新たな会社が公開され，株式が売られ，一夜にして新たな億万長者が誕生するという光景が見られた．株式市場が大暴落し，億万長者の資産が大きな評価損を被ることになった2000年には状況は一変した．株価の上昇と下落は経済の健康状態の重要なシグナルとみなされることも多いが，1995-2005年の10年間にわれわれが見た金融市場の変動も特に目新しいものではない．ジョージ・ワシントン大統領の下で初代財務長官となったアレクサンダー・ハミルトン（Alexander Hamilton）が，1791年に新しい国債市場を開設したとき，国債価格は取引開始後の1カ月間で1000％以上も急騰し，その後暴落した．

では，経済学から見ると，株式市場とは何だろうか．そして経済学では，株式市場がどのように機能するのかについて，またあなたのお金をどのように投資すべきかについて，どんなことを教えてくれるだろうか．貯蓄を決定するときには必ず，どのような形で貯蓄するかを決定しなければならない．たんす預金にする場合もあるだろうが，ほとんどの場合は，銀行預金や株式・債券市場，不動産市場に投資される．これらの投資機会は，消費を先送りする，すなわち貯蓄を促すための手段であると考えられる．おおまかにいえば，**投資 investment** とは，収益を受け取ることを期待して資産を購入することである．経済全体の観点から見ると，**実物投資 real investment** と **金融投資 financial investment** とは区別されなければならない．実物投資には，新しい工場や新しい機械の購入などが含まれ，総支出の一部を構成する投資が含まれる．金融投資には，将来所得を生み出す，あるいは価値が上がると期待される銀行預金，株，債券などが含まれる．

本章では，金融投資の問題を扱う．まず貯蓄をする人にとって利用可能な主たる投資対象を取り上げ，それらの重要な特性について議論する．これらの特性から，株式や債券などのような金融資産の価格がどのように決定されるかを説明する単純な理論を確立することができる．そして，投資対象の特性と資産価格の理論に関して学ぶことにより，賢明な投資戦略を立てることができる．

1 投資対象

　貯蓄を行う人は誰でも，無数の選択肢を持っている．その中で選ばれる選択肢は，投資に向けられる資金の大きさや，貯蓄を始めたときの動機，リスクを負担する意欲，年齢や健康などの個人的要因に依存して決定される．資金を投資する対象は数限りなくあるように見えるが，その中でも次の五つが重要である．定期預金を含む銀行預金，住宅，債券，株式，そして投資信託である．これらの間での選択を行う際に，投資家は四つの特性，すなわち収益，リスク，税負担および流動性に注目する．

1.1 銀行預金

　銀行預金（あるいは類似の預金口座）は，次の三つの利点を持っている．第一に利子が付くし，第二に貯蓄を引き出すのも容易である．また第三に銀行が破産した場合にも連邦預金保険公社（FDIC）を通じて1人当たり10万ドルまでの預金が保証されるという安全性を持っている．

　貯蓄金額が大きくなるにつれて，利子率の違いがより大きな価値をもたらすことになる．あらかじめ定められた期間お金を銀行に預ける**定期預金 certificate of deposit, CD**（time deposit：アメリカでは，後述の譲渡性預金証書とともに定期預金も CD という）は，安全性は標準的な銀行預金とまったく同じであり，収益（利子）は銀行預金よりわずかに高いものになる．定期預金の欠点は，定められた期間以前にお金を引き出したいときには，ペナルティ（違約金）を支払わねばならないことである．投資を現金化するときの容易さを**流動性 liquidity** という．完全に流動的な投資の場合には，速やかに，かつその価値をまったく失うことなしに現金化することができる．定期預金は，標準的な銀行預金より流動性が低いものである．

1.2 住宅

　アメリカの家計の約3分の2が，持ち家を所有するという投資を行っている．しかし住宅投資は，銀行預金や定期預金への投資よりもはるかにリスク（危

険）が高い．住宅価格は，通常は時とともに上昇していくが，つねに上昇しつづけるわけではない．そして，最近では，地域によって上昇率は大きく異なる．たとえば，1995-2005年の10年間にマサチューセッツ州では住宅価格は約530％上昇したが，オクラホマ州では75％にすぎなかった．住宅価格は，急上昇する年もあれば，変化しなかったり，下落する年もある．住宅の購入に必要な資金の大部分を借り入れており，住宅の所有者は，住宅の市場価格とは無関係にローンを返済しなければならないので，リスクを負っていることに注意しなければならない．

　投資としての住宅は，そのほかに二つの特性を持っている．そのうちの一つは魅力的であり，もう一つは魅力的ではない特性である．良い面としては，不動産税，財産税および住宅ローンの利子は，課税所得から控除することができ，また通常キャピタル・ゲインも課税されることはない．悪い面としては，住宅の流動性は通常かなり低いことが挙げられる．家は1軒ごとに異なるものであり，あなたの家を本当に気に入ってくれる人を探し出すには，かなりの時間が必要になる．すぐに家を売ろうとするならば，ゆっくりと時間をかけて売却したときよりも，平均すれば，かなり少ない金額しか得ることができないだろう．さらに，住宅売却費用もかなりの金額にのぼり，アメリカでは売却価格の5％以上となっており，どのような場合でも，株や債券のような他の資産を売るときの費用を上回る．

Internet Connection

利子率の計算

　ニューヨーク連邦準備銀行とシカゴ連邦準備銀行が，利子率をどのように計算するのかを説明するウェブサイトを開設している．アドレスはニューヨーク連銀が http://www.ny.frb.org/education/calc.html#calc で，シカゴ連銀が http://www.chicagofed.org/consumer_information/abcs_of_figuring_interest.cfm である．

1.3 債券

　債券とは，単純にいえば，企業や政府が借入をするための手段である．借り手は，企業，州政府，学区，あるいは連邦政府などさまざまであるが，どのような借り手であっても，貸し手（債券の購入者，すなわち投資家）に対してあらかじめ定められた期間を経過した後に一定の金額を返済するという約束をしている．加えて借り手は，借入額に応じて一定の収益を毎年支払うことにも同意している．したがって，利子率が10％の10年物の1万ドルの債券は，貸し手に毎年1000ドルを支払うとともに，あらかじめ定められた10年が経過した後に1万ドルを支払う．借入，すなわち債券が完全に返済されるまでの期間を満期といい，満期が数年以内の債券を短期債，10年以上の債券を長期債という．長期国債の中には20年満期，あるいは30年満期のものさえある．

　投資家は支払われる金額を知っているので，債券は比較的安全であるように思われるかもしれない．ここで10年後に1万ドルを支払い，それまでは毎年1000ドルを支払うという社債を考えてみよう．ある投資家がこの債券を購入して，2年間利子を受け取った後に現金が必要になり，この債券を売却したとしても，1万ドルが得られる保証はない．もっと多くの金額が得られるかもしれないし，少ない金額しか得られないかもしれない．その債券が発行された後に，市場利子率が5％に下落すれば，新しく発行される1万ドルの債券からは1年当たり500ドル（の利子）しか支払われない．この場合，明らかに，1年当たり1000ドルの収益をもたらす元の債券は，より高い価値を持つことになる．したがって，利子率の下落（が続くと考えられている場合）は，債券の価値を高めることになる．逆に，利子率上昇は債券価格を下落させる．この市場価格に関する不確実性ゆえに，長期債は危険な資産なのである．[1]

　たとえ投資家がこの債券を満期まで，すなわち約束された1万ドルが支払われる期日まで保有していたとしても，依然としてリスクは存在する．なぜなら

---

[1] 債券の市場価格は，債券が支払う額の割引現在価値に等しい．たとえば，最初の2年は毎年10ドル，3年目の末に110ドル支払いがある債券は r を利子率として $\dfrac{10}{1+r} + \dfrac{10}{(1+r)^2} + \dfrac{110}{(1+r)^3}$ の価値である．r が上昇すれば，債券の価値は下落し，r が下落すれば，債券の価値は上昇することがわかる．

ば，今から10年後に1万ドルで何が買えるかが正確にはわからないからである．もし一般物価水準が，10年間にわたって7％の率で上昇を続けるならば，1万ドルの実質価値は，10年間物価が安定していたときの半分にしかならないのである．[2]

これらの不確実性によって生じるリスクが高いため，長期債は比較可能な短期債よりも平均して少し高い収益を支払って，投資家に補償をしなければならない．また，どんな企業であっても小さな倒産のリスクは存在するので，企業の発行する社債は，政府債を上回る利子を支払うことによって高いリスク分を補償することになる．しかしながら，経済学的な研究によれば，社債の収益は倒産のリスクを補償する以上に高くなることが示されている．すなわち，もし投資家が非常に多数の優良社債を購入しさえすれば，1社，もしくは2社以上が債務不履行になる可能性は非常に小さくなり，同じ満期（償還までの期間が同じ）を持つ政府債を購入するよりもかなり高い収益が得られると考えられている．

他の社債よりもリスクが大きい，すなわち債務不履行の可能性が大きい社債も存在する．これらの社債が，一か八かの賭けをしてみようという気を投資家に起こさせるためには，きわめて高い収益（利子率）を支払わなければならない．1980年に倒産の瀬戸際に立たされていたクライスラー社の社債は，23％という非常に高い収益を支払っていた．明らかに，企業の債務が多くなればなるほど，返済の約束を履行できなくなる可能性は大きくなり，したがって債券のリスク（危険度）は高くなる．特にリスクの高い債券は，ジャンク・ボンドと呼ばれる．このような債券の利回りは財務状況が健全な企業の債券よりもはるかに高いが，投資家は債務不履行の可能性が高いことを考慮しなければならない．

1.4 株式

また投資家は企業の株式に投資することを選択するかもしれない．ある個人が，企業の株式を購入するということは，彼がその企業の一部分（持分）を所

---

[2] もし物価が1年に7％上昇するのであれば，複利計算により，10年で物価は現在の$(1.07)^{10}$倍になる．$(1.07)^{10}$は近似的に2であり，したがって物価は2倍となる．

有することである．すなわち，発行総数100万株の企業の株式を100株所有しているということは，その企業の0.01％を所有しているということである．投資家が株式を投資先として選ぶのは次の二つの理由のためである．

まず第一に，企業は，その収益，すなわち労働者や他の原材料の供給者に支払い，銀行や他の借入に対する利子のすべてを支払った後に残る収益の一部を，直接に株主に支払う．この支払いは**配当 dividends** と呼ばれる．企業は，平均的にはその収益の3分の1を配当として分配する．残りの部分は**内部留保 retained earnings** と呼ばれ，投資のために企業内に留保される．配当額は，債券に対する収益とは異なり，企業収益および企業がその収益中から株主にどのような割合で分配すると決定するかに依存している．

第二に，株式に投資する人は，配当に加えて，将来価格が上昇する株を選び，後でより高い価格で売却して儲けることを期待している．売却時の株式（または他の資産）の実現価格の増加分（購入価格との差額）は**キャピタル・ゲイン capital gain** と呼ばれる（もし購入したときの価格を下回る価格で売却したときには，投資家はキャピタル・ロスを被ったという）．

株式にはいくつかの理由からリスクが存在する．第一に，企業の収益は大きく変動する．たとえ企業がその配当額を変更しなかったとしても，利潤の差が内部留保の差をもたらし，これが株価に反映される．それに加えて企業の株価は，たとえば経済全体や産業，そしてその企業の将来性を投資家がどのように考えているのかに依存する．わずかでも信頼が失われれば，株価の急落を招きかねない．したがって，何らかの理由があって急いで株を売却しなければならないときに株価が大幅に下落していることがあるかもしれない．たとえその投資家が，株価はやがてより高い水準の価格に戻ると信じているとしても，売却を延期することができない場合もある．

株式は債券よりもリスクが大きい．企業が破産し投資家に対する弁済が求められている場合，法律によって，株主より前に可能なかぎり債券の保有者に対する弁済が行われなければならないと定められているからである．結果として，破産会社の株主が何ももらえないのに，債券の保有者は自分が投資した資金の一部は支払ってもらえるということがありうる．しかしながら長期にわたって，株式は非常に高い収益をもたらしつづけている．1926年から2003年までの期間をとってみれば，社債が平均して年2％の実質収益率をもたらしているのに

対して，同期間での株式の実質収益率は約10%である．

1.5 投資信託

投資信託（ミューチュアル・ファンド）mutual fund は，非常に多くの投資家から資金を集めて，巨額な資金を一つにプールし，この資金を用いて多数の資産を購入する．マネー・マーケット・ミューチュアル・ファンド（MMMF）は，資金を定期預金などの比較的安全な資産に投資する．

マネー・マーケット・ミューチュアル・ファンドの利点は，銀行預金より高い利子率を得ながら，なおかつ流動性を確保できる点である．ファンド・マネージャー（基金の管理者）は，平均すれば，ほとんどの人々が口座にお金を預けたままであり，お金を引き出す人や追加投資をする人は一部である，ということを知っている．それゆえに，ファンドの大きな割合を定期預金に投資しても，満期以前の資金引出しに対する違約金を支払わないで済ませることが可能になるのである．このような方法により，マネー・マーケット・ミューチュアル・ファンドは，定期預金と同程度の収益をもたらしながら，預けた資金の流動性を高く保つことを可能にしたのである．

マネー・マーケット・ミューチュアル・ファンドはまた，その顧客のお金を，**財務省短期証券** Treasury bills，T-bills と呼ばれる短期国債に投資することもある．財務省短期証券は，1万ドル以上という，大きな単位の金額でしか購入することができない．財務省短期証券は，90日以内あるいは180日以内という比較的短期間内に，一定金額（たとえば額面金額である1万ドル）を払い戻すことを約束しているもので，投資家は証券の額面金額よりも安くそれを購入する．実際に支払った金額と額面金額との差が，購入者にとっての収益となる．

たいていのマネー・マーケット・ミューチュアル・ファンドでは，1カ月当たり限られた回数であるが小切手を切ることもできる．大きな欠点としては，大きな額の最低残高を維持することが要求される可能性があることと，銀行預金のような政府保証がないことである．しかし，マネー・マーケット・ミューチュアル・ファンドの中には，政府証券や政府保証証券にのみ投資しているファンドもあり，それらは実質的には銀行預金と同程度に安全である．

ほかには，株式および債券に投資する投資信託がある．投資信託は，典型的には数十社，ときには数百社の株式あるいは社債を購入する．投資家は**分散化**

diversification，すなわちすべての卵を同じバスケットの中には入れない（一つの事業に全財産を投じない）ことから得る利益を認識している．もし貯蓄をすべて一つの企業の株につぎ込み，その企業が不振に陥ったならば，大きな損失を被ることになるだろう．もし二つの企業の株式を同時に保有したならば，一方の企業の株式からの損失を他方の企業の株式からの利益によって相殺できるかもしれない．実際上，投資信託によってはるかに幅広い分散化が可能となる．もちろん，株式市場全体の市況が悪ければ，株式を対象とする投資信託もまた損失を被る．株価の低迷時には，しばしば債券価格は上昇する．それゆえ，いくつかの投資信託は株と債券の両方に投資を行っている．また，成功すれば非常に高い収益が約束されるが，リスクも高いベンチャー企業に投資するファンドもある．これらはしばしば「成長（グロース）」ファンドという名で呼ばれている．その他，特別に設計された投資信託が多数あり，いずれも非常に人気がある．多くの投資家にとって，債券や株式市場への参加は投資信託を購入することによって始まるのである．

2　投資の望ましい特性

　表17-1には，これまで説明したさまざまな投資機会が，その最も重要な特性とともに示されている．ここで，これらの特性をもう少し詳しく見ることにしよう．投資家は利用できる幅広い機会を調査し，自分のニーズとさまざまな投資の選択肢が提供してくれるものとを比較考量する．理想的な投資とは，高く確実な収益と少ないリスク，そして課税されないものである．不幸にして，経済学者がつねに指摘しているように，投資家はトレードオフに直面している．投資の持つ望ましい特性の一つについてその水準を上昇させる，たとえばより大きな収益を得ることは，安全性のようなほかの望ましい特性を犠牲にすることによってしか実現できないのである．このようなトレードオフがどの程度のものになるかを理解するためには，それぞれの主要な特性をより詳しく調べなければならない．

表 17-1 ■ アメリカにおける投資の選択肢とその特徴

投資の種類	期待収益	リスク	税法上の利点	流動性
銀行預金	低い	低い	なし	高い
定期預金	銀行預金よりわずかに高い	低い	なし	銀行預金よりわずかに低い
住宅	1970年代中頃から，1980年代中頃にかけては高収益．1980年代末から1990年代初めは収益はマイナス．	かつては安全であると考えられたが，現在ではいくぶんリスク（危険）があると考えられている．	多くの税制上の優位性．	比較的非流動的．「良い」買い手を見つけるのに長い時間がかかるかもしれない．
連邦政府長期債	通常は財務省短期証券よりわずかに高い．	次期の市場価格が不確実．長期においては購買力が不確実．	所得税が免税．	満期前に売却する場合には少額の手数料がかかる．
社債	連邦政府長期債より高い収益．	連邦政府長期債のリスク＋債務不履行のリスク．	なし．	連邦政府長期債よりもわずかに非流動的（発行する企業に依存する）．
株式	高い	高い	キャピタル・ゲインには若干の優遇措置あり．	主要証券取引所に上場されている銘柄は流動性が高い．その他の銘柄は流動性が非常に低い可能性がある．
投資信託	ファンドが投資する資産に依存．	ファンドが投資する資産に依存．分散化によるリスクの減少．	ファンドが投資する資産に依存．	高い
財務省短期証券	ほぼ定期預金と同じ．	低い	州所得税が免税．	満期前に売却する場合には少額の手数料がかかる．

2.1 期待収益

　投資の際の望ましい性質を書き出した表17-1 の最初の項に，期待収益がある．すでに指摘したように，投資収益には二つの部分がある．すなわち，利子支払い（債券），配当（株式）あるいは家賃・地代（不動産）と，キャピタル・ゲインである．したがって，もしある株を1000ドルで買い，1年間に150ドルを配当として受け取り，1年後にその株を1200ドルで売ったときには，総収益は150ドル＋200ドル＝350ドル（収益率は35％）になる．その株を900ドルで売った場合には，収益は150ドル－100ドル＝50ドル（収益率は5％）になる．もし800ドルで売ったならば，総収益はマイナス50ドル

Internet Connection
インデックス・ファンド

多くの投資信託はスタンダード＆プアーズ（S&P）500指数のような株式市場の指数（インデックス）の収益に追随するように設計されている．スタンダード＆プアーズ社のウェブサイト（http://www.standardandpoors.com/indices/main/jp/jp）では，インデックスのパフォーマンスに関しての最新の情報が提供されている．そのページの左にあるリンクは，インデックスの計算に必要な数学入門のページへとつながっている．

（収益率は−5％）である．

保証された収益を提供してくれる資産はわずかしか存在しない．株式市場が好調であれば，株式は20％の収益を生むかもしれないが，相場が下落すれば総収益はゼロ，あるいはマイナスになるかもしれない．二つの投資対象の間で正しい比較を行うためには，**期待収益 expected returns** の概念を適用しなければならない．資産の期待収益とは，投資された1ドル当たりが生み出す可能性があるさまざまな収益の大きさと，その大きさの収益が実際に支払われる可能性を統計的に要約した一つの数値である．もし，株式が次の1年間に，4分の1の可能性（25％の確率）で20％の収益を生み，2分の1の可能性（50％の確率）で収益は5％，4分の1の可能性（25％の確率）で収益がゼロであるならば，この株式の期待収益は7.5％（＝0.25×20％＋0.5×5％＋0.25×0％）である．

CASE IN POINT
PG&Eの従業員は，投資の分散化の重要性を学んだ

2001年1月，カリフォルニア州北部における大手送電会社であるパシフィック・ガス・アンド・エレクトリック（PG&E）社は，突然破産

■ 第17章 ■ 資産の運用

の危機に直面していることに気がついた．カリフォルニア州における電力自由化法により，PG&E 社は消費者価格を上げることが禁じられているのに，消費者へ送るための電気は市場価格で購入しなければならなかった．アメリカ西海岸における需要の急激な増大と電力不足は電力価格の記録的な上昇をもたらし，PG&E 社はたちまちのうちに現金を使い果たしてしまった．ウォール街は素早く反応した．PG&E 社の株価は，2000 年 9 月 11 日の 31 ドル 64 セントから 2001 年 1 月には 10 ドル 19 セントへと急落した．この電力会社の債券は最低の「ジャンク・ボンド」格付けに落ちた．これは，債券の保有者が利子を受け取る可能性は少ししかないと，ウォール街が考えていたことを示している．PG&E 社は配当を中止し，労働者をレイオフ（一時解雇）し，可能な選択を評価するために破産専門の弁護士を雇った．

　PG&E 社の従業員にとって，好景気のカリフォルニア経済の足元を脅かした電力危機は二重の脅威をもたらした．第一に労働者は明らかに仕事を失う危機に陥った．そして，PG&E 社の労働者の 80% 以上は，会社の退職・年金プランを通じて PG&E 社の株を保有していたのである．長年，雇用者が 401(k) 退職口座で PG&E 株を 1 株購入すれば，PG&E はもう 1 株をその人の 401(k) 口座に拠出した．雇用者は PG&E 株を売却するという選択肢も持っていたが，すべての人がその分散化の機会を利用したわけではなかった．PG&E の株価が 3 分の 1 になってしまったとき，これらの労働者の 401(k) プランも同じように 3 分の 1 になってしまったのである．彼らの年金と 401(k) は破産しなかったが，その 401(k) プランで PG&E 株に集中して投資してきた労働者は，株価が急落するリスクに対して保護されていなかったのである．

　長年勤めてきた従業員で，PG&E 株から分散化してよりバランスのとれたポートフォリオを保有していなかった人は，早期退職と安心な老後という夢が消えてしまった．このように多くの人が PG&E 株に過剰に投資を行った理由を聞かれたときに，1 人の労働者は，「みな自分たちに（またある場合には，その親にも）人生のほとんどの期間にわたって良い生活を提供してくれた会社を信じていたから」と答えた．PG&E 社の突然の破産は，個々の株式保有のリスクを（ゼロにはしないまで

も）最小化するためには分散化が重要であることを強く訴えている．

（出所）Jennifer Bjorhus, "PG&E's 'Family' Falling Apart," *San Jose Mercury News*, January 22, 2001, p. 1.

投資理論の第一の重要な教えは，さまざまな資産間で収益を生み出す方法（たとえば利子や配当）以外に違いがないとすれば，すべての資産の期待収益は同じになる，ということである．その理由は以下の通りである．他のすべての資産は6％の期待収益であるのに，ある資産の期待収益が10％であるとしよう．投資家は，より高い収益率の資産を買おうとし，その資産により高い価格を付けるので，その資産価格は押し上げられることになる．その資産価格が上昇するにつれて，逆に期待収益は減少する．期待収益が他の資産と同じになるまで，この価格上昇圧力は続くだろう．

実際には，1ドル当たりの期待収益は，投資した資産ごとに著しい差がある．その理由は，多くのその他の重要な特性が期待収益に影響を与えるからである．その中には，以下に説明するような期待収益が支払われないリスク，税法上の取扱いの違い，流動性すなわち売却する際の容易さ，などが含まれる．

e-insight

リスクの分散化と投資信託

投資家はリスクについて心を悩ませている．リスクは分散化，すなわち「すべての卵を同じバスケットの中には入れない」ことによって減少させることができる．ある証券の価値が下がったときに，ほかの証券の価値が上昇するかもしれないので，投資を多くの証券に分散することはリスクを低下させる．リスクの分散化の利点がはっきりしているにもかかわらず，多くの人は少ない種類の証券しか保有していない．その理由の一つは，さまざまな株式を売買するのはコストがかかるからである．その結果，人々はしだいに投資信託に頼るようになってきている．投資信託は莫大な種類の証券を購入する金融仲介機関である．証券は大口で購入されるので，取引費用は低くなる．しかし，人生においてタダのものはない．投資信託も

また生計を立てなければならず，投資信託もまた取引費用を徴収する．これらのコストは，個人が自分で同程度に分散化されたポートフォリオを買う場合に比べてかなり低いが，それでもかなりの大きさである．投資信託はまた，税金の面でかなり不利である．たとえば，投資信託の持ち分を2000年の1月に購入したとしよう．2000年2月に投資信託が，10年前に購入した株式の一部を売却し，大きなキャピタル・ゲインを得たとする．その後，(たとえばその投資信託がハイテク・ファンドであったため，2000年4月のハイテク銘柄の落ち込みによって) ファンドの価値が下落したとしよう．この年の年末時点で，あなたは損失を被っていると考えるかもしれない．しかし，IRS (内国歳入庁) は，あなたはキャピタル・ゲインが実現したときに投資信託を保有していたのだから，あたかもキャピタル・ゲインを得たかのように税金を払うべきであると主張する．これは大いに不公平のように思える．状態が悪化したのに，改善したかのように税金を支払わなければならない．しかし，税法上はこのように取り扱われる．

情報通信技術の発達により，個人が大きな取引費用なしに分散化を行う新たな可能性が開かれた．たとえばFOLIOfn社は，投資家が1カ月当たり定額手数料で (しかも限界費用なしで) 多くの株式売買ができるサービスを提供している．これによって投資信託の取引手数料や税制面での不利益を被ることなしに個人は高度に分散化したポートフォリオを保有することができるようになった．

2.2 リスク

われわれの多くは，ほぼすべての将来へ向けた経済活動に含まれているリスクが好きではない．宝くじに数ドル使ったり，たまにスロットマシンを楽しんだりするかもしれないが，大体においてリスクを避けたりそれを最小化しようとしたりする．経済学ではこのようなリスクを避ける行動をとることを，人々は危険回避的であり，そしてその行動は**危険回避** risk aversion を表しているという．

それゆえ，どんな投資家にとっても主たる考慮の対象となるのは，投資対象のリスクの大きさである．この点では，銀行預金は安全である．大恐慌の時期に発生した銀行破綻の後，1930年代に政府の預金保険が導入されて以来，保険によって保証された銀行預金でお金を失った人はアメリカには存在しない．しかし，住宅，株式，債券やその他のほとんどの投資にはリスクがある．収益は，期待したよりもかなり小さいかもしれないし，大きいかもしれない．

歴史的に見ると，株式の平均収益は債券よりも高いが，リスクも大きくなっている．株価は変動し，しかも非常に激しく変動する．たとえば1987年10月19日のたった1日で，ニューヨーク証券取引所の株価は508ポイント，すなわち23%も下落した．

図17-1は，二つの主要な株価指数を図示したものである．パネルAは，大企業の株価に基づく株価指数であるダウ・ジョーンズ工業株価平均の日々の終値を図示したものである．今日の指数には，1999年の改定で含まれるようになったマイクロソフト社やインテル社をはじめ30社が含まれている．この指数は1928年以降あまりに急速に上昇しているので，1929年の大暴落がこの図ではほとんどわからない．1929年10月28日にこの指数は13%下落しているが，これは38ポイントの下落でしかなく，これは今日の市場の通常の1日の変動幅内に十分に収まっている．1日の最大の下落は1997年10月27日に起こっており，このときダウ・ジョーンズ指数は554ポイント下落した．

株価のパーセントで測った変化はダウ・ジョーンズ指数を自然対数値でプロットすることにより，よりはっきりと見ることができる（パネルB）．1929年の大暴落の大きさもはっきりとわかる．さらにわかることは，1929年の大暴落はたんに1日限りの下落ではないことである．1900年から2000年の間の下落の大きさをパーセントで測った上位五つのうち三つが1929年10月から11月初めまでに起こっている．パーセントで測った1日の下落で最大であったのは，1914年12月12日であり，このとき株式市場はその価値のうち24%を失ってしまった．2番目は1987年10月19日であり，このとき市場は23%下落した．2000年8月から2001年3月の間の市場の下落は，パネルAにはっきりと表れている．

ニューヨーク証券取引所は世界で最大のずば抜けて大きい株式市場であるが，他の市場も存在する．そして，近年では，ナスダック（NASDAQ）市場が重

図 17-1 ■ 株価指数

パネルA　ダウ・ジョーンズ工業株価平均（1928年10月-2004年10月）

パネルB　ダウ・ジョーンズ工業株価平均（対数表示, 1928年10月-2004年10月）

パネルAは，大企業の株価に基づく株価指数であるダウ・ジョーンズ工業株価指数の毎日の終値を図示したものである．パネルBは，ダウ・ジョーンズ指数のパーセントで測った変化がよりはっきりとわかるように，ダウ・ジョーンズ指数の自然対数をプロットしたものである．

要性を増してきた．NASDAQ市場は1971年に創設され，ハイテク企業の比重が非常に高い．たとえば，マイクロソフト社やインテル社の株式は，ニューヨーク証券取引所ではなく，NASDAQ市場で取引されている．マイクロソフ

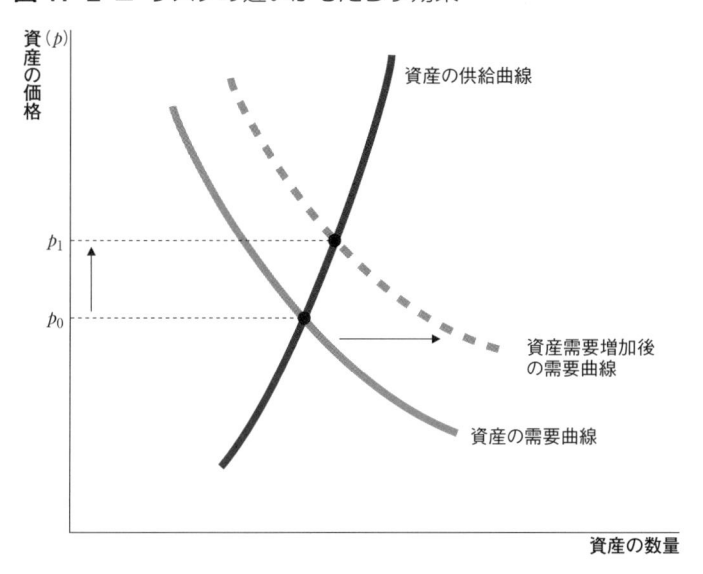

図 17-2 ■ リスクの違いがもたらす効果

[資産の価格を縦軸，資産の数量を横軸にとったグラフ。資産の供給曲線，資産の需要曲線，資産需要増加後の需要曲線が描かれ，均衡価格が p_0 から p_1 へ上昇することが示されている。]

リスクの低下は，その資産の需要曲線を右方へシフトさせ，その結果，均衡価格は上昇し，平均収益は低下する．

ト社とインテル社は，ニューヨーク証券取引所でなく，NASDAQ 市場で取引されている企業では初めてダウ・ジョーンズ指数に加えられたことになる．

ダウ・ジョーンズ指数も NASDAQ 指数も，時間とともに上昇する（すなわち，株式を保有することがキャピタル・ゲインをもたらす）傾向を見せてはいる．しかし，両指数ともより短い期間では上昇と下落の動きを繰り返している．株式への投資をリスクがあるものにしているのは，この変動である．

リスクを完全に排除することは不可能であり，金融市場はリスクが売買される場であるとよくいわれる．リスクの変化の効果は図 17-2 で見ることができる．資産のリスクの減少は，その資産をより望ましいものにするため，その資産に対する需要曲線を右方へシフトさせる．短期においては，資産の供給は非弾力的である．長期においてさえ，供給が完全に弾力的になるということはありそうにない．したがって，図示されているように，資産価格は p_0 から p_1 へと上昇する．資産価格の上昇に伴い，投資 1 ドル当たりの収益は低下する．

リスクが小さな資産は需要が大きくなる．より大きい需要は，価格を上昇さ

せ，収益を低下させる．それゆえ，より安全な資産の期待収益は低くなる．経済学では，このように望ましい資産はプレミアム付きで売られ，一方，リスク（危険）の大きい資産や流動性が低い資産はディスカウントで売られるという．市場の力は，同じリスクの資産は同じ期待収益を生じることを保証するのである．

2.3 税制上の取扱い

　資産の種類が異なれば，税制上の取扱いも違うので，税制を考慮することは，ポートフォリオ（資産）の選択において明らかに重要である．結局，個人は課税前の収益ではなく，課税後の収益に関心を持っているのである．（他の投資と比べて）相対的に低い税率を適用される投資を税制上優遇されているという．

　アメリカにおいては，州債や市債を例にとればこの点が説明できる．これらの債券は，同程度のリスクと流動性を持つ社債よりも低い収益しかもたらさないのに，なぜ人々はこれらの債券を購入するのだろうか．その答えは，州や市によって発行された債券の利子は一般的に連邦税が免除されることにある．（所得）税率が高いほど節税額は大きくなるので，所得が高いほどこの課税免除は高い価値を持つことになる．これらの非課税債券に対する高所得投資家の需要の大きさが，それらの債券価格を押し上げ，債券利子率を引き下げることになる．これらの非課税債券の高所得者にとっての収益が，同程度のリスクを持つ課税対象債券の収益よりせいぜいのところわずかに高いという程度になるまで，その債券の利子率が下落すると予想されるのである．

　住宅投資，とりわけ自分で居住する住宅に対する投資は，税制上の特典（税制優遇措置）としてほとんどのアメリカ人が利用している，もう一つの投資である．課税所得を計算する際には，固定資産税と住宅ローンに対する利子を控除できる．加えて，住宅のキャピタル・ゲインは，住宅を売却するまで課税されることはない．その際でも，そのキャピタル・ゲインを他の住宅を購入するために用いる場合には，住宅売却により得られるキャピタル・ゲイン（結婚している夫婦に対して50万ドルまで）は課税されない．もし持ち家に対する税制上の優遇措置が廃止されたならば，図17-3に示されているように，（供給曲線が非弾力的である）短期においては住宅価格は暴落するだろう．しかしながら住宅に対する税制優遇措置は，多数の有権者が住宅を所有しており，かつ政

2．投資の望ましい特性

図17-3 ■ 住宅に対する税制優遇措置の撤廃

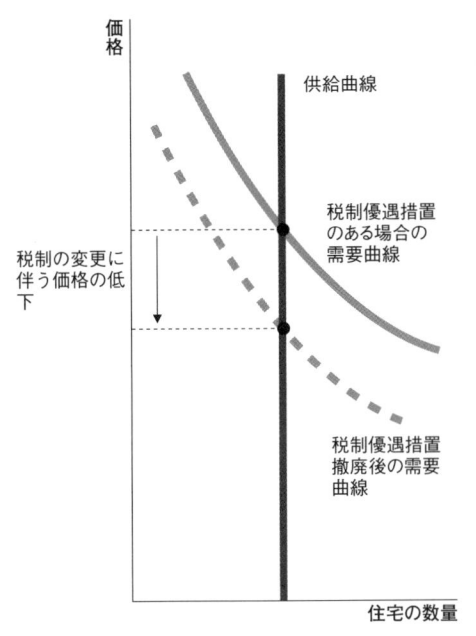

(図中ラベル：価格／供給曲線／税制優遇措置のある場合の需要曲線／税制の変更に伴う価格の低下／税制優遇措置撤廃後の需要曲線／住宅の数量)

住宅に対する税制優遇措置の撤廃は，住宅の需要曲線を下方にシフトさせ，そして短期的には（非弾力的な住宅供給のもとで），住宅価格を大きく下落させる．

治家はこのように多数の有権者の怒りを買うようなことは嫌うので，廃止されることはないだろう．

2.4 流動性

4番目に考慮すべき重要な性質が流動性である．売却する際の費用が非常に小さい資産を流動的であるという．小切手を切りさえすれば，手数料なしに現金に替えることができるので，銀行預金は（銀行が倒産する場合を除いて）完全に流動的である．大企業の株式は，市場価格ははっきりとしており，その価格で売るのに必要な費用は比較的小さいので，かなりの程度流動性が高いと考えられている．

経済の基本的な競争モデルでは，すべての資産は完全に流動的である，と仮定されている．すなわちどのような資産にも，その価格で売買できるはっきり

とした価格が存在する．そしてどの家計やどの企業も，その価格で自分の望むだけの量を売買できる．また，これらの取引を行うための費用は事実上存在しない．しかし，（現実の経済では）これらの仮定はつねに満たされているわけではない．資産の売買には，しばしばかなりの費用が必要となる．たとえば，アメリカでは，住宅売買の費用は，住宅価格の5％以上にものぼる．ときには，市債ですらかなり非流動的になったことがあり，債券を買うときの価格と売るときの価格が，20％以上も違うこともある．

Close-Up 日本語版
日本における投資対象と資産運用

本書では，アメリカにおけるさまざま投資対象とその資産運用上の特性を説明しているので，日本における実情とはかなり隔たりがある．そこで，日本における投資対象と資産運用について，アメリカとの違いが大きい銀行預金，MMF・中国MRFおよび郵便貯金，および各種投資対象の税法上の取扱いを簡単に説明しておくことにしよう．

銀行預金　銀行預金の代表的なものとして，当座預金，普通預金，（各種の）定期預金，貯蓄預金などが存在する．本文では，小切手を振り出すことができる当座預金について触れていないが，当座預金には日米で大きな違いが存在する．日本の大きな特徴は，当座預金を開設することが個人には容易には認められないことである．また，日本では当座預金には利子が付かないが，アメリカでは小切手を振り出すことができる利子の付く預金が多数存在する点でも大きな違いがある．普通預金については，各種の決済サービス（公共料金その他の自動引き落としなど）が利用できる点がアメリカとの大きな違いである．言い換えれば，小切手が普及していないことを，普通預金に付随させた決済サービスで補っている点が日本の重要な特徴である．定期預金は，預け入れ期間，変動金利，固定金利の違い，預金額の大小によっていくつかの種類が存在する．アメリカと同様に，銀行預金は預金保険により保証されている．現在では，1つの銀行での1個人につき元本1000万円までの額が保証

されることになっている．

投資信託　投資信託は，非常に多くの投資家から資金を集めて一つの巨大なファンド基金とするものである点では，日本でもアメリカでも同じである．しかし，日本の投資信託とアメリカの投資信託（mutual fund）との間には，いくつかの面で重要な違いがある．アメリカの投資信託において主流となっているのは，会社型投信と呼ばれるものである．これは，他の会社の株式等のみを資産として持つ会社である．投信会社自体の株式が上場され，投信に投資したい投資家はその株式を購入することになる．これに対して，日本において会社型投資信託は1998年12月に初めて認められるようになった．

MMF，MRF　証券会社が提供している比較的流動性が高い投資対象として，MMFがある．投資家から集めた資金を，短期性の債券を中心として運用する投資信託の一種である．名称から類推できるように，MMFはアメリカのMMMF（マネー・マーケット・ミューチュアル・ファンド）をモデルとして作られたものである．最低預入額は10万円であり，預入れから30日たてば，いつでも解約可能であり，かつ100万円までは即日換金可能である．このように，比較的流動性が高い投資対象ではあるが，アメリカのMMMFのように小切手を振り出せる，あるいは決済サービスを付随させるまでには流動性は高くなかった．これは，従来日本では，決済性がある金融商品を証券会社が提供することが認められていなかったためである．しかし，1998年からアメリカのMMFと同様の決済機能を持つ投資信託が認可された．従来のMMFと区別するために，これはMRFという名称で呼ばれている．

郵便貯金　日本の金融の大きな特徴として，郵便貯金の存在があった．郵便貯金事業は民営化され，株式会社のゆうちょ銀行となったが，その業務の窓口は郵便局である．ゆうちょ銀行の扱う預金としては，通常貯金，定額貯金などがある．通常貯金は通常の銀行の普通預金に対応している．定額貯金は，半年複利，預入後半年を経過すればいつでも払

表 ■ 日本における投資の主な選択肢とその特徴

投資	期待収益	リスク	税法上の利点	流動性
普通預金	低い	低い	なし	高い
定期預金	普通預金よりわずかに高い.	低い	なし	普通預金よりわずかに低い.
ゆうちょ銀行の定額貯金	3年未満では民間の定期預金よりわずかに高い.	低い	なし	他の銀行の定期預金より高い.
住宅	1980年代中頃は高収益，1980年代末から1990年代では収益はマイナス.	高い	多くの税負担と税制上の優遇措置.	比較的に非流動的；「良い」買い手を見つけるのに長い時間がかかるかもしれない.
国債	定期預金よりは高い.	次期の市場価格が不確実；長期においては購買力が不確実.	なし	満期前に売却する場合には有価証券取引税等がかかる.
社債・金融債	国債より高い収益.	国債のリスクプラス債務不履行のリスク.	なし	満期前に売却する場合には有価証券取引税等がかかる；社債は国債よりもかなり流動性が低い.
株	高い	高い	配当とキャピタル・ゲインで税率が異なる；キャピタル・ゲインへの課税方式の選択制は大きな利点となる場合もある.	主要証券取引所に上場されている銘柄は流動性が高い；その他は流動性が非常に低い可能性がある.
投資信託	投信が投資する資産に依存. 株式を運用対象としている投信の収益はリスクに比べて低く，魅力的な投資対象ではなかった.	投信が投資する資産に依存；分散化によるリスクの減少.	なし	流動性は高い.

戻可能，かつ長く預金すればするほど（最長10年）預入時までさかのぼって高い利子率が適用される．このように，流動性および収益率ともに比較的高い金融資産となっている．ゆうちょ銀行の預金は，1000万円までの利用上限がある点が通常の銀行とは異なっている．民営化後は，ゆうちょ銀行の預金は，通常の銀行と同様に預金保険によって保護されている．

税法上の取り扱い　現在，多くの金融資産の利子あるいは投資収益

（キャピタルゲイン以外）は，20％が税として源泉徴収される．すなわち，配当を支払う企業が，その20％の税率（15％所得税，5％住民税）を納税している．(*)上場株式の配当や公募株式投信上場株式の配当に関しては，源泉徴収のみで納税を完了したとみなす申告不要制度が適用される．したがって，限界税率が20％を上回る高い高額所得者にとっては，配当等への税率が20％に軽減されていることになる．

金融資産のキャピタル・ゲインに対する税率は，他の所得と分離して20％の税率で課税される．(**)ただし，キャピタル・ゲインに対する課税については，売却益から売却損を引いて合算して課税対象額とするが，その規定はかなり複雑なので注意が必要である．

住宅に関する税金は日米で大きく異なる．日本では，不動産の取得時に，印紙税，不動産取得税および登記に伴う登録免許税がかかる．また，住宅の保有期間中は固定資産税がかかる．さらに，不動産を売却したときには，そのキャピタル・ゲインに対しては特別の税率で税金がかかる．取得後，短期間（土地については5年未満，建物については10年未満）で売却した場合には，より高率の税金がかかる．ただし，不動産取得税・登録免許税やこの不動産譲渡所得税は，自分で居住する場合には大幅に軽減されるなどの特例がある．アメリカと異なり，住宅ローンに対する利子や固定資産税などは所得税の課税所得から控除されない．しかし，居住用に住宅を取得した場合，5年間，住宅ローンの借入残高の1％から2％の額を課税所得から控除することができる．また，住宅を貸した場合の家賃・地代収入にかかる所得税についても考慮が必要である．

投資家は，このような複雑な税制を考慮して投資を決定しなければならないのである．

(*) ただし，平成25年12月末までは，上場株式の配当や公募株式投信の普通配当に対する源泉徴収は10％（7％所得税，3％住民税）に軽減されている．

(**) キャピタル・ゲインについても，平成25年12月末までは，税率が10％（7％所得税，3％住民税）に軽減されている．

3 期待と資本市場

　現代の造園業者が，17世紀初頭のオランダにおけるチューリップの球根の価格を知ったならば，大きなショックを受けるだろう．現在の貨幣価値に換算して1万6000ドルにまで高騰したのである．しかしながら，チューリップの黄金時代は長くは続かず，1637年には球根の価格は90％以上暴落した．そのような急激な下落はけっして歴史のきまぐれというわけではない．金価格は1973年から1980年にかけて，98ドルから613ドルまで525％上昇した後，1980年から1985年にかけて318ドルまで下落した．アイオワ州の農地価格は，1977年から1980年にかけて40％上昇した後，1980年から1987年にかけて60％以上下落した．また，1987年10月19日には，アメリカの株式市場における株価総額は，0.5兆ドル，ほぼ25％減少した．どのような大戦争でさえ，アメリカの資本ストックの4分の1を1日で破壊することはできない．しかも1987年の株価の大暴落を説明できるような戦争や外生的な出来事は何もなかったのである．

　それでは，このような大きな価格変動は基本的な需要・供給モデルでは，どのように説明することができるのだろうか．資産価格が，期待収益，リスク，税制上の取扱いおよび流動性という四つの特性に依存しているならば，どのようにして需要曲線あるいは供給曲線はこのように大きな価格変化をもたらすほど急激にシフトするのだろうか．

　答えは，資産市場において期待が果たす重要な役割にある．金，土地，株式のような資産は，長く存在するものであり，ある時に購入し別の時に売却することができる．こうした理由から，個人が今日それらの資産を購入しようとするために支払おうとする価格は，今日の条件すなわち即時的な収益や便益のみならず，明日の条件がどうなるかに関する期待，中でもそれらの資産がいくらで売れるのかという期待に依存する．

　将来に関する期待がどのように現在価格に影響を及ぼすかを見るために，以下のような例を考えてみよう．10年後に新しいスモッグ除去装置が発明され，ロサンゼルス市のある区域が今よりもずっと住みやすくなると，人々が突然考

えたとしよう．その結果，将来に関心を持つ人は，10 年後にはその土地の価格はずっと高くなり，たとえば 1 エーカー当たり 100 万ドルになると考えるようになるだろう．しかし彼らは，今から 9 年後には，その土地が 1 年後に 1 エーカー当たり 100 万ドルの価値を持つようになることがすでにわかる，と考える．したがって投資家は 9 年後にはその土地にほぼ 100 万ドルを支払おうとするだろう．たとえ今から 9 年後にはスモッグがまだなくなっていなかったとしてもである．しかしこのような人々は，今から 8 年後でも投資家は，そ

Thinking Like an Economist
富の分配と資産保有

アメリカは非常に豊かな社会であるが，その富はアメリカの家族の間で不平等に分配されている．図は，2001 年の所得階層ごとに，家計の純資産の中央値（メディアン）を表したものである．所得最下位 20％のグループの所得の中央値は 1 万 300 ドルであり，そのグループの純資産の中央値は 7900 ドルでしかなかった．これは，この所得のグループの半数の家族は 7900 ドル未満の純資産しか保有していなかったことを意味する．所得上位 10％の家族の，家族の所得の中央値は 16 万 9600 ドルであり，純資産の中央値は 83 万

図 ■ 所得分位別の家計の純資産の中央値

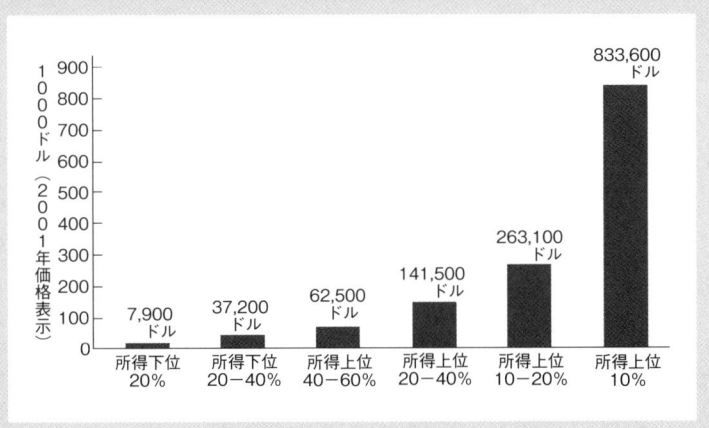

所得分位	純資産の中央値（ドル）
所得下位 20％	7,900
所得下位 20-40％	37,200
所得上位 40-60％	62,500
所得上位 20-40％	141,500
所得上位 10-20％	263,100
所得上位 10％	833,600

（縦軸：1000 ドル，2001 年価格表示）

> 3600ドルであった.
>
> 　貧しい家計は高所得の家計に比べて少ない資産しか保有していないが, 家計が保有する金融・非金融資産の種類も所得階層によって異なる. 豊かな家計は, 株式や債券を保有している可能性が大きく, また投資信託や退職口座を保有している可能性が大きい. 自動車, 住宅, 非住宅資産, 事業用資産などの非金融資産の保有額もまた所得によって大きく異なる. 高所得の家族は, 貧しい家族より, より大きな額の自動車, 不動産やその他の資産を保有する傾向がある. しかし, 最も大きな差は, 事業用資産である. トップ10%の家族が保有する事業用資産の中央値は, 次の所得グループ5万4400ドルであるのに対して, 23万9500ドルとなっている.

の1年後に価格がほぼ100万ドルに上昇すると考え, それとほぼ同額を支払おうとするだろう, と考える. このように10年後から現在へさかのぼるように逆向きに考えていくと, 土地価格が10年後にはもっと上がると人々が信じれば, その価格は今日から上昇する, ということが明らかになる.

　以上のように, 嗜好, 技術, 所得または他の財の価格などの現在における変化は本節のはじめに述べたような資産価格の急激な変化を説明することはできないが, こうした変数の将来に関する期待の変化は, 財に対する現在の需要に影響を及ぼすことになる. 現在から将来へと資産市場はつながっているので, これから10年後, 15年後, また50年後に起こると予想されていることが, 現在の市場に直接影響を及ぼしているのである.

　期待将来価格の現在の資産価格に対する効果を評価するうえで, 第7章「資本市場」で紹介した割引現在価値の概念は重要である. 割引現在価値を計算することにより, 将来の期待収益を計算して比較することができるようになる. 資産に対する現在の需要は, その資産を将来売却したときに得られる額の割引現在価値に依存している.

　割引現在価値の変化には二つの原因がある. 第一は, 将来売却しようとするときの期待価格の変化である. この種の変化は, 図17-4に示されている. こうした将来価格に関する期待はきわめて変動しやすく, 資産価格の変動しやす

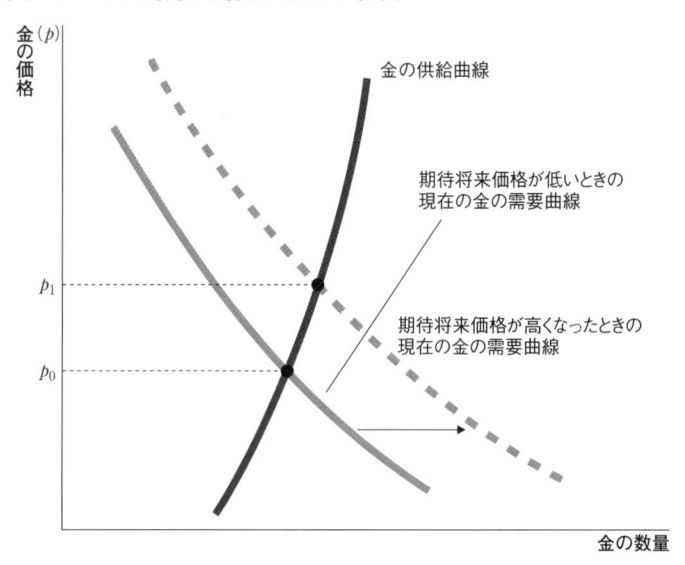

図 17-4 ■ 期待が需要に及ぼす影響

金のような資産の期待将来価格の上昇は，需要曲線の右方へのシフトをもたらし，現在価格を上昇させる．

さ（ボラティリティ）の多くはこれで説明できる．17 世紀のオランダでは，チューリップの球根を将来もっと高い価格で売ることができると期待したために，人々は途方もない価格を払おうとした．その資産が実際に生む収益の増加に基づいたものでなく，将来価格が上昇するという期待のみに基づいた資産価格の上昇は，**資産価格のバブル** asset price bubbles と呼ばれる．誰もが価格が上昇すると期待するかぎり，価格は上昇しつづける．そしてひとたび価格は上昇しつづけないと人々が思うと，現在時点で価格の暴落が生じるのである．1990 年代のアメリカの株価の大きな上昇については最終的には暴落してしまうバブルなのではないかと心配する人も多かったが，そうではなく，将来の企業利潤の増加——すなわち株式が支払える現実の収益の増加——をもたらす生産性の上昇が存在するためだと指摘する者もいた．

第二に，割引現在価値は利子率の変化によっても変わってくる．利子率の上昇は，将来受け取ることができると期待されるお金の割引現在価値を減少させる．これが，しばしば利子率が上昇すると株式市場における株価が急落し，利子率が下落すると株価が上昇することの一つの理由である．それゆえ，抜け目

がない投資家は利子率を正確に予測しようとする．いわゆる Fed ウォッチャーは，利子率に影響を与える連邦準備銀行の政策変化を予想しようとする．

3.1 期待形成

　将来の収益や利子率に関する期待の変化は，現在の資産価格の大きな変化となって現れる．個人や企業は，部分的には過去の経験から期待を形成する．もしある企業が着実にその価値を高めてきたならば，投資家はその傾向が継続すると期待するようになる．もしインフレ率が高まるたびに連銀当局（Fed）が利子率を上昇させて経済活動を抑制しようとしてきたならば，人々はインフレの後には利子率の上昇があると期待するようになる．

　心理学者も経済学者も，人々がどのように期待を形成するかについて研究を重ねてきた．人々は近視眼的なときもある．このとき彼らは「今日正しいことは明日も正しい」と期待する．たとえば，今日の金価格は明日の金価格になると考える．また，人々は，最近の傾向が将来も続くと推定して，適応的な期待を持つこともある．たとえば，もし現在の金価格が昨年よりも5％高いならば，来年も今年より5％高くなると期待するのである．

　人々が関連する利用可能な過去のデータをすべて利用して期待を形成するときには，経済学では彼らの期待は合理的であるという．インフレ期には金価格は上昇するが，インフレーションが沈静化したときには金価格は下落する．したがって，もし経済学者がインフレ率の低下を予測していることを知ったならば，人々は金価格の上昇が続かないと期待する．ただし，たとえ人々が合理的に期待を形成する場合でも，つねに間違いがないというわけではない．意思決定を行うとき，結果的にはあるときは楽観的すぎたり，あるときは悲観的すぎたりするかもしれない可能性を知ってはいるのだ．しかし，合理的期待の仮定は，平均すれば彼らは正しい，ということなのである．

　1970年代は，適応的期待が広く受け入れられた時期であった．多くの投資家は土地や住宅などの急激な上昇が続くであろうと予測していた．すなわち，投資すれば投資するほど，お金を儲けることができると考えていた．住宅価格や地価が急落した事例は，歴史的に数多くあるにもかかわらず（最近では1990年代の日本がそうである），そうした急落が現実に起こるとは誰も考えていなかった．1980年代に入って多くの地域で不動産市況が落ち込んだことは，

期待を形成するうえでもっと歴史的データを考慮することが重要であることを投資家たちに思い起こさせた．

しかし，占いと同じように期待形成においても，歴史がまったく同じことを繰り返すというわけではない．今日の状態は過去の経験とまったく同じではないのであり，どれが重要な関連する事実になるかは完全には明らかにはならない．最良の情報を持っている専門家の間でさえ，意見の一致をみるのはまれである．将来を予測することになると，すべての人の水晶玉は曇ってしまい，よく見えなくなるのである．

4 効率的市場理論

どんな資産であれ，その需要は平均収益（期待収益），リスク，税制上の取扱い，そして流動性という四つの特性に依存している．効率的に機能している市場では，支払う額に見合うものを得られるだけであり，掘り出し物を手に入れることはできない．ある資産が他の多くの投資よりも高い平均収益を上げているとするならば，それはその資産のリスクが高いか，流動性が低いか，あるいは税制上の取扱いが不利であるからである．

掘り出し物が存在しないということは，投資家は何も考えなくてもいいということではない．彼は，たとえば食料品店に行ったときとまったく同様に，何が欲しいのかを決めなければならない．図17-5は，各個人が直面する選択を示したものである．図では話を単純にするため，流動性と税金の問題は無視し，平均収益とリスクにのみ焦点を当てて，機会集合を示している．「リスク」は悪いものであるので，リスクを小さくするためには，平均収益が小さくなることを我慢しなければならない．これが，トレードオフが通常とは異なった右上がりの直線になる理由である．A点はリスクはないが収益が低い政府の財務省短期証券（T-bill, Tビル）を，B点は平均的なリスクの株式（あるいはその組合せ）を，C点は株式あるいはリスクの高い資産の組合せを表している．非常に危険回避的な人はA点を，あまり危険回避的でない人はB点を，まったく危険回避的でない人はC点を選択するだろう．

資産の価格は資産の性質を完全に反映したものであり掘り出し物は存在しな

図 17-5 ■ リスクと収益のトレードオフ

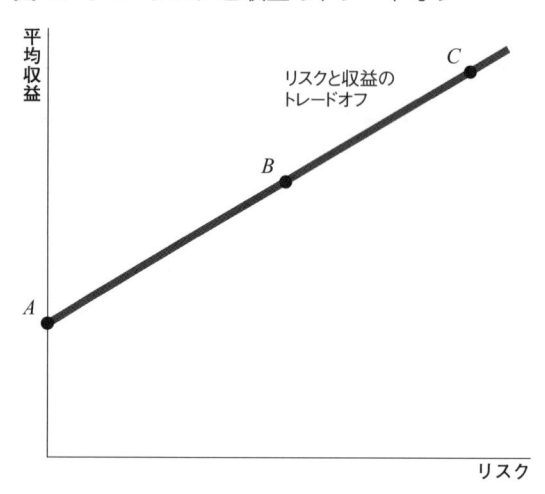

より高い平均収益を得るためには，投資家はより大きなリスクを受け入れなければならない．

い，という理論は，**効率的市場理論** efficient market theory と呼ばれるものである．効率的市場理論の研究の多くは，上場されている株式についてのものであり，本書の議論もそれに集中することになる．ただしこの理論はあらゆる資産価格に適用できるものである．

4.1 効率性と株式市場

　ほとんどの人は，競馬で財をなすことができるとは考えていないが，株式市場に関してはさほど懐疑的ではないようである．人々は，『ウォールストリート・ジャーナル』を読んだり，証券会社のサイトを閲覧したりして，最高の株式をすべて選び出すことが自分ではできないとしても，株式市場を研究しているプロにはそれができると信じている．しかし，1960 年代初期に，経済学者が，成功する株式を選び出すことは勝ち馬を選ぶよりもやさしくもないし，また難しくもないことを指摘して，証券業界を驚かせた．

　効率的市場理論は，こうした見解の差を説明してくれる．経済学で考える効率的市場とは，関連する情報がすべての市場参加者に迅速に広まっていく市場を指している．過度の単純化を承知でいえば，経済学者は，株式市場を，すべての投資家が『バロンズ』，『フォーチュン』などの雑誌を読んでいたり，イン

ターネットに数多く載っている企業に関するよい情報源を利用することができ，かつ政府が正確な情報公開（ディスクロージャー）を企業に義務づけているような市場である，と想定している．すなわち，あらゆる株式の平均収益（期待収益），リスク，税制上の取扱い，等はすべての投資家たちに完全に知られており，資産価格はそれを反映するものとなっているのである．

　しかし，このように情報が広い範囲に広がるということは，非現実的であるばかりでなく，株式市場が効率的であるためには不必要でもある．経済学では，効率的市場はすべての参加者が情報を持つ必要がないことが示されている．もし十分な数の参加者が情報を持っているならば，あたかも参加者全員が情報を持っているかのように価格は変動する．必要となるのは，お買い得（お買い損）が見分けられるほど知識がある人が少しは存在し，完全な情報を反映する水準まで価格がすばやく上昇（下落）することである．価格が完全な情報を反映するものであるならば，情報を持っていない買い手でさえも，現行価格で買うことにより，利益を得ることになる．市場に勝つことはできないが，価格が高すぎる証券によって「騙される」心配もないのである．

　競馬のレースで「勝つ」ことができないのと同様に，効率的市場に「勝つ」ことはできない．運がよければ当てることができるだけである．大手の証券取引業者や個々の投資家が行う調査や研究は，結局のところ，市場をある意味でカジノ化してしまう．これは，経済学者が考える株式市場は効率的な市場である，という見解に対する皮肉な含意である．もしあなたが株式市場に投資するならば，将来の成功が予想される企業を選ぶだけでは十分でない．利用できるかぎりの情報に基づいて，あなたがその企業は将来成功すると予想しても，あなた以外のすべての人もその企業の成功を予想しているならば，株価はすでにかなり高くなっているからである．株式購入によって，高い利潤を上げる唯一の方法は，一般的な予想を上回る業績を上げて，市場を驚かせることになる企業を選ぶことである．そのような企業はつねに存在するが，問題は，他のすべての人より前にそういった企業を見分けることなのだ．マイクロソフト社が公開された1986年3月には，1株19セントであった．2000年までには，1株58ドルとなった．ハイテク企業が最初に期待されたよりはるかに良い業績を上げたので，ハイテク銘柄に早い時点で投資した人は巨額の収益を得ることができた．こうした企業が多くの成功を収めるため，新たな企業の株式が公開，

すなわち株式市場で初めて売却されたときには，株価は非常に高い水準へとジャンプするということがよくあった．グーグル社の2004年の株式公開（IPO）もそうであった．しかし高い市場価格で株式を購入した投資家は，正常な水準の収益しか期待することはできない．ここでのトリックは，他のすべての人が売りどきであると考える前に，いつ株を売るべきかを知るということである．2000年にはハイテク株は暴落した．2012年現在では，マイクロソフト社の株は1株30ドル前後で取引されている．

「市場に勝つことができない」という原則に対する例外の一つは，実のところ例外ではない．それは，他の株式市場の参加者が持っていない情報を用いた取引であるからである．インサイダー・トレーダーとは，自分が働いている企業の株式を売買する人である．内部（インサイダー）情報によって，実際に平均より高い収益をもたらすことが可能であることが研究によって示されている．アメリカでは，インサイダーが自社株を売買するときには，それを公表することが法律によって義務づけられている．またインサイダー情報を持っていなくても，インサイダーの行動を模倣すれば，平均よりわずかではあるが高い収益を得ることができる，という証拠もある．また，法律は，インサイダーが企業の外部者に自分の持っている情報を伝えることや，インサイダーが自らの優れた知識から利潤を上げることにも制限を加えており，違反に対しては厳しい罰則が科される．1980年代には，イワン・ボウスキー（Ivan Boesky）がインサイダー情報に基づいた巨額の秘密の取引を行って，巨額の罰金を科せられ，刑務所に入れられたということがあった．より最近では，マーサ・スチュワートがインサイダー取引容疑の捜査妨害により刑務所に5カ月間収監された．

効率的市場における価格は，利用可能なすべての情報をすでに反映しているので，新たな価格変化は，予想されていなかったニュースに対する反応として生じる．もし何か良いことが起こることがすでに知られている，たとえば過去のあらゆるコンピュータの性能を凌駕する新しいコンピュータの発表が予定されていることがすでに知られているのならば，そのコンピュータが市場に登場する以前に，その企業の株価はそのことを反映して高くなっているだろう．その新しいコンピュータが競争相手の製品よりどれだけ高性能なのかを正確には知らず，またその企業の将来の利益がどれぐらい上昇するかについては，正確には予想できないかもしれないが，推定することはできるだろう．市場は，こ

うした推定値の平均を反映するのである．新しいコンピュータが登場したときに，実際にはこの平均的な推定よりも良いものである可能性がある．この場合には，株価はさらに上昇するだろう．しかし，この平均的な推定値ほど良くない可能性も同じように存在する．この場合には，たとえそのコンピュータが他のコンピュータの性能を上回るものであったとしても，株価は下落することになる．この場合の「驚き」は，このコンピュータが市場が予想したほどには良くなかったことなのである．

　明日のニュースは当然ながら事前に予想されていないので，明日のニュースが株価を上昇させるか下落させるかは，誰にも予測することはできない．効率的株式市場においては，株価は予測されないニュースに依存して変動し，したがって株価の予測は不可能である．ある株式が，市場全体の平均を上回って上昇する可能性と平均を下回ってしか上昇しない可能性が同じであるとき，経済学では，その価格が**ランダム・ウォーク** random walk をしているという．図17-6 は，ランダム・ウォークの経路がいかに予測できないかを理解してもら

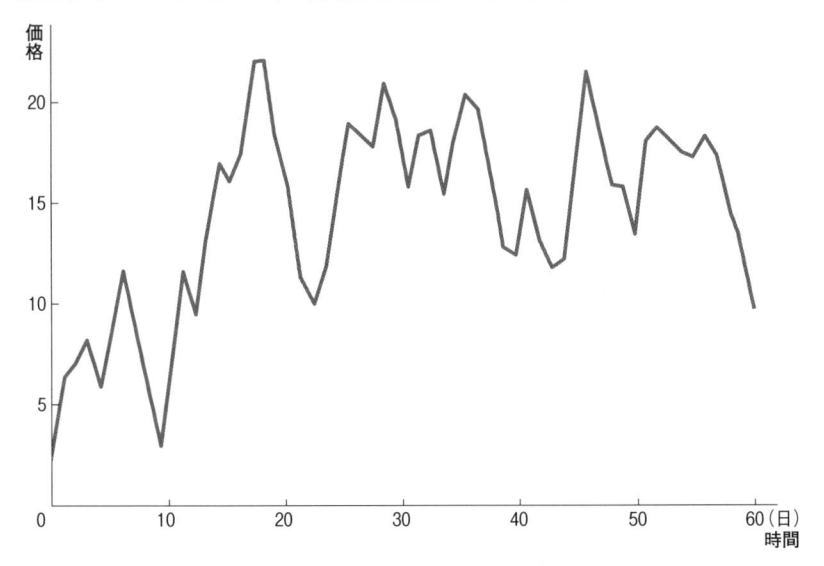

図 17-6 ■ コンピュータで発生させたランダム・ウォーク

ここに示された系列は，連続した60取引日の株式の終値であると考えることができる．毎日の取引の終値から，翌日の株価の終値について予測することはできない．

うために，コンピュータで発生させたランダム・ウォークを示したものである．
　ランダム・ウォークとは，酔っぱらった人が，ふらふらと，予測できない動きをしながら，千鳥足で道を歩くことをイメージした言葉である．株式市場についてもまた同様である．株価全体としては上昇傾向にあったとしても，個々の株価が平均株価を上回るのか下回るのかについては予測できない．もし株式市場が本当にランダム・ウォークをするならば，投資家が市場に勝つことは実際には不可能である．新聞の株式欄を壁に貼りダーツを投げて銘柄を選んでも，個々の企業を注意深く研究した場合と同じ成果を上げることができるだろう．平均して，市場に勝つ唯一の方法は，より大きなリスクを負担することである．しかし，より大きなリスクを負担するということは，市場をはるかに下回る成果しか上げられない可能性も大きくなるということでもある．
　株式市場のランダムな性質がもたらす帰結は，誰かは成功するだろう，というものである．これは，市場に勝つことを可能にするのは，運ではなく，自分の洞察力なのだと信じたい人々にとっては悪いニュースである．

4.2 効率的市場か，ランダムなノイズか

　ほとんどの経済学者は，情報を得るために十分な費用をかけたとしても株式市場に勝ちつづけることができるという証拠はほとんどないということには同意している．しかし，これをどのように解釈すべきかについては，論争がある．今まで見てきたように，これを市場の効率性の証拠であると考えている人もいるし，一方，それを市場のランダム性の証拠以上のものではないと考えている人もいる．後者の見解を持つ人は，変化を説明するに足る十分大きな「ニュース」がないように思えるにもかかわらず，株式市場の価格が大きく変動することがしばしばあることを指摘する．たとえばアメリカでは，そうした株価変動幅を説明するに足るニュースがないにもかかわらず，2％以上株価が変動する（1日当たりとしては非常に大きな変動である）日が，通常1年間に10日から15日はある．
　著名な経済学者であるジョン・メイナード・ケインズ（John Maynard Keynes）は，株式市場の予測を美人コンテストの予測にたとえている．美人コンテストの結果を予測するときは，自分が誰を一番美しいと考えるのかではなく，他の人々は誰が一番美しいと思うかを予測すべきなのである．株式市場

において，もし投資家の特定の株式や市場全体に対する信認が突然失われるか，あるいは他の人々の信認が失われつつあると投資家が考えたならば，株価は急激に下落するだろう．

5 賢い投資戦略

これまで，貯蓄する人にとって利用できる主要な投資対象や，それぞれの重要な特性，その特性がいかにして価格に反映するかについて学んできた．あなたが，これらの投資対象のうちのいくつかを考慮のうえで選択できるほど好運に恵まれている（すなわち十分な資金を持っている）ならば，次のような賢い投資のための四つの単純なルールを念頭におくべきである．このルールは，あなたが25歳になるまでに100万ドルを稼ぐ方法を教えてくれるものではないが，少なくとも，投資の最悪の落し穴を避けることができるようにしてくれるであろう．

1 資産の特性を知り，自分の状況に対応した投資をせよ 収益，リスク，税制上の取扱い，および流動性は資産ごとに異なっている．異なる資産の中から選択するときには，それぞれの特性に対するあなたの態度と市場全体に反映されている平均的な態度とを比較すべきである．たいていの人々は，より安全で，税制上有利で，かつより流動性の高い資産を好む．これが，そのような資産がプレミアム付きで売られている（低い収益しかもたらさない）理由である．問題となるのは，安全性や流動性を高めることに対して市場が要求する金額を，あなたは支払ってもよいと考えるかどうかである．あなたが平均より危険回避的でないならば，よりリスクの高い資産のほうに魅力を感じるだろう．より安全な資産に対して高い価格を支払うことに甘んじようとする，すなわち低い収益に甘んじようとはしないだろう．また，資産を速やかに売り払う必要に迫られることはないと確信しているならば，流動性を高めるために必要とされるプレミアムを進んで支払う気はないだろう．反対に，来年の学費のためにお金をいくらか持っていたいならば，おそらく比較的流動性が高い資産を選択したいと思うだろう．

2　ポートフォリオは幅広くとれ　金融資産を選択する際には，個々の資産を個別に見るのではなく，資産全体を一体として考える必要がある．ある個人の資産をすべて集めたものを，その人の**ポートフォリオ portfolio** という（ポートフォリオとは，その人が負う債務まで含んだものであるが，本章ではそこまで立ち入らない）．リスクを考えてみれば，この原則は，いっそうはっきりと理解できる．リスクを減らす方法の一つは，投資のポートフォリオを分散することである．十分に分散化したポートフォリオを持てば，すべての資産が同時におかしくなる可能性はきわめて低くなる．分散化されたポートフォリオを持った投資家であっても，すべての株式を同時に上昇させたり下落させる景気後退や利子率の変化などの出来事については心配しなければならない．しかし，主として1企業にだけ影響を与えるような出来事はポートフォリオ全体には小さな影響しか与えない．

　多くの投資信託は，たんなる分散化より優れたものであることを主張している．すなわち，その市場についての研究と洞察によって，勝者（となる株式の銘柄を）選ぶことが可能であると主張している．しかしながら，効率的市場理論についての議論で示唆したように，こうした主張にはかなりの疑問がある．今日では，研究を行わず，洞察もせず，ポートフォリオの分散化以外は何もしないというファンドが多数存在する．いわゆる**インデックス・ファンド**である．市場の株価の平均を測るような指数（インデックス）はいくつか存在する．たとえば，S&P500 株価指数は，市場全体を代表するものとしてスタンダード＆プアーズ社によって選ばれた 500 銘柄の株式の平均株価である．その他にも，運輸，公益事業あるいはハイテク企業などのさまざまな分野の企業の株価の動きをとらえるインデックスがある．インデックス・ファンドのポートフォリオは，これらの株価指数とリンクさせている．たとえば，S&P500 株価指数とまったく同じ構成で株式を購入するインデックス・ファンドは多数存在する．当然，これらのインデックス・ファンドは，ファンドを管理するための少額の手数料を除けば，S&P500 株価指数とまったく同じ（良くも悪くもない）成果を上げることになる．

　インデックス・ファンドは，（特に市場を出し抜こうとするファンドと比較して）費用が少なくてすむので，同程度のリスクの他のファンドよりは平均し

て高い収益を投資家にもたらすのである．

3 金融面のポートフォリオだけではなく，すべてのリスクに注意せよ
多くの人々は，自分で考えているよりもはるかに小さい程度でしか資産の分散を行っていない．たとえば，ある町にただ一つある大企業で働いている人を考えよう．その人は家を持ち，良い職を得ており，勤める企業の株式を持ち，銀行に預金を持ち，企業の年金制度に加入している．だが，もしこの企業が倒産したときには，この人は職を失い，持っている株式の価値は下落し，地域経済が打撃を受けるので住宅価格も下落する可能性が大きく，そして企業年金さえ期待した額を支払ってくれないかもしれないのである．

4 市場に勝てると考える前にもう一度考えよ　効率的市場理論は，個人投資家に重要な示唆を与えてくれる．投資アドバイザーが，すべての点で他に優る投資機会を教えてくれているならば，彼を信じるな，ということである．平均より収益が高い債券は，リスクも大きいのである．より高い利子率の銀行預金は，通常は流動性が低い．信じられないほどの安い価格の夢の住宅は，雨漏りなどの別の問題があるだろう．税制面で有利な債券は，より低い収益しかもたらさない，などである．今まで見てきたように，効率的市場理論では，その資産の特性に関する情報はすでにその価格に，したがって収益に織り込み済みである．基本的には投資家は，自らの直面するリスクを調整することによってのみ，自らのポートフォリオの収益を調整することができるのである．この理論を個人の投資の面にも応用したベストセラー『ウォール街のランダム・ウォーカー』の著者であるバートン・G・マルキール（Burton G. Malkiel）がいうように，「すべての投資家は，うまいものを食べることと，ぐっすり眠ることの間のどこかを選ばなくてはいけない．どこを選ぶかはあなた次第である．投資から高収益（ハイ・リターン）を獲得するためには，より高いリスク（ハイ・リスク）というコストが不可欠なのである．」[3]

---

3) Burton G. Malkiel, *A Random Walk down Wall Street*, New York: W.W. Norton, 1999, 7th ed., p.281（井手正介訳『ウォール街のランダム・ウォーカー』日本経済新聞社，1999年）．

復習と練習
Review and Practice

■要約

1. 個人の投資の選択肢には，どんな種類の銀行預金に貯蓄するか，あるいはそれを不動産，債券，株式，投資信託を購入するのに用いるといったものがある．

2. 投資からの収益は，次の四つの方法で受け取ることができる．すなわち利子，配当，レント（地代・家賃），そしてキャピタル・ゲインである．

3. 資産は次の四つの主要な特性がある．すなわち，平均収益（期待収益），リスクの程度，税制上の取扱い，そして流動性である．

4. 幅広く分散された資産を保有することにより，個人は，特定の資産に結びついたリスクの多くを回避することができるが，市場全体に関連したリスクを回避することはできない．

5. 現在の資産価格は，将来の資産価格に関する期待に影響を受ける．将来における価格上昇の期待は，現在における資産価格の上昇をもたらす．

6. 将来の収益に関する期待はすばやく変動するため，資産価格の変動は非常に激しくなりうる．

7. 効率的市場理論では，すべての利用可能な情報は価格に完全に反映されていると考える．したがって，価格変化は予想できなかった出来事のみを反映し，したがってランダムかつ予測不可能となる．

8. 賢い投資家のためには四つのルールが存在する．(1)それぞれの資産の特性を評価し，それらを個人の状況に対応させて考える．(2)ポートフォリオは幅広い範囲にとる．(3)金融面のポートフォリオだけではなく，すべてのリスクに注意する．(4)市場に勝てると信じる前に，もう一度考える．

■キーワード

投資　実物投資　金融投資　定期預金　流動性　配当　内部留保
キャピタル・ゲイン　投資信託（ミューチュアル・ファンド）
財務省短期証券（T-bills）　分散化　期待収益　危険回避

資産価格のバブル　　効率的市場理論　　ランダム・ウォーク
ポートフォリオ

Q 復習問題

1　ある投資家が，同一の期待収益率を持つ二つの資産のどちらかに投資しようとしているとしよう．そのとき，二つの資産の持つ特性は，決定にあたってどのような影響を及ぼすのだろうか．三つの特性について論じなさい．（ヒント：2節「投資の望ましい特性」，期待収益以外の望ましい特性にはどのようなものがあるだろうか．）

2　主な投資対象にはどのようなものがあるか．利用可能な投資形態を挙げなさい．またそれぞれの収益は何と呼ばれるか．また問題1で説明された特性に従って，それぞれを説明しなさい．（ヒント：1節「投資対象」，また，問題1で説明された特性については，2節「投資の望ましい特性」）

3　「二つの資産の期待収益は，等しくなければならない」．この文章が正しいか誤っているかを述べなさい．また「リスクが等しい二つの資産の期待収益は，等しくなければならない」という場合はどうだろうか．（ヒント：4節「効率的市場理論」）

4　ある会社の社長が自社株を売買している事実を知ったとする．あなたならば，その社長と同じ行動をとりたいと考えるだろうか，あるいはとりたくないと考えるだろうか．それぞれの場合の理由について論じなさい．（ヒント：4.1項「効率性と株式市場」中のインサイダー・トレーダーについての説明を参照．）

5　効率的市場理論とは何か．市場に勝てるかどうかについて，この理論はどのような意味を持っているのだろうか．またこの理論によれば，すべての株式が同じ期待収益を持たなければならないのだろうか．（ヒント：4節「効率的市場理論」，投資の期待収益以外の特性はどうだろうか．）

6　経済学者は，なぜ市場が効率的であると考えているのだろうか．（ヒント：経済学者は，効率的市場が成立するためには，どのようなことが必要であると考えているか．4.1項「効率性と株式市場」）

7　かなりの額のお金を情報に費やしても，市場に勝ちつづけることは不可能

であるという観察に対して，どのような別の解釈があるだろうか．（ヒント：4.2項「効率的市場か，ランダムなノイズか」）

8　賢明な投資のための四つのルールを表にして説明しなさい．（ヒント：5節「賢い投資戦略」）

9　「一つの投資信託のほうが，12銘柄の株からなるポートフォリオより分散化された投資である.」この文章が正しいか誤っているかを説明しなさい．（ヒント：投資信託は集めた資金をどのように運用するだろうか.）

Q 練習問題

1　1枚1ドルのくじが100万枚売られ，当選者（1名）は70万ドルもらえるとしよう．このくじを1枚購入することの期待収益はいくらになるだろうか．また，危険回避的な人はこのくじを買うだろうか．それぞれ論じなさい．（ヒント：2.1項「期待収益」および2.2項「リスク」．くじに当たる確率はいくらか.）

2　債券の収益率は，その満期の長さによって異なるだろうか．理由とともに答えなさい．（ヒント：1.3項「債券」．満期の長短によって，リスクにはどのような違いがあると考えられるか.）

3　危険回避的な人もジャンク・ボンドを購入することがあるのは，なぜだろうか．（ヒント：2.2項「リスク」．危険回避的な人はリスクの高い資産は購入しないのだろうか．期待収益が十分に高かったらどうだろうか.）

4　以下について答えなさい．（ヒント：2節「投資の望ましい特性」．比較されている資産の期待収益以外の特性には，どのような違いがあるのかを考えなさい.）

　(a)　住宅の税引前収益は，他の資産の税引前収益より高いだろうか，低いだろうか．

　(b)　経済が好況のときに高い収益をもたらし不況のときに低い収益をもたらす株式と，ちょうど逆の収益のパターンの株式があるとする．投資家は，どちらの株式により高い価格を支払おうとするだろうか．

　(c)　流動性が低い投資は，流動性が高いが他の点では同じような投資に比べて，プレミアム付きで売られるだろうか，ディスカウントで売られ

るであろうか．

5　3年間にわたって8％の利子を支払う1000ドルの短期社債を考えてみよう．すなわちこの債券は，1年後と2年後に80ドル，3年後に1080ドル支払うのである．しかし，1年後に市場利子率が12％まで上昇したとすると，この債券は，危険中立的な投資家にとっては，どれだけの価値があるだろうか．また，もし企業が倒産しそうならば，この債券の期待収益はどのように変化するだろうか．（ヒント：1.3項「債券」．その社債の元本および利子の支払いの現在価値を求めなさい．倒産は元本および利子の支払いにどのような影響を与えるだろうか．）

6　プロゴルファーのリー・トレビノはかつて次のようにいったことがある．「二度財産を失って，俺は学んだ．今じゃ，100万ドル儲けさせてくれるような取引を誰かが俺に持ってきたときには，『おまえのお袋にその話をしろよ』というだろうよ．赤の他人が俺に大金を稼げるようなうまい話を持ってくるはずがないさ．」トレビノの発言の当否を効率的市場理論から説明しなさい．（ヒント：5節「賢い投資戦略」．効率的市場理論が正しければ，このようなうまい儲け話があるだろうか．）

補論-日本語版

リスクおよびリスクに対する態度

A.1 リスクに対する態度

　個人は**危険回避的** risk averse であり，すなわち同じ平均収益（期待収益）より小さいリスクで得られるならば，一般的にリスクの低いほうを人々は選ぶ．ほとんどの人々が危険回避的であるということは，高収益がもたらされないかぎり，リスクのある資産は購入されないということである．現実でも，株式は社債よりリスクが大きく，社債は政府債よりリスクが大きい．これが，平均的には株式は債券より収益が高く，また社債が政府債よりも高い利子を支払わねばならない理由である．

　個人が全般的には危険回避的であるということは，ある状況において彼らがリスクを楽しむ，つまり**危険愛好的** risk loving であるという事実と矛盾するわけではない．宝くじやビンゴ・ゲームはいうまでもないが，アトランティックシティやラスベガスの人気は，人々がギャンブル自体から喜びを得ていることの証拠である．こうした状況で個人が行う賭けは，概して負けであり，そこからカジノや胴元は儲けることができるのである．宝くじは，その極端な例である．宝くじにおいては，くじに投ぜられたお金の50%を主催者が取ってしまうこともしばしばである．これは，くじの購入者が最初から1ドルにつき50セントを失うことである．

　危険回避的と危険愛好的な行動の中間にいる人々を**危険中立的** risk neutral であるという．危険中立的な人々にとっては，期待収益にのみ関心があり，同じ程度の期待収益であれば，二つの資産のリスクの大きさが異なっていても考慮に入れることはない．人々は，自らの富の非常に小さい部分を投資するときには，危険中立的に行動しがちである．

　ここで成功の見込みが半々である投資プロジェクトを計画している金持ちを考えてみよう．プロジェクトが成功すれば，1ドルの投資に対して2.12ドルの収益がもたらされるが，失敗すれば1セントたりとも支払われることはない．投資された1ドル当たりの期待収益は，0.5 × 2.12ドル + 0.5 × 0ドル =

1.06 ドル, すなわち 6％ となる. 同じ人が, 1000 ドルを投資しようと考えているとしてみよう. 6％という収益は, 銀行預金の利子率である 5％に比べてわずかに高いだけである. 彼がわずかの額しか賭けないのであれば, より高い期待収益を求めるのであろうが, この賭けに生涯の貯蓄残高すべてを投じるようなことはしないだろう. 大きなリスクを持つようになると, 人々は危険回避的な行動をとりがちなのである.

A.2 リスクの尺度

これまでは投資のリスクをどのように測るかについて, 形式的な議論はされていなかった. ここで, リスクを測る尺度について説明しておこう. リスクの一つの尺度は, 分散あるいは標準偏差である.

ある投資の収益が, 確率 π_1 で r_1, 確率 π_2 で r_2, $\cdots$, 確率 π_n で r_n となるとする (ただし, $\pi_1+\pi_2+\cdots+\pi_n=1$, かつ, $\pi_i \geq 0$, $i=1, \cdots, n$). 収益の期待値 (期待収益) $\bar{r}$ は,

(1) $\bar{r} = \pi_1 r_1 + \pi_2 r_2 + \cdots + \pi_n r_n$

で与えられる. 収益の分散 V は,

(2) $V = \pi_1(r_1-\bar{r})^2 + \pi_2(r_2-\bar{r})^2 + \cdots + \pi_n(r_n-\bar{r})^2$

で与えられ, 標準偏差 σ は, V の平方根で与えられる. すなわち,

(2') $\sigma = \sqrt{\pi_1(r_1-\bar{r})^2 + \pi_2(r_2-\bar{r})^2 + \cdots + \pi_n(r_n-\bar{r})^2}$

分散・標準偏差は, 確率分布の期待値のまわりでの広がりを示す尺度である. これを視覚的に理解するには, 収益が連続的にさまざまな値をとりうるときの確率分布を図示したものを用いるのが便利である. 今, ある投資の収益 r は連続的にさまざまな値をとるとする. このとき, 収益のとりうる範囲を一定の間隔ごとに分割する. たとえば, 0円以上から1万円未満の範囲, 1万円以上から2万円未満の範囲, 2万円以上から3万円未満の範囲, ……, というように分ける. そして, それぞれの収益がそれぞれの分割の範囲に入る確率を図示したものが図 17-7 のパネル A である. ここで, 図の各長方形の左方の境界に対応する横軸の値が各分割の下限となる収益の値, 右方の境界に対応する値が各分割の上限となる収益の値, 長方形の横幅が分割の間隔 (上の例では1万円) となる. そして各長方形の面積は, 収益がそれぞれの分割の範囲に入る確率を表している. 先の例のように収益のとりうる範囲が1万円の幅で分割され

図 17-7 ■ 確率分布と分散

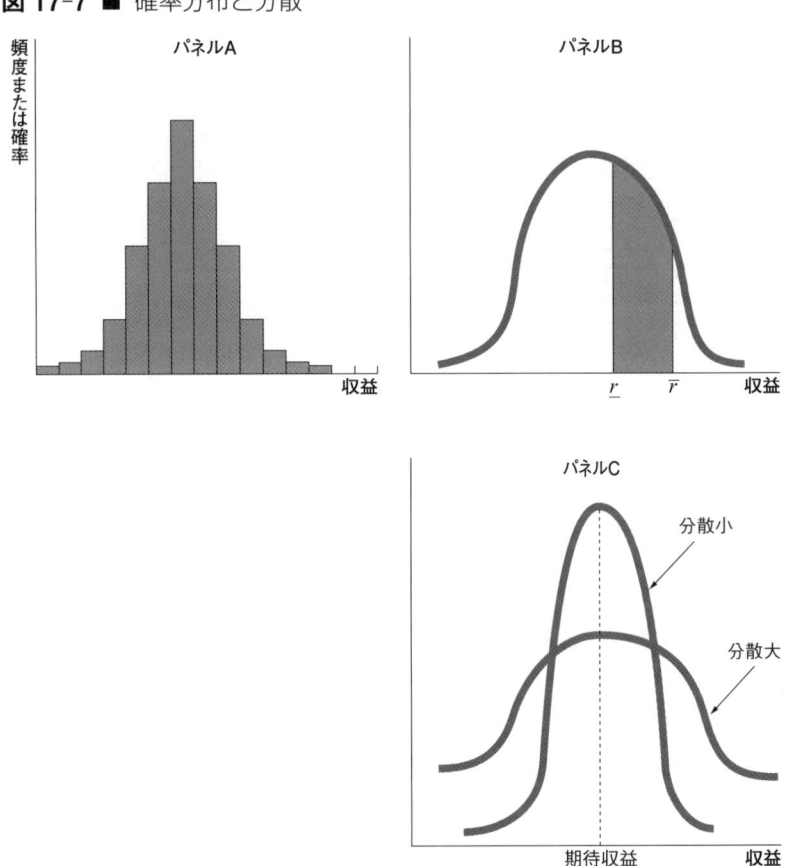

ているとすると，たとえば右から2番目の長方形の左端の値は1万円，右端は2万円であり，その面積は1万円以上2万円未満の収益が生じる確率を表すことになる．分割の間隔をどんどん小さくして0に近づけることにより，収益が連続に変化しうる際の確率分布を図17-7のパネルBのように図示することができる．この図において，$\underline{r}$と$\bar{r}$の間の収益が生じる確率は影のついた部分となる（ただし，収益が連続に変化しうる場合，(1)，(2)および(2′)式で，期待収益および収益の分散・標準偏差を計算することはできない）．

これらの図を用いて，分散・標準偏差の大小の影響を図示したものが図17-7のパネルCである．この図は，期待収益が等しいが，分散・標準偏差が

異なる二つの投資収益の確率分布を描いたものである．分散・標準偏差が大きければ，確率分布はより期待値のまわりで広がった形になり，期待収益よりも非常に高い収益や非常に低い収益が実現する可能性が増加する（収益がつねに一定であれば，分散・標準偏差が 0 となる）．

その意味で，分散あるいは標準偏差をリスクの尺度と考えることができる．ただし，分散あるいは標準偏差はリスクの一つの尺度であり，別の尺度も存在することに注意が必要である．

経済学の基本用語

経済学の基本用語は,『入門経済学』『ミクロ経済学』『マクロ経済学』すべてに登場する,経済学全般において用いられ,かつ重要な基本概念を取りあげ,その意味を解説したものである.また,「経済学の基本英語」で英語からひくこともできる.

【 ア 行 】

アウトソーシング outsourcing 企業がこれまで自社内で生産した財・サービスを外部の企業に委託し,そこから購入するという,生産システムの変化のこと.

アファーマティブ・アクション,積極的差別解消計画 affirmative action 積極的にマイノリティや女子のための職場を見つけるために雇用主(雇い主)がとる行動であり,彼らを訓練したり,昇進のための機会をもたらすようにすること.

暗黙の労働契約 implicit labor contract 経済状況が変動したとしても雇用者(従業員)が安定した賃金を受け取るという,慣例による雇用主と雇用者との了解事項.

遺産税(相続税)estate tax 人が死亡したときに相続人に残した財産(富)に課される税金.日本の相続税に対応する.

一般均衡 general equilibrium すべての市場で同時に需給が一致している,完全均衡の経済状態.

一般均衡分析 general equilibrium analysis 経済を構成する資本市場,生産物市場および労働市場のすべての市場を同時に検討する分析方法.たとえば,移民の流入や租税の変化があらゆる価格や産出量に及ぼす効果を明らかにすることができる.

移転所得政策(移転所得プログラム)transfer programs AFDC(児童扶養世帯補助)やTANF(貧困世帯一時補助)やメディケイド(低所得者医療保障制度)のように社会における一つのグループから他のグループにお金を移すという,再分配を直接の目標とした政策.

EU,ヨーロッパ連合 European Union 現在ではヨーロッパ諸国の多くが加入している,重要な地域的貿易圏.

因果関係 causation 一つの変数の変化が他の変数の変化に関連しているだけでなく,現実に他の変数の変化を生み出しているとき生まれる関係.すなわち,第二の変数の変化が第一の変数の変化の結果であり,両変数が第三の変数の結果ではない.

インセンティブ,誘因 incentives 意思決定者に特定の選択肢を選ばせるように動機づけるための便益や費用削減.

インフレ・ショック inflation shocks 短期的に短期インフレ調整(SRIA)曲線のシフトを生み出す出来事.

インフレーション inflation 一般物価水準が上昇すること.

インフレターゲティング inflation targeting 景気安定化政策を用いて経済を安定化させ,平均的インフレ率を低く維持するために行われる政策.

ただし最近のデフレーション下の日本経済をめぐっては,政策論議において,平均インフレ率を2~3%に高めることによって不況を脱出する政策として,インフレターゲティングが論じられている.

インフレ調整曲線 inflation adjustment line 現行のインフレ率を示す水平線であり,総需要・インフレーション曲線との交点で均衡産出量が決定されることになる.

後ろ向き帰納法 → バックワード・インダクション

薄い市場 thin markets　売り手と買い手の数が比較的少ない市場.

売上税 sales tax　財・サービスの購入に課される税金.

営業秘密, 企業秘密 trade secret　企業が他の企業に公開しようとしない生産過程に関する革新や知識.

FOMC　→　連邦公開市場委員会

M1, M2, M3　マネーサプライ（貨幣供給量）の尺度. アメリカでは M1 は現金と当座預金からなる. M2 は M1 に小口の貯蓄性預金, CD（預金証書）とマネー・マーケット勘定を加えたものからなる. M3 は M2 に大口の貯蓄性預金と機関投資家向けのマネー・マーケット・ミューチュアル・ファンドを加えたものからなる.
　一方, 日本でのマネーサプライの具体的な構成は次のようなものである. M1 は現金通貨と, 全預金取扱機関に預けられた当座預金, 普通預金, 通知預金, 別段預金および納税準備預金からなる預金通貨の合計であり, M2 は現金通貨に国内銀行等に預け入れられた定期預金と CD を加えたものである. さらに M3 は, M1 に全預金取扱機関に預けられた定期預金と CD を加えたものである. また, アメリカと日本では CD の定義に違いがあることに注意されたい.

LDCs　→　発展途上国

エンタイトルメント・プログラム entitlement programs　一定の基準を満たしている（年齢のような）個人に対して自動的に便益を与える計画.

オークンの法則 Okun's law　アーサー・オークンが見出した産出量ギャップと循環的失業間の関係. オークンの法則によると, 循環的失業率が1％増加すると, ほぼ2％の産出量が減少することになる.

押し退け　→　クラウディング・アウト

【　　　　カ　行　　　　】

開発途上国　→　発展途上国

外部性 externality　個人または企業がある行動をとるときに, すべての費用を負担しない（負の外部性）か, あるいはすべての便益を享受しない（正の外部性）ときに発生する現象のこと.

外部ラグ outside lag　ある政策措置が実施されてから, それが経済に影響を及ぼすまでの時間の長さ. 通常, 財政政策の外部ラグは金融政策の外部ラグよりも短いと考えられている.

開放経済 open economy　国際貿易を積極的に行っている経済.

開放小国経済 small open economy　国際貿易と資本の流出入が自由であるが, その国内経済が世界経済に比べて小さすぎるため, 利子率や所得の世界水準に及ぼすことができない経済のこと.

開放大国経済 large open economy　国際貿易や資本の流出入が自由であり, 経済に占める割合が比較的大きくなっている国. その国の経済状況が利子率や所得の世界水準に影響を及ぼすことになる.

買い戻し条件付き債券売却取引, 現先取引 re-purchases (RPs)　連邦準備銀行の公開市場取引であり, 政府証券を売却するが, それが将来の一定時期, 多くの場合は翌日に, 買い戻すという約定の下で行われる取引.

価格 price　財・サービスの価格は, 財・サービスと交換に支払われなければならない金額である.

価格差別 price discrimination　企業がさまざまな顧客に対して, あるいはさまざまな市場において, 異なった価格を付ける慣行.

価格システム price system　価格が, 希少資源を配分するうえで用いられる経済システム.

価格受容者　→　プライス・テイカー

価格の下限規制 price floors　市場での価格に下限を定める規制.

価格の上限規制 price ceilings　市場での価格に上限を定める規制.

価格の分散 price dispersion　同じ商品がさまざまな店舗によって異なった価格で販売されるとき生ずる状態.

下級財, 劣等財 inferior goods　所得が増加

(かし → かん) ■経済学の基本用語■

したときには消費量が減少する財.

貸付資金市場 loanable funds market 借りたいと思っている人に資金が配分される市場. 均衡のためには, 貯蓄（資金供給）が投資（資金需要）に等しくならなければならない.

過剰 surplus 現行価格では, 供給が需要を上回る状態.

可処分所得 disposable income 所得税を支払った後の支出できる所得額.

寡占 oligopoly 不完全競争の形態の一つ. 市場は数社だけからなり, それも, 各企業が自分の行動に対してライバル企業がとる反応を考慮に入れなければならないくらい少ない企業数であるような, 不完全競争の形態.

傾き slope 横軸に 1 単位変化した結果, 縦軸の値が増加する量のことであり, 傾きは, 縦軸の変化分（垂直方向での「上昇分」）を横軸での変化分（水平方向での「増加分」）で除することによって計算される.

価値財, メリット財 merit goods 人々が自分自身でそれを望んでいようといまいと, 政府がそれを良いものと決めた財・サービス.

価値の貯蔵手段 store of value 現在は報酬として受け取り, 将来において価値ある商品と交換することができるもの.

GATT, 関税と貿易に関する一般協定 General Agreement on Tariffs and Trade (GATT) 世界の主要貿易国が, 貿易障壁を低めかつ貿易摩擦を解決するための枠組みをつくり出すべく締結した協定であり, 第二次世界大戦後に設立された. 現在では WTO（世界貿易機関）に受け継がれている.

貨幣 money 交換手段, 価値の貯蔵手段, および計算単位の役割を果たすもののこと.

貨幣乗数 money multiplier 新たに（外部から）銀行システムに預金された資金に対して, その資金が銀行によって貸し出され, また預金され, そして貸し出されるという過程を経て増加した結果の総預金との比率.

貨幣の時間的価値 time value of money 今日の 1 ドルが将来の 1 ドルよりも大きな価値を持つこと.

貨幣の中立性 neutrality of money マネーサプライ（貨幣供給量）を変化させても経済に実質的効果を持たないという考え方で, 完全雇用モデルの基本的な考え方である.

貨幣の流通速度 velocity 経済において貨幣が流通する速度のことであり, 所得とマネーサプライ（貨幣供給量）との比率として定義される.

可変費用 variable costs 可変投入物により生ずる費用.

借入準備金 borrowed reserves 銀行が中央銀行である連邦準備銀行から借り入れた準備金のこと.

カルテル cartel 共謀して価格や産出量を決定する協定を結ぶ生産者グループ.

カレンシー・ボード currency board 地域通貨と外国通貨（ドル）との交換比率が法律によって固定されている制度.

為替相場の下落, 減価 depreciation ある国の通貨 1 単位で購入できる他国の通貨の量が少なくなるような為替レートの変化.

為替相場の上昇, 増価 appreciation ある国の通貨 1 単位で購入できる他国の通貨の量が多くなるような為替レートの変化.

為替レート exchange rate たとえばドルのような一つの通貨が, ユーロや円やポンドのような他の通貨と交換されるときのレート（比率）.

関税 tariffs 輸入財に課される税金.

関税と貿易に関する一般協定 → GATT

完全競争 perfect competition 各企業がプライス・テイカー（価格受容者）であり, 市場価格に影響を与えることができないような状況. すなわち市場価格で企業は望むだけ売ることができるが, もしその価格を少しでも引き上げるならば, 販売のすべてを失うことになる.

完全雇用 full employment 労働に対する需要が労働供給に等しくなっている経済状況.

完全雇用赤字, 完全雇用財政赤字 full-

■ 経済学の基本用語 ■（かん → きや）

employment deficit 経済が完全雇用であるときに生じる財政赤字の大きさ.

完全雇用産出量 full-employment level of output 経済が正常な状況の下で, 工場・機械設備と労働供給量が所与のときに経済全体で生産される産出量.

完全積立方式 fully funded program 年金計画で, 各労働者が退職するまで個別退職勘定に貯蓄・積立てを行う制度.

完全に移動可能な資本 perfectly mobile capital さまざまな国々の収益の変化にすばやく反応する資本のこと.

元本 principal 貯蓄者が銀行に預金した（貸し付けた）当初の金額, または借り手が借り入れた当初の金額のこと.

機会集合 opportunity set 予算制約と時間制約で定義されるような, 個人にとっての利用可能な選択の集まり.

機会費用 opportunity cost その資源を代替的な次善の目的に使用したときの価値で測られる資源の費用.

企業合同 → トラスト

企業秘密 → 営業秘密

危険回避 → リスク回避

希少性 scarcity 資源の入手可能性には限界があることを表すために用いられる用語. もし財・サービスに対して価格が課されないならば, そうした財に対する需要は供給を上回ることになるだろう.

規制の虜 regulatory capture 規制当局者が, 消費者の利益ではなく, 規制対象の利益のために行動をしている状態.

季節的失業 seasonal unemployment 冬季には建設事業が減少することによって生じる失業のように, 季節とともに変化する失業のこと.

基礎研究 basic research 基本的研究であり, それは広範な応用を生み出すことが多いが, 基礎研究の産出物そのものは普通は直接的な商業価値を持たない. その産出物は製品というよりも知識であり, それには一般的には特許は認められない.

期待収益 expected returns 平均収益, すなわち 1 ドル当たりの投資から得られる可能性のある収益それぞれに, それらの収益が実際に支払われる確率を掛け合わせ, その結果を合計して導かれる数値.

規範経済学 normative economics さまざまな政策の望ましさについて判断を行うための経済学. その結論は, 事実と理論だけでなく価値判断に依存している.

規模に関して収益一定（規模に関して収穫一定）constant returns to scale すべての投入物を同じ比率で増加させたとき, 産出物も同じ比率で増加すること.

規模に関して収益逓減（規模に関して収穫逓減）diminishing returns to scale すべての投入物を同じ比率で増加させたとき, 産出物がその増加率以下にしか増加しないこと.

規模に関して収益逓増（規模に関して収穫逓増）increasing returns to scale すべての投入物を同じ比率で増加させたとき, 産出物がその増加率以上に増加すること. 規模にかんする収穫逓増は規模の経済ともいわれる.

規模の経済 economies of scale → 規模に関して収益逓増

基本的競争モデル basic competitive model 利己的な消費者, 利潤最大化を目的とする企業, および完全に競争的な市場のすべてを仮定した経済モデル.

逆進税制度 regressive tax system 人々の支払う税金が所得に占める割合が, 裕福な人よりも貧しい人のほうが大きくなっている税制.

逆選択 adverse selection 保険会社が保険の掛金を引き上げたとき, 最もリスクの小さい人（保険支払いの請求を行う可能性の最も小さい人）が保険に加入しなくなり, 保険加入者全体の構成が悪くなる現象のこと. いまではより一般的に, 賃金率（利子率, 価格）や他の価格変数の変化が引き起こす労働者, 借り手, 販売製品などの構成に対する効果をいう.

キャピタル・ゲイン, 資本利得 capital gain 資産を購入したときから売却するまでの期間における, その資産価値の上昇分.

供給 supply 特定の価格で家計や企業が売りたいと思っている財・サービスの数量.

供給曲線 supply curve 1企業であれ（すべての企業からなる）市場全体であれ，ある財の供給量とその価格との関係を示した曲線.

供給ショック supply shocks 国際石油価格の上昇や，1国の資本ストックのかなりの割合を消失する大地震などの，総供給曲線の予期しないシフト.

供給の価格弾力性 price elasticity of supply ある財の価格が1％変化した結果もたらされる供給量の変化率．すなわち，供給量の変化率を価格の変化率で割ったもの.

恐慌 depression 経済の下方への大きな変動で，景気後退よりも厳しいもの.

競合財 rivalrous goods 1人の人が消費または資源利用を増やすと，他の人による消費がそれだけ排除されることになる財のこと.

競争 competition 生産者が顧客を求めて，また消費者が財・サービスを求めて，互いに競い合うこと.

共謀 collusion 複数の企業が，全体の利潤を増加させるために共同で（あたかも独占者が行うように）行動すること.

共有地の悲劇 tragedy of the commons 共有地問題の類推として，人々が自らの行動が共有資源に及ぼす影響を考慮に入れないときに共有資源が失われることを表す.

均衡 equilibrium どのような変化をも引き起こそうとする力（また理由）が存在しない状況.

均衡価格 equilibrium price 需要と供給が等しくなる価格.

均衡取引数量 equilibrium quantity 需要と供給が等しくなる均衡価格での需要量と供給量.

金融政策のルール monetary policy rule 中央銀行の持ついくつかの政策と，それに対応する変数（たとえばインフレーション，景気循環的失業，産出量ギャップ）との間に存在する規則的な関係.

金融投資 financial investments 株式，債券，または他の金融商品への投資．こうした投資は，資本財への投資を可能にする資金を提供する.

金利平価条件 interest-rate parity condition 均衡では期待収益が各国で等しくなるような，完全な資本移動を仮定する条件.

近隣窮乏化政策 beggar-thy-neighbor policies 自国の国民生産を増加させるために計画された輸入制限政策．このように呼ばれる理由は，この政策がその国の産出量を増加させると同時に他国の産出量に損害を与えるためである.

勤労所得税額控除 earned income tax credit 低所得の労働者のための税額控除であり，彼らの稼得所得と家族構成に基づいて計算される.

屈伸為替相場制 → 変動為替相場制

クラウディング・アウト，押し退け crowding out 政府支出が増加した結果，民間投資が減少すること.

繰り返しゲーム repeated games 同じプレーヤー同士が何度も繰り返し行うゲームのこと.

グローバリゼーション，グローバル化 globalization 世界の国々が輸送費や通信費の低下によって密接に統合されること．このとき特に，貿易量や資本移動が増加する.

経営上のスラック，経営スラック managerial slack 企業が競争にさらされていないため生ずる（たとえば，費用を削減するうえでの）経営効率性の欠如.

景気安定化政策 countercyclical policies 景気循環を平準化し，経済を完全雇用に維持するためにとられる政策.

景気拡張期 expansions 実質GDPが成長している期間.

景気後退，不況 recession （アメリカの定義では）国内総生産（GDP）が2四半期連続して下落すること.

景気循環 business cycle 実物経済活動が，経済全体での平均的な経済成長経路よりも高くなったり低くなったりして変動すること.

景気循環的失業，循環的失業 cyclical unemployment 経済成長が遅くなったり，景気

の下降局面に入ったときに発生する失業の増加．

景気の谷 trough 不況期で実質産出量が最低水準になるとき．

景気の山 peaks 景気循環において実質産出量が最高水準に達するとき．

経験による学習 learning by doing 企業が生産活動を通して得ることができる経験により生じる生産性の上昇のこと．その結果，企業の生産費は減少する．

経済的レント economic rent 一つの生産要素への支払いのうち，その生産要素を供給させるために必要とされる金額を超える分．

計算単位 unit of account さまざまな財の相対的な価値を測り，かつ比較する手段を提供するもの．

結合生産物 joint products 羊毛とマトンのように，一つの生産過程で同時に生産される産物．

ゲームの木，ゲーム・ツリー game tree 逐次的ゲームを示すために用いられる図．

ゲームの利得表 game table ゲームでの各プレーヤーの利得を示す表．

ゲーム理論 game theory 戦略的選択，すなわち自分たちの行動が他の人や組織に影響を及ぼすと予想したときに人や組織がどのように行動するかを理解するための理論．

減価 →　為替相場の下落

限界効用 marginal utility 個人がある財を追加的にもう1単位消費することから得られる効用または楽しみの増加．

限界効用逓減 diminishing marginal utility 個人がある財を多く消費するごとに，すなわちもう1単位消費を増加することによって得られる効用や楽しみの増加分が小さくなるという原則．

限界収入 marginal revenue 企業がある財をもう1単位売ることから追加的に得られる収入の増加額．

限界消費性向 marginal propensity to consume 所得が1ドル（1単位）増加したときに消費が増加する量．

限界生産物 marginal product ある投入物をもう1単位追加することによって増加する産出物の量．

限界税率 marginal tax rate 所得がもう1ドル（1単位）増加したことによって支払わなければならなくなった税額の追加分．

限界貯蓄性向 marginal propensity to save 所得が1ドル（1単位）増加したときに貯蓄が増加する量．

限界費用 marginal cost 産出物をもう1単位追加的に生産するために必要となる費用の増加額．

限界便益 marginal benefits たとえば，一つの商品の消費を増加することから得られる追加的な便益．

限界変形率 marginal rate of transformation 生産可能性曲線上の動きで，一つの財を1単位減少させることによって得られる他の財の産出量増加分．

限界輸入性向 marginal propensity to import 所得が1ドル（1単位）増加したときに輸入が増加する量．

現先取引 →　買い戻し条件付き債券売却取引

減耗 depreciation 資産価値の減少．特に，資本財が使用され古くなることによって価値が減少すること．また減少した価値額のことをいう．

公開市場操作 open-market operations 中央銀行が公開市場において政府債の売買を行うこと．

公開市場デスク Open Market Desk ニューヨーク連邦準備銀行で，連邦準備制度のために公開市場操作を担当する部局のこと．

交換 exchange 市場の基礎となる取引行動．

交換手段 medium of exchange 経済社会において財・サービスと一般的に交換できるもののこと．

交換の効率性 exchange efficiency 一つの経済で生産されたものすべてが，それ以上に取引を行っても利益を得ることができないように，人々に分配されている状況．

交換の数量方程式 quantity equation of exchange $MV=PY$ という式であり，個人が所有したいと望む貨幣量と取引量の貨幣価値との関係を要約している．

好況 boom 資源が完全に利用され,かつ国内総生産（GDP）が安定的に成長している時期.

公共財 public goods 国防のように,もう1人がそれを享受するためにはほとんど費用がかからないか,またはまったくかからない財であり,誰かがその財を享受しないようにするためには非常に高い費用が必要となる財のこと.すなわち公共財は消費において非競合性と非排除性という性質を持っている.

構造的失業 structural unemployment 新規に創出された職業が,衰退産業で職を失った労働者の持っている技能を必要としていないことなど,経済の構造的要因から生じる長期的失業.

公定歩合,割引率 discount rate 銀行が中央銀行から借入を行おうとするときに,銀行に課される利子率.

行動経済学 behavioral economics 消費者選択の基本的モデルを否定する経済学の一分野であり,人々が現実にどのように選択を行うかを研究するためにコンピュータなどを用いた実験を行う,心理学者や経済学者の研究結果に大きく依存している.

効用 utility 財のある組合せを選択することによって得られる,個人の楽しみの水準.

効率賃金 efficiency wage 総労働費用が最小化される賃金.

効率賃金理論 efficiency wage theory （ある水準までは）より高い賃金を支払っても,たとえば労働力がもっと生産的になることによって,総生産費を減少させることになるという理論.

効率的市場理論 efficient market theory 利用可能なすべての情報が現在の資産価格に反映されているとする理論.

合理的選択 rational choice 個人が各可能性の費用と便益を比較し,機会集合の中で純便益を最大にするものを選択する過程.

コースの定理 Coase's theorem もし所有権（財産権）が正しく確定されているならば,人々は,自分が他の人にもたらしたどのような負の外部性に対してもお金を支払わなければならなくなり,市場取引が効率的な結果を生み出すとする主張.

国内総生産（GDP）gross domestic product (GDP) 一定期間中に一国の領域内で生産されたすべての最終財・サービスの総貨幣価値.

国民貯蓄 national saving 民間貯蓄と政府貯蓄の合計.

個人所得税 individual income taxes 個人または家計が受け取る所得に課される税金.

固定為替相場制 fixed exchange rate system 各国の通貨の価値が他の通貨との関連で固定されている為替相場制度.

固定費用 fixed costs 固定投入物により生ずる費用のこと.しばしば共通費用とも呼ばれる.

【 サ 行 】

在庫投資 inventory investment 企業の手持ちの原材料や生産物への投資.

財産権 → 所有権

財産税 property taxes 財産の価値に対して課される税金.

財市場 → 生産物市場

最終財アプローチ final goods approach 最終財のすべての売上額を合計することによってGDPを測定する方法.

財政赤字 fiscal deficit 政府支出と,追加的な借入以外の方法による政府収入との差額.

財政黒字 fiscal surplus 政府税収が政府支出を上回る金額.

財務省短期証券 Treasury bills（T-bills） 大きな額面金額でだけ購入可能な短期のアメリカ政府債.

裁量 discretion ときどきのマクロ経済状況に対応して政策決定を行うことができること.

裁量的支出 discretionary spending 年次ベースで決定される政府支出.

サーチ,探索 search 消費者が価格などの,市場で入手可能な商品に関する情報を収集したり,労働者が賃金などの,市場で入手

可能な職業に関する情報を収集する過程のこと．

産業政策 industrial policies 経済の特定の部門を促進するために計画された政府の政策．

サンクコスト sunk costs すでに支出した費用で，回収が不可能な費用のこと．

産出量ギャップ output gap 現実の国内総生産（GDP）の潜在 GDP からの乖離率．

参入阻止 entry deterrence 他企業が市場に参入できないようにすることによって競争を削減すること．

参入阻止戦略 entry-deterring practices ライバル企業の市場参入を抑制するために，既存企業が企てるさまざまな方策．

死荷重，死重的損失 deadweight loss 不完全競争下で産出量が制限されているとき，生産者が得る利得と消費者が失うもの（の貨幣価値）との差額．または，税金が課されたとき，政府が得る税収と消費者の損失との差額．

時間制約 time constraints 家計の費やすことのできる時間が（1日当たり24時間と）限られていることによって課されている，さまざまな財の消費に対する制約．家計の直面している制約が時間だけであるならば，時間制約は個人の機会集合を規定することになる．

時間的非整合 time inconsistency あるプレーヤーが他のプレーヤーの行動に影響を及ぼすように最初に計画した威嚇や約束を実行することが，その人の最善の利益にならないとき生じる現象．

シグナル signal 情報を伝達すること．たとえば，将来働こうとする人が，自分が高い生産性を発揮する望ましい特性を持っていることを雇用主（雇い主）に理解させるために，大学の卒業証書を得ようとすることなど．

資産価格バブル asset price bubbles 将来価格がさらに上昇するという期待だけに基づいた資産価格の上昇で，その資産がもたらす実際の収益増加には基づいていない価格上昇のこと．

死重的損失 → 死荷重

市場供給曲線 market supply curve ある特定の財・サービスについて，それぞれの価格水準で，経済のすべての企業が供給しようとする総量を示したもの．個々の企業の供給曲線を「水平方向に足し合わせる」ことによって導かれる（すなわち，所与の価格水準の下で各企業が供給しようとする量の合計である）．

市場経済 market economy 資源配分が，主として個人（家計）と民間企業との相互依存を通して行われる経済．

市場構造 market structure 市場が非常に競争的か，独占か，寡占か，または独占的競争であるかなど，市場の構成を表すために用いられる用語．

市場需要曲線 market demand curve ある特定の財・サービスについて，それぞれの価格水準での経済全体の総需要量を示したもの．個人の需要曲線を「水平方向に足し合わせる」ことによって導かれる（すなわち，所与の価格水準の下で個人が需要しようとする量の合計）．

市場の失敗 market failures 市場経済が経済効率性を達成できないような状況．

市場の需給均衡価格 market clearing price 供給が需要に等しくなり，超過供給も超過需要も存在しない価格．

自然失業率 natural rate of unemployment 経済が潜在 GDP の水準にあり，景気循環的失業がゼロとなるような失業率．

自然独占 natural monopoly 平均生産費が，市場で需要される産出量を超えても逓減するため，新規参入が利潤をもたらさず，また1社だけ存在することが効率的になるために生ずる独占のこと．

持続可能な成長 sustainable development 持続可能な原則に基づいた発展であり，持続可能な成長では，環境の悪化や天然資源の開発に対して特に配慮する．

失業率 unemployment rate 求職活動を行っている人数の総労働力に対する比率．

実験経済学 experimental economics 実験室と同じように，制御された設定の下で，

経済行動の一定の側面を分析する経済学の一分野.

実質為替レート real exchange rate 異なった国の間での相対的な物価水準の変化を調整した為替レート.

実質 GDP real GDP インフレ調整を行った貨幣価値で表された，一つの経済で生産されたすべての最終財・サービスの実質価値.

実質生産物賃金 real product wage 賃金を生産された財の価格で除したもの.

実質賃金 real wage 消費財価格の変化を調整済みの平均賃金.

実質利子率 real rate of interest 貯蓄に対する実質収益であり，「名目利子率－インフレ率」に等しい.

実証経済学 positive economics 経済がどのように動くかを叙述したり，どのように変化するかを予測する経済学．たとえばある政策変化に対する反応を予測したりする経済学である.

実物投資 real investment 新規の工場や機械の購入のような，総支出の一部となる投資.

CD → 預金証書

GDP → 国内総生産

GDP デフレータ GDP deflator さまざまな財・サービスの価格の加重平均であり，各財・サービスのウエイトは GDP におけるそれらの重要度を表している.

私的限界費用 private marginal cost ある財の生産者によって負担される限界生産費用のこと．大気汚染のような負の外部性が存在するときには，私的限界費用は社会的限界費用を下回っている.

自動安定化装置，ビルト・イン・スタビライザー automatic stabilizer 経済状況が悪化したときに自動的に増加する支出や自動的に減少する租税のように，経済を自動的に安定化させようとするもの.

支配戦略 dominant strategy ゲームにおいて他のプレーヤーがどのようなことを行おうと，最善である戦略を指す.

CPI → 消費者物価指数

資本財 capital goods 企業が資本市場から調達した資金によって投資する機械や建物.

資本財投資 capital goods investment 機械や建物への投資．資本財投資は，在庫投資や研究開発投資や労働者の訓練（人的資本）への投資と区別される.

資本市場 capital market 資金の調達や，リスクの分担またはそれに対する保険の引き受けを行うさまざまな制度のこと．そこには，銀行や保険市場，債券市場，株式市場などが含まれる.

資本深化 capital deepening 雇用労働者1人当りの資本量の増加.

資本利得 → キャピタル・ゲイン

資本流失 capital outflows 国外へ出ていくお金であり，海外の投資や外国の政府債を購入したり，海外の銀行に預金したり，さまざまな理由で外国での貸付のために用いられる資金.

資本流入 capital inflows 外国から入るお金であり，アメリカで投資を行ったり，アメリカの銀行に預金したり，米国債を購入したり，さまざまな理由でアメリカ国内での貸付を行うために用いられる資金.

社会的限界費用 social marginal cost 大気汚染のような，生産者以外の個人によっても負担されている負の外部性の費用をも含む限界生産費用.

社会保険 social insurance 障害，失業，または（高齢者層の）健康問題などに対して，政府が個人に提供する保険.

社会保障税 payroll taxes 公的年金やメディケア（高齢者医療保障制度）のような社会保障のための資金をまかなうために給与（賃金）に課される税金.

奢侈税 luxury taxes 一般的に富裕層が多く消費する財である奢侈品に課される物品税.

社内留保 → 内部留保

収益逓減，収穫逓減 diminishing returns 他の投入物が固定されているとき，一つの投入物が増加した結果として増加する産出物の増加分が投入物の増加とともに小さくなっていくという原理.

■経済学の基本用語■ (しゆ → しよ)

私有財産 private property 財産 (や他の資産) が個人や株式会社によって所有されていること．私有財産制の下では所有者は一定の所有権 (財産権) を持つが，財産の使用に際しては法的制限が存在するかもしれない．

自由裁量的措置 discretionary action 政府による意図的な政策変更のこと．過去の約束に制約されない政策変更などを示すために用いられることが多い．

習熟曲線，習得曲線 learning curve 時間の経過とともに累積産出量が増加するときに，生産費がどのように減少するかを示した曲線．

囚人のジレンマ prisoner's dilemma 2人の当事者が非協力的に自己の利益を追求するとき，両者ともに経済状況が悪くなるという状況．

住宅投資 residential investment 家計による新規住宅購入．

収入 revenues 企業がその生産物を販売することによって得る金額であり，受け取る価格と販売量とを掛けたものに等しい．

収入曲線 revenue curve 企業の総産出量と総収入との関係．

自由貿易 free trade 関税や輸入割当てなどの障壁なしで行われる国家間取引．

自由労働権法，働く権利の法律 right-to-work laws 労働組合に加盟することが雇用条件であることを禁止している法律．

需要 demand 家計や企業が所与の価格で購入しようとする財・サービスの数量．

需要と供給の法則 law of supply and demand 均衡においては需要と供給が等しくなるように価格が決定されるとする経済法則．したがって価格の変化は，需要曲線のシフトかまたは供給曲線のシフトを反映している．

需要曲線 demand curve ある財に関する，個人または (すべての個人からなる) 市場全体の需要量とその価格との関係を示した曲線．

需要の価格弾力性 price elasticity of demand ある財の価格が1%変化した結果もたらされる需要量の変化率．すなわち，需要量の変化率を価格の変化率で割ったもの．

需要の所得弾力性 income elasticity of demand 所得が1%変化したときのある財の需要量の変化率．すなわち，需要量の変化率を所得の変化率で割ったもの．

循環的失業 → 景気循環的失業

純資本流入 net capital inflows 総資本流入から総資本流出を差し引いたもの．

準備金 reserves 銀行が金庫内手許現金または連邦準備銀行 (中央銀行) への預金の形で所有している流動的資金．

純利潤 pure profit, 独占レント monopoly rents 独占者が，産出量を減少させ，限界費用に等しい水準よりも価格を高くした結果得る利潤．

乗数 multiplier 総支出曲線が1ドル (1単位) 分上方にシフトしたときに増加する均衡産出量の変化分．

消費者主権 consumer sovereignty 自分自身の利益は何か，また何が自分たちの厚生を高めるのかを判断するうえで，個人そのものが最適な主体であるという考え．

消費者物価指数 (CPI) consumer price index (CPI) 各財のウエイトが典型的な消費者が購入する財の組合せに対応している物価指数．

消費者保護法 consumer protection legislation たとえば，消費者が購入しようと考えている商品について，もっと完全な情報が入手できるようにするなど，さまざまな方法を通じた，消費者保護を目的とした法律．

消費者余剰 consumer surplus 消費者がある財を一定量だけ購入するとき，そのために支払ってもよいと考える金額と，実際に支払わなければならない金額との差．

情報 information 市場構造や社会の希少資源を効率的に用いるための市場の能力に影響を及ぼすことができる意思決定の基礎となるもの．

職務差別 job discrimination 恵まれない立場にいるグループの人たちが賃金の高い職に就くのが難しくなるような差別．

所得アプローチ income approach 経済を

構成する経済主体すべてに生じる所得を合計することによって，国内総生産（GDP）を測定する方法．

所得効果 income effect 一つの財の価格が上昇するとき，個人の購買力，すなわち「実質」所得が低下するために生じた，その財の消費が減少する効果．個人の実質所得が低下するときには通常，価格が高くなった財も含めて，すべての財の消費が減少する．

所得・支出分析 income-expenditure analysis 総支出を所得に関連づけて均衡産出量を決定する分析．

所有権，財産権 property rights 私有財産の所有者に認められた権利．こうした権利には一般的に，（地域地区規制などの一定の規制の下で）適切と思うようにその財産を使用する権利と，それを適当と思うときに，いつでも，かつ誰にでも売ることができる権利が含まれる．

指令・統制アプローチ command-and-control approach 環境問題での外部性を規制する方法であり，それでは，企業がどのような技術を採用するかをも含めて，企業ができることとできないことについて，政府が詳細な規定を設けている．

新興工業国 → NICs

人口統計効果 demographic effects 年齢構成，出生率，また場所などの人口に関する特徴が変化することによって生ずる効果．

人的資本 human capital 労働者をより生産的にするような，労働者の持つ技術や経験の蓄積．

垂直的合併 vertical merger 一方が他方の部品製造業者であるか，または販売業者である2企業の合併のこと．

垂直的平等 vertical equity 経済状況が良い人々がより多くの税金を支払うべきであるとする原理．

水平的合併 horizontal merger 同じ財を生産している2企業の合併．

水平的平等 horizontal equity 同一または同様な状況にいる人々は，同一または同様の租税額を支払うべきであるという原理．

スタグフレーション stagflation 高インフレーションにもかかわらず，成長率が低かったり失業率が高くなる経済状況．

ストック変数 stocks 資本量（資本ストック）やマネーサプライ（貨幣供給量）のような変数であり，（富のように）各時点での経済状況を表す変数である．フロー変数との違いに注意されたい．

静学的効率性 static efficiency 技術を所与としたときの経済の効率性のこと．基礎研究の資金をまかなうための税金や，特許から生じる独占力は，静学的効率性の損失を結果的にもたらすことになる．

制限的取引慣行 restrictive practices 寡占企業が競争を制約する目的で行うテリトリー制（排他的販売区域制）のような，垂直的制限などの慣行．

生産可能性 production possibilities 所与の資源で経済が生産できるさまざまな財の産出量の組合せ．

生産可能性曲線 production possibilities curve 企業または経済全体にとっての機会集合を定義した曲線で，所与の投入水準から生産される財（産出物）の可能な組合せを示す．

生産関数 production function 生産のために用いられる投入物と産出水準との関係．

生産者物価指数（PPI）producer price index, PPI 生産者が直面する価格の平均を測る物価水準．

　　日本の指数も，卸売物価指数（WPI, wholesale price index）から2002年に企業物価指数（CGPI, corporate goods price index）に変更された．

生産者余剰 producer surplus 生産者がある財やサービスを提供してもよいと考える価格とそれらの財・サービスが実際に売られる現実の価格との差額．

生産の効率性 production efficiency 企業が，ある財の生産を増加するためには，他の財の生産を減少させなければならなくなっている状態．そのとき経済は生産可能性曲線上にある．

生産物構成の効率性 product-mix efficiency

経済内で生産される財の構成が消費者の選好を反映している条件.

生産物市場, 財市場 product market 財・サービスが売買される市場.

正常財 normal goods 所得が上昇するときに, その消費が増加する財.

正の外部性 positive externalities ある個人や企業が行動を起こすが, それのもたらす便益をすべて享受できないときに生じる現象.

製品差別化 product differentiation たとえば, シリアルやソフトドリンクなど, 同じような製品であるが互いに異なっていると考えられているために, 不完全代替財になっている状態.

世界貿易機関 → WTO

積極的差別解消計画 → アファーマティブ・アクション

絶対優位 absolute advantage ある国が, 他国よりも効率的に（より少ない投入量で）ある財を生産できるならば, その財の生産において他国よりも絶対優位を持っているという.

設備投資 plant and equipment investment 企業による新規の資本財購入.

潜在 GDP potential GDP 一つの経済に存在する資源が完全に雇用されたときに生産される GDP の値を測る尺度.

先進国 developed countries, 先進工業国 industrialized countries 世界で最も裕福な国々で, 西欧諸国, アメリカ, カナダ, 日本, オーストラリア, およびニュージーランドなどを指す.

全要素生産性（TFP）total factor productivity（TFP） 経済成長のうち, 資本と労働の増加によって説明できない部分.

全要素生産性分析 total factor productivity analysis 産出物とすべての投入物の集計量との関係についての分析. 全要素生産性の成長は, 産出量成長率から投入量成長率の加重平均を差し引いたものとして求められる. ただし, 加重平均を求める際の各投入物のウエイトはそれらが国内総生産（GDP）に占めるシェアである.

戦略的行動 strategic behavior 他の人たちがとりそうな反応を考慮に入れた意思決定.

戦略的貿易政策 strategic trade theory 保護政策は, たとえば規模の経済がもたらす結果として国内費用を減少させることに役立つため, 競争相手国よりも戦略的に有利な立場に立たせることができると主張する理論.

増価 → 為替相場の上昇

相関関係 correlation ある変数の変化が, もう一つの変数の変化と規則的に結びついているときに, 結果的に生まれる関係.

相互補助 → 内部相互補助

操作手続き operating procedures 中央銀行が選択した金融政策を実行する方法.

総支出 aggregate expenditures 経済で生産される財・サービスへの支出総額（消費＋投資＋政府購入＋純輸出）.

総支出曲線 aggregate expenditures schedule 実質利子率が所与の下での総支出と国民所得の関係.

総需要・インフレーション曲線 aggregate demand-inflation curve インフレーションと総支出の間に負の相関関係があることを示す曲線.

総準備金 total reserves 非借入準備金と借入準備金の合計.

総消費関数 aggregate consumption function 総消費と総所得との間の関係.

相続税 → 遺産税

相対価格 relative price 二つの財の価格の比率. たとえば, CD と DVD の相対価格はそれらの価格の比率とちょうど同じになる.

相対的弾力性 relative elasticity ある財の需要の価格弾力性が 1 より大きくなるときには, その財は**相対的に弾力的** relatively elastic であるといわれる. また需要の価格弾力性が 1 より小さいときには, **相対的に非弾力的**（relatively inelastic）であるといわれる.

総貯蓄 aggregate saving 経済社会におけるすべての個人の貯蓄を合計したもの.

総費用 total costs すべての固定費用や可

変費用の合計.
双務的取引 → 2国間貿易
贈与税 gift tax 一つの世代から次の世代へ移転された富に課される租税. 遺産税も参照.
租税支出 tax expenditure 租税補助を与えたことによって失われる税収のこと.
租税補助 tax subsidies 租税優遇措置の形をとって, 特定の産業や特定の支出に対して租税制度を通じて適用される補助金.

【 タ 行 】

大恐慌 Great Depression 1930年代に起こった, 長期にわたる世界的な厳しい経済不況のこと.
代替効果 substitution effect ある財の価格上昇によってトレードオフが変化したため, すなわち高価になった財をもう1単位得るためには他の財をより多くあきらめなければならなくなったため, 高価になった財の消費が減少すること. 代替効果は, 予算制約線の傾きの変化と関係している.
代替財 substitutes 2財間で, 一方の財の価格が上昇したときに他方の財に対する需要が増加するならば, それらの2財は代替財である.
多角的取引, 多国間貿易 multilateral trade 2人以上の当事者間での取引. また2国以上の国家間での取引.
ただ乗り → フリーライダー
WTO, 世界貿易機関 World Trade Organization (WTO) ウルグアイ・ラウンド貿易交渉の結果, GATTに代わるものとして, 貿易障壁を撤廃し貿易論争を解決するために1995年に設立された国際機関.
短期 short run 賃金と価格が, 供給と需要を均衡させるためには十分に調整されないような短い期間.
短期インフレ調整曲線 (SRIA曲線) short-run inflation adjustment curve 期待インフレ率が所与のとき, 各産出量の潜在GDPとの比率に対応するインフレ率を示す曲線で, 右上がりの曲線.

短期総生産関数 short-run aggregate production function 短期, すなわち機械と建物が所与の下での産出量と雇用量との関係.
探索 → サーチ
ダンピング dumping 生産した財を国内よりも低い価格, または生産費よりも低い価格で外国で売ろうとすること.
弾力性が1 unitary elasticity ある商品の価格が1％上昇したときにその商品に対する需要が1％減少するならば, その需要曲線の価格弾力性は1である. 需要の価格弾力性が1であるならば, その財への支出額は価格にはまったく依存しない. また, ある商品の価格が1％上昇したときにその商品の供給が1％増加するならば, その供給曲線の価格弾力性は1である.
弾力性がゼロ zero elasticity 価格変化があっても, 需要量（または供給量）が変化しない状況.
弾力性が無限大 infinite elasticity ある価格水準でいくらかの量の需要（供給）があるが, 価格がほんの少しでも上昇（下落）すると, 需要量（供給量）がゼロになるような状況.
逐次的ゲーム sequential game プレーヤーが交互に行うが, 各プレーヤーはそれ以前の手番でどのような選択が行われてきたかを観察できるゲーム.
知的所有権 intellectual property 特許や著作権などによって保護されている, 知的財産.
中央銀行 central bank 金融政策を運営する責任を持つ政府機関.
中央集権的計画 central planning （民間の企業家や地方政府の役人でなく）中央政府の官僚が, 何を, どのように生産するかを決定する制度.
超過供給 excess supply 所与の価格の下で, 供給量が需要量を上回っている状況.
超過需要 excess demand 所与の価格の下で, 需要量が供給量を上回っている状況.
超過準備 excess reserves 銀行が所要準備を超えて保有している準備金.
長期 long run 賃金や価格が十分に調整さ

れ，需要と供給を均衡させるのに十分に長い期間．

懲罰税 sin taxes　酒やタバコに課される物品税．

賃金差別 wage discrimination　女子やマイノリティに対して低い賃金が支払われること．

通商政策 commercial policies　輸入や輸出に影響を及ぼすことを目的とした政策．

TFP → 全要素生産性

低開発国 → 発展途上国

定額（包括）補助金 block grants　州政府に与えられる補助金．そのお金の支出のされ方についてはかなりの裁量が与えられる．

T-bills → 財務省短期証券

定率補助金制度 matching programs　連邦政府の支出額が州政府の支出額に依存する補助金制度．

適応的期待 adaptive expectations　最近の経験に反応したり順応したりするように形成される期待．

出来高払い賃金制度 piece-rate system　労働者が生産した製品の量に対応してある額の支払いを受け取るという報酬制度．

デフレーション deflation　一般物価水準が持続的に下落する状況．

動学的効率 dynamic efficiency　短期的問題（静学的効率）と（R&Dの促進に注目した）長期的問題とを適切にバランスさせた経済．

動学的不整合 dynamic inconsistency　政府が約束した行動を実際に実行するかどうかという問題．

統計的差別 statistical discrimination　性別や人種に基づいて人々を差別的に取り扱うこと．それは彼らの業績といくつかの観測される特性の間に観測される相関関係（統計）に基づいて行われる．それはまた，業績と相関関係が存在する教育のような変数を用いることによっても行われる．

投資 investment　長期にわたって収益をもたらす資産を購入すること．国全体から見るならば，将来の産出量を増加させる目的で行われる資本財ストックの増加や他の支出の増加のこと．また個人の観点から見るならば，ある会社の株式の購入など，個人の将来財産を増加させるために計画された支出のこと（ただし，他の個人がその株式を売却しているならば，彼は負の投資を行っているため，経済全体での純投資はゼロである）．

投資関数 investment function　実質投資水準と実質利子率の値との関係．

投票のパラドックス voting paradox　ある状況下で，多数決投票では結論が出ないような状況．たとえば，選択肢Aが多数決によって選択肢Bに勝ち，BがCに勝ち，そしてCがAに勝つ状態のこと．

独占 monopoly　1企業だけで成立している市場．

独占禁止法 → 反トラスト法

独占的競争 monopolistic competition　不完全競争の形態の一つ．市場に存在する企業が少数であるために，各企業は右下がりの需要曲線に直面しているが，各企業は自らの行動に対するライバル企業の反応を無視できるほどの多数の企業が市場に存在する不完全競争の状態．

独占レント monopoly rents → 純利潤

土地改革 land reform　現在耕作している人々にその土地を再分配するという，政府による土地所有制度の改革．

特許 patent　発明者に対して，一定期間だけ，発明したものの生産・使用・販売のための独占権を与えるという，政府による法令．

特許権使用料，ロイヤリティ royalty　特許権を所有するものが他の人にその特許を使用させるときに課す料金．

トラスト，企業合同 trusts　19世紀後半に，いくつかの市場をコントロールするために形成された組織．トラストは，全産業の小さな割合を所有している個人やグループが，実際には全産業をコントロールできるように計画されていた．

取引可能許可証 marketable permits　企業が一定量の汚染物質を排出することを認めるために政府が発行した許可証であり，そ

れは売買することができる.

ドル化 dollarization　通貨として国内通貨を放棄し米国ドルを用いること.

トレードオフ trade-offs　一つの財をもっと多く手に入れるために（または一つの望ましい目的をより多く達成するために）あきらめなければならない他の財（または他の望ましい目的）の総量.

【 ナ 行 】

内部相互補助, 相互補助 cross subsidization　ある消費者グループを補助するような低価格を維持するために, その他の消費者グループに対しては価格を高くする慣行.

内部ラグ inside lag　経済に何か変化が起きたことを認識した時点から, それに対する適切な政策対応が決定される時点までの時間の長さ. アメリカでは通常, 財政政策の内部ラグは金融政策の内部ラグよりも長いと考えられている.

内部留保, 社内留保 retained earnings　企業が得た純稼得所得のうち, 株主に配当として支払われずに企業によって留保される部分.

ナッシュ均衡 Nash equilibrium　2人のプレーヤーが両方とも支配戦略を実行しているゲームの均衡（すなわち, どちらのプレーヤーも, そのゲームにおいて戦略を変えることができたとしても, そうしようとするインセンティブを持たない状況）.

NAFTA, 北米自由貿易協定 North American Free Trade Agreement　カナダ, アメリカ, メキシコの間で結ばれた, 貿易その他に関する障害を小さくしようとする協定.

2国間貿易, 双務的取引 bilateral trade　2人の当事者間での取引. また, 2国間での貿易.

二重経済 dual economies　多くの発展途上国（LDCs）のように, 疲弊した農村部門と, 賃金が高くかつより高度な技術を用いる都市部門とが別々に分離されている経済.

NICs, 新興工業国　newly industrialized countries（NICs）　韓国, 台湾, シンガポール, 香港などの, 近年, 低所得国から中所得国に経済成長してきた国々のこと.

【 ハ 行 】

配当 dividends　株式会社が得た利潤のうち, 株主に支払われる部分.

働く権利の法律　→　自由労働権法

バックワード・インダクション, 後ろ向き帰納法 backward induction　有限回数であるが繰り返し行われる戦略的相互依存関係においてしばしば用いられるが, 最善の戦略を決定するためにゲームの終わりからはじめのほうへ逆方向に推論をするアプローチ.

発展途上国, 開発途上国, 低開発国（LDCs）less-developed countries　アフリカ, ラテンアメリカ, またアジアの多くのように貧しい国々のこと.

パレート効率 Pareto efficient　ある資源配分を再調整して, ある人の経済状況を良くしようとすると, 必ず他の人の経済状況を悪くするとき, 当初の資源配分はパレート効率であるという.

範囲の経済 economies of scope　二つの財をそれぞれ別々に生産するよりも, 一緒に生産するほうが費用が低くなるような状況.

反トラスト法, 独占禁止法 antitrust laws　独占や制限的取引慣行を抑制し, 競争の促進を図ることを目的とする法律.

比較的弾力的 relatively elastic　ある財に対する需要の価格弾力性が1よりも大きいときには, その財は比較的弾力的であるといわれる.

比較的非弾力的 relatively inelastic　ある財に対する需要の価格弾力性が1よりも小さいときには, その財は比較的非弾力的であるといわれる.

比較優位 comparative advantage　ある国がその他の国と同様に2財を生産している場合に, ある国の一つの財の生産の相対的な効率性が他国のそれよりも高いならば, その国はその財の生産に他国よりも比較優位を持つという.

非借入準備金 nonborrowed reserves　総

準備金と借入準備金との差額.

非競合財 nonrivalrous goods ある人の消費や使用が他の人の消費を排除することにならない財.

非金銭的特質 nonpecuniary attributes 仕事において支払われる賃金以外の側面.

非裁量支出 nondiscretionary spending 利子支払いやエンタイトルメント(たとえば中産階級適格計画)などの,自動的に決定される支出.

非対称的情報 asymmetric information たとえば中古自動車販売においては,売り手のほうが,買い手よりも販売している自動車の品質に関する情報を多く持っている.このように,取引の当事者が異なった情報を持っているような状態をいう.

1人当たり所得 income per capita 総所得を総人口で割った額.

PPI → 生産者物価指数

評判,名声 reputation 企業が過去の業績から築いてきた「信用」や「のれん」のこと.こうした評判・名声を維持しようとすることは,製品の品質を維持しようとするインセンティブを企業にもたらす.

ビルト・イン・スタビライザー → 自動安定化装置

フィリップス曲線 Phillips curve 失業率が低くなるとインフレ率が高くなるように,失業とインフレーションとの間にあるトレードオフ関係を示す曲線.

フェデラル・ファンド・マーケット federal funds market 銀行が準備金を借り入れたり貸し付けたりする市場.

フェデラル・ファンド・レート federal funds rate 銀行間のオーバーナイト・ローンの利子率.

付加価値 value added 各生産段階での付加価値は,産出物の価値から他の企業より購入した投入物の価値を差し引いたものである.

付加給付 → フリンジ・ベネフィット

賦課方式 pay-as-you-go program 社会保障制度として,現在の退職者の給付金を支払うために,現在働いている人々が支払った税金(掛け金)が用いられる年金計画のこと.

不完全競争 imperfect competition ある程度の競争はあるが,企業が右下がりの需要曲線に直面している市場構造.

不完全情報 imperfect information 市場参加者が,自らの意思決定のために重要な情報,たとえば財・サービスの価格や特性などの情報を欠いている状況.

不完全代替財 imperfect substitutes 2財は互いに代替が可能であるが,ただしその代替が不完全である場合.

不完備市場 incomplete markets ある財またはある種のリスクに対して市場が存在しない状況.または個人がある目的のための借入を行うことができないような状況.

不況 → 景気後退

不足,モノ不足 shortage 現行価格では,需要が供給を上回る状態.

物価水準ターゲット price-level targeting 安定的な物価水準を達成するために計画される政策であるが,ほとんど採用されることはない.

物納小作制,分益小作制 sharecropping 多くの発展途上国で見られる制度であり,労働者が借りた土地で耕作し,その収穫物の一定割合を地主に支払うという取り決め.

物品税 excise taxes ある特定の財・サービスに課される税金.

部分均衡分析 partial equilibrium analysis 一つの市場,または二,三の市場だけに注目する分析.

部分準備制度 fractional reserve system 銀行が預金の一定割合を準備として保有する銀行制度のこと.

プライス・テイカー,価格受容者 price taker 自らが販売している財・サービスの価格は所与であるとみなしている企業.このとき,価格はそれらの企業の生産水準によっては影響を受けない.

フリーライダー,ただ乗り free-rider (公共)財にお金を支払うことなく,その財からの便益を享受する人のこと.純粋公共財の場合には,それを使用しないように誰か

を排除することが困難であるため，彼らは，その財から便益を得ていたとしても，そのための代金を支払わないようにしようとする，すなわちフリーライダーになろう（ただ乗りしよう）とするインセンティブを持つことになる．

フリンジ・ベネフィット，付加給付 fringe benefits 健康保険，退職年金や生命保険のように直接的な現金の形ではなく労働者へ渡される補償．

フロー循環 circular flow 資金が，資本市場，労働市場および生産物市場を通して，家計，企業，政府および外国部門の間を移動すること．

フロー変数 flows 1年間の経済での産出量のような変数のこと．フロー変数と対照な変数がストック変数である．フロー変数は一定期間でのストック変数の変化を測るものである．

分益小作制 → 物納小作制

分散化 diversification 個人が，所有する財産を多数の異なった資産に投資すること．

分配 distribution 経済で生産された財・サービスが人々に分けられること．

平価切下げ devaluation 固定為替相場制の下で，ある国の通貨の他の国の通貨に対する交換レートが減少すること．

平均可変費用 average variable costs 総可変費用を総産出量で割ったもの．

平均税率 average tax rate 課税所得に占める租税の割合．

平均費用 average cost 総費用を総産出量で割ったもの．

便益税 benefit taxes 特定の生産物に課される税金であり，それからの収入はその生産物を購入した人たちのために用いられる．

変動為替相場制 flexible exchange rate system，屈伸為替相場制 floating exchange rate system 為替レートが，政府の介入なしに，市場における需要・供給の法則によって決定される制度．

貿易赤字 trade deficit 輸入が輸出を上回った金額．

貿易創出 trade creation 関税障壁が低くなった結果として，新しく生じた貿易．

貿易収支 balance of trade 一国における輸出から輸入を差し引いた額（純輸出＝輸出－輸入）．

貿易転換 trade diversion 貿易圏内での関税が低下した結果，貿易相手が圏外の国々から圏内のメンバー国に変わること．

貿易の基本恒等式 basic trade identity 純輸出＋資本流入がつねにゼロになること．

包括補助金 → 定額補助金

法人税 corporation income taxes 株式会社が受け取った所得，すなわち利潤に対して課される税金．

報復関税 countervailing duties ある国が，外国の生産者に提供されている補助金に対抗するために課している関税．

補完財 complements （2財の関係において）ある一つの財の価格が上昇するとき，（価格が所与とされた）別の財の需要が減少するならば，それらの2財は補完財である．

北米自由貿易協定 → NAFTA

保護主義 protectionism 外国で生産された財との競争から国内産業を保護しようとする政策．

補償賃金差額，補償差額 compensating wage differentials 仕事面での自立性やリスクの程度のような非金銭的な属性に起因する賃金の差．

ポートフォリオ portfolio 投資家が保有するすべての資産と債務の集まり．

【 マ 行 】

マクロ経済学 macroeconomics 経済を集計量でとらえて，上から見る巨視的な見方．

摩擦的失業 frictional unemployment 人々が一つの仕事から他の仕事に移動したり，また労働市場に参入する際に生じる失業．

ミクロ経済学 microeconomics 個々の家計や企業に焦点を当て，経済を底辺から見る微視的な見方．

緑の革命 green revolution 1960年代から

■経済学の基本用語■（みゆ → よん）

1970年代にかけて発展途上国において行われた新しい種子や農耕法の開発と伝播のこと．これにより農産物の画期的な増収がもたらされた．

ミューチュアル・ファンド mutual fund 広く投資家からお金を集め，さまざまな資産を購入するファンドのこと．各投資家は，そのファンド全体の一部を所有することになる．

民営化 privatization 以前は政府によって行われていた機能が，政府部門から民間部門に委譲される過程．

名声 → 評判

名目GDP nominal GDP ある年の価格でその年の国内総生産（GDP）を測った価値．

名目賃金 nominal wage 消費財価格の変化に対して調整が行われていない平均賃金．

名目利子率 nominal rate of interest 預金，貸付や債券の収益率であり，名目利子率はインフレーションの効果を差し引いていない．

メリット財 → 価値財

モノ不足 → 不足

モラルハザード moral hazard 保険に加入した人が，保険の対象となっている危険を避けようという努力をしなくなること（インセンティブを失うこと）．

【　　ヤ 行　　】

誘因 → インセンティブ

輸出財 exports 国内で生産され海外で販売される財．

輸出主導型成長 export-led growth 政府が，成長を促進するために，自国が比較優位を持つ財の輸出を奨励する戦略．

ユニオン・ショップ制 union shops すべての労働者が，雇用の一条件として労働組合に加入しなければならないとしている労働組合化された企業．

輸入関数 import function 輸入と国民所得との関係．

輸入財 imports 海外で生産され国内で購入される財．

輸入割当て quotas 外国から輸入する財の総量に対する制限．

輸入割当てレント quota rents 輸入割当てという人為的に作られた希少性から生じた利潤であり，輸入する権利を与えられた企業に帰すことになる．

要求払い預金 demand deposits 当座預金のように，即座にお金を引き出すことができる預金．

要素需要 factor demand ある投入物の価格と生産される産出量を所与とするときに，企業によって需要されるその投入物の総量であり，完全競争市場においては，その投入物の限界生産物の価値がその価格に等しくなる点まで需要される．

幼稚産業保護論 infant industry argument 産業がまだ揺籃期にあるときには，外国と同等の条件で競争できるような技術を習得できるまで，外国との競争から保護されるべきであるとする主張．

預金証書（CD）certificate of deposit（CD） あらかじめ定められた期間預けられ，そのぶん低くなった流動性を補完するために少し高い収益をもたらす預金勘定．
ただし日本では，CDは譲渡性預金証書を指す．

予算制約 budget constraints 家計がさまざまな財を消費するとき，限られたお金（予算）しか支出できないという事実によって課されている制約．予算制約は，個人が直面する唯一の制約がお金だけのときの，機会集合を規定する．

余剰 surplus 財の取引から得られる利得の大きさ．それは，個人がその財のために支払ってもよいと考える額と，実際に支払わなければならない額との差になる．

余剰労働 surplus of labor 多量の失業労働または過少労働雇用が存在することで，潜在的な雇用主（雇い主）にとってはすぐにでも手に入れることができる．

ヨーロッパ連合 → EU

4社集中度 four-firm concentration ratio 一つの産業で，上位4社により生産される

産出量の割合.

【 ラ 行 】

ライフサイクル貯蓄 life-cycle saving 個人が生涯を通じて消費を平準化しようとするため行われる貯蓄であり，人生のさまざまな段階で生じる特別なニーズを満たすために行われる貯蓄のこと．定年後の生活のための貯蓄がライフサイクル貯蓄の最も重要な部分である．

ランダム・ウォーク random walk 株式価格の動き方を叙述する用語であり，価格のこれからの動きがこれまでの動きからは予測できないような動き方のこと．

利子 interest 貯蓄者が，当初に預金（貸付）した金額に加えて受け取る収益であり，借り手が当初に借り入れた金額に追加して支払わなければならない額である．

利潤 profits 総収入から総費用を差し引いたもの．

リスク回避，危険回避 risk aversion リスク（危険）負担を避けようとすること．

流動性 liquidity 投資物件の現金化されやすさ．また，その容易さの程度．

留保賃金 reservation wage 個人がその水準以下であるならば労働市場に参加しようとしなくなる賃金水準のこと．

理論 theory ある現象を説明するために展開される，前提とされる諸仮定とそれらの仮定から導き出される結論のこと．

累進税制度 progressive tax system 各個人の支払う税金の所得に占める割合が，貧しい人よりも裕福な人のほうが大きくなる税制．

ルール rules マクロ経済状況に対応した自動的な政策調整．

劣等財 → 下級財

レント・シーキング rent seeking 外国との競争からの保護のような，政府による優遇措置から便益を得ようと努める行動のこと．

連邦公開市場委員会（FOMC）Federal Open Market Committee 連邦準備制度のなかで金融政策を決定する委員会．

ロイヤリティ → 特許権使用料

労働参加の決定 labor force participation decision 個人が積極的に就職活動を行おうとする決定，すなわち労働市場に参加をしようとする決定．

労働参加率 → 労働力率

労働市場 labor market 労働者が提供するサービスが売買される市場．

労働の限界生産物の価値 value of the marginal product of labor 労働をもう1単位追加的に投入することによって増加する産出量の価値．それは，労働の限界生産物に生産される財の価格を掛けることによって計算される．

労働の転職率 labor turnover rate ある企業に雇用されている労働者のうち，他の企業に職を求めて離職する労働者の割合．

労働力率，労働参加率，労働力化率 labor force participation rate 就業年齢に達している人口のうち雇用されているか，または就職活動をしている人の割合．

【 ワ 行 】

割当て制度 rationing systems 価格システム以外の制度に特に適応される，希少資源を配分するシステム．割当て制度には，配給切符や待ち行列による割当てが含まれる．

割引現在価値 present discounted value 将来受け取ることができる金額が現在ではどれだけの価値があるかを示す指標．

割引率 → 公定歩合

経済学の基本英語

【 a 】

absolute advantage → 絶対優位
adaptive expectations → 適応的期待
adverse selection → 逆選択
affirmative action → アファーマティブ・アクション，積極的差別解消計画
aggregate consumption function → 総消費関数
aggregate demand-inflation curve → 総需要・インフレーション曲線
aggregate expenditures → 総支出
aggregate expenditures schedule → 総支出曲線
aggregate saving → 総貯蓄
antitrust laws → 反トラスト法，独占禁止法
appreciation → 為替相場の上昇，増価
asset price bubbles → 資産価格バブル
asymmetric information → 非対称的情報
automatic stabilizer → 自動安定化装置，ビルト・イン・スタビライザー
average cost → 平均費用
average tax rate → 平均税率
average variable costs → 平均可変費用

【 b 】

backward induction → バックワード・インダクション，後ろ向き帰納法
balance of trade → 貿易収支
basic competitive model → 基本的競争モデル
basic research → 基礎研究
basic trade identity → 貿易の基本恒等式
beggar-thy-neighbor policies → 近隣窮乏化政策
behavioral economics → 行動経済学
benefit taxes → 便益税
bilateral trade → 双務的取引，2国間貿易
block grants → 定額（包括）補助金
boom → 好況
borrowed reserves → 借入準備金
budget constraints → 予算制約
business cycle → 景気循環

【 c 】

capital deepening → 資本深化
capital gain → キャピタル・ゲイン，資本利得
capital goods → 資本財
capital goods investment → 資本財投資
capital inflows → 資本流入
capital market → 資本市場
capital outflows → 資本流失
cartel → カルテル
causation → 因果関係
CD → 預金証書
central bank → 中央銀行
central planning → 中央集権的計画
certificate of deposit（CD）→ 預金証書，CD
circular flow → フロー循環
Coase's theorem → コースの定理
collusion → 共謀
command-and-control approach → 指

令・統制アプローチ
commercial policies → 通商政策
comparative advantage → 比較優位
compensating wage differentials → 補償賃金差額, 補償差額
competition → 競争
complements → 補完財
constant returns to scale → 規模に関して収益一定（規模に関して収穫一定）
consumer price index（CPI）→ 消費者物価指数, CPI
consumer protection legislation → 消費者保護法
consumer sovereignty → 消費者主権
consumer surplus → 消費者余剰
corporation income taxes → 法人税
correlation → 相関関係
countercyclical policies → 景気安定化政策
countervailing duties → 報復関税
CPI → 消費者物価指数
cross subsidization → 内部相互補助, 相互補助
crowding out → クラウディング・アウト, 押し退け
currency board → カレンシー・ボード
cyclical unemployment → 景気循環的失業, 循環的失業

【 d 】

deadweight loss → 死荷重, 死重的損失
deflation → デフレーション
demand → 需要
demand curve → 需要曲線
demand deposits → 要求払い預金
demographic effects → 人口統計効果
depreciation → 為替相場の下落（減価）, 減耗
depression → 恐慌
devaluation → 平価切下げ
developed countries → 先進国
diminishing marginal utility → 限界効用逓減

diminishing returns → 収益逓減, 収穫逓減
diminishing returns to scale → 規模に関して収益逓減（規模に関して収穫逓減）
discount rate → 公定歩合, 割引率
discretion → 裁量
discretionary action → 自由裁量的措置
discretionary spending → 裁量的支出
disposable income → 可処分所得
distribution → 分配
diversification → 分散化
dividends → 配当
dollarization → ドル化
dominant strategy → 支配戦略
dual economies → 二重経済
dumping → ダンピング
dynamic efficiency → 動学的効率
dynamic inconsistency → 動学的不整合

【 e 】

earned income tax credit → 勤労所得税額控除
economic rent → 経済的レント
economies of scale → 規模の経済
economies of scope → 範囲の経済
efficiency wage → 効率賃金
efficiency wage theory → 効率賃金理論
efficient market theory → 効率的市場理論
entitlement programs → エンタイトルメント・プログラム
entry deterrence → 参入阻止
entry-deterring practices → 参入阻止戦略
equilibrium → 均衡
equilibrium price → 均衡価格
equilibrium quantity → 均衡取引数量
estate tax → 遺産税, 相続税
European Union → EU, ヨーロッパ連合
excess demand → 超過需要
excess reserves → 超過準備
excess supply → 超過供給
exchange → 交換
exchange efficiency → 交換の効率性

(ex → in) ■経済学の基本英語■

719

exchange rate → 為替レート
excise taxes → 物品税
expansions → 景気拡張期
expected returns → 期待収益
experimental economics → 実験経済学
export-led growth → 輸出主導型成長
exports → 輸出財
externality → 外部性

【 f 】

factor demand → 要素需要
federal funds market → フェデラル・ファンド・マーケット
federal funds rate → フェデラル・ファンド・レート
Federal Open Market Committee (FOMC) → 連邦公開市場委員会, FOMC
final goods approach → 最終財アプローチ
financial investments → 金融投資
fiscal deficit → 財政赤字
fiscal surplus → 財政黒字
fixed costs → 固定費用
fixed exchange rate system → 固定為替相場制
flexible exchange rate system → 変動為替相場制, 屈伸為替相場制
floating exchange rate system → 変動為替相場制, 屈伸為替相場制
flows → フロー変数
FOMC → 連邦公開市場委員会
four-firm concentration ratio → 4社集中度
fractional reserve system → 部分準備制度
free-rider → フリーライダー, ただ乗り
free trade → 自由貿易
frictional unemployment → 摩擦的失業
fringe benefits → フリンジ・ベネフィット, 付加給付
full employment → 完全雇用
full-employment deficit → 完全雇用赤字, 完全雇用財政赤字

full-employment level of output → 完全雇用産出量
fully funded program → 完全積立方式

【 g 】

game table → ゲームの利得表
game theory → ゲーム理論
game tree → ゲームの木, ゲーム・ツリー
GATT → GATT, 関税と貿易に関する一般協定
GDP → 国内総生産
GDP deflator → GDPデフレータ
General Agreement on Tariffs and Trade (GATT) → GATT, 関税と貿易に関する一般協定
general equilibrium → 一般均衡
general equilibrium analysis → 一般均衡分析
gift tax → 贈与税
globalization → グローバリゼーション, グローバル化
Great Depression → 大恐慌
green revolution → 緑の革命
gross domestic product (GDP) → 国内総生産, GDP

【 h 】

horizontal equity → 水平的平等
horizontal merger → 水平的合併
human capital → 人的資本

【 i 】

imperfect competition → 不完全競争
imperfect information → 不完全情報
imperfect substitutes → 不完全代替財
implicit labor contract → 暗黙の労働契約
import function → 輸入関数
imports → 輸入財
incentives → インセンティブ, 誘因
income approach → 所得アプローチ
income effect → 所得効果

income elasticity of demand → 需要の所得弾力性
income per capita → 1人当たり所得
income-expenditure analysis → 所得・支出分析
incomplete markets → 不完備市場
increasing returns to scale → 規模に関して収益逓増（規模に関して収穫逓増）
individual income taxes → 個人所得税
industrial policies → 産業政策
industrialized countries → 先進工業国
infant industry argument → 幼稚産業保護論
inferior goods → 下級財，劣等財
infinite elasticity → 弾力性が無限大
inflation → インフレーション
inflation adjustment line → インフレ調整曲線
inflation shocks → インフレ・ショック
inflation targeting → インフレターゲティング
information → 情報
inside lag → 内部ラグ
intellectual property → 知的所有権
interest → 利子
interest-rate parity condition → 金利平価条件
inventory investment → 在庫投資
investment → 投資
investment function → 投資関数

【 j 】

job discrimination → 職務差別
joint products → 結合生産物

【 l 】

labor force participation decision → 労働参加の決定
labor force participation rate → 労働力率，労働参加率，労働力化率
labor market → 労働市場
labor turnover rate → 労働の転職率
land reform → 土地改革
large open economy → 開放大国経済
law of supply and demand → 需要と供給の法則
LDCs → 発展途上国
learning by doing → 経験による学習
learning curve → 習熟曲線，習得曲線
less-developed countries (LDCs) → 発展途上国，開発途上国，低開発国
life-cycle saving → ライフサイクル貯蓄
liquidity → 流動性
loanable funds market → 貸付資金市場
long run → 長期
luxury taxes → 奢侈税

【 m 】

M1, M2, M3 → M1, M2, M3
macroeconomics → マクロ経済学
managerial slack → 経営上のスラック，経営スラック
marginal benefits → 限界便益
marginal cost → 限界費用
marginal product → 限界生産物
marginal propensity to consume → 限界消費性向
marginal propensity to import → 限界輸入性向
marginal propensity to save → 限界貯蓄性向
marginal rate of transformation → 限界変形率
marginal revenue → 限界収入
marginal tax rate → 限界税率
marginal utility → 限界効用
marketable permits → 取引可能許可証
market clearing price → 市場の需給均衡価格
market demand curve → 市場需要曲線
market economy → 市場経済
market failures → 市場の失敗
market structure → 市場構造
market supply curve → 市場供給曲線
matching programs → 定率補助金制度

medium of exchange → 交換手段
merit goods → 価値財, メリット財
microeconomics → ミクロ経済学
monetary policy rule → 金融政策のルール
money → 貨幣
money multiplier → 貨幣乗数
monopolistic competition → 独占的競争
monopoly → 独占
monopoly rents → 独占レント
moral hazard → モラルハザード
multilateral trade → 多角的取引, 多国間貿易
multiplier → 乗数
mutual fund → ミューチュアル・ファンド

【 n 】

NAFTA → NAFTA, 北米自由貿易協定
Nash equilibrium → ナッシュ均衡
national saving → 国民貯蓄
natural monopoly → 自然独占
natural rate of unemployment → 自然失業率
net capital inflows → 純資本流入
neutrality of money → 貨幣の中立性
newly industrialized countries (NICs) → NICs, 新興工業国
NICs → NICs, 新興工業国
nominal GDP → 名目 GDP
nominal rate of interest → 名目利子率
nominal wage → 名目賃金
nonborrowed reserves → 非借入準備金
nondiscretionary spending → 非裁量支出
nonpecuniary attributes → 非金銭的特質
nonrivalrous goods → 非競合財
normal goods → 正常財
normative economics → 規範経済学
North American Free Trade Agreement (NAFTA) → NAFTA, 北米自由貿易協定

【 o 】

Okun's law → オークンの法則
oligopoly → 寡占
open economy → 開放経済
Open Market Desk → 公開市場デスク
open-market operations → 公開市場操作
operating procedures → 操作手続き
opportunity cost → 機会費用
opportunity set → 機会集合
output gap → 産出量ギャップ
outside lag → 外部ラグ
outsourcing → アウトソーシング

【 p 】

Pareto efficient → パレート効率
partial equilibrium analysis → 部分均衡分析
patent → 特許
pay-as-you-go program → 賦課方式
payroll taxes → 社会保障税
peaks → 景気の山
perfect competition → 完全競争
perfectly mobile capital → 完全に移動可能な資本
Phillips curve → フィリップス曲線
piece-rate system → 出来高払い賃金制度
plant and equipment investment → 設備投資
portfolio → ポートフォリオ
positive economics → 実証経済学
positive externalities → 正の外部性
potential GDP → 潜在 GDP
PPI → 生産者物価指数
present discounted value → 割引現在価値
price → 価格
price ceilings → 価格の上限規制
price discrimination → 価格差別
price dispersion → 価格の分散
price elasticity of demand → 需要の価格弾力性

price elasticity of supply → 供給の価格弾力性
price floors → 価格の下限規制
price-level targeting → 物価水準ターゲット
price system → 価格システム
price taker → プライス・テイカー，価格受容者
principal → 元本
prisoner's dilemma → 囚人のジレンマ
private marginal cost → 私的限界費用
private property → 私有財産
privatization → 民営化
producer price index（PPI） → 生産者物価指数
producer surplus → 生産者余剰
product differentiation → 製品差別化
production efficiency → 生産の効率性
production function → 生産関数
production possibilities → 生産可能性
production possibilities curve → 生産可能性曲線
product market → 生産物市場，財市場
product-mix efficiency → 生産物構成の効率性
profits → 利潤
progressive tax system → 累進税制度
property rights → 所有権，財産権
property taxes → 財産税
protectionism → 保護主義
public goods → 公共財
pure profit → 純利潤

【 q 】

quantity equation of exchange → 交換の数量方程式
quota rents → 輸入割当てレント
quotas → 輸入割当て

【 r 】

random walk → ランダム・ウォーク
rational choice → 合理的選択

rationing systems → 割当て制度
real exchange rate → 実質為替レート
real GDP → 実質 GDP
real investment → 実物投資
real product wage → 実質生産物賃金
real rate of interest（real interest rate） → 実質利子率
real wage → 実質賃金
recession → 景気後退，不況
regressive tax system → 逆進税制度
regulatory capture → 規制の虜
relative elasticity → 相対的弾力性
relative price → 相対価格
relatively elastic → 比較的弾力的
relatively inelastic → 比較的非弾力的
rent seeking → レント・シーキング
repeated games → 繰り返しゲーム
repurchases（RPs） → 買い戻し条件付き債券売却取引，現先取引
reputation → 評判，名声
reservation wage → 留保賃金
reserves → 準備金
residential investment → 住宅投資
restrictive practices → 制限の取引慣行
retained earnings → 内部留保，社内留保
revenue curve → 収入曲線
revenues → 収入
right-to-work laws → 自由労働権法，働く権利の法律
risk aversion → リスク回避，危険回避
rivalrous goods → 競合財
royalty → 特許権使用料，ロイヤリティ
rules → ルール

【 s 】

sales tax → 売上税
scarcity → 希少性
search → サーチ，探索
seasonal unemployment → 季節的失業
sequential game → 逐次的ゲーム
sharecropping → 物納小作制，分益小作制
shortage → 不足，モノ不足
short run → 短期

short-run aggregate production function → 短期総生産関数
short-run inflation adjustment curve → 短期インフレ調整曲線（SRIA 曲線）
signal → シグナル
sin taxes → 懲罰税
slope → 傾き
small open economy → 開放小国経済
social insurance → 社会保険
social marginal cost → 社会的限界費用
stagflation → スタグフレーション
static efficiency → 静学的効率性
statistical discrimination → 統計的差別
stocks → ストック変数
store of value → 価値の貯蔵手段
strategic behavior → 戦略的行動
strategic trade theory → 戦略的貿易政策
structural unemployment → 構造的失業
substitutes → 代替財
substitution effect → 代替効果
sunk costs → サンクコスト
supply → 供給
supply curve → 供給曲線
supply shocks → 供給ショック
surplus → 余剰，過剰
surplus of labor → 余剰労働
sustainable development → 持続可能な成長

【 t 】

tariffs → 関税
tax expenditure → 租税支出
tax subsidies → 租税補助
TFP → 全要素生産性
theory → 理論
thin markets → 薄い市場
time constraints → 時間制約
time inconsistency → 時間的非整合
time value of money → 貨幣の時間的価値
total costs → 総費用
total factor productivity（TFP） → 全要素生産性
total factor productivity analysis → 全要素生産性分析
total reserves → 総準備金
trade creation → 貿易創出
trade deficit → 貿易赤字
trade diversion → 貿易転換
trade-offs → トレードオフ
trade secret → 営業秘密，企業秘密
tragedy of the commons → 共有地の悲劇
transfer programs → 移転所得政策（移転所得プログラム）
Treasury bills（T-bills） → 財務省短期証券
trough → 景気の谷
trusts → トラスト，企業合同

【 u 】

unemployment rate → 失業率
union shops → ユニオン・ショップ制
unitary elasticity → 弾力性が1
unit of account → 計算単位
utility → 効用

【 v 】

value added → 付加価値
value of the marginal product of labor → 労働の限界生産物の価値
variable costs → 可変費用
velocity → 貨幣の流通速度
vertical equity → 垂直的平等
vertical merger → 垂直的合併
voting paradox → 投票のパラドックス

【 w 】

wage discrimination → 賃金差別
World Trade Organization（WTO） → WTO，世界貿易機関
WTO → WTO，世界貿易機関

【 z 】

zero elasticity → 弾力性がゼロ

索引 INDEX

あ行

アイデア	622, 625-626
固定費用としての——	626
アカロフ，ジョージ（Akerlof, George）	476
アファーマティブ・アクション（積極的差別解消政策）	526-527
アメリカの不平等度	304
R&D（研究開発）	624, 639-643
固定費用としての——	634
資本市場と——	637-638
——税額控除	642
アロー，ケネス（Arrow, Kenneth）	79
一般均衡	286, 313
——分析	305-316
一般物価水準	255, 656
移転所得政策	73
イノベーション（革新）	55
EU（ヨーロッパ連合）	613
医療	82
医療保険	82
——市場	486-487
因果関係	10
インサイダー情報　→　内部情報	
——・トレーダー	682
インセンティブ（誘因）	
4-5, 7, 13-14, 19, 61, 70, 75-79, 418-421, 481-487, 528-531, 552-553, 645	
汚染削減の——	559
——効果	560
——・システム	65
——・平等のトレードオフ	14
——問題	481-486
インデックス・ファンド	661, 686
インフレーション	255
インフレ率	255
後ろ向き帰納法　→　バックワード・インダクション	
薄い市場	478, 481
ウルグアイ・ラウンド	628
エッジワース・ボックス・ダイアグラム	323
FRB（連邦準備制度理事会）	262
FDIC　→　連邦預金保険公社	
おうむ返し　→　しっぺ返し	
OJT　→　企業内訓練	
汚染削減のインセンティブ	559
温室効果ガス	176, 549-550
温情主義　→　パターナリズム	

か行

会計上の利益	209-210
買い手独占	383-384
——企業	383
介入	
政府の市場への——	304
外部性	57, 66-67, 305
正の——	544-547, 623
ネットワーク——	352
負の——	544-546, 548, 556, 558
価格	19
期待——	313-315
均衡——	27, 34
資産——	663, 667
市場——	288-289
資本の——	263
将来——	314-315
独占——	339
——による質の判定	480-481
——の分散	490, 493
——比較サイト	504-505
——変化と労働需要曲線	239
価格規制	
下限——	37
上限——	37

価格差別	344	——規制	72
価格システム	13, 65	——破壊	563
価格受容者 → プライス・テイカー		関税	592-594
価格設定者 → プライス・メーカー		報復——	642
価格弾力性		輸入——	642
供給の——	31-33, 35	関税と貿易に関する一般協定 → GATT	
需要の——	30, 35	完全競争	12, 58-59
下級財（劣等財）	102, 110, 147	不——	58-61, 71, 494-496, 512
学習曲線 → 習熟曲線		完全情報	478, 480
革新 → イノベーション		不——	61-66, 72, 476, 503-505
家計貯蓄	262	元本	253
——率	261	管理の簡素性	89
下限価格規制	37	官僚的形式主義	78
貸付資金		機会均等	73
——市場 → 資本市場		機会集合	15-16, 94-95
——の需要と供給	265	機会費用	17-18, 164, 210-216, 264, 270
過少		余暇の——	228
——供給	547	企業	
過剰	36	利潤極大化——	11
——供給	544-546	——年金	536, 687
——生産能力	372	——の供給曲線	204
可処分所得	261	——秘密	632
課税	293-296, 557, 560	企業特殊的技能	521
——と効率性	293-296	企業内訓練（OJT）	270
寡占	58, 358-373	危険回避	664, 679
——企業	60	技術	
傾き	97	——革新	622
価値		——進歩	310-312, 622
交換——	29	——の組合せ	182
使用——	29	技術的限界代替率	183
価値観	10-11	——逓減	184
価値財	74, 568	希少	7
負の——	74	希少性	5, 564
GATT（関税と貿易に関する一般協定）		財の——	481
	609-610, 612-613	資源の——	4-5
合併		規制	407-408, 557
垂直的——	418	——の虜	408
水平的——	417	規制緩和	411-414
株価	677	——による競争の激化	516
株式	656-658, 665, 669, 679	基礎研究	640
——市場	652, 680-685	期待	674-679
貨幣の時間価値	253-254	合理的——	678
可変費用	157	将来に関する——	674, 676
カルテル	359	適応的——	678
環境	552, 567-568	——価格	313-315
——汚染問題	544	——形成	678-679

——収益	660-661, 663, 668, 679, 681	競争的企業		288, 307
——の変化	676-678	共通費用		170
規範経済学	10	京都議定書		176
規模に関して収益（収穫）一定	169	共謀		358-359, 439
規模に関して収益（収穫）逓減	169	均衡		27, 286
規模に関して収益（収穫）逓増	170	一般——		286, 313
規模の経済	170	市場——		36
基本的競争均衡モデル	306	部分——		306-316
基本的競争モデル		——価格		27, 34
11-12, 54-57, 61, 67, 286-287, 316, 544, 622, 669		——賃金		240
		——取引数量		27, 34
逆選択	477, 489, 505	——利子率		265
キャピタル・ゲイン		銀行パニック		452-455
654, 657, 660, 664, 668, 673		銀行預金		653, 665, 669
教育		金融市場		667
——と人的資本	269-270	金融仲介機関		266
——の費用	269	金融投資		652
——の便益	269	近隣窮乏化政策		442-443, 602
供給	24-27, 286	クォータ → 輸入割当て		
過少——	547	くじ引き		14-15
過剰——	544-546	繰り返しゲーム		449
超過——	28	クールノー競争		387-390
——の価格弾力性	31-33, 35	経営上のスラック		399
供給曲線	24-28, 32-35	経験による学習		636
企業の——	204	経済		
市場——	24-27, 205	規模の——		170
短期——	32	混合——		5
長期——	32	市場——		4-8, 12
——上の動き	27	純粋交換——		322-323
——のシフト	27	情報——		65, 503
競合財	626	範囲の——		177
非——	626	経済学		
強制貯蓄	268	規範——		10
競争	11	公共——（公共部門の経済学）		305
完全——	12, 58-59	行動——		125-129
クールノー——	387-390	実験——		451
広告と——	499-500	実証——		10
シュンペーター的——	638-639	マクロ——		9
独占的——	59, 355-357	ミクロ——		9
不完全——	58-61, 71, 512	——的利潤		209-213
ベルトラン——	390-392	経済効率		567
競争企業の理論	194	経済的効率性		286
競争均衡の効率性	331	経済的レント		211-213
競争市場	286-290, 303-305	契約曲線		324-325
——と所得分配	303-305	契約による解決		483-484
——とパレート効率性	302	契約不履行		484

ケインズ，ジョン・メイナード（Keynes, John Maynard）	684	公正	
		社会的――	73
結合生産物	177	公的年金	76, 81-82
ゲーム		行動経済学	125-129, 267
繰り返し――	449	公平性	73, 88
ゼロサム・――	446	後方屈曲的	229, 258
逐次的――	455-460	公民権法	526
――の木（ゲーム・ツリー）	456-457	効用	113-119
――の利得表	436	限界――	116-119
――理論	361-362, 435-467	――可能性曲線	325
限界概念	43-46	効率性	88, 296-303
限界効用	116-119	課税と――	293-296
――逓減	117	競争均衡の――	331
限界収入	60, 195	経済的――	286
限界生産物	153	交換の――	298-299
限界税率	75	静学的――	629
限界代替率	137-140, 146, 278	生産の――	299
技術的――	183	生産物構成の――	299
――逓減	138	動学的――	629
限界費用	18, 99-100, 158, 189, 227	パレート――	296-303
私的――	545, 559	非――	296-298
社会的――	545, 562	効率賃金	531-532
――曲線	162	――理論	531-532
限界便益	19, 99-100, 227	効率的	286, 288
私的――	546-547, 562	パレート――	297-299
社会的――	547	効率的市場	680-682
限界変形率	300	――に勝つ	681-684
研究開発　→　R&D		――理論	679-685, 687
――のインセンティブ	625	合理的期待	678
原材料費	151	合理的消費者	11
現状維持バイアス	127-128, 268	合理的選択	11
公害	5, 57	国営化	405
交換	4	『国富論』　→　『諸国民の富』	
――価値	29	コース，ロナルド（Coase, Ronald）	548
――と分配	300	――の定理	548-549, 551, 556
――の効率性	298-299	固定費用	156
公共経済学（公共部門の経済学）	305	――としてのアイデア	626
公共財	57, 67-70	――としてのR&D	634
純粋――	68-69, 627	コミットメント（約束）	76-77, 461-465
公共部門	70	雇用	
――の経済学　→　公共経済学		――の海外移転	521
広告	55, 498-505	――保障	519
――と競争	499-500	コングロマリット	417
――と利潤	500-502	混合経済	5
交渉関係	521	コンテスタブル市場	348
交渉余剰	521	コンテスト	

| 美人—— | 684 |
| 労働者間の—— | 534-535 |

さ行

債券	655-657
——利子率	668
財市場 → 生産物市場	
財政赤字	80-81
最低賃金	312-313
——制	532-534
——引上げキャンペーン	520
財の希少性	481
再販売価格維持	367-369
再分配	297
財務省短期証券	658, 679
債務不履行	656
サーチ	490-498
——の費用	491-496, 498
差別	524-527
職種——	525
賃金——	525
統計的——	525
年齢——	524
産業競争力	644
産業政策	642
産業別労働組合会議	513
サンクコスト	18, 201-203, 349-350
参照点	127
酸性雨	560
参入	200-202, 213
新規——	208
——の意思決定	202
参入障壁	371, 485-486
——としての評判	485-486
参入阻止	371
——戦略	372
死荷重（死重的損失）	294-295
時間制約	15
時間的非整合性	460-461
シグナリング	479
シグナル	479-480, 505
労働の質についての——	524
資源枯渇	564
資源の希少性	4-5
資産	
——市場	674

——の分散化	687
資産価格	663, 667, 678-679
——のバブル	677
死重的損失 → 死荷重	
市場	7
コンテスタブル——	348
財—— → 生産物市場	
資本——（貸付資金市場）	
	8-9, 250, 307, 566, 674
生産物——（財市場）	8-9, 307
労働——	8-9, 306-307, 310-311, 497, 512
——価格	288-289
——供給曲線	24-27, 205
——均衡	36
——経済	4-8, 12
——構造	58
——需要曲線	19-24
——で需給が均衡する	36
——に勝つ → 効率的市場に勝つ	
——による解決	482-483
——の需給均衡価格	28
——のランダム性	684
——の労働需要曲線	240
——メカニズム	304
市場の失敗	57
——の修正	71, 76
自制心	267
——の欠如	268
自然独占	346-350, 403-405
失業の脅威	521
実験経済学	451
実質	
——収益率	657-658
——生産物賃金	238
——賃金	231
——利子率	255-256
実証経済学	10
失敗	
市場の——	57
政府の——	75-80
実物投資	652
しっぺ返し（おうむ返し）	364
——戦略	451
私的限界費用	545, 559
私的限界便益	546-547, 562
私的所有権	567

私的年金保険	76	習得曲線 → 習熟曲線	
私的費用	67, 558, 564	柔軟性	89
支配戦略	438	収入	151
支払い意欲	114-117	限界――	60, 195
シフト		――曲線	194-195
供給曲線の――	27	自由貿易	591
需要曲線の――	23	自由労働権法（働く権利の法律）	514
資本		熟練労働者	310-312
人的――	270	未――	310-311
――の価格	263	需要	19-24, 286
――の限界生産物	263	超過	28
――の使用者費用	264	――と供給の法則	28, 303
資本財	8, 263	――の価格弾力性	30, 35
資本市場（貸付資金市場）		――の所得弾力性	100-103
	8-9, 250, 307, 566, 674	需要関数の導出	326-329
――と R&D	637-638	需要曲線	19-24, 28, 30-32, 34-35, 108-113
資本需要		市場――	19-20
新技術と――	266	――上の動き	23
資本費用	151	――のシフト	23
社会科学	8	純粋交換経済	322-323
社会的限界費用	545, 562	純粋公共財	68-69, 627
社会的限界便益	547	シュンペーター, ジョセフ（Schumpeter, Joseph）	638-639
社会的公正	73		
社会的費用	67, 558, 564	――的競争	638-639
社会保険	72	純利潤	343
社会保障	259	使用価値	29
社債	656	上限価格規制	37
奢侈財	102	消費者	
ジャンク・ボンド	656, 662	合理的――	11
収益	659	――主権	74, 568
期待――	660-661, 663, 668, 679, 681	――余剰	120-123, 288-295, 301-302
収益（収穫）一定	154	情報	4, 7, 13, 56, 65-66, 476, 486, 567
規模に関して――	169	完全	478, 480
収益（収穫）逓減	15, 152-153, 239	非対称――	62-63, 477-478, 504
規模に関して――	169	不完全――	61-66, 72, 476
収益（収穫）逓増	154	――経済	65, 503
規模に関して――	170	――仲介機関	497-498
収益率		――に基づく賃金差額	523
実質――	657-658	――の不完全性	64, 78
就業の決定	247	――の問題	512
私有財産	13	将来価格	314-315
習熟曲線（習得曲線，学習曲線）	636	将来に関する期待	674, 676
囚人のジレンマ	362-364, 435-441, 502	条理の原則	423-424
従属変数	46	職種差別	525
住宅投資	653-654, 668	食の安全	62-63
集団的意思決定	79	『諸国民の富』（『国富論』）	287

女性の労働力参加	233-235
所得	
可処分――	261
――再分配	72, 304
所得効果	106-108, 110-113, 142-144, 228, 257
利子率上昇による――	280-281
所得弾力性	
需要の――	100-103
所得分配	303
競争市場と――	303-305
所有権	13, 70, 549, 551
私的――	567
シリコンバレー	273
指令・統制アプローチ	554, 559
進化	638
新規参入	208
新技術と資本需要	266
親権主義　→　パターナリズム	
人口学的要因	262
人口統計効果	22
人的資本	270
教育と――	269-270
――投資	271
信認	685
信用のアベイラビリティ（入手可能性）	22
垂直的合併	418
垂直的取引制限	366
垂直的平等	88
水平的合併	417
水平的取引制限	366
水平的平等	88
数量レント	595
ストライキ	512, 514, 520-521
スプロール現象	76
スミス，アダム（Smith, Adam）	54, 287
税額控除	559
R&D――	642
静学的効率性	629
税金	559
制限的取引慣行	
	358, 365-370, 392-393, 422-423
生産可能性	15
――曲線	15, 271, 580
生産関数	152-155
生産者余剰	288-295, 301-302
生産性賃金差額	523
生産の効率性	299
生産物構成の効率性	299
生産物市場（財市場）	8-9, 307
生産要素	151
政治過程	79
正常財	102, 110, 147
税制上の取扱い	663, 668, 673, 679, 681, 685
税制優遇措置	668-669
正の外部性	544-547, 623
製品差別化	354
政府	5, 70, 75-80
――債	656
――の市場への介入	304
――の失敗	75-80
――の役割	316
制約	77
世界貿易機関　→　WTO	
積極的差別解消政策　→　アファーマティブ・アクション	
絶対優位	18, 578
セーフティ・ネット	73
ゼロサム・ゲーム	446
選好	114
――の変化	300
選択	4, 7
逆――	477, 489, 505
合理的――	11
戦略的行動	425, 496
戦略的思考	458-459
戦略的障壁	371
戦略的貿易政策理論	607
相関関係	10
創造的破壊	638
相対価格	17, 96-97, 113, 139-140
総貯蓄	262
――率	262
総費用	151, 157
――曲線の傾き	159
双務的取引	577
総余剰	290-292
租税	558
ソフトな予算制約	78
損益計算書	194, 198
損失回避	127

た行

退出	200-202
──の意思決定	202
代替効果	108-113, 142, 144, 228, 257
利子率上昇による──	280-281
代替財	22
代替の法則	174
ダウ・ジョーンズ工業株平均	665-667
多角的取引	577
抱き合わせ販売	367
多国間貿易	577
ただ乗り　→　フリーライダー	
タフト＝ハートレー法	513-514, 516
WTO（世界貿易機関）	609-615, 627
短期	209
超──	209
──供給曲線	32
──債	655
──費用曲線	166
──平均費用曲線	166
ダンピング	597
単利	282
弾力性	
──がゼロ	30
──が無限大	30
地球温暖化	57, 176, 549-551
逐次的ゲーム	455-460
地代	212
知的財産	627
──権の保護	645
中間財	151
チューリング，アラン（Turing, Alan）	632
超過供給	28
超過需要	28
長期	209
──供給曲線	32
──債	655
──費用曲線	166
──平均費用曲線	166
超短期	209
直接規制	554, 559, 562
貯蓄	
家計──	262
強制──	268
総──	262
負の──	262
ライフサイクル──	253
──関数	257-258
──に関する意思決定	251, 259
貯蓄率	
家計──	261
総──	262
貯蓄量の決定	278
賃金	
均衡──	240
効率──	531-532
最低──	312-313
実質──	231
実質生産物──	238
名目──	231
留保──	232
──格差	310-312, 522-527
──差別	525
──の変化と労働供給	231
通商政策	591
積立方式	81
定期預金	653
ディスカウント	668
適応的期待	678
適性手続き	77
出来高払い制	528-530
テリトリー制（排他的販売区域制）	366
転嫁	293
天然資源	564-567, 583
動学的効率性	629
統計的差別	525
等産出量曲線　→　等量曲線	
倒産のリスク	656
投資	652
金融──	652
実物──	652
住宅──	653-654, 668
──機会	659
──戦略	685-687
──の分散化	661-663
投資信託	658-659, 663-664, 686
投資対象	653-659, 665
日本における──	670-673
投入物	151
──が複数の場合の費用最小化	182-188
等費用曲線	185-187

投票のパラドックス	79	2国間貿易	577
透明性	89	日本における投資対象	670-673
等量曲線（等産出量曲線）	182	ニューエコノミー	272, 353
——の傾き	184	ニューヨーク証券取引所	665-667
独占	58, 336	ネットワーク外部性	352
買い手——	383-384	年金	
自然——	346-350, 403-405	企業——	536, 687
——価格	339	公的——	76, 81-82
——禁止政策	415	年齢差別	524
——禁止法	367	ノード	457
——利潤	343		
——レント	343	**は行**	
独占企業	58, 72, 396	配給切符	15
買い手——	383	排除	68
独占的競争	59, 355-357	排他的慣行	354
——企業	60	排他的取引	366
独立変数	46	排他的販売区域制 → テリトリー制	
特化	581-582, 584	配当	657
特許	624-625	パターナリズム（温情主義，親権主義）	
——による保護の範囲	631		74, 568
特許権	627	働く権利の法律 → 自由労働権法	
——使用料（ロイヤリティ）	627	バックワード・インダクション（後ろ向き帰	
——の存続期間	629	納法）	449-450
ドットコム企業	207	ハーフィンダール=ハーシュマン指数	
富の不平等度	5		426-427
トラスト	415	バブル	
取引可能許可証	559-562	資産価格の——	677
取引ルール	70-71	パレート，ビルフレド（Pareto, Vilfredo）	
トレーサビリティ・システム	63-64		297
トレードオフ		パレート効率性	296-303
4-5, 15-18, 65, 75, 96-98, 309, 552-553,		競争市場と——	302
659, 679		——の条件	298
インセンティブ・平等の——	14	パレート効率的	297-299
平等と効率の——	75	範囲の経済	177
余暇と所得の——	270	反トラスト政策	415
労働供給の意思決定における——	230	反トラスト法	415-417, 424-425
——関係	17	反応関数	388
		比較優位	18, 578, 580-586
な行		非競合財	626
内部情報（インサイダー情報）	682	非競合的	57
内部相互補助	406	非金銭的特質	523
内部留保	657	非効率性	296-298
ナスダック市場	665-667	美人コンテスト	684
ナッシュ均衡	438	非対称情報	62-63, 477-478, 504
NAFTA → 北米自由貿易協定		必需品	101-102
2期間の予算制約	251	非排除性	57, 69

微分	45-47, 50-51	負の外部性	544-546, 548, 556, 558
偏——	46	負の価値財	74
費用	196	負の貯蓄	262
可変——	157	不平等	73
機会——	17-18, 164, 210-216, 264, 270	アメリカの——	304
教育の——	269	部分均衡分析	306-316
共通——	170	プライス・テイカー（価格受容者）	
限界——	18, 99-100, 158, 189, 227		12, 59, 150, 290
固定——	156	プライス・メーカー（価格設定者）	60
サーチの——	491-496, 498	プライス・リーダー	361
私的——	67, 558, 564	ブランド商品	56
資本——	151	フリーライダー（ただ乗り）	70
資本の使用者——	264	——問題	72
社会的——	67, 558, 564	フリーランチ	5
総——	151, 157	フリンジ・ベネフィット（付加給付）	
費用曲線	156		535-537
短期——	166	プレミアム	668
長期——	166	分散化	658-659, 686
等——	185-187	資産の——	687
平均——	160, 189	投資の——	661-663
平均可変——	161	リスクの——	663-664
労働——	151	分配	4
——のシフト	162	交換と——	300
——の導出	187	所得——	303
費用最小化	151, 173, 185	——効果	301
投入物が複数の場合の——	182-188	平均可変費用	161
平等	72	平均費用	160, 189
垂直的——	88	平均費用曲線	160, 162
水平的——	88	短期——	166
不——	73	長期——	166
——と効率のトレードオフ	75	——の最小点	161
評判	450-451, 485	ペナルティ	484
参入障壁としての——	485-486	ベルトラン競争	390-392
付加給付 → フリンジ・ベネフィット		便益	
賦課方式	81	教育の——	269
不完全競争	58-61, 71, 494-496, 512	限界——	19, 99-100, 227
不完全情報	61-66, 72, 476, 503-505	変数	
不完全代替財	354	従属——	46
不完備市場	478	独立——	46
福祉計画		ベンチャー・キャピタル	273
無差別曲線と——	248	偏微分	46-47
複利	282	ホイットニー，イーライ（Whitney, Eli）	
——計算	256		633-634
福利厚生給付	535	貿易	
不足	36	自由——	591
不当労働行為	513	多国間——	577

2国間——	577
——障壁	591
——創造	613
——転換	613
報復関税	642
補完財	22
ポーク・バレル → 利益誘導型事業	
北米自由貿易協定（NAFTA）	587, 613
保護主義	586
補償賃金差額（補償差額）	523
補助金	557
ボックス・ダイアグラム	322-323
エッジワース・——	323
ポートフォリオ	668, 686
保有効果	126
ボラティリティ	677

ま行

マクロ経済学	9
マクロ的安定	71
待ち行列	14
マッチング理論	465
マネージド・ケア	487
マネー・マーケット・ミューチュアル・ファンド	658
マルキール，バートン・G（Malkiel, Burton, G.）	687
マルサス，トーマス（Malthus, Thomas）	622
満期	655
見えざる手	287-288
ミクロ経済学	9
未熟練労働者	310-311
民営化	5, 406-409, 411-412
無差別曲線	133-137, 139-140
——と福祉計画	248
——と余暇―消費選択	246
名声	485, 505
——による解決	485
名目賃金	231
名目利子率	255
持分	656
モデル	10
基本的競争——	11-12, 54-57, 61, 67, 286-287, 316, 544, 622, 669
モラルハザード	482, 505

や行

約束 → コミットメント	
家賃統制	290-292, 297-298, 304-305
——の分配への影響	292
誘因 → インセンティブ	
輸出財	575
輸出自主規制（VER）	595
ユニオン・ショップ制	514
輸入関税	642
輸入財	575
輸入割当て（クォータ）	594
——レント	595
要素需要	236
幼稚産業保護論	606-607, 643
余暇	225
——と消費の予算制約	227
——と所得のトレードオフ	270
——の機会費用	228
余暇と消費の選択	225-231
無差別曲線と——	246
預金	
銀行——	653, 665, 669
定期——	653
予算	
——の単年度制	78
——編成	78
予算制約	15, 95-99
ソフトな——	78
2期間の——	251
余暇と消費の——	227
——線	16, 96-100
余剰	
消費者——	120-123, 288-295, 301-302
生産者——	288-295, 301-302
総——	290-292
ヨーロッパ連合 → EU	
4社集中度	351
401(k)	269

ら行

ライト，ゲイビン（Wright, Gavin）	312
ライバル企業	56
ライフサイクル貯蓄	253
ランダム・ウォーク	683-684

利益誘導型事業（ポーク・バレル）	78	連邦預金保険公社（FDIC）	653
リカード，デイヴィッド（Ricardo, David）	579	ロイヤリティ → 特許権使用料	
利子	252-253	労働	
利潤	151	──市場　8-9, 306-307, 310-311, 497, 512	
経済学的──	209-213	──の限界生産物の価値	237
広告と──	500-502	──の質についてのシグナル	524
純──	343	労働供給	225
独占──	343	賃金の変化と──	231
──極大化企業	11	──の意思決定におけるトレードオフ	230
──最大化	151, 194	──の決定	224-235, 246
──動機	13	労働供給曲線	228-229, 232, 241
利子率	252-253, 654-655	──上の異動	233
均衡──	265	──のシフト	233
債券──	668	労働組合	512-522
実質──	255-256	──の経済的効果	517-520
名目──	255	──の組織率	514-515
利子率上昇		──の非組合員に対する効果	518-519
──による所得効果	280-281	労働者	
──による代替効果	280-281	──間のコンテスト	534-535
リスク　655-657, 659-660, 662-665, 667-668, 679-681, 684-687		──の動機づけ	527-537
		労働需要	237
倒産の──	656	労働需要曲線	237-239, 241
──の分散化	663-664	価格変化と──	239
略奪的価格付け	372-373	市場の──	240
流動性　653-654, 663, 668-670, 679, 687		労働費用	151
留保賃金	232	労働力	233, 240
理論	10	労働力参加	231-235
累進税	75	女性の──	233-235
劣等財　→　下級財		──の決定	232

わ行

レモン市場	476-479
レント	212-213, 516
経済的──	211-213
数量──	595
独占──	343
輸入割当──	595
──・シーキング	401, 643
連邦準備制度理事会　→　FRB	

ワーグナー法	513, 516
綿繰り機	633
割当て制度	14-15
割引現在価値　254, 282-283, 314-315, 565, 676-677	
──の計算	282-283
割引要素	283

著者紹介

ジョセフ・E・スティグリッツ
Joseph E. Stiglitz

コロンビア大学教授.

イェール大学, オックスフォード大学, プリンストン大学, スタンフォード大学を経て, 現在はコロンビア大学教授として経済学, 国際関係, 公共経済学等を教える.

1979年, アメリカ経済学会が経済学に最も貢献した40歳以下の若手経済学者に与えるジョン・ベイツ・クラーク賞を受賞し, 2001年には「情報の経済学」を築きあげた貢献により, G. A. アカロフ, A. M. スペンスとともにノーベル経済学賞を受賞した.

その研究活動の範囲はきわめて幅広く, 本書で重視したトピックスの一つであり, かつノーベル経済学賞の受賞理由となった「情報の経済学」のほかにも, 時間とリスク, 金融市場, 財政, 貿易, 経済発展・開発などがある. このように経済学の多様な分野に新しい角度から鋭い分析を行い多大な貢献を行ってきた.

著書や学術論文は数多く, 中でもテキストとしては『スティグリッツ 公共経済学』(第2版, 上下)や *Lectures in Public Economics* (共著), 最近一般読者向けに書かれた評判のものには『世界を不幸にしたグローバリズムの正体』や『人間を幸福にする経済とは何か』『世界に格差をバラ撒いたグローバリズムを正す』がある. また *Journal of Economic Perspectives* の設立編集委員でもある.

1993年から1997年にクリントン政権下の大統領経済諮問委員会 (CEA) 委員・委員長, また1997年から2000年に世界銀行上級副総裁兼チーフエコノミストを務めるなど, 現実の政策問題の分析・解決にも積極的にかかわっている.

カール・E・ウォルシュ
Carl E. Walsh

カリフォルニア大学サンタクルツ校教授.

プリンストン大学, オークランド大学 (ニュージーランド), スタンフォード大学を経て, 現在はカリフォルニア大学サンタクルツ校で経済学の入門コースを教える.

特に金融分野において数多くの貢献があり, 大学院用テキスト *Monetary Theory and Policy* の著者としても知られている.

カリフォルニア大学の前にはサンフランシスコ連銀のシニアエコノミストであり, 現在もサンフランシスコ連銀で客員研究員を務めている. そのほかにもカンザス連銀, フィラデルフィア連銀や連邦準備制度理事会の客員研究員を務めるかたわら, 香港, ノルウェー, ポルトガル, スペイン, イギリスなどの中央銀行およびIMFの調査部門等で金融経済学のコースを教えた.

American Economic Review の元編集委員, *Journal of Money, Credit, and Banking* および *Journal of Economics and Business* の上級編集委員, *Journal of Macroeconomics* の編集委員を務める.

訳者紹介

藪下史郎（やぶした　しろう）

　1943 年兵庫県生まれ．66 年東京大学経済学部卒業．72 年イェール大学 Ph.D．横浜国立大学を経て，1991 年から早稲田大学政治経済学術院教授，2014 年 3 月退職．早稲田大学名誉教授．

秋山太郎（あきやま　たろう）

　1957 年青森県生まれ．79 年横浜国立大学経済学部卒業．84 年東京大学大学院経済学研究科修了．横浜国立大学を経て，現在新潟県立大学国際経済学部教授．

蟻川靖浩（ありかわ　やすひろ）

　1969 年兵庫県生まれ．92 年早稲田大学政治経済学部卒業．2000 年早稲田大学大学院経済学研究科修了．山形大学を経て，現在早稲田大学商学学術院准教授．

大阿久博（おおあく　ひろし）

　1962 年栃木県生まれ．87 年慶應義塾大学経済学部卒業．97 年早稲田大学大学院経済学研究科修了．新潟産業大学を経て，現在武蔵野大学経済学部教授．

木立　力（きだち　つとむ）

　1954 年青森県生まれ．78 年横浜国立大学経済学部卒業．85 年京都大学大学院経済学研究科修了．横浜国立大学を経て，現在青森公立大学経営経済学部教授．

宮田　亮（みやた　りょう）

　1970 年兵庫県生まれ．93 年早稲田大学政治経済学部卒業．2000 年横浜国立大学大学院国際開発研究科修了（学術博士）．現在琉球大学国際地域創造学部准教授．

清野一治（きよの　かずはる）

　1957 年東京都生まれ．85 年東京大学大学院経済学研究科修了（経済学博士）．大阪大学を経て，早稲田大学政治経済学術院教授．2009 年 6 月死去．

スティグリッツ ミクロ経済学(第4版)

2013年1月31日　第1刷発行
2022年2月16日　第4刷発行

訳者　藪下史郎
　　　秋山太郎／蟻川靖浩
　　　大阿久博／木立　力
　　　宮田　亮／清野一治
発行者　駒橋憲一

発行所　〒103-8345 東京都中央区日本橋本石町1-2-1　東洋経済新報社
　　　　電話 東洋経済コールセンター03(6386)1040
印刷・製本　丸井工文社

本書のコピー、スキャン、デジタル化等の無断複製は、著作権法上での例外である私的利用を除き禁じられています。本書を代行業者等の第三者に依頼してコピー、スキャンやデジタル化することは、たとえ個人や家庭内での利用であっても一切認められておりません。
〈検印省略〉落丁・乱丁本はお取替えいたします。
Printed in Japan　ISBN 978-4-492-31435-7　https://toyokeizai.net/